KB049819

行政判例研究 XXVIII-2

社團法人 韓國行政判例研究會 編

2023

博英社

Studies on Public Administration Cases

Korea Public Administration Case Study Association

Vol. XXVIII - 2

2023

Parkyoung Publishing & Company

刊 行 辭

    올해로 창립 40주년을 맞은 저희 한국행정판례연구회가 작년 하반기의 성과를 종합하여『행정판례연구』제28집 제2호를 발간하게 되었습니다.

    그간 저희 연구회는 단순히 판례를 소개하는 것을 넘어, 판례에 대한 심층적인 분석과 비평을 통해 행정법 이론과 실무의 발전에 기여하였으며, 저희 연구회가 정기적으로 발간하고 있는『행정판례연구』는 법학과 실무의 내실 있는 발전을 위한 중요한 자료로 활용되어 왔다고 자부합니다. 동시에 저희 연구회에서는 글로벌 시대에 맞게 주요 선진국의 판례 동향을 정기적으로 분석·제공하여 비교법 측면에서 법학과 법제도의 발전 토대를 제공하고 있습니다.

    이번에 발간되는『행정판례연구』제28집 제2호에도 작년 하반기에 5차례에 걸쳐 이루어진 월례발표회에서 발표된 판례평석을 비롯하여 일반논문, 프랑스 행정판례 분석 등 총 12편이 수록되었습니다. 이번『행정판례연구』의 발간에 많은 기여를 해 주신 회원 여러분들과 최진수 간행편집위원장, 김의환 연구윤리위원장 및 편집위원·윤리위원님들, 그리고 출판이사 계인국 교수, 이승민 교수, 출판간사 강상우 변호사, 석호영 교수, 장윤영 교수, 황선훈 박사에게 깊이 감사드립니다.

2023년 12월 31일

사단법인 한국행정판례연구회 회장

朴正勳

차 례

Table of Contents

行政爭訟一般

취소소송의 원고적격 인정기준의 재정립 필요성
- 환경행정소송에서의 사실적 요소에 근거한 원고적격 확대의 한계에 관한 고찰을 중심으로 -

김찬희*

Ⅰ. 서론

「행정소송법」(이하 '행정소송법'이라 한다) 제12조 1문은 "취소소송은 처분등의 취소를 구할 법률상 이익이 있는 자가 제기할 수 있다"고 하여, 취소소송의 원고적격이 '법률상 이익이 있는 자'에게 인정된다고 규정하고 있다. 여기서 '법률상 이익'을 어떻게 해석하느냐에 따라 원고적격의 인정범위가 달라지게 되는데, 우리 통설과 판례는 원칙적으로 법률상 이익을 법령에 의해 보호되는 사적인 이익으로 이해하는 '법률상보호이익설'을 고수하면서, 다양한 논리로 원고적격을 확대하는 경향을 보이고 있다. 특히 판례에 의한 원고적격 확대는, 법률상보호이익설을

---

* 법학박사(행정법), 변호사.

엄격하게 적용할 경우 국민의 권리보호에 소홀하게 된다는 문제의식을 바탕으로, 개별 사안에서의 권리보호 필요성이라는 실질적 필요에 따라 이루어지고 있다. 이러한 판례의 태도는 국민의 권익구제라는 측면에서 결론적으로 타당한 결론을 도출하고 있다고 평가될 수 있다. 그러나 판례가 원고적격 인정범위를 점점 더 확대하면서, 판례의 원칙적 입장인 법률상보호이익설로 설명할 수 없는 판례가 증가함에 따라, 원고적격에 관한 명확한 이론적 기준이 상실되었다는 비판과 함께 새로운 이론적 기준의 확립 필요성이 대두되고 있다. 이에 이하에서는 학설과 판례에서의 원고적격 확대 경향을 전반적으로 확인하고, 법률상보호이익설을 고수하면서도 사실적 요소를 근거로 원고적격을 확대하여 국민의 권익구제를 충실히 하고자 한 판례로 평가되는 대법원 2010. 4. 15. 선고 2007두16127 판결의 구체적인 내용과 의미를 살펴볼 것이다. 그리고 이를 바탕으로, 통설과 판례의 태도가 갖는 한계와 그로부터 도출되는 원고적격 인정기준 재정립의 필요성 및 그 방안에 관해 검토하고자 한다.

Ⅱ. 취소소송의 원고적격 확대 경향

1. 학설[1]

취소소송의 원고적격에 관한 규정인 행정소송법 제12조 1문의 '법률상 이익'의 해석에 관하여, 종래에는 '권리(향수)회복설', '적법성보장설', '법률상보호이익설', '보호가치이익설'이 주장되었다. ① 권리(향수)회복설은, 취소소송이 실체법상의 권리보호를 목적으로 한다는 것을 이

---

[1] 행정소송법 제12조 1문의 법률상 이익의 해석에 관한 학설을 소개하는 '1. 학설'은 김찬희, 오트마 뷜러(Ottmar Bühler)의 주관적 공권론에 관한 연구, 서울대학교 박사학위논문, 2022, 178−181쪽을 요약·정리하고 수정·보완한 것을 내용으로 한다.

유로 법률상 이익을 전통적 권리 개념으로 보는 견해이고, ② 적법성보
장설은, 취소소송이 행정의 적법성 통제를 목적으로 한다는 것을 전제
로 하는 견해로, 행정의 적법성을 보장하는 데에 있어 가장 적절한 자
가 원고적격을 갖는다는 견해이다. ③ 법률상보호이익설은, 독일의 보
호규범이론을 수용한 견해로, 처분의 근거 법규 및 관련 법규에 의하여
개별적·직접적·구체적으로 보호되는 사익(私益)을 가진 자에게 원고적
격이 인정된다고 보는 견해이다.2) 이에 따르면, 처분의 근거 법규 및
관련 법규가 오직 공익만을 보호할 목적으로 규정된 것이 아니라, 개인
의 개별적·직접적·구체적 사익(私益)도 보호하기 위해 제정된 것이어야
그에 근거하여 원고적격이 인정될 수 있다(사익보호성). ④ 보호가치이익
설은, 법령 해석상 법령이 보호하고 있는 이익이 아니라 하더라도, 전체
법질서의 취지상 보호할 가치가 있다고 판단되는 경우에는 그러한 보호
할 가치가 있는 이익을 가진 자에게 원고적격을 인정할 수 있다는 견해
이다.3)

　　권리(향수)회복설은 원고적격의 인정 범위가 극히 제한된다는 이유
로 거의 주장되지 않고 있고, 적법성보장설은 입법론으로는 제시될 수
있지만 해석론으로는 적절하지 않다고 평가되어 거의 주장되지 않고 있
다. 이에 현재 행정소송법 제12조 1문의 해석론으로서 유의미한 학설은
법률상보호이익설과 보호가치이익설이다.4) 보호가치이익설은 실정법령

2) 박규하, 주관적 공권과 행정소송의 원고적격, 외법논집 제16집, 2004, 21쪽; 석종현/
　송동수, 일반행정법(상), 삼영사, 제12판, 2009, 862면; 이경운, 개인적 공권론의 몇
　가지 문제점, 공법연구 제20집, 1992, 74면; 이상학, 행정법상 주관적 공권의 기본
　문제, 법학연구 제56권 제1호, 2015, 35면; 하명호, 행정쟁송법, 박영사, 2019, 85면
　참조.
3) 박정훈, 행정소송의 구조와 기능[행정법연구 2], 박영사, 2006, 211쪽; 이원우, 원고
　적격 확대를 위한 방법론의 전환 － 독점적 지위의 배제를 구하는 소송을 중심으
　로 －, 행정법연구 제66호, 2021, 12쪽; 장경원, 환경행정소송과 제3자의 원고적격
　－ 대법원 2010. 4. 15. 선고 2007두16127 판결을 중심으로, 환경법연구 제33권 제2
　호, 2011, 374쪽 참조.
4) 김유환, 현대 행정법, 박영사, 제8판, 2023, 524－525쪽; 김창조, 취소소송의 원고적

에 의해 보호되는 사익을 갖는 것으로 인정되지 않는 경우에도 법적으로 보호할 만한 가치가 있는 사실적·경제적 이익을 가진 자에게 원고적격이 인정될 수 있다고 본다. 반면에 법률상보호이익설에 의하면 실정법령에 의해 보호되지 않는 사실적·경제적 이익만을 갖는 자에게는 원고적격이 인정될 여지가 없다. 결국 법률상보호이익설과 보호가치이익설의 차이는 사실적·경제적 이익을 가진 자에게 원고적격이 인정될 수 있는지 여부에 있는 것이다. 우리 다수설과 판례는 기본적으로 독일의 보호규범이론을 받아들여, 법률상 보호되는 이익을 가진 자에게 원고적격을 인정하는 법률상보호이익설을 취하고 있다.

그런데 오늘날 법률상보호이익설을 취하는 경우에도, 근거 법규의 범위를 넓히는 등의 방법으로 원고적격 인정범위를 확대하려고 하는 경향이 나타나고 있다. 이에 원고적격을 확대하기 위해 법률상 보호이익이 넓게 인정되면서, 결과적으로 법률상보호이익설이 보호가치이익설에 근접해가고 있고, 법률상보호이익설과 보호가치이익설의 구별이 상대화되고 있다고 보는 견해가 주장되고 있다. 구체적으로 예를 들자면, 법률상보호이익설의 경우 '법률상 이익'을 탄력적으로 해석하여 원고적격을 확대하려는 경향이 나타나고 있고, 보호가치이익설은 보호할 만한 가치가 있는 이익의 해석을 합리적·객관적인 기준 설정 등을 통해 엄격하게 하려고 노력하면서, 양설의 구별이 상대화되고 있다는 견해,5) 현대의 다면적인 행정법관계에 있어서, 행정법규가 관련 이익을 모두 예측하여 규율한다는 것은 어려운 일이므로, 법률상보호이익설을 취한다고 하더라도 법률을 처분의 근거 법규로 한정하는 것은 타당하지 않다고

격, 법학논고 제16집, 2000, 94쪽; 김철용, 행정법, 고시계사, 전면개정 제10판, 2021, 563쪽; 박규하, 주관적 공권과 행정소송의 원고적격, 외법논집 제16집, 2004, 20쪽; 이원우, 앞의 글, 6쪽; 장경원, 앞의 글, 374쪽; 하명호, 행정쟁송법, 박영사, 2019, 85쪽 참조.

5) 김향기, 행정소송의 원고적격에 관한 연구 - 환경행정소송에서 제3자의 원고적격을 중심으로 -, 환경법연구 제31권 제2호, 2009, 225쪽.

하면서, 법률을 처분의 근거 법규로 한정하지 않고 법질서 전체로 이해하거나 예외적으로 기본권의 직접 원용을 인정한다면 법률상보호이익설과 보호가치이익설의 구별은 결국 상대적인 것이 된다고 보는 견해,6) 법률상 이익에 대한 해석론이 그동안 법률에만 집중하고 있었음을 지적하면서, 이익의 성질·내용·태양·정도 등을 고려하는 해석방법을 통해 법률상 이익이라는 문언으로부터 벗어나지 않으면서 실제로는 '보호가치이익설'에 근접하는 해석론을 전개할 필요가 있다는 견해7) 등이 주장되고 있다.

　　이 밖에, 보호가치가 있으면 그것이 이익이고, 법상의 이익이라면 그것이 권리이므로, 권리(향수)회복설과 법률상보호이익설, 보호가치이익설은 결국 대립되는 학설이라기보다는 어느 정도까지를 법률상 이익으로 보느냐의 해석 문제이자 기본권 보장에 관한 법원의 태도에 지나지 않는 것이라고 하면서, 법률상 이익을 최대로 확대하여 국민의 권리를 최대한 보장해주는 것이 타당하다는 견해8)와 권리(향수)회복설과 법률상보호이익설은 국민의 권리를 충분히 보호하지 못하고, 보호가치이익설은 현행법의 해석론으로서는 적절하지 않다고 하면서, 해석론으로는 법률상 이익을 주관적 공권이 아니라 법률이 준수됨으로 인하여 생기는 이익으로 완화하여 해석해야 한다는 '법규준수이익설'을 주장하는 견해9) 등 원고적격의 인정범위와 관련하여 다양한 견해가 주장되고 있다. 이러한 견해를 종합적으로 살펴보면, 원고적격을 어디까지 확대해야 하는가에 대하여는 견해가 나뉘지만, 원고적격의 확대 필요성에 대하여는 대체로 동의하고 있는 것으로 보인다.

---

6) 김철용, 앞의 책, 564쪽.
7) 김현준, 도시계획사업인가처분취소소송과 제3자의 원고적격, 토지공법연구 제42집, 2008, 340−341쪽.
8) 박규하, 앞의 글, 24쪽.
9) 강현호, 취소소송과 원고적격, 공법연구 제30집 제1호, 2001, 284−285쪽; 이광윤, 행정법이론, 성균관대학교출판부, 2000, 280쪽.

2. 판례

앞서 언급한 바와 같이, 우리 판례는, 통설과 마찬가지로, 기본적으로는 법률상보호이익설을 고수하면서, 다양한 논리로 원고적격을 확대해 나가는 경향을 보이고 있다. 법률상보호이익설은 개인의 이익을 보호하는 법규가 존재할 것을 요구하기 때문에, 이를 엄격히 적용할 경우 원고적격의 인정범위가 지나치게 좁게 인정되어 국민의 권리보호에 소홀하게 되는 문제가 발생할 수 있다. 이에 우리 판례는 ① 사익보호성이 인정되는 처분의 근거 법규 내지 관련 법규인 보호규범의 범위를 확대하거나, ② 사실상 이익의 침해라는 사실적 요소를 근거로 판단하거나, ③ 권리구제 필요성을 고려하는 방식으로 원고적격 인정범위를 넓혀가고 있는 것이다.10) 이러한 원고적격 확대 경향은 환경소송에 있어서 특히 두드러지게 나타나고 있다. 이는 환경소송이 통상 개발사업의 허가와 같은 수익적 처분으로 인한 환경상 이익의 침해를 주장하는 제3자가 취소소송을 제기하는 방식으로 이루어지고,11) 환경상 이익 침해는 광역성을 가지며, 침해가 발생한 이후에는 그 회복이 불가능하거나 어려울 수 있어 사전적·예방적 보호가 필요하다는 점에서 원고적격을 넓게 인정할 필요성이 크기 때문이라 할 것이다.

---

10) 원고적격 인정범위를 확대하는 대법원 판례를 ① 보호규범의 범위를 확대하는 유형, ② 사실적 요소, 즉 사실상 이익 침해를 고려하는 유형 ③ 권리구제 필요성을 고려하는 유형으로 유형화한 문헌으로 이원우, 앞의 글, 7－11쪽 참조.

11) 판례상 원고적격 문제는 거의 대부분 계쟁처분의 상대방이 아닌 제3자가 제기하는 취소소송에서 일어난다. 제3자가 제기하는 취소소송은 ① 수익처분에 대하여 그 상대방과 이해관계가 상반되는 제3자가 제소하는 경우와 ② 침익처분에 대하여 그 상대방과 이해관계를 같이 하는 제3자가 제소하는 경우로 나눌 수 있는데, 수익처분에 대하여는 그 처분의 상대방이 제소할 가능성이 전혀 없기 때문에, 행정의 적법성 통제와 제3자의 권익 보호를 위하여, 그와 이해관계가 상반되는 제3자에 의한 제소가 허용될 필요성이 크다. 이에 관하여는 박정훈, 행정소송의 구조와 기능 [행정법연구 2], 박영사, 2006, 253－254쪽 참조.

우리 판례는 처분등으로 인한 환경상 이익의 침해를 주장하는 제3자의 경우 "자신의 환경상 이익이 그 처분의 근거 법규 또는 관련 법규에 의하여 개별적·직접적·구체적으로 보호되는 이익, 즉 법률상 보호되는 이익임을 입증하여야 원고적격이 인정된다"고 하여, 환경소송에 있어서도 법률상보호이익설의 입장에 있음을 분명히 하고 있다.[12] 다만, ① 「환경영향평가법」(이하 '환경영향평가법'이라 한다)과 같이 계쟁처분을 함에 있어 반드시 거쳐야 하는 절차에 관한 법규도 법률상 보호되는 이익의 근거 법규로 인정하는 등 보호규범의 범위를 확대하거나, ② 처분 전과 비교하여 수인한도를 넘는 환경피해를 받거나 받을 우려가 있다는 사실을 증명하면 법률상 이익을 갖는 것으로 인정하거나, ③ 근거 법규 및 관련 법규가 환경상 이익 침해의 영향권을 구체적으로 규정하고 있는 경우, 그 영향권 내의 주민에 대하여는 환경상 이익의 침해를 사실상 추정하고, 영향권 밖의 주민의 경우에만 수인한도를 넘는 환경상 이익 침해의 증명을 요구[13]하는 등 다양한 방식으로 원고적격 인정 범위를 넓히고 있다.

---

12) 대법원 2006. 3. 16. 선고 2006두330 전원합의체 판결; 대법원 2006. 7. 28. 선고 2004두6716 판결 등 참조.

13) 판례는 원고에게 법률상 이익이 있음을 증거에 의하여 인정한다. 이때 법률상 이익의 존재 자체는 직권조사사항이지만, 처분의 근거 법규 및 관련 법규가 보호하는 사익인 환경상 이익이 계쟁처분에 의해 침해되거나 침해될 우려가 있다는 사실은 원고가 주장·증명하여야 한다. 이처럼 원고가 법률상 이익의 기초사실에 대한 주장·입증책임을 지는 것은, 원고적격 인정을 어렵게 하는 요소가 된다. 환경상 이익의 침해는 그 존재와 인과관계의 증명이 어렵다는 것을 특징으로 하기 때문에 더욱 그러하다. 때문에 판례상 요구되는 주장·입증의 정도를 완화함으로써 원고적격 인정범위를 넓힐 필요가 있다. 판례는 이러한 필요를 반영하여, 계쟁처분의 근거 법규 및 관련 법규가 환경상 이익 침해의 영향권을 구체적으로 규정하고 있는 경우, 그 영향권 내의 주민에 대하여는 환경상 이익의 침해를 사실상 추정하고 있는 것이다. 이에 관하여는 박정훈, 앞의 책, 284-285쪽 참조.

Ⅲ. 대법원 2010. 4. 15. 선고 2007두16127 판결의 의의

1. 사안의 개요

(1) 사실관계

1) 이 사건 처분의 경위

28개의 제조업체(이하 '신청업체'라고 한다)는 2005. 7. 19. 김해시장에게 낙동강 인근에 위치한 경상남도 김해시 상동면 매리 산 140−40번지 등 그 일대 토지 148,245㎡(이하 '이 사건 신청지'라고 한다)를 대상부지로 하여 공장설립승인신청을 하였다. 신청업체가 승인을 신청한 공장설립이 구「환경정책기본법」(이하 '환경정책기본법'이라 한다) 제25조에 따른 사전환경성검토 대상 사업에 해당하였기에, 김해시장은 2005. 11. 3. 낙동강유역환경청장에게 사전환경성검토협의를 요청하였다. 이에 대하여 낙동강유역환경청장은 2005. 11. 28. '오염물질 확산에 의한 영향검토 및 이 사건 신청지에 공장이 설립됨으로써 직접적인 영향을 받는 부산광역시와 양산시의 동의에 관한 보완'을 요청하였는데, 김해시장은 낙동강유역환경청장의 보완요청사항을 제대로 보완하지 않은 채, 2005. 12. 9. 낙동강유역환경청장에게 재차 사전환경성검토협의를 요청하였다. 낙동강유역환경청장은 김해시장이 제출한 보완서류를 검토한 후, 2006. 1. 5. 취수원 인근에 위치한 공장입지의 부적정성 및 직접적인 영향을 받는 인근 지자체의 반대 등을 이유로 하여,[14] 이 사건 신청지를

---

14) 구체적으로는, ① 이 사건 신청지로부터 약 2.4㎞ 떨어진 곳에는 물금취수장이 건설 중이고, 약 2.7㎞ 떨어진 곳에는 양산물금택지개발사업지구에 상수를 공급하기 위한 취수시설(이하 '양산취수장'이라 한다)과 정수시설이 건설 중이라는 점에서 이 사건 신청지는 공장입지로서 적절하지 않고, ② 신청업체들의 공장설립승인신청을 승인하는 것은 2005. 6. 4. 시행된 김해시 공장건축가능지역지정에 관한 조례 제5조 제2항에 위배되는 것이며, ③ 낙동강원수를 상수원수로 이용하고 있는 부산광역시와 양산시가 안정적인 상수원수 확보를 이유로 공장설립에 반대하고 있음을 이유로 들었다.

대상부지로 하는 공장설립은 바람직하지 않다는 협의의견을 김해시장에게 통보하였다. 이후 김해시장이 2006. 1. 10. 낙동강유역환경청장에게 사전환경성검토재협의를 요청하였는데, 낙동강유역환경청장은 2006. 2. 7. 이전과 같은 이유로 공장설립에 부동의한다고 통보하였다. 이에 김해시장은 2006. 4. 27. 낙동강유역환경청장에게 협의의견을 반영하지 않을 것임을 통보하고,[15] 같은 날 「산업집적 활성화 및 공장설립에 관한 법률」(이하 '공장설립법'이라 한다) 제13조에 따라 신청업체들의 공장설립승인신청을 승인하는 처분(이하 '이 사건 처분'이라 한다)을 하였다.

2) 이 사건 신청지의 위치 및 원고들의 지위

이 사건 신청지는 낙동강에 합류하는 소감천에 인접한 곳으로, 이로부터 약 2.4㎞ 떨어진 곳에는 부산 북구, 동래구, 해운대구, 수영구, 남구, 연제구, 금정구, 기장군, 양산시 물금동 범어리 주민들에게 수돗물을 공급하는 물금취수장이 위치해 있고, 약 2.7㎞ 떨어진 곳에는 양산물금택지개발사업지구에 상수를 공급하는 양산취수장이 위치해 있다.

원고 A와 B는 양산시 남부동에 거주하며 양산취수장 준공 이전에는 밀양댐에서 취수한 수돗물을 공급받고 있었으나, 양산 취수장과 정수장의 급수가 개시되면 그곳에서 취수한 물을 공급받기로 계획되어 있었고, 나머지 원고들은 대부분 부산광역시와 양산시 물금동에 거주하면서 물금취수장에서 취수한 물을 수돗물로 공급받고 있었다.

---

15) 김해시장은 낙동강유역환경청장에게 '김해시 공장건축가능지역지정에 관한 조례 제5조 제2항 제6호는 적용되지 않고, 이 사건 신청지는 물금취수장의 하류방향 2.7km에 위치하고 있어 통합지침 제36조 제7호의 제한지역에 해당하지 않으므로 협의내용을 반영하지 않겠다'는 취지로 협의내용 미반영을 통보하였다.

(2) 사건의 경과

1) 제1심 판결: 창원지방법원 2006. 11. 2. 선고 2006구합1225 판결

원고들은 이 사건 처분의 취소를 구하면서, ① 이 사건 처분이 원고들의 깨끗하고 원활하게 수돗물을 이용할 권리를 침해하거나 침해할 우려가 있다는 점, ② 신청업체들은 부지 면적이 150,000㎡ 이상인 개발사업이 대상이 되는 환경영향평가를 회피하기 위하여 이 사건 신청지 면적을 148,245㎡으로 정하였는데, 신청지 인근의 토지에 대하여 향후 공장 설립 승인이 이루어져 그 일대가 대규모 공단으로 될 것이 확실하므로, 이 사건 신청지에 대한 공장 설립 승인을 함에 있어서는 환경영향평가가 이루어져야 한다는 점, ③ 사전환경성검토에 관한 환경정책기본법 제25조, 제25조의2, 헌법 제35조의 환경권, 환경정책기본법 제1조, 환경정책기본법의 환경계획에 관한 규정, 「수질환경보전법」, 「수도법」, 「낙동강수계 물 관리 및 주민지원 등에 관한 법률」(이하 '낙동강수계법'이라 한다) 등의 규정에 비추어 볼 때, 자신들에게 이 사건 처분의 취소를 구할 법률상 이익이 있다고 주장하였다. 이에 대하여 제1심법원은 ① 신청업체들이 공장폐수를 방출하는 업체라거나, 신청업체들이 공장폐수나 생활폐수를 방출하여 그 폐수가 수돗물로 사용할 수 없을 정도의 수질을 가진 상태로 이 사건 신청지 인근 소감천을 통해 낙동강으로 흘러갈 것이라고 인정하기에는 증거가 부족하고, 그 폐수가 소감천보다 약 2.4km 상류에 위치한 물금취수장으로 유입되어 시민들에게 피해를 입힐 것이라고 볼 수 없으며, 양산취수장은 가동되지 않고 있는 상황이므로 이 사건 처분이 원고들에게 수인한도를 넘어 깨끗하고 원활하게 수돗물을 이용할 권리를 침해하였거나 침해할 우려가 있다고 인정할 수 없고, ② 이 사건 신청지 일대가 향후 대규모 공단으로 될 경우에는 그때 환경영향평가를 하면 될 것이며, ③ 원고들이 주장하는 법령에는 원고들에게 이 사건 처분의 취소를 구할 법률상 이익을 인정하였다고 해

석할 만한 규정이 없다는 이유로, 원고들의 이 사건 처분의 취소를 구
할 법률상 이익을 부정하고 소를 각하하였다.

　2) 원심 판결: 부산고등법원 2007. 6. 29. 선고 2006누5540 판결
　제1심 판결에 불복한 원고들의 항소에 대하여 원심법원은, 사전환
경성검토에 관한 규정인 환경정책기본법 제25조와 「산지관리법」, 낙동
강수계법이 원고들의 환경상 이익을 개별적·구체적 이익으로 보호하려
는 내용 및 취지를 갖는 규정을 두고 있지 않고, 「산업입지 및 개발에
관한 법률」(이하 '산업입지법'이라 한다) 제40조에 따라 제정된 지침16)은
이 사건 공장설립승인신청에 적용되지 않으므로 위 법령에 의한 원고적
격이 원고들에게 인정되지 않는다고 하였다.

　다만, 원심법원은 양산취수장이 준공되면 양산취수장에서 취수한
물을 공급받을 예정인 원고 A와 B에 대하여는 「국토의 계획 및 이용에
관한 법률」(이하 '국토계획법'이라 한다)에 의한 원고적격을 인정하였다.
원심법원은 먼저 국토계획법이 이 사건 처분의 관련 법규임을 확인하였
다.17) 그리고 국토계획법 제76조 및 같은 법 시행령 [별표 20]의 규정
에 의하여 조례로 정하도록 한 사항과 그 시행에 필요한 사항을 규정한
「김해시 공장건축가능지역 지정에 관한 조례」(2005. 6. 4. 시행, 이하 '김해

---

16) 산업입지법 제40조에 따라 건설부장관이 2005. 5. 6. 건설교통부 제2005-104호로
　　고시한 산업입지개발지침(이하 '구 지침'이라 한다) 제22조 제8호와 환경부장관 및
　　건설교통부장관이 2005. 12. 26. 환경부 제2005-173호, 건설교통부 제2005-437호
　　로 고시한 산업입지의 개발에 관한 통합지침(이하 '통합지침'이라 한다) 제36조로,
　　"시장·군수는 상수원보호구역이 고시되지 아니한 경우에는 취수장으로부터 수계
　　상 상류방향으로 유하거리 15㎞ 이내인 지역과 하류방향으로 유하거리 1㎞ 이내인
　　지역에는 개별공장입지의 지정승인을 하여서는 아니 된다"고 규정하였다.
17) 원심법원은 이 사건 처분이 공장설립법 제13조의2 제1항에 의하여 개발행위허가를
　　받은 것으로 의제되고, 국토계획법 시행령 제56조 [별표 1]의 라 (2)항은 개발행위로
　　인하여 당해 지역 및 그 주변지역에 대기오염·수질오염·토질오염·소음·진동·분
　　진 등에 의한 환경오염·생태계 파괴·위해 등이 발생할 우려가 없을 때 개발행위
　　허가를 할 수 있다고 규정하고 있으므로, 국토계획법은 이 사건 처분의 관련 법규
　　에 해당한다고 판시하였다.

시 조례'라고 한다) 제5조 제2항 제6호가 "시·도지사는 상수원보호구역이 고시되지 아니한 경우에는 취수장으로부터 수계상 상류방향으로 10㎞ 이내인 지역과 하류방향으로 1㎞ 이내인 지역을 공장건축가능지역으로 지정하여서는 아니 된다"고 규정한 것의 취지는 취수원의 오염 등으로 인한 생명·건강상의 위해를 받지 아니할 이익을 일반적 공익으로서 보호하려는 데 그치는 것이 아니라 취수원 오염물질에 의하여 보다 직접적이고 중대한 피해를 입으리라고 예상되는 지역 내의 주민들의 환경상 이익을 직접적·구체적 이익으로서 보호하려는 데 있다고 할 것이라고 하여 관련 규범의 사익보호성을 인정하였으며, 이 사건 신청지가 2007. 10.경 준공되어 그 무렵 급수를 개시할 예정인 양산취수장으로부터 수계상 상류방향 약 2.7㎞에 위치해 있고, 양산취수장이 준공되면 원고 A와 B가 양산취수장에서 취수한 물을 공급받을 예정이므로, 원고 A와 B의 원고적격이 국토계획법과 같은 법 시행령 및 김해시 조례에 근거하여 인정된다고 판시하였다. 나아가 원심법원은, 이 사건 처분이 양수취수장으로부터 수계상 상류방향 약 2.7㎞에 위치하고 있는 이 사건 신청지에 대하여 이루어진 것으로서 취수장으로부터 수계상 상류방향으로 10㎞ 이내인 지역을 공장건축가능지역으로 지정하는 것을 금지한 김해시 조례 제5조 제2항 제6호를 위반하여 위법하다는 이유로, 원고 A와 B의 청구를 인용하였다.

반면에 원고 A와 B를 제외한 나머지 원고들, 즉 물금취수장에서 취수한 낙동강원수를 수돗물로 공급받고 있는 원고들에 대하여는, 이 사건 신청지가 물금취수장으로부터 수계상 하류방향 약 2.4㎞에 위치하고 있다는 점 등에 비추어 볼 때, 위 원고들이 수인한도를 넘는 건강상·환경상의 이익을 침해받거나 침해받을 우려가 있다고 단정할 수 없고, 이를 인정할 증거가 없다는 이유로 국토계획법에 의한 원고적격이 부정되었다.

위와 같은 원심판결에 대하여, 피고 김해시장은 원고 A와 B의 원고적격이 인정되지 않음을 주장하며 상고하였고, 원고 A와 B를 제외한 나머지 원고들은 자신들에게도 원고적격이 인정됨을 주장하며 상고하였다.

2. 대상판결의 쟁점 및 요지

(1) 대상판결의 쟁점

원고들은, 부산시와 양산시에 거주하는 주민들로, 이 사건 처분의 직접 상대방이 아니나, 이 사건 신청지 인근에 위치한 물금취수장에서 취수한 물을 수돗물로 공급받고 있거나, 양산취수장이 준공되면 그곳에서 취수한 물을 수돗물로 공급받을 예정이어서, 이 사건 처분에 따라 설립되는 공장으로 인해 깨끗한 수돗물을 공급받을 환경상 이익이 침해되거나 침해될 우려가 있다는 이유로 이 사건 처분의 취소를 구하였다. 원고들은 이 사건 처분으로 침해되거나 침해될 우려가 있는 자신들의 환경상 이익이 처분의 근거 법규 및 관련 법규에 의해 보호되는 직접적이고 구체적인 법률상 이익에 해당하므로 자신들에게 원고적격이 인정된다고 주장하였다. 이에 대하여 피고는, 원고들이 주장하는 환경상의 이익은 보호되는 공익의 결과로 얻게 되는 반사적 이익이거나 간접적·사실적 이익에 불과한 것이어서 원고들에게 이 사건 처분의 취소를 구할 원고적격이 인정되지 않는다고 주장하였다.

우리 판례는 "행정소송법 제12조의 법률상 이익은 당해 처분의 근거 법률에 의하여 보호되는 직접적이고 구체적인 이익이 있는 경우를 말하고 간접적이거나 사실적, 경제적 이해관계를 가지는 데에 불과한 경우는 여기에 해당되지 아니한다"고 본다.[18] 나아가 처분등으로 인한 환경상 이익의 침해를 주장하는 제3자의 원고적격에 관하여는, "자신의

---

18) 대법원 1995. 10. 27. 선고 94누14148 전원합의체 판결.

환경상 이익이 그 처분의 근거 법규 또는 관련 법규에 의하여 개별적·직접적·구체적으로 보호되는 이익, 즉 법률상 보호되는 이익임을 입증하여야 원고적격이 인정"된다고 하면서, "다만 그 행정처분의 근거 법규 또는 관련 법규에 그 처분으로써 이루어지는 행위 등 사업으로 인하여 환경상 침해를 받으리라고 예상되는 영향권의 범위가 구체적으로 규정되어 있는 경우에는, 그 영향권 내의 주민들에 대하여는 … 특단의 사정이 없는 한 환경상 이익에 대한 침해 또는 침해 우려가 있는 것으로 사실상 추정되어 법률상 보호되는 이익으로 인정됨으로써 원고적격이 인정되며, 그 영향권 밖의 주민들은 당해 처분으로 인하여 그 처분 전과 비교하여 수인한도를 넘는 환경피해를 받거나 받을 우려가 있다는 자신의 환경상 이익에 대한 침해 또는 침해 우려가 있음을 증명하여야만 법률상 보호되는 이익으로 인정되어 원고적격이 인정된다"고 판시하고 있다.[19]

　　이에 본 사안에서는 원고들이 깨끗한 수돗물을 공급받을 환경상 이익이 이 사건 처분의 근거 법규 또는 관련 법규에 의하여 개별적·직접적·구체적으로 보호되는 이익, 즉 법률상 보호되는 이익에 해당하는지가 쟁점이 되었다. 그리고 이를 판단함에 있어서, ① 이 사건 처분의 근거 법규 및 관련 법규의 사익보호성이 인정되는지 여부와 ② 원고들이 이 사건 처분의 근거 법규 또는 관련 법규가 구체적으로 규정하고 있는 영향권 내의 주민으로서 법률상 이익을 갖는 것으로 추정되는지, 아니면 영향권 밖의 주민으로서 처분 전과 비교하여 수인한도를 넘는 환경피해를 받거나 받을 우려가 있음을 증명하여야 법률상 이익을 갖는 것으로 인정되는 것인지 여부가 쟁점이 되었다.

---

19) 대법원 2006. 3. 16. 선고 2006두330 전원합의체 판결; 대법원 2006. 7. 28. 선고 2004두6716 판결 등 참조.

(2) 대상판결의 요지

대법원은 원심판결을 파기하고 사건을 다시 심리·판단하도록 원심법원에 환송하였다. 그 판결요지는 다음과 같다.

행정처분의 직접 상대방이 아닌 자로서 그 처분에 의하여 자신의 환경상 이익이 침해받거나 침해받을 우려가 있다는 이유로 취소소송을 제기하는 제3자는, 자신의 환경상 이익이 그 처분의 근거 법규 또는 관련 법규에 의하여 개별적·직접적·구체적으로 보호되는 이익, 즉 법률상 보호되는 이익임을 입증하여야 원고적격이 인정되고, 다만 그 행정처분의 근거 법규 또는 관련 법규에 그 처분으로써 이루어지는 행위 등 사업으로 인하여 환경상 침해를 받으리라고 예상되는 영향권의 범위가 구체적으로 규정되어 있는 경우에는, 그 영향권 내의 주민들에 대하여는 당해 처분으로 인하여 직접적이고 중대한 환경피해를 입으리라고 예상할 수 있고, 이와 같은 환경상의 이익은 주민 개개인에 대하여 개별적으로 보호되는 직접적·구체적 이익으로서 그들에 대하여는 특단의 사정이 없는 한 환경상 이익에 대한 침해 또는 침해 우려가 있는 것으로 사실상 추정되어 법률상 보호되는 이익으로 인정됨으로써 원고적격이 인정되며, 그 영향권 밖의 주민들은 당해 처분으로 인하여 그 처분 전과 비교하여 수인한도를 넘는 환경피해를 받거나 받을 우려가 있다는 자신의 환경상 이익에 대한 침해 또는 침해 우려가 있음을 증명하여야만 법률상 보호되는 이익으로 인정되어 원고적격이 인정된다.

공장설립승인처분의 근거 법규 및 관련 법규인 구 산업집적활성화 및 공장설립에 관한 법률(2006. 3. 3. 법률 제7861호로 개정되기 전의 것) 제8조 제4호가 산업자원부장관으로 하여금 관계 중앙행정기관의 장과 협의하여 '환경오염을 일으킬 수 있는 공장의 입지제한에 관한 사항'을 정하여 고시하도록 규정하고 있고, 이에 따른 산업자원부 장관의 공장입지기준고시(제2004-98호) 제5조 제1호가 '상수원 등 용수이용에 현저한 영향을 미치는 지역의 상류'를 환경오염을 일으킬 수 있는 공장의 입지제한지역으로 정할 수 있다고 규정하고, 국토의 계획 및 이용에 관한 법률 제58조 제3항의 위임에 따른 구 국토의 계획 및 이용에 관한 법률 시행령(2006. 8. 17. 대통령령 제19647호로 개정되기 전의 것) 제56조 제1항 [별표 1] 제1호 (라)목 (2)가 '개발행위로 인하여 당해 지역 및 그 주변 지역에 수질오염에 의한 환경오염이 발생할 우려가 없을 것'을 개발사업의 허가기준으로 규정하고 있는 취지는, 공장설립승인처분과 그 후속절차에 따라 공장이 설립되어 가동됨으로써 그 배출수 등으로 인한 수질오염 등으로 직접적이고도 중대한 환경상 피해를 입을 것으로 예상되는 주민들이 환경상 침해를 받지 아니한 채 물을 마시거나 용수를 이용하며 쾌적하고 안전하게 생활할 수 있는 개별적 이익까지도 구체적·직접적으로 보호하려는 데 있다. 따라서 수돗물을 공급받아 이를 마시거나 이용하는 주민들로서는 위 근거 법규 및 관련 법규가 환경상 이익의 침해를 받지 않은 채 깨끗한 수돗물을 마시거나 이용할 수 있는 자신들의 생활환경상의 개별적 이익을 직접적·구체적으로 보호하고 있음을 증명하여 원고적격을 인정받을 수 있다.

김해시장이 소감천을 통해 낙동강에 합류하는 하천수 주변의 토지에 구 산업집적활성화 및 공장설립에 관한 법률 제13조에 따라 공장설립을 승인하는 처분을 한 사안에서, 상수원인 물금취수장이 소감천이 흘러 내려 낙동강 본류와 합류하는 지점 근처에 위치하고 있는 점, 수돗물은 수도관 등 급수시설에 의해 공급되는 것이어서 거주지역이 물금취수장으로부터 다소 떨어진 곳이라고 하더라도 수돗물의 수질악화 등으로 주민들이 갖게 되는 환경상 이익의 침해나 그 우려는 그 수돗물을 공급하는 취수시설이 입게 되는 수질오염 등의 피해나 그 우려와 동일하게 평가될 수 있는 점 등에 비추어, 공장설립으로 수질오염 등이 발생할 우려가 있는 물금취수장에서 취수된 물을 공급받는 부산광역시 또는 양산시에 거주하는 주민들도 위 처분의 근거 법규 및 관련 법규에 의하여 개별적·구체적·직접적으로 보호되는 환경상 이익, 즉 법률상 보호되는 이익이 침해되거나 침해될 우려가 있는 주민으로서 원고적격이 인정된다.

3. 대상판결의 분석

(1) 근거 법규 및 관련 법규의 사익보호성 인정

취소소송의 원고적격이 인정되기 위해서는, 개인의 개별적·직접적·구체적 사익(私益)을 보호하기 위해 제정된, 즉 사익보호성을 갖는 보호규범이 있어야 한다. 이에 대상판결은 먼저 원고들의 원고적격의 근거가 되는 보호규범이 무엇인지를 확인하였다. 대상판결은, ① 공장설립법 제8조 제4호에 따라 '상수원 등 용수이용에 현저한 영향을 미치는 지역의 상류를 환경오염을 일으킬 수 있는 공장의 입지제한지역으로 정할 수 있다'고 규정한 산업자원부 장관의 공장입지기준고시(제2004-98호) 제5조 제1호와 ② '개발행위로 인하여 당해 지역 및 그 주변 지역에 수질오염에 의한 환경오염이 발생할 우려가 없을 것'을 개발사업의 허가기준으로 규정한 국토계획법 시행령 제56조 제1항 [별표 1] 제1호 (라)목 (2)의 취지가 "공장설립승인처분과 그 후속절차에 따라 공장이 설립되어 가동됨으로써 그 배출수 등으로 인한 수질오염 등으로 직접적이고도 중대한 환경상 피해를 입을 것으로 예상되는 주민들이 환경상 침해를 받지 아니한 채 물을 마시거나 용수를 이용하며 쾌적하고 안전하게 생활할 수 있는 개별적 이익까지도 구체적·직접적으로 보호하려는 데 있다"고 함으로써, 이 사건 처분의 근거 법규 및 관련 법규인 공장설립법과 국토계획법의 사익보호성을 인정하였다.

(2) 원고들의 법률상 이익 인정

다음으로 대상판결은, 원고들이 주장하는 환경상 이익이 이 사건 처분의 근거 법규 및 관련 법규인 공장설립법과 국토계획법이 보호하는 개별적·직접적·구체적 사익(私益)에 해당하는지 여부를 판단하였다. 앞에서 언급한 바와 같이, 원고들은 이 사건 처분의 근거 법규 및 관련 법규가 보호하는 법률상 이익을 갖는다는 것을 증명하여야 원고적격을 인정받을 수 있다. 다만 계쟁처분의 근거 법규 및 관련 법규가 영향권의 범위를 구체적으로 규정하고 있고 원고들이 그 영향권 범위 내에 있으면, 환경상 이익에 대한 침해 또는 침해 우려가 있는 것으로 사실상 추정되어 원고적격이 인정된다. 이에 원고들이 이 사건 처분의 근거 법규 또는 관련 법규가 구체적으로 규정하고 있는 영향권 내의 주민으로서 법률상 이익을 갖는 것으로 추정되는지가 문제 되었다.

대상판결은 공장설립법에 따라 규정된 공장입지기준고시가 공장의 입지를 제한할 수 있다고 규정한 '상수원 등 용수이용에 현저한 영향을 미치는 지역'과 국토계획법 시행령이 개발사업의 허가 기준으로 규정한 '수질오염에 의한 환경오염이 발생할 우려가 있는 개발행위의 주변 지역'을 근거 법규 및 관련 법규에 구체적으로 규정된 영향권의 범위라고 보았다. 그리고 원고들이 수돗물을 공급받는 물금취수장과 공급받을 예정인 양산취수장의 위치와 사전환경성검토협의를 위해 제출된 검토서에 물금취수장이 주요보호 대상시설물의 하나로 기재되어 있다는 점, 사전환경성검토협의를 한 낙동강유역환경청장은 이 사건 공장설립이 물금취수장과 양산취수장에 미치는 영향 등을 이유로 이 사건 신청지를 대상부지로 하는 공장설립은 바람직하지 않다는 협의의견을 제시한 점 등을 종합하여 보면, 물금취수장과 양산취수장이 이 사건 처분의 근거 법규 및 관련 법규에 규정된 영향권 내에 있음을 충분히 인정할 수 있다고 하였다.

나아가, 대상판결은 "원고들의 거주지역이 물금취수장으로부터 다소 떨어진 부산광역시 또는 양산시이기는 하나, 수돗물은 수도관 등 급수시설에 의해 공급되는 것이어서 수돗물을 공급받는 주민들이 가지게 되는 수돗물의 수질악화 등으로 인한 환경상 이익의 침해나 침해 우려는 그 거주 지역에 불구하고 그 수돗물을 공급하는 취수시설이 입게 되는 수질오염 등의 피해나 피해 우려와 동일하게 평가될 수 있다"고 하여, 원고들은 법률상 보호되는 이익이 침해되거나 침해될 우려가 있는 것으로 추정되는 영향권 범위 내의 주민으로서 원고적격이 인정된다고 보았다.[20]

---

[20] 대상판결은, 양산취수장이 준공되면 양산취수장에서 취수한 물을 공급받을 예정인 원고 A와 B에 대하여는, 원심법원이 이 사건 처분에 김해시 조례가 적용되지 않음에도 그 조례에 근거하여 원고 A와 B에게 원고적격이 인정된다고 판단한 것은 잘못이라고 하였다. 다만 "앞서 나머지 원고들에 대한 판단 부분에서 살펴본 바와 같이 공장설립법 및 국토계획법 등 근거 법규 및 관련 법규에 의하여 위 원고들의 원고적격이 인정될 수 있다고 할 것이므로 원심이 위 원고들에게 원고적격이 인정된다고 본 결론에 있어서는 정당하다"고 하여, 원고 A와 B에게도 나머지 원고들의 경우와 같은 이유로 원고적격이 인정된다고 판시하였다.

4. 대상판결의 의미

대상판결 이전의 판례는 '영향권 내에 거주하는지 여부'를 일률적 기준으로 삼아 영향권 내에 거주하는 주민에 대하여만 환경상 이익의 침해가 사실상 추정된다고 보았다. 그런데 대상판결은, 영향권 내인지 여부를 판단함에 있어서, 거주지역이라는 형식적 기준을 일률적으로 적용한 것이 아니라, 실질적으로 취수 및 급수시설에 의하여 환경상의 영향을 받게 되는지 여부를 기준으로 함으로써, 원고적격 인정범위를 확장하였다. 이러한 대상판결이, 원칙적으로 법률상보호이익설에 입각하면서도 원고적격 인정범위를 확장해나가고 있는 판례의 경향 속에서, 구체적으로 어떠한 의미를 갖는지를 살펴보면 아래와 같다.

먼저 대상판결은, 종전 판례에서 한 걸음 더 나아가, 영향권 내 주민의 범위를 넓게 이해하는 것을 통해 원고의 입증책임을 완화함으로써, 원고적격 인정범위를 더 확장하였다는 점에서 유의미하다. 원고들이 영향권 밖의 주민인 경우에도 '처분으로 인하여 그 처분 전과 비교하여 수인한도를 넘는 환경피해를 받거나 받을 우려가 있다는 자신의 환경상 이익에 대한 침해 또는 침해 우려가 있음'을 증명하면 원고적격이 인정될 수 있지만, 환경상 이익의 침해는 그 존재와 인과관계의 증명이 어렵다는 것을 특징으로 하기 때문에, 영향권 내의 주민의 범위를 좁히는 것은 원고적격 인정범위의 축소로 이어지게 된다. 따라서 영향권 내 주민의 범위를 넓게 이해하는 것은, 원고의 입증책임을 완화함으로써, 원고적격 인정범위를 확장한 것이라고 평가할 수 있다.

다음으로 대상판결은, 사실상 이익의 침해라는 사실적 요소를 근거로 판단하는 판례의 경향을 더욱 강화한 판결이라고 평가할 수 있다. 대상판결은 취수 및 급수시설과 수질오염의 특성을 고려하여 영향권 내 주민의 범위를 확정하였는데, 이는 환경침해의 태양과 범위가 다양하고 그 영향의 지역적 범위를 일률적·형식적으로 확정하기 어렵다는 점을 고려하여, 환경문제의 유형 및 특성에 따라 영향권을 실질적·개별적으로 확정할 수 있음을 확인한 것이다. 이러한 대상판결의 태도는, 종전의 판례가 영향권 내 주민인지 여부를 판단함에 있어서 적용한 형식적 기준(영향권 내 지역에 거주하는지 여부)을 실질적인 기준(환경상 이익 침해의 유형 및 특성을 고려하여 볼 때 사실상 이익의 침해가 인정되는지 여부)으로 대체함으로써, 사실상 이익의 침해라는 사실적 요소를 근거로 판단하는 판례의 경향을 더욱 강화한 것에 해당한다.

　　대상판결이 영향권 내 주민의 범위를 확장함으로써 원고적격 인정 범위를 넓힌 것은, 판례의 원고적격 확대 경향을 드러낸 것이기도 하지만, 우리 판례가 근거 법규 및 관련 법규의 사익보호성을 요구하는 법률상보호이익설을 고수하고 있음을 보여준 것이라고도 할 수 있다. 앞서 언급한 바와 같이, 원고들이 영향권 밖의 주민에 해당한다고 하더라도, '처분으로 인하여 그 처분 전과 비교하여 수인한도를 넘는 환경피해를 받거나 받을 우려가 있다는 자신의 환경상 이익에 대한 침해 또는 침해 우려가 있음'을 증명하면 원고적격이 인정될 수 있다. 그런데 영향권 밖의 주민의 원고적격을 환경상 이익의 사실상 침해를 근거로 인정하는 것은, 본래적 의미의 법률상보호이익설로는 설명이 되지 않는다. 법률상보호이익설은 법규를 근거로 하여 원고적격을 인정하는 것인데, 영향권 밖의 주민은 근거가 되는 법규 없이 수인한도를 넘는 환경침해라는 사실적 요소만으로 원고적격을 인정받게 되기 때문이다. 이에 대상판결이, 영향권의 범위를 확장하여 종전의 판례에 의하면 영향권 밖의 주민에 속하는 원고들을 법규에 구체적으로 규정된 영향권 내의 주민에 포함시킨 것은, 가능한 한 법률상보호이익설로 설명가능한 판결을 하기 위해 노력한 것이라고 평가할 수 있다.

Ⅳ. 원고적격 인정기준의 재정립 필요성

앞에서 살펴본 바와 같이, 우리 통설과 판례는 원칙적으로 법률상
보호이익설을 고수하면서, 법률상보호이익의 인정범위를 확장하는 방
식으로, 법률상보호이익설을 엄격하게 적용할 경우 국민의 권익구제를
충실히 할 수 없다는 한계를 극복하고자 하였다. 그러나 이러한 방식은
원고적격에 관한 문제를 근본적으로 해결하지 못하였고, 원고적격 인
정 여부를 판단하는 일관성 있는 이론적 기준의 부재로 이어졌다. 특히
사실상 이익의 침해라는 사실적 요소를 근거로 판단하는 판례의 경향
이 더욱 강화되면서, 판례의 원칙적 기준인 법률상보호이익설로 설명
이 어려운 판례가 증가하여 판결의 예측가능성이 낮아지고 있다. 이와
같은 문제 상황은 우리 취소소송의 구조와 기능에 부합하지 않는 법률
상보호이익설을 고수함으로 인해 발생하는 이론과 실제 사이의 괴리로
부터 야기된 것이라고 할 것이다. 이에 우리 취소소송의 구조와 기능의
실제에 부합하는 원고적격 인정 기준을 새롭게 정립할 필요가 있다고
생각된다.

법률상보호이익설은, 독일의 행정소송법제를 기반으로 정립된 주
관적 공권의 성립요건에 관한 이론인 보호규범이론을 수용한 것으로,
법률상 이익을 독일에서의 주관적 공권 개념과 같은 것으로 이해하는
견해이다.[21] 법률상보호이익설은 독일의 행정소송법제에 적합한 내용
을 담고 있는 것이다. 그런데 우리나라와 독일의 행정소송법제는 그 체
계를 서로 달리 한다. 독일은, 포괄적 권리구제를 보장하는 「독일 기본
법」 제19조 제4항 1문과 취소소송과 의무이행소송의 원고적격으로 '권
리침해의 주장'을 요구하는 「행정재판소법」 제42조 제2항과 취소소송의
본안요건으로 '권리침해'를 규정하고 있는 같은 법 제113조 제1항 제1

---

21) 박정훈, 앞의 책, 210쪽 참조.

문에 의거하여, 항고소송의 주관소송적 구조를 명확하게 확립하였다.[22)
반면에 우리 헌법 제27조 제1항은 '권리침해'를 요구함 없이, '포괄적인
재판'을 보장하고 있으며, 행정소송법 제12조는 처분등의 취소를 구할
'법률상 이익'이 있는 자가 원고적격을 갖는다고 규정하고 있을 뿐이고,
본안요건에 관한 별도의 규정은 두지 않았다.[23) 그리고 우리 행정소송
은 '국민의 권익구제' 뿐만 아니라, '행정의 적법성 통제'도 그 기능으로
하고 있다. 이와 같은 점을 종합하여 보면, 우리나라의 항고소송은 완전
한 주관소송적 구조를 가지고 있다고 보기 어렵다.[24) 이러한 행정소송
법제의 차이로 인해, 독일의 보호규범이론을 우리 취소소송의 원고적격
인정기준으로 그대로 적용하는 데에는 한계가 있을 수밖에 없다. 그리
고 이러한 한계가 있음에도 행정소송법 제12조 1문의 법률상 이익을 해
석함에 있어서 법률상보호이익설을 고수할 이유도 없으므로, 우리 행정
소송법 제12조 1문의 법률상 이익은 우리 행정소송법 체계에 부합하는
방향으로 새롭게 해석될 필요가 있다고 할 것이다.

원고적격 인정기준을 새롭게 정립해야 할 필요성은, 민주적 법치국
가에서 주권자이자 공익의 수호자로서 공공의 이익 증진을 위해 참여할
수 있는 권리를 갖는 국민의 주체적이고 능동적인 법적 지위로부터도
도출된다.[25) 민주주의에서 국민이 공익을 위하여 적극적이고 능동적으
로 행동하는 것이 이상적이고 바람직한 것으로 여겨진다는 점에 비추어
볼 때,[26) 법령상 보호되는 사익을 갖지 않는 국민도 환경상의 이익과

---

22) 김찬희, 주관적 공권론의 의의와 한계 - 오트마 뷜러의 이론을 중심으로 -, 행정법
   연구 제69호, 2022, 193쪽.
23) 김찬희, 앞의 글, 193쪽.
24) 박정훈, 앞의 책, 159−165쪽 참조.
25) Wegener, Subjective Public Rights − Historical Roots versus European and
   Democratic Challenges, Debates in German Public Law, Hart Publishing, 2014, p.
   234; 김찬희, 앞의 글, 189쪽에서 재인용.
26) Wegener, Subjective Public Rights − Historical Roots versus European and
   Democratic Challenges, Debates in German Public Law, Hart Publishing, 2014, p.

같은 공익을 보호하기 위하여 항고소송을 제기할 수 있도록 하는 것이
바람직하기 때문이다.

위와 같은 항고소송제도의 실질적 변화방향, 항고소송의 구조와 기
능, 그리고 민주적 법치국가에서의 국민의 법적 지위에 비추어 볼 때,
법률상 이익을 보다 넓은 개념인 '법적인 이익'으로 해석하여, '처분의
취소를 구할 법률상 이익'을 '전체 법질서에 비추어 처분의 취소를 구할
수 있는 것으로 판단되는 이익'으로 해석하는 것이 타당할 것으로 생각
된다(보호가치이익설).[27] 이러한 해석은 '법률'과 '법'을 엄격하게 구별하
지 않는 우리 언어관용에 비추어보더라도 무리 없는 해석이다.[28] 그리
고 이러한 해석에 의할 경우, 관계되는 모든 법규와 기본권·헌법원리
등이 원고적격 판단의 근거가 됨으로써 원고적격이 확대될 것인데, 이
는 현재 우리 통설과 판례의 입장에도 부합하는 해석이라고 할 것이다.

V. 요약 및 결론

행정소송법 제12조 1문은 "취소소송은 처분등의 취소를 구할 법률
상 이익이 있는 자가 제기할 수 있다"고 하여, 취소소송의 원고적격이
'법률상 이익이 있는 자'에게 인정된다고 규정하고 있다. 여기서 법률상
이익이 무엇인가에 대하여 다양한 견해가 주장되어 왔는데, 현재 행정
소송법 제12조 1문의 해석론으로서 유의미한 학설은 법률상보호이익설
과 보호가치이익설이다. 양설의 차이는 사실적·경제적 이익을 가진 자
에게 원고적격이 인정될 수 있는지 여부에 있다. 보호가치이익설은 사
실적·경제적 이익을 가진 자에게도 원고적격이 인정될 수 있다고 보는

234; 김찬희, 앞의 글, 189쪽에서 재인용.
27) 박정훈, 앞의 책, 211쪽 참조.
28) 박정훈, 앞의 책, 211쪽 참조.

반면에, 법률상보호이익설에 따르면 실정법령상 보호되는 사익을 가진 자만이 원고적격을 갖기 때문에, 사실적·경제적 이익을 기초로 해서는 원고적격이 인정될 수 없다. 그런데 오늘날 법률상보호이익설을 취하는 경우에도, 근거 법규의 범위를 넓히는 등의 방법으로 원고적격 인정범위를 확대하려고 하는 경향이 나타나고 있다. 이에 원고적격을 확대하기 위해 법률상 보호이익이 넓게 인정되면서, 결과적으로 법률상보호이익설이 보호가치이익설에 근접해가고 있고, 법률상보호이익설과 보호가치이익설의 구별이 상대화되고 있는 것으로 보인다.

우리 판례 역시, 행정소송법 제12조 1문의 '법률상 이익'을 해석함에 있어서, 원칙적으로 법률상보호이익설에 입각하면서도, 원고적격을 확대하는 경향을 보이고 있다. 법률상보호이익설을 엄격하게 적용하여 원고적격을 인정할 경우 원고적격이 지나치게 좁게 인정되어 현실의 법률문제를 해결하기 어렵다는 인식에 따라, 판례는 원고적격 인정범위를 점점 넓혀가고 있는 것이다. 대상판결 역시 현실의 법률문제를 해결하기 위하여 원고적격 인정범위를 확장한 판결에 해당한다. 대상판결은, 환경상 이익에 대한 침해 또는 침해 우려가 있는 것으로 사실상 추정되어 법률상 보호되는 이익으로 인정됨으로써 원고적격이 인정되는 '영향권 내의 주민'에 해당하는지 여부를 판단함에 있어서, 거주지역이라는 형식적 기준을 일률적으로 적용한 것이 아니라, 실질적으로 취수 및 급수시설에 의하여 환경상의 영향을 받게 되는지 여부를 기준으로 함으로써, 원고적격 인정범위를 확장하였다.

이러한 대상판결은, ① 영향권 내 주민의 범위를 넓게 이해하는 것을 통해 원고의 입증책임을 완화함으로써, 원고적격 인정범위를 더 확장하였다는 점에서 유의미하고, ② 종전의 판례가 영향권 내 주민인지 여부를 판단함에 있어서 적용한 형식적 기준(영향권 내 지역에 거주하는지 여부)을 실질적인 기준(환경상 이익 침해의 유형 및 특성을 고려하여 볼 때 사실상 이익의 침해가 인정되는지 여부)으로 대체함으로써, 사실상 이익의 침해라는 사실적 요소를 근거로 판단하는 판례의 경향을 더욱 강화한 것이라고 평가될 수 있다. 그리고 ③ 영향권의 범위를 확장하여 종전의 판례에 의하면 영향권 밖의 주민에 속하는 원고들을 영향권 내의 주민에 포함시킨 것은, 가능한 한 법률상보호이익설로 설명가능한 판결을 하기 위해 노력한 것이라고 평가할 수 있다.

위에서 살펴본 바와 같이, 우리 통설과 판례는 원칙적으로 법률상보호이익설을 고수하면서, 법률상보호이익의 인정범위를 확장하는 방식으로, 법률상보호이익설을 엄격하게 적용할 경우 국민의 권익구제를 충실히 할 수 없다는 한계를 극복하고자 하였다. 그러나 이러한 방식은 원고적격에 관한 문제를 근본적으로 해결하지 못하였고, 원고적격 인정 여부를 판단하는 일관성 있는 이론적 기준의 부재로 이어졌다. 특히 사실상 이익의 침해라는 사실적 요소를 근거로 판단하는 판례의 경향이 더욱 강화되면서, 판례의 원칙적 기준인 법률상보호이익설로 설명이 어려운 판례가 증가하여 판결의 예측가능성이 낮아지고 있다.

위와 같은 문제 상황은 우리 취소소송의 구조와 기능에 부합하지 않는 법률상보호이익설을 고수함으로 인해 발생하는 이론과 실제 사이의 괴리로부터 야기된 것이라고 할 것이다. 이에 우리 취소소송의 구조와 기능의 실제에 부합하는 원고적격 인정 기준을 새롭게 정립할 필요가 있다고 생각된다. 항고소송제도의 실질적 변화 방향, 항고소송의 구조와 기능, 그리고 민주적 법치국가에서의 국민의 법적 지위에 비추어 볼 때, 법률상 이익을 보다 넓은 개념인 '법적인 이익'으로 해석하여, '처분의 취소를 구할 법률상 이익'을 '전체 법질서에 비추어 처분의 취소를 구할 수 있는 것으로 판단되는 이익'으로 해석하는 것이 타당할 것으로 생각된다.

참고문헌

[단행본]

김유환, 현대 행정법, 박영사, 제8판, 2023.

김철용, 행정법, 고시계사, 전면개정 제10판, 2021.

박정훈, 행정소송의 구조와 기능[행정법연구 2], 박영사, 2006.

이광윤, 행정법이론, 성균관대학교출판부, 2000.

하명호, 행정쟁송법, 박영사, 2019.

[논문]

강현호, 취소소송과 원고적격, 공법연구 제30집 제1호, 2001.

김찬희, 주관적 공권론의 의의와 한계 - 오트마 뷜러의 이론을 중심으로 -, 행정법연구 제69호, 2022.

김창조, 취소소송의 원고적격, 법학논고 제16집, 2000.

김향기, 행정소송의 원고적격에 관한 연구 - 환경행정소송에서 제3자의 원고적격을 중심으로 -, 환경법연구 제31권 제2호, 2009.

김현준, 도시계획사업인가처분취소소송과 제3자의 원고적격, 토지공법연구 제42집, 2008.

박규하, 주관적 공권과 행정소송의 원고적격, 외법논집 제16집, 2004.

박태현, 영향권 내 '주민'에서 영향권 내 '사람'으로 : 환경행정소송에서 원고적격에 관한 판례이론의 종합적 이해 - 대법원 2010. 4. 15. 선고 2007두16127 판결 논리에 대한 새로운 접근법, 강원법학 제32권, 2011.

이원우, 원고적격 확대를 위한 방법론의 전환 - 독점적 지위의 배제를 구하는 소송을 중심으로 -, 행정법연구 제66호, 2021.

이준서, '낙동강 취수장 판결'로 살펴본 환경행정소송상의 원고적격 확대의 문제 : 대법원 2010. 4. 15. 선고 2007두16127 판결에 대한 평석,

한양법학 제31호, 2010.
장경원, 환경행정소송과 제3자의 원고적격 – 대법원 2010. 4. 15. 선고
    2007두16127 판결을 중심으로, 환경법연구 제33권 제2호, 2011.

Wegener, Bernhard: Subjective Public Rights – Historical Roots versus
    European and Democratic Challenges, Debates in German Public
    Law, Hart Publishing, 2014.

국문초록

행정소송법 제12조 1문은 "취소소송은 처분등의 취소를 구할 법률상 이익이 있는 자가 제기할 수 있다"고 하여, 취소소송의 원고적격이 '법률상 이익이 있는 자'에게 인정된다고 규정하고 있다. 여기서 법률상 이익이 무엇인가에 대하여 다양한 견해가 주장되어 왔는데, 우리 통설과 판례는 원칙적으로 처분의 근거 법규 및 관련 법규에 의하여 개별적·직접적·구체적으로 보호되는 사익(私益)을 가진 자에게 원고적격이 인정된다고 보는 법률상보호이익설에 입각하고 있다. 다만, 법률상보호이익설을 엄격하게 적용하여 원고적격을 인정할 경우, 원고적격이 지나치게 좁게 인정되어 현실의 법률문제를 해결하기 어렵다는 인식에 따라, 판례는 원고적격 인정범위를 점점 넓혀가고 있다.

대법원 2010. 4. 15. 선고 2007두16127 판결 역시 현실의 법률문제를 해결하기 위하여 원고적격 인정범위를 확장한 판결에 해당한다. 대상판결은, 환경상 이익에 대한 침해 또는 침해 우려가 있는 것으로 사실상 추정되어 원고적격이 인정되는 '영향권 내의 주민'에 해당하는지 여부를 판단함에 있어서, 거주지역이라는 형식적 기준을 일률적으로 적용한 것이 아니라, 실질적으로 취수 및 급수시설에 의하여 환경상의 영향을 받게 되는지 여부를 기준으로 함으로써, 원고적격 인정범위를 확장하였다. 이러한 대상판결은, ① 영향권 내 주민의 범위를 넓게 이해하는 것을 통해 원고의 입증책임을 완화함으로써, 원고적격 인정범위를 더 확장하였다는 점에서 유의미하고, ② 종전의 판례가 영향권 내 주민인지 여부를 판단함에 있어서 적용한 형식적 기준(영향권 내 지역에 거주하는지 여부)을 실질적인 기준(환경상 이익 침해의 유형 및 특성을 고려하여 볼 때 사실상 이익의 침해가 인정되는지 여부)으로 대체함으로써, 사실상 이익의 침해라는 사실적 요소를 근거로 판단하는 판례의 경향을 더욱 강화한 것이라고 평가될 수 있다. 그리고 ③ 영향권의 범위를 확장하여 종전의 판례에 의하면 영향권 밖의 주민에 속하는 원고들을 법규에 구체적으로 규정된 영향권 내의 주민에 포함시킨 것은, 가능한 한 법률상보호이익설로 설명가능한 판결을 하기 위해 노력한 것이라고 평가할 수 있다.

대상판결에서도 확인할 수 있듯이, 판례는 원칙적으로 법률상보호이익설을 고수하면서, 법률상보호이익의 인정범위를 확장하는 방식으로, 법률상보호이익설을 엄격하게 적용할 경우 국민의 권익구제를 충실히 할 수 없다는 한계를 극복하고자 하였다. 그러나 이러한 방식은 원고적격에 관한 문제를 근본적으로 해결하지 못하였고, 원고적격 인정 여부를 판단하는 일관성 있는 이론적 기준의 부재로 이어졌다. 특히 사실상 이익의 침해라는 사실적 요소를 근거로 판단하는 판례의 경향이 더욱 강화되면서, 판례의 원칙적 기준인 법률상보호이익설로 설명이 어려운 판례가 증가하여 판결의 예측가능성이 낮아지고 있다.

위와 같은 문제 상황은 우리 취소소송의 구조와 기능에 부합하지 않는 법률상보호이익설을 고수함으로 인해 발생하는 이론과 실제 사이의 괴리로부터 야기된 것이다. 이에 우리 취소소송의 구조와 기능의 실제에 부합하는 원고적격 인정 기준을 새롭게 정립할 필요가 있다고 생각된다. 항고소송제도의 실질적 변화 방향, 항고소송의 구조와 기능, 그리고 민주적 법치국가에서의 국민의 법적 지위에 비추어 볼 때, 법률상 이익을 보다 넓은 개념인 '법적인 이익'으로 해석하여, '처분의 취소를 구할 법률상 이익'을 '전체 법질서에 비추어 처분의 취소를 구할 수 있는 것으로 판단되는 이익'으로 해석하는 것이 타당할 것이다.

주제어: 원고적격, 법률상 이익, 환경행정소송, 사실상 침해, 영향권

Abstract

The Need to Redefine Standing to Sue in Administrative Litigation
－ Focusing on the Limits of Expanding Standing to Sue Based on Factual Factors －

Kim, Chanhee*

According to Article 12 of the Administrative Litigation Act, a revocation suit may be instituted by a person having legal interests to seek the revocation of a disposition, etc. There are various views on what constitutes a 'legal interest', but the majority opinion and precedents are based on the 'legal protection interest theory', which holds that a person who has a private interest that is individually, directly, and specifically protected by the laws has the legal interest. However, the Supreme Court has increasingly broadened the scope of standing to sue in administrative action in response to the realization that strictly applying the statutory protective interest theory to recognize plaintiffs' standing may result in an overly narrow definition of standing, making it difficult to resolve actual legal issues.

'Supreme Court Decision 2007Du16127 Decided April 15, 2010' is also an example of a decision that expands the scope of standing to sue in administrative action to solve actual legal problems. This decision expanded the scope of standing to sue by determining whether a person

---

* Ph.D. in Law, Attorney－at－Law.

is recognized as a 'resident within the affected area,' based on the criterion of actual impact by water intake and supply facilities, rather than applying the formal criterion of residency within the area. This decision is significant in that it (1) expanded the scope of standing to sue by easing the plaintiff's burden of proof through a broader understanding of the scope of residents in the affected area; (2) replaced the formal criterion applied by previous judgments to determine whether a person is a resident of the affected area with a substantive criterion(whether a de facto infringement of interests is recognized in light of the type and nature of the infringement of environmental interests), further reinforcing the trend of judgments based on the factual element of de facto infringement of interests. And (3) by expanding the scope of the affected area to include plaintiffs who were outside the affected area under previous precedents as residents within the affected area, it can be evaluated as an effort to provide a ruling that can be explained as much as possible by the legal protection interest theory.

As can be seen in the 'Supreme Court Decision 2007Du16127 Decided April 15, 2010', the Supreme Court endeavored to overcome the limitations that arise from the strict application of the legal protection interest theory, while still adhering to it in principle. However, this approach did not fundamentally solve the problem of standing to sue in administrative action and led to the lack of a consistent theoretical standard. In particular, with the growing trend of judging cases based on the factual elements, the number of cases that are difficult to explain using the legal protection interest theory has increased, leading to a reduction in the predictability of judgments.

The above problematic situation is a result of the gap between theory and practice caused by the adherence to the legal protection interest theory, which is inconsistent with the structure and function of Korean revocation suit. Therefore, it is necessary to establish a new standard for recognizing standing to sue in administrative action that is in line with the actual structure and function of revocation suit. Regarding (1) the tendency of expanding the scope of standing to sue in administrative action, (2) the structure and function of revocation suit and (3) the legal status of the people in a democratic rule of law country, it is appropriate to interpret 'legal interests to seek the revocation of a disposition' as 'interests that can be regarded as interest to seek revocation of a disposition in light of the entire legal system'.

Keywords: standing to sue, legal interest, environmental administrative litigation, injury in fact, affected area

투고일 2023. 12. 11.
심사일 2023. 12. 26.
게재확정일 2023. 12. 29.

선거소송을 통한 정당 내 민주주의의 구현 가능성*

대상판결: 대법원 2021. 12. 30. 선고 2020수5011 판결

계인국**

Ⅰ. 대상판결의 개요

1. 사건의 개요

대상판결은 2020. 4. 15. 실시된 제21대 국회의원 선거(이하 '이 사건 선거') 중 비례대표전국선거구국회의원(이하 '비례대표국회의원') 선거가 무효임을 구하는 소에 대한 것이다.

이 사건 선거에서 전체 투표수 29,126,396표 중 미래한국당은

---

* 본 논문은 2023년도 고려대학교 행정전문대학원 특성화연구비(K2317301)에 의해 연구되었다.
** 고려대학교 행정전문대학원 교수, 법학박사

9,441,520표(득표율 33.84%), 더불어시민당은 9,307,112표(득표율 33.35%), 정의당은 2,697,956표(득표율 9.67%), 국민의당은 1,896,719표(득표율 6.79%), 열린민주당은 1,512,763표(득표율 5.42%)를 각각 득표하였고 정당의 비례대표국회의원 선거 득표비율과 정당의 지역구 국회의원 당선인 수에 연동하여 배분됨에 따라 21대 비례대표국회의원 의석은 미래한국당에 19석, 더불어시민당에 17석, 정의당에 5석, 국민의당에 3석, 열린민주당에 3석이 각각 배분되었다.

원고가 주장하는 선거무효사유는, (i) 더불어시민당과 미래한국당(이하 '이 사건 각 정당')이 국민의 자발적이고 독립적인 정치적 결사, 국민의 정치적 의사형성 참여라는 목적, 국민의 정치적 의사형성에 필요한 조직 및 그 조직의 민주성, 지속성 및 공고성 등 헌법이 요구하는 정당의 개념 표지를 갖추지 못한 정당으로 국민의 정치적 의사를 왜곡할 목적으로 창당되어 이 사건 선거에 참여하였고, 이 사건 각 정당이 모(母)정당과 별개의 정당으로 취급되면서 정당 간의 기회균등과 공정성이 훼손되었으며 (ii) 이 사건 각 정당의 각 비례대표국회의원 후보자 추천 절차는, 후보자 심사주체인 각 공천관리위원회가 합의추대 방식으로 구성한 최고위원회의가 진행하는 등 심사주체 구성절차가 비민주적이고 이 사건 각 정당이 확정한 후보자 명단에 더불어민주당 또는 미래통합당이 비례대표 후보자로 결정하였거나 영입하였던 인사가 포함되는 등 심사 과정 또한 비민주적이며, 공천관리위원회가 순위를 정한 후보자명부에 대하여 비민주적으로 구성된 선거인단이 찬반투표 방식으로 투표를 하여 대의원·당원으로 구성된 선거인단의 민주적 투표절차에 따라 추천할 후보자를 결정하였다고 볼 수 없어 구 공직선거법(2020. 12. 29. 법률 제17813호로 개정되기 전의 것, 이하 '구 공직선거법'이라 한다) 제47조 제2항 에 정한 후보자 추천 절차를 지키지 아니하였고, 중앙선거관리위원회는 이 사건 정당의 후보자등록을 무효로 하지 않은 선거사무

집행상의 위법과 하자가 있다는 주장이다

2. 참조조문

[1] 정당법 제4조 제1항, 제2항, 제12조 제1항, 제2항, 제15조, 제
17조, 제18조, 제41조 / [2] 구 공직선거법(2020. 12. 29. 법률 제17813호로
개정되기 전의 것) 제52조 제1항, 제2항, 제3항, 제4항, 공직선거법 제47
조, 제49조 제1항, 제2항, 제3항, 제4항, 제8항 / [3] 헌법 제8조, 정당법
제1조, 제37조 / [4] 구 공직선거법(2020. 12. 29. 법률 제17813호로 개정되
기 전의 것) 제47조 제2항 제1호, 제2호 / [5] 정당법 제2조, 공직선거법
제88조

3. 판결요지

[1] 정당법 제4조 제1항 은 "정당은 중앙당이 중앙선거관리위원회
에 등록함으로써 성립한다."라고 규정하여 정당설립의 요건으로 정당등
록을 들고 있다....정당등록에 관한 규정에 의하면 중앙선거관리위원회
위원장은 정당이 정당법에 정한 형식적 요건을 구비한 경우 등록을 수
리하여야 하고, 정당법에 명시된 요건이 아닌 다른 사유로 정당등록신
청을 거부하는 등으로 정당설립의 자유를 제한할 수 없다.

[2] (...)공직선거법 제47조 는 정당의 공직선거 후보자 추천 권한
에 관하여 규정하고 있는데, 정당의 후보자 추천 절차와 직접적인 관련
이 없는 정당의 목적, 조직, 활동 등 다른 사유로 정당의 후보자 추천을
제한하고 있지 않다. 나아가 공직선거법 제49조 제1항 내지 제4항 은
공직선거 후보자의 등록 시 제출하여야 할 서류를 열거하고 있고, 같은
조 제8항 에서 관할선거구선거관리위원회는 후보자등록신청이 있는 때
에는 등록신청서, 정당의 추천서 등 특정 서류를 갖추지 아니한 경우가

아닌 한 즉시 이를 수리하여야 한다고 규정하고 있다. 또한 구 공직선 거법(2020. 12. 29. 법률 제17813호로 개정되기 전의 것)은 제52조 제1항 내 지 제4항 에서 후보자등록 무효 사유를 한정적으로 열거하고 있고, 관 할선거구선거관리위원회로서는 위 조항에 열거되지 않은 사유를 이유 로 후보자등록을 무효로 할 수 없다.

[3] (...)정당의 활동은 헌법의 테두리 안에서 보장되는 것이고, 정 당은 정치적 조직체인 탓에 그 내부조직에서 형성되는 과두적, 권위주 의적 지배경영을 배제하여 민주적 내부질서를 확보하기 위한 법적 규제 가 불가피하게 요구된다. 그러나 정당의 내부질서에 대한 규제는 그것 이 지나칠 경우 정당의 자유에 대한 침해의 위험성이 있으므로 민주적 내부질서 확보에 필요한 최소한도의 규제로 그쳐야 한다.

[4] 비례대표국회의원 후보자 추천에 관하여 정당은 후보자 추천 절차의 구체적인 사항을 당헌 또는 당규로 정하여 그 당헌 또는 당규에 따라 민주적 심사절차를 거쳐 대의원·당원 등으로 구성된 선거인단의 민주적 투표절차에 따라 추천할 후보자를 결정하여야 하고, 관할 선거 관리위원회인 중앙선거관리위원회 위원장은 정당이 제출한 비례대표국 회의원 선거의 후보자 추천 절차에 관한 자료를 심사하여 정당이 구 공 직선거법(2020. 12. 29. 법률 제17813호로 개정되기 전의 것) 제47조 제2항 제1호 및 제2호 전단에 따라 민주적 심사를 거쳐 대의원·당원 등으로 구성된 선거인단의 민주적 투표절차에 따라 후보자를 결정하였는지, 후 보자 추천 절차의 구체적 사항을 당헌·당규로 정하고 그에 따라 후보자 를 결정하였는지를 심사하여야 하며...이와 같은 비례대표국회의원 후보 자 추천을 위한 심사 및 대의원·당원 등으로 구성된 선거인단에 의한 투표 절차는 '민주적'일 것, 즉 비례대표국회의원 후보자 결정을 위한 심사·투표 절차에 당원의 의사가 반영될 수 있는 방식일 것이 요구된다.

[5] (...)정당이 추구하는 정치적 주장이나 정책을 실현하기 위하여 자당의 후보자를 추천하는 것은 물론 자당의 후보자를 추천하지 않고

다른 정당의 추천후보자나 무소속후보자를 지지·지원하는 것 또한 정당의 본래의 기능에 속한다(…)

Ⅱ. 현대 헌법국가에서 정당과 민주주의

1. 민주주의와 의회주의

(1) 논의의 방향

대상판결은 헌법상 정당의 지위로서 정당의 자유와 그에 따라 정당이 공직선거 후보자를 추천함에 있어 정당 내 민주주의의 요청 및 이에 대한 통제를 내용으로 한다. 현대 헌법국가에서 정당이 민주주의와 의회주의에 있어 가지는 의미, 그리고 정당 내 민주주의를 올바르게 이해하기 위해서는 민주주의와 의회주의에 대한 개념적 이해부터 명확히 할 필요가 있다. 어쩌면 이는 다소 일반적인 내용이고 교과서적인 내용일 수도 있지만 실제로 개념에 대한 오해는 자주 발견된다. 흔히 나타나는 오해의 예는 어원적 분석내용을 그대로 민주주의의 내용으로 치환시키는 경우이다. 이로써 대의제에 대한 불신이나 동일성 민주주의와 같은 급진적 관점, 그리고 의회주의의 현대적 변화를 위기로만 이해하는 것, 이른바 동일성 민주주의에 기초하여 의원을 소위 민의에 기속시켜 입법공무원 차원의 기속위임을 주장함이 나타난다. 이런 견해들은 대개 헌법원칙들이 현실 정치를 충분히 반영하지 못한다는 비판의식에서 출발하지만, 오히려 과거의 관점에 의거하여 현대 헌법국가에서의 변화를 포착하지 못하는 것이기도 하다. 이러한 오해는 민주주의와 의회주의의 변화 상황에서 정당의 역할이 무엇이며 이를 위해 전제되어야 할 정당의 민주화가 무엇이며 또한 어떻게 이를 담보할 것인가 등의 논의를 잘못된 방향으로 이끌 수도 있다. 특히 이를 사법적 수단으로 통제해야 하는 경우 실효성과 정당의 자유를 각각 어떻게 조화시킬 것인지는 위의 관점에 따라 크게 영향을 받게 된다. 따라서 민주주의에 대한 어원적 분석과 그 한계를 살펴볼 필요는 충분하다.

(2) 민주주의의 어원적 분석과 그 한계

본래 민주주의가 무엇인가에 대한 답은 서술적이고 또한 개방적으로 주어질 수밖에 없기에, 각자의 인지적 표상에 맡겨진 불명확한 개념을 포착하기 위해 어원적 접근을 시도하는 것 자체는 일반적 접근방법이라 할 것이다. 민주주의를 어원적으로 살펴보면 demos(국민: 民)와 cratia(지배하다: 主)의 합성어로 그 자체로는 일단 국민이 스스로를 지배한다는 의미를 가진다.[1] 그러나 이런 어원적 의미가 항상 이상적인 민주주의를 말하는 것도 아니거니와,[2] 이를 통해 대상을 어떻게 형성할 것인지 곧바로 답을 찾을 수는 없다. 그러나 이러한 어원적 분석결과를 곧바로 민주주의의 실천적 의미로 대체해버리는 것은 문제가 된다. 즉 어원적 의미만을 가지고 대의제를 배격하고 직접민주주의 또는 직접민주적 요소만이 올바른 것이라고 한다거나 치자와 피치자가 동일하다는 동일성 민주주의(identitäre Demokratie)[3]로 이어지게 되면[4] 오히려 현대 민주주의를 배척하고 심지어 파괴할 수도 있는 방향으로 나아갈 위험이 매우 크다.[5]

대의제를 문제의 출발점으로 진단하여 직접민주주의와 동일성 민

---

1) 계희열, 헌법학(상), 219면
2) 대의제가 단지 '이상적인 직접민주주의'에 대해 단지 '차선의 선택'이 아니라 보다 바람직한 최상의 선택임을 Sieyes와 Burke의 예를 들어 역설하는 견해로는, 한수웅, 헌법학, 116면
3) *C. Schmitt*, Die geistesgeschichtliche Lage des heutigen Parlamentarismus, 3. Aufl. 1961, S. 30 ff.; ders., Verfassungslehre, 3. Aufl. 1957, S. 234 ff.
4) 예를 들어, 박정훈, 行政法과 '民主'의 自覺, 행정법연구 제53호, 5면 이하.
5) 계희열, 헌법학(상), 219면, 221면 참조. 같은 견해로, 한수웅, 헌법학, 129면 이하

주주의를 이상형으로 여기는 견해[6]는 대체로 국민주권주의나 공화주의
에 의거한다. 민주주의가 국민주권주의에 기초하고 있음은 분명하나,
현대 헌법국가에서 국민주권주의는 오히려 역사적·이념적 의미에 머
무를 뿐 국가질서의 형성을 위한 구체적인 내용까지 제공하지는 못한
다.[7] 군주주권에 대한 투쟁원리로서 공화주의 역시 전제군주제에 대한
거부와 국민주권의 수행을 위한 구조인 공화제 또는 입헌군주제의 형식
으로 소진되었다.[8] 물론 국민주권주의가 국가질서의 근거 및 지향점을
제시하는 기본적이고 중요한 가치임에는 분명하지만, 국민주권을 관철
시킨다고 해서 국가질서가 곧바로 민주적이 되는 것은 아니며 국민주권
과 공화주의가 대의제를 배격하지도 않는다.[9] 오늘날 민주주의를 둘러
싼 문제들의 해결은 국민이 직접 스스로를 지배한다는 불분명하고 추상
적인 이념선언보다는, 오히려 국민이 실제로 주권자일 수 있도록 하는
국가질서를 어떻게 민주적으로 구성하느냐,[10] 즉 치자와 피치자의 관계
를 어떻게 민주적이고 합리적으로 구성할 것인가에 달린 것이다.

　　이렇게 보면 치자와 피치자를 동일하다고 보는 동일성 민주주의는
이미 출발점에서부터 명확한 한계를 나타낸다. 나아가 동일성 민주주의
는 소수지배의 현실을 은폐하거나 외면하고, 진정한 지배관계를 기만하
기 쉽고 민주주의의 실질적 이해를 불가능하게 할 뿐만 아니라 치자와
피치자가 같다는 전제 아래에서 갈등의 존재를 애초에 부정해버리거

　6) 박정훈, 行政法과 '民主'의 自覺, 행정법연구 제53호, 5면 이하.
　7) 계희열, 헌법학(상), 225면.
　8) T. Lämmerzahl, Die Beteiligung Privater an der Erledigung öffentlicher Aufgaben, S.
　　 45.
　9) 계희열, 헌법학(상), 229면; 장영수, 헌법학, 152면; 한수웅, 헌법학, 114면.
　10) 대한민국 헌법 역시 국민주권주의를 바탕으로 하면서 대의제를 통해 국가권력이
　　 행사됨을 명시적으로 밝히고 있다. 예를 들어, 헌법 제41조나 제67조에서 국회의원
　　 과 대통령선거를 각각 규정하고 이에 따라 헌법 제40조의 입법권, 제66조의 행정
　　 권이 구성되며 다시 제101조의 사법권이 구성된다.

나,11) 현실적으로 갈등이 발생하는 경우 그저 이를 − C. Schmitt의 결단론적 표현으로 − "해결"해야 하는 반공동체적, 반헌법적 상황으로 보게 되므로 오히려 민주주의의 기본적 가치에 정면으로 반하게 된다.12) 결국 어원적 분석에서 도출된 '국민의 자기지배'라는 요소만으로 곧장 민주주의를 이해하고 완성시키려 하면 민주주의를 그저 당위적 관점에서 급진적으로만 바라보게 되어 현실에서는 도저히 실현할 수 없게 되고 마침내 민주주의를 극심히 왜곡·기만하거나 심지어 민주주의 자체를 포기하는 결과로 나타날 위험이 매우 크다.13)

(3) 의회주의의 어원적 분석과 한계

마찬가지로 의회와 의회주의의 어원적 분석은, 앞서 민주주의의 어원적 분석이 지닌 한계와 동일한 문제를 가져온다. 의회(parliament)의 어원은 라틴어의 'parliamentum'과 동일한 어원을 가진 프랑스어의 'parler'(parlement: 말하다)에서 온 것으로 이에 따르면 의회는 '말하는 곳', '대화하는 곳' 또는 '회의장'이 된다. C. Schmitt는 어원에 따라 의회주의의 본질을 토론과 공개성으로 보고14) 19세기 입헌군주제의 의회를 이상적 모델로 보았다. 그러면서 Schmitt는 현대 의회가 19세기 입헌군주제 당시의 의회와 같은 모습이 아니라는 것 자체에서 의회주의가 위기에 봉착했다고 보았다. 즉, 정당국가적 경향으로 인해 개개 의원들의 토론 대신 정당의 정책 방향이 더 중요하게 되었고 전체 회의가 아니라 정당 대표 간의 협의나 소위원회의 기능이 강화되는 등 공개성 역시 변

---

11) *K. Hesse*, Grundzüge des Verfassungsrechts der Bundesrepublik Deutschland, 20. Aufl. Rn. 131.; 계희열, 헌법학(상), 221면 이하; 장영수, 헌법학, 153면; 한수웅, 헌법학, 131면.

12) 이러한 갈등의 억압은 결국 자유의 억압이 되며 그 극단화는 전체주의에 귀결된다. 장영수, 헌법학, 153면.

13) 계희열, 헌법학(상), 221면.

14) *C. Schmitt*, Die geistesgeschichtliche Lage des heutigen Parlamentarismus, 3. Aufl. 1961, S. 41 ff.

화되었으므로 정당정치의 발달을 의회주의의 위기라고 본 것이다.[15]

정당국가화 경향이 의회와 의회주의에 많은 변화를 가져온 것은 분명하나, 이것이 정말 의회주의의 변화인지 위기인지는 — Hesse가 적절히 지적한 바와 같이 — 결국 의회가 그에게 부과된 과제를 올바르게 수행해 왔는지, 또한 의회가 하나의 제도로서 여전히 그에게 부과된 임무를 올바르게 수행할 수 있는지가 그 판단기준이 되어야 한다.[16] 오늘날 의회주의는 국민에 의해 민주적으로 선출된 합의체로서의 국민대표기관인 의회가 입법권을 가지고 또한 집행권에 대한 통제권을 행사하는 등으로 국정운영에 참여하는 정치원리로 볼 수 있다. 그러므로 의회는 대표의 원리(Prinzip der Repräsentation)에 의해 국민을 대표하며, 국민과 대표의 관계는 사법상의 위임이나 대리와 달리 정치적 성격의 자유위임이다. 의회가 오늘날 대중민주주의 하의 대의제에서 필수적인 요소인 정당으로 인해 그 임무를 수행하는 방식이나 절차가 변화한 것은 사실이지만[17] 어원적 의미에 보다 충실한 19세기 의회를 이상형적 모델로 보아 이에 부합하지 않음이 의회주의의 위기라고 단정하여서는 안된다. 오히려 정당국가화 경향이 의회주의의 변화를 실제로 위기로 만들어버릴 수 있는 부분을 포착하는 것이 중요한 바, 이는 바로 정파강제(Fraktionszwang)이다.[18]

---

15) 이에 대해서는, *C. Schmitt*, Die geistesgeschichtliche Lage des heutigen Parlamentarismus, 3. Aufl. 1961, S. 62 f.

16) *K. Hesse*, Grundzüge des Verfassungsrechts der Bundesrepublik Deutschland, 20. Aufl., Rn. 575.

17) 여기서 정당으로 인한 문제란 정당국가화 경향 그 자체를 말하는 것이지 정당 스스로도 제 기능을 하지 못하는 정치적 후진성의 문제를 말하는 것은 아니다. 물론 정당국가화 경향 안에서 정당정치의 후진성은 더욱 큰 문제를 가져오지만 이는 병리적 현상으로 다뤄져야지 그 자체로 의회주의의 위기라고 보는 것은 구별되어야 한다.

18) Schmitt 역시 정파강제를 의회주의 위기의 요인으로 보고 있다. *C. Schmitt*, Die geistesgeschichtliche Lage des heutigen Parlamentarismus, 3. Aufl. 1961, S. 61 ff.

결국 의회와 의회주의의 어원적 의미는 － 민주주의의 어원과 마찬가지로 － 중요한 의미와 내용을 제공하긴 하지만 여기에만 고착되는 경우 현대 의회주의를 제대로 포착하는 데에 오히려 장애가 된다. 동일성 민주주의를 주장하여 보아 결과적으로 치자와 피치자의 관계를 기만하고 왜곡하고 말았던 것과 유사하게 C. Schmitt는 정당정치에 대한 강력한 거부를 통해 － 의회주의 원리를 설명하고 요건을 제시한 성과에도 불구하고 － 결과적으로 현대 의회주의가 나아갈 방향을 오히려 흐리게 만들었다.

(4) 평가

어원적 의미만으로 현대 헌법국가의 제반 원칙들을 담아낼 수 없는 것은 사실 논리적으로 당연하다. 어원적 의미에 따른 민주주의나 의회주의의 개념은 근대 입헌주의 시대나 심지어 그리스, 로마 시대의 형상을 인지적 표상으로 삼고 있는 관념어(conception)이기 때문이다. 고대 그리스 아테네의 아고라에서의, 혹은 로마 시대 원로원에서의 직접 민주주의와 대의제가 보여준 표상은 인류의 역사를 거쳐오면서 재편되고 분류되거나 새롭게 제안되고 합의된 개념어(concept)를 통해 각각 여러 모양으로 전개되어 왔다. 특정한 개념어(concept)를 통해 전개된 제도에서 발생한 어떤 병리적 현상을 분석하기 위해 인지적 표상인 관념어(conception)에 해당하는 어원적 의미를 살피는 것은 문제의 해결이 아니라 출발점일 뿐이다. 따라서 이로부터 성급하게 어떤 내용이나 결론을 도출하는 것은 논리적 비약이 되는 것이다. 게다가 민주주의라는 개방적인 헌법 원칙에 있어 현시대의 문제를 해결하기 위해 과거 특정 시점에 고착되어 과거의 관점과 모델로 평가하는 것 역시 적절한 해결책이 아니다. 오히려 헌법과 그 헌법 체계가 작동하고 있는 현실인 소위 현대 헌법국가(moderner Verfassungsstaat)[19]를 통해 민주주의, 정당 내 민주주의, 의회주의 등이 이해되어야 한다. 이렇게 보면, 현대 헌법

국가의 정당국가적 민주주의 그 자체가 문제가 아니라 정당국가적 민주주의가 정상적으로 기능하지 못하게 되는 요인들이 문제이며, 그 중 가장 주된 요인으로 지목되는 정파강제를 예방하고 극복하기 위해 정당 내 민주주의를 어떻게 실현할 것인지가 중요하다.

2. 정당의 개념표지

대상판결에서 원고는 이 사건 각 정당이 정당의 개념표지를 갖추지 못한 상태에서 설립되었으며 그 목적이 이 사건 각 정당과 모(母)정당 간의 혼란을 의도적으로 야기한 상태에서 이 사건 선거에 참여하여 국민의 정치적 의사를 왜곡시켜 의회 내의 의석을 확보하려는 것으로 주장하고 있다.

(1) 법학적 개념

정당의 개념은 정치학을 포함한 다양한 학문 분과에서 정의할 수 있다. 그러나 정당의 법학적 개념을 확정하는 것이 필요한 바, 이를 통해 법적으로 정당이라고 인정되는 경우 정당은 헌법과 법률이 정하는 특별한 보호와 지원을 받게 되기 때문이다. 법학적 의미에서 정당의 개념표지를 살펴보면 첫째, 단순 이익단체나 압력단체와 달리 국민의 이익을 위해 책임있는 정치적 주장과 정책을 추진해야 한다. 둘째, 정당은 공직선거 후보자를 추천하고 지지하여 국민의 정치의사형성에 참여해야 한다. 셋째, 정당은 자발적 조직으로 관권에 의해 조직되는 단체가 아니다.[20] 이러한 개념표지에 의거하여 현행 정당법 제2조는 "이 법에

---

19) 시대적, 장소적 배경 등을 통한 국가와 국가법학의 이해에 대해서는, 계인국, "사회적 안전보장에 대한 국가론의 역할", 공법연구 제51집 제3호, 154면 이하; "국가법학의 본질과 연구대상, 국가법연구 제15집 제3호 참조.
20) 정당의 개념표지에 대하여는, 계희열, 헌법학(상), 257면 이하. 다음의 문헌을 또한 참고, 장영수, 헌법학 258면 이하; 한수웅, 헌법학, 196면 이하.

서 정당이라 함은 국민의 이익을 위하여 책임있는 정치적 주장이나 정책을 추진하고 공직선거의 후보자를 추천 또는 지지함으로써 국민의 정치적 의사형성에 참여함을 목적으로 하는 국민의 자발적 조직을 말한다"고 법적 개념을 정하고 있다.

그러나 법학적 개념표지를 정하는 것만으로 정당의 법적 개념이 충분히 확립되었다고 보기는 어렵고 정당의 개념정의에 정당의 임무사항이 혼재되어 있다는 점도 지적될 수 있다. 뿐만 아니라 과거 정당의 개념표지로 인정되던 내용이 제외되기도 한다. 예를 들어 구 정당법21) 이나 독일의 정당법은 정당이 책임있는 정치적 주장이나 정책을 추진하기 위한 조건으로 시간적 요건과 공간적 요건을 둔 바 있다.22) 즉 정당은 상당한 기간 또는 계속해서 상당한 지역에서 국민의 정치적 의사형성에 참여해야 한다는 것이고 이러한 제한은 헌법상 정당의 개념표지를 구현하기 위해 합리적 제한으로 인정되기도 하였다.23) 특히 선거를 앞두고 신생정당이 난립하고 이합집산을 거듭하는 것은 책임있는 정치적 주장이나 정책 추진과는 거리가 멀다고 할 수 있겠으나 다른 한편 이를 통해 다양한 정치적 의사형성이 이뤄진다는 것을 부정하기도 어렵다.

---

21) 구 정당법 제25조 이하에서는 국회의원지역 총수에 비례하여 지구당 수를 확보하고 이들 지구당이 5개 이상의 시도에 분산되어 있을 것과 각 지구당에도 일정 수 이상의 당원을 가질 것을 요구하여 지속성과 공고성이라는 독일 정당법상 정당의 개념표지와 유사한 내용을 규정한 바 있다.

22) 특히 시간적 계속성은 독일 정당법이 개념표지로 인정하는 지속성(Beständigkeit)과 공고성(Festigkeit)에 연결된다. 계희열, 헌법학(상), 259면 참조.

23) 헌재 2006. 3. 30. 2004헌마246 "이 사건 법률조항이 비록 정당으로 등록되기에 필요한 요건으로서 5개 이상의 시·도당 및 각 시·도당마다 1,000명 이상의 당원을 갖출 것을 요구하고 있기 때문에 국민의 정당설립의 자유에 어느 정도 제한을 가하는 점이 있는 것은 사실이나, 이러한 제한은 "상당한 기간 또는 계속해서", "상당한 지역에서" 국민의 정치적 의사형성 과정에 참여해야 한다는 헌법상 정당의 개념표지를 구현하기 위한 합리적인 제한이라고 할 것이므로, 그러한 제한은 헌법적으로 정당화된다고 할 것이다"

이러한 제한을 어떻게 기술적으로 둘 것인지, 정당의 지속성과 공고성이 다양한 정치적 의사형성과 어떻게 조화를 이룰 것인지 어려움이 있다. 이러한 어려움으로 인해 법적 판단에서는 종종 형식적 측면에서의 정당의 요건, 즉 정당의 등록요건을 중심으로 정당의 개념을 판단하기도 한다.[24)]

(2) 정당의 등록요건

현행 정당법은 정당의 개념표지 외에 형식적으로 정당 중앙당이 중앙선거관리위원회에 등록함으로써 성립함을 규정하고 있으며(제4조 제1항) 그 등록요건으로 시·도당 수 및 시·도당의 당원 수(제4조 제2항, 제17조, 제18조), 등록신청서의 기재사항(제12조 제1항, 제2항), 유사명칭 등의 사용금지(제41조) 등을 규정하고 있다. 각 요건은 형식적 요건을 구비하는 한 관할 선거관리위원회가 등록을 거부할 수 없도록 하여(제15조) 선거관리위원회가 등록에 있어서는 정당의 개념표지에 대한 실질적인 해석을 하지 않도록 하였다. 정당의 등록요건은 그러므로 현행법상 최소화된 형식적 의미를 통해 정당이 법적 보호의 범위 안으로 진입할 수 있도록 하는 의미를 가지는 것이며,[25)] 따라서 형식적으로만 해석되어야 한다. 즉, 정당의 개념은 앞서 살펴본 바와 같이 그 개념표지가 변화가능하고 해석의 여지가 있으며, 현행법상 정당개념의 표지 외의 개념표지가 계속 모색되어야 하나,[26)] 최소화된 형식적 개념으로 등록요건은 법문언에 따라 엄격하게 적용되어야 한다.

대상판결은 이러한 점을 감안하여 이 사건 각 정당이 정당법에 규

---

24) 등록요건을 정당 개념의 현행법상 구체화로 이해하는 견해는 한수웅, 헌법학, 204면 이하. 반면 등록을 개념표지 또는 성립요건으로 볼 경우 정당의 자유를 침해할 가능성이 있다는 지적으로는 계희열, 헌법학(상), 259면.

25) 장영수, 헌법학, 262면.

26) 계희열, 헌법학(상), 249면.

정된 정당등록 요건을 구비하여 등록을 신청한 이상 이를 수리하여야
하고 정당의 설립 목적, 조직과 활동, 정치적 성격 등을 이유로 정당등
록을 거부할 수 없다고 판시하였다. 현행법상 "국민의 이익을 위하여
책임있는 정치적 주장이나 정책을 추진하고 공직선거의 후보자를 추천
또는 지지함으로써 국민의 정치적 의사형성에 참여함을 목적"으로 함의
판단은 사후적인 선거소송에서 단정적으로 판단하기 어렵고, 경우에 따
라서는 적절하지 않을 수도 있다. 이는 이하에 살펴볼 정당의 자유27)와
관련된다.

3. 정당 내 민주주의의 요청

보통선거의 원칙이 일반적으로 통용되는 현대 헌법국가에서 정당
은 국민들의 정치적 의사를 형성하고 통합하고 조직화하는 역할을 한
다. 정당은 민주주의의 실현을 위해 필수적인 정치의사의 예비형성에서
부터, 조직화되고 제도화된 수준의 정치의사를 결집하고 표현하고 실현
하는 넓은 영역에서 활동한다. 이처럼 정당이 민주주의에서 필수적인
요소가 되다 보니, 만약 정당이 제 기능을 다하지 못하는 경우 민주주
의 전체에 큰 문제를 가져올 수 있다. 따라서 민주주의를 위해서는 정
당이 민주적이어야 하고 이는 결국 정당 내 민주화가 발전하여야 가능
한 것이다. 즉, 정당 내 민주화 없이 정당의 민주화는 없고 정당의 민주
화 없이 민주주의도 없다.28)

정당 내 민주주의는 먼저 정당 내에서 자유로운 정치의사형성이
가능해야 함을 의미한다. 이를 위해서는 정당 내, 특히 원내교섭단체 내
에서의 의사형성이 충분한 자유토론을 거쳐 민주적으로 이루어져야 하

---

27) 이하 Ⅲ. 1. 참조.
28) 계희열, 헌법학(상), 271면.

고 자유위임의 원칙이 보장되어야 한다. 다음으로 당원은 정당 내의 의사형성에 참여할 수 있는 지위를 가져야 한다. 일련의 절차는 당원에 의해 통제가 가능해야 하며 특히 당 지도부의 구성이나 활동이 민주적 절차에 의한 당원의 의사형성에 기초하여야 한다.[29] 특히 정당은 공직선거에서 참여하여 후보자를 추천하기 때문에 정당의 후보자추천이 비민주적인 경우 당원은 전적이고도 불합리하게 당 지도부에 예속될 것이므로 정당 내 민주주의는 실현될 수 없다.

정파강제를 비롯한 정당국가화 경향의 부작용이 의회주의의 변화를 의회주의의 "위기"로 이끌지 않게 하려면 결국 정당 내 민주주의를 실현하는 것이 효과적일 뿐만 아니라 사실상 유일한 수단이다. 정당국가적 민주주의에서는 선거의 성격이 인물선택에서 정당 또는 정당지도자에 대한 신임투표로 변모하고 있고 의원은 오늘날 정당대표의 성격을 보이며, 그렇기 때문에 의원은 정당의 기본적 정치노선을 따를 수밖에 없는 측면이 있다. 그러나 반대로 의원은 당원으로서 정당 내에서 자유로운 의사형성절차에 참여하고 공직선거후보 추천절차가 민주적으로 형성되고 실현될 것을 주장할 수도 있다. 결국 정당 내 민주주의의 수준은 의원이 정당의 정책에 구속되는 정도가 정당국가적 민주주의의 필연적 결과의 수준인지 의회주의의 위기상황으로서 정파강제인지를 가늠하는 잣대가 된다.

---

29) 위의 내용에 대해서는, 계희열, 헌법학(상), 271면 이하; 장영수, 헌법학, 265면 이하.

Ⅲ. 정당의 후보자추천과 정당 내 민주주의

1. 정당의 자유

앞에서 현대 헌법국가의 대의민주주의 그리고 의회 민주주의에서 정당이 필수적인 요소임을 살펴보았다. 대한민국의 헌법 역시 정당이 민주주의 필수적 요소임을 감안하여 1960년 헌법에서 정당에 관한 규정을 도입하였으며 헌법 개정을 거듭하면서 정당국가적 민주주의의 요소들이 추가적으로 수용되어 왔다. 현행 헌법에서는 제8조 제2항에서 정당의 조직과 활동 및 목적이 민주적일 것을 요구하고 있으며 동시에 정당에 활동과 존립에 대한 특별한 보호 역시 예정하고 있다. 이는 정당히 헌법상 자유의 지위를 가짐을 보여준다.[30]

정당의 자유에 대해 간략히 살펴보면, 먼저 정당은 국가나 외부의 세력으로부터 간섭이나 지배를 받지 않을 대외적 자유를 누린다. 이러한 대외적 자유에서는 특히 정당의 설립, 활동의 자유와 정치적 경쟁에 있어서 합리적으로 균등한 기회가 보장되어야 한다. 또한 정당은 그 결사 체의 해산에 있어서 자진해산 이외에는 헌법재판소의 위헌정당해산 심판에 의하지 않고서는 강제로 해산되지 않는다. 다음으로 정당은 정당 내에서 자유로운 정치의사형성이 가능하고 그러한 절차에 참여할 수 있는 대내적 자유가 보장되어야 한다.[31] 정당의 대내적 자유는 그러므로 정당 내 민주주의의 요청을 의미하는 것이기도 하다.

정당이 이와 같이 대외적 및 대내적 자유를 가진다는 것은 정당 내

---

30) 정당의 헌법상 지위에 대해서는, *K. Hesse*, Grundzüge des Verfassungsrechts der Bundesrepublik Deutschland, 20. Aufl., Rn. 172 ff.
31) 계희열, 헌법학(상), 271면 이하; 장영수, 헌법학, 263면 이하.

민주주의의 요청에 있어 정당 스스로 이를 이행하고 확보해야 한다는 것, 그리고 정당 내 민주주의를 실현시키기 위한 외부적 개입은 가급적 최소화되며 또한 신중해야 함을 보여준다. 이러한 개입, 즉 정당 내 민주주의를 위한 규제가 나타나는 대표적인 지점이 바로 선거소송이다. 선거소송은 정당의 공직선거후보자 추천과정에서 선거에 관한 규정에 위반된 사실이 있고 그로써 선거의 결과에 영향을 미쳤다고 인정될 경우 선거의 전부나 일부를 무효로 하는 소송이다.32) 즉 선거소송은 정당의 대외적 자유에도 불구하고 정당 내 민주주의의 구현을 위해 정당의 내부질서 및 절차에 대해 사법적 판단을 내리는 절차인 것이다.33)

2. 후보자 추천 절차에서의 정당 내 민주주의

(1) 민주적 절차의 요청

정당이 헌법과 법률이 정한 바에 따른 보호와 지원을 받는 특수한 지위에 놓이는 가장 중요한 이유는 현대 민주주의에서 정당이 국민의 정치적 의사형성에 결정적인 역할을 수행하기 때문이다. 정당은 국민의 예비적 정치의사형성에 기여하며 또한 그 개념표지에서 나타나는 바와 같이 공직선거의 후보자를 추천하고 지지함으로서 더욱 직접적으로 국민의 정치적 의사형성에 참여한다. 공직선거법 제47조 제1항에서는 "정당은 선거에 있어...그 소속당원을 후보자로 추천할 수 있다"라고 규정하였고 제2항에서는 "정당이 제1항에 따라 후보자를 추천하는 때에는 민주적인 절차에 따라야 한다"고 규정하였다. 공직선거법 제47조 제1항 및 제2항의 규정에서 언급하는 정당의 후보자 추천과 민주적인 절차에 의한 후보자 추천이 어떠한 의미를 가지는지, 또한 어느 정도 구속력을 가지는 규정인지에 대해서 살펴볼 필요가 있다.

---

32) 대법원 2000. 10. 13. 선고 2000수87 판결
33) 이하 IV. 1. 참조

　　정당 내의 후보자추천과정이 민주적 절차를 거친다고 할 경우, 그 추천의 방식 자체는 적어도 법문상으로는 개방적으로 볼 수 있다. 공직 선거법 제57조의2 제1항은 "정당은 공직선거후보자를 추천하기 위하여 경선(이하 "당내경선"이라 한다)을 실시할 수 있다"고 규정하고 있으므로 이를 해당 규정만으로 그리고 문구만으로 해석한다면 정당은 공직선거 후보자를 추천하기 위해 경선을 실시하지 않을 수도 있는 것이다. 그러나 당내경선이 아닌 일방적 · 하향식의 결정으로 공직선거후보자를 추천하는 것은 공직선거법 제47조 제2항의 민주적 절차에 부합될 수 없다. 따라서 공직선거법 제57조의2 제1항은 민주적인 절차에 따라 당내 경선 및 당내경선 유사의 방식을 통해 공직선거후보자를 추천할 수 있다는 의미로 새겨야 할 것이다.

(2) 민주적 절차의 수준: "동질성 명령"

　　그렇다면 당내경선 등이 민주적인 절차여야 한다는 것의 의미가 무엇인지 살펴야 한다. 첫째, 해당 방식 및 절차가 형식적으로 개방적일 수 있으나 적어도 민주적 절차에는 부합되어야 한다. 이에 따라 내용상 하향식 공천이나 일방적 추대인 경우는 그 명칭에 무관하게 인정될 수 없다. 둘째, 후보자 추천과정은 민주적 절차에 의해야 하는데 여기에서 민주적 절차라고 함은 민주주의의 제반 내용, 특히 선거와 관련된 민주 주의의 구체적 내용에 부합되어야 하며 이를 관리하는 정당 내부의 기능과 활동 역시 민주적이어야 한다. 이는 포괄적으로 정당 내 민주주의가 유효하게 작동할 것을 요청하는 것이다. 주의할 것은, 당내경선 등을 규정하는 정당 내부 질서가 민주적 원칙일 것을 요청함은 정당 내부 질서와 국가 질서 사이의 동질성을 요구하는 것이지(동질성 명령: Homogenitätsgebot)[34] 동일성을 요구하는 것(Identitätsgebot: 동일성 명

---

34) *R. Steinz*, in: *Mangoldt/Klein/Starck* (Hrsg.), Grundgesetz Kommentar, Bd. II, 7. Aufl., Art. 21 Abs. 1, Rn. 150.

령)35)이 아니란 점이다.36) 동질성 명령은 헌법 원칙 안에 있는 다양한 모습의 조직들에게는 개방되어 있음을 의미하므로 정당 내부 질서는 개별 정당들에게 요구되는 민주적 최대치가 아니라, 민주적 최소치이다.37) 그러므로 정당은 국가질서에서의 민주주의의 내용을 유지하는 동시에 정당이라는 특수한 지위에 상응하도록 정당 내 민주주의의 구체적인 실현 방안을 수정할 수는 있다. 그러나 이러한 동질성조차 확보되지 않은 경우가 문제될 것이며, 결국 정당 내 민주주의의 요청과 그 통제의 가장 직접적인 내용이 배제되거나 형해화된 정당 내의 행위나 당헌 등은 동질성 명령의 위반으로 판단되어야 한다.

(3) 당내경선 등의 민주적 진행

정당의 공직선거후보자 추천과정이 민주적으로 진행된다는 것은 대체로 당내경선으로 대표될 수 있다. 당내경선이 민주적으로 진행된다는 것은 민주주의의 원리를 또한 민주적 선거의 원칙이 당내경선에 반영되고 이행된다는 것으로 이해할 수 있다. 대한민국 헌법은 다양한 민주주의의 원리를 규정하고 있는데 특히 여기에서는 정치적 원리로서의 민주주의의 내용이 적용된다. 정치적 원리로서 민주주의의 내용은 국민주권의 원리, 정치과정의 자유, 소수자의 기회균등과 보호, 다수결의 원칙, 복수정당제, 임기제 등이 있으며 당내경선 등에서는 특히 정치과정의 자유와 다수결의 원칙이 문제된다. 다음으로 민주적 선거의 원칙은 주지하다시피 보통, 평등, 직접, 비밀, 자유선거의 원칙이 있으며 또한 선거권과 피선거권의 확정이 요청된다.

---

35) 동일성 명령에 대해서는, *K.-A. Schwarz*, in: *Mangoldt/Klein/Starck* (Hrsg.), Grundgesetz Kommentar, Bd. II, 7. Aufl., Art. 28, Rn. 26.

36) 김주환, "정당의 공직선거후보자 추천절차의 하자와 공직선거의 효력", 홍익법학, 제24권 제1호 (2023), 305면.

37) R. Steinz, in: *Mangoldt/Klein/Starck* (Hrsg.), Grundgesetz Kommentar, Bd. II, 7. Aufl., Art. 21 Abs. 1, Rn. 150.

1) 정치과정의 자유와 소수자의 기회균등

정치과정의 자유는 특정 이념이나 정파를 넘어 다양한 이해관계가 자유롭게 표출될 수 있고 이러한 견해 간의 자유롭고 투명한 토론, 결정절차와 결과의 투명한 공개 등을 내용으로 한다. 정당의 경우에도 후보자추천의 전 과정에서 정치과정의 자유가 보장되어야 한다. 특히 정치과정의 자유에서 소수자 기회균등과 보호가 함께 문제된다. 따라서 후보자등록과 심사 등의 절차에서 당헌이 정하는 기준 이외의 공개되지 않은 요소가 결정적인 영향을 미치거나 당내 소수파의 견해개진이나 후보자등록절차, 후보자 소견발표 등의 절차가 민주적이지 않은 경우 후보자 추천과정 전체의 비민주성이 나타날 수 있다.

2) 다수결의 원칙

당내경선 등에 다수결의 원칙이 적용된다. 다만 다수결의 원칙이 적용되기 위한 전제조건으로서 결정에 참여하는 이들 간의 평등, 다수의 교체가능성, 의견 표명과 여론형서의 자유, 공동체의 동질성 확보 등이 보장되어야 한다.

3) 민주적 선거의 원칙

민주적으로 진행되는 당내경선 등은 대체로 선거의 형태를 보인다. 이때 당내경선 등에는 민주적 선거의 원칙이 적용되어야 한다. 그런데 당내경선 등은 정당 내의 선거라는 점에서 그 범위나 성격, 정도가 다소 차이를 가질 수는 있다.

먼저 평등선거의 원칙은 선거권자가 행사하는 표가 동등한 비중을 가진다는 것으로 이는 당내경선 등에 무리없이 적용된다. 즉 대의원이나 평당원 모두 당내경선에서 투표가치는 평등하게 적용되어야 한다. 또한 선거에 있어 결과가치의 평등이 이뤄지기 위해서는 당내경선 등에서도 사표의 발생이 최대한 억제될 필요가 있으며 특히 복수후보추천의 경우 결과가치의 평등은 더욱 중요한 문제가 된다. 어찌되었든 당내경선 등에 평등선거의 원칙이 적용됨엔 큰 이견은 없을 것이다. 마찬가지로 비밀선거의 원칙과 자유선거의 원칙은 선거인의 결정에 영향을 미칠 수 있는 외부적 압력으로부터 선거권자의 자유로운 결정을 보장하는 것이므로 당내경선 등에서 기본적으로는 유지되어야 한다. 만약 당 지도부나 대의원총회 등이 후보자추천 및 선택을 독점하는 경우 자유선거의 원칙에 위배된다.[38)]

   다소간의 차이를 보이는 선거원칙을 들어보면, 먼저 보통선거의 원칙은 본래 모든 국민에게 선거권이 인정된다는 것으로 연령과 같은 사유 이외의 불합리한 사유로 선거권이 배제되어서는 안 된다는 것을 말한다. 정당의 경우 당내경선 등의 선거권이 모든 정당원에게 인정되도록 할 것인지 문제될 수 있다. 특히 당원의 자격은 활동여부나 당비납부 여부 등 다양한 기준에 따라 당헌으로 정할 수 있고 당적의 이탈 여부 역시 국민의 선거권의 요건과는 달리 정해질 수밖에 없다.[39)] 다음으로 직접선거의 원칙은 선출되는 대표자가 선거인의 투표 등에 의해 확정되는 것이 보장되는 것을 말한다. 직접선거의 원칙은 외부 기관 등의 개입으로 선거의 결과가 왜곡되는 것을 방지하고 국민의 의사가 그대로 반영되기 위한 것을 의미하는 것이나, 이로 인해 간접선거나 단계선거가 반드시 비민주적인 것이 되는 것은 아니다. 앞서 언급한 바와 같이 정당 내 민주주의는 국가질서에서의 민주주의의 내용을 기초로 하고 동질성을 유지하는 가운데 정당의 특수한 지위에 맞게 그 내용을 수정할 수 있으므로 직접선거의 원칙이 가지는 이념, 즉 선거인의 의사가 다른

---

38) BVerfGE 47, 253 (282); 김주환, "정당의 공직선거후보자 추천절차의 하자와 공직선거의 효력", 홍익법학, 제24권 제1호 (2023), 307면에서 재인용.

39) 공직선거법 제57조의2 ③「정당법」제22조(발기인 및 당원의 자격)의 규정에 따라 당원이 될 수 없는 자는 당내경선의 선거인이 될 수 없다.

기관의 개입없이 반영된다는 점을 유지한 채 단계선거를 실시할 수 있다. 한편, 헌법이 규정하고 있는 직접선거의 대상인 국회의원(제41조 제1항)과 대통령(제67조 제1항)은 다른 선거에서도 일반적으로 적용된다고 보아야 하지만, 당내경선 등의 경우 직접선거의 이념을 기본적으로 유지하는 한, 간접선거를 허용할 여지는 있다고 보인다.

(4) 비민주적 후보자추천 절차의 효력

1) 공직선거법상 등록무효

정당이 후보자등록을 마친 후 공직선거법 제52조 제1항 내지 제4항의 사유에 해당되는 사실이 있으면 그 후보자의 등록은 무효가 된다(공직선거법 제52조 제1항). 공직선거법 제52조 제1항 내지 제4항의 사유에 대해서는 대상판결은 "후보자등록 무효 사유를 한정적으로 열거하고 있고, 관할선거구선거관리위원회로서는 위 조항에 열거되지 않은 사유를 이유로 후보자등록을 무효로 할 수 없다"고 판시하고 있다. 문제는 공직선거법 제52조 제1항 내지 제4항의 사유 중에 정당 내 후보자추천 절차가 비민주적 절차에 의하는 경우가 규정되어 있지 않다는 데에 있다. 이로 인해 정당 내 후보자추천 절차가 민주적인 절차에 의하여야 한다는 규정은 그 법적 구속력을 상실한 상태이다. 더욱 놀라운 것은 이러한 상황이 이 사건 대상조문인 구 공직선거법 개정을 통해 삭제된 것에서 시작되었다는 점이다.

이 사건 직전의 구 공직선거법(시행 2020. 8. 5, 법률 제16957호) 제52조 제4항은 "제47조제2항제1호에 따른 절차 및 같은 항 제2호 전단에 따른 내부규약 등으로 정한 절차를 위반하여 비례대표국회의원선거의 후보자를 추천한 경우 해당 비례대표국회의원선거 후보자등록은 모두 무효로 한다"고 규정하였으며 마찬가지로 구 공직선거법 제47조 제2항은 "정당이 제1항에 따라 후보자를 추천하는 때에는 당헌 또는 당규로 정한 민주적인 절차에 따라야 하며, 비례대표국회의원선거의 후보자를 추천하는 경우에는 다음 각 호의 절차를 따라야 한다"고 규정하고 각 호에서 민주적 심사절차와 후보자추천절차에 대한 구체적인 사항을 당헌·당규 및 그 밖의 내부규약 등으로 정할 것을 규정하고 있었다. 비례대표국회의원 후보자의 경우 추천정당이 순위를 정한 후보자명부를 통해 등록하게 되므로 정당 내 민주주의가 더욱 강하게 요청된다는 점을 반영한 것이다. 정당 내 민주주의와 이를 반영한 공직선거법 제47조 제2항의 민주적 절차의 원칙을 충실히 고려한다면 구 공직선거법 제52조 제4항의 규정은 비례대표국회의원에 그칠 것이 아니라 오히려 지역구 국회의원 선거에까지 확대적용됨이 바람직하다. 그러나 2020. 12. 29. 개정된 구 공직선거법은 정치개혁과 국민의사의 반영을 위해 준연동형 비례대표제를 도입하는 개정의 과정에서, 오히려 강화되고 확대되어야 할 후보자추천에서의 정당 내 민주주의 요청에 정면으로 반하여, 기존의 비례대표국회의원 후보자추천에 대한 정당 내 민주주의의 요구마저도 삭제하였다. 정당 내 민주주의의 결정적인 요소인 후보자추천 절차의 민주성에 대한 위 규정들이 소위 정치개혁을 위한 선거법의 민주적 개정이라는 미명 아래 모두 삭제되어버린 것이다.

이러한 개정을 굳이 긍정적으로 평가하려 노력한다면, 정당 내 민주주의의 실현은 정당의 대내적 자유의 본질적인 내용이므로 굳이 공직선거법에 명문의 규정으로 두지 않아도 된다는 다소 궁색한 논리를 들 수 있겠으나, 오히려 제기되는 질문은 그렇다면 그렇게도 당연하고 본질적인 내용에 대한 중대한 위반, 즉 법 제47조 제2항의 "정당이 제1항에 따라 후보자를 추천하는 때에는 민주적인 절차에 따라야 한다"는 정당 내 민주주의의 핵심적인 규정의 중대한 위반이 왜 제57조의 등록무효 사유에서조차 제외되었는가이다. 심지어 제47조 제2항의 앞뒤로 제1항 본문과 제3항의 여성후보자 추천의 비율과 순위를 위반하는 경우는 등록무효사유로 두고 있으면서도 굳이 제2항만을 절묘하게 제외시킨 것을 단순 입법상의 과오로 볼 여지도 없어 보여, 개정의 취지를 쉽게 납득하기 힘들다.[40]

2) 강행법규 위반

정당의 후보자추천 결정이나 정당의 당헌이나 당규로 정한 후보자 추천의 구체적인 절차나 내용이 민주적 절차에 위배되는 경우 선거에 대한 강행규정 위반을 주장할 수 있을 것인지 문제된다. 예를 들어 앞서 살펴본 민주주의의 내용에 반하거나 특히 민주적 선거의 원칙에 반하여 후보자를 추천하는 결정을 내리거나 이러한 내용이 당헌 등에 규정되어 있는 경우이다. 이 경우 공직선거법 제47조 제2항이 선거에 관한 강행규정이라는 점을 들어 이를 위반하는 정당의 후보자추천 결정이나 당헌 등은 민법 제103조에 따라 무효가 되며[41] 이는 공직선거결과에 따라 추인되거나 치유될 수 없다.[42]

다만 정당의 결정이나 당헌 등이 공직선거법 제47조 제2항의 민주적 절차의 원칙을 어느 정도 위배하여야 무효라고 볼 것인지에 문제된다. 이에 대해 대법원은 "정당이 당헌·당규에 따라 당내경선을 실시하고 후보자를 선정하였다면, 정당이 민주적 절차에 의하여 공직선거후보자를 추천하여야 한다고 규정한 공직선거법 제47조 제2항의 입법 취지를 형해화하고 일반적인 선거원칙의 본질을 침해할 정도로 후보자선정이

---

40) 준연동형 비례대표제 자체에 대하여 헌법재판소는 최근 이를 합헌으로 판시하였으나(헌재 2023. 7. 20. 2019헌마1443등), 준연동형 비례대표제를 도입하는 과정에서 비례대표국회의원 후보자추천과정에서의 민주적 절차위반를 등록무효사유로 둔 규정을 굳이 삭제한 이유에 대해서는 강한 의구심이 들 뿐이다.
41) 김선택, 정당의 공천제도의 문제점과 개선방안, 아태공법연구 제7집, 아세아태평양공법학회, 63면 이하; 정태호, 정당국가에서의 당내민주주의의 개념과 본질, 헌법논총 제16집, 헌법재판소, 2005, 534면.
42) 김주환, "정당의 공직선거후보자 추천절차의 하자와 공직선거의 효력", 홍익법학, 제24권 제1호 2023, 302면, 317면.

객관적으로 합리성과 타당성을 현저히 잃은 것으로 평가할 수 있는 등의 특별한 사정"이 있어야 후보자선정과 이에 따른 후보자등록을 무효라고 볼 것이라는 취지로 판시한 바 있다.[43] 여기에서 다시 민주주의의 원칙과 민주적 선거의 원칙 등이 정당 내부의 결정과 당헌 등에서 동질성(Homogenität)을 유지하고 있는지가 판단의 기준이 될 것이다.

Ⅳ. 선거소송과 정당 내 민주주의의 통제

1. 선거소송

(1) 선거소송의 의미와 목표

선거소송이란 선거절차상의 하자를 이유로 그 선거의 전부 또는 일부의 효력을 다투는 소송으로, 헌법은 선거소송에 대한 명시적 규정을 두고 있지 않으나 선거에 관한 재판을 청구할 수 있는 권리에서 근거를 찾게 되며[44] 이에 따라 입법자는 재판청구권을 구체화하는 입법을 통해 선거소송을 규정하였다. 이에 따라 공직선거법은 대통령선거, 국회의원선거, 지방의외의원 및 지방자치단체장의 선거에 대하여 당선소송과 무효소송을 동법 제222조와 제223조에 규정하였다.

선거소송이 선거에 대한 재판청구권에서 출발하는 것이며 이를 통해 국민의 재판청구권은 물론이고 개인의 선거권 및 피선거권을 사후적이고 실질적으로 보호할 수 있는 수단이라는 점은 분명하다. 그러나 선거소송은 선거를 통한 국가기관의 구성에 대한 판단을 통해 국민의 의사결정을 객관적으로 안정화시키는 수단으로서의 역할을 수행하는 것

---

43) 대법원 2015. 2. 12. 선고 2014수39 판결
44) 이준일, 선거관리와 선거소송, 저스티스 제130호 (2012.6.), 48면.

이기도 하다. 특히 선거소송은 정당 내 민주주의를 정당이 스스로 실현
하지 못하거나 오히려 이를 적극적으로 위반하는 경우 예외적으로 사법
적인 판단을 통해 정당 내부질서 등을 규제하여 정당 내 민주주의를 구
현하려는 제도이기도 하다. 즉 선거소송은 정당 내 민주주의를 구현하
기 위한 비상적 수단으로 이용될 수 있다.

(2) 관할의 문제

현행법상 선거소송은 대통령선거와 국회의원선거 그리고 비례대표
시·도의원선거와 시·도지사선거, 교육감선거의 관할을 대법원으로 하
고 단심제를 취하였다(공직선거법 제222조, 제223조, 지방교육자치에 관한 법
률 제49조 제1항). 한편 지역구시·도의원선거, 자치구·시·군의원선거와
자치구·시·군의 장 선거는 그 선거구를 관할하는 고등법원에 선거소송
의 관할을 두고 대법원을 최종심으로 하는 2심으로 재판을 확정한다(공
직선거법 제222조 제2항, 제223조 제2항).

그러나 선거소송의 특수성, 다시 말해 전체 국민이 선거를 통해 부
여한 민주적 정당성을 다시 판단하며 국가기관 구성에 관한 국민의 의
사결정에 영향을 미친다는 점으로 인해 헌법재판의 성격을 가지고 이에
따라 헌법재판소가 관할해야 한다는 견해 역시 제기되고 있다.[45] 다만
관할에 대한 다양한 견해에도 불구하고 현행 헌법과 법률상 선거소송이
반드시 대법원 또는 헌법재판소에 의하여야 할 명백한 근거가 있는 것
은 아니라는 점 자체는 일반적으로 수용되고 있다. 해외 입법례를 살펴
볼 때에도 선거소송 관할은 법원, 헌법재판소는 물론 의회나 선거심판
기관에게 인정되는 경우를 찾아볼 수 있는 만큼[46] 이는 입법정책적인

---

[45] 권영설, 선거소송의 문제점과 과제, 저스티스 제66호 (2002), 12면 이하; 이준일, 선
거관리와 선거소송, 저스티스 제130호 (2012.6.), 49면; 허완중, 헌법재판으로서 선
거소송, 공법연구 제45집 제1호, 217면 이하 등.

문제로 볼 수 있다.

2. 선거소송의 효력과 정당의 통제 가능성

선거소송의 본래적 의미와 목표가 선거를 통한 국가기관의 구성에 대한 사법적 판단임은 분명하나, 선거소송을 통해 선거무효 또는 당선무효의 판결이 있는 경우 이를 통해 정당에 대한 통제, 특히 정당 내 민주주의에 대한 실효성있는 통제방안이 될 수도 있다. 이는 선거소송을 통해 선거 또는 당선이 무효가 되는 요건과 관련되어 있다.

(1) 선거무효의 요건

선거소송의 효력으로서 선거가 무효가 되는 요건에 대해 대법원은 "선거소송은 선거일 지정과 선거인 명부의 확정, 후보자의 등록, 투표용지의 조제, 선거인들의 투표 및 그 관리, 투표 결과의 심사, 당선인의 결정 등을 포괄하는 집합적 행위로서의 선거에 관한 쟁송으로서, 그 일련의 과정에서 선거에 관한 규정에 위반된 사실이 있고, 그로써 선거의 결과에 영향을 미쳤다고 인정되는 경우에 선거의 전부나 일부를 무효로 하는 소송"이라고 하여 선거에 관한 규정에 위반된 사실과 이로 인해 선거의 결과에 영향을 미쳤다고 인정되는 경우의 이중 기준을 제시한 바 있다.[47] 여기에서 '선거에 관한 규정에 위반된 사실'이란 기본적으로 선거관리의 주체인 선거관리위원회가 선거사무의 관리집행에 관한 규정에 위반한 경우와 후보자 등 제3자에 의한 선거과정상의 위법행위에 대하여 적절한 시정조치를 취함이 없이 묵인·방치하는 등 그 책임에 돌릴 만한 선거사무의 관리집행상 하자가 따로 있는 경우 등이며 '선거의 결과에 영향을 미쳤다고 인정하는 때'라고 함은 선거에 관

---

46) 허진성, 선거소송에 관한 헌법적 고찰, 헌법학연구 제28권 제4호 (2022), 47면.
47) 대법원 2001. 3. 9. 선고 2000수124 판결

한 규정의 위반이 없었더라면 선거의 결과, 즉 후보자의 당락에 관하여 현실로 있었던 것과 다른 결과가 발생하였을지도 모른다고 인정되는 때를 말한다.[48]

(2) 정당의 후보자추천과 선거의 결과영향

앞서 살펴본 바와 같이 정당이 민주주의의 원칙이나 민주적 선거의 원칙 등을 현저히 위반하여 후보자를 추천하고 등록하는 경우, 이를 선거에 관한 강행법규 위반으로 보아 무효로 볼 수 있다. 일차적인 판단은 먼저 정당의 후보자추천 결정이나 당헌 등이 국가질서와 동질성을 유지하는가의 문제이며 이차적인 판단은 이로 인해 선거의 결과에 영향을 미쳤다고 인정되는가이다.

정당의 후보자추천이 국가질서와 동질성을 유지하지 못한 수준으로 민주적 원칙을 위반하였다고 본다면, 위 대법원의 표현에 따를 경우 "후보자 등 제3자에 의한 선거과정상의 위법행위"라고 볼 수 있다. 이 경우 동질성 유지 여부와 민주적 원칙의 위반 정도는 결국 선거의 자유와 공정을 중대하게 침해하는 경우로 해석해야 할 것이다.[49] 다음으로 이차적 판단에 있어서는 가상적 판단이 필요하다. 즉 민주적 절차의 원칙대로 후보자추천 절차가 진행되었더라도 선거의 결과에 영향이 없게 되는 경우인가와 같이 현실과 다른 결과가 있을지도 모른다고 인정되어야 한다. 특히 공직선거에서 특정 정당의 후보자추천에 의해 사실상 당선이 결정되는 상황이 문제된다. 이 경우에는 정당의 후보자추천 절차에서 민주적 원칙이 현저히 위반된 하자가 공직선거의 결과에 그대로 영향을 미치게 되기 때문이다.[50]

---

48) 대법원 2001. 3. 9. 선고 2000수124 판결
49) BVerfGE 89, 243 (253); 김주환, 위의 글 316면.
50) 이에 대해서는 김주환, 위의 글 316면 이하.

V. 대상판결의 평석 및 제언

1. 정당의 개념과 등록요건

이 사건 각 정당이 정당법에 규정된 형식적 요건을 구비하여 등록을 신청한 이상 등록신청 정당이 실질적으로 정치적 의사형성에 참여하는 지의 여부 등에 대한 실질적인 판단을 요하지 않는다. 따라서 형식적 요건 충족시 등록신청을 수리하여야 하고 정당의 설립 목적, 조직과 활동, 정치적 성격 등을 이유로 정당등록을 거부할 수 없다. 정당법상 등록요건에 대한 기존의 입장과 판례는 대상판결에서도 동일하게 유지되고 있다. 특히 이는 정당의 대외적 자유에 대한 것으로 대상판결은 정당의 설립과 활동에 대한 자유가 최대한 보장될 것을 밝히고 있다.

2. 후보자추천 절차의 하자

대상판결의 경우 "구 공직선거법(2020. 12. 29. 법률 제17813호로 개정되기 전의 것) 제47조 제2항 제1호 및 제2호 전단에 따라 민주적 심사를 거쳐 대의원·당원 등으로 구성된 선거인단의 민주적 투표절차에 따라 후보자를 결정하였는지, 후보자 추천 절차의 구체적 사항을 당헌·당규로 정하고 그에 따라 후보자를 결정하였는지를 심사하여야 하며, 그와 같은 방법으로 후보자가 결정되지 아니하였다고 인정하는 경우 후보자등록 수리를 거부하거나 후보자등록을 무효로 하는 조치를 취하여야 한다. 또한, 이와 같은 비례대표국회의원 후보자 추천을 위한 심사 및 대의원·당원 등으로 구성된 선거인단에 의한 투표 절차는 '민주적'일 것, 즉 비례대표국회의원 후보자 결정을 위한 심사·투표 절차에 당원의 의사가 반영될 수 있는 방식일 것이 요구된다"는 원칙을 다시 확인하였다.

그러나 이 사건 정당들의 당헌 등에서 "제21대 국회의원 비례대표 국회의원 후보자 선출에 대하여는 선거일정 등의 상황을 고려하여 최고 위원회의 의결로 별도의 방법과 절차에 따라 공직후보자를 선출할 수 있다"는 부칙이 공통적으로 나타나고 있어 민주적 투표절차에 따라 후보자를 결정하지 않을 수 있음을 명백하게 선언하였고 또한 그렇게 결정하였다. 게다가 앞서 설명한 바와 같이 공직선거법상 비례대표국회의원 후보자추천에 대한 정당 내 민주주의의 규정을 삭제하였으므로 개정 직후인 21대 국회의원선거에서 위헌적인 예외를 두고 있는 위 당헌 등의 부칙들은 매우 의도적으로 비민주적 후보절차를 예정하고 있으며, 심지어 이에 대해 스스로 정당화하려는 것으로도 볼 수 있다.

대상판결은 정당의 내부질서에 대한 규제가 "민주적 내부질서 확보에 필요한 최소한도의 규제로 그쳐야 한다"고 하여 이러한 당헌이나 당규의 내용이 민주적 절차에 반하지 않는다고 보았다. 이러한 표현은 정확히 동질성 명령을 의미하는 것이나, 동질성을 요구하는 한에서도, 다시 말해 정당 내 민주주의의 구현에 있어 국가질서 수준의 민주주의 원칙 실현을 최소한으로 요청한다고 하여도 필수적으로 준수되어야 할 내용에 대한 의도적이고 직접적인 위반이 아닐 수 없다. 앞서 이론적 논의에서 살펴본 바와 같이, 현대 헌법국가에서의 정당국가 경향이나 의회주의의 현대적 변용에도 불구하고 그 변화가 위기상황으로 평가될 수 있는 것은 정파강제이며, 정파강제를 더욱 악화시키는 출발점이자 전형적인 예는 바로 비민주적인 후보자 추천과정이다. 비민주적 후보자 추천은 정치과정의 자유와 소수자의 기회균등을 직접적으로 침해하며 당 지도부 등이 후보자 추천을 독점하는 경우 자유선거의 원칙에 정면으로 반한다.[51]

---

51) BVerfGE 47, 253 (282)

동질성 명령의 판단 이외에도 대상판결이 이러한 당헌 등에 대해 이를 민주주의의 원칙이나 민주적 선거의 원칙에 반하는 것으로 보지는 않은 원인을 추정해본다면 선거소송에서 선거무효의 사유와 선거무효의 결정의 차이에 기인하는 것이기도 하고 이로 인한 파장을 고려한 것으로 볼 수도 있다. 또한 공직선거법의 개정을 통해 등록무효에 대한 규정이 삭제되었음을 이유로 들 수도 있을 것이다. 그러나, 정당 내 민주주의의 요청과 이 요청이 외부에 가장 직접적이고 명확히 표시되는 공직선거 후보자추천 절차는 공직선거법 규정의 유무에 무관한 것이며 대법원은 공직선거법 규정의 삭제에도 불구하고 헌법 해석상 민주주의의 원칙에 의거하여 이를 판단했어야 했다.[52] 또한 국회의원총선거의 결과에 영향을 주는 선거무효를 주문으로서 선언하는 것이 지나친 사법적극주의로 나갈 수 있다는 우려나 공정한 선거와 정당 내 민주주의라는 공익과 사회적 파장과의 형량을 통해 선거무효를 선언하지는 못하였다고 하더라도 이러한 당헌 등이 민주주의 원칙과 정당 내 민주주의에 대한 심각한 위협이라는 것을 이유에서라도 지적했어야 했다. 그러나 이러한 해석과 이유조차 발견되지 않는 대상판결을 미루어 볼 때, 선거소송의 관할을 담당하고 있는 대법원이 과연 향후에도 선거소송을 통해 공정한 선거와 정당 내 민주주의의 사법적 통제를 실효성있게 담당할 수 있을 것인가에 대한 의문과 비판을 피할 수 없어 보인다.

---

52) 공직선거법에서 민주적 절차를 요청하는 일반 규정을 굳이 삭제한 이유가 '헌법원칙으로부터 도출되는 당연한 내용이라서 그러하다'는 논리를 일관되게 유지한다면, 더더욱 공직선거법 규정의 삭제에도 불구하고 비민주적 후보자추천 절차는 헌법의 해석에 따라 위헌으로 판단되어야 하는 것이다.

3. 관할 이전 논의와 통제가능성

(1) 전제

논의에 앞서 분명히 해야 할 점은, 단지 한두 가지 이유로 대법원이 가지는 선거소송 관할을 바로 헌법재판소로 이전해야 한다는 논리는 다소 무리한 주장이라는 것이다. 다만 현재 대법원 관할인 선거소송이 공정한 선거를 위한 사법적 통제 및 이를 통한 정당 내 민주주의의 구현에 실효성 있는 방안이 되지 못하고 있다면 가상적으로 헌법재판소의 관할인 경우를 상정하여 봄으로써, 현재의 문제점을 보완할 수 있을 것이다. 그리고 경우에 따라서는 이러한 문제의식이 축적되어 관할의 변경을 진지하게 논의할 수도 있다. 이미 언급한 바와 같이 입법례에 따라 선거소송의 관할이 법원, 의회, 헌법재판소 등 다양하게 나타나고 있으므로 관할의 논의가 법원이나 헌법재판소 간의 권한 등을 둘러싼 소모적인 논쟁으로 이어지는 것은 경계하고자 한다. 이하에서는 그러므로 이 사건 및 대상판결의 내용으로 미루어 볼 때 헌법재판소의 관할인 경우 가능한 통제방안을 개략적으로 제시해본다.

(2) 부수적 규범통제의 가능성

선거소송에서 위헌적 규정의 판단을 통해 정당에 대한 통제, 특히 정당 내 민주주의를 요구할 수 있을지 문제된다. 앞서 언급한 바와 같이 당헌 등에 민주적 원칙에 배치되는 위헌적 규정이 있는 경우 이는 민법 제103조에 따라 무효로 볼 수 있다. 문제는 관련된 공직선거법 등의 위헌 여부가 선거소송에 있어 다른 재판을 하게 되는 경우이다. 현 공직선거법상 대통령선거 등의 경우 대법원 단심으로 진행될 뿐만 아니라 선거소송은 그 특성상 법적 안정성을 위하여 신속한 판단이 이뤄져야 하므로 법률에 대한 위헌성 판단을 병행하기는 어렵다.

이러한 점에서는 헌법재판소의 관할인 경우 부수적 규범통제를 생각해볼 수 있다. 헌법재판소법 제75조 제5항은 "...헌법재판소는 공권력의 행사 또는 불행사가 위헌인 법률 또는 법률의 조항에 기인한 것이라고 인정될 때에는 인용결정에서 해당 법률 또는 법률의 조항이 위헌임을 선고할 수 있다."고 하여 이른바 부수적 규범통제를 인정하고 있다. 예를 들어 정당 내 민주주의에 반하는 당헌 등이 위헌적인 법률 조항으로 인한 것인 때에, 공직선거법 등 관련 법률 조항의 위헌성을 부수적으로 함께 지적할 수 있다. 이로써 당해 선거소송에서 나타나는 헌법문제에 대한 일괄적인 해명을 도모할 수 있다.

(3) 결정이유를 통한 간접적 통제

비록 주문으로서 선거무효를 선언하지는 못하였다고 하더라도 이 사건 정당의 당헌 등이 민주주의 원칙과 정당 내 민주주의에 대한 심각한 위협이라는 것을 이유에서 설시함으로 정당 내 민주주의 구현을 위한 간접적인 통제를 가할 수 있다. 사법부에 의해 정당 내 민주주의를 사후적으로 통제하는 의미에서의 선거소송에서 이유설시에 의한 위헌성의 지적은 비록 선거무효의 판결이 아니더라도 최고법원에 의한 법률 및 헌법해석이라는 점에서 매우 중요한 의미를 가진다.

사실 이러한 주문은 공법소송, 특히 헌법소송에서 비례성 원칙을 적용하는 경우 종종 찾아볼 수 있다. 예를 들어 탄핵심판절차에서 헌법재판소는 "대통령의 지위를 이용하여 선거에 대한 부당한 영향력을 행사하고 이로써 선거의 결과에 영향을 미치는 행위를 한 것이므로, 선거에서의 중립의무를 위반하였다...대통령이 국민 앞에서 현행법의 정당성과 규범력을 문제 삼는 행위는 법치국가의 정신에 반하는 것이자, 헌법을 수호해야 할 의무를 위반한 것이다...대통령이 위헌적인 재신임 국민투표를 단지 제안만 하였을 뿐 강행하지는 않았으나, 헌법상 허용되지

않는 재신임 국민투표를 국민들에게 제안한 것은 그 자체로서 헌법 제
72조에 반하는 것으로 헌법을 실현하고 수호해야 할 대통령의 의무를
위반한 것이다”라고 보아, 피청구인이 공무원의 중립의무를 위반하고
헌법수호의무를 위반하였음을 명확히 선언하면서도 피청구인을 파면할
것인지의 여부에 대해서는 "대통령의 직을 유지하는 것이 더 이상 헌법
수호의 관점에서 용납될 수 없거나 대통령이 국민의 신임을 배신하여
국정을 담당할 자격을 상실한 경우에 한하여, 대통령에 대한 파면결정
은 정당화되는 것"으로 보아 결국 형량을 통해 파면결정을 내리지 않았
다.53) 피청구인 대통령이 공직선거법상 정치적 중립의무를 위반하였으
며 법규범에 대한 평가절하 등으로 헌법수호의무를 위반한 것은 분명하
므로 헌법재판소는 이에 대한 정치적 책임을 무겁게 져야 할 것을 선언
하면서도 이러한 중대한 의무위반에도 불구하고 대통령직으로부터 파
면함으로 발생할 각종 혼란 등과 비교형량한 것이다.

　　대상판결 역시 이 사건 정당의 당헌과 당규가 명시적으로 후보자
추천 절차의 비민주성을 나타내고 있음을 지적하면서도 동시에 선거결
과에 큰 파장을 가져올 수 있는 선거무효의 판결을 피할 수 있었다. 즉
이 사건 정당의 당헌과 당규 등 정당 내부질서를 규제할 때에 민주적
내부질서 확보를 위한 최소한도의 규제에 그쳐야 한다는 정당의 자유
보장과 함께 동질성 명령에 의거하여 판단하더라도 당헌 등에서 지도부
의 일방적인 후보자추천 및 결정이 정당 내 민주주의를 심각하게 위협
한다는 것, 그럼에도 선거무효로 판단하지 않음으로 선거결과의 번복이
라는 사회적 혼란을 피하면서도 각 정당들에게 간접적으로, 그러나 매
우 강력한 정치적 책임을 부담하도록 하는 것이다.

---

53) 헌법재판소 2004. 5. 14. 선고 2004헌나1

(4) 위헌확인 기각결정

이유에서 위헌성을 지적함으로서 간접적인 통제를 가하는 것보다 더 나아가 주문의 탄력적 활용을 통해 정치과정에 대한 과도한 사법개입을 자제하면서도 위헌성을 지적할 수도 있다. 예를 들어, 헌법재판소의 권한쟁의심판 종국결정은 심판의 대상이 된 국가기관 또는 지방자치단체의 권한 유무 또는 범위에 대해 확인하고 권한침해의 원인이 되는 피청구인의 처분을 취소하는 결정 또는 처분의 무효를 확인하는 결정을 할 수 있으나(헌법재판소법 제66조 제1항, 제2항), 이에 더하여 헌법재판소는 피청구인의 처분 등이 청구인의 권한을 침해한 것을 확인하면서도 해당 처분 등의 무효확인청구에 대해 기각결정을 할 수 있다.

Ⅵ. 결어

현대 헌법국가에서 정당이 가지는 특수한 지위와 그에 따라 보장되어야 할 정당의 자유는 국민의 정치적 의사의 예비형성을 위함은 물론, 집약되고 정돈된 정치적 의사형성으로, 더 나아가 이를 공직선거의 후보자추천을 통해 실현시키기 위해 헌법이 보장하는 것이다. 따라서 정당은 대외적으로 설립이나 목적, 활동 등에 있어 국가나 외부세력의 과도한 개입을 받지 않으며 자발적인 조직으로서 정당이 그의 목적과 활동을 정하는 당헌과 당규는 결사체의 다양하고 자유로운 조직논리를 위해 국가에게 요구되는 조직질서와 동일한 수준은 아니더라도 최소한 헌법원칙에 입각하도록 동질성이 요청된다. 특히 정당 내부의 질서가 민주적일 것을 요청하는 정당 내 민주주의는 정당이 올바르게 기능하기 위한 가장 중요한 요소가 된다.

대상판결은 정당의 대외적 자유와 대내적 자유에 대한 사법적 통제의 문제이다. 대상판결에서 법원은 정당의 대외적 자유를 충실히 보장하고자 하였으나, 정당 내 민주주의에 대해서는 동질성 명령을 적용하였음에도 정당 내 민주주의를 실현하기 위해 가장 직접적이고도 중요하다고 볼 수 있는 후보자추천 절차의 비민주성이라는 하자 논의에 충분히 접근하지 못하였다고 판단된다. 뿐만 아니라, 선거소송에서 사법적극주의가 가져올 수 있는 사회적 파장이나 사법의 정치화를 고려하더라도 이 사건 정당의 당헌 등에서 발견되는 중대한 민주적 절차 위반을 지적하거나 법적 해명을 하지도 않은 채 구 공직선거법 위반이 아니라고 단순히 판단한 점 역시 아쉬움을 남기고 있다. 선거소송이라는 사법적 통제수단을 통해 실효성 있게 정당 내 민주주의를 구현할 수 있는 가능성이 단지 선거무효 판결에만 있는 것은 아니다.

참고문헌

계인국, "사회적 안전보장에 대한 국가론의 역할", 공법연구 제51집 제3호, 143면 이하

_____, "국가법학의 본질과 연구대상", 국가법연구 제15집 제3호 (2019), 1면 이하.

계희열, 헌법학(상), 신정2판 (2005), 박영사

권영설, 선거소송의 문제점과 과제, 저스티스 제66호 (2002), 5면 이하

김선택, 정당의 공천제도의 문제점과 개선방안, 아태공법연구 제7집 (2000), 37면 이하.

김주환, "정당의 공직선거후보자 추천절차의 하자와 공직선거의 효력", 홍익법학 제24권 제1호 (2023), 299면 이하.

박정훈, 行政法과 '民主'의 自覺, 행정법연구 제53호 (2018), 1면 이하.

이준일, 선거관리와 선거소송, 저스티스 제130호 (2012), 37면 이하.

장영수, 헌법학, 제13판 (2021), 홍문사.

정태호, 정당국가에서의 당내민주주의의 개념과 본질, 헌법논총 제16집, (2005), 479면 이하.

한수웅, 헌법학, 제11판 (2021), 법문사

허완중, 헌법재판으로서 선거소송, 공법연구 제45집 제1호 (2016), 203면 이하.

허진성, 선거소송에 관한 헌법적 고찰, 헌법학연구 제28권 제4호 (2022), 39면 이하.

Hesse, Konrad, Grundzüge des Verfassungsrechts der Bundesrepublik Deutschland, 20. Aufl. Heidelberg 1999.

Lämmerzahl, Torsten, Die Beteiligung Privater an der Erledigung öffentlicher Aufgaben, Berlin 2007.

Schmitt, Carl, Die geistesgeschichtliche Lage des heutigen Parlamentarismus, 3. Aufl. Berlin 1961.

Schwarz, Kyrill－Alexander, in: v*on Mangoldt*, Hermann/*Klein*, Friedrich/*Starck*, Christian (Hrsg.), Grundgesetz Kommentar, Bd. II, 7. Aufl., Art. 28

Steinz, Rudolf, in: *von Mangoldt*, Hermann/*Klein*, Friedrich/*Starck*, Christian (Hrsg.), Grundgesetz Kommentar, Bd. II, 7. Aufl., Art. 21 Abs. 1.

국문초록

현대 헌법국가에서 정당은 특수한 지위를 가지고 이에 따라 정당의 자유를 가진다. 정당의 자유는 국민의 정치적 의사의 예비형성과 정돈된 정치적 의사형성을 위해 인정될 뿐만 아니라, 이를 공직선거의 후보자추천을 통해 실현시키기 위한 것이다. 따라서 정당은 대외적으로 설립이나 목적, 활동 등에 있어 국가나 외부세력의 과도한 개입을 받지 않는다. 정당법상 등록요건은 형식적으로 판단되며 정당의 정치적 의사형성 기능은 판단대상이 되지 않는다. 정당의 당헌은 자발적인 조직으로서 정당의 목적과 활동을 정하는데, 이에 대해서는 국가기관의 조직질서와 동일한 수준을 요구받지 않는다. 오히려 최소한 헌법원칙에 입각하도록 동질성이 요청된다. 정당 내 민주주의의 요청 역시 동질성 명령에 입각하여 판단되지만 정파강제나 일방적 후보자결정은 동질성을 충족시키지 못하는 중대한 위반사유이다. 본 판결은 정당의 대외적 자유와 대내적 자유에 대한 사법적 통제의 문제이다. 대법원은 정당의 대외적 자유를 충실히 보장하고자 하였고, 정당 내 민주주의에 대해서는 동질성 명령을 적용하였다. 그러나 정당 내 민주주의를 실현하기 위해 가장 직접적이고도 중요하다고 볼 수 있는 후보자추천 절차의 비민주성이라는 하자 논의를 충분히 다루지 못하였다고 판단된다.

주제어: 정당 내 민주주의, 정당의 자유, 동질성 명령, 후보자추천의 하자, 선거소송

Zusammenfassung

Verwirklichung der innerparteilichen Demokratie und die Wahlprüfung

Prof. Dr. jur. Inkook Kay*

   Im modernen Verfassungsstaat haben politische Parteien einen besondere Stellung und damit die Parteifreiheit. Die Freiheit der politischen Parteien wird nicht nur für die Vorformung und geordnete Bildung des politischen Willens anerkannt, sondern soll diesen auch durch die Kandidatenaufstellung für Wahlen gelten. Daher unterliegen politische Parteien keinen übermäßigen Eingriffen des Staates oder externer Kräfte in ihre Gründung, Ziele oder Aktivitäten. Nach dem Parteiengesetz werden Registrierungsvoraussetzungen förmlich beurteilt und die Fukrtion der politischen Willensbildungsfunktion einer politischen Partei unterliegt keiner Beurteilung. Die Satzung der Partei legt den Zweck und die Aktivitäten der Partei als freiwillige Organisation fest und muss nicht auf der gleichen Ebene wie die Organisationsordnung staatlicher Institutionen liegen. Vielmehr wird geboten, dass die Homogenität zumindest auf verfassungsrechtlichen Grundsätzen beruht. Das Gebot innerparteilicher Demokratie wird ebenfalls anhand des Homogenitätsgebots beurteilt, Fraktionszwang oder einseitige Kandidatenaufstellung stellen jedoch schwerwiegende Verstöße dar, die dem Homogenitätsgebot nicht genügen. Bei diesem Urteil geht es um die gerichtliche Kontrolle der äußeren und inneren Freiheit politischer

* Universität Korea, Graduate School of Public Administration

75

Parteien. Supreme Court versuchte, die äußere Freiheit politischer Parteien getreu zu gewährleisten und wandte das Homogenitätsmandat auf die Demokratie innerhalb politischer Parteien an. Es wurde jedoch nicht ausreichend auf die Frage der nichtdemokratischen Kandidatenaufstellung eingegangen, der als der direkteste und wichtigste Schritt zur Verwirklichung der Demokratie innerhalb einer politischen Partei gilt.

Schlüsselwörter: Innerparteiliche Demokratie, Die Freiheit der politischen Parteien, Homogenitätsgebot, fehlerhafte Kandidataufstellung, Wahlprüfung

투고일 2023. 12. 11.
심사일 2023. 12. 26.
게재확정일 2023. 12. 29.

取消訴訟의 對象

처분의 변경과 항고소송의 대상 (이윤정)

처분의 변경과 항고소송의 대상*

이윤정**

대상판결 : 대법원 2022. 7. 28. 선고 2021두60748 판결

Ⅰ. 대상판결의 개요

1. 사실관계와 소송의 경과

원고들은 안경렌즈 외경가공기 등을 개발·판매하는 주식회사 삼보 (이하 '원고 회사'라고 함) 및 그 이사와 대표이사이고, 피고는 중소기업기술정보진흥원장이다.

원고 회사는 피고에게 '안경렌즈의 측면 및 모서리 가공기술을 활용한 수출용 안경렌즈 외경가공기 개발'이라는 과제(이하 '이 사건 과제'라고 함)에 대한 사업계획서를 제출하고 지원을 신청하여 선정되었다. 원고 회사와 피고는 2015. 12. 24. 총 기술개발기간을 2015. 12. 1.부터

---

* 이 글은 2023. 6. 16. (사)한국행정판례연구회 제387차 월례발표회에서 발표한 내용을 수정·보완한 것임.
** 강원대학교 법학전문대학원 교수

2016. 11. 30.까지, 정부출연금을 173,630,000원으로 하는 중소기업 기술개발사업 협약을 체결하였다. 원고 회사는 2017. 1. 29. 최종보고서를 피고에게 제출하였고, 평가 결과 '성공'으로 판정을 받았다. 그런데 그 후 권익위원회에 원고들이 이미 개발되어 판매 중인 제품을 신제품 개발인 것처럼 속여서 과제에 선정되고 조작된 결과물을 제출했다는 신고가 접수되었고, 이를 전달받은 피고는 원고들이 수행한 과제에 대해 특별점검을 실시하였는데, 이를 평가한 기술정보진흥원 특별평가위원회는 특별평가 결과 '문제 있음'으로 판정하였다.

이에 피고는 제재조치위원회 심의를 거쳐 2019. 7. 2. 이 사건 과제가 「중소기업 기술혁신 촉진법」 제31조 제1항, 제32조 제1항, 「중소기업 기술혁신 촉진법 시행령」 제20조 제2항, 제21조 제1항, [별표 2], 구 「중소기업기술개발 지원사업 운영요령」(중소벤처기업부 고시) 제30조 제1항 [별표 3]의 '6. 연구개발 자료나 결과를 위조 또는 변조하거나 표절하는 등의 연구부정행위를 한 경우' 중 '다. 외부 압력, 중복 수행, 기개발품 신청, 청탁, 제3자 부당개입 등 부정한 방법을 사용하여 과제 수행기관으로 선정된 경우'에 해당한다는 이유로, 원고들에 대하여 각 3년간(2019. 7. 19.부터 2022. 7. 18.까지) 기술혁신 촉진 지원사업에의 참여를 제한하고, 원고 회사에 대하여는 정부출연금을 전부 환수(납부기한: 2019. 8. 2.까지)한다고 통지하였다(이하 '이 사건 당초처분'이라고 함). 위 통지서에는 "위 처분에 대하여 이의가 있는 경우, 귀하는 우리 원 이의신청 절차에 따라 이의신청을 할 수 있으며, 이의신청 시 명기된 제재기간은 변경될 수 있습니다. 이의신청 절차 이외에도 중앙행정심판위원회에 행정심판을, 관할법원에 행정소송을 제기할 수 있습니다. 행정심판 청구기간은 처분이 있음을 알게 된 날로부터 90일, 있은 날로부터 180일이며, 행정소송 청구기간은 처분이 있음을 알게 된 날로부터 90일, 있은 날로부터 1년입니다."라는 내용이 기재되어 있다.

원고들은 이 사건 당초처분에 대하여 2019. 7. 15.경 피고에게 이의를 신청하면서 이의신청서에 구체적인 이의신청사유를 기재하였고, 연구개발과정의 정당성을 소명하기 위한 자료 등을 제출하였다. 제재조치위원회가 원고들에 대한 제재를 다시 심의하였으나 종전과 같이 원고들에 대하여 각 3년간 기술혁신 촉진 지원사업에의 참여를 제한하고 원고 회사에 대하여 정부출연금을 전부 환수함이 타당하다고 보았다. 피고는 2019. 10. 18.「중소기업 기술혁신 촉진법」제31조 제1항, 제32조 제1항에 따라 원고들에 대하여는 각 3년간(2019. 11. 8.부터 2022. 11. 7.까지) 기술혁신 촉진 지원사업에의 참여를 제한하고 원고 회사에 대하여는 정부출연금을 전부 환수(납부기한: 2019. 11. 18.까지)한다고 통지하였다(이하 '이 사건 변경처분'이라고 함).[1) 위 통지서에는 "이의신청 심의결과에 대하여 재이의신청을 할 수 없습니다. 행정심판 청구기간은 처분이 있음을 알게 된 날로부터 90일, 있는 날로부터 180일이며, 행정소송 청구기간은 처분이 있음을 알게 된 날로부터 90일, 있는 날로부터 1년입니다."라는 내용이 기재되어 있다.[2]

이 사건 당초처분과 이 사건 변경처분의 내용을 비교하여 정리하면 아래 표와 같다.

---

1) 제1심판결은 이 사건 당초처분은 '원처분', 이 사건 변경처분은 '이의신청기각결정'이라고 칭하고 있는데, 이에 반하여 대상판결은 이 사건 당초처분을 '이 사건 1차 통지'로, 이 사건 변경처분은 '이 사건 2차 통지'로 칭하면서 각각의 통지 내용에서 불복방법을 어떻게 안내하였는지도 사실관계로 설시하고 있다. 이 글에서는 이의신청에 대한 결정으로 이루어진 2019. 10. 18.자 통지의 처분성에 의문을 제기하기는 하지만 일반적인 논의로서 당초 처분의 내용을 변경하는 후속 처분이 독자적으로 대상적격을 갖는가의 문제를 '변경처분의 처분성'이라는 쟁점으로 칭하면서 다루고자 하므로 통일적인 용어 사용을 위하여 독자적 처분성의 인부를 떠나 당초처분을 변경하는 행정청의 결정을 '변경처분'이라고 하고자 한다.

2) 이상의 사실관계는 대상판결의 '사건의 개요' 부분과 1심 판결(대전지방법원 2021. 4. 15. 선고 2019구합109048 판결)에서 '처분의 경위' 부분을 정리한 것이다.

	이 사건 당초처분	이 사건 변경처분
처분 일자	2019. 7. 2.	2019. 10. 18.
처분 내용	−3년(2019.7.19.~2022.7.18.)간 　참여제한 −정부출연금환수 　(납부기한:~2019.8.2.)	−3년(2019.11.8.~2022.11.7.)간 　참여제한 −정부출연금환수 　(납부기한:~2019.11.18.)
불복 안내	−이의신청(제재기간 변경 가능성) 안내 −행정쟁송 안내	−이의신청 불가 안내 −행정쟁송 안내

　　이 사건 변경처분을 받은 후 원고들은 2019. 12. 27. 이 사건 변경
처분의 취소를 구하는 소를 제기하였다. 피고는 이 사건 변경처분이 원
고들의 이의신청을 받아들이지 않고 종전의 이 사건 당초처분을 유지한
다는 취지에서 한 이의결정이므로, 이는 이 사건 당초처분 내용을 그대
로 유지한다는 것에 불과하여 별도의 독립된 처분성이 인정되지 않는다
고 다투었다. 1심 판결은 피고의 이러한 본안전 항변을 받아들이지 않
고 처분성을 인정하였으나, 위법하지는 않다고 보아 원고들의 청구를
기각하였다. 그러나 원심은 처분성을 부정하며 1심 판결을 취소하고 소
를 각하하였다. 그리고 대상판결은 다시 이 사건 변경처분의 처분성을
인정하며 파기환송하였다.

2. 판결의 요지

가. 1심(대전지방법원 2021. 4. 15. 선고 2019구합109048)의 판단

　　1심 판결은 이 사건 변경처분의 처분성을 인정하였는데, 그 이유
로, ① 변경처분은 당초처분과 참여제한 기간의 시점과 종점을 달리하
고, 환수금 납부기한도 변경하여 당초처분과 완전히 동일한 내용이라거
나 단순히 당초처분 내용을 그대로 유지하는 것에 불과하다고 볼 수는
없고, 그로 인해 국민의 권리·의무에 새로운 변동이 초래된다고 봄이 타

당하다는 점, ② 변경처분의 통지 내용에 처분의 제목, 과제명, 당사자, 근거법령, 처분의 이유, 심의결과, 처분의 내용 등이 모두 기재되어 있어 별개의 독립한 처분인 것과 같은 외관을 갖추고 있다는 점, ③ 변경처분에는 유의사항 부분에 '이의신청 심의결과에 대하여 재이의신청을 할 수 없습니다. 행정심판 청구기간은 …'의 문구를 기재하였는데 이는 당시 피고도 변경처분을 당초처분과 별개로 항고소송의 대상이 되는 행정처분이라고 인식하고 있었음을 보여준다는 점, ④ 당초처분만을 항고소송의 대상이 되는 처분으로 해석한다면, 이의신청을 제기한 사람은 그 결과를 기다리는 동안 자칫 제소기간 도과로 인한 불이익을 입을 염려가 발생하게 되므로 별도의 처분으로 취급하여 행정쟁송을 제기할 수 있도록 해야 할 현실적 필요성이 크다는 점[3]을 들었다.

나. 원심(대전고등법원 2021. 12. 2. 선고 2021누10796)의 판단

1심의 판단과 달리 원심이 처분성을 부인한 이유는, ① 이 사건 당초처분서에는 처분임을 전제로 이의신청 절차 이외에도 행정심판과 행정소송에 대한 안내가 기재되어 있다는 점, ② 중소기업 기술혁신 촉진법령에는 참여제한 및 환수처분에 대한 이의신청에 관하여 아무런 규정을 두고 있지 아니하고, 행정규칙(중소벤처기업부고시)인 구 「중소기업기술개발 지원사업 운영요령」에서만 이의절차를 규정하고 있어 이 운영요령에 근거하여 이의신청에 대한 심사를 하는 것은 피고 스스로의 시정절차에 불과하다는 점, ③ 이 사건 변경처분은 이 사건 당초처분에

---

3) 「행정기본법」 제36조 제4항은 '이의신청에 대한 결과를 통지받은 후 행정심판 또는 행정소송을 제기하려는 자는 그 결과를 통지받은 날(제2항에 따른 통지기간 내에 결과를 통지받지 못한 경우에는 같은 항에 따른 통지기간이 만료되는 날의 다음 날을 말한다)부터 90일 이내에 행정심판 또는 행정소송을 제기할 수 있다.'고 규정하고 있으나 이 조항은 부칙에 따라 공포 후 2년이 경과한 날(2023. 3. 23.) 이후에 하는 처분부터 적용되므로 「행정기본법」 시행 전에 내려진 처분에 관한 이 사건에는 적용되지 않는다.

대한 이의신청을 심의한 결과 이 사건 당초처분이 정당하여 이의신청을
기각한다는 것이 결론이고, 단지 이 사건 당초처분에서 정한 참여제한
기간의 시기와 종기, 환수금 납부기한을 변경한 것인데, 이러한 변경은
처분의 집행을 일시적으로 유예하고 이의신청의 당부를 심사하는 데에
서 비롯되는 불가피한 것으로 이 사건 당초처분의 주요부분을 실질적으
로 변경한 것으로 볼 수 없고, 참여제한의 집행기간 및 환수금의 납부
기한이 이 사건 당초처분서에 기재된 예정 시기보다 미루어짐으로써 원
고들에게 새롭게 불이익한 변동이 초래된 것으로 볼 수도 없으며, 이의
신청에 따른 처분 집행의 유예는 당초처분서에서 예정하고 있어 원고들
도 인식할 수 있었다는 점이다.

나. 대상판결의 요지

대상판결은 먼저, '선행처분의 내용 중 일부만을 소폭 변경하는 후
행처분이 있는 경우 선행처분도 후행처분에 의하여 변경되지 아니한 범
위 내에서 존속하고, 후행처분은 선행처분의 내용 중 일부를 변경하는
범위 내에서 효력을 가지지만, 선행처분의 주요 부분을 실질적으로 변
경하는 내용으로 후행처분을 한 경우에는 선행처분은 특별한 사정이 없
는 한 그 효력을 상실한다'는 기존의 판례에서 인정하는 법리(대법원
2012. 12. 13. 선고 2010두20782, 20799 판결 등 참조)를 확인하였다. 그리고
이러한 법리에 비추어, 이 사건 변경처분은 선행처분인 이 사건 당초처
분의 주요 부분을 실질적으로 변경한 새로운 처분으로서 항고소송의 대
상이 된다고 판단하였다.

대상판결이 이 사건 변경처분이 선행처분인 이 사건 당초처분의
'주요 부분을 실질적으로 변경한 새로운 처분'이라고 본 이유는,
　　① 이 사건 변경처분서에 '제재조치위원회에서 심의한 결과를 통지
　　　한다'는 취지의 기재는 그 문언상 종전 통지와 별도로 심의·의

결하였다는 내용임이 명백하고, 이의신청의 내용을 기초로 원
고들에 대한 제재사유의 존부 및 제재의 내용에 대하여 다시
심의한 결과를 알리는 것이므로 새로운 제재조치의 통지라고
볼 수 있고,

② 참여제한기간과 환수금 납부기한이 변경되었고,

③ 피고가 원고들에게 이 사건 당초처분을 하면서 불복방법을 고
지하였음에도 그 불복방법을 제기할 날짜가 지난 시점에 한 이
사건 변경처분에서 다시 행정심판 또는 행정소송에 의한 불복
방법을 고지하였는바, 피고도 이 사건 변경처분이 항고소송의
대상이 되는 처분에 해당한다고 인식하고 있었으며,

④ 피고가 이 사건 변경처분에서 명시적으로 한 불복안내는 원고
들에 대하여 신뢰의 대상이 되는 공적인 견해를 표명한 것에
해당한다 할 것인데, 원고들이 그 안내를 신뢰하고 90일의 기
간 내에 이 사건 행정소송을 제기하였음에도 처분성이 없다고
한다면, 원고들로서는 피고의 견해표명을 신뢰한 데 따른 이익
을 침해받게 될 것이어서 행정상 법률관계에서의 신뢰보호의
원칙에 비추어 보더라도 이 사건 변경처분은 항고소송의 대상
이 되는 처분이라고 봄이 상당하다는 점이다.

Ⅱ. 쟁점의 정리

1. 처분의 변경이 행정소송의 각 단계에서 일으키는 문제들

행정처분이 변경되면 이를 다투고자 하는 상대방은 변경 전후의
처분 중 무엇을 대상으로 소송을 제기하여야 하는지 결정하여야 한다.
처분의 상대방이 변경 전후의 처분 중에서 하나를 대상으로 취소소송을

제기하였는데 취소소송의 대상으로 삼은 처분에 대상적격이 인정되지 않는다면 각하 판결을 받게 될 것이고, 그 이후에는 다른 처분을 대상으로 소송을 제기하려 하여도 제소기간 때문에 쉽지 않다. 변경 전후의 처분 중에서 무엇을 대상으로 삼아야 하는지가 명확하지 않다는 점은 원고에게 소송을 제기할 때 무엇을 대상으로 삼아야 하는지, 무엇을 기준으로 제소기간을 맞추어야 하는지의 결정에 있어 혼란을 준다. 또한 소송을 제기한 이후에라도 제소기간의 제한과 상관없이 대상 처분을 다른 것으로 바꿀 수 있는지, 이것이 소 변경으로서만 허용되는 것인지 동일한 소송물 내에서의 청구취지의 정정으로 허용되는지 등이 여전히 문제가 된다.

처분을 다투는 소송을 제기한 이후에도 소송의 대상인 처분은 변경될 수 있는데, 이 경우 기존의 소송 대상인 처분에 대한 소의 이익이 없어질 수도 있고, 소송요건으로는 소의 이익이 인정되는 경우라도 현실적으로 진행 중인 소송에서의 승소가 무용해지고, 변경처분에 대한 불복이 추가로 더 필요한 경우가 있어 추가로 신소를 제기하거나 소 변경을 하여야 할 필요가 있는데, 이때에도 역시 소 변경 기한이나4) 제소기간의 산정이 문제가 된다.5) 나아가 판결이 내려진 이후에 처분을 변경하거나 새로운 처분을 내리고자 하는 경우에는 판결의 효력 특히 기속력에 반하지 않는가의 문제도 생각할 수 있다.

---

4) 「행정소송법」 제22조는 처분변경으로 인한 소의 변경은 처분의 변경이 있음을 안 날로부터 60일 이내에 하여야 한다고 규정하고 있다.
5) 행정소송에서 소 변경의 유형과 소 변경 기한 및 제소기간에 관한 논의로는 안철상, "행정소송에서의 소의 변경과 새로운 소의 제소기간", 행정판례연구 제11권, 2006., 마용주, "현대행정과 행정소송의 제문제 ; 행정소송법상 소의 변경", 법조 제49권 제7호, 2000., 이윤정, "취소소송에서의 소 변경", 행정법연구 제68호, 2022. 등 참조.

2. 대상판결에서의 쟁점

가. 당초처분과 변경처분의 관계와 항고소송의 대상적격

대상판결에서는 이 사건 당초처분과 이 사건 변경처분 중에서 무엇(만)이 취소소송의 대상인지 문제가 되었다. 원고들은 이 사건 당초처분 있음을 안 날로부터 90일이 이미 지난 시점에, 그러나 이 사건 변경처분 있음을 안 날로부터는 아직 90일이 지나지 않은 시점에 이 사건 변경처분을 대상으로 취소소송을 제기하였다. 만약 이 사건 변경처분에 대상적격이 인정되지 않고 이 사건 당초처분만 대상적격이 있다고 인정된다면 원고들은 소송의 대상을 이 사건 변경처분에서 이 사건 당초처분으로 변경하더라도 제소기간이 도과하였기 때문에 대상적격이 인정되지 않는다는 이유로든, 제소기간을 도과하였다는 이유로든 각하 판결을 피할 수 없다. 따라서 대상판결의 사안에서는 '당초의 처분을 변경하는 처분이 있을 때 당초처분과 변경처분 중 무엇이 항고소송의 대상이 되는지'가 가장 두드러지는 쟁점이 된다.

이 문제에 대해 판례는 '변경처분이 당초처분의 주요 부분을 실질적으로 변경한 경우에는 당초처분이 그 효력을 상실하고 변경처분이 불복의 대상이 된다'는 법리를 펴고 있는데, 이러한 법리를 적용하더라도 정작 1심과 원심의 판단, 그리고 대상판결에서 이 사건 변경처분이 이 사건 당초처분의 주요 부분을 실질적으로 변경하였는지 여부와 어떤 이유에서 주요 부분의 실질적 변경이라고 볼 수 있는지에 대한 판단은 갈렸다.

그렇다면 과연 판례가 말하는 '주요 부분'은 처분의 어떤 부분이고, '실질적 변경'은 어느 정도의 변경인지, 그리고 이 사건에서의 변경된 내용인 제재처분의 효력발생기간의 시점과 종점, 제재처분 이행기한의 변경이 과연 주요 부분의 실질적인 변경인가가 대상판결의 주된 쟁점이 된다.

나. 이의신청절차의 성격과 이의신청결정의 대상적격 인정 여부

이 사건 변경처분의 처분성을 부정했던 원심 판결은 이 사건 변경
처분이 이의신청에 대한 결정으로서 내려진 것이고, 이 사건에서 이의
신청은 법령이 아닌 「중소기업기술개발 지원사업 운영요령」이라는 중
소벤처기업부고시에 근거하는 절차로서 처분청 스스로의 시정절차라는
점을 주목하였다.

여기서 당초처분의 내용에 관한 처분청의 새로운 결정이 직권으로
이루어진 것이 아니라 당사자의 이의신청에 따라 이루어진 결정인 경우
에도 직권으로 변경처분을 한 경우와 다를 것이 없는지 문제 된다. 만
약 이의신청절차의 성격이 하나의 처분을 내린 이후에 이에 대한 재고
의 여지가 있는지를 검토하고 스스로 시정하는, 즉 일종의 사후적인 행
정절차의 일부라고 본다면, 이러한 절차를 거친 결과로 내려진 이의신
청결정은 과연 원래의 처분과 별도의 독립한 처분으로서 의미가 있을지
의문이다. 대상판결은 원심과 달리 이 사건 변경처분이 당초처분과는
별도로 심의, 의결을 다시 거친 결정이라는 점을 강조하였다. 그렇다면
이의신청절차에서 당초처분에 대한 적부의 검토를 하는 정도를 넘어 새
로 심의를 하는 등으로 처분을 다시 하는 정도의 공력을 들인다면 이는
후속하는 변경처분이 처분의 결론에서 당초처분과 크게 달라진 점이 없
더라도 처분으로서 독자적인 의미를 가지고, 불복의 대상으로서의 대상
적격도 인정되는 것인가?

대상판결 이전에 선고된 대법원 2021. 1. 14. 선고 2020두50324 판
결에서는 이주대책대상자제외처분의 상대방이 이의신청을 하여 처분청
이 이에 대해 결정하면서 원래의 처분 내용과 같이 여전히 이의신청자
를 이주대책 대상에서 제외한다는 결정을 통보한 2차 결정은 1차 결정
과 별도로 처분이 된다고 판단하였던 바 있다.6) 그러나 위 판결은 거부
처분에 대한 이의신청에서 신청을 거부하는 당초처분의 결정을 똑같이

반복한 경우에 대한 것으로, 제재처분에 대한 이의신청에서 제재의 내용을 유지하거나 다소 변경한 대상판결의 사안과는 달리 볼 여지가 있다. 그렇다면 이의신청결정으로 내려진 변경처분과 당초처분의 관계를 앞의 가.의 쟁점과 같이 볼 것인가, 아니면 이의신청에 따른 결정은 직권으로 내려진 변경처분과 달리 볼 것인가가 문제 되고, 이의신청절차 및 이의신청결정의 법적 성격에 대하여 고찰할 필요가 있다.

    이의신청절차에서의 결정은 실제에서 단순히 이의신청을 받아들이지 않는다는 것만을 밝히고 있는 경우(예를 들면, '이의신청을 기각한다'는 내용뿐인 경우), 이의신청을 받아들이지 않는 취지에서 당초처분의 내용과 동일한 내용을 반복하는 경우, 명시적으로 당초의 처분을 변경하고 새로운 결정을 한 경우, 당초처분의 취지를 유지하면서 이행조건 등을 경미한 정도로 변경하거나 수정한 경우 등과 같이 다양하게 나타나기 때문에, 일반적으로 이의신청결정이 당초처분과는 별도로 처분성을 갖는가에 대하여 단정하기 어려운 면이 있다. 또한, 개별 법령이나 행정분야에서 다양한 이의신청절차 근거 규정의 형식과 내용에 비추어 이의신청절차가 특히 행정심판 등의 쟁송절차와 비교하여 이와 유사한 불복절차로 규정되어 있는지,[7] 처분청 스스로 재고하고 시정할 수 있는 절차 정도로 규정되어 있는지에 따라 해당 이의신청절차와 그 결정의 성격도

---

6) 대법원 2021. 1. 14. 선고 2020두50324 판결이 2차 결정의 처분성을 인정한 근거는 두 가지이다. 거부처분이 있은 후 당사자가 다시 신청을 한 경우에는 신청의 제목 여하에 불구하고 그 내용이 새로운 신청을 하는 취지라면 관할 행정청이 이를 다시 거절하는 것은 새로운 거부처분이라고 보아야 한다는 점과 2차 결정에서 불복방법 안내를 하였던 점을 보면, 피고 스스로도 2차 결정이 행정절차법과 행정소송법이 적용되는 처분에 해당한다고 인식하고 있었고 이와 같이 불복방법을 안내한 피고가 처분성을 부인하는 본안전항변을 하는 것은 신의성실원칙에 어긋난다는 것이다.

7) 예를 들어 「공공기관의 정보공개에 관한 법률」 제18조의 이의신청은 정보공개와 관련한 공공기관의 비공개 결정 또는 부분 공개 결정에 대한 불복 구제 절차 중 하나로 규정되어 있고, 이의신청에서의 각하 또는 기각 결정에 대해 행정심판 또는 행정소송을 제기할 수 있음이 명시되어 있어 이의신청에서의 위 결정이 독자적으로 처분성을 갖는 것처럼 규정되어 있다.

달라질 것이다.

즉, 처분청이 직권으로 당초처분을 변경하는 변경처분을 한 경우가
아니라 이의신청에 따라 다시 검토하여 내린 결정은 당초처분과의 관계
에서 독자적인 처분으로서의 의미를 가질 수 있는지가 이의신청절차의
법적 성격과 관련하여 문제 되고, 이는 위에서 본 변경처분의 처분성과
는 관점을 약간 달리하는 쟁점이 된다.

다. 이의신청과 제소기간

1심 판결과 대상판결이 이 사건 변경처분의 처분성을 인정한 것은,
이 사건 당초처분에만 대상적격을 인정할 경우 이미 이에 대한 제소기
간을 도과하였기 때문에 이의신청을 거치느라 항고소송 제기를 미룬 원
고가 정작 소송에서는 본안판단을 받아볼 가능성조차 없게 된다는 점도
현실적으로 고려되었을 것이라고 짐작할 수 있다.

이의신청을 거친 경우 행정심판이나 행정소송의 제소기간의 기산
점이 언제인지에 대해서 대법원 2012. 11. 15. 선고 2010두8676 판결은
민원사무처리법상 민원 이의신청을 하여도 행정심판이나 행정소송에서
의 청구기간이나 제소기간 기산점이 민원 이의신청에 대한 결과를 통지
받은 날부터로 인정되지 않는다고 판시하였고,8) 그 결과 이의신청을 제

---

8) 대법원 2012. 11. 15. 선고 2010두8676 판결은 '행정소송법 제18조 내지 제20조, 행
정심판법 제3조 제1항, 제4조 제1항, 민원사무처리에 관한 법률(이하 '민원사무처
리법'이라 한다) 제18조, 같은 법 시행령 제29조 등의 규정들과 그 취지를 종합하
여 보면, 민원사무처리법에서 정한 민원 이의신청의 대상인 거부처분에 대하여는
민원 이의신청과 상관없이 행정심판 또는 행정소송을 제기할 수 있으며, 또한 민
원 이의신청은 민원사무처리에 관하여 인정된 기본사항의 하나로 처분청으로 하여
금 다시 거부처분에 대하여 심사하도록 한 절차로서 행정심판법에서 정한 행정심
판과는 성질을 달리하고 또한 사안의 전문성과 특수성을 살리기 위하여 특별한 필
요에 따라 둔 행정심판에 대한 특별 또는 특례 절차라 할 수도 없어 행정소송법에
서 정한 행정심판을 거친 경우의 제소기간의 특례가 적용된다고 할 수도 없으므로,
민원 이의신청에 대한 결과를 통지받은 날부터 취소소송의 제소기간이 기산된다고
할 수 없다. 그리고 이와 같이 민원 이의신청 절차와는 별도로 그 대상이 된 거부

기한 당사자가 이의신청절차에 소요된 기간만큼 오히려 제소기간의 계
산에서 불리해지는 결론에 이르게 되어 이 판결에 대한 많은 비판과 우
려가 있었다.9)

그런데 이에 대해서는 이의신청을 한 경우에 이의신청을 기다려
행정심판이나 취소소송을 제기하는 상대방에게 제소기간의 산정 시 불
이익이 발생하는 문제 때문에 「행정기본법」 제36조 제4항에서 그 통지
를 받은 날로부터 기산하도록 하고 있어 어느 정도 입법적 해결이 되었
다고 보인다.10)

라. 불복방법 안내 및 행정상 신뢰보호의 원칙과 대상적격

1심판결과 대상판결은 피고가 이 사건 변경처분을 하면서 이 사건
변경처분이 처분임을 전제로 이 사건 변경처분에 대한 행정심판과 행정
소송의 불복절차를 안내하였다는 점을 중요하게 여기고 있는 듯하다.
실제로 근자에 판례(대법원 2021. 1. 14. 선고 2020두50324 판결, 대법원 2022.
3. 17. 선고 2021두53894 판결, 대법원 2018. 10. 25. 선고 2016두33537 판결 등)
는 처분성이 문제 되는 사안에서 그에 대한 불복방법 선택에 중대한 이

처분에 대하여 행정심판 또는 행정소송을 제기할 수 있도록 보장하고 있는 이상,
민원 이의신청 절차에 의하여 국민의 권익 보호가 소홀하게 된다거나 헌법 제27조
에서 정한 재판청구권이 침해된다고 볼 수도 없다.'고 판시하였다.
9) 이 판결에 대하여 이의신청을 적극적으로 제기하고 능동적으로 자신의 권리를 실
현하려 한 민원인에게 종국적인 분쟁해결수단인 행정소송에의 접근가능성을 막았
다는 점에서 비판하는 견해로 강지은, "이의신청절차와 제소기간", 행정판례연구
제20권 제1호, 한국행정판례연구회, 2015. 6. 374면.
10) 「행정기본법」 제36조는 '처분에 대한 이의신청'이라는 표제하에 제4항에서 '이의신
청에 대한 결과를 통지받은 후 행정심판 또는 행정소송을 제기하려는 자는 그 결
과를 통지받은 날(제2항에 따른 통지기간 내에 결과를 통지받지 못한 경우에는 같
은 항에 따른 통지기간이 만료되는 날의 다음 날을 말한다)부터 90일 이내에 행정
심판 또는 행정소송을 제기할 수 있다.'고 규정하고 있다. 이 규정의 취지는 이의신
청을 한 경우에는 행정심판 또는 행정소송을 제기할 기간의 기산점을 미루기 위한
것으로 이해되나, 당초처분을 대상으로 기산점만 미루는 것인지, 이의신청결과를
대상으로 하여 새로 기산하는 것인지 법문만으로는 분명하지 않다.

해관계를 가지는 상대방의 인식가능성과 예측가능성을 중요하게 고려하여야 한다고 하면서, 원고의 예측가능성 또는 처분청의 인식 여부를 처분성 인정 여부 판단의 근거로 삼고 있다. 즉 처분청이 스스로 처분으로 인식하였고, 상대방에게도 처분으로 인식하게끔 하고 소송이 제기된 후에 처분이 아니라는 본안전 항변을 하는 것은 신의칙이나 신뢰보호의 원칙을 들어 허용하지 않으려 한다.

처분성의 확대 경향이나 당사자의 권리 구제 확대, 그리고 행정에서의 신의칙 등에 비추어 이러한 결론의 구체적 타당성을 부정하기 어렵기는 하다. 그러나 대상적격이라는 소송요건은 제소기간과 같이 당사자의 준수 여부라는 주관적 사정에 따라 소송요건의 구비 여부가 달라지는 것이 아니다. 대상적격이라는 소송요건이 객관적인 요소만으로 결정되지 않고 처분에 대한 불복 안내 여부와 같은 개별 사정에 따라 처분성 인정 여부가 좌우되는 것이 과연 타당한가에 대해서는 의문이 있다. 대상판결은 이 사건 당초처분에 대한 불복방법을 제기할 날짜가 지난 시점에 한 이 사건 변경처분에서 다시 행정심판 또는 행정소송에 의한 불복방법을 고지한 것은 피고도 이 사건 변경처분이 항고소송의 대상이 되는 처분에 해당한다고 인식하고 있었다는 것이고, 피고가 이 사건 변경처분에서 명시적으로 한 불복안내는 원고들에 대하여 신뢰의 대상이 되는 공적인 견해를 표명한 것에 해당한다고 행정상 법률관계에서의 신뢰보호의 원칙에 비추어 이 사건 변경처분의 대상적격을 인정하는 것이 상당하다고 판시하고 있는데, 항고소송의 대상이 되는 처분인지를 결정함에 있어 처분청의 인식이나 불복안내 여부가 어떤 의미를 가질 수 있는가도 검토해 볼 쟁점이 된다.

마. 이 글에서 검토할 쟁점

대상판결에서는 위와 같은 쟁점들이 모두 관련되어 검토될 수 있겠으나, 이 글에서는 직접적으로 문제 되는 쟁점인 당초처분과 변경처분의 관계(가.항)에 대하여 검토해 보고자 한다. 이는 구체적으로는 하나의 사안에 대하여 행정청이 번복하여 내린 여러 조치들 사이에서 무엇이 대상적격을 갖는가의 문제와 변경처분에 대상적격을 인정하기 위한 기준으로 판례가 들고 있는 '주요 부분의 실질적인 변경'의 의미가 무엇인지에 대한 검토가 될 것이다. 그리고 변경처분의 대상적격과의 관련 쟁점으로 한정하여 이의신청절차에서의 결정을 직권으로 내려진 변경처분과 같이 볼 것인지(나.항)도 살펴보고자 한다.

Ⅲ. 처분의 변경과 항고소송 대상의 특정

1. 처분이 변경된 경우 대상적격에 관한 판례의 법리

처분을 변경하더라도 당초의 처분을 직권으로 취소하고 새로 변경처분을 내린 경우에는 당초처분은 직권취소로 소멸하였으므로 변경처분만 유효하게 존재하고 변경처분을 불복의 대상으로 삼으면 된다. 그러나 당초처분을 명시적으로 취소하지 않고 그 내용을 변경하는 처분을 다시 한 경우 취소소송의 대상이라는 관점에서 당초처분도 변경처분도 각각 독자적으로는 항고소송의 대상이 되는 처분의 외관과 성격을 가지므로 어느 것을 불복의 대상으로 삼을 것인가가 문제 된다. 특히 처분의 상대방이 그 처분을 다툴 실익이 있는, 제재처분 등과 같이 불이익한 처분에서 문제가 된다.

판례가 어떤 요건과 기준으로 대상적격을 인정하는가와 검토하기 위하여 판례가 대상적격을 판단하는 기준을 먼저 살펴보면, '행정청의 행위가 항고소송의 대상이 될 수 있는지는 추상적·일반적으로 결정할 수 없고, 구체적인 경우에 관련 법령의 내용과 취지, 그 행위의 주체·내용·형식·절차, 그 행위와 상대방 등 이해관계인이 입는 불이익 사이의 실질적 견련성, 법치행정의 원리와 그 행위에 관련된 행정청이나 이해관계인의 태도 등을 고려하여 개별적으로 결정하여야 한다'고 한다.[11) 그리고 행정청의 행위가 '처분'에 해당하는지가 불분명한 경우에는 '그에 대한 불복방법 선택에 중대한 이해관계를 가지는 상대방의 인식가능성과 예측가능성을 중요하게 고려하여 규범적으로 판단하여야 한다'고 한다.[12) 이러한 판례의 기준을 보면, 항고소송에서의 대상적격은 다툼의 대상인 행정작용의 외관 또는 형식이나 그 행정작용의 객관적인 법적 성질만으로 결정되는 것이 아니라 행정쟁송으로 다툴 수 있는 대상으로서의 가치나 실익, 의미와 같은 실질적인 요소도 고려하고 있는 것으로 생각된다.

　　처분이 변경된 경우 당초처분과 변경처분 중에서 어느 것이 대상적격을 갖는가에 대한 판례의 기준은 대상적격에 대한 이러한 관점의 연장선에서 이해할 수 있다. 판례는 '선행처분의 내용 중 일부만을 소폭 변경하는 후행처분이 있는 경우 선행처분도 후행처분에 의하여 변경되지 아니한 범위 내에서 존속하고, 후행처분은 선행처분의 내용 중 일부를 변경하는 범위 내에서 효력을 가지지만, 선행처분의 주요 부분을 실질적으로 변경하는 내용으로 후행처분을 한 경우에는 선행처분은 특별한 사정이 없는 한 그 효력을 상실한다'고 한다.[13) 즉 선행처분의 주요 부분을 실질적으로 변경하는 내용으로 후행처분을 한 경우에는 선행처분은 효력을 상실하고, 후행처분만 존재하고, 후행처분이 선행처분의 내용 중 일부만을 소폭 변경하는 정도에 불과한 경우에는 선행처분이 소멸한다고 볼 수 없고, 선행처분은 변경되지 않은 범위 내에서 존속하고, 후행처분은 변경하는 범위 내에서 존속, 즉 선행처분과 후행처분이 병존한다고 한다는 것이다.

---

11) 대법원 2010. 11. 18. 선고 2008두167 전원합의체 판결 등.
12) 대법원 2018. 10. 25. 선고 2016두33537 판결 등.
13) 대법원 2012. 12. 13. 선고 2010두20782, 20799 판결 등

사실 처분이 변경됨에 따른 당초의 처분과 변경된 처분 사이의 관계 및 변경처분의 대상적격 인정 여부에 관하여 과세처분에서는 많은 논의가 있었다. 하나의 과세단위에서 세액을 증액 또는 감액하는 경정처분이 잦은 과세처분에서는 당초의 과세처분 이후에 내려진 경정처분에 대하여 새로운 처분으로 인정되는지, 당초의 과세처분과의 관계에서 불복의 대상이 무엇인지에 대하여 판례는 증액경정처분과 감액경정처분을 구별하여 달리 처리하고 있다. 증액경정처분의 경우에는 이른바 '흡수설'의 입장에서 증액경정처분이 당초처분과 증액되는 부분을 포함하여 전체로서 하나의 과세표준과 세액을 다시 결정하는 것이므로, 오직 증액경정처분만이 쟁송의 대상이 된다고 하고,[14] 반면, 감액경정처분에 대해서는 처음의 과세표준에서 결정된 과세표준과 세액의 일부를 취소하는데 지나지 아니하는 것으로 보아 처음의 과세처분이 감액된 범위 내에서 존속하고 이 감액된 처음의 과세처분만이 취소소송의 대상이 된다고 한다.[15]

2. 처분의 변경에 따른 처분의 동일성과 대상적격

과세처분에서 결정세액이 증액되는 것은 납세자에게 불리한 것으로, 이같이 상대방에게 불리한 내용으로의 변경이 '주요 부분의 실질적인 변경'이라고 본다면 앞서 살펴본 변경처분의 처리에 대한 판례의 '주요 부분의 실질적 변경'이라는 기준은 과세처분에서 경정처분을 처리하는 판례의 기준과 일맥상통하는 부분이 있다고 볼 수도 있다. 즉 과세처분이 아닌 일반 행정처분에 대해서도 제재내용이 양(量)으로 정해지고, 제재의 양과 정도, 즉 경중장단(輕重長短)에 따라 원고에게 유·불리

---

14) 대법원 1999. 9. 3. 선고 97누2245 판결, 대법원 1991. 10. 8. 선고 91누1547, 대법원 1987. 12. 22. 선고 85누599 판결, 대법원 1988. 2. 9. 선고 86누617 판결 등.
15) 대법원 1987. 12. 22. 선고 85누599 판결, 대법원 1990. 11. 13. 90누6903 등.

함이 바로 결정되는 경우에는 과세처분의 경정처분을 다루는 법리와 유사하게 '제재가 가중되었는지'에 따라서 '주요 부분의 실질적 변경'이 있는지를 판단하는 것은 어느 정도 수긍할 수 있다.

물론 과세처분의 경우 과세 근거 법령에서 부과하고 있는 세액을 확인하는 행위로서의 성격이 있고, 총액주의에 따르는 결과 과세단위가 같은 과세처분에 있어서는 당초처분과 증액·감액한 경정처분 간에도 처분의 동일성이 인정될 수 있으나 과세처분이 아닌 일반 행정처분에서는 이와 달리 당초처분과 변경처분이 행정청의 처분으로서 별개로 독자적으로 존재한다고 볼 수도 있다. 취소소송의 소송물에 관한 의견이기는 하지만 행정소송법 제22조가 처분이 취소소송 계속 중에 변경되는 경우 소 변경을 할 수 있도록 한 것은 당초처분과 변경처분이 원칙적으로 별개의 처분인 것으로 인정하는 전제에 있다고 보아 처분의 동일성 개념을 중복처분이나 재처분까지 확대하는 것은 어렵다고 보는 견해도 있다.16)

그러나 과세처분이 아닌 일반 행정처분에서도 하나의 사안에 대하여 행정청이 법령을 적용하여 행정처분을 하고 그 행정처분에 이른 행정절차의 연장선상에서 내린 행정처분의 내용을 수정하는 경우에는 이를 전체적으로 하나의 행정처분에 이르는 행정절차의 과정(process)로 보아야 하고, 이 과정에서 내용이 다른 복수의 행정처분이 내려졌을 경우 불복의 대상으로서 대상적격을 갖는 행정처분은 그 중 하나의 처분으로 수렴되어야 할 것이다.17)

따라서 당초처분을 변경한 변경처분은 당초처분을 명시적으로 취

---

16) 문일호, "과세처분 취소소송에서의 소송물", 법학연구 제48권 제1호, 부산대학교 법학연구소, 2007. 8. 제11면.

17) 소송물의 외연을 결정하는 처분의 동일성 개념과 대상적격이라는 소송요건이 중복소송을 방지하는 소송물의 기능을 수행하고 있는 점에 대한 논의로는 이윤정, "취소소송의 소송물에 관한 연구", 서울대학교 전문박사학위논문, 2023., 104−106면 참조.

소하였는지 여부, 당초처분의 주문이 변경된 정도, 상대방에 대한 제재나 부담을 가중한 변경인지 축소한 변경인지 등에 따라 달리 볼 것이지만 당초처분을 취소하고 새로운 처분을 한 것으로 인정할 수 있으면 독자적으로 대상적격을 인정할 수 있고, 이와 달리 당초처분에 이른 행정절차의 연장선에서 당초처분의 내용을 일부 변경한 것으로 인정되는 경우에는 굳이 독자적으로 항고소송의 대상이 되는 처분으로 인정할 필요가 없다. 다만 그 변경의 양이나 정도가 어느 정도일 때 새로운 처분을 한 것으로 인정할 수 있는지의 구체적인 기준을 정하기는 쉽지 않다.

3. '주요 부분의 실질적 변경'에 관한 구체적 기준의 검토

가. 비교판례의 분석

[비교판례 1]: 대법원 2012. 12. 13. 선고 2010두20782,20799
집단에너지사업허가처분취소 · 집단에너지사업허가처분취소 판결

비교판례 1의 사안은 수익처분인 집단에너지사업허가를 한 후 그 내용을 확대하는 1차 변경처분과 다시 축소하는 2차 변경처분을 내린 사건에 대한 것이다. 사실관계를 보면, 지식경제부(현 산통부)장관이 2003. 12. 12. 한국지역난방공사에게 '파주 열병합발전소' 설치를 내용으로 하는 집단에너지사업허가를 해 준 다음 2006. 1. 11. 최대열부하 규모와 전기 및 열 공급용량 등을 확대하는 내용의 사업변경허가(이하 '1차 변경허가'라고 함)를 하고 다시 2008. 8. 19. 최대열부하 규모와 열공급시설의 설치 대수와 장소 등을 변경하는 내용의 사업변경허가(이하 '2차 변경허가'라고 함)를 하였다.[18]

---

18) 원고들은 2008. 3.경 파주시 교하읍 다율리 아파트를 취득한 자들이다. 파주 교하읍 일대가 택지개발 예정지구로 지정되면서 이 지역이 집단에너지공급대상지역으로 지정되자 한국지역난방공사는 위 공급지역에 설치할 집단에너지공급시설인 열병합발전설비(CHP)에서 전기 200MW와 열 404Gcal/h를, 5기의 열전용보일러인 첨두부하보일러에서 열 515Gcal/h를 생산하는 열병합발전소를 예정하고 있었다가, 파

처분	당초허가	1차 변경허가	(소송 중) 2차 변경허가
처분 일자	2003. 12. 12.	2006. 1. 11.	2008. 8. 19.
처분 내용	-파주 교하지구, 파주 운정1지구	-파주 교하지구, 파주 운정 1지구, 파주 운정2지구 -규모 및 공급용량 등 확대	(삼송 열병합발전소로 일부 이전) -규모 및 공급용량 등 축소

이 사건에서 원고들은 2008. 4. 14. 소를 제기하여 1차 변경허가가 무효라고(주위적) 또는 취소해달라고(예비적) 다투었는데, 소송 중 2차 변경허가가 내려지자 2010. 6. 9. 2차 변경허가에 대한 청구를 추가하였다. 이 사안에서는 1차 변경허가를 일부 축소하여 변경한 2차 변경허

주 운정1지구 택지개발예정지구가 지정되고 이 곳도 집단에너지공급대상지역으로 지정·공고되자 파주 교하지구와 운정1지구에 대하여 공급용량 '전기: 350MW, 열: 664Gcal/h(= CHP 252 + HOB 412)', 공급구역 '열: 파주 교하지구, 운정지구(운정 1지구), 탄현 주변지역, 전기: 한전 역송', 시설 설치기간 '2003. 11. ~ 2007. 11.'로 한 집단에너지사업의 허가(이하 '이 사건 당초 허가'라 한다)를 받았다. 그 후 파주 운정2지구 택지개발예정지구(이하 '파주 운정2지구'라 한다)를 지정에 따라 2006. 1. 11. 파주 운정2지구에 대한 집단에너지사업허가를 파주 교하지구와 운정1지구 에 대한 각 집단에너지사업허가에 통합하여 한국지역난방공사에 최대열부하 '693Gcal/h(고양 연계 190Gcal/h, 은평 연계 70Gcal/h 포함)', 공급용량 '전기 515MW, 열 705Gcal/h(=CHP 396 + HOB 309)' 규모의 열병합발전소로 변경하는 것을 허가하였다(이하 '이 사건 제1차 변경허가'라 한다). 피고는 2007. 8. 31. 한국 지역난방공사에 공급구역 '고양 삼송 택지개발지구', 공급요량 '전기 100MW, 열 133Gcal/h(설비용량)'로 한 집단에너지사업(이하 '삼송 집단에너지사업'이라 한다) 을 허가한 후, 2008. 6. 24. 한국지역난방공사가 파주 열병합발전소로부터 원거리에 위치한 은평뉴타운 연계공급분 전부 70Gcal/h와 고양 동부 일부지역(성사, 식사2 지구 등) 연계공급분 190Gcal/h 중 33Gcal/h를 삼송 열병합발전소에서 담당하도록 하기 위하여 파주 집단에너지사업과 삼송 집단에너지사업의 각 변경허가를 신청하 자, 2008. 8. 19. 한국지역난방공사에 삼송 집단에너지사업에 관하여는 최대열부하 122Gcal/h에서 299Gcal/h로, 열전용보일러 공급시설을 34Gcal/h 1기에서 68Gcal/h 3기로 변경하는 내용의 변경허가를 하는 한편, 파주 집단에너지사업에 관하여는 103Gcal/h 용량의 열전용보일러 1기의 설치장소를 삼송 열병합발전소로 이동하여 열전용보일러를 3기에서 2기로 변경하여 최대열부하를 693Gcal/h에서 590Gcal/h로 변경하는 허가(이하 '이 사건 제2차 변경허가'라 한다)를 하였다.

가로 인해 1차 변경허가와 2차 변경허가가 어떻게 존재하는지 문제 되었다.

　　원심(서울고등법원 2010. 8. 19. 선고 2008누32609,2008누32616 병합)은 2차 변경허가로 인하여 1차 변경허가의 효력이 소멸되었다고 전제한 후, 1차 변경허가의 취소를 구하는 소송 계속 중에 2차 변경허가의 취소를 구하는 청구가 추가되어 소 변경되었으므로, 2차 변경허가의 취소를 구하는 청구 부분의 제소기간 준수 여부에 대해서는 1차 변경허가의 취소를 구하는 청구 부분이 제소기간을 준수하였는지에 따라 결정하여야 한다고 보고, 1차 변경허가의 취소를 구하는 청구 부분의 소가 1차 변경처분일인 2006. 1. 11.부터 1년이 지난 2008. 4. 14. 제기되어 제소기간을 도과하였으므로 1차 변경허가의 취소를 구하는 청구 부분은 부적법하고, 2차 변경허가의 취소를 구하는 청구 부분도 제소기간을 도과하여 부적법하다고 판단하였다. 이에 대해 대법원은 2차 변경허가의 취소를 구하는 예비적 청구 부분의 소가 제소기간을 도과하여 부적법하다고 본 결론 자체는 인정하였지만 2차 변경허가가 내려졌음에도 1차 변경허가는 소멸하지 않았고, 변경되지 않은 범위 내에서 그대로 존속한다고 보았다. 그리고 2차 변경허가는 2차 변경허가가 이루어진 후 원고가 그 처분의 취소를 구하는 청구를 추가하는 청구취지변경신청을 하였지만 청구취지변경신청 당시를 기준으로 볼 때 제소기간을 도과하였으므로 제2차 변경허가의 취소를 구하는 청구 부분은 부적법하다고 하였다.

　　즉, 이 판례의 사안에서 1차 변경허가와 제2차 변경허가는 모두 '파주 열병합발전소'의 설치와 관련된 처분으로서 제2차 변경허가는 이 사건 제1차 변경허가를 전제로 하여 종전의 처분에서 허가한 발전소의 최대열부하 및 시설 규모를 축소하여 사업 내용을 많이 조정한 변경처분을 한 것이었는데, 대법원은 2차 변경허가는 1차 변경허가의 주요 부분을 실질적으로 변경하는 새로운 처분이라고 볼 수 없다고 하였다.

[비교판례 2]: 대법원 2012. 10. 11 선고 2010두12224 판결
[과징금부과처분등취소]

다음으로 비교판례 2의 사안에서 원고는 소외인으로부터 개발행위 허가를 양수한 후 허가 목적에 액화석유가스충전소 신축을 추가하는 내용의 개발행위 변경허가를 신청하여 2008. 4. 23. 피고 서울특별시 양천구청장으로부터 개발행위 변경허가(이하 '1차 개발행위허가'라고 함)를 받았다. 그 후 다시 허가 면적 등의 변경을 내용으로 한 개발행위 변경허가를 신청하여 2008. 8. 14. 개발행위 변경허가(이하 '2차 개발행위 변경허가'라고 함)를 받았다.

피고는 최초 개발행위 허가 당시부터 이 개발행위 허가에 계획도로를 건설하여 기부채납하는 내용 등의 부관을 부가하였는데, 소외인들에 대한 최초 개발행위허가 당시에는 인접토지에도 도로를 개설하도록 하였고, 원고에 대한 1차 개발행위허가 시부터는 계획도로를 개설하여야 하는 토지를 대상토지에만 한정하는 것으로 변경하여 부가하였다(이하 '1차 부관'이라고 함). 그리고 피고는 원고에게 2차 개발행위 변경허가를 하면서 기부채납 관련 부관에 1차 부관과 실질적으로 동일한 내용의 부관(이하 '2차 변경부관'이라고 함)을 부가하였다.

원고는 1차 개발행위허가를 2008. 5. 8. 송달받았고 그로부터 90일이 지난 후인 2008. 9. 24. 소를 제기하면서, 주위적으로 2차 변경부관의 취소를 구하고, 예비적으로 1차 부관의 취소청구를 추가하였다.

처분	1차 개발행위허가	2차 개발행위 변경허가
처분일자	2008. 4. 23.	2008. 8. 14.
처분내용	- LPG충전소신축 추가 - 1차 부관(허가대상 토지에 계획도로를 개설, 기부채납)	- 면적 변경 - 2차 변경 부관(허가대상 토지에 계획도로를 개설, 기부채납)

이 사건의 원심은 2차 개발행위 변경허가로 인하여 1차 개발행위 변경허가가 철회·소멸됨으로써 그에 부가된 1차 부관 역시 소멸하였고, 또한 2차 변경 부관은 1차 부관보다 원고에게 불이익하게 변경되었다고 본 다음, 2차 개발행위 변경허가 시점을 기준으로 제소기간 내에 제기된 이 사건 소 중 2차 변경 부관 조항의 취소를 구하는 청구 부분을 적법하다고 보았다. 그러나 대법원은 2차 개발행위 변경허가는 개발행위 대상 토지가 임야의 등록전환 등으로 지적공부상의 지번과 면적이 일부 변경되자 그 변경사항을 개발행위 변경허가의 내용 중 해당 부분에 반영한 것일 뿐이어서 1차 개발행위 변경허가의 주요 부분을 실질적으로 변경하였다고 할 수 없다고 보아 2차 개발행위 변경허가로 인하여 1차 개발행위 변경허가가 소멸하지 않는다고 보았다. 또한 2차 변경 부관은 1차 부관과 실질적으로 동일하기 때문에 1차 부관이 2차 변경 부관으로 인하여 소멸되었다고 볼 수 없다고 하였다. 따라서 2차 변경 부관의 취소를 구하는 경우 그 취소소송의 대상은 당초의 1차 부관이지 2차 변경 부관이 아니므로 제소기간의 준수 여부 역시 1차 부관을 기준으로 판단하여야 한다고 하였다.

나. '주요 부분의 실질적 변경' 기준에 대한 검토

처분의 '주요' 부분의 변경과 '실질'적 변경은 구체적으로 어떤 변경인가. 앞서 살펴본 바와 같이 판례에서 인정한 결론만으로는 이를 명확히 파악하기 쉽지 않다. 대상판결과 두 개의 비교판례를 살펴보면, 대상판결에서는 제재기간 자체의 장단(참여제한기간 3년)이나 환수금액(정부출연금 전액) 자체에는 전혀 변동됨이 없이 단지 제재기간의 시기와 종기가 달라지고 환수금의 납부이행기한이 달라졌을 뿐인데도 이를 주요 부분의 실질적 변경이라고 인정하였던 반면, 비교판례들에서는 에너지사업허가에서 허가 내용인 발전소 운행의 규모와 용량이 달라졌어도 그 경위와 다른 사정(다른 발전소 설치)에 비추어 내용을 조정한 것에 불과하다고 하거나([비교판례 1]) 또는 변경처분에서 통지한 내용상 개발행위 허가 면적과 그 부관에서 기부채납 할 도로의 면적, 허가면적 대비 기부채납할 도로의 면적 비율 등이 달라진 것처럼 보여도 지적공부상의 지번과 면적의 변경에 따른 것일 뿐 현실적인 위치나 면적 등은 변동이 없다는 이유로 후속 변경처분이 아닌 당초처분이 소멸하지 않고 그대로 존속한다고 하였다([비교판례 2]).

비교판례가 인정한 기준에 비추어 대상판결의 결론을 살펴보면, 제재처분에서 제재의 내용이 주요 부분이라는 점은 의문의 여지가 없을 것이나 기간의 시기와 종기 또는 의무이행기간의 다소간의 차이가 주요 부분의 실질적 변경인지는 의문이 든다.

먼저 처분의 주문 내용 자체는 주요 부분이라고 할 것이다. 의무이행기한 등도 그 자체로는 주요부분이 될 수 있을 것이다. 그러나 이러한 내용이 실질적으로 변경되지 않으면 변경처분이 독자적으로 대상적격을 갖고 항고소송의 대상이 된다고 하기는 어려울 것이다. 주요 부분의 실질적 변경은 더 불리해졌는가의 여부가 일응의 기준이 될 수 있을 것인데, ⅰ) 제재가 강해지거나, ⅱ) 제재의 양은 차이가 없더라도 실제 이행하기가 어려워져 현실적인 제재의 강도가 강해지거나, ⅲ) 수익적 처분을 일부 취소하는 변경이어서 당초처분보다 덜 수익적이게 되었거나 하면 주요 부분의 실질적 변경을 인정할 수 있을 것이다. 그러나 ⅰ) 내용상으로는 변경이 있으나 현실적으로는 변경이 없는 경우, ⅱ) 제재의 내용을 감경하여 더 유리해지거나 변경 내용이 매우 경미한 경우, ⅲ) 이행가능성을 특별히 어렵게 만들지 않는 이행방법이나 시기의 변경 등은 주요 부분이 실질적으로 변경되었다고 보기 어렵지 않나 한다.

처분의 '불리해짐'은 여러 판례에서 변경처분의 '주요 부분의 실질적 변경'으로 인정되었다. 판례는 과징금부과처분을 감액하여 변경한 사안에서 '그 감액처분은 감액된 과징금 부분에 관하여만 법적 효과가 미치는 것으로서 처음의 부과처분과 별개 독립의 과징금 부과처분이 아니라 그 실질은 당초 부과처분의 변경이고, 그에 의하여 과징금의 일부 취소라는 납부의무자에게 유리한 결과를 가져오는 처분이므로 처음의 부과처분이 전부 실효되는 것은 아니며, 그 감액처분으로도 아직 취소되지 않고 남아 있는 부분이 위법하다고 하여 다투는 경우 항고소송의 대상은 처음의 부과처분 중 감액처분에 의하여 취소되지 않고 남은 부분이고 감액처분이 항고소송의 대상이 되는 것은 아니다.'라고 판시하였다.19) 또한 도로점용료부과처분에 대한 취소소송이 제기된 이후에 피고 행정청이 도로점용허가를 일부 취소하고 이에 따라 도로점용료도 일부 감액한 사안에서 '흠 있는 부분에 해당하는 점용료를 감액하는 처분은 당초처분 자체를 일부 취소하는 변경처분에 해당'한다고 하면서, 당초처분인 계쟁 도로점용료부과처분을 취소하지 않고 점용허가 일부취소로 재산정한 점용료와의 차액을 감액하여 당초의 계쟁 도로점용료부과처분에서 감액되고 남은 금액의 도로점용료부과처분의 위법성이 소송물인 것으로 인정하는 판시를 하였다.20)

　　그러나 단순히 처분이 상대방에게 불리하게 변경되는 경우를 모두 '주요 부분의 실질적 변경'이라고 볼 것인가? 증액가중된 부분이 근소하거나 경미한 경우에는 '주요 부분의 실질적 변경'이라고 보기 어려운 경우도 있다. 대형마트 및 준대규모점포 영업제한시간 제한 및 의무휴업일지정의 처분에 대한 취소소송 중에 피고 행정청이 당초처분에서 정한 '0시에서 8시'의 영업제한시간을 '0시에서 10시'로 두 시간 늘리는 후속 변경처분을 한 사안에서 대법원은 변경처분으로 당초처분이 소멸하지 않는다고 판시하였다(대법원 2015. 11. 19. 선고 2015두295 전원합의체 판결). 그렇다면 변경처분에 의하여 제재의 내용이 다소 불리하게 변경되었더

---

19) 대법원 2008. 2. 15. 선고 2006두3957 판결 등.
20) 대법원 2019. 1. 17. 선고 2016두56721, 56738 판결 등.

라도 그 정도가 경미한 경우에는 당초처분이 소멸하지 않는다고 할 것이다.

또한 감액이나 증액 등과 같은 양적인 변경이 아니라 질적인 변경이 있는 경우에는 후속 처분이 종전 처분을 완전히 대체하거나 주요 부분을 '실질적으로' 변경하는지 여부가 중요할 것이다.

Ⅳ. 이의신청 결정과 당초처분의 관계

이의신청절차는 개별 법령에서 다양한 모습으로 인정되고 있으나 대체로 처분을 한 행정청에 대하여 그 처분의 재고를 요청하는 절차로 이해된다. 행정심판이 처분청의 직근 상급행정청 등에 소속된 행정심판위원회에 대하여 불복을 청구하는 것인데 반하여, 이의신청은 처분을 한 당해 행정청에 불복을 제기한다는 점에서 차이가 있다.[21] 이러한 다양한 모습의 이의신청에 대하여 기본적으로 특별행정심판 내지 행정심판의 절차의 특례인 경우의 유형과 간이한 불복절차인 유형의 두 유형으로 나누어 보고, 행정절차의 특례로서 제3의 유형을 새로운 유형으로 제시하는 견해도 있다.[22]

이의신청제도의 내용과 법적 근거 등에 따른 여러 유형과 행정심판과의 관계에 대해서는 많은 논의가 있는데, 여기에서는 앞서 당초처분과 변경처분의 관계에 대한 논의와 관련하여 이의신청절차에서의 결정이 원래의 처분과의 관계에서 별도의 처분으로서 인정될 것인가에 대해서만 살펴보고자 한다. 그리고 이는 이의신청이 그 이름과는 달리 특

---

21) 김남철, "행정심판과 행정절차제도와의 조화방안", 법학연구 제53권 제4호, 부산대학교 법학연구소 2012. 11. 117면.
22) 김용섭, "개별법상 이의신청제도의 현황분석과 입법적 개선과제─ 이의신청 등과 행정심판의 관계정립을 중심으로 ─", 행정법연구 제42호, 행정법이론실무학회, 2015. 7. 85면.

별행정심판의 성격을 갖는 것이나 법률에 이의신청절차를 규정하고 이의신청절차에서의 결정에 대한 구제수단을 별도로 명시하고 있는 경우[23]가 아닌 이의신청절차를 논의의 전제로 한다.

　생각건대, 이의신청에 대해서는 다양한 이의신청제도와 이의신청 결정의 유형에 따라 달리 취급될 부분도 있겠지만 이의신청의 상대방이 처분청이라는 점이나 이의신청의 처리 기간과 절차 등에 비추어 불복제도라기보다는 행정절차의 일부로 파악하는 것이 더 적절하지 않은가 하는 생각이다. 당초의 처분과 함께 하나의 행정처분을 내리는 행정절차의 과정(process)인 것이고, 사전통지 등을 통해 처분을 내리기 전에 사전적으로 처분이 적법하고 타당한지를 검토한다면 이의신청을 통해 재고의 여지가 있는지를 사후적으로 검토하는 것이다. 이의신청절차를 거침으로써 이미 내린 행정처분이지만 이의신청자의 지적을 통해서 다시 처분의 적법타당성을 재검토하여 처분을 즉시 바로잡을 여지를 다시 한번 검토하는 절차로 이해할 수 있다. 그렇다면 당초처분과 이의신청결정은 결과적으로 하나의 행정절차에서 나온 행정결정으로 행정쟁송에서 대상이 되는 즉 대상적격이 인정되는 처분은 하나로 수렴되어야 할 것이다.

　이에 대해서는 행정심판이 아닌 이의신청에서 처분청의 결정 통지는 새로운 행정처분으로 보되 이의신청의 대상이 된 처분을 취소하는 것은 직권취소에 해당하고, 변경하는 결정 통지는 종전의 처분을 대체하는 새로운 처분으로 보며, 다만 행정심판이 아닌 이의신청에서 이의신청을 기각하는 결정 통지는 종전의 처분을 단순히 확인하는 행위로 독립된 처분의 성질을 갖지 않는 것으로 보는 견해[24]가 있는데, 결론에서 동의한다.

---

23) 「공공기관의 정보공개에 관한 법률」 제18조의 이의신청 등.

24) 박균성, 행정법론(상), 박영사, 2011. 945면.

그리고 이의신청을 거친 경우에도 당초의 행정처분이 쟁송의 대상
이어서 제소기간에 있어 이의신청절차를 경료하는 기간 동안의 쟁송을
제기할 것인지를 숙고할 시간의 불이익에 대해서는 앞서 본 바와 같이
「행정기본법」의 제정으로 어느 정도 입법적인 해결이 되었다고 생각된
다. 「행정기본법」제36조 제4항의 해석과 관련하여 처분청이 이의신청
을 기각하는 결정을 한 경우 결정통지를 받은 날부터 90일 이내에 행정
심판을 청구하거나 행정소송을 제기할 수 있는데, 이 경우 대상처분이
당초의 처분인지 이의기각결정인지 하는 점에서 의문이 있을 수 있으나
이의신청을 행정심판으로 보지 않더라도 행정심판의 재결에 대해 행정
소송을 제기하는 경우 원처분주의를 취하고 있는 우리 행정구제법제의
취지나 「행정기본법」 제36조의 의미에 비추어 당초의 처분을 대상처분
으로 하되 쟁송제기기간만은 이의기각결정시로부터 기산하는 것이라고
보아야 한다는 견해[25] 역시 이의신청에 따른 제소기간 기산점의 변경
에도 그 쟁송 대상은 당초의 처분으로 이해하고 있어 같은 입장인 것으
로 이해된다.

V. 결어

직권에 의하든 이의신청에 의하든 원래의 처분을 변경하는 처분에
대하여 처분의 동일성을 인정할 것인지, 처분이 변경된 경우 당초처분
과 변경처분 중에서 어느 것이 대상적격을 갖는지에 대하여 사실 그동
안 학계에서의 논의는 거의 전무하다. 이렇다 할 이론이 없는 동안에도
판례는 이를 해결하기 위한 나름의 룰을 마련하고자 고심하였고 당초처
분의 일부만을 소폭 변경하는 변경처분인지, 당초처분의 주요 부분을

---

25) 정훈, "「행정기본법」 상 이의신청에 관한 고찰", 부산대학교 법학연구 제63권 제1호
　　(통권 111호), 2022. 2. 170면.

실질적으로 변경하는 변경처분인지에 따라 달리 보는 나름의 기준을 설정하였다. 그러나 판례상의 '주요 부분의 실질적 변경'의 기준은 '주요'나 '실질적 변경'에 대한 기준의 실체가 아직 없어 일관되지 못한 결론을 도출하였다. 이 기준에 따라 변경처분의 대상적격을 판별한다면 이 기준에서의 '실질적 변경'의 의미는 상대방에게 더 불리해졌는지, 처분의 집행이나 이행이 어려워졌는지 등과 같이 실질적인 기준이 구체적으로 검토되어야 하고, 또 사안별로 그러한 기준이 일관되어야 할 것이다.

  대상판결은 당초처분과 변경처분의 관계에 관하여 주요 부분의 실질적 변경 여부의 기준에 따라 변경처분의 독자적 대상적격을 판단하고는 있으나 사안에서 보면 주문이나 처분 이유에서 실질적인 내용의 변경이 있었다고 보기 어렵고, 당초처분에서 이미 안내한 대로의 이의신청에 따른 의무이행기간(제재기간)의 조정에 불과하여 실질적 변경이라고 보기 어렵다. 판례가 어떤 법리를 내세우더라도 구체적인 기준이 확실하거나 일관되지 않는다면 이는 일반론으로서의 의미가 무용할 것이다. 특히 행정청의 어느 조치가 항고소송으로서의 대상적격이 인정되는가의 문제는 제소기간을 비롯하여 처분의 상대방이 불복하는 수단을 선택하고 수행하는데 중요한 문제를 결정하는 사항이 되는데, 어느 처분을 대상으로 불복하여야 하는지가 명백하지 않다면 상대방에게 큰 부담과 위험을 전가하는 것이다.

  생각건대, 변경처분이 당초처분에 비하여 제재의 주문 등 결론이 바뀌거나 내용이 실질적으로 불리해지는 경우에는 당초처분의 주요 부분을 실질적으로 변경한 변경처분으로서 대상적격이 인정될 것이나, 근소한 내용의 차이가 있거나 본질적이지 않은 부분의 변경이 전부라면 독자적으로 대상적격이 인정되는 변경처분으로 보기 어려울 것이다.

  그리고 이의신청절차는 행정처분에 대한 사후 재고의 여지를 위한 것이므로 어떤 행정처분이 이루어지기까지의 전반적인 행정절차 안에 포함되는 것이고, 행정처분이 완결된 이후에 이에 대한 불복으로 제기

되는 분쟁 절차가 아니므로 이의신청에서 내려지는 처분 내용의 변경은
원처분과 하나의 처분을 이루는 것으로 보아야 한다.

　　이러한 졸견에 따르면 대상판결의 사안에서 변경처분은 원처분과
구별되는 독립된 처분으로 볼 수 없다. 물론 이 사건에서와 같이 이의
신청 결과를 기다리고 이의신청결정에서 안내한 제소기간 내에 안내에
따라 제소한 처분 상대방이 각하 판결을 감수하게끔 하는 것은 구체적
타당성의 견지에서나 행정에 대한 신뢰 보호에 비추어 타당하지 않으므
로 대상판결의 결론 자체는 수긍되는 부분이 있다. 다만 이 부분 중 제
소기간 부분은 행정기본법에서 이의신청시 제소기간 특례를 두어 어느
정도 해결하였으므로 변경처분과 당초처분 사이의 관계와 변경처분의
처분성의 검토는 이론적인 근거에 좀 더 치중할 여건이 되었다고 할 것
이다.

참고문헌

김동희 · 최계영, 『행정법 I 』, 박영사, 2013.

박균성, 『행정법론(상)』, 박영사, 2013.

박정훈, 『[행정법연구 2] 행정법의 구조와 기능』, 박영사, 2011

이일세, 『행정법총론』, 법문사, 2022.

김남철, "행정심판과 행정절차제도와의 조화방안 – 특히 이의신청절차와 행정심판과의 조화방안 모색을 중심으로 –", 법학연구 제53권 제4호, 부산대학교 법학연구소, 2012.11.

김용섭, "개별법상 이의신청제도의 현황분석과 입법적 개선과제— 이의신청 등과 행정심판의 관계정립을 중심으로 —", 행정법연구 제42호, 행정법이론실무학회, 2015. 7.

류광해, "개별행정법상 '이의신청제도'의 현황 검토", 법조 제63권 제2호, 법조협회, 2014. 1.

마용주, "현대행정과 행정소송의 제문제 ; 행정소송법상 소의 변경", 법조 제49권 제7호, 2000.

문일호, "과세처분 취소소송에서의 소송물", 법학연구 제48권 제1호, 부산대학교 법학연구소, 2007. 8.

유진식, "「공공감사에 관한 법률」상의 재심의신청의 법적 성격과 제소기간", 행정판례연구 제20권제1호, 한국행정판례연구회 2015. 6.

이은기, "소송외적 행정구제방법으로서의 민원처리제도", 행정법연구 제18호, 행정법이론실무학회, 2007.

안철상, "행정소송에서의 소의 변경과 새로운 소의 제소기간", 행정판례연구 제11권, 한국행정판례연구회, 2006. 6.

정훈, "「행정기본법」상 이의신청에 관한 고찰", 법학연구 제63권 제1호(통권 111호), 부산대학교 법학연구소, 2022. 2.

국문초록

행정청은 이미 내린 행정처분을 다양한 이유로 또 변경한다. 변경의 형식이 명시적으로 기존에 내린 당초처분을 취소하고 새로 변경된 처분을 하면 법률관계가 명백하겠지만 실제에서는 당초처분에 의하여 형성된 법률관계를 유지하여야 할 필요성 등 여러 이유로 당초처분을 취소하지 않고 내용만 변경한 처분을 다시 하는 경우가 많다. 이처럼 당초의 처분의 유지를 전제로 당초처분의 내용을 변경하는 후속 처분이 있는 경우 쟁송의 대상은 당초처분인가 변경처분인가의 문제가 발생한다.

판례는 이에 대해 '선행처분의 내용 중 일부만을 소폭 변경하는 후행처분이 있는 경우 선행처분도 후행처분에 의하여 변경되지 아니한 범위 내에서 존속하고, 후행처분은 선행처분의 내용 중 일부를 변경하는 범위 내에서 효력을 가지지만, 선행처분의 주요 부분을 실질적으로 변경하는 내용으로 후행처분을 한 경우에는 선행처분은 특별한 사정이 없는 한 그 효력을 상실한다'는 법리를 인정하고 있지만 이러한 원칙은 개개 사안에서 일관되고 구체적인 기준을 제시하지 못하고 있다.

변경처분이 당초처분에 비하여 제제의 주문 등 결론이 바뀌거나 내용이 실질적으로 불리해지는 경우에는 당초처분의 주요 부분을 실질적으로 변경한 변경처분으로서 대상적격이 인정될 것이나, 근소한 내용의 차이가 있거나 본질적이지 않은 부분의 변경이 전부라면 독자적으로 대상적격이 인정되는 변경처분으로 보기 어려울 것이다.

주제어: 이의신청제도, 행정절차, 제소기간, 변경처분, 대상적격

Abstract

Changes of Disposition and Subject Matter in Appeals Suit

LEE, YOON JUNG*

The administrative agency also changes the administrative dispositions that have already been made for various reasons.

If the administrative agency explicitly cancels the original disposition and then changes it again, the legal relationship becomes clear. However, in practice, for various reasons, such as the need to maintain the legal relationship formed by the original disposition, there are many cases where the original disposition is changed again without canceling the original disposition.

In this way, if there is a follow—up disposition that changes the contents of the original disposition on the premise of maintaining the original disposition, the question of whether the subject of dispute is the original disposition or the change disposition arises.

The precedent recognizes the legal principle that "if there is a subsequent disposition that slightly changes only some of the contents of the preceding disposition, the preceding disposition remains within the scope of changing some of the contents of the preceding disposition, and the subsequent disposition is effective within the scope of changing some of the contents of the preceding disposition, but if a subsequent

* Professor, Law School of Kangwon National University

disposition is made to substantially change the main part of the preceding disposition, the preceding disposition loses its effect unless there are special circumstances." However, these principles fail to present consistent and specific standards in individual cases.

If the change disposition changes the conclusion of the original disposition, or if the contents of the original disposition become substantially unfavorable, the change disposition will be recognized as the subject of the appeal suit. However, if there is only a slight difference in content or if changes in non－essential parts are all, it will be difficult to regard it as a change disposition that independently recognizes eligibility for the subject.

Key words: Appeal system, administrative procedures, filing period, change disposition, eligibility for subject matter.

투고일 2023. 12. 11.
심사일 2023. 12. 26.
게재확정일 2023. 12. 29.

行政訴訟의 審理

고도의 전문적 · 기술적 영역에서 행정규칙을 위반한
처분에 대한 사법심사 (박원규)

고도의 전문적·기술적 영역에서 행정규칙을 위반한 처분에 대한 사법심사*

대법원 2022. 9. 16. 선고 2021두58912 판결

박원규**

Ⅰ. 대상판결

1. 사건 개요

원고는 인쇄회로기판 등을 제조하는 업체로서 2019. 9. 25. 폐수배출시설 변경허가를 받아 공장 안에 설치된 폐수배출시설 및 수질오염방지시설을 변경하고, 2019. 10. 7. 피고인 안산시장에게 가동시작 신고를 한 다음 2019. 11. 4.까지 이 사건 시설의 시운전을 하였다. 피고는 2019. 11. 14. 이 사건 시설의 가동상태를 점검하고, 위 시설에서 배출

* 이 논문은 2023년 3월 17일 서울행정법원에서 개최된 한국행정판례연구회 제384차 월례발표회에서 발표한 글을 수정·보완한 것이다.
** 국립군산대학교 교수, 법학연구소 소장

되는 수질오염물질의 시료를 채취하여 경기도보건환경연구원에 오염도 검사를 의뢰하였다.

경기도보건환경연구원장은 2019. 11. 20. 피고에게 이 사건 시료에서 구「물환경보전법」(이하 '물환경보전법'이라고 한다) 제32조에 따른 수질오염물질 배출허용기준(아연(Zn) 5mg/L 이하)을 초과하는 111.3mg/L의 아연이 검출되었다고 통보하였다. 이에 피고는 2019. 11. 21. 원고에게 물환경보전법 제39조에 따른 개선명령과 함께 같은 법 제42조 제1항 제1호, 제71조에 따른 조업정지 5일의 처분을 하였다.

원고는 같은 날 물환경보전법 제45조 제1항에 따라 피고에게 위 개선명령을 이행하였음을 보고하고, 2019. 11. 22. 위 조업정지처분을 갈음하여 과징금 부과처분을 해줄 것을 요청하였다. 피고는 2019. 11. 28. 위 조업정지처분이 원고의 대외적인 신용도 하락 및 고용불안 등에 현저한 영향을 줄 우려가 있다고 보아 물환경보전법 제43조 제1항 제4호, 같은 법 시행령 제46조의2 제1항을 근거로 위 조업정지처분을 갈음하여 10,500,000원의 과징금 부과처분을 하였다. 피고는 같은 날 원고에게 원고가 배출한 수질오염물질이 물환경보전법 제32조에 따른 배출허용기준을 초과하였다는 이유로 물환경보전법 제41조 제1항 제2호 (가)목, 물환경보전법 시행령 제45조에 따라 219,464,690원의 초과배출부과금 부과처분을 하였다.

한편 피고는 2019. 11. 26. 이 사건 시설에서 배출되는 수질오염물질의 시료를 다시 채취하여 경기도보건환경연구원에 오염도검사를 의뢰하였는데, 그 분석 결과 배출허용기준 미만인 0.317mg/L의 아연이 검출되었다.

2. 원고의 주장

구 수질오염공정시험기준(국립환경과학원 고시 제2018−65호)에 의하면 시료 채취 용기는 시료를 채우기 전에 시료로 3회 이상 씻은 다음 사용하여야 하고, 채취된 시료를 현장에서 실험할 수 없을 때에는 금속류의 경우 시료 1 L 당 질산(HNO3) 2mL를 첨가하여 보존하여 실험을 실시하여야 한다. 그럼에도 불구하고 피고 소속 공무원은 시료 채취 용기를 시료로 씻지 않은 채 시료를 채취하였고, 채취된 시료에 질산(HNO3)을 첨가하지 아니하고 보존한 후 실험을 실시하였다. 따라서 이 사건 처분은 이 사건 고시에서 정한 시료 채취 및 보존방법을 위반하여 이루어진 첫 번째 오염도검사 결과에 기초한 것으로서 위법하다.

원고가 인쇄회로기판을 생산하기 위하여 사용하는 약품 중 아연 성분이 포함된 약품은 옥사이드공정에서 사용되는 'PB2 CTC R'이 유일한데, 'PB2 CTC R'의 하루 최대 사용량을 기준으로 이 사건 시설에 유입되는 아연의 양을 계산하면 5.24mg/L에 불과하고 이 사건 시설에서 중금속 제거제와 응집제 등을 투입하여 아연을 침강시키는 방법으로 폐수처리를 하므로 피고의 첫 번째 오염도검사 결과와 같이 아연이 111.3mg/L나 검출될 가능성이 없는 점, 첫 번째 오염도검사 이후 이 사건 시설에 대한 별다른 조치를 하지 않은 상태에서 피고가 2019. 11. 26. 실시한 두 번째 오염도검사 결과와 첫 번째 오염도검사를 전후하여 원고 스스로 시행한 팩테스트(Pack Test) 결과에서 배출허용기준을 초과하는 아연이 검출되지 않은 점 등에 비추어 보면, 피고의 첫 번째 오염도검사 결과는 신뢰하기 어려워서 원고가 물환경보전법 제32조 제1항에 따른 수질오염물질 배출허용기준을 초과한 경우에 해당한다고 볼 수 없다.

3. 판결요지

① 행정청이 관계 법령이 정하는 바에 따라 고도의 전문적이고 기술적인 사항에 관하여 전문적인 판단을 하였다면, 판단의 기초가 된 사실인정에 중대한 오류가 있거나 판단이 객관적으로 불합리하거나 부당하다는 등의 특별한 사정이 없는 한 존중되어야 한다. 환경오염물질의 배출허용기준이 법령에 정량적으로 규정되어 있는 경우 행정청이 채취한 시료를 전문연구기관에 의뢰하여 배출허용기준을 초과한다는 검사결과를 회신받아 제재처분을 한 경우, 이 역시 고도의 전문적이고 기술적인 사항에 관한 판단으로서 그 전제가 되는 실험결과의 신빙성을 의심할 만한 사정이 없는 한 존중되어야 함은 물론이다.

② 수질오염물질을 측정하는 경우 시료채취의 방법, 오염물질 측정의 방법 등을 정한 구 수질오염공정시험기준은 형식 및 내용에 비추어 행정기관 내부의 사무처리준칙에 불과하므로 일반 국민이나 법원을 구속하는 대외적 구속력은 없다. 따라서 시료채취의 방법 등이 위 고시에서 정한 절차에 위반된다고 하여 그러한 사정만으로 곧바로 그에 기초하여 내려진 행정처분이 위법하다고 볼 수는 없고, 관계 법령의 규정 내용과 취지 등에 비추어 절차상 하자가 채취된 시료를 객관적인 자료로 활용할 수 없을 정도로 중대한지에 따라 판단되어야 한다. 다만 이때에도 시료의 채취와 보존, 검사방법의 적법성 또는 적절성이 담보되어 시료를 객관적인 자료로 활용할 수 있고 그에 따른 실험결과를 믿을 수 있다는 사정은 행정청이 증명책임을 부담하는 것이 원칙이다.

Ⅱ. 환경법상 배출허용기준과 행정규칙의 법적 성질

1. 환경법 영역의 특수성

환경법 영역은 고도의 전문적, 기술적 영역으로서 환경오염에 대한 리스크가 존재하는 경우 국가는 적극적으로 개입하여 그로 인해 발생할 수 있는 피해를 사전에 방지하기 위해 노력하여야 한다. 환경오염이 발생하는 경우 국민의 건강과 환경에 미치는 피해가 중대하며, 그 피해로부터 다시 회복하기 어렵다는 점에서 국가는 환경오염이 실제 발생할지 불확실한 상황에서도 개입할 필요가 있다. 그런데 환경에 대한 위험 또는 리스크가 존재하는지에 대한 판단은 고도의 전문적, 기술적인 것으로서 이와 관련된 모든 사항을 입법자가 법률에서 구체적으로 정하는 것에는 한계가 있다. 이에 입법자는 환경오염물질 배출허용기준 등 환경오염 방지를 위한 구체적인 기준을 하위법령에서 정하도록 위임하는 경우가 많다.[1] 이러한 영역에서 법원은 행정에 넓은 판단 여지를 인정하고 있으며 환경오염에 대한 리스크가 존재하는지, 그리고 국가의 개입 여부에 대한 행정청의 판단을 존중하는 경향이 있다. 그 결과 환경법 영역에서의 행정판단에 대한 사법심사도 제한적으로 이루어진다. 이러한 내용은 환경법뿐만 아니라 의료법, 과학기술법 등 법익침해의 불확실성에도 불구하고 사람의 생명·신체 등 중요한 법익의 보호를 위하여 국가가 개입하여야 하는 이른바 '리스크법' 영역에서 공통으로 적용되는 특수성이다.

---

1) Bramorski, Grenzen der Grenzwertsetzung? Ergänzung zu Monika Böhm, in: Keil/Poscher (Hrsg.), Unscharfe Grenzen im Umwelt – und Technikrecht, 2012, 67 ff.

2. 환경법상 오염물질 배출허용기준

오염물질 배출허용기준이란 오염물질 배출시설에서 배출되는 오염물질의 배출농도 또는 배출량 최대허용기준을 말한다.[2] 대상판결의 경우 물환경보전법 제32조 제1항에서 폐수배출시설에서 배출되는 수질오염물질의 배출허용기준은 환경부령으로 정한다고 규정한 후, 이러한 위임에 근거하여 같은 법 시행규칙 제34조 [별표 13] "수질오염물질의 배출허용기준"에서 아연의 배출허용량을 청정지역은 1mg/L 이하, 그 밖의 지역에서는 5mg/L 이하로 규정하고 있다.

물환경보전법은 수질오염으로 인한 국민건강 및 환경상의 위해를 예방하는 것을 목적으로 하는바(제1조), 수질오염물질 배출허용기준도 이러한 목적 달성에 적합하도록 설정되어야 한다. 배출허용기준의 설정은 한편으로는 환경오염으로부터 국민의 생명과 신체의 보호, 다른 한편으로는 오염물질 배출시설 사업자의 직업의 자유 및 재산권에 대한 제한을 내용으로 하는바,[3] 배출허용기준을 설정할 때에는 '보호의 대상이 되는 기본권'뿐만 아니라 '제한의 대상이 되는 기본권'도 함께 고려하여야 한다.

배출허용기준은 시행규칙 등 하위법령에서 정하는 것이 일반적이다. 배출허용기준은 환경기준을 달성하기 위한 구체적인 수단으로서 국민에게 직접적인 구속력을 가지며 그 위반 시 제재의 근거가 되기도 하는바, 헌법상 법률유보의 원칙, 특히 기본권 실현과 관련된 중요한 사항은 의회에서 직접 규율해야 한다는 중요사항유보설의 관점에서 비판이 제기되기도 한다. 이러한 점에서 환경법 영역에서 "모든 본질적인 것은

---

2) 박균성·함태성, 「환경법」, 제8판, 2017, 99쪽.
3) Böhm, Unscharfe Grenzen im Umwelt－ und Technikrecht. Grenzenfestlegung als Gradwanderung zwischen Recht und Politik, in: Keil/Poscher (Hrsg.), Unscharfe Grenzen im Umwelt－ und Technikrecht, 2012, S. 55 ff.

법률에 규정되어 있지 않다"는 비판도 있다.[4]

이러한 비판에도 불구하고 불확실성을 특징으로 하는 환경법 영역에서는 기본권과 관련된 중요한 사항을 하위법령에 위임하는 것이 정당화될 수 있다.[5] 환경오염 방지를 위한 구체적 기준을 시행규칙 등 하위법령에 규정함으로써 새로운 학문적, 과학적 지식을 법규범에서 유연하게 반영할 수 있으며, 이를 통해 "역동적인 기본권 보호(dynamischer Grundrechtsschutz)"를 가능하게 하는 것이다.[6] 헌법상 법률유보의 원칙은 기본권 보호를 궁극적인 목적으로 하는바, 배출허용기준 등 환경 관련 기준을 하위법령에 위임하여 국민의 기본권을 보다 효과적으로 보장할 수 있다면 이는 헌법적으로도 정당화될 수 있다.

3. 오염물질 측정방법 및 절차를 정한 고시의 법적 성질

가. 문제의 제기

대상판결은 행정청이 시료 채취의 방법, 오염물질 측정의 방법 및 절차를 규정하고 있는 고시를 위반하여 수질오염물질을 측정한 경우, 이에 근거하여 행해진 처분의 적법성 여부를 판단하고 있다. 대상판결에서는 수질오염물질 채취 및 측정방법을 규정하고 있는 고시의 형식 및 내용에 비추어 볼 때 이는 행정기관 내부의 사무처리준칙, 즉 행정규칙에 불과하므로 일반 국민이나 법원을 구속하는 대외적 구속력이 없다고 설명한 후, 행정청이 고시에서 정한 절차를 위반하여 채취한 시료가 객관적인 자료로 활용할 수 없을 정도로 중대한 하자가 있는지를 기

---

4) Böhm, Unscharfe Grenzen im Umwelt‒ und Technikrecht. Grenzenfestlegung als Gradwanderung zwischen Recht und Politik, in: Keil/Poscher (Hrsg.), Unscharfe Grenzen im Umwelt‒ und Technikrecht, 2012, S. 55.

5) Schoch, Besonderes Verwaltungsrecht, 2018, Kap. 5 Rn. 81.

6) BVerfGE 49, 89, 137.

준으로 당해 처분의 위법성을 판단하여야 하며, 실험결과가 신빙성이 있는지에 대해서는 행정청이 증명책임을 부담한다고 설명하였다.

일반적으로 행정규칙은 상급행정기관이 소속 공무원 또는 하급행정기관에 대하여 업무처리지침이나 법령의 해석·적용 기준을 정하는 것으로서 행정조직 내부에서만 효력을 가지며, 대외적으로 국민이나 법원을 구속하지 않는다. 따라서 행정청의 처분이 행정규칙을 위반하더라도 곧바로 위법한 것은 아니며, 법률 등 상위법령에 근거하여 그 적법성 여부를 판단하여야 한다. 행정규칙의 효력에 관한 이러한 이해는 국민의 권리와 의무에 직접 영향을 미치는 국가작용은 행정부가 아닌 입법부에서 결정하도록 함으로써 국민의 기본권에 대한 침해를 최소화하여야 한다는 사상에 기반한다. 즉 행정규칙 등 행정입법의 대외적 구속력에 관한 법리(法理)는 기본권 보장적 관점에서 형성된 것이다.

그런데 대상판결에서처럼 행정청이 고시에서 정한 절차와 방법을 위반하여 오염물질을 측정한 후, 이에 근거하여 행정처분을 한 경우에 ─행정규칙에는 대외적 구속력이 없음을 이유로─처분의 적법성 판단에 아무런 효력을 가지지 않는다고 해석하는 것이 적절한지 의문이 있다. 물론 법원은 대상판결에서 실험결과를 믿을 수 있다는 사정에 대한 증명책임을 행정청이 부담하도록 하였지만, 증명의 정도와 관련해서는 별다른 언급을 하고 있지 않다. 따라서 고시에서 정한 절차와 방법을 위반하여 실험하였다고 하더라도 그러한 결과를 신뢰할 수 있음을 행정청이 주장한다면 그러한 주장에 '중대한 오류' 또는 '특별한 사정'이 없는 한 법원은 행정청의 판단을 여전히 존중한다. 이는 행정청이 행정규칙을 위반하여 처분하더라도 사실상 아무런 불이익을 받지 않음을 의미한다. 반면 행정의 상대방인 국민─이 사건에서는 인쇄회로기판 제조업체─의 관점에서는 행정청이 행정규칙에서 정한 절차를 위반하여 처분하였음에도 그 적법성과 관련하여 여전히 행정청이 우위에 있다는 점에서 불합리함이 있다.[7]

이에 행정규칙에서 정한 절차와 방법을 위반한 처분에 대하여 어떠한 법적인 의미를 부여할 것인지를 조금 더 면밀하게 고찰할 필요가 있다. 특히 일반적인 행정영역의 경우에는 행정규칙의 법규성, 재판규범성을 부인한다고 하더라도 법원에 의한 실질적이고 전면적인 심사가 가능하므로 국민의 기본권 보장에는 큰 문제가 없다. 그러나 고도의 전문적, 기술적 영역에서는—원칙적으로 전면적 사법심사의 대상이 된다고 하더라도—법원에 의한 통제가 사실상 제한적이라는 점에서 국민의 기본권 보장 관점에서 문제가 발생할 수 있다.

나. 행정규칙의 법규성에 관한 일반론

행정규칙은 행정조직 내부에서 또는 상급행정기관이 하급행정기관에 대하여 그 조직이나 업무처리의 절차, 기준 등에 관하여 발하는 일반적, 추상적 규율을 말한다. 행정규칙의 법적 성질과 관련하여 비법규설, 준법규설, 법규설 등 다양한 견해가 있으나,[8] 행정규칙은 내부적 구속력만 가지며 법규성이 인정되지 않는다는 것이 일반적인 견해이다.[9]

다만 예외적으로 법령보충적 행정규칙과 재량준칙은 일정한 요건에서 법규성이 인정된다. 행정규제기본법 제4조에서는 "법령에서 전문적·기술적 사항이나 경미한 사항으로서 업무의 성질상 위임이 불가피한 사항에 관하여 구체적으로 범위를 정하여 위임한 경우에는 고시 등으로 정할 수 있다"고 규정하는바, 행정규칙이 법령의 구체적 위임에 근거하여 법령을 보충하는 내용을 규정하는 경우에는 상위법령과 결합하여 법규성이 인정될 수 있다. 재량준칙의 경우 원칙적으로는 국민이나 법원

7) 조성규, "행정규칙의 법적 성질 재론", 행정법연구 제31호, 2011, 131쪽.
8) 행정규칙의 법규성에 대한 자세한 논의는, 김용섭, "법규개념과 행정규칙 – 목촌 김도창 박사의 학문세계 및 이론체계를 중심으로 –", 공법연구 제44집 제1호, 2015, 396쪽 이하 참고.
9) 행정규칙이 사법심사의 척도로 작용할 수 있는지에 대한 논의는, 박정훈, 「행정법의 체계와 방법론」, 2005, 123쪽 이하 참고.

을 기속하는 효력이 없지만, 이에 근거하여 행정이 시행되어 일정한 관행이 형성된 경우에는 평등원칙이나 신뢰 보호의 원칙을 매개로 구속력이 인정될 수 있다.

한편 독일에서도 행정규칙의 대외적 구속력을 인정하지는 않지만, 행정규칙의 준수는 법령해석에 있어 적법성에 대한 징표기능 (Indizfunktion)을 한다는 견해가 있다.[10] 즉 행정청이 처분을 함에 있어 행정규칙을 준수한 경우에는 그 자체로서 처분이 적법하게 되는 것은 아니지만 처분의 적법성을 추정하는 근거가 될 수 있다는 것이다. 만약 이러한 내용이 고도의 전문적, 기술적 영역에서의 행정의 판단에 대한 존중과 연계되는 경우 사법심사에서 행정규칙 준수에 대한 적법성 추정 정도는 더욱 강화될 수 있다.

다. 고도의 전문적 · 기술적 영역에서 행정규칙을 위반한 처분의 효력

(1) 개관

대상판결에서는 행정규칙에 적용되는 일반적인 법리에 따라 행정청이 고시에서 정한 절차를 위반하여 행정처분을 하였더라도—증명책임의 부담 외에는—어떠한 불이익도 없이 행정청에 다시 광범위한 판단권한을 인정하고 있다. 법원의 이러한 태도는 환경법, 과학기술법 등 이른바 리스크법 영역에서 행정의 판단을 지나치게 존중하는 것에 기인한다. 고도의 전문적 · 기술적 영역에서는 법원이 구체적 사안에 대하여 실질적으로 심사하는 것이 사실상 불가능하며, 행정은 불확실한 상황에서도 국민의 권리 보호를 위하여 적극적으로 개입해야 하기 때문이다.

그러나 그 용어에서도 알 수 있듯이 리스크는 정확한 실체를 알 수 없다. 만약 효과적인 리스크 예방을 위하여 행정에 광범위한 판단여지

---

10) Ossenbühl, AöR 92 (1967), S. 14.

를 인정한 후 제한적인 사법심사만을 한다면, 실제로는 존재 않는 법익
침해를 방지하기 위하여 실제 존재하는 국민의 권리와 자유를 과도하게
제한하는 모순적인 상황이 발생할 수도 있다. 더 나아가 환경, 보건, 과
학기술 등 현대 행정의 많은 부분은 불확실성에 관한 것이라는 점에서
법원이 고도의 전문적, 기술적인 행정영역임을 이유로 제한적 사법심사
만을 한다면 행정에 대한 통제를 사실상 포기하는 결과로 이어질 수도
있다.11)

(2) 행정규칙의 자기통제 기능

환경법과 같이 고도의 전문적, 기술적 영역에서는 행정에 넓은 판
단여지가 인정되는바, 입법자는 '주민의 건강에 중대한 위해를 가져올
우려' 등과 같은 불확정 법개념의 구체화를 하위법령에 위임하는 경우
가 많다. 따라서 행정은 학문적, 과학적 지식에 근거하여 법률의 해석
및 적용 기준을 법규명령, 행정규칙에 규정하며, 이를 통해 자신에게 부
여된 재량과 판단여지를 스스로 통제한다.12) 이러한 점에서 행정규칙은
행정의 자기통제 기능을 가진다. 행정규칙은 대외적 구속력이 없는, 단
순한 내부적인 사무처리준칙이라고 이해하는 것이 일반적이지만, 자기
통제의 기능을 고려할 때 행정규칙에서 환경오염물질 측정방법과 절차
를 규정하였다면 특별한 사유가 없는 한 이를 준수하여야 할 것이다.

물환경보전법 시행규칙에 따른 배출허용기준 초과 여부 측정을 위
한 방법 및 절차를 국립환경과학원 고시에서 규정하는 이유는 실험의
방법이나 절차를 어떻게 구성하는지에 따라 그 결과가 현저히 달라질
수 있기 때문이다. 따라서 대상판결에서처럼 수질오염물질 검사를 위한
방법 및 절차를 행정규칙인 고시에서 정하고 있는 경우, 이에 대해 일
정한 법적 효력을 인정할 필요성이 있다. 행정규칙을 위반한 처분에 대

---

11) 이와 유사한 견해로는, 이비안, "이익형량의 입장에서 바라본 행정법: 불확정개념",
　　법학논고 제38집, 경북대학교 법학연구원, 2012, 64쪽.
12) BVerwG, NVwZ 1999, 1114, 1115.

하여 행정규칙은 대외적 구속력을 가지지 않으므로 처분의 위법성에 영향을 주지 않는다고 기계적으로 판단한다면, 행정청이 스스로 내부적 구속력이 있는 기준을 만들었음에도 이에 사실상 구속되지 않는 결과로 이어질 수 있다. 다만, 행정규칙의 대외적 구속력을 일반적으로 인정하기는 어렵다는 점에서 이 글에서는 행정규칙을 위반한 처분에 대한 존중 여부를 중심으로 문제의 해결방안을 모색하고자 한다.

(3) 행정규칙 준수(위반)의 적법성(위법성) 추정

원칙적으로 행정규칙은 외부적 구속력이 없으며, 법규로서 성질을 가지지 않는다.[13] 따라서 행정규칙을 위반하였다는 사실만으로 위법한 행정행위가 되는 것은 아니며, 처분의 위법성은 법률 등 법령에 근거하여 판단하여야 한다. 그런데 행정규칙 형식의 법규명령 등 행정입법의 형식과 실질이 일치하지 않는 경우가 있으며, 내부구성원의 권리나 의무에 직접적인 효력을 가지는 행정규칙도 있다. 따라서 단순히 행정입법의 형식에 근거하여 법규성을 판단하는 것은 한계가 있으며, 행정규칙에 대외적 효력을 인정하지 않는 것이 행정 상대방에게 불합리한 때도 있다. 행정규칙을 위반한 하자는 종국적인 처분에 어떠한 식으로든 영향을 주기 때문에 처분의 위법성에도 영향을 미친다는 견해가 주장되기도 한다.[14] 반면, 행정규칙까지 법규에 포함한다면 법규명령과 행정규칙 간의 구분이 모호해진다는 지적도 있다.[15]

이와 관련하여 본 연구에서는 △ 고도의 전문적, 기술적 영역에서 행정의 독자적인 판단 권한을 인정하되, 행정규칙의 판단여지 또는 재량 통제 기능을 고려하여 △ 행정규칙을 준수한 경우에는 적법성을 추정하되, 위반한 경우에는 위법성을 추정하고,[16] △ 행정규칙 위반 시

---

13) 조성규, 앞의 논문, 138쪽.
14) 김용욱, "내부법 위반행위의 효력에 관한 연구", 행정법연구 제63호, 2020, 236-238쪽.
15) 조성규, 앞의 논문, 140-141쪽.
16) 여기서 더 나아가 서원우 교수는 "행정청의 자의전단의 배제와 적정성의 확보를 위해 그 내부적 규율이라는 것이 재판규범적 의미를 가질 수 있는 것"이라는 견해를

행정청에 높은 정도의 증명책임을 부과하는 방안을 제안하고자 한다. 행정규칙을 준수한 경우에 처분의 적법성을 추정한다는 것은 사법심사에서 행정판단을 존중한다는 것을 의미한다. 다만 행정규칙을 준수한 행정판단을 법원이 항상 존중한다는 것이 아니라, 행정이 해당 사안에 대하여 전문적인 판단을 하였음이 객관적으로 담보되는 경우에만 이를 존중하여야 한다.17) 이러한 내용을 구체적으로 설명하면 아래와 같다.

① 행정규칙이 고도의 전문적, 기술적 영역에 관한 것이라면 이와 관련된 행정의 판단을 존중할 필요가 있다. 만약 행정규칙이 법령의 구체적 위임에 근거하여 제정된 이른바 법령보충적 행정규칙이라면, 그 자체로서 외부적 구속력을 가진다. 즉 법령보충적 행정규칙을 준수한 처분은 적법하며, 위반한 처분은 위법하다. 그런데 내부적 사무처리준칙에 해당하는 전형적인 행정규칙의 경우에도 행정이 전문적 지식에 근거하여 법령의 해석 및 적용과 관련된 기준을 설정하였다면 그 내용이 현저히 불합리하지 않는 한 법원은 이를 존중하여야 하며, 사법심사의 강도도 완화한다.

② 환경법 등 고도의 전문적, 기술적 영역에서 행정이 최신의 학문적, 과학적 지식에 근거하여 법령의 해석 등과 관련된 구체적인 기준을 행정규칙에서 설정한 경우, 이러한 행정규칙은 행정청의 판단여지 또는 재량을 스스로 제한하는 기능을 한다. 대상판결에서처럼 행정청이 환경오염물질의 측정방법 및 절차를 고시에서 정한 것은 전문적, 과학적 지

제시하기도 하였다(김용섭, 앞의 논문, 406쪽 각주 117 재인용).

17) 유제민, "독립규제위원회의 판단에 대한 사법심사 기준 및 강도에 관한 연구 － 미국의 판례이론과 그 시사점을 중심으로 －", 서울대학교 법학박사학위논문, 2019, iii쪽에서는 독립규제위원회의 모든 판단에 대해 일률적으로 두터운 존중을 하는 것이 아니라, 독립성, 전문성의 강약, 절차와 사안의 특수성을 고려하여 사법심사의 기준과 강도를 '가장 강한 존중', '강한 존중', '중간 존중', '약한 존중' 등 단계적으로 나눌 수 있다고 설명한다. 이와 마찬가지로, 고도의 전문적, 기술적 영역에서의 행정청의 판단도 사법심사에서 항상 존중하는 것이 아니라 전문적 기준으로서의 행정규칙 준수 여부 등을 고려하여 개별 사안에 따라 달리 평가하여야 할 것이다.

식에 근거하여 환경오염물질을 측정하기 위한 것이다. 만약 행정청이 전문가 등의 참여하에 만든 행정규칙을 합리적 이유 없이 위반하였다면 그러한 판단을 존중할 필요가 없으며, 사법심사의 강도를 완화하여서는 안 된다.[18] 이러한 점에서 행정청의 행정규칙 위반은 처분의 적법성 판단에 일정한 효력을 가진다고 할 수 있다.[19]

　　③ 행정이 과학적 지식과 전문성에 근거하여 제정한 행정규칙을 준수한 경우에는 행정에 판단우위를 인정하고 처분의 적법성을 추정하여야 한다.[20] 적법성을 추정한다는 것은 행정의 판단을 존중함을 의미한다. 그러나 행정이 합리적 이유 없이 행정규칙을 위반하는 경우에는 그러한 판단을 존중하여서는 안 되며 위법성을 추정하여야 한다.[21] 다만 이러한 견해는 행정규칙에 대외적 구속력이나 재판규범성을 인정하여야 한다는 것은 아니며, 행정규칙의 적법성 또는 위법성에 대한 징표 기능을 인정할 필요가 있다는 것이다.[22] 물론 행정규칙의 내용이 최신의 학문적, 과학적 수준에 부합하지 않거나, 해당 사안과 관련된 새로운

---

18) 최선웅, "재량과 판단여지에 관한 사법심사", 행정판례연구 제18권 제2호, 2013, 17쪽에서는 재량이론 및 판단여지 이론은 행정청의 판단 또는 재량에 대한 법원에 의한 사법심사의 강도, 정도, 밀도의 문제와 연계된다고 설명한다.

19) 미국 연방대법원 판례를 분석한 결과에 따르면 행정판단 존중의 정도에 따라 행정기관의 승소율이 현격하게 달라진다고 한다(유제민, 앞의 논문, 112－115쪽). 즉 행정판단의 존중 여부는 처분의 적법성 판단에 중대한 영향을 미친다.

20) 이와 같은 견해는, 김용욱, 앞의 논문, 231쪽.

21) 김창조, "행정재량과 주장·증명책임", 행정판례연구 제25권 제2호., 2020, 134－135쪽에 따르면, 일본 최고재판소의 경우 고도의 과학적, 전문적 기술 식견에 기초한 종합적 판단이 필요한 영역에서의 행정재량에 대하여 '실체적 판단대체방식'이 아닌 '판단과정적 심사방식'을 통해 사법심사의 밀도를 높이고 있다고 한다. 즉 전문가로 구성되는 제3기관의 심사기준에 불합리한 점이 있는지 여부, 판단과정에 간과하기 어려운 과오 또는 결함이 있는지 여부 등을 심사하여 과정적 타당성 내지 불합리성의 존부를 확인하고 있다. 대상판결에서처럼 학문적, 과학적 지식에 근거하여 제정된 행정규칙에서 오염물질측정 방법 및 절차를 규정하고 있음에도 행정청이 특별한 사유 없이 이를 위반하여 처분을 하였다면 판단과정에서의 과오 또는 결함이 있다고 보아야 한다.

22) Ossenbühl, AöR 92 (1967), S. 14.

지식이 존재한다면, 행정청이 행정규칙을 준수하지 않았다고 하더라도 위법성을 추정하여서는 안 된다. 이 경우 행정청이 합리적인 사유에 근거하여 행정규칙을 위반한 것이기 때문에 오히려 그러한 결정을 존중하여야 하며 처분의 적법성을 추정하여야 한다. 단순히 고도의 전문적, 기술적 영역이기 때문에 행정규칙의 내용을 존중하는 것이 아니라 행정규칙의 내용이 전문적, 객관적이라는 것을 전제로 그 적법성을 추정하기 때문이다.

　④ 행정규칙의 법규성, 재판규범성을 일반적으로 인정할 수는 없다. 특히 대상판결에서의 '수질오염공정시험기준'은 국립환경과학원 고시로서 그 형식과 실질에서 전형적인 행정규칙에 해당하며 대외적 구속력은 부인된다. 그럼에도 환경법 등 고도의 전문적이고 기술적인 영역에서는 일정한 범위에서 행정규칙의 준법규성을 인정할 필요가 있다. 여기서 '준(準, quasi)' 법규성이라는 것은 행정규칙을 준수하는 경우 적법성을 추정하고, 위반하는 경우 위법성을 추정한다는 것이다.[23] 다만, 행정을 담당하는 공무원들이 행정편의주의적 발상에서 법률이 아닌 행정규칙으로 도피하는 현상이 있으며, 이러한 점에서 행정규칙의 법규성을 인정해서는 안 된다는 견해도 존재한다.[24] 그런데 자의적 행정을 위한 행정규칙이 있을 수 있지만, 자의적 행정을 통제하기 위한 행정규칙도 있으며, 이러한 것이 행정규칙의 본질적 기능에 해당한다. 행정규칙의 편법적 활용을 지나치게 우려하여 행정규칙의 효력 자체를 부인해서는 안 된다.

　한편 행정규칙은 내부적 구속력을 가지므로 그러한 범위에서는 법

---

[23] 정호경·김중권·송시강·최계영, "판례분석을 통한 행정규칙의 문제점과 정비방안 연구", 사단법인 한국행정법학회, 2017, 54쪽에서도 행정규칙의 내용이 처분의 적법성, 위법성 판단의 "직접적 준거가 되는 것은 아니지만", 행정규칙의 내용이 처분의 적법성, 위법성 판단과 전혀 무관한 것은 아니며, 행정규칙이 적법하고 그 내용이 합리적일 경우 일응 "적법성 추정의 근거"가 될 수 있다고 설명한다.

[24] 김용섭, 앞의 논문, 395-396쪽.

규성을 가진다는 견해도 있다.[25] 이러한 견해에 따르면 행정규칙을 위반한 처분은 곧바로 위법하다. 그러나 행정규칙의 국민과 법원에 대한 구속력을 일반적으로 인정한다면 헌법 제40조에서 정하고 있는 국회 입법의 원칙에 반할 수 있다. 또한, 행정규칙의 법규성을 인정한다면 행정은 행정규칙에 엄격히 구속되는바, 이 경우 고도의 전문적, 기술적 영역에서의 유연한 대응이 어려워질 수 있다. 따라서 행정규칙에 대하여 일반적인 법규성은 인정하지 않되, 적법성 또는 위법성을 추정하는 정도의 효력을 인정하는 것이 바람직하다.

행정규칙의 위반에 대하여 위법성을 추정한다면 행정이 행정규칙을 제정하는 것을 회피할 것이라는 견해가 있을 수 있다.[26] 이와 관련하여 고도의 전문적, 기술적 영역에서는 행정입법을 통해 처분의 기준 등을 구체적으로 정하도록 의무화하는 방안을 고려할 수 있다.[27] 만약 행정청이 처분의 기준에 관한 일반적·추상적인 규율로서의 행정규칙을 제정하지 않고 개별적으로 판단하여 처분하였다면, 법원은 행정청에 처분의 적법성에 대하여 높은 정도로 증명할 것을 요구하는 등 사법심사의 강도를 높여야 한다. 고도의 전문적, 기술적 영역에서 사법심사를 완화하는 이유는 법원의 해당 사안을 판단할 능력이 부족해서라기보다는

---

25) 김용욱, 앞의 논문, 244쪽.

26) 박균성, "미국 행정입법제도의 시사점", 행정법연구 제46호, 2016, 90쪽에서는 행정입법의 위법성과 관련하여 행정의 자의 여부에 대한 심사가 엄격하게 이루어진다면 행정기관은 새로운 입법을 하지 않고 현상을 유지하려고 하는 문제가 발생할 수 있다고 설명한다. 물론 '행정입법의 위법성'에 대한 심사와 '행정규칙을 위반한 처분의 위법성'에 대한 심사는 다른 차원의 논의이기는 하지만 법원의 행정에 대한 엄격한 심사가 행정규칙을 제정하지 않는 결과로 이어질 수 있다는 점에서는 유사하다.

27) 예를 들어, 「환경분야 시험·검사 등에 관한 법률」제8조에서는 환경오염도를 행정처분 등의 근거로 사용하고자 하는 경우에는 공정시험기준에 따르도록 규정하고 있으며, 같은 법 제6조 제1항에서는 환경부장관이 환경오염물질, 환경오염상태, 유해성 등의 측정·분석·평가 등의 통일성 및 정확성을 도모하기 위하여 환경오염공정시험기준을 정하여 고시하여야 한다고 규정하고 있다.

행정이 전문적, 객관적으로 판단하였을 것을 전제하기 때문이다.[28] 행정이 전문적 지식에 근거하여 행정규칙을 제정하였고, 이를 준수하였다면 그 판단을 존중하여야 하지만, 행정이 전문적, 객관적 판단을 하였다는 객관적 근거가 없다면 법원은 이를 존중해서는 안 된다.

(4) 적법성에 대한 증명책임 및 증명의 정도, 사법심사의 강도

고도의 전문적, 기술적 영역에서는 행정의 판단에 대한 우위를 인정할 필요가 있다. 이를 평가우위(Einschätzungsprärogative)라고 한다. 그런데 행정판단에 대한 우위는 행정이 전문적이고 객관적인 판단을 한 경우에만 인정하여야 한다. 만약 행정청이 전문적인 지식에 근거하여 제정한 행정규칙을 특별한 사정 없이 위반하였다면 행정판단에 대하여 우위를 인정할 필요가 없다. 이는 행정규칙을 위반한 판단에 대한 존중의 해제를 의미한다.[29]

행정청이 평가우위에 근거하여 행정규칙을 제정하였고 그에 근거하여 행정처분을 하였다면 적법한 것으로 추정하고, 위법성에 대해서는 행정의 상대방이 증명하여야 할 것이다. 그러나 행정청이 특별한 사유 없이 행정규칙에서 정한 것과 다른 내용으로 처분을 하였다면 그것이 곧바로 위법하다고는 할 수 없겠으나, 처분의 적법성에 대해서는 행정청이 증명해야 할 것이다. 행정청의 증명책임 부담은 처분의 위법성 추정과 그 결과에 있어서 유사하다. 즉 행정청이 처분의 적법성을 증명하지 못하면 행정청이 불이익을 부담하는바, 이는 처분이 위법하게 됨을

---

28) 고도의 전문적, 기술적 영역에서의 법원에 의한 사법심사의 제한은 통제 가능성의 결여 때문이 아니라 통제 권한의 결여에 기인한다. 이에 대한 자세한 내용은, 정하중, "행정법에 있어서 재량과 판단여지 그리고 사법심사의 한계", 공법연구 제23집 제3호, 1995, 167쪽 참고.

29) 물론 환경법 등 리스크법 영역의 경우 법익침해에 대한 개연성 판단은 불확실성에 관한 것이기 때문에 행정판단에 대한 존중이 완전히 해제되는 것은 아니며, 단지 존중의 정도가 낮아질 뿐이라는 견해가 있을 수 있다. 이러한 견해에 따르더라도 행정규칙의 위반이 행정판단에 대한 존중의 정도를 낮추는 효력을 가진다는 점에서 의미가 있다.

의미한다. 이때 증명의 정도는 단순히 행정청의 판단이 현저히 불합리
한지에 그쳐서는 안 되며, 최신의 학문적, 과학적 지식에 근거할 때 그
러한 판단이 충분히 합리적임을 객관적으로 증명하여야 한다. 특별한
사유 없이 처분의 기준, 방법, 절차 등을 정한 행정규칙을 위반한 경우
에는 행정판단에 대한 존중이 해제되어야 하기 때문이다.

    법원은 행정이 학문적, 과학적 지식에 기초하여 행정규칙을 제정하
였을 것을 전제로 이에 근거한 판단을 존중한다. 그러나 그 반대의 경
우, 즉 행정청이 행정규칙에서 정한 것과는 다른 방법과 절차를 거쳐
결정하였다면 행정청은 합리적인 사유가 있어 그러한 결정을 하였음을
법원에 대하여 충분히 설명하여야 한다. 만약 행정청이 합리적 사유 없
이 행정규칙에서 정한 것과 다른 방법과 절차로 처분을 하였다면 판단
의 전문성과 객관성에 대한 추정은 깨어지며, 행정의 판단을 존중할 필
요도 없다.

    따라서 행정청이 행정규칙과는 다른 내용으로 결정하고자 한다면
행정규칙을 제정할 당시에 활용하였던 전문적 지식에 상응하는 사유에
근거하여야 하며, 그러한 사유 없이 행정규칙을 위반하여 처분하였다면
법원은 행정의 판단을 존중해서는 안 된다. 이 경우 처분의 적법성에
대해 높은 수준의 증명이 요구되며, 법원은 행정청의 결정에 대하여 강
도 높은 심사를 하여야 한다. 즉 행정청은 법원에 대하여 처분의 근거
를 구체적으로 설명하여야 하고, 법원은 이에 대해 엄격한 사법심사를
할 필요가 있다.[30]

---

30) 문병효, "규제재량과 행정법원의 통제", 공법학연구 제15권 제1호, 2014, 223쪽에서
   는 사법심사의 강도 문제는 입법부, 행정부, 사법부 간 권력분배의 문제와도 관련
   성을 가진다고 설명한다. 고도의 전문적, 기술적 영역이라고 무조건 사법심사를 완
   화하면 행정부에 대한 통제라는 사법부의 역할을 포기하는 것이나 다름없다.

행정규칙 준수 또는 위반과 그에 따른 법적 효과

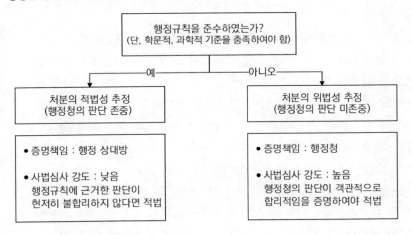

(5) 소결

법원은 고도의 전문적, 기술적 영역에서 사법심사가 사실상 불가능하기 때문에 행정의 판단을 존중하는 것이 아니라, 행정의 판단이 객관적이고 전문적으로 이루어졌을 것을 전제로 이를 존중한다. 따라서 행정청이 어떠한 처분을 함에 있어 전문성과 객관성이 담보된 절차를 위반하는 경우에는 원칙적으로 그러한 판단은 존중하여서는 안 되며, 사법심사를 완화해서도 안 된다. 이러한 내용은 고도의 전문적, 기술적 영역에서 행정규칙의 적법성 또는 위법성을 추정하는 효력과 연계된다. 즉 행정규칙의 대외적 구속력을 일반적으로 인정하기는 어렵지만, 행정청이 전문적인 영역에서 행정규칙을 준수하였다면 그 판단을 존중하고 처분의 적법성을 추정하되, 특별한 사정없이 행정규칙을 위반하였다면 행정의 판단을 존중해서는 안 되며, 처분의 위법성을 추정하여야 한다.

라. 참고: 독일 환경법상 행정규칙의 효력 관련 논의

독일에서도 행정규칙에 대하여 대외적 구속력을 인정하지 않으며, 따라서 행정규칙은 국민이나 법원을 구속하지 않는다. 그럼에도 환경법 영역을 중심으로 일정한 요건 하에서 이른바 '규범구체화 행정규칙'의 법규성을 인정한다.[31) 예를 들어 연방정부는 연방공해방지법(BImSchG) 제48조에 근거하여 전문가들의 참여하에 행정규칙을 제정하여 환경오염물질 배출기준을 설정할 수 있다. 이를 통해 법률에서 규정하고 있는 불확정 법개념인 '환경에 대한 악영향(schädliche Umwelteinwirkung)'이라는 개념을 구체화한다. 환경오염물질 배출기준을 행정규칙에서 정함으로써 행정청의 판단여지와 재량을 보완하여 통일성 있는 행정을 가능하게 하는 것이다.[32) 특히 행정규칙이 전문가들의 참여하에 법률에서 정한 일정한 절차를 거쳐 제정되었다면 사법심사에 있어서 재판규범으로서의 성질도 가진다.[33)

우리나라의 판례는 일반적으로 법률의 구체적 위임이 있는 경우에 행정규칙의 구속력을 인정하고 법규명령으로서의 성질을 인정하는 경향이 있는데, 독일에서는 법률의 위임이라는 형식적인 부분 외에도 행정규칙 제정 시 전문가 참여 여부 등과 같은 실질적인 부분도 함께 고려한다는 점이 특징이다. 즉 독일에서 규범구체화 행정규칙의 외부효가 인정되기 위해서는 행정규칙 제정 시에 광범위한 평가절차를 거치는 등 학문적, 과학적 지식과 경험을 최대한 고려하여야 하고, 행정규칙이 학문과 과학의 발전 수준에 부합하여야 한다는 요건을 충족하여야 한다.[34) 이러한 점에서 행정규칙을 제정할 당시에 고려하지 못했던 비전

---

31) Jarass, BImSchG, 14. Aufl., 2022, § 5 Rn. 131; BeckOK UmweltR/Schmidt-Kötters, 65. Ed. 1.10.2019, BImSchG § 5 Rn. 16.
32) Jarass BImSchG, 14. Aufl. 2022, BImSchG § 48 Rn. 1.
33) Schoch, Besonderes Verwaltungsrecht, 2018, Kap. 5 Rn. 82.
34) Erbguth/Guckelberger, Allgemeines Verwaltungsrecht, S. 352.

형적인 사례나 새로운 학문적, 과학적 지식이 존재하는 경우에는 규범
구체화 행정규칙의 구속력이 인정되지 않는다.[35]

　결과적으로 독일 환경법 영역에서의 규범구체화 행정규칙의 구속력
은 절대적인 것이 아니라 상대적인 성격을 가진다. 이러한 이유로 규범구
체화 행정규칙의 구속력을 "조건부 구속력(bedingte Verbindlichkeit)"[36] 또
는 "재판절차에서 존중하여야 할 구속력(im gerichtlichen Verfahren zu
beachtende Bindungswirkung)"[37]이라고도 설명한다. 즉 규범구체화 행정
규칙이라고 하여 무조건 법규성을 인정하는 것이 아니라 (1) 환경법 등
고도의 전문적이고 기술적인 영역에서, (2) 행정청이 최신의 학문적, 기
술적 지식을 반영하여 행정규칙을 제정하였음을 전제로 외부적 구속력
을 인정한다.

III. 대상판결의 검토 : 행정규칙을 위반한 처분에 대한 사법심사

1. 환경법 영역에서의 사법심사 강도

　법원은 환경법 등 리스크법 영역에서도 원칙적으로 법적, 사실적
측면에서 전면적인 사법심사를 할 의무가 있다.[38] 다만 고도의 전문적,
기술적 영역에서 법익침해의 불확실성에도 불구하고 리스크가 실현될
경우 공동체 구성원이 입게 될 피해가 매우 큰 경우에는 법원은 행정의
전문적 판단을 존중하는 경향이 있다. 이때 법원에 의한 사법심사의 강

---

35) Jarass BImSchG, 14. Aufl. 2022, BImSchG § 48 Rn. 51.
36) Schoch, Besonderes Verwaltungsrecht, 2018, Kap. 5 Rn. 82.
37) Jarass BImSchG, 14. Aufl. 2022, BImSchG § 48 Rn. 52.
38) Jarass, BImSchG, 14. Aufl., 2022, BImSchG § 5 Rn. 130.

도는 낮은 정도에 머무른다.39) 즉 명확한 인식 근거가 부족한 영역에서
는 사실상 제한적인 사법심사가 이루어질 수밖에 없으며, 이때 행정에
의한 판단 권한과 법원에 의한 사법심사의 강도는 긴장 관계에 있게 된
다.40) 다만 전문적, 기술적 영역이라고 하여 법원이 행정판단에 대해
실질적 통제를 하지 않는다면 국민의 기본권이 과도하게 제한될 우려가
있다. 따라서 사법심사의 강도에 관한 기준설정이 필요하다.

　　대상판결은 행정청이 법령이 정하는 바에 따라 고도의 전문적이고
기술적인 사항에 관하여 전문적 판단을 하였다면, 판단의 기초가 된 사
실인정에 중대한 오류가 있거나 판단이 객관적으로 불합리하거나 부당
하다는 등의 특별한 사정이 없는 한 그러한 판단은 존중되어야 한다고
설명한다. 법원에 의한 사법심사의 강도를 명백성 통제, 납득가능성 통
제, 내용적 통제로 구분한다면,41)42) 대상판결은 명백성 통제에 가까운
견해로 보인다. 그런데 환경법 영역에서도 법원의 사법심사는 원칙적으
로 전면적으로 이루어질 수 있다. 즉 법률에서 불확정 법개념을 사용하
더라도 행정의 법률 해석 및 적용에 대해 법원은 전면적인 심사를 할
수 있다. 다만, 법원이 행정과 유사한 수준의 전문적 판단이 사실상 불

---

39) Eichberger, NVwZ 2019, 1561.

40) Eichberger, NVwZ 2019, 1560; 정하중, 앞의 논문, 141−142쪽.

41) 표명환, "입법통제에 있어서 헌법재판의 기능적 한계", 유럽헌법연구 제32호, 2020,
　　325쪽에서는 사법심사의 강도를 명백성 통제(Evidenzkontrolle), 납득가능성 통제
　　(Vertretbarkeitskontrolle), 내용적 통제(inhaltliche Kontrolle) 등으로 구분한다. 명백
　　성 통제는 입법자 또는 행정의 판단이 명백하게 잘못되었는지만 심사하는 것을 말
　　하며, 납득가능성 통제는 입법자 또는 행정이 입수할 수 있는 자료에 기초하여 사
　　실상황을 적정하게 판단하였는지를 심사하는 것을 말하며, 내용적 통제는 입법자
　　또는 행정이 고려하지 않은 자료에도 기초하여 법원이 독자적인 판단을 하는 것을
　　말한다.

42) 유제민, 앞의 논문, 62−64쪽에 따르면 미국에서는 사법심사의 강도를 자의금지 기
　　준, 실질적 증거 기준, 전면적 재심사 기준으로 구분한다. 이 중 자의금지 기준이
　　가장 완화된 심사 기준, 실질적 증거 기준은 중간 단계의 심사 기준, 전면적 재심
　　사 기준은 가장 강화된 심사 기준이다. 다만, 전면적 재심사 기준은 사실문제에는
　　적용되지 않으며 법률문제에 대해서만 적용된다고 한다.

가능하거나, 해당 사안과 관련하여 확립된 지식이 결여된 경우에는 행정판단을 존중하는 차원에서 사법심사를 완화하는 것이다.

2. 고시를 위반한 오염물질 검사결과에 근거한 처분의 적법성

고시는 일반적으로 행정사무의 처리기준을 정한 것으로서 행정규칙의 성격을 가지지만, 고시가 법령의 위임에 근거하여 법령의 내용을 보충하는 사항을 정한다면 법령보충적 행정규칙으로서 근거 법령과 결합하여 대외적으로 구속력 있는 법규명령의 효력을 가진다.[43] 이와 관련하여 대상판결은 시료 채취 방법 및 오염물질 측정방법 등을 정한 구「수질오염공정시험기준」이 행정기관 내부의 사무처리준칙에 불과하여 일반 국민이나 법원을 구속하는 대외적 구속력은 없다고 판단하였다. 그런데 법령보충적 행정규칙 이외의 행정규칙에 아무런 법적 효력을 인정하지 않는 것이 바람직한지 의문이 있다.

앞에서 검토하였듯이 행정청이 국립환경과학원 고시인 구「수질오염공정시험기준」을 준수하여 실험하였고, 그 결과를 바탕으로 수질오염물질 배출허용기준 초과에 따른 처분을 하였다면 해당 결정의 적법성을 추정하여야 한다. 고도의 전문적, 기술적 영역에서 행정청이 전문적인 판단을 하였다면 법원은 이를 존중하기 때문이다. 그러나 행정청이 고시에서 정한 것과 다른 방법, 절차로 실험을 진행하였다면 해당 처분이 곧바로 위법한 것은 아니더라도, 특별한 사정이 없다면 행정청의 판단을 존중해서는 안 되며 위법성을 추정하여야 한다.[44] 고시를 위반한 실

---

43) 대법원, 1999. 11. 26. 선고 97누13474 판결; 김중권, "조문형식을 띤 고시의 처분성 인정에 따른 문제점에 관한 소고", 저스티스 제98호, 2007.
44) 김창조, 앞의 논문, 137-138쪽에서는 과거에는 행정청의 재량처분 결과에 대하여 실체법적 하자 유무를 심사하여 재량권 일탈·남용 여부를 판단하는 실체법적 판단대체방식이 중심을 이루었으나, 앞으로는 행정청의 판단과정의 합리성에 대한

험방법의 신뢰성에 대해서도 행정청이 증명하여야 한다. 전문적, 객관적인 지식에 근거하여 제정된 고시를 특별한 사유 없이 위반하여 처분하였다면 행정청의 판단을 법원이 존중할 필요가 없기 때문이다. 고시를 준수한 경우에 비하여 고시를 위반한 경우에 사법심사의 강도는 높아져야 한다.

한편 「환경분야 시험·검사 등에 관한 법률」 제8조에서는 "환경분야 관계법령에서 정하는 바에 따라 환경오염도를 기록·제출·공표하거나 행정처분 등의 근거로 사용하고자 하는 경우에는 이 법에서 정하는 공정시험기준에 따라야 한다"고 규정하고 있으며, 같은 법 제6조 제1항에서는 "환경부장관은 환경오염물질, 환경오염상태, 유해성 등의 측정·분석·평가 등의 통일성 및 정확성을 도모하기 위하여 환경오염공정시험기준을 정하여 고시하여야 한다"고 규정하고 있다. 이에 근거하여 국립환경과학원은 구 「수질오염공정시험기준」을 제정하였다. 즉 입법자는 환경 영역에서 행정의 통일성과 정확성을 도모하기 위하여 환경오염공정시험기준을 고시에서 정하도록 하였으며, 환경오염도를 행정처분의 근거로 사용하고자 하는 때에는 공정시험기준에 따르도록 하였다. 수질오염물질 배출허용기준은 실험방법이나 절차에 따라서 그 결과가 현저히 달라질 수 있으므로,[45] 전문적·객관적 지식에 근거하여 제정된 고시에서 정해진 방법으로 실험을 진행하도록 함으로써 실험결과의 신뢰성을 담보하는 것이다.

비록 「수질오염공정시험기준」이 처분의 직접적 근거 법률에 의해 제정된 행정규칙은 아니지만, 환경분야 시험 및 검사에 관하여 일반적으

심사를 강화할 필요가 있으며, 이를 통해 전문기술적, 정책적 판단 영역에서 재량통제에 대한 사법심사의 한계영역을 축소해야 한다고 설명한다. 이러한 내용은 전문적인 사항을 정한 행정규칙을 특별한 사유 없이 위반한 처분에 대하여 위법성을 추정하여야 한다는 본 논문의 취지와도 부합한다. 즉 전문적 기준으로서의 행정규칙을 위반하여 처분하였다면 행정청의 판단과정의 합리성이 없거나 낮으며, 그 결과 행정판단의 전문성, 객관성에 대한 추정이 깨어진다.
45) Jarass BImSchG, 14. Aufl. 2022, BImSchG § 48 Rn. 58.

로 규율하는 법률에 근거하여 제정된 행정규칙이라는 점에서 일반적인 행정규칙에 비하여 그 내용에 대한 준수 또는 존중이 요구된다. 따라서 행정청이 고시에서 정한 것과 다른 방법으로 실험을 하고자 한다면 단순한 편의 또는 실수가 아닌 해당 사안과 관련된 새로운 학문적, 과학적 지식이 존재하거나, 고시에서 정한 방법으로 실험한다면 잘못된 결과가 나올 수 있다는 특별한 사정이 존재하는 경우에만 이를 허용하여야 한다.

입법자는 수질오염물질 배출허용기준을 환경부령에서 정하도록 함으로써 국민건강 및 환경상의 위해를 발생시킬 수 있는 수질오염에 관한 구체적인 기준설정을 행정청에 위임하였다. 이에 더하여 입법자는 고시에 정한 방법 및 절차를 준수하여 오염물질을 측정하도록 규정함으로써 자의적인 행정을 방지하고 실험의 신뢰성을 확보하기 위한 장치를 마련하였다. 따라서 행정청이 '특별한 사유 없이' 고시에서 정한 절차를 위반하여 오염물질을 측정하였다면 배출허용기준 초과라는 실체적 요건의 판단에도 하자가 있다고 볼 수도 있다.

3. 적법성에 대한 증명의 정도

대상판결은 행정청이 고시에서 정한 시료의 채취 방법과 절차를 위반하였더라도 채취된 시료를 객관적인 자료로 활용할 수 없을 정도로 그 하자가 중대한 경우에만 처분이 위법이라는 취지로 판시하였다. 이를 다시 설명하면, 고시에서 정한 방법과 절차를 위반하더라도 실험결과의 신뢰성에 대해 행정청은 여전히 낮은 정도의 증명만 하면 되며, 법원도 제한된 사법심사만을 한다.

그러나 앞에서도 설명하였듯이 배출허용기준 초과 여부에 대한 검사에 있어서 시료의 채취 방법, 절차의 변경은 실험결과에 중대한 영향을 미칠 수 있다. 따라서 행정청이 학문적, 과학적 지식에 근거하여 제정된 고시를 위반하여 실험을 진행하였다면, 행정의 판단을 존중해서는

고시를 위반한 처분의 적법성에 대한 견해 비교

	기존판례	대상판결	본 논문
증명책임	행정 상대방48)	행정청	행정청
행정판단 존중 여부	존중	(여전히) 존중	미존중
사법심사의 강도	− '사실인정에 중대한 오류', '판단의 객관적 불합리성·부당성' 등 특별한 사정이 존재하지 않는다면 적법성 인정 ⇒ 낮은 강도의 사법심사	− '사실인정에 중대한 오류', '판단의 객관적 불합리성·부당성' 등 특별한 사정이 존재하지 않는다면 적법성 인정 ⇒ 낮은 강도의 사법심사	− 고시에서 정한 절차를 준수하지 않은 것이 객관적으로 합리적임을 충분히 증명한 경우에만 적법성 인정 ⇒ 높은 강도의 사법심사

안 되며 실험방법의 신뢰성에 대해서도 높은 정도의 증명을 요구해야 한다. 즉 고시에서 정한 것과 다른 방법으로 실험을 진행할 새로운 근거가 존재하거나, 해당 사례가 비전형적이어서 고시에서 정한 방법으로 실험할 경우 잘못된 결과가 나올 것으로 판단되는 등 특별한 사정이 존재하는 경우에만 처분이 적법하다고 보아야 한다.

그런데 대상판결은 행정청이 고시에서 정한 방법, 절차를 위반한 경우 실험결과의 신뢰성에 대해 행정청에 증명책임을 부담시켰지만, 처분의 적법성에 대한 증명의 정도는 여전히 낮게 요구한다. 즉 행정규칙을 위반하여 처분을 하였음에도 법원은 여전히 행정청의 판단을 존중하는 듯하다. 그러나 행정청이 행정규칙을 위반하여 처분을 하였다면 행정청에 증명책임을 부담시키는 것을 넘어 높은 정도의 증명을 요구하여야 하며, 사법심사의 강도도 높여야 할 것이다.46)

---

46) 대상판결에 따르면 사실인정에 중대한 오류가 있거나 판단이 객관적으로 불합리하거나 부당하다는 등 '특별한 사정'이 존재하지 않는다면 행정의 판단을 존중하여야 한다. 그런데 행정청이 전문적 지식에 근거하여 제정된 고시를 위반하여 처분하였다면 그 자체로 행정판단을 존중하지 않을 '특별한 사정'이 존재하는 것으로 보아야 한다. 최초에 행정청에 '무기의 우위'를 인정하였는데, 행정규칙을 위반한 경우

한편 대상판결은 시료 채취 방법의 하자를 절차적 하자로 평가한 후, 하자가 중대하지 않다면 행정청의 판단을 존중하고 있다. 그런데 오염물질 측정에 관한 하자를 단순히 절차적 하자로 평가할 것인지는 의문이다. 오염물질 측정방법에 관한 하자는 실험결과에도 중대한 영향을 미칠 수 있다. 이는 배출허용기준을 넘어서는 오염물질의 존재, 즉 처분사유의 존재와 관련되는 것으로서 단순한 절차적 하자를 넘어 실체적 요건의 존재 여부와도 밀접하게 연계된다.[47]

V. 나가며

행정규칙은 내부적 구속력만을 가진다. 따라서 행정청이 행정규칙을 위반하여 처분을 하였더라도 그 자체로 위법한 것은 아니다. 그런데 고도의 전문적, 기술적 영역에서는 사법심사가 사실상 제한적으로 이루어지는 경우가 많다. 그 결과 행정에 대한 불충분한 통제로 국민의 권리구제가 적절히 이루어지지 않을 수 있다. 따라서 고도의 전문적, 기술적 영역에서는 행정규칙에 대하여 일정한 효력을 인정할 필요성이 있다.

행정이 전문가들의 참여하에 학문적, 과학적 지식에 근거하여 행정

에도 또다시 행정 상대방과 비교하여 '무기의 우위'를 인정하는 것은 불합리하다. 즉 행정청이 특별한 사정 없이 고시에서 정한 기준을 위반하여 행정처분을 하였다면 그것이 왜 적법한지에 대해서 원점에서부터 국민과 대등한 입장에서 다투도록 하여야 한다.

47) 물론 재량 판단 과정에서의 하자를 실체적 하자로 볼 것인지, 절차적 하자로 볼 것인지에 대해서는 견해의 대립이 있다. 이에 대해서는 김창조, 앞의 논문, 132쪽 참고.

48) 법원은 재량 또는 판단여지가 인정되는 영역에서 처분의 위법성을 다투는 경우 기본적으로 원고가 증명책임을 부담한다는 견해를 유지하고 있다(대법원 2019. 1. 10. 선고 2017두43319 판결, 대법원 2020. 2. 6. 선고 2019두43474 판결 등 참고). 반면 대상판결은 증명책임을 원고가 아닌 피고가 부담하도록 한다는 점에서 별도의 의미를 가진다. 이에 대해서는 이승훈, "행정청의 고도의 전문적·기술적인 판단의 신뢰성에 관한 증명책임", 법률신문, 2023. 7. 2. 참고.

규칙을 제정하였고, 그러한 행정규칙을 준수하여 처분을 하였다면 이를 존중하고 적법성을 추정할 필요가 있다. 반면 행정청이 특별한 사유 없이 행정규칙을 위반하여 처분하였다면 위법성을 추정하여야 한다. 법원은 행정청이 전문적, 객관적으로 판단하였을 것을 전제로 그 판단을 존중하기 때문이다.

　행정규칙을 위반한 처분의 적법성에 대한 증명책임은 행정청이 부담하여야 하며, 법원에 의한 사법심사의 강도도 높아져야 한다. 입법권은 법률을 통해서, 사법권은 사법심사를 통해서 행정을 통제하는바,[49] 고도의 전문적, 기술적 영역이라고 하여 법률에서 불확정 법개념을 폭넓게 사용하고, 그에 대한 사법심사를 완화하거나 사실상 포기한다면 행정이 이른바 절대권력을 가지는 결과로 이어질 수 있음을 염두에 두어야 한다.[50]

　이러한 견해는 전문적 기준으로서의 행정규칙을 위반한 처분의 적법성에 대하여 행정청이 원점에서부터 높은 정도로 증명하도록 한다는 점에서 기존판례, 그리고 대상판결과 차이가 있다. 고도의 전문적, 기술적 영역이라는 이유로 행정에 우위를 인정하고 그 판단을 존중하였는데, 행정청이 특별한 사정 없이 행정규칙을 위반하여 처분하였음에도 또다시 행정에 우위를 인정하고 그 판단을 존중할 필요는 없다. 행정에 일방적인 무기 우위를 인정해서는 안 된다. 다만, 행정규칙과 관련하여 새로운 학문적, 기술적 지식이 존재하거나, 해당 사안이 비전형적이라는 등 합리적인 사유가 존재한다면 행정규칙을 위반하더라도 그러한 판단을 존중하여야 한다.

---

49) 박정훈, 앞의 책, 17쪽.
50) 물론, 행정재량은 일반적으로 "행정작용의 내용이 미리 법률에 의하여 완전히 결정되지도 않고 또한 법원에 의하여 완전히 심사될 수 없는 경우에 행정에게 부여되는 자유영역"으로 이해되지만(정하중, 앞의 논문, 141쪽), 그럼에도 불구하고 재량과 판단여지에 대한 적절한 통제를 통해 국민의 권리와 자유가 과도하게 침해되는 것을 방지할 필요가 있다.

참고문헌

1. 국내문헌

김용섭, "법규개념과 행정규칙 - 목촌 김도창 박사의 학문세계 및 이론체
　　계를 중심으로 -", 공법연구 제44집 제1호, 2015.

김용욱, "내부법 위반행위의 효력에 관한 연구", 행정법연구 제63호,
　　2020.

김중권, "조문형식을 띤 고시의 처분성 인정에 따른 문제점에 관한 소고",
　　저스티스 제98호, 2007.

김창조, "행정재량과 주장·증명책임", 행정판례연구 제25권 제2호, 2020.

문병효, "규제재량과 행정법원의 통제", 공법학연구 제15권 제1호, 2014.

박균성, "미국 행정입법제도의 시사점", 행정법연구 제46호, 2016.

박균성·함태성, 「환경법」, 제8판, 2017.

박정훈, 「행정법의 체계와 방법론」, 2005.

유제민, "독립규제위원회의 판단에 대한 사법심사 기준 및 강도에 관한
　　연구 - 미국의 판례이론과 그 시사점을 중심으로 -", 서울대학교
　　법학박사학위논문, 2019.

이비안, "이익형량의 입장에서 바라본 행정법: 불확정개념", 법학논고 제
　　38집, 경북대학교 법학연구원, 2012.

이승훈, "행정청의 고도의 전문적·기술적인 판단의 신뢰성에 관한 증명책
　　임", 법률신문, 2023. 7. 2.

정하중, "행정법에 있어서 재량과 판단여지 그리고 사법심사의 한계", 공
　　법연구 제23집 제3호, 1995.

정호경·김중권·송시강·최계영, "판례분석을 통한 행정규칙의 문제점과
　　정비방안 연구", 사단법인 한국행정법학회, 법제처 정책연구용역보고
　　서, 2017.

조성규, "행정규칙의 법적 성질 재론", 행정법연구 제31호, 2011.

최선웅, "재량과 판단여지에 관한 사법심사", 행정판례연구 제18권 제2호, 2013.

표명환, "입법통제에 있어서 헌법재판의 기능적 한계", 유럽헌법연구 제32호, 2020.

2. 국외문헌

BeckOK UmweltR/Schmidt-Kötters, 65. Ed. 1.10.2019.

Böhm, Unscharfe Grenzen im Umwelt- und Technikrecht. Grenzenfestlegung als Gradwanderung zwischen Recht und Politik, in: Keil/Poscher (Hrsg.), Unscharfe Grenzen im Umwelt- und Technikrecht, 2012.

Bramorski, Grenzen der Grenzwertsetzung? Ergänzung zu Monika Böhm, in: Keil/Poscher (Hrsg.), Unscharfe Grenzen im Umwelt- und Technikrecht, 2012.

Eichberger, Gerichtliche Kontrolldichte, naturschutzfachliche Einschätzungsprärogative und Grenzen wissenschaftlicher Erkenntnis, NVwZ 2019, 1560 ff.

Erbguth/Guckelberger, Allgemeines Verwaltungsrecht, 4. Aufl., 2011.

Jarass, Bundes-Immissionsschutzgesetz: BImSchG, 14. Aufl., 2022.

Schoch, Besonderes Verwaltungsrecht, 2018.

Ossenbühl, Die Bindung der Verwaltung an die höchstrichterliche Rechtsprechung, AöR 92 (1967).

국문초록

　행정규칙은 내부적 구속력만을 가진다. 따라서 행정청이 행정규칙을 위반하여 처분을 하였더라도 그 자체로 위법한 것은 아니다. 그런데 고도의 전문적, 기술적 영역에서는 사법심사가 사실상 제한적으로 이루어지는 경우가 많다. 그 결과 행정에 대한 불충분한 통제로 국민의 권리구제가 적절히 이루어지지 않을 수 있다. 따라서 고도의 전문적, 기술적 영역에서는 행정규칙에 대하여 일정한 효력을 인정할 필요성이 있다.

　행정청이 전문가들의 참여하에 학문적, 과학적 지식에 근거하여 행정규칙을 제정하였고, 그러한 행정규칙을 준수하여 처분을 하였다면 이를 존중하고 적법성을 추정할 필요가 있다. 반면 행정청이 특별한 사유 없이 행정규칙을 위반하여 처분하였다면 위법성을 추정하여야 한다. 법원은 행정청이 전문적, 객관적으로 판단하였을 것을 전제로 그 판단을 존중하기 때문이다. 행정규칙을 위반한 처분의 적법성에 대한 증명책임은 행정청이 부담하여야 하며, 법원에 의한 사법심사의 강도도 높아져야 한다. 입법권은 법률을 통해서, 사법권은 사법심사를 통해서 행정을 통제하는바, 고도의 전문적, 기술적 영역이라고 하여 법률에서 불확정 법개념을 폭넓게 사용하고, 그에 대한 사법심사를 완화하거나 사실상 포기한다면 행정이 이른바 절대권력을 가지는 결과로 이어질 수 있다.

　주제어: 고도의 전문적·기술적 영역, 행정규칙, 증명책임, 행정판단의 존중, 사법심사의 강도

Zusammenfassung

Gerichtliche Kontrolle von verwaltungsvorschriftswidrigen Verwaltungsakten in hochspezialisierten und -technologischen Bereichen

Wonkyu Park*

Verwaltungsvorschriften haben grundsätzlich nur verwaltungsinterne Wirkung. Demzufolge ist es an sich nicht rechtswidrig, selbst wenn eine behördliche Entscheidung gegen Verwaltungsvorschriften verstößt. In hochspezialisierten und −technologischen Bereichen können aufgrund unzureichender gerichtlicher Kontrolle die Rechte der Bürger nicht angemessen berücksichtigt werden. Daher ist es notwendig, in hochspezialisierten und −technologischen Bereichen eine gewisse Wirkung von Verwaltungsvorschriften anzuerkennen.

Wenn Verwaltungsvorschriften unter Beteiligung von Experten aufgrund technischer und wissenschaftlicher Erkenntnisse erlassen werden und Maßnahmen gemäß diesen Vorschriften ergriffen werden, sind diese zu respektieren und ihre Rechtmäßigkeit zu indizieren. Im Gegensatz dazu ist die Rechtswidrigkeit zu indizieren, wenn eine Behörde ohne besondere Gründe gegen Verwaltungsvorschriften verstößt. Dies liegt daran, dass das Gericht die Entscheidung der Verwaltung unter der Voraussetzung respektiert, dass sie sachlich und objektiv entschieden hat.

---

* Professor, Department of Law, Kunsan National University

Dabei trägt die Behörde die Beweislast für die Rechtmäßigkeit von Maßnahmen. Zudem muss die Intensität der gerichtlichen Kontrolle erhöht werden. Die Legislative kontrolliert die Administrative durch Gesetzgebungen, die Judikative durch Rechtsprechungen. Es kann aber dazu führen, dass die Administrative absolute Gewalt besitzt, wenn die Legislative umfangreiche unbestimmte Rechtsbegriffe verwendet und die Judikative die gerichtliche Kontrolle aufgibt.

Schlüsselwörter: hochspezialisierte und −technologische Bereiche, Verwaltungsvorschriften, Beweislast, Respektierung der behördlichen Entscheidung, gerichtliche Kontrolldichte

투고일 2023. 12. 11.
심사일 2023. 12. 26.
게재확정일 2023. 12. 29.

行政訴訟과 假救濟

행정심판법상 집행정지결정의 효력 및 기간 (이진형)

행정심판법상 집행정지결정의
효력 및 기간*

대법원 2022. 2. 11. 선고 2021두40720 판결에 대한 평석

이진형**

Ⅰ. 들어가며

2023. 2. 23. 중앙행정심판위원회는 행정심판에서의 집행정지결정의 종기를 '본안 재결일'로 해온 심판실무에 의하면 처분의 효력이 너무 빨리 되살아나 권리구제의 공백이 생기므로, 이를 방지하기 위하여 종기를 '본안 재결일로부터 30일'로 연장하는 제도개선안을 발표하였다.[1]

---

 * 이 글은 2023. 6. 16. 한국행정판례연구회 제387차 월례발표회에서 발표한 내용을 수정·보완한 것입니다. 사회를 맡아주신 박현정 교수님, 토론을 해주신 김성배 교수님, 현장에서 의견을 주신 모든 분들과 익명의 심사위원님들께 깊이 감사드립니다.
** 변호사. 법학박사.
 1) 중앙행정심판위원회 홈페이지(https://www.simpan.go.kr/), 2023. 2. 23.자 보도자료

이에 대해 대한변호사협회도 국민의 권익을 보다 두텁게 보호할 수 있는 제도 개선이라며 환영의 뜻을 나타냈다.[2] 대법원 또한 2023. 8. 31. 부터 시행한 행정소송규칙(대법원규칙 제3108호) 제10조에서 당사자의 예측가능성을 높이기 위하여 집행정지결정시 "그 종기는 본안판결 선고일부터 30일 이내의 범위에서 정한다."[3]고 규정하고 있다.

집행정지제도는 본안판단 전까지의 기간을 잠정적으로 규율하여 권리구제의 실효성을 보장하기 위한 제도이다. 행정소송법과 행정심판법은 모두 집행부정지원칙을 택하고 있으므로, 법원 또는 행정심판위원회가 원칙의 예외로서 집행정지결정을 하여 회복할 수 없는 결과가 발생하는 것을 방지한다. 대상 판결에서는 행정소송에서의 집행정지결정의 효력 및 기간에 관한 법리가 행정심판에도 적용된다는 점을 확인하면서, 집행정지결정의 종기를 '재결시'로 정했을 때 이는 구체적으로 '재결서 정본 송달시'를 의미한다는 점도 분명히 하고 있다. 집행정지기간에 관한 논의는 처분 후 집행정지결정이 있기까지, 그리고 본안에서의 판결(또는 재결) 이후 불복기간 또는 판결이 확정되기까지의 기간과 관련하여 발생하는 공백과 관련된다. 특히 집행정지의 종기의 불명확성으로 인하여 많은 실무상 문제점이 지적되어 왔는데, 전술한 행정심판위원회의 제도 개선과 대법원의 행정소송규칙은 이를 해소하기 위한 방안 중 하나이다.

한편, 집행정지제도는 위법한 처분에 대한 국민 권리구제의 실효성을 보장함과 동시에 적법한 처분의 집행에 의한 행정의 실효성 보장도 조화시키는 방향으로 운용되어야 한다.[4] 따라서 본안에서 적법한 처분

"중앙행심위, 행정심판 '재결일로부터 30일까지' 처분 집행정지 기간 연장" 참조.

2) 대한변호사협회 홈페이지(https://www.koreanbar.or.kr/), 알림마당, 2023. 2. 23.자 논평 "국민 권익을 보다 두텁게 보호할 수 있는 행정심판제도 개선을 환영한다" 참조.

3) 동조 후단에서는 "다만, 법원은 당사자의 의사, 회복하기 어려운 손해의 내용 및 그 성질, 본안 청구의 승소가능성 등을 고려하여 달리 정할 수 있다."고 하여 구체적 타당성도 도모하고 있다.

임이 밝혀지면 그 집행의 실효성도 고려되어야 한다. 대상 판결에서는 행정의 실효성 확보를 위하여 행정청이 처분의 집행을 유예하거나 기간을 변경하는 후속 변경처분을 할 수 있다는 점을 확인하고 있다. 다만, 이미 당초 처분의 집행기간이 종료된 경우에는 변경처분이 허용될 수 없다는 점을 분명히 하여 시간적 한계를 명시적으로 제시하고 있다.

이하에서는 대상 판결과 관련하여 행정심판에서의 집행정지결정의 효력 및 기간, 행정의 실효성을 확보하기 위한 변경 처분의 가능성 및 한계에 대한 검토를 통하여 대상 판결의 의의 및 전망에 대하여 살펴보고자 한다.

Ⅱ. 대상 판결의 개요

1. 사실관계[5]

(1) 원고는 화물자동차 운수사업법(이하 '화물자동차법'이라 한다)에서 정한 화물자동차 운송사업을 영위하는 회사이고, 피고는 지방자치단체장이다. 피고는 2015. 6. 8. 원고에 대하여 별지2 차량이 '증차 시 위조된 서류를 첨부하여 변경허가를 받은 차량'에 해당한다는 이유로 구 「화물자동차 운수사업법」 제19조 제1항 제2호에 따른 60일의 운행정지처분(2015. 7. 13.부터 2015. 9. 10.까지) 및 불법증차하고도 거짓이나 부정한 방법으로 유가보조금을 지급받았다는 이유로 동법 제44조의2 제1항 제5호에 따른 6개월의 유가보조금 지급정지 처분(2015. 7. 13.부터 2016. 1. 13.까지)을 하였다(이하 '원처분'이라 한다).

---

4) 박균성, 『행정법론(상)』, 박영사, 제22판, 2023, 1440면 참조.
5) 대상 판결과 원심 판결의 차이가 나는 주요한 쟁점은 판결문 별지2 목록 기재 차량과 관련되므로, 이 글에서는 해당 부분만 논의하기로 한다.

(2) 원고는 이에 불복하여 관할 시·도 행정심판위원회(이하 '행정심판위원회'라고 한다)에 행정심판을 청구하였다. 행정심판위원회는 우선 2015. 7. 13. 원처분(운행정지 처분과 유가보조금 지급정지 처분)의 집행을 '행정심판의 재결이 있을 때까지' 정지한다는 집행정지결정을 하였다(이하 '이 사건 집행정지결정'이라 한다). 행정심판위원회는 2015. 8. 31. '위반차량 운행정지 60일의 처분을 30일로 변경하고, 유가보조금 6개월의 지급정지 처분에 대한 취소청구를 기각'6)하는 재결을 하였다(이하 '이 사건 재결'이라 한다). 이후 원고가 별도로 취소소송을 제기하지 않아 재결이 확정되었다(이하 이 사건 재결에 의하여 변경되고 남은 원처분인 운행정지 30일 및 유가보조금 지급정지 6개월을 합하여 '선행처분'이라 한다).

(3) 2015. 9. 22. 피고는 '재결의 결과에 따라 운행정지 60일에서 30일로 감경, 유가보조금 6개월 지급정지를 통보한다. 다만 소송 진행 중인 대구지방법원 2015구합1245사건(이하 '유사 사건'이라 한다)과 유사하여 그 처분을 판결 시까지 유예한다.'는 내용의 유예 통지서를 작성하여 원고에게 발송하였다(이하 '이 사건 유예통지'라고 한다). 이후 대구지방법원은 유사 사건에 대해 2016. 1. 13. 판결을 선고하였다.

(4) 2020. 3. 5. 피고는 원고에게 선행처분과 동일한 사유로 별지2 차량에 관하여 1) 30일(2020. 3. 6.부터 2020. 4. 4.까지)의 운행정지, 2) 6개월의 유가보조금 지급정지, 3) 유가보조금 환수(4,408,760원)를 하겠다고 통보하였고(이하 '이 사건 통보'라고 한다), 원고는 2020. 3. 16. 대구지방법원에 이 사건 통보의 취소를 구하는 소송을 제기하였다.

---

6) 이 사건 재결서의 주문 그대로 기재하였다(국민권익위원회에 대한 필자의 정보공개청구에 의하여 부분공개된 이 사건 재결서 및 집행정지결정문을 참조하였다. 접수번호−10813722).

2. 소송경과

(1) 제1심[7]

제1심은 2020. 4. 1. 이 사건 통보 중 30일의 운행정지 부분과 관련해서만 집행정지신청을 인용하고, 6개월의 유가보조금 지급정지 및 유가보조금 환수 부분에 대해서는 '회복할 수 없는 손해'에 해당하지 않는다고 보아 기각결정을 하였다.[8] 이후 제1심은 이 사건 통보는 재처분에 해당하므로 이중처분이라고 볼 수 없다는 점 등[9]을 들어 청구를 모두 기각하였다.

(2) 원심 판결[10]

원심은 이 사건 유예통지와 이 사건 통보는 모두 원고에게 새로운 의무를 부과하는 별도의 행정처분이라고 할 수 없으므로 소의 이익이 없다고 보고 각하하였다. 그리고 유가보조금 환수처분에 대한 취소청구는 제1심을 인용하여 기각하였다.

(3) 대상 판결

대상 판결은 이 사건 통보 중 운행정지 부분과 유가보조금 지급정지 부분은 집행이 종료되어 효력을 상실한 선행처분과 동일한 사유로 원고를 다시 제재하는 것으로 위법한 이중처분에 해당한다고 보아 원심판결 중 소 각하 부분을 파기하고 원심법원에 환송하였고, 나머지 상고

---

7) 대구지방법원 2020. 8. 13. 선고 2020구합284 판결.
8) 참고로 30일의 운행정지 부분에 대한 일부인용결정에서는 집행정지의 종기를 '본안사건 판결선고일로부터 30일이 되는 날까지'로 하였다. 대구지방법원 2020. 4. 1.자 2020아2732호 결정.
9) 이중처분 여부에 대한 판단을 제외한 제1심의 판단 내용은 원심과 대상 판결에서 문제되지 않았으므로 생략하였다.
10) 대구고등법원 2021. 5. 14. 선고 2020누3619 판결. 참고로 원심에서는 집행정지결정이 없었다.

는 기각하였다.11)

[사건의 진행경과]

2015. 6. 8. **<원처분>**
위반차량 운행정지 60일 처분(2015. 7. 13.부터 2015. 9. 10.까지)
유가보조금 지급정지 6개월 처분(2015. 7. 13.부터 2016. 1. 13.까지)

2015. 6. **관할 행정심판위원회에 대한 취소심판청구 및 집행정지신청**
2015. 7. 13. **<이 사건 집행정지결정>** 운행정지 처분 및 지급정지 처분 모두 집행정지
종기: '재결이 있을 때까지 그 집행을 정지한다'
2015. 8. 31. **<이 사건 재결>** 운행정지 60일 처분을 30일로 변경, 보조금 지급정지 6개월에 대한 취소청구 기각
2015. *. **12) 이 사건 재결서 정본 송달**

2015. 9. 22. **<이 사건 유예통지>**
'재결의 결과에 따라 운행정지 60일에서 30일로 감경, 유가보조금 6개월 지급정지를 통보한다. 다만 소송 진행 중인(대구지방법원 2015 구합1245) 사건과 유사하여 그 처분을 판결 시까지 유예한다.'

2016. 1. 13. **유사 사건의 판결 선고**

---

11) 2022. 2. 15. 파기환송 후 조정권고 등을 거쳐 2022. 9. 8. 원고의 소취하로 확정되었다(대구고등법원 2022누2276 판결).
12) 판결문에서 드러나지 않으나, 재결일인 2015. 8. 31. 이후 어느 시점에 송달되었을 것으로 예측된다.

2020. 3. 5. **<이 사건 통보>**
위반차량 운행정지 30일 처분(정지기간: 2020. 3. 6. ~ 2020. 4. 4.)
유가보조금 지급정지 6개월 처분(처분일자: 2020. 3. 6.)
유가보조금 4,408,760원 환수 처분(2019. 5. ~ 2020. 1 동안 받은 유
가보조금)

2020. 3. 16.   **취소소송 제기 및 집행정지신청**
2020. 4. 1. **<제1심 집행정지결정>** 운행정지 처분에 대해서만 효력정지
종기: '판결선고일로부터 30일이 되는 날까지 집행을 정지한다'
2020. 8. 13. **<제1심 판결 선고>** 원고 청구 전부기각

2020. 8. 27.   항소
2021. 5. 14. **<원심 판결 선고>** 운행정지 및 유가보조금 지급정지 부
분 각하, 유가보조금 환수 부분 기각

2021. 6. 4.   상고
2022. 2. 11. **<대상 판결 선고>** 운행정지 및 유가보조금 지급정지 부
분 파기환송

2022. 2. 15. 파기환송
2022. 9. 8. **<파기환송심> 소취하(판결 확정)**

3. 대상 판결의 요지13)

(1) 제1심 판결

행정심판위원회가 2015. 8. 31. 원처분을 위반차량 운행정지(30일), 유가보조금 6개월 지급정지 처분으로 변경하는 재결을 하였으므로 피고는 위 재결에 따라 재처분을 하여야 한다. 그런데 피고가 2015. 9. 22. 원고에게 한 이 사건 유예통지는 운행정지 및 보조금 지급정지 기간을 특정하지 않은 것으로 원고의 권리·의무에 변동을 가져온 것이 아니라, 관련 판결을 기다려 추후 처분을 하겠다는 점을 알리는 것에 불과하므로, 이는 항고소송의 대상이 되는 행정처분이 아닌 관념의 통지에 불과하다. 따라서 2020. 3. 5. 피고가 한 이 사건 통보는 재처분이고, 이중처분이라고 할 수 없다.

(2) 원심 판결

2015. 8. 31.자 이 사건 재결은 이른바 '형성적 재결'로서, 운행정지 부분은 처분의 내용을 확정적으로 변경하는 것이고, 보조금 지급정지 부분은 그 심판청구를 기각하는 것이므로, 피고는 위 재결에 따라 재처분을 할 수 없고 처분의 집행 문제만이 남게 된다. 그 후 피고가 이 사건 재결로 확정된 처분의 집행을 유예한다는 통보를 하였다거나, 그 처분의 집행기간을 달리 정하는 통보를 하였다고 하더라도, 이는 원고에게 새로운 의무를 부과하는 별도의 행정처분이라고 할 수 없으므로, 원고가 항고소송으로 이 부분의 취소를 구할 소의 이익이 없다.

게다가 이 사건 통보 중 운행정지 부분과 유가보조금 지급정지 부분은 이 사건 통보 이전에 이미 그 정지기간이 경과하여 집행이 완료되

---

13) 심급별로 이 사건 원처분, 이 사건 유예통지, 이 사건 통보 등을 다른 용어로 표현하고 있어서 혼동을 피하고자 전술한 1. 사실관계 부분의 용어로 통일하여 서술하였다.

었다14)15)(그리고 피고가 그 집행이 완료되지 않았음을 전제로 이 사건 통보 중 운행정지 부분과 유가보조금 지급정지 처분을 하였더라도, 이는 이중처벌금지의 원칙에 위배되어 무효이다).

원고가 운행정지 및 유가보조금 지급정지 처분의 부당함을 다투려면 2015. 8. 31.자 재결로 변경된 처분의 취소를 구하여야 하는데, 원고의 이 부분 소를 이와 같이 선해하여 보더라도, 원고는 행정소송법 제20조에서 정한 제소기간 내에 그 취소를 구하지 아니하였으므로, 이 부분 소 역시 부적법하다.16)

---

14) 원심 판결문 주1)의 내용 : 즉, 운행정지 부분은 2015. 7. 13.자 행정심판위원회의 집행정지결정에 의하여 집행이 일시 정지되었다가, 2015. 8. 31.자 행정심판위원회의 재결로 운행정지 30일 처분으로 변경된 후 집행이 개시되어 2015. 8. 31.부터 2015. 9. 21.까지 22일간 집행되었고, 그 후 피고의 2015. 9. 22.자 처분 유예결정으로 집행이 정지되었다가 피고의 2020. 3. 5.자 이 사건 이 사건 처분으로 다시 그 정지기간이 진행되어 2020. 3. 6.부터 2020. 3. 13.까지 나머지 8일의 기간이 경과함으로써 그 집행이 완료되었다(이 부분에 관한 2020. 4. 1.자 제1심의 집행정지 결정은 그 집행이 완료된 후에 있었던 것이므로 효력이 없다). 그리고 이 사건 처분 중 유가보조금 지급정지 6개월 처분은 위와 같은 경위로 2015. 8. 31.부터 2015. 9. 21.까지 22일간 집행되었다가, 2020. 3. 6.부터 다시 그 정지기간이 진행되어 2020. 8. 13. 나머지 5개월 8일의 기간이 경과함으로써, 그 집행이 완료되었다(이 부분에 관하여는 집행정지결정이 내려진 바 없다).

15) 제2심 판결문 본문에서는 이 사건 통보 이전에 집행이 완료되었다고 기재하고 있으나, 주1) 2020. 3. 5. 이 사건 통보 이후에도 일정기간(운행정지의 경우 8일, 유가보조금 지급정지의 경우 5개월 8일)이 경과하여 집행이 완료되었다고 기간을 계산하고 있다는 점에서 오류가 있다.

16) 또한 유가보조금 환수부분과 관련해서는 제1심 판결을 그대로 인용(원심이 다르게 보고 있는 이중처분 관련 제1심 판단 부분은 제외)하면서 다음과 같이 덧붙였다. "2015. 6. 8.자 처분 당시에는 하지 않았던 유가보조금 환수처분을 2020. 3. 5. 이 사건 통보에 의하여 새롭게 부과한 것은 법적 근거가 없는 위법한 것이라고 원고는 재차 주장하고 있으나, 위법한 상태가 계속되는 이상 그 위법상태의 법적 성격은 이 사건 통보 당시 시행 중인 법령에 의하여 판단하는 것이 타당하다. 이 사건 통보 중 유가보조금 환수 처분의 근거가 된 화물자동차법 제44조 제3항은 위 처분 당시 시행되던 법령이므로, 피고는 위 법령에 따라 유가보조금 환수처분을 할 수 있다. 즉, 유가보조금 환수처분은 운행정지나 유가보조금 지급정지 처분과 별도로 분리하여 판단할 수 있고, 처분 당시에 시행 중인 화물자동차법 제44조 제3항에 근

(3) 대상 판결

1) 행정소송법 제23조에 따른 집행정지결정의 효력은 결정 주문에서 정한 종기까지 존속하고, 그 종기가 도래하면 당연히 소멸한다. 따라서 효력기간이 정해져 있는 제재적 행정처분에 대한 취소소송에서 법원이 본안소송의 판결 선고 시까지 집행정지결정을 하면, 처분에서 정해둔 효력기간(집행정지결정 당시 이미 일부 집행되었다면 그 나머지 기간)은 판결 선고 시까지 진행하지 않다가 판결이 선고되면 그때 집행정지결정의 효력이 소멸함과 동시에 처분의 효력이 당연히 부활하여 처분에서 정한 효력기간이 다시 진행한다. 이는 처분에서 효력기간의 시기(始期)와 종기(終期)를 정해 두었는데, 그 시기와 종기가 집행정지기간 중에 모두 경과한 경우에도 특별한 사정이 없는 한 마찬가지이다.[17]

이러한 법리는 행정심판위원회가 집행정지결정을 한 경우에도 그대로 적용된다. 행정심판위원회가 행정심판 청구 사건의 재결이 있을 때까지 처분의 집행을 정지한다고 결정한 경우에는, 재결서 정본이 청구인에게 송달된 때 재결의 효력이 발생하므로(행정심판법 제48조 제2항, 제1항 참조) 그때 집행정지결정의 효력이 소멸함과 동시에 처분의 효력이 부활한다. 따라서 행정심판위원회의 재결에 의하여 확정된 30일의 운행정지 및 6개월의 유가보조금 지급정지의 기간은 이 사건 집행정지결정에 따라 진행이 정지되었다가 이 사건 재결서 정본이 원고에게 송달되면 집행정지결정의 종기가 도래하여 그때부터 다시 진행한다.

2) 효력기간이 정해져 있는 제재적 행정처분의 효력이 발생한 이후에도 행정청은 특별한 사정이 없는 한 상대방에 대한 별도의 처분으

거하여 부과할 수 있는 것이므로, 피고가 법적 근거가 없는 새로운 처분을 부과한 것이 아니다.
17) 대법원 1999. 2. 23. 선고 98두14471 판결, 대법원 2005. 6. 10. 선고 2005두1190 판결 등 참조.

로써 효력기간의 시기와 종기를 다시 정할 수 있다. 이는 당초의 제재적 행정처분이 유효함을 전제로 그 구체적인 집행시기만을 변경하는 후속 변경처분이라고 할 것이다. 이러한 후속 변경처분도 특별한 규정이 없는 한 의사표시에 관한 일반법리에 따라 상대방에게 고지되어야 효력이 발생한다.[18] 다만, 이러한 후속 변경처분 권한은 특별한 사정이 없는 한 당초의 제재적 행정처분 이 경과하면 그로써 처분의 집행은 종료되어 처분의 효력이 소멸하는 것이므로(행정소송법 제12조 후문 참조), 그 후 동일한 사유로 다시 제재적 행정처분을 하는 것은 위법한 이중처분에 해당한다.[19]

　　피고는 2015. 9. 22. 이 사건 재결의 집행을 유사사건의 판결 시까지 유예한다는 내용의 유예 통지서를 작성하여 원고에게 발송하였다. 이는 당초의 제재적 행정처분이 유효함을 전제로 그 구체적인 집행시기만을 변경하는 후속 변경처분에 해당하고, 특별한 규정이 없는 한 의사표시에 관한 일반법리에 따라 상대방에게 고지되어야 효력이 발생하므로, 이 사건 유예 통지서가 원고에게 고지되면 다시 효력기간의 진행이 정지된다. 2016. 1. 13. 유사사건에 대한 판결이 선고되었으므로, 통지서에서 정한 종기가 도래하여 그때부터 효력기간이 다시 진행한다.

　　이에 따르면, 이 사건 통보 당시 선행처분에서 정한 운행정지 및 유가보조금 지급정지 기간이 경과하여 선행처분의 집행이 이미 종료되었다고 볼 여지가 많다. 사정이 위와 같다면, 이 사건 통보는 집행이 종료되어 효력을 상실한 선행처분과 동일한 사유로 원고를 다시 제재하는 것으로 위법한 이중처분에 해당한다고 볼 것이다. 그런데도 원심은 이 사건 통보가 원고에게 선행처분과 별도로 새로운 의무를 부과하는 것이 아니어서 원고에게 그 취소를 구할 이익이 없다는 이유로 이 부분 소를 각하하였다. 이러한 원심판단에는 효력기간이 정해져 있는 제재적 행정

---

18) 대법원 2019. 8. 9. 선고 2019두38656 판결 등 참조.
19) 대법원 1993. 8. 24. 선고 92누18054 판결의 취지 참조.

처분에 대한 집행정지결정의 효력과 행정처분의 해석, 이중처분 등에 관한 법리를 오해하여 판결에 영향을 미친 잘못이 있다. 이 점을 지적하는 상고이유 주장은 이유 있다.

4. 논점의 정리

대상 판결의 각 심급의 판단에서 차이가 나는 부분은 아래의 표와 같다.

	행정심판 집행정지 결정의 종기	이 사건 재결의 성격	이 사건 유예통지의 성격	유사판결의 판결선고	이 사건 통보의 성격
제1심 판결	−	처분변경명령재결 (이행적 재결)	추후 재처분을 하겠다는 유예통지	−	재처분
원심 판결	재결시 (2015. 8. 31.)	처분변경재결 (형성적 재결)	집행기간을 변경(유예)하겠다는 관념적 통지	−	집행기간을 다시 변경하겠다는 관념적 통지
대상 판결	재결서 정본 송달시	처분변경재결 (형성적 재결)	집행기간을 변경(유예)하겠다는 후속 변경처분	판결 선고시부터 남은 집행기간 진행함	집행이 종료된 후 다시 한 위법한 이중처분

대상 판결은 효력기간이 정해진 제재적 처분과 관련하여 행정심판에서 본안 기각재결을 받은 경우, 당초 처분의 효력은 원래 정한 효력기간이 다 경과했다고 하더라도 집행정지결정주문에서 정한 시기에 당연히 부활하여 효력기간이 그때부터 진행된다고 보았다. 그리고 집행정지결정의 종기를 '재결시'까지 정한 경우 이는 '재결서 정본 송달시'임을 확인하였다. 따라서 행정심판법상 집행정지결정의 효력 및 기간에 관한 법리를 행정소송법과 비교하여 살펴보기로 한다. 또한 집행정지결정의 기간에 있어 공백이 생기는 문제를 독일의 집행정지원칙과 비교하여 검

토한다.

한편, 원심은 이 사건 유예통지 및 이 사건 통보와 관련하여 재결 이후 남은 원처분의 집행기간을 변경하겠다는 관념적 통지라고 본 반면, 대상 판결은 이 사건 유예통지는 기간을 변경하는 후속 변경처분이고 이 사건 통보는 이미 집행이 완료된 처분과 동일한 처분을 하는 것으로서 위법한 이중처분이라고 판단하였다. 이와 관련하여 집행정지결정의 효력이 소멸한 이후 처분의 실효성을 확보하기 위해 행정청이 하는 후속 변경처분의 가능성과 법적 성질, 한계에 대하여 검토하여야 할 필요가 있다.

이하의 평석(Ⅲ)에서는 행정심판법상 집행정지결정의 효력과 기간에 관한 논의를 우선 검토하고(1.), 특히 집행정지결정의 기간과 관련하여 독일의 집행정지원칙의 도입논의를 검토한다(2.). 그리고 집행정지결정의 효력 소멸 후 행정청이 제재의 실효성을 확보하기 위하여 행하는 후속 변경처분의 가능성과 법적 성질, 한계에 관하여 살펴본 후(3.), 대상 판결의 의의 및 전망을 검토하기로 한다(4.).

Ⅲ. 평석

1. 행정심판법상 집행정지결정의 효력과 기간

(1) 행정심판법상 집행정지제도

취소쟁송에서 본안이 확정되기까지는 상당한 시간이 소요되므로,[20] 그동안 행정청이나 제3자의 행위, 시간의 경과로 인하여 추후 본

---

[20] 행정소송의 경우, 2021년 본안 행정소송 평균처리기간('처리'에는 판결로 종결되지 않는 소취하, 소장각하 등도 포함됨)은 제1심 262.4일, 항소심 242.2일, 상고심 152.2일(전자소송 제1심 262.4일, 항소심 242.2일, 상고심 151.3일)이다. 법원행정처,

안에서 승소를 하더라도 회복할 수 없는 결과가 발생할 수 있다. 이러한 결과의 발생을 막기 위해서 본안쟁송에서의 재결 또는 판결 이전까지의 기간을 잠정적으로 규율하여 실효적인 본안재결 또는 판결의 가능성을 유지하는 가구제제도의 필요성이 인정된다. 행정소송법과 행정심판법은 모두 가구제제도로 집행정지제도(행정소송법 제23조, 행정심판법 제30조)를 두고 있다.21) 이하에서는 대상 판결에서 문제되는 집행정지의 효력과 기간을 중심으로 하여 행정심판법상 집행정지가 가지는 특징을 살펴본다.

1) 집행부정지원칙

행정심판법은 1984년 제정 당시부터 지금까지 "심판청구는 처분의 효력이나 그 집행 또는 절차의 속행에 영향을 주지 아니한다."22)고 규정하여 집행부정지를 원칙으로 하고 있다. 다수의 견해에 따르면, 집행정지원칙을 택할 것인지 집행부정지원칙을 택할 것인지의 문제는 개인의 권리구제를 우선할 것인지 아니면 행정의 실효성을 우선할 것인지에 따른 것으로서 입법정책의 문제이다.23) 그래서 우리 행정소송법은 행정의 신속성과 효율성을 도모하기 위하여 집행부정지원칙을 택한 것이라고 본다. 헌법재판소 또한 같은 취지의 판시를 하고 있다.24)

『2022년 사법연감』, 2022, 1042−1043면 참조.

21) 다만, 행정심판법에서는 행정소송에서와는 달리 의무이행심판을 인정하고, 이에 대한 가구제제도로서 임시처분제도(행정심판법 제31조)도 두고 있다는 점에서 행정소송법과 차이가 있다. 대상 판결에서는 행정심판법상 집행정지결정이 주요 쟁점이므로, 임시처분제도에 관한 논의는 논외로 한다.

22) 행정심판법 제30조 제1항.

23) 김남진/김연태, 『행정법Ⅰ』, 법문사, 제27판, 2023, 956면; 김동희/최계영 『행정법Ⅰ』, 박영사, 제27판, 2023, 735면; 하명호, 『행정쟁송법』 제6판, 2022, 337면; 홍정선, 『행정법원론(상)』, 박영사, 제31판, 2023, 1195면; 홍준형, 『행정법』, 법문사, 제2판, 2017, 957−958면 등 참조.

24) "처분에 대한 항고소송의 제기 자체에 집행정지의 효력을 인정할 것인지 아니면 별도의 집행정지결정을 거치도록 할 것인지, 어떠한 소송유형에 대하여 어느 정도 범위에서 집행정지를 인정할지 등은 기본적으로 입법정책의 문제이다." 헌법재판소 2018.

그러나 원칙적으로 집행이 정지되지 않기 때문에 처분시로부터 집행정지결정이 있기 전까지의 기간이나 본안 재결 이후 행정소송에서의 집행정지결정이 있기 전까지의 기간에 권리구제의 공백이 발생하고, 이에 대해 집행정지원칙의 도입이 계속 논의되어 왔다. 따라서 집행정지원칙을 택하고 있는 독일의 제도와 비교하여 도입 여부를 후술하기로 한다.

2) 집행정지의 요건

행정심판법상 집행정지의 요건은 행정소송법상 요건과 거의 유사하다.[25] 가장 큰 차이는 '중대한 손해' 부분이다. 대법원은 행정소송법상 집행정지의 '회복하기 어려운 손해'의 개념에 금전적으로 회복할 수 있는 손해는 원칙적으로 포함하지 않는 것으로 보고, 다만 예외적으로 "경제적 손실이나 기업 이미지 및 신용의 훼손으로 인하여 사업자의 자금사정이나 경영 전반에 미치는 파급효과가 매우 중대하여 사업 자체를 계속할 수 없거나 중대한 경영상의 위기를 맞게 될 것으로 보이는 등의 사정이 존재"하는 경우에 한하여 집행정지를 인정한다.[26]

종래에는 행정심판법에서도 '회복하기 어려운 손해'로 규정되어 있어 동일하게 해석되었으나, 2010. 1. 25. 행정심판법 전부개정을 통하여 '중대한 손해'로 완화되었다. 따라서 행정심판에서의 집행정지에서는 구체적 사안에서 손해의 정도와 성질, 처분의 내용과 성질도 감안하여 손해가 중대하다면 회복할 수 없는 성격의 것이 아니더라도 집행정지를

---

1. 25. 자 2016헌바208 결정.

25) 행정심판법 제30조 제2항 및 제3항. 즉, 적극적 요건으로 ① 집행정지의 대상인 처분이 존재하여야 하고, ② 본안심판 청구가 계속되고 있어야 하며, ③ 중대한 손해가 생기는 것을 예방하기 위한 것이어야 하며, ④ 긴급한 필요성이 있어야 한다. 그리고 소극적 요건으로 ⑤ 공공복리에 중대한 영향을 미칠 우려가 없을 것이 요구된다. 그리고 본안에서의 승소가능성은 명시적 요건으로 규정되어 있지 않으나, 어느 정도 고려할지 여부가 논의되고 있다.

26) 대법원 2003. 4. 25.자 2003무2 결정 등.

인정할 수 있는 것으로 보고 있다.27) 특히 2020년 이후 중앙행정심판위
원회는 코로나19의 장기유행 등으로 어려움을 겪고 있는 사정을 감안하
여 금전적 제재처분에 대한 집행정지를 폭넓게 인정하고 있다고 한
다.28)

대상 판결의 행정심판에서의 이 사건 집행정지결정에서는 원처분
중 유가보조금 지급정지 부분에 대한 집행정지신청이 인용되었으나, 제
1심 행정소송의 집행정지신청에서 이 사건 통보 중 운행정지 부분만 일
부 인용되고 유가보조금 지급정지 및 유가보조금 환수 부분에 대한 집
행정지신청은 기각되었다. 이러한 결론의 차이는 집행정지 요건의 차이
에 기인했을 가능성이 크다.

(2) 집행정지결정의 효력

집행정지결정은 형성력과 기속력을 가진다. 집행정지결정의 형성
력에 의하여 집행정지결정이 고지되면 별도의 절차 없이 집행정지의 대
상이 된 처분은 없는 것과 같은 상태로 된다.29) 이 형성력의 본질과 관
련하여 크게 ① 집행정지결정에 소급효를 인정할 수 있는지 여부와 ②
집행정지결정이 있은 후 본안에서 패소한 경우30) 집행정지결정의 효력
및 그에 의하여 잠정적으로 형성되었던 법률관계의 운명이 소급하여 소
멸하는지 여부가 문제된다. ①은 집행정지결정의 효력 발생시 이를 소
급할 수 있는가의 문제이고 ②는 본안 패소가 집행정지결정의 효력에

---

27) 이원, 『주해행정심판법』, 예손출판사, 2020, 303면 참조.
28) 국민권익위원회, 『행정심판의 이론과 실무』, 2022, 471면 참조.
29) 김동희/최계영, 앞의 책, 738면 참조.
30) 집행정지신청의 결과와 본안판결의 결과가 다른 경우로는 그 외에도 집행정지신청
    이 인용된 후 본안에서 패소한 경우와 집행정지신청이 기각된 후 본안에서 승소한
    경우, 집행정지신청이 아예 없었고 본안에서 승소하거나 패소한 경우가 있을 수 있
    는데, 대상 판결에서 문제되는 집행정지 인용 이후 본안에서 패소한 경우에 대해서
    만 논하기로 한다. 이러한 집행정지와 본안 간의 불일치에 관한 분석으로 우미형,
    "행정소송법상 집행정지 절차의 원칙과 예외", 행정법연구 67호, 75-81면 참조.

미치는 영향과 관련하여 특히 집행정지결정으로 형성된 잠정적 법률관
계를 소급적으로 소멸시킬 것인가의 문제이다.

　한편, 집행정지결정의 효력과 관련하여 처분의 효력정지, (협의의)
집행정지, 절차의 속행정지(행정소송법 제23조 제2항, 행정심판법 제30조 제2
항)의 각각의 효력이 무엇인가도 논의된다.[31] 종래 행정소송실무에서는
집행정지와 효력정지를 명확하게 구분하지 않고 광의의 집행정지에 세
가지 유형을 다 포함시켜 사용하는 경우가 많았다. 그러나 이에 대해서
는 유형을 구분한 입법자의 의도와 일치하지 않는다는 비판이 제기된
다.[32] 이러한 경향은 행정심판실무에서도 마찬가지이다.[33] 이 사건 행
정심판에서의 집행정지결정문 또한 '재결이 있을 때까지 그 집행을 정
지한다'라고 하여 유형을 구별하지 않고 있다. 역설적인 점은 유형을 명
시적으로 구별하여 규정하고 있지 않은 독일에서는 집행정지의 효력이
행정행위의 효력을 정지하는 것인가 아니면 행정행위의 집행을 정지하
는 것인가에 관한 오래된 견해대립이 있는 반면,[34] 명시적 구별규정을

---

31) 일반적인 설명에 따르면, 효력정지는 처분의 효력이 존재하지 않는 상태에 놓는 것
　으로서 영업정지처분과 같이 별도의 집행행위 없이 의사표시만으로 완성되는 처분
　의 경우에 하는 것이고, (협의의) 집행정지는 처분의 효력에는 영향을 미치지 않고
　그 처분의 내용을 실현시키는 집행행위가 필요한 경우, 예컨대 대집행이나 강제퇴
　거명령의 경우에 처분 내용의 실현을 막는 것이며, 절차의 속행정지는 여러 절차
　를 거쳐 실현되는 처분의 경우에 그 진전을 막는 것으로, 예컨대 체납처분의 속행
　정지 등이 있다. 김동희/최계영, 앞의 책, 738면; 박균성, 앞의 책, 1449면; 하명호,
　앞의 책, 346면 참조.
32) 김연태, "행정소송법상 집행정지 - 집행정지결정의 내용과 효력을 중심으로", 공법
　연구 제33집 제1호, 2004, 628면 참조.
33) 국민권익위원회, 앞의 책, 481면 참조.
34) 독일에서는 집행정지의 효력이 계쟁 행정행위의 '효력'을 정지하는 것이라는 '효력
　이론'(Wirksamkeits-theorie)과 행정행위의 효력은 발급시부터 발생하지만 '집행'만
　을 정지한다고 보는 '집행이론'(Vollziehbarkeits-theorie), 절충적 견해로 행정행위
　의 효력은 집행정지기간 동안 잠정적으로만 정지되는 것이므로 집행정지의 효력이
　소멸하면 행정행위의 효력은 발급시로 소급하여 발생하고, 집행정지기간에 형성된
　법률관계는 소급하여 소멸하는 것으로 보는 절충적인 '제한적 효력이론'이 대립하
　고 있다. 학계에서는 제한적 효력이론을 택하는 견해가 다수이지만, 연방행정법원

두고 있는 우리나라에서는 단일한 유형의 제도처럼 운영하고 있다는 것
이다.35)

1) 집행정지결정의 소급효 인정 여부

처분시부터 집행정지결정을 하기 전까지의 기간으로 집행정지결정
의 시기(始期)를 설정하여 그때부터 결정시까지 발생한 처분의 침익적
효과를 소급적으로 소멸시킬 수 있는지 문제된다. 판례36) 및 다수의 견
해37)에 의하면 집행정지결정을 결정시보다 이전으로 소급시키는 것은
허용되지 않는 것으로 보고 있다. '정지'라는 단어의 일반적 의미에는
소급적 취소의 개념이 포함되어 있지 않다는 것이 그 논거로 제시된
다.38) 다만, 효력정지와 집행정지를 구별하여 효력정지에는 소급효를
인정할 수 있다고 보는 견해,39) 예외적으로 필요한 경우 소급효를 인정
할 수 있다는 견해도 주장된다.40)

2) 집행정지결정 후 본안에서 패소한 경우 집행정지결정의 효력

본안에서 원고가 패소하고 집행정지의 효력이 소멸하는 경우, 인용
되었던 집행정지결정의 기간 동안 발생한 효과를 어떻게 처리하여 원고
가 부당하게 얻은 이익을 박탈하고 행정의 실효성을 확보할 것인지가

은 집행이론을 택하면서 다만 집행의 개념을 넓게 이해하여 행정행위의 실현을 위
한 모든 작용(확인적·형성적·제3자효 행정행위도 다 포괄)으로 보고 있다. 이에
관해서는 拙稿, 이진형, "독일 행정소송에서의 가구제에 관한 연구", 서울대학교 박
사학위논문, 37-41면 참조.
35) 김창석, "집행정지의 요건", 『행정재판실무편람 IV』, 서울행정법원, 2003, 100면
주)25 참조.
36) 대법원 2020. 9. 3. 선고 2020두34070 판결 등.
37) 박균성, 앞의 책, 1450면(효력정지의 경우만 언급하고 있음); 하명호, 앞의 책, 349
면; 홍정선, 앞의 책, 1201면 참조.
38) 박현정, "보조금 지원약정 해지와 집행정지의 효력", 동북아법연구 제9권 제3호,
2016, 423면 참조.
39) 김연태, 앞의 논문, 630-633면 참조.
40) 정하중/김광수, 『행정법개론』, 제15판, 법문사, 2021, 761면; 이일세 "행정소송에 있
어서 집행정지제도의 현황 및 개선방안에 관한 고찰", 공법학연구 제14권 제1호,
2013, 552-553면 참조.

문제된다. 이는 집행정지결정의 효력이 소급하여 소멸하는 것인지, 아니면 장래를 향해서만 소멸하는 것인지에 관한 것이다.

　　대법원에 의하면, 영업정지처분의 기간의 진행은 집행정지결정주문에서 정한 종기까지 저지되다가 종기의 도래에 의하여 정지결정의 효력이 소멸함과 동시에 당초 처분의 효력이 당연히 부활되어 영업정지기간(정지결정 당시 이미 일부 진행되었다면 나머지 기간)은 이때부터 다시 진행한다.[41] 그리고 집행정지결정의 소멸이 소급효를 가지는지 여부와 관련해서는 최근 "집행정지결정의 효력은 결정주문에서 정한 기간까지 존속하다가 그 기간이 만료되면 장래에 향하여 소멸한다."고 판시하여 장래를 향하여 소멸하고 소급적으로 소멸하지 않는다는 점을 분명히 하고 있다.[42] 즉, 집행정지결정은 잠정적 성격을 가지는 것이지만 집행정지기간 동안에는 종국적 성격을 가지는 것이므로, 집행정지기간 중에 행한 행위는 본안 승패와 무관하게 종국적인 효력을 가진다.[43] 따라서 집행정지기간 중에 한 영업행위는 무허가영업이 되지 않고, 의료행위는 무면허행위가 되지 않는다.[44]

　　이에 따라서 처분의 상대방은 본안에서 패소하더라도 집행정지기간 중에 얻은 부당한 이익을 반환하지 않아도 되는 결과가 발생한다. 이를 해결하기 위하여 판례는 "집행정지는 행정쟁송절차에서 실효적 권리구제를 확보하기 위한 잠정적 조치일 뿐이므로, 본안 확정판결로 해

---

41) 대법원 1993. 8. 24. 선고 92누18054 판결; 대법원 1999. 2. 23. 선고 98두14471 판결 등.
42) 대법원 2020. 9. 3. 선고 2020두34070 판결, 박정훈, "집행정지결정에 의해 처분의 상대방이 얻은 유리한 지위 내지 이익을 제한·회수할 방안과 그 한계", 행정판례연구 26권 제2호, 2021, 232면 참조.
43) 김동희/최계영, 앞의 책, 738면.
44) 반면, 효력정지의 경우에는 소급적으로 소멸하고 처분이 처음부터 적법한 것으로 보아야 한다는 견해가 있다. 김연태, 앞의 논문, 634면 참조. 다만 이 견해에 따르더라도 집행정지결정이 내려진 시점부터 정지효가 소멸된 시점까지 처분을 따르지 않은 데 대한 제재적 효과가 발생하는 것은 집행정지결정을 신뢰한 상대방의 보호를 위하여 부정하므로, 영업정지 중의 영업이익을 반환하지 않아도 된다고 보고 있다.

당 제재처분이 적법하다는 점이 확인되었다면 제재처분의 상대방이 잠정적 집행정지를 통해 집행정지가 이루어지지 않은 경우와 비교하여 제재를 덜 받게 되는 결과가 초래되도록 해서는 안 된다."라고 판시하고 있다.[45] 즉, 집행정지의 효력이 장래를 향하여 소멸되는 것이기는 하지만, 일정한 경우 행정청에게 법률에 따른 보조금 환수, 후속 변경처분을 통한 이익의 제거 등을 허용하고 있다.

3) 효력기간이 정해진 제재적 처분의 경우에 있어 협의의 소익 문제

집행정지신청의 결과와 본안의 결과가 불일치하는 경우는 상당히 높은 비율로 발생한다. 서울행정법원의 내부조사에 의하면 집행정지 인용사건 중 본안사건이 인용되는 비율은 25%정도에 불과한 것으로 나타났다고 한다.[46] 특히 대상 사안과 같이 효력기간이 정해진 제재적 처분의 경우에는 이러한 불일치가 더 높을 가능성이 많다.

대상 사안의 운행정지 처분이나 영업정지 처분과 같이 효력기간이 정해진 제재적 처분의 경우 그 효력기간이 도과하여 버리면 원칙적으로 협의의 소익이 소멸하게 된다.[47] 따라서 집행정지신청이 기각되는 경우 협의의 소익의 소멸로 본안에서의 실효적인 구제를 받지 못하게 될 가능성이 크다.

결국 집행정지를 받고 본안판결에서 패소하더라도 행정청의 입장에서는 제재기간이 뒤로 유예되는 것에 불과한 반면, 처분 상대방은 집행정지결정을 못 받는다면 본안 승소시 회복하기 어려운 손해가 발생할 가능성이 높기 때문에 오히려 집행정지가 쉽게 인정되는 경향이 발견된

---

45) 위 2020. 9. 3. 선고 2020두34070 판결 참조.
46) 2019. 3. 1.부터 2020. 2. 29.까지 서울행정법원 합의부에 접수된 집행정지 사건 중, 2021. 4. 말경 기준 본안소송 판결까지 선고 된 사건의 결론 일치율(11개 합의부, 총 773건)을 조사한 결과이다. 정현기, "행정소송 집행정지 사건에 관한 소고", 저스티스 통권 187호, 한국법학원, 2021, 100−101면 참조.
47) 대법원 1995. 10. 17. 선고 94누14148 전원합의체 판결 등.

다.[48] 이러한 사정은 행정심판에서도 마찬가지이다. 이처럼 대상 사안과 같이 효력기간이 정해진 제재적 처분의 경우 집행정지결정이 인용될 가능성이 높은데, 결국 집행정지결정과 본안의 결과가 다를 확률도 높아지게 된다.

4) 행정소송법상의 법리를 처분변경재결에도 적용할 수 있는지 여부

대상 판결은 효력기간이 정해져 있는 제재적 처분에 대한 취소소송에 있어 집행정지결정 주문에서 정한 종기가 도래하면 처분의 효력이 당연히 부활하여 처분에서 정한 효력기간이 다시 진행한다는 법리가 행정심판법상 집행정지에도 그대로 적용된다는 것을 확인하고 있다. 그러나 행정심판의 경우 이 사건 재결에서처럼 처분내용을 변경하는 재결이 가능하므로, 다시 부활하는 처분이 어떤 것인지 문제될 수 있다. 즉, 행정심판에서는 처분의 '위법' 외에도 '부당'에 대한 판단이 가능하므로 이 사건 재결과 같이 효력기간이 정해진 제재적 처분의 효력기간을 단축하는 재결(일부취소재결)이 가능하다. 행정소송에서도 일부취소판결이 가능한 사례들이 있으나,[49] 영업정지처분 등과 같이 재량행위의 경우 행정청의 재량권에 속하는 사항이므로 재량권의 한계를 벗어난 경우 해당 처분 전체의 취소를 명할 수 있을 뿐 재량권의 한계 내에서 어느 정도가 적정한 영업정지기간인지를 가리는 일은 할 수 없다.[50]

---

48) 서태환, "행정소송에 있어서의 집행정지요건", 사법연수원 논문집 제5집, 2008, 사법연수원, 28－29면; 이성호, "효력기간이 있는 제재적 처분 취소소송의 소의 이익과 집행정지, 재판자료 제114집, 행정재판실무연구 Ⅱ, 2007, 189면 참조.

49) 예컨대 과세처분취소소송 등 기속행위인 금전부과처분에서 세액 계산에 오류가 있고 당사자가 제출한 주장과 자료에 의하여 적법하게 부과될 정당한 세액이 산출되는 그 정당한 세액을 초과하는 부분만 취소할 수 있고(대법원 2000. 6. 13. 선고 98두5811 판결), 한 사람이 여러 종류의 자동차운전면허를 취득한 경우 이를 취소 또는 정지함에 있어서도 별개로 분리하여 취소할 수 있다(대법원 1997. 3. 11. 선고 96누15176 판결).

50) 대법원 1982. 9. 28. 선고 82누2 판결.

대상 판결은 60일의 운행정지 처분을 30일로 감축한 일부취소(변경)재결의 경우에도 행정소송에서와 같이 집행정지결정 후 본안 기각판결이 있었던 경우로 보아 동일한 법리를 적용하고 있다. 이와 관련해서는 행정심판의 결과에 불복하는 취소소송의 대상이 무엇인지에 관한 논의를 참조할 수 있을 것이다. 행정소송법은 재결에 대한 불복과 관련하여 원처분주의를 택하고 있고, 변경재결이 있으면 변경되어 존재하는 원처분에 대한 취소소송을 제기하는 것이라고 보고 있다. 따라서 대상 판결의 판단과 같이 변경재결 이후 남은 원처분인 운행정지 30일과 유가보조금지급정지 6개월이 집행정지결정의 종기[51]부터 다시 살아나서 진행된다고 보고, 행정심판에도 해당 판례의 논리를 적용할 수 있다고 보아야 할 것이다.

(3) 집행정지결정의 기간

1) 문제점

행정소송법은 집행정지결정의 효력이 언제 발생해서 언제 소멸하는 것인가에 대한 규정을 두지 않고 있다. 대체적으로 집행정지심리에서는 처분권주의가 완화되어[52] 법원이 집행정지기간의 시기 및 종기를 자유롭게 정할 수 있다고 본다.[53] 행정심판법 또한 해당 규정을 두고 있지 않은데, 행정심판위원회도 그러한 권한이 있다고 볼 수 있을 것이다.[54]

침익적 처분이 있는 시점부터 본안판결이 확정되는 시점까지는 본

[51) 또한 원래 처분에서 정하고 있는 효력발생시점인 2015. 7. 13.부터 집행정지결정이 효력을 발생하는 시점인 결정 송달시까지의 기간에는 처분이 집행된 것으로 계산하여 감축된 효력기간에서 이를 제외할 것인가도 문제될 수 있다.
52) 하명호, 앞의 책, 346면; 법원행정처, 『법원실무제요(행정)』, 2016, 304면; 김용찬, "집행정지", 행정소송(Ⅰ), 한국사법행정학회, 2008, 366면 참조.
53) 박균성, 앞의 책, 1450면 참조.
54) 국민권익위원회, 앞의 책, 484면 참조.

안 소 제기와 집행정지신청, 집행정지결정, 본안판결 선고 및 항소·상고 기간의 도과 등이 있게 되는데, 이를 기간별로 나누어 살펴보면 다음과 같다.[55]

```
      ①        ②        ③              ④     ⑤        ⑥
처분시 ─── 신청시 ─── 결정시 ─── 결정송달시[56] ─── 본안선고시 ─── 불복기간 ─── 확정시
```

2) 집행정지결정의 시기(始期) → ①, ②, ③

①~③의 기간에 대하여 다수의 견해는 집행정지결정의 소급효를 부정하는 입장이고, 판례 또한 그러한 것으로 보이므로, 이 기간 중의 집행에 관해서는 권리구제의 공백이 발생한다. 집행정지결정의 효력발생시점은 결정송달시로 보고 있으므로, ③의 기간 또한 경우에 따라 공백이 발생할 수 있다. 다만 ②의 기간에 대해서는 행정소송실무상 긴급한 경우 집행정지신청 시점부터 집행정지결정 이전까지 집행을 정지시키는 소위 '잠정결정'[57]이 활용되어 권리구제의 공백을 방지하고 있다.[58] 행정심판의 경우 이러한 잠정결정이 활용되고 있는지 여부는 확

---

55) 행정심판과 행정소송이 동시에 진행되는 경우도 있을 수 있으나 서술의 편의상 여기에서는 생략하기로 한다. 참고로 행정심판과 행정소송을 동시에 진행하면서 집행정지신청도 모두 한 경우, 만약 행정소송에서 집행정지결정이 먼저 내려졌다면 행정심판에서의 집행정지신청을 각하하여야 한다는 견해와 행정소송에서 집행정지결정을 받았더라도 행정심판에서 집행정지 신청을 각하하면 행정심판 절차에서 청구인이 불측의 피해를 볼 수 있으므로 독립적으로 결정해야 한다는 견해가 대립하는데, 실무는 후자에 따르고 있는 것으로 보인다. 국민권익위원회, 앞의 책, 479면 참조.
56) 엄밀히 말하면 집행정지결정 송달시.
57) '잠정 집행정지'라고 표현되기도 한다. 집행정지결정의 종기를 원칙적으로 30일로 하고 규정하고 있는 대법원 행정소송규칙 제10조의 신설에 의해 이와 같은 '잠정 집행정지'가 배제되는 것은 아니다. 법원행정처, 『행정소송규칙 해설』, 2023, 55면 참조.
58) 집행정지결정일보다 앞서 처분의 효력이 발생하는 경우 다수의 재판부가 잠정결정을 적극 활용하는 것으로 조사되었다고 한다. 정현기, 앞의 논문, 104면 참조.

실하지 않으나, 위원회의 심리·결정을 기다릴 경우 중대한 손해가 생길 우려가 있다고 인정되면 위원장은 직권으로 위원회의 심리·결정을 갈음하는 결정을 하고 추후에 위원회의 추인을 받도록 하고 있으므로 (행정심판법 제30조 제6항), 신청시부터 결정시까지의 공백을 어느 정도 메우고 있는 것으로 보인다.

3) 집행정지결정의 종기(終期) → ④, ⑤, ⑥

전술한 것처럼, 대법원은 집행정지결정 주문에서 본안소송의 판결선고시까지 처분의 효력을 정지한다고 정한 경우 본안소송의 판결선고에 의하여 당해 정지결정의 효력은 소멸하고 이와 동시에 당초 처분의 효력이 당연히 부활하는 것으로 보고 있다.[59] 이는 원고가 본안에서 승소한 경우이든 패소한 경우이든 마찬가지이다. 원고가 승소한 경우 승소에도 불구하고 판결 확정 전까지는 부활한 처분의 효력을 그대로 받게 되고, 패소한 경우 집행이 시작되어버리면 추후 불복하여 다툴 소익이 사라질 위험이 있다.[60] 또한 행정청의 입장에서도 집행정지결정의 종기가 도래하면 바로 처분을 다시 집행할 것인지 여부[61]는 부담스러운 결정일 수밖에 없다. 따라서 집행정지결정의 종기를 ④ 본안판결 선고시까지 정할 것인지, ⑤ 불복기간 등을 고려하여 본안판결 선고 후 일정시점(예: 30일)까지로 할 것인지, ⑥ 아니면 본안판결확정시까지 할 것인지는 원고의 권리구제에 큰 영향을 미칠 뿐만 아니라, 피고 행정청이 언제부터 집행을 다시 시작하여야 하는지와 관련해서도 중요한 문제가 된다.

과거의 행정소송실무는 주로 집행정지결정의 종기를 본안판결 선고시로 정하고 있었으므로,[62] 원고가 본안판결에서 승소하였음에도 불

---

59) 대법원 1999. 2. 23. 선고 98두14471 판결 등.
60) 정현기, 앞의 논문, 99면 참조.
61) 별도의 집행이 필요없는 영업정지와 같은 형성적 행위의 경우 언제부터 원고의 영업계속행위를 단속할 것인지 여부 등일 것이다.
62) 서울행정법원 실무연구회, 『행정소송의 이론과 실무』, 2014, 170면; 법원행정처,

구하고 바로 판결 확정 전까지 제재처분의 효력이 되살아나서 진행되어
버리는 문제점이 있었다. 이 경우 재판부에서 승소판결의 경우 직권으
로 집행정지결정을 해주는 실무관행이 있었으나, 이러한 경우에도 직권
집행정지를 누락하면 당사자에게 불측의 손해를 가져올 수 있다는 문제
점이 제기되었다.63) 그리고 원고가 패소한 경우에도 상급심에서의 집행
정지신청 결정을 하기 전까지 효력기간이 진행되어 소익이 소멸될 우려
가 있었다.

　이에 대하여 종기를 본안판결 확정시까지로 하는 방안,64) 불복기
간을 고려하여 선고 후 일정 시점까지(15일 또는 30일 등)로 정하는 방안,
집행정지 종기 전에 집행정지를 다시 신청할 수 있도록 하는 방안,65)
독일의 예를 참고하여 계속 원고가 승소하는 경우에는 본안판결 확정시
까지로 하되 기각·각하 판결의 경우 판결선고일로부터 2개월로 하는 방
안66) 등이 논의되어 왔으나, 현재는 집행정지결정의 종기를 판결선고
후 30일로 하는 실무관행이 형성되고 있는 것으로 보인다.67) 특히
2023. 8. 31.부터 시행된 행정소송규칙(대법원규칙 제3108호) 제10조에서
는 종기를 통상적으로 30일로 하도록 명시하고 있다.

　이러한 실무관행은 행정소송의 항소기간이 판결서가 송달된 날로
부터 2주 이내임을 고려할 때, 송달 후 판결 확정 또는 불복까지 걸리
는 기간을 적절하게 고려한 것으로 판단된다. 또한 행정소송규칙 제10

『법원실무제요(행정)』, 2016, 305면; 법원행정처, 『행정소송규칙 해설』, 2023, 54면
　참조.
63) 서울행정법원 실무연구회, 앞의 책, 171면 참조.
64) 여기에 대해서는 패소한 원고가 집행정지기간을 연장하기 위해 상소를 남용할 우
　려가 있다는 비판이 제기된다. 법원행정처, 『행정소송규칙 해설』, 2023, 54면 참조.
65) 이 경우 변론종결 즈음에 법원이 원고에게 집행정지신청을 하도록 하는 방안이 논
　의되었으나 판결의 결론을 시사하는 것으로 보일 수 있다는 비판에 의하여 활용되
　지는 않는다고 한다. 서울행정법원 실무연구회, 앞의 책, 172면 참조.
66) 이일세, 앞의 논문, 562면 참조.
67) 정현기, 앞의 논문, 99-100면 참조.

조 단서에서는 당사자의 의사, 회복하기 어려운 손해의 내용 및 그 성질, 본안청구의 승소가능성 등을 고려하여 달리 정할 수 있도록 하여 구체적 사안에 맞춘 탄력적 운용을 기하고 있으므로, 본안 청구의 패소 가능성이 높은 경우나 집회금지통고와 같은 만족적 집행정지 사안에서는 본안판결 선고시로 정할 수도 있을 것이다.[68] 이와 관련하여 원고패소 판결에 있어서 원고가 항소할 생각이 없는 경우나 처분의 종류와 성질을 고려할 때 집행력을 빠르게 회복하는 것이 필요한 경우 현재 거의 사용되지 않고 있는 집행정지결정의 취소제도(행정소송법 제24조)를 활용할 필요가 있다는 견해도 제시된다.[69]

그러나 행정심판에서는 종기를 단순히 '재결이 있을 때까지'로 하는 경우가 많았고, 이를 해결하기 위해 행심위가 제도개선안을 발표했다고 볼 수 있다.

4) '재결이 있을 때까지'의 해석과 문제점

대상 판결에서는 행정심판에서의 집행정지결정주문에서 그 종기를 '재결이 있을 때까지 그 집행을 정지한다.'고 정한 것과 관련하여 그 해석이 문제되었다. 원심은 본문에서 명확히 판시하지는 않았으나 원심판결문 주1) 부분에서 기간을 계산하면서 '2015. 8. 31.자 행정심판위원회의 재결로 집행이 개시되어'라고 하여 재결일을 종기로 본 반면, 대상판결에서는 재결의 효력이 발생하는 시기인 '재결서 정본이 청구인에게 송달된 때'를 종기로 보았다.[70]

행정심판실무에서는 이미 '재결이 있을 때까지'의 의미를 재결의 효력이 발생하는 시기인(행정심판법 제48조 제2항) '재결서 정본이 청구인에게 송달된 때'로 해석하고 있는 것으로 보인다.[71] 행정심판법 제57조

---

68) 법원행정처, 『행정소송규칙 해설』, 2023, 54면 참조.
69) 정현기, 앞의 논문, 100－102면 참조.
70) 제1심의 경우 행정심판에서의 집행정지에 관하여 별도로 고려하지 않았으므로 논외로 한다.
71) 국민권익위원회, 앞의 책, 485면 참조.

는 서류의 송달에 관하여는 민사소송법 중 송달에 관한 규정을 준용하고 있으므로, 민사소송법 제178조 제1항의 교부송달의 원칙이 적용된다. 이러한 경우 '재결시'를 재결일 자체로 정하는 경우보다 청구인에게 시간적 여유가 더 주어졌지만, 집행정지결정의 종기를 정확하게 예측하기 더 어려워진 부분이 있다.[72] 행정청으로서도 행정심판위원회와 청구인 사이에 언제 송달이 이루어졌는지 예측이 어려우므로 집행을 언제부터 해야 할지 곤란할 경우가 많다. 또한 송달을 회피하는 청구인이 정상적으로 송달을 받은 청구인에 비해 부당하게 집행정지의 이익을 누릴 수 있다는 문제점이 있다. 이에 대해서는 처분 집행을 유예하는 통지를 하거나 일정기간 내에 재처분을 하도록 정해야 한다는 의견이 주장된다.[73]

또한 살펴본 것과 같이 중앙행정심판위원회는 2023. 2.부터 집행정지결정의 종기를 일괄적으로 재결 후 30일로 결정했다. 이 30일의 기산점 또한 재결일이 아니라 재결 송달일로 판단된다. 이는 행정소송법상 집행정지결정의 종기에 관한 최근의 행정소송실무를 참조한 것으로서 권리구제의 공백을 줄이기 위한 한 방안이 될 것이라고 보인다. 그러나 행정소송의 경우 불복기간이 판결서 송달 후 2주 이내인 반면, 행정심판 재결에 대한 행정소송의 제소기간은 재결서 송달 후 90일 이내이므로 차이가 있다. 따라서 행정소송실무상 많이 활용되고 있는 기간이라고 하더라도 이를 행정심판에서 그대로 일률적으로 도입하는 것이 적당한가에 대해서는 행정심판과 행정소송의 특성 및 불복기간의 차이에 대한 면밀한 검토가 필요하다. 또한 구체적 사안의 특성에 따라 탄력적인 운영을 하는 것이 필요할 것이다.

---

72) 김현수, "집행부정지 원칙과 행정심판 집행정지의 종기 연구 — 대법원 2022. 2. 11 선고 2021두40720 판결을 중심으로 —", 법학연구 제32권 제4호, 연세대학교 법학연구원, 2022, 88-89면 참조.
73) 김현수, 앞의 논문, 92면 참조.

2. 집행정지원칙의 도입 논의 검토(독일과의 비교)

이처럼 집행부정지원칙 하에서는 집행정지결정 이전에 회복할 수 없는 손해를 가져오는 처분이 집행될 우려가 있으므로 사실상 권리구제가 불완전하게 된다는 점이 지적된다.[74] 그리하여 예전부터 입법론으로서 집행정지원칙을 도입하여야 한다는 견해[75]가 주장되어 왔다. 우리 헌법상 법치주의 원리와 재판청구권(헌법 제27조)에 근거하여 실효적 권리구제의 요청을 인정할 수 있다는 전제 하에, 이러한 헌법상 재판청구권을 보장하기 위해서는 집행정지원칙을 기초로 하는 시스템을 구축하여야 한다는 것이다.[76] 이 견해에서는 특히 집행정지원칙을 '공법쟁송의 근본원칙'으로 보는 독일 연방헌법재판소의 판시를 강조한다. 즉, 집행정지제도의 본질은 고권적인 행정의 우월성을 제거하고 대등하지 않은 관계에 있는 공권력과 사인 간의 균형을 맞추기 위한 것으로, 정지효를 원칙으로 하는 것이 타당하다고 보고 있다.

(1) 독일의 집행정지제도

독일 행정법원법(Verwaltungsgerichtsordnung; VwGO) 제80조 제1항 제1문은 취소심판 및 취소소송의 제기는 법률상 당연히 집행정지의 효

---

74) 박윤흔/정형근, 『행정법강의(상)』, 박영사, 제30판, 2009, 822면; 정하중, "행정소송법의 개정방향", 공법연구 제31집 제3호, 2003, 37-38면 참조.
75) 김병기, "행정소송상 집행정지의 요건으로서의 '회복하기 어려운 손해'와 그 주장·소명책임 - 대법원 1999.12.20. 자 99무42 결정을 중심으로", 공법연구 제28집 제4호 제2권, 2000, 328-330면; 김중권, "법무부 행정소송법개정시안의 주요 내용에 관한 소고 - 잠정적 권리구제와 당사자소송과 관련해서", 공법학연구 제14권 제1호, 2013, 386면 이하; 정남철, "행정소송법 개정안의 내용 및 문제점 - 특히 행정소송의 개혁과 발전을 위한 비판적 고찰을 중심으로 - ", 법제연구 제44호, 2013, 302-303면 참조.
76) 김병기, 앞의 논문, 328-330면; 김중권, "집회금지처분에 대한 잠정적 권리구제에 관한 소고- 서울행정법원 2016. 11. 4.자 2016아12248 결정", 법조 제66권 제5호, 2017, 556면 참조.

력(aufschiebende Wirkung; 이하 '정지효'라 한다)를 가진다고 규정하여 집행정지원칙을 규정하고 있다. 독일 연방헌법재판소는 이러한 정지효가 독일의 기본법(Grundgesetz) 제19조 제4항에 의한 실효적 권리구제의 요청을 가구제에서도 실현하기 위한 제도로서 '공법상 쟁송의 기본원칙'이라고 판시하고 있다.[77] 본안결정 이전에 회복할 수 없는 결과가 발생하면 실효적인 권리구제는 허구적인 것이 되기 때문이다. 그러므로 집행정지원칙은 전제주의시대에 통용되던 "먼저 수인하고 보상을 받아라"(dulde und liquidiere)"라는 원칙을 법치국가에 맞도록 "오직 처분의 적법성에 대한 의문들이 독립한 법관에 의해 해소된 이후에 비로소 수인하라."로 변경하는 것이라고 한다.[78]

독일 행정법원법은 이러한 정지효를 중심으로 하여 집행부정지가 적용되는 예외 영역을 법률상 규정하고,[79] 그렇지 않더라도 개별 사안에서 행정청이 즉시집행명령을 통하여 처분의 정지효를 없앨 수 있도록 하고 있다. 그리고 이 경우 다시 법원에서 집행정지결정을 할 수 있도록 하고 있다. 집행을 정지하는 것이 원칙이므로, 우리나라의 집행정지 제도와 원칙 – 예외의 관계가 정반대로 대치하고 있다.[80] 대상 판결에서 문제되는 집행정지결정의 기간과 관련하여 우리나라와 어떻게 다른지 살펴본다.

---

77) BVerfG NJW 1974, 227 (227-228); BVerfG NVwZ 1982, 241 등 참조.
78) Hufen, Verwaltungsprozessrecht, 11, Aufl., 2019., §31 Rn. 3 참조.
79) 공과금과 공적 비용의 부과처분, 경찰집행공무원의 유예할 수 없는 명령 및 조치, 개별 연방법률 또는 주법률상 정지효 배제규정이 있는 처분에는 예외적 집행부정지가 적용된다. 특히 건설법상 인근 주민과 관련한 쟁송이나 전문계획법, 위험방지법, 환경법, 외국인법의 영역 중 긴급한 처분을 필요로 하는 경우 법률상 집행부정지를 규정하고 있다.
80) 독일에서 예외적 집행부정지가 되어 법원이 다시 집행정지결정을 할 때의 요건은 행정청이 예외적으로 계쟁 행정행위를 즉시 집행하여야 할 특별한 공익이 있는지 여부인 반면, 우리나라에서 법원의 집행정지의 요건은 당사자에게 회복할 수 없는 손해를 방지하기 위하여 집행을 예외적으로 정지하여야 할 필요가 있는지 여부이다.

(2) 집행정지원칙에 의하는 경우 집행정지기간[81]

정지효에는 원칙적으로 소급효가 인정된다.[82][83] 행정법원법 제80조 제5항 제3문에서는 소급효를 전제로 하여 "행정행위가 집행정지결정의 시점에 이미 집행된 경우에는 법원은 집행의 취소를 명할 수 있다."고 규정하고 있다. 따라서 처음부터 집행정지원칙에 따라 발생한 정지효이든, 법원의 집행정지결정에 의한 정지효이든 소급효를 가진다.[84] 이에 따라 이미 집행된 행정행위의 근거가 소급하여 소멸하게 되고, 행정청은 원칙적으로 정지효 발생 전에 한 집행을 취소하여야 할 원상회복의무를 지게 된다. 따라서 처분시부터 집행정지결정시점[85] 까지 권리구제의 공백은 존재하지 않는다.

행정심판의 제기로 정지효가 발생하면, 정지효는 처분시로 소급한다. 이렇게 발생한 행정심판의 정지효는 행정심판 기간 동안 계속된다. 인용재결이 있으면 정지효는 더 이상 보전할 대상이 없으므로 소멸하지만,[86] 기각재결이 있다면 청구인의 불복을 보장하기 위하여 기각재결에 대한 취소소송의 제소기간[87]이 만료되어 불가쟁력이 발생하기 전까지는 정지효가 종료되지 않는다.[88] 그리고 제소기간 내 취소소송이 제기

---

81) 독일의 집행정지기간과 관련한 상세한 내용은 이진형, 앞의 논문, 42−46면 참조.
82) Schenke in: Kopp/Schenke, Verwaltungsgerichtsordnung Kommentar, 25. Aufl., 2019. §80 Rn. 54 참조.
83) 이는 기본법상 실효적 권리구제의 요청에 의거하여 규정된 행정법원법 제80조 제5항 제3문에 근거하고 있다. Finkelnburg in: Finkelnburg/ Dombert/Külpmann, Vorläufiger Rechtsschutz im Verwaltungsstreitverfahren, 7. Aufl., 2017, Rn. 659 참조.
84) 법원이 집행정지결정을 하는 경우 장래효만 가지도록 하거나 종기를 설정할 수 있는 재량이 있다.
85) 쟁송제기에 의하여 바로 발생한 정지효의 경우 쟁송제기시점이 될 것이다.
86) Schenke in: Kopp/Schenke, a.a.O., §80 Rn. 53 참조.
87) 독일 행정법원법 제74조에 의하면 원칙적으로 취소심판의 기각재결을 송달 받은 이후 1월 이내에 취소소송을 제기하여야 한다.
88) BVerwGE 78, 192 (209) = NVwZ 1988, 251 (255) 참조.

되었다면, 본안에서 원고가 승소하는 한 모든 심급 동안 정지효는 계속 유지된다. 따라서 원칙적으로 정지효는 처분시부터 판결확정시까지 존속하고, 권리구제의 공백이 존재하지 않게 된다. 예외적으로 집행부정지가 되는 처분이더라도 법원의 집행정지결정이 있으면 그 집행정지결정은 원칙적으로 소급효를 가지므로, 권리구제의 공백이 발생할 가능성은 낮다.[89)]

행정청은 처분과 동시에 또는 그 이후 어느 시점이라도 특별히 즉시집행이 필요한 공익이 있다는 이유제시를 하면서 즉시집행명령을 하여 정지효를 정지시킬 수 있으므로, 정지효가 중단될 가능성은 항상 존재한다. 그러나 즉시집행명령이 있는 경우 처분 상대방은 법원에 집행정지결정을 신청할 수 있고, 법원은 소급효를 가지는 집행정지결정을 할 수 있으므로 권리구제의 공백이 방지된다.[90)]

(3) 집행정지원칙의 도입 여부

집행정지원칙에 의하면 집행정지의 효력이 원칙적으로 처분시부터 판결 확정시까지 계속 유지될 수 있는 가능성이 보장되어 있다. 따라서 권리구제의 공백을 방지한다는 측면에서는 집행정지원칙을 도입하는 것이 타당해 보이기도 한다. 그러나 우리 법제가 계속 유지하여 온 집행부정지원칙을 변경함으로써 오는 혼란을 고려할 때, 과연 그 정도의 필요성과 장점이 있는지 검토가 필요하다.

우선 독일에서도 집행정지원칙에 대한 비판적 시각이 적지 않게 존재한다.[91)] 이에 따르면 반드시 집행정지를 원칙으로 하여야 할 필요

---

89) 다만, 이 경우 법률로써 집행부정지를 규정해놓은 영역이기 때문에 법원이 입법자의 의도를 고려하여 집행정지결정을 기각할 가능성이 상대적으로 높을 것이다.
90) 특히 제1심에서 취소판결이 있는 경우 즉시집행의 요건인 특별히 즉시집행이 필요한 공익이 인정되지 않을 가능성이 높고, 위법한 즉시집행명령을 하더라도 원고의 신청에 의한 법원의 집행정지절차에서 다시 정지효가 회복될 가능성이 높다. Finkelnburg in: Finkelnburg/Dombert/Külpmann, a.a.O., Rn. 664 참조.

는 없고, 법원에서의 집행정지를 받을 수 있는 기회만 최종적으로 보장
된다면 실효적 권리구제의 요청에 위배되는 것이 아니라고 보고 있
다.92) 또한 행정에 대한 관계에서 사인의 집행정지원칙을 인정해줄 필
요성이 인정되더라도, 제3자효 행정행위와 같이 동등한 위치에 있는 사
인들의 기본권들이 대립하는 사안에서는 일방에게 집행정지원칙에 의
한 우위를 인정하는 것은 타당하지 않다고 보고 있다. 그리고 EU법이
택하고 있는 집행부정지원칙과 충돌하는 사안이 많고, 독일 내에서도
절차를 신속화하기 위한 일련의 입법에 따라 예외적 집행부정지를 규정
하는 개별법이 급격히 증가한 것을 볼 때 집행정지원칙이 '근본원칙'이
라고 보기는 힘들다고 한다.

　　물론 여전히 집행정지원칙이 독일 가구제 체계의 중심원칙으로 작
용하고 있다는 점은 부정할 수 없는 사실이지만, 위와 같은 집행정지원
칙에 대한 비판, 그리고 현실적으로 집행정지원칙이 대폭 수정되고 있
는 점, 독일이 세계에서 거의 유일하게 집행정지원칙을 택하고 있다는
점 등을 고려할 때, 기존 우리나라의 체계를 변경하는 혼란을 감수하면
서까지 집행정지원칙을 도입할 필요가 있는지 의문이다.

　　또한 행정실무에 대한 파급효과도 같이 검토해야 한다. 독일에서
집행정지원칙이 유지되어 온 것은 그것을 감수할 만한 여건과 실무상
전통이 존재했기 때문이고,93) 그조차도 현재 많은 변화를 겪고 있다.
집행정지원칙 하에서는 개별 사안에서의 타당성을 기하기 위하여 행정
청의 즉시집행명령이 중요한 역할을 수행한다. 행정청은 행정행위를 발

---

91) Kotulla, Der Suspensiveffekt des §80 I VwGO. Ein Rechtsschutzinstrument auf
　　Abruf?, DV 33, 2000, 521 (555이하); Schenke in: Kopp/Schenke, a.a.O., §80 Rn. 1, 3;
　　Schoch in: Schoch/Schneider, Verwaltungsgerichtsordnung Kommentar, 38. Aufl.,
　　2020, Vorb. §80 Rn. 13 참조.
92) Kotulla, a.a.O., 521 (555) 참조.
93) 류지태, 행정소송법 개정위원회 4차회의록, 법원행정처, 『행정소송법 개정자료집』
　　Ⅰ − Ⅲ, 2007, 1480−1481면 참조.

급하면서 집행이 정지될 것이라는 사실을 예상하여야 하고, 이를 방지하기 위해 행정행위의 발급과 동시에 또는 사후적으로 '특별한 즉시집행의 공익'을 제시하면서 즉시집행명령을 하여야 한다. 이는 행정절차법상의 이유제시 등을 할 의무뿐만 아니라 즉시 집행할 공익이 있다는 것까지 제시하도록 하여 업무상 부담을 주는 것으로, 독일처럼 오랫동안 지속되어온 것이 아니기에 행정작용의 위축을 가져올 수 있다. 또한 이미 행정소송의 제기 건수가 많은 우리나라에서 집행정지의 효과만을 노린 남소가 증가될 것으로 우려된다. 따라서 기본적으로는 집행부정지원칙을 유지하되, 예외적으로 집행정지원칙이 적용되는 영역을 설정하거나, 집행정지기간의 공백을 줄일 수 있는 방안을 모색하여 제도를 보완하는 것이 현실적인 해결책이라고 보인다.

3. 후속 변경처분의 가능성 및 한계

대상 판결에서 각 심급별 판단이 차이나는 부분은 이 사건 재결의 법적 성격, 그리고 집행정지결정의 효력이 소멸하고 처분의 효력이 당연히 부활한 이후 피고 행정청이 한 일련의 후속 행위들(이 사건 유예통지, 이 사건 통보)의 법적 성질에 관한 것이다. 따라서 이 사건 재결, 이 사건 유예통지, 이 사건 통보의 법적 성격을 알아보고, 대상 판결이 제시하고 있는 '후속 변경처분'의 가능성 및 한계에 대하여 검토하기로 한다.

(1) 재결의 유형 및 법적 성격

취소심판의 인용재결 중 처분취소재결·처분변경재결은 행정심판위원회가 직접적으로 처분을 취소·변경하는 것으로서 형성적 재결이고, 처분취소명령재결·처분변경명령재결은 처분청에게 취소·변경하는 처분을 이행하라고 명령하는 것으로서 이행적 재결이다.[94] 여기에서 '변경'

의 의미가 문제될 수 있는데, 행정심판법상의 변경은 소극적인 일부취소뿐만 아니라 원처분에 갈음하여 새로운 처분으로 대체한다는 적극적 의미를 포함하는 것으로 해석할 수 있다고 보는 것이 일반적이다.[95]

제1심은 이 사건 재결이 이행적 재결로서 행정청의 재처분이 필요하다고 보고, 이 사건 통보는 그러한 재처분에 해당하므로 위법한 이중처분이 아니라고 판시하였다. 그러나 재결의 주문에서는 '위반차량 운행정지 60일의 처분을 30일로 변경하고, 유가보조금 6개월의 지급정지처분에 대한 취소청구를 기각한다.'고 기재하고 있고, 본문의 결론 부분에서는 '청구인의 청구는 일부 이유 있다고 볼 수 있어 이를 화물자동차 위반차량 운행정지 30일 및 유가보조금 6개월 지급정지 처분으로 변경하기로 하여 주문과 같이 재결한다.'고 기재되어 있다. 재결의 법적 성격은 재결서의 내용을 토대로 판단하여야 할 것이고, 해당 문언을 볼 때 원심 및 대상 판결과 같이 형성적 재결인 처분변경재결로 보는 것이 더 타당하다.

앞에서 살펴본 것처럼 이 사건 재결의 효력이 발생하면, 원처분 중 일부취소되고 남은 부분인 운행정지 30일 및 유가보조금 지급정지 6개월 부분이 되살아나게 된다. 집행정지결정시점(2015. 7. 13.) 이전에 원처분이 진행되지는 않았으므로,[96] 대상 판결의 판시에 의하면 재결서 정본 송달시부터(재결시가 2015. 8. 31.이므로 그 이후의 어느 시점[97]) 운행정지 30일 및 유가보조금 지급정지 6개월 부분의 집행이 진행된다. 그런데 행정청은 2015. 9. 22. 이 사건 유예통지를 하였으므로 그 성격이 문제된다.

---

94) 박균성, 앞의 책, 1204면 참조.
95) 김남진/김연태, 앞의 책, 835면; 김동희/최계영, 앞의 책, 674면 참조.
96) 원처분의 효력발생일이 2015. 7. 13.이기 때문이다.
97) 재결서 송달의 기간은 사안마다, 그리고 각 지역별로 상이하지만, 실무에서는 통상적으로 1월 내외를 예상하는 듯하다.

(2) '후속 변경처분'의 가능성 및 법적 성격

'처분의 변경'은 기존 처분을 다른 처분으로 변경하는 것으로서, 처분 당사자나 처분사유, 처분의 내용을 변경하는 것을 말한다.[98] 처분의 내용을 변경하는 것은 내용을 전부 또는 상당한 정도로 변경하는 전부 변경처분과 선행처분의 내용 중 일부만을 소폭 변경하는 분리가능한 일부변경처분으로 분류할 수 있다.[99] 원심 판결은 이 사건 유예통지 및 이 사건 통보는 새로운 의무를 부과하는 별도의 행정처분이라고 볼 수 없어 소의 이익이 없는 것으로 본 반면, 대상 판결은 이 사건 유예통지를 당초의 처분이 유효함을 전제로 그 구체적인 집행기간만을 변경하는 후속 변경처분이라고 보았다. 생각건대, 이 사건 유예통지는 동일한 당사자에 대하여 동일한 제재적 처분의 구체적 효력기간을 유사 소송사건의 판결이 있을 때까지 연기하는 것이므로 전부변경처분이라고 보는 것이 타당할 것이다. 이러한 전부변경처분의 경우 실질적으로 처분을 철회하고 새로운 처분을 하는 것으로서 변경대상 처분의 법적 근거가 존재한다면 별도의 법적 근거는 필요하지 않다.[100] 따라서 이 사건 유예통지는 이 사건 재결에 의하여 변경되고 남은 원처분(선행처분)을 철회하면서 유사사건의 판결이 선고되면 선행처분과 동일한 내용으로 집행하겠다는 내용의 새로운 처분을 한 것으로 볼 수 있을 것이다.

행정청에게 이러한 변경처분을 할 권한이 인정되는지에 대해서는 대법원 2020. 9. 3. 선고 2020두34070 판결을 참고할 수 있다. 해당 판결은 제재처분의 상대방이 집행정지를 통해 집행정지가 이루어지지 않은 경우와 비교하여 제재를 덜 받게 되는 결과가 초래되지 않도록 하기 위해 관할 행정청에게 후속 변경처분을 할 수 있는 권한이 인정된다고

---

98) 박균성, 앞의 책, 516면 참조.
99) 박균성, 앞의 책, 517면 참조.
100) 박균성, 앞의 책, 517면 참조.

보았다. 즉, 직접생산확인 제도는 경쟁력 있는 중소기업을 보호·육성하기 위하여 시장에서 경쟁을 제한하면서까지 직접생산확인을 받은 중소기업자에게만 공공기관의 물품조달 경쟁입찰등에 참여할 수 있는 자격을 주는 것이라는 제도의 취지 등을 고려할 때, 이를 철저히 관철하여야 할 공익상의 필요가 크다고 보면서 후속 변경처분을 할 권한을 인정하지 않는다면 집행정지기간을 받은 처분 상대방에게 혜택을 부여하는 결과가 된다고 판시하였다.

대상 판결에서는 후속 변경처분의 인정권한을 상세히 판시하지는 않지만, 화물자동차법에서 위법한 증차 행위를 금지하는 것은 화물자동차 운송사업의 초과공급으로 인한 불균형을 해소하기 위한 것이므로, 그에 대한 제재처분을 엄격하게 관철하여야 할 공익상의 필요가 크다고 볼 수 있다. 따라서 이 사건 집행정지기간 동안 청구인이 위반차량을 운행하고 유가보조금을 지급받은 혜택을 제거하기 위한 일환으로서 선행처분의 집행시기를 뒤로 유예하여 새로운 시기와 종기 동안 남은 운행정지 및 지급정지 기간이 진행되도록 하는 권한이 인정될 수 있다고 생각된다.

그리고 대상 판결과 같이 집행기간만을 변경하는 후속 변경처분은 이미 다수의 행정청이 실무적으로 하고 있다. 즉, 상당수의 행정청은 제재적 처분의 실효성을 확보하고 처분 상대방에게도 대비할 수 있는 시간을 준다는 점에서 판결 최종 확정 후 새롭게 집행기간을 지정하여 통보하는 관행을 형성하여 왔다.101) 따라서 대상 판결은 이미 행정실무에서 광범위하게 행해지던 처분 시점 조정의 실무관행을 법원이 인정하

---

101) 이일세, 앞의 논문, 552면에 따르면, 강원도 소재 18개 시·군의 29개 관련 부서에서의 집행정지결정 실효에 따른 업무처리방침을 보면, 18개 부서에서는 새로운 영업정지 일자를 정하여 재처분을 하는 것으로 보고 있다고 한다; 이밖에 대부분의 행정기관이 새롭게 영업정지기간을 지정 통보하여 집행하고 있다고 본 문헌으로 박종연, [특별기고] 행정소송 하급심의 판결선고시까지 집행정지 관행의 문제점, 대한변협신문 제411호(2012. 8. 20.자) 참조.

고, 집행정지결정의 효력 소멸 이후 행정의 실효성 확보를 위하여 행정청이 기간을 새로 정하여 통보하는 변경처분이 가능하다는 점을 확인한 것이라 할 수 있다.

집행정지절차와 본안절차의 결과가 불일치하는 경우가 많은 것을 고려할 때, 이러한 후속 처분은 원고의 부당한 이익을 회수하고, 제재의 실효성을 확보하는 수단으로 기능할 수 있다. 또한 이러한 처분시점의 조정은 판결(재결)의 기속력에 반하는 것이 아니고, 당사자 입장에서도 일정 기간의 예측가능성이 주어진다는 점에서 유용한 방안이라고 생각된다.[102] 다만, 특정한 일자에 영향을 많이 받는 입찰참가자격제한처분이나 성수기와 비성수기의 구분이 뚜렷한 영업에서의 영업정지처분 등의 경우에는 집행정지신청을 남용할 가능성이 있다는 점이 고려되어야 할 것이다.

(3) 후속 변경처분의 한계

피고는 이 사건 유예통지에 정한 유사사건의 판결이 선고되었음에도 불구하고 수년간 별다른 조치가 없다가 이 사건 통보에 의하여 새롭게 운행정지 30일, 유가보조금 지급정지 6개월의 처분을 하면서 추가로 유가보조금 환수 처분도 하였다.[103] 이에 대하여 대상 판결은 집행이 종료되어 효력을 상실한 선행처분과 동일한 사유로 원고를 다시 제재하는 이 사건 통보는 후속 변경처분의 시간적 한계를 벗어난 위법한 이중처분이라고 판단하였다. 제재의 실효성을 확보하기 위한 변경처분의 가능성을 인정하면서도, 그 시간적 한계를 당초 처분의 효력이 유지되는 동안에만 변경처분 권한이 인정되는 것임을 확인한 것이다.

---

102) 류광해, "행정처분 집행정지 결정의 종기에 대한 검토", 인권과 정의 446호, 2014, 75면 참조.

103) 이 경우 설령 제1심과 같이 이 사건 재결을 이행적 재결로 보고 이에 재처분을 피고가 유예한 후 재처분을 한 것이더라도 재처분의 시점이 지나치게 지연된 것으로 볼 수 있다.

원심에서도 이미 이 사건 이전에 운행정지 부분과 유가보조금 지급정지 부분의 경우 집행이 완료되었다고 보았으나,[104] 집행이 완료되었으므로 이 사건 통보 중 운행정지 부분과 유가보조금 지급정지 부분을 다툴 소의 이익이 없다고 보아 각하한 점이 대상 판결과 다르다. 원심은 이 사건 통보가 별도의 의무를 부과하지 않아서 처분성이 없다고 판단한 반면, 대상 판결은 이 사건 통보가 집행정지결정에 따른 후속변경처분으로서 처분성을 가지는 것으로 보았기 때문이다. 그리고 이를 변경처분의 시간적 한계를 벗어난 위법한 이중처분으로 판단하였다.

대상 판결의 태도는 새롭게 제시된 것이 아니라 과거 판시하였던 사항을 재확인한 것이다. 이미 대법원은 유흥접객업소를 경영하는 원고들에 대한 영업정지처분 사건[105]에서 집행정지결정 이후 본안에서 원고가 패소하면 결정주문에서 정한 종기인 판결 선고시부터 다시 영업정지기간이 진행하는 것이므로, 판결 선고 이후 다시 진행된 기간이 다 진행되어 버렸다면 그 이후에 동일한 사유로 원고들에게 한 영업정지처분은 일사부재리의 원칙에 위배되어 위법하다고 판시하였다. 또한 앞에서 본 직접생산확인 사건에서도 "행정청은 1차 취소처분을 집행할 수 있게 된 시점으로부터 상당한 기간 내에 직접생산확인 취소 대상을 '1차 취소처분 당시' 유효기간이 남아 있었던 모든 제품에서 '1차 취소처분을 집행할 수 있게 된 시점 또는 그와 가까운 시점'을 기준으로 유효기간이 남아 있는 모든 제품으로 변경하는 처분을 할 수 있다"고 하여

---

104) 원심 판결문 본문 참조. 그러나 원심 판결문 주1)에서는 이 사건 재결로 집행이 개시되어 2015. 8. 31.부터 2015. 9. 21.까지 22일간 집행되었고, 그 후 피고의 2015. 9. 22.자 처분 유예결정으로 집행이 정지되었다가, 피고의 2020. 3. 5.자 이 사건 통보로 다시 그 정지기간이 진행되어, 운행정지 처분의 경우 2020. 3. 6.부터 2020. 3. 13. 나머지 8일의 기간이 경과함으로써, 유가보조금 지급정지 처분의 경우 2020. 3. 6.부터 다시 그 정지기간이 진행되어 2020. 8. 13. 나머지 5개월 8일의 기간이 경과함으로써, 그 집행이 완료된 것으로 기재하고 있어서 구체적 기간 계산에 있어서 본문과의 오류가 있는 듯하다.

105) 1993. 8. 24. 선고 92누18054 판결.

'상당한 기간'이라는 변경처분의 시간적 한계를 제시하였다.

　　대상 판결의 경우 사건의 경과에 따라 기간계산을 해보면 다음과 같다. 이를 통해 볼 때 행정청이 2020. 3. 5.에 와서 한 이 사건 통보는 집행이 종료된 후에 다시 동일한 처분을 한 것으로서 위법한 이중처분 이라고 볼 수 있다.

<원처분 : 운행정지 60일 처분, 유가보조금 지급정지 6개월 처분>

　　2015. 6. 8. 원처분(2015. 7. 13.부터 효력발생) → 2015. 7. 13. 행정 심판 집행정지결정 → 2015. 7.중 집행정지결정의 송달로 집행정지결 정의 효력 발생 → 이 사건 재결(원처분에서 남은 운행정지 30일) → 이 사 건 재결서 정본 송달시(2015. 8. 31. 이후 어느 시점)부터 기간 시작 → 2015. 9. 22.(이 사건 유예통지) → 이 사건 유예통지 도달(2015. 9. 22. 이 후 어느 시점) → 2016. 1. 13.(유사 사건의 판결 선고)까지 유예 → 2016. 1. 13.부터 계산하면 이 사건 재결서 정본 송달기간, 그리고 이 사건 유 예통지 도달기간을 감안하더라도 운행정지 처분은 2016. 2. 13., 유가보 조금 지급정지 처분은 2016. 7. 13.에는 집행이 종료됨

　　행정청에게 집행정지의 실효 이후 제재의 실효성을 확보하기 위하 여 처분 시점을 조정할 수 있도록 인정하더라도, 기한을 무기한적으로 유예하여 수년이 지난 후에 동일한 처분을 할 수 있도록 하는 것은 처 분 상대방의 신뢰보호를 침해한다는 측면에서 실권의 법리 등에 위반될 가능성이 있다. 따라서 대상 판결을 비롯한 대법원 판례에서 제시하고 있는 것처럼 집행정지결정의 실효로 처분이 되살아난 시점부터 당초 처 분의 효력기간이 도과하기 전까지만 변경처분을 할 수 있다고 보는 것 이 타당하다. 이 사건 유예통지는 그렇게 이루어진 것이지만, 이 사건 통보는 유예기간이 끝나는 시점인 유사 판결의 선고 이후 당초 처분의

효력기간이 지나고 난 후에 이루어진 것이어서 변경처분의 한계를 벗어
난 것이라고 보아야 한다.

　변경처분의 문제점은 그 형태가 다양하여 법원으로서도 심급별 판
단이 다 다르다는 점을 볼 때 그 법적 성격의 판단이 어렵다는 것이다.
따라서 행정청으로서도 실제 집행을 할 시점을 잡지 못하고 처분 상대
방으로서도 언제 집행이 시작될지 알 수 없다. 따라서 변경처분에 있어
서는 행정청의 상대방에 대한 고지 등 절차적 권리의 보장이 중요하다
는 점도 고려되어야 한다. 원고가 변경처분에 불복하는 경우 절차적 방
어권을 보장할 수 있도록 사전통지서와 처분서 등에서 해당 변경처분이
집행정지결정 이후의 변경처분을 한다는 취지라는 점을 명시할 필요가
있을 것이다.106)

4. 대상 판결의 의의 및 전망

(1) 원심

　원심 판결은 이 사건 재결의 성격을 형성적 재결로 판단하고, 행정
심판에서의 집행정지결정에 따른 집행의 정지와 이후 이 사건 재결에
의하여 다시 되살아난 처분의 효력기간 진행 및 종료에 대해서 판단하
였다는 점에서 제1심 판결의 심리미진을 수정하였다. 그러나 행정심판
에서의 집행정지결정의 종기인 '재결시'의 의미를 재결일인 2015. 8. 31.
로 계산하였고, 이 사건 유예통지에서 유예기간을 '유사 사건의 판결 선
고시까지'라고 하였음에도 기간 계산에서 고려하지 않은 측면이 있다.
그리고 이미 이 사건 통보 이전에 처분의 효력기간이 다 진행하였다고
판시하면서도, 구체적인 기간 계산을 한 판결문 주1)에서는 이 사건 통
보 이후에야 집행이 완료된 것으로 판단한 오류가 있다.

---

106) 박정훈, 앞의 논문, 245면 참조.

대상 판결과의 가장 큰 차이는 이 사건 유예통지와 이 사건 통보의 성격을 단지 형성적 재결의 집행기간을 유예하는 관념의 통지에 불과한 것으로 처분성이 없는 것으로 보았다는 것이다. 이는 이미 처분서인 이 사건 통보가 송달되었다는 점, 집행정지결정의 효력 소멸로 처분이 되살아난 후 그 처분의 집행이 다 종료되었다고 보기에 충분한 5년의 기간이 지나서 다시 동일한 처분을 한 이 사건 통보에 대해서 항고소송으로 다툴 수 없다고 판단한 점을 고려할 때 타당하지 않다.

(2) 대상 판결

대상 판결은 행정소송법상 효력기간이 정해진 제재적 처분에 대한 집행정지결정의 종기에 관한 법리가 행정심판법에도 적용된다는 점을 분명히 하였다. 따라서 행정심판법상 집행정지결정 또한 종기가 도래하면 그 효력이 장래를 향해서만 소멸하게 되고, 당초 처분 또는 재결에 의하여 변경되고 남은 처분의 효력기간이 진행된다. 그러나 이 경우 여전히 집행정지기간과 관련한 권리구제의 공백에 관한 문제는 남는다. 전술한 것처럼 집행정지원칙의 도입은 현실적으로 무리가 있으므로, 집행부정지원칙 하에서 공백을 보완하기 위한 여러 가지 방안이 강구되어야 할 것이다.

2023. 2. 중앙행정심판위원회가 도입한 행정심판법상 집행정지결정의 종기를 재결시로부터 30일로 하는 제도개선안은 집행부정지원칙 하에서 당사자의 권리구제의 공백을 줄이기 위하여 시도된 방안이다. 그러나 여기서의 '재결시' 또한 '재결서 정본 송달시'로 해석되기 때문에 여전히 송달기간의 문제는 존재한다. 그리고 행정소송에서의 불복기간(송달 후 14일)에 맞추어 행정법원 실무에서 도입하고 있는 30일의 기간[107]을 송달 후 90일을 제소기간을 두고 있는 행정심판에 똑같이 도입

---

107) 그리고 2023. 8.부터 대법원 행정소송규칙 제10조에서 이를 규정하고 있음은 살펴본 것과 같다.

하는 것이 적절한가의 문제도 제기될 수 있다.

또한 대상 판결은 만약 행정심판법상 집행정지결정 주문에서 종기를 '재결시'로 정하였다면, 이를 재결의 효력 발생시와 같은 '재결서 정본 송달시'로 해석하여야 한다는 점을 확인하였다. 이미 행정심판실무에서 이렇게 해석하는 경우가 많았지만 원심의 예를 보더라도 법원이나 당사자 모두 실제로 혼동할 가능성이 높았기 때문에 이를 분명히하였다는 점에서 의의가 있다. 또한 이는 기각재결을 받은 경우 '재결시'의 의미를 실제 재결일로 해석하는 것보다 되살아난 처분의 효력이 늦게 발생한다는 점에서 청구인의 권익구제에 더 도움이 되는 해석이라고 볼 수 있다. 그러나 다른 측면에서 보면 행정청의 입장에서 처분을 다시 집행해야 할 시기를 정하는 데 혼란을 겪을 수 있고, 청구인으로서도 언제부터 처분에 위반되는 행위를 하는 것인지 더욱 혼란을 겪을 수 있다는 점이 지적될 수 있다. 이와 관련해서는 후속 변경처분 등을 활용하고, 행정심판위원회와 청구인, 처분청 간에 고지와 송달이 원활하게 이루어지도록 하는 대책이 필요하다.

또한 대상 판결은 집행정지결정의 효력 소멸 후 행정의 실효성 보장을 위한 후속 변경처분을 할 수 있는 가능성을 확인하면서, 동시에 이러한 후속 변경처분은 이미 종전 처분의 집행이 완료된 경우 더 이상 할 수 없다는 시간적 한계를 재확인하였다는 점에서 중요한 의의를 가진다. 그러나 여전히 효력기간이 정해진 제재처분의 경우 협의의 소익 문제로 인하여 인용률이 높아 본안과의 괴리가 발생할 가능성이 큰데, 변경처분은 한정된 사안에서 이루어질 수밖에 없다는 문제가 있다. 또한 행정청이 하는 수많은 형태의 후속 처분이 허용되는 변경처분인지 단순한 관념의 통지인지 위법한 이중처분인지를 판단하는 것은 대상 판결 각 심급의 판단이 다 달랐던 것에서 알 수 있듯이 법원에게도 쉽지 않은 일이다. 따라서 대법원이 최근 들어 제시하고 있는 변경처분의 법리를 더 정교하게 다듬고, 본안 패소판결의 경우 집행정지결정으

로 당사자가 얻은 이익을 제한할 다른 방법을 모색하는 것도 필요할
것이다.

참고문헌

[국내문헌]

단행본

국민권익위원회, 『행정심판의 이론과 실무』, 2022.

김남진/김연태, 『행정법Ⅰ』, 법문사, 제27판, 2023.

김동희/최계영, 『행정법Ⅰ』, 박영사, 제27판, 2023.

박균성, 『행정법론(상)』, 박영사, 제22판, 2023.

박윤흔/정형근, 『행정법강의(상)』, 박영사, 제30판, 2009.

법원행정처, 『2022년 사법연감』, 2022.

법원행정처, 『법원실무제요(행정)』, 2016.

법원행정처, 『행정소송규칙 해설』, 2023.

법원행정처, 『행정소송법 개정자료집』 Ⅰ－Ⅲ, 2007.

서울행정법원 실무연구회, 『행정소송의 이론과 실무』, 사법발전재단, 2014.

이원, 『주해행정심판법』, 예손출판사, 2020.

정하중/김광수, 『행정법개론』, 제15판, 법문사, 2021.

하명호, 『행정쟁송법』 제6판, 2022.

홍정선, 『행정법원론(상)』, 박영사, 제31판, 2023.

홍준형, 『행정법』, 법문사, 제2판, 2017.

논문

김병기, "행정소송상 집행정지의 요건으로서의 '회복하기 어려운 손해'와 그 주장·소명책임 － 대법원 1999. 12. 20.자 99무42 결정을 중심으로", 공법연구 제28집 제4호 제2권, 2000, 319면.

김연태, "의무이행소송과 예방적 금지소송의 쟁점 검토 － 법무부 행정소송법 개정시안을 중심으로", 고려법학 제49호, 2007, 289면.

김용찬, "집행정지", 행정소송(Ⅰ), 한국사법행정학회, 2008, 343면.

김중권, "법무부 행정소송법개정시안의 주요 내용에 관한 소고 − 잠정적 권리구제와 당사자소송과 관련해서", 공법학연구 제14권 제1호, 2013, 379면.

김중권, "집회금지처분에 대한 잠정적 권리구제에 관한 소고− 서울행정법원 2016. 11. 4.자 2016아12248 결정", 법조 제66권 제5호, 2017, 541면.

김창석, "집행정지의 요건", 행정재판실무편람 Ⅳ, 서울행정법원, 2003, 90면.

김현수, "집행부정지 원칙과 행정심판 집행정지의 종기 연구 − 대법원 2022. 2. 11 선고 2021두40720 판결을 중심으로 −", 법학연구 제32권 제4호, 연세대학교 법학연구원, 2022, 75면.

류광해, "행정처분 집행정지 결정의 종기에 대한 검토", 인권과 정의 446호, 2014, 65면.

박정훈, "집행정지결정에 의해 처분의 상대방이 얻은 유리한 지위 내지 이익을 제한·회수할 방안과 그 한계", 행정판례연구 26권 제2호, 2021, 213면.

박현정, "보조금 지원약정 해지와 집행정지의 효력", 동북아법연구 제9권 제3호, 2016, 405면.

서태환, "행정소송에 있어서의 집행정지요건", 사법연수원 논문집 제5집, 2008, 사법연수원, 415면.

우미형, "행정소송법상 집행정지 절차의 원칙과 예외", 행정법연구 67호, 69면.

이성호, "효력기간이 있는 제재적 처분 취소소송의 소의 이익과 집행정지", 재판자료 제114집, 행정재판실무연구 Ⅱ, 법원도서관, 2007, 161면.

이일세, "행정소송에 있어서 집행정지제도의 현황 및 개선방안에 관한 고찰", 공법학연구 제14권 제1호, 2013, 529면.

이진형, "독일 행정소송에서의 가구제에 관한 연구", 서울대학교 박사학위논문, 2021.

정남철, "행정소송법 개정안의 내용 및 문제점 － 특히 행정소송의 개혁과 발전을 위한 비판적 고찰을 중심으로", 법제연구 제44호, 2013, 283면.

정하중, "행정소송법의 개정방향", 공법연구 제31집 제3호, 2003, 11면.

정현기, "행정소송 집행정지 사건에 관한 소고", 저스티스 통권 187호, 한국법학원, 2021, 86면.

[외국문헌]

Finkelnburg/Dombert/Külpmann, Vorläufiger Rechtsschutz im Verwaltungsstreitverfahren, 7. Aufl., 2017.

Hufen, Verwaltungsprozessrecht, 11, Aufl., 2019.

Kopp/Schenke, Verwaltungsgerichtsordnung Kommentar, 25. Aufl., 2019.

Kotulla, Der Suspensiveffekt des §80 I VwGO. Ein Rechtsschutzinstrument auf Abruf?, DV 33, 2000, S. 521.

Schoch/Schneider, Verwaltungsgerichtsordnung Kommentar, 38. Aufl., 2020.

[자료]

대한변호사협회 홈페이지(https://www.koreanbar.or.kr/), 알림마당, 2023. 2. 23.자 논평 "국민 권익을 보다 두텁게 보호할 수 있는 행정심판제도 개선을 환영한다".

박종연, 대한변협신문 제411호(2012. 8. 20.) [특별기고] "행정소송 하급심의 판결선고시까지 집행정지관행의 문제점".

중앙행정심판위원회 홈페이지(https://www.simpan.go.kr/), 2023. 2. 23.자 보도자료 "중앙행심위, 행정심판 '재결일로부터 30일까지' 처분 집행정지 기간 연장".

국문초록

대상 판결은 행정소송법상 효력기간이 정해진 제재적 처분에 대한 집행정지결정의 종기에 관한 판례 법리가 행정심판법에도 적용된다는 점을 분명히 하였다. 따라서 행정심판에서의 집행정지결정 또한 종기가 도래하면 그 효력이 장래를 향해서만 소멸하게 되고, 당초 처분 또는 재결에 의하여 변경되고 남은 처분의 효력기간이 진행된다. 이 경우 처분의 효력이 언제 되살아나는지와 관련하여 권리구제의 공백에 관한 문제가 생기는데, 독일과 같은 집행정지원칙의 도입은 장점도 있으나 현실적으로 무리가 있다고 생각된다. 따라서 현행 집행부정지원칙 하에서 공백을 보완하기 위한 방안이 강구되어야 할 것이다. 중앙행정심판위원회의 제도 개선안과 대법원 행정소송규칙에서 '본안 선고 후 30일'로 종기를 정하고 있는 것은 그러한 방안 중 하나로 볼 수 있다. 다만, 행정심판과 행정소송의 차이점, 각 처분의 특성 등을 고려하여 더 발전된 개선안을 모색해나가야 할 것이다.

또한 대상 판결은 만약 행정심판 집행정지결정 주문에서 종기를 '재결시'로 정하였다면, 이를 재결의 효력 발생시와 같은 '재결서 정본 송달시'로 해석하여야 한다는 점을 확인하였다. 기각재결을 받은 경우 '재결시'를 실제 재결일로 해석하는 것보다 부활한 처분의 효력이 늦게 발생한다는 점에서 청구인의 권익구제에 더 도움이 되는 해석이다. 그러나 송달시점의 불확실성으로 인하여 당사자들에게 혼란을 초래할 수도 있으므로, 행정심판위원회와 청구인, 처분청 간에 고지와 송달 등의 절차적인 보장이 확실히 이루어지도록 하여야 한다.

그리고 대상 판결은 행정의 실효성 보장을 위하여 행정청이 후속 변경처분을 할 수 있는 가능성을 다시 확인함과 동시에 그러한 변경처분의 시간적 한계를 재확인하였다는 점에서 중요한 의의를 가진다. 그러나 대상 판결에서도 알 수 있듯이 행정청이 하는 많은 형태의 후속 처분들이 허용되는 변경처분인지 아닌지를 판단하는 것은 쉽지 않은 일이다. 따라서 대법원이 최근 들

어 제시하고 있는 변경처분의 법리를 더 정교하게 다듬고, 본안 패소판결의
경우 집행정지결정으로 당사자가 얻은 이익을 제한할 다른 방법을 모색하는
것도 필요할 것이다.

주제어: 집행정지, 집행정지결정의 종기, 행정심판법, 집행정지원칙, 변
경처분

Abstract

Effect and Duration of Suspension of Execution in Administrative Appeals Act
Supreme Court Decision No. 2021Du40720,
Decided February 11, 2022

Lee, Jinhyung*

The Supreme Court decision No. 2021Du40720, Decided February 11, 2022 clarifies that as in the administrative litigation process, suspension of execution in the administrative appeal procedure does not have retroactive effect and the period of the original disposition (or the disposition changed by the ruling of the administrative appeal) starts right after the expiration date of the suspension of execution. This raises issues related to gaps in remedies concerning when the effect of the disposition is revived. Although the adoption of the suspension of execution principle of Germany seem to have advantages, practicality concerns arise. Therefore, alternative solutions need to be explored for addressing this issue within the current framework of suspension of execution.

Moreover, the decision expounds that if the suspension of execution in administrative appeal procedure specifies the expiration as "upon a decision," it should be interpreted as occurring at the same time as the "delivery of the decision document." This interpretation is more beneficial for the claimant's rights, as it means that the revived effect of the disposition occurs later. However, this may engender ambiguity for the

* Attorney at Law, Ph.D. in Law.

administrative agency and the claimant. To address this, ensuring effective communication between the Administrative Litigation Committee, claimants, and administrative agencies are necessary.

The decision also reaffirms the possibility for administrative agencies to issue new amended dispositions after the expiration of the suspension of execution to ensure the effectiveness of administrative actions. However, it also underscores the temporal limitations of such amended dispositions. Additionally, determining whether a new amended disposition is a permissible amendment or a mere formal notice can be challenging for the courts. Therefore, it is essential for the Supreme Court to refine the legal principles surrounding new amended dispositions and explore alternative means to limit the benefits obtained by parties through suspension of execution.

Keywords: suspension of execution, Administrative Appeals Act, end of suspension of execution, principle of suspension of execution, amended disposition

투고일 2023. 12. 10.
심사일 2023. 12. 26.
게재확정일 2023. 12. 29.

行損害塡補

영농손실보상의 법적 문제

대상판결: 대법원 2023. 8. 18. 선고 2022두34913 판결

정남철*

Ⅰ. 사실관계 및 소송경과

A는 X시 (주소 생략) 외 3필지 2,341㎡(이하 '이 사건 토지'라 한다)를 소유하면서 그 지상에 설치한 비닐하우스 안에서 용기(트레이)에 종자를 넣어 콩나물을 재배하는 방식으로 콩나물재배업을 하여 왔다.

(1) 한국토지주택공사는 2014. 9. 30. 국토교통부 고시 제2014-583호로 고시된 하남미사지구 2단계(3차) 공공주택사업(이하 '이 사건 사업'이라 한다)의 사업시행자이다.

---

* 숙명여자대학교 법과대학 교수

(2) 한국토지주택공사는 A와 이 사건 토지 등을 취득하기 위한 협의를 하였으나 협의가 성립되지 아니하자 '공익사업을 위한 토지 등의 취득 및 보상에 관한 법률'에 따라 중앙토지수용위원회에 수용재결신청을 하였다. 2015. 8. 20. 중앙토지수용위원회는 수용개시일을 2015. 9. 21.로 하여 이 사건 토지 등에 관한 수용재결을 하였다.

(3) 위 중앙토지수용위원회의 수용재결이 있은 후 A는 한국토지주택공사와 영농손실에 관한 보상협의를 하였으나 협의에 이르지 못하자 2017. 4. 13.경 피고에게 이 사건 토지의 수용에 따른 영농손실보상에 관하여 수용재결신청을 할 것을 청구하였다. A는 2018. 4. 23.경 재차 수용재결신청을 청구하였으나 한국토지주택공사는 이에 응하지 않았다.

A는 한국토지주택공사를 상대로 수용재결신청 청구에 대하여 재결을 신청하지 않은 것에 대한 부작위위법확인을 구하는 소(2018구합1382호)를 제기하였고, 수원지방법원은 2018. 12. 18. 원고 승소판결을 선고하였으며 위 판결은 그 무렵 확정되었다. 이에 따라 한국토지주택공사는 2019. 4. 1. 중앙토지수용위원회에 A의 영농손실보상에 관한 수용재결을 신청하였고, 중앙토지수용위원회는 2019. 5. 9. 재결신청이 사업시행기간 이후에 이루어져 부적법하다는 이유로 위 재결신청을 각하하였다.

(4) 이에 A는 수원지방법원에 사업시행자인 한국토지주택공사를 상대로 영농손실에 대한 보상금을 청구하는 소송을 제기하여 일부 승소하였다.[1] 또한 A는 원고 패소 부분에 불복하여 수원고등법원에 항소를 제기하였다.[2]

---

1) 수원지방법원 2020. 12. 17. 선고 2019구합68627 판결.
2) 수원고등법원 2022. 1. 14. 선고 2021누10084 판결.

Ⅱ. 대법원판결의 요지

(1) 공공필요에 의한 재산권의 수용·사용 또는 제한 및 그에 대한 보상은 법률로써 하되, 정당한 보상을 지급하여야 한다(헌법 제23조 제3항). 구 공익사업을 위한 토지 등의 취득 및 보상에 관한 법률(2020. 6. 9. 법률 제17453호로 개정되기 전의 것, 이하 '구 토지보상법'이라고 한다) 제77조 소정의 영업의 손실 등에 대한 보상은 위와 같은 헌법상의 정당한 보상 원칙에 따라 공익사업의 시행 등 적법한 공권력의 행사에 의한 재산상의 특별한 희생에 대하여 사유재산권의 보장과 전체적인 공평부담의 견지에서 행하여지는 조절적인 재산적 보상이다. 특히 구 토지보상법 제77조 제2항, 구 공익사업을 위한 토지 등의 취득 및 보상에 관한 법률 시행규칙(2020. 12. 11. 국토교통부령 제788호로 개정되기 전의 것, 이하 '구 토지보상법 시행규칙'이라고 한다) 제48조 제2항 본문에서 정한 영농손실보상(이하 '영농보상'이라고 한다)은 편입토지 및 지장물에 관한 손실보상과는 별개로 이루어지는 것으로서, 농작물과 농지의 특수성으로 인하여 같은 시행규칙 제46조에서 정한 폐업보상과 구별해서 농지가 공익사업시행지구에 편입되어 공익사업의 시행으로 더 이상 영농을 계속할 수 없게 됨에 따라 발생하는 손실에 대하여 원칙적으로 같은 시행규칙 제46조에서 정한 폐업보상과 마찬가지로 장래의 2년간 일실소득을 보상함으로써, 농민이 대체 농지를 구입하여 영농을 재개하거나 다른 업종으로 전환하는 것을 보장하기 위한 것이다. 즉, 영농보상은 원칙적으로 농민이 기존 농업을 폐지한 후 새로운 직업 활동을 개시하기까지의 준비기간 동안에 농민의 생계를 지원하는 간접보상이자 생활보상으로서의 성격을 가진다. 영농보상은 통계소득을 적용하여 그 보상금을 산정하든, 아니면 해당 농민의 최근 실제소득을 적용하여 산정하든 간에, 모두 장래의 불확정적인 일실소득을 예측하여 보상하는 것으로, 기존에 형성된 재산의 객관적 가치에 대한 '완전한 보상'과는 그 법적 성질을

달리한다. 결국 구 토지보상법 시행규칙 제48조 소정의 영농보상 역시 공익사업시행지구 안에서 수용의 대상인 농지를 이용하여 경작을 하는 자가 그 농지의 수용으로 인하여 장래에 영농을 계속하지 못하게 되어 특별한 희생이 생기는 경우 이를 보상하기 위한 것이기 때문에, 위와 같은 재산상의 특별한 희생이 생겼다고 할 수 없는 경우에는 손실보상 또한 있을 수 없고, 이는 구 토지보상법 시행규칙 제48조 소정의 영농보상이라고 하여 달리 볼 것은 아니다.

　　(2) 관련 법리와 구 공익사업을 위한 토지 등의 취득 및 보상에 관한 법률 시행규칙(2020. 12. 11. 국토교통부령 제788호로 개정되기 전의 것, 이하 '구 토지보상법 시행규칙'이라고 한다) 제48조 제2항 단서 제2호의 신설 경과 등에 비추어 보면, 국토교통부장관이 농림축산식품부장관과의 협의를 거쳐 관보에 고시하는 '농작물실제소득인정기준' 제6조 제3항 [별지 2]에 열거된 작목 및 재배방식에 시설콩나물 재배업이 포함되어 있지 않더라도 시설콩나물 재배업에 관하여도 구 토지보상법 시행규칙 제48조 제2항 단서 제2호를 적용할 수 있다고 봄이 타당하다.

　　【관계 법령】

　　〈공익사업을 위한 토지 등의 취득 및 보상에 관한 법률〉

　　제77조(영업의 손실 등에 대한 보상) ① 영업을 폐업하거나 휴업함에 따른 영업손실에 대하여는 영업이익과 시설의 이전비용 등을 고려하여 보상하여야 한다.

　　② 농업의 손실에 대하여는 농지의 단위면적당 소득 등을 고려하여 실제 경작자에게 보상하여야 한다. 다만, 농지소유자가 해당 지역에 거주하는 농민인 경우에는 농지소유자와 실제 경작자가 협의하는 바에 따라 보상할 수 있다.

　　③ 휴직하거나 실직하는 근로자의 임금손실에 대하여는 「근로기준법」에 따른 평균임금 등을 고려하여 보상하여야 한다.

④ 제1항부터 제3항까지의 규정에 따른 보상액의 구체적인 산정 및 평가 방법과 보상기준, 제2항에 따른 실제 경작자 인정기준에 관한 사항은 국토교통부령으로 정한다.

〈공익사업을 위한 토지 등의 취득 및 보상에 관한 법률 시행규칙〉
제48조(농업의 손실에 대한 보상) ① 공익사업시행지구에 편입되는 농지(농지법 제2조 제1호 가목 및 같은 법 시행령 제2조 제3항 제2호 가목에 해당하는 토지를 말한다. 이하 이 조와 제65조에서 같다)에 대하여는 그 면적에 통계법 제3조 제3호에 따른 통계작성기관이 매년 조사·발표하는 농가경제조사통계의 도별 농업총수입 중 농작물수입을 도별 표본농가현황 중 경지면적으로 나누어 산정한 도별 연간 농가평균 단위경작면적당 농작물총수입(서울특별시·인천광역시는 경기도, 대전광역시는 충청남도, 광주광역시는 전라남도, 대구광역시는 경상북도, 부산광역시·울산광역시는 경상남도의 통계를 각각 적용한다)의 직전 3년간 평균의 2년분을 곱하여 산정한 금액을 영농손실액으로 보상한다.

② 국토교통부장관이 농림축산식품부장관과의 협의를 거쳐 관보에 고시하는 농작물실제소득인정기준(이하 "농작물실제소득인정기준"이라 한다)에서 정하는 바에 따라 실제소득을 입증하는 자가 경작하는 편입농지에 대해서는 제1항에도 불구하고 그 면적에 단위경작면적당 3년간 실제소득 평균의 2년분을 곱하여 산정한 금액을 영농손실액으로 보상한다. 다만, 다음 각 호의 어느 하나에 해당하는 경우에는 각 호의 구분에 따라 산정한 금액을 영농손실액으로 보상한다.

1. 단위경작면적당 실제소득이 통계법 제3조 제3호에 따른 통계작성기관이 매년 조사·발표하는 농축산물소득자료집의 작목별 평균소득의 2배를 초과하는 경우 : 해당 작목별 단위경작면적당 평균생산량의 2배(단위경작면적당 실제소득이 현저히 높다고 농작물실제소득인정기준에서 따로 배수를 정하고 있는 경우에는 그에 따른다)

를 판매한 금액을 단위경작면적당 실제소득으로 보아 이에 2년
분을 곱하여 산정한 금액

2. 농작물실제소득인정기준에서 직접 해당 농지의 지력(地力)을 이
   용하지 아니하고 재배 중인 작물을 이전하여 해당 영농을 계속
   하는 것이 가능하다고 인정하는 경우: 단위경작면적당 실제소득
   (제1호의 요건에 해당하는 경우에는 제1호에 따라 결정된 단위경작면적
   당 실제소득을 말한다)의 4개월분을 곱하여 산정한 금액

Ⅲ. 평 석

1. 문제의 소재

대상판결의 주요 쟁점은 영농손실보상의 근거와 판단기준, 영농손
실보상의 산정근거, 그리고 영농손실보상의 소송형식 등이다.[3] 이 판결
에서 대법원은 사업시행자인 한국토지주택공사의 수용에 따른 영농손
실에 관한 보상을 농민이 기존 농업을 폐지한 후 새로운 직업 활동을
개시하기까지의 준비기간에 농민의 생계를 지원하는 '간접보상'이자 '생
활보상'의 성격을 가진다고 보고 있다. 또한 영농손실보상을 생활보상
으로 파악하면서, 기존에 형성된 재산의 객관적 가치에 대한 완전한 보
상과 구별된다고 보고 있다. 여기서 말하는 "완전한 보상"은 헌법 제23
조의 '정당한 보상'과 관련이 있다. 그러나 대법원은 이 판결에서 구 토
지보상법 시행규칙 제48조에서 규정하는 영농보상이 공익사업시행지구

---

3) 국내에서 영농손실보상에 관한 연구가 축적되고 있는 것은 다행한 일이다. 예컨대
   이현석, 영농보상제도에 관한 연구, 토지공법연구 제44집, 67-86면; 김상설, "영농
   보상의 대상이 되는 농지", 감정평가통권 제68호(2005), 21-34면; 문형철, 손실보
   상에 관한 연구: 영농보상을 중심으로, 단국대학교 대학원 박사학위논문, 2008 등.

안에서 수용의 대상인 농지를 이용·경작하는 자가 그 농지의 수용으로
계속 영농을 하지 못하게 되어 '특별한 희생'이 생기는 경우 이를 보상
하는 것이라고 이해한다. 즉 영농을 계속하지 못하게 되어 발생하는 '특
별한 희생'에 대한 손실보상을 말한다고 보고 있다. 여기서 영농보상의
판단기준을 '특별한 희생'으로 보는 것이 타당한지도 검토될 필요가 있
다. 이러한 문제는 영농손실보상의 헌법적 근거를 어떻게 파악해야 하
는지와 관련이 있는데, 대법원은 이 문제에 관하여 전혀 검토하고 있지
않다.

    대상판결에서 원고 A는 중앙토지수용위원회의 각하재결 후 제1심
법원(수원지방법원)에 손실보상금을 청구하는 소를 제기하였다. 제1심법
원은 그 소송형식의 적법성에 대해서는 검토하고 있지 않은데, 해당 소
송이 행정소송 중 어떤 소송인지가 명확하지 않다. 비록 중앙토지수용
위원회의 재결(각하재결)이 있지만, A는 그 재결의 위법성을 다투는 소
를 제기한 것이 아니라 내용상 손실보상금을 청구하는 소를 제기한 것
이다. 이러한 소송이 대법원의 선례에 비추어 적절한 것인지, 아니면 종
전의 입장을 변경하여 이러한 소송을 허용한 것이라고 보아야 하는지도
문제이다. 이하에서는 영업손실보상의 의의 및 헌법적 근거, 영업손실
보상의 판단기준 산정근거 조항, 영업손실보상의 소송형식 등에 대해
검토하기로 한다.

2. 영농손실보상의 의의 및 헌법적 근거

    대법원은 영농손실보상을 간접보상이자 생활보상이라고 밝히고 있
다. 공익사업을 위한 토지 등의 취득 및 보상에 관한 법률(이하 '토지보
상법'이라 한다) 제77조 제2항은 "농업의 손실에 대하여는 농지의 단위
면적당 소득 등을 고려하여 실제 경작자에게 보상하여야 한다"라고 규
정하고 있다. 다만, 농지소유자가 해당 지역에 거주하는 농민인 경우에

는 농지소유자와 실제 경작자가 협의하는 바에 따라 보상할 수 있다(동
조항 단서). 이 경우 보상액의 구체적인 산정 및 평가 방법과 보상기준,
제2항에 따른 실제 경작자 인정기준에 관한 사항은 국토교통부령에 위
임하고 있다(토지보상법 제74조 제4항). 이러한 위임에 따라 토지보상법
시행규칙 제48조에는 영농손실보상액의 산정, 보상기준 등을 규정하고
있다.

　　손실보상은 대인적 보상에서 대물적 보상으로 발전하였고, 공익사
업의 시행이 증가함에 따라 생활의 터전을 상실한 자에 대한 '생활보상'
이 주목받았다.[4] 이러한 생활보상은 일본이나 한국에서 주로 인정되고
있으며, 독일에서는 이러한 생활보상에 관한 논의가 많지 않다.[5] 생활
보상의 개념은 다의적(多義的)이며, 그 범위나 유형 등에 대해서도 학설
이 대립하고 있다. 생활보상은 그 연원에 비추어 "종전 생활의 유지·확
보"를 핵심적 내용으로 삼고 있다. 여기에서는 생활개념을 광의로 이해
하고, 주거이전비나 이농비(離農費)·이어비(離漁費) 등의 협의의 생활보

---

4) 국내에서도 생활보상에 관한 다양한 논문이 발표되어 있다. 예컨대 박수혁, "생활
　보상에 관한 법적 고찰: 주요 외국의 경우를 중심으로", 현대공법학의 과제(청담
　최송화교수 화갑기념논문집), 404－432면; 박평준, "현행법상 생활보상에 관한 고
　찰", 공법연구 제27집(1999), 363－382면; 최승원, "생활보상의 개념과 헌법적 근
　거", 공법연구 제26집 제3호(1998), 379－393면; 김광수, "생활보상의 이론과 실제",
　행정법연구 제24호(2009), 103－130면; 김승종, "생활보상의 법적 성격에 관한 연
　구: 대법원 판례에 대한 비판적 검토를 중심으로", 서울법학 제23권 제1호(2015),
　41－66면; 정남철, "공생발전을 위한 생활보상의 문제", 저스티스 통권 제134－1호
　(2013), 130－152면 등.
5) 다만, 독일에서는 원칙적으로 수용에 의해 발생한 법적 손실(Rechtsverlust)과 수용
　으로 인해 발생하는 그 밖의 재산상 피해(Vermögensnachteile)를 보상하고 있다(독
　일 건설법전 제93조 제1항). 후자인 "그 밖의 재산상 피해"에 대해서는 독일 건설
　법전 제96조에서 규정하고 있다. 여기에는 영업상 피해, 잔여지가치감소, 이사비용
　등이 포함된다(Battis, in: Battis/Krautzberger/Löhr, BauGB, 12. Aufl., § 96 Rn. 4 ff.).
　이러한 손실에 대한 보상은 실체보상(Substanzentschädigung)이 아니라 그 피해는
　후속적 손상(Folgeschäden)으로 파악하고 있다(Jarass/Kment, BauGB, 2. Aufl., § 96
　Rn. 1).

상과 생활재건조치(이주대책) 등을 포함하도록 한다. 사업손실보상 중에
도 생활보상에 속하는 것이 있다고 보는 견해도 있지만, 엄밀한 의미에
서 생활보상은 사업손실보상과 구분된다. 사업시행지 밖에서 발생하는
손실을 흔히 '사업손실보상'이라 부르고 있다. 이를 '간접손실보상'이라
부르는 견해도 있다.[6] 그러나 공용수용은 재산권침해의 '직접성'을 요건
으로 한다는 점에서 간접손실에 대한 보상은 특수한 유형에 해당한다.
독일에서는 간접손실을 공용수용의 보상 대상에서 원칙적으로 제외하
고 있다.[7] 본래 수용의 요건으로 '의도성'이 강조되었으나, 근래에는 이
러한 '직접성'의 요건이 중요하다. 비전형적이고 예상하지 못한 부수적
효과로 인한 재산상 손실에 대한 보상인 '수용적 침해'에서도 그 부수적
결과가 직접적인 재산권 침해를 가져와야 한다고 보고 있다.

　　이상의 논의에 비추어 영농손실보상은 토지의 수용으로 경작자가
더 이상 그 장소에서 영농을 계속할 수 없어 이에 대한 손실을 보상한
다는 점에서 이농비와 유사한 측면이 있다. 다만, 이농비는 이주정착금
을 주요한 내용으로 삼고 있지만, 영농손실보상은 공익사업시행지구 내
의 영업상 손실에 대한 보상이 중요하다. 물론 양자의 구분이 중첩될
수도 있다. 그런 점에서 영농손실보상은 '영업손실보상'에 가까운 측면
도 있다. 즉 토지보상법 제77조 제1항은 "영업을 폐업하거나 휴업함에
따른 영업손실에 대하여는 영업이익과 시설의 이전비용 등을 고려하여
보상하여야 한다"라고 규정하고 있다. 이처럼 영업손실보상에 관한 규
정은 토지보상법 제77조 제2항에 규정된 '영농손실보상'과 밀접한 관련
이 있다. 영업상 손실보상도 대체로 생활보상으로 이해하는 견해가 대
부분이다.[8] 종전 생활의 유지·확보를 생활보상으로 이해할 때 영농손

---

6) 박균성, 행정법론(상), 제22판, 1043면.
7) Maunz/Dürig, GG, Art. 14 Rn. 531; Maurer/Waldhoff, Allgemeines Verwaltungsrecht, § 27 Rn. 27.
8) 이상규, 신행정법론(상), 650면 이하; 홍정선, 행정법원론(상), 제31판, 905－906면 등.

실보상도 이와 무관하지는 않다. 그런 점에서 영농손실보상도 '생활보상'으로 파악할 수 있다. 특히 토지보상법 제78조 제7항은 공익사업의 시행으로 인하여 영위하던 농업을 계속할 수 없게 되어 다른 지역으로 이주하는 농민이 보상금을 받지 못하거나 부족한 경우에 이주대책비를 보상받을 수 있다고 규정하고 있다. 이러한 이주대책비도 생활보상의 일환이다.

　　이러한 생활보상의 헌법적 근거를 어디에서 찾을 것인지에 대하여 견해가 대립하고 있다. 이와 관련하여 공용수용·공용제한에 대한 손실보상(정당한 보상)을 규정한 헌법 제23조 제3항에서 도출하는 견해, 사회적 기본권을 규정한 헌법 제34조에서 그 근거를 찾는 견해, 그리고 헌법 제23조와 헌법 제34조의 결합설을 주장하는 견해 등이 있다. 대법원이 소위 '결합설' 또는 '통일설'에 근거하고 있다고 보는 견해도 없지 않지만, 헌법 제34조에 근거한 판례도 있다.9) 주거이전비와 이사비 등과 관련된 사건에서도 사회보장적 성격을 강조하는 경우가 있다.10) 이러한 생활보상은 재산권보상과 구별된다. 재산권보상은 공공필요를 위해 수용되는 재산적 손실에 대한 보상을 말하며, 토지보상과 토지 이외의 재

---

　9) "(구 공공용지의취득및손실보상에관한특례법상의) 이주대책은 공공사업의 시행에 필요한 토지 등을 제공함으로 인하여 생활의 근거를 상실하게 되는 이주자들을 위하여 사업시행자가 '기본적인 생활시설이 포함된' 택지를 조성하거나 그 지상에 주택을 건설하여 이주자들에게 이를 '그 투입비용 원가만의 부담하에' 개별 공급하는 것으로서, 그 본래의 취지에 있어 이주자들에 대하여 종전의 생활상태를 원상으로 회복시키면서 동시에 인간다운 생활을 보장하여 주기 위한 이른바 생활보상의 일환으로 국가의 적극적이고 정책적인 배려에 의하여 마련된 제도라 할 것이다." (대법원 2003. 7. 25. 선고 2001다57778 판결)

10) "공익사업을 위한 토지 등의 취득 및 보상에 관한 법률 제78조 제5항 및 같은 법 시행규칙 제54조 제2항, 제55조 제2항의 각 규정에 의하여 공익사업의 시행에 따라 이주하는 주거용 건축물의 세입자에게 지급하는 주거이전비와 이사비는, 당해 공익사업 시행지구 안에 거주하는 세입자들의 조기이주를 장려하여 사업추진을 원활하게 하려는 정책적인 목적과 주거이전으로 인하여 특별한 어려움을 겪게 될 세입자들을 대상으로 하는 사회보장적인 차원에서 지급하는 금원의 성격을 갖는다 할 것이(다)."(대법원 2006. 4. 27. 선고 2006두2435 판결)

산권(건축물, 공작물 등)에 대한 보상을 포함하고 있다. 이에 반해 생활보상은 피수용자의 생활안정과 종전 생활로의 회귀(回歸)를 목표로 하고 있다. 한편, 독일에는 사회적 보상(soziale Entschädigung)이 인정된다. 대체로 사회법전(SGB)에 규정된 보상을 의미한다. 예컨대 독일 전염병예방법에 규정된 예방접종으로 인한 피해보상이 여기에 해당한다.[11] 생활보상의 본질에 비추어 헌법 제23조 제3항에서 그 근거를 찾기는 어렵다. 생활보상은 "종전 생활의 유지·확보"를 위한 것으로 사회보장적 관점에서 인정되는 것이다. 따라서 생활보상의 헌법적 근거는 헌법 제34조에서 찾는 것이 타당하다.[12]

영농손실보상에는 공용수용으로 인해 직접적 피해를 입은 경작 중인 농작물에 대한 보상과 경작하던 농업을 더 이상 유지하기가 어려워 이전에 대한 보상 등이 있다. 전자의 경우에는 재산권보상에 포함할 수 있지만, 후자의 경우에는 생활보상에 해당한다. 토지보상법 시행규칙 제41조에도 "농작물을 수확하기 전에 토지를 사용하는 경우의 농작물의 손실"을 보상하는 규정을 두고 있다. 이는 토지 외의 물건에 대한 보상으로 생활보상이 아니라 재산권보상에 해당한다고 보아야 한다. 대상판결에서 쟁점이 되는 영농보상은 수용으로 인해 농지를 더 이상 계속할 수 없게 되어 피해가 발생한 것이다. 이러한 점은 생활보상의 성질을 보여 준다.

3. 영농손실보상의 판단기준

대법원은 전술한 바와 같이 영농손실보상을 헌법 제23조 제3항에서 정한 '정당한 보상'과 구별되는 간접보상이자 생활보상으로 파악하고

---

11) Rüfner, in: Erichsen/Ehlers(Hg.), Allgemeines Verwaltungsrecht, 12. Aufl., § 49 Rn. 6.
12) 김동희, 행정법 I, 제25판, 633면; 김중권, 행정법, 제5판, 966면; 정남철, "생활보상과 이주대책", 행정구제의 기본원리, 제1전정판, 365면.

있다. 그러나 토지보상법 제77조 제2항에서 규정하는 "농업의 손실"이 무엇을 의미하는지가 불분명하다. 다만, 여기에서 농업의 손실을 농지의 단위면적당 소득 등을 고려하여 실제 경작자에게 보상한다고 규정하고 있는데, 수용으로 인한 농작물의 수입이나 재산적 가치를 보전한다는 의미인지, 아니면 이를 확대해석해서 다른 유사한 지역으로 이전하는 비용을 모두 포함한다는 것인지가 명확하지 않다. 이러한 구분 없이 영농손실보상을 모두 '생활보상'으로 보는 것이 타당한지가 검토될 필요가 있다.

대법원은 영농손실보상을 토지보상법 제77조의 영업손실보상과 구분하고 있다. 즉 토지보상법 제77조 소정의 '영업손실보상'은 "헌법상 정당한 보상의 원칙에 따라 공익사업의 시행 등 적법한 공권력의 행사에 의한 재산상의 특별한 희생에 대하여 사유재산권의 보장과 전체적인 공평부담의 견지에서 행하여지는 조절적인 재산적 보상"이라고 파악하고 있다. 특히 토지보상법 시행규칙 제46조에서 정한 폐업보상과도 구별하고 있다. 토지보상법 시행규칙 제48조의 영농손실보상은 "농민이 대체 농지를 구입하여 영농을 재개하거나 다른 업종으로 전환하는 것을 보장하기 위한 것"이라고 보고 있다. 즉 토지보상법 시행규칙 제48조의 영농손실보상은 종전 생활의 유지·확보를 내용으로 하는 생활보상으로 보고 있다. 그런 점에서 대법원은 영농손실보상은 객관적 시장가치에 대한 완전한 보상과 구별된다고 보고 있다. 즉 영농손실보상은 헌법 제23조에 근거하고 있지 않다는 점을 밝히고 있다.

그러나 대법원은 이러한 영농보상이 공익사업시행지구 안의 경작자가 그 농지의 수용으로 장래에 영농을 계속하지 못하게 되어 발생하는 '특별한 희생'에 대한 손실보상이라고 보고 있다. 즉 대법원은 이러한 영농보상의 판단기준을 '특별한 희생'에서 찾고 있으며, 이러한 특별한 희생이 없으면 손실보상이 없다고 보고 있다. 이와 관련하여 대법원은 농지의 특성과 영농상황 등을 고려하여, 유사한 인근의 대체지에서 재배할 수 있는 경우에는 특별한 희생이 아니라고 보고 있다. 즉 "농지의 지력을 이용한 재배가 아닌 용기에 식재하여 재배되는 콩나물과 같이 용기를 기후 등 자연적 환경이나 교통 등 사회적 환경 등이 유사한 인근의 대체지로 옮겨 생육에 별다른 지장을 초래함이 없이 계속 재배를 할 수 있는 경우에는, 유사한 조건의 인근대체지를 마련할 수 없는 등으로 장래에 영농을 계속하지 못하게 되는 것과 같은 특단의 사정이 없는 이상 휴업보상에 준하는 보상이 필요한 범위를 넘는 특별한 희생이 생겼다고 할 수 없다"라고 판시하고 있다. 다만, 유사한 조건의 인근대체지를 마련할 수 없어 장래에 영농을 계속하지 못하게 되는 특별한 사정이 있으면, 특별한 희생에 해당할 수 있다고 볼 수 있다. 그러나 대상판결에서 언급하고 있는 내용이 특별한 희생에 관한 학설 중 어떤 견해에 따른 것인지는 명확하지 않다. 대상판결에서는 개별 상황에서 특별한 피해가 발생하는지를 기준으로 '특별한 희생'을 인정하고 있다고 해석할 수 있다. 이러한 특별한 사정(피해)은 특별한 희생이라는 동어반복에 불과하다.

대법원 판례에서 보상의 기준이 되는 '특별한 희생'의 개념은 주지하는 바와 같이 독일에서 유래되었고, 그 개념이 무엇을 의미하는지에 대해 견해가 대립하고 있다. 즉 형식적 기준설로 개별행위설, 특별희생설 등이 주장되었고, 이러한 학설의 모호성으로 인해 실질적 기준설로 목적위배설, 상황구속성설, 중대성설, 수인가능성 등이 있다. 그러나 특별한 희생의 개념은 추상적이고 불확정적이다. 그런 이유로 국내학설도 이를 다양하게 해석하고 있으며, 학자에 따라 절충적 입장을 다양하게 제시하고 있다. 피상적인 학설의 소개에 그치지 아니하고, 그간 국내학설의 내용을 살펴보는 것도 의미 있다. 즉 "실질적 기준(침해행위가 본질적인 것이냐 아니냐, 즉 침해가 사회관념상 본인의 부담으로 돌릴 사회적 제약이라고 인정할 만한 정도의 것인가 아닌가)을 주로 하고, 형식적 기준(침해행위가 일반적이냐 아니냐, 즉 피침해자의 수의 전체에 대한 비율)을 참작함이 타당하다"는 견해가 있다.13) 이 견해는 실질적 기준으로 침해행위의 본질성과 사회적 제약의 유월을 고려하고, 형식적 기준으로 개별행위설을 따른 것으로 절충한 견해로 보인다. 실질적 기준은 침해의 정도에 따른 것인데, 그 침해의 정도를 어떻게 판단할 것인지의 문제는 여전히 남는다. 또한 "재산권에 내재하는 사회적 제약을 넘어 재산권의 본래적 효율을 저해함으로써 그것을 개인에게 수인시키는 것이 사회정의와 공평의 원칙에 어긋난다고 인정되는 때에 이를 가리켜 '특별한 희생'이라고 할 수 있다"는 견해도 있다.14) 이 견해는 목적위배설과 수인가능성설을 결합한 견해로 생각된다. 그리고 형식적 표준을 고려하면서 "실질적·본질적 제한의 유무는 실질설이 주장하는 목적위배, 기능에 적합한 이용, 상황적 구속성 등의 기준을 종합적으로 고려하여 판단하여야" 한다는 견해도 절충설의 입장이다.15) 그 밖에 "형식적 기준과 실질적 기준을 상호 보완적으로 적용하여 구체적으로 판단하여야"한다는 견해도 있다.16)

특별한 희생의 모호한 기준 때문에 이를 대체할 기준이 필요하다. 입법을 통해 규율을 구체화하여 손실보상의 기준이 되는 공용수용의 요건을 명확히 하도록 노력해야 한다. 특별한 희생이라는 기준은 결국 개별 사례에서 법원의 판단에 의할 수밖에 없다. 이러한 방식이 탄력적일 수 있지만, 더욱더 객관적인 방식으로 공용수용의 요건을 정형화할 필요가 있다. 이러한 기준의 본고장인 독일에서도 특별한 희생의 개념이 퇴색하고 있으며, 공식화된 수용 개념을 확립하고 있다. 즉 독일 연방헌법재판소는 "특정한 공적 과제의 수행을 위해 독일 기본법상의 재산권을 전면적 또는 부분적으로 박탈하는 것"이라고 이해하고 있다.17) 이러

---

13) 김도창, 일반행정법론(상), 제4전정판, 661면.
14) 이상규, 전게서(상), 645−646면.
15) 박윤흔, 행정법강의(상), 760면.
16) 김동희, 전게서(I), 616면.
17) BVerfGE 58, 300; 72, 66; 101, 239.

한 공식화된 수용 개념을 토대로 공용수용의 요건을 구체적으로 확립하고 있다.

4. 영농손실보상의 산정근거 조항

(1) 구 토지보상법 시행규칙 제48조의 기본구조

대상판례에서 또 다른 쟁점은 영농손실보상의 근거로 토지보상법 시행규칙 제48조 제2항 단서 제1호가 이 사건의 영농손실보상(콩나물재배업)에 적용되는지 여부이다. 이와 관련하여 구 토지보상법 시행규칙 제48조의 기본구조를 살펴보도록 한다. 농업 손실에 대한 보상과 관련하여, 토지보상법 제48조는 그 산정근거를 자세히 규정하고 있다. 즉 "공익사업시행지구에 편입되는 농지(농지법 제2조 제1호 가목 및 같은 법 시행령 제2조 제3항 제2호 가목에 해당하는 토지)에 대하여는 그 면적에 통계법 제3조 제3호에 따른 통계작성기관이 매년 조사·발표하는 농가경제조사통계의 도별 농업총수입 중 농작물수입을 도별 표본농가현황 중 경지면적으로 나누어 산정한 도별 연간 농가평균 단위경작면적당 농작물총수입(서울특별시·인천광역시는 경기도, 대전광역시는 충청남도, 광주광역시는 전라남도, 대구광역시는 경상북도, 부산광역시·울산광역시는 경상남도의 통계를 각각 적용한다)의 직전 3년간 평균의 2년분을 곱하여 산정한 금액을 영농손실액으로 보상한다"라고 규정하고 있다(구 토지보상법 시행규칙 제48조 제1항). 그러나 국토교통부장관이 농림축산식품부장관과의 협의를 거쳐 관보에 고시하는 '농작물실제소득인정기준'에서 정하는 바에 따라 실제소득을 입증하는 자가 경작하는 편입농지에 대하여는 제1항에도 불구하고 그 면적에 단위경작면적당 3년간 실제소득 평균의 2년분을 곱하여 산정한 금액을 영농손실액으로 보상하고 있다(동조 제2항).

구 토지보상법 시행규칙 제48조 제1항은 실제소득을 입증하지 못하는 경우에 적용되는데, 구 토지보상법 제48조 제1항에 따라 공익사업

시행지구에 편입되는 농지에 대해 통계법 제3조 제3호에 따라 통계작성
기관이 산정한, 도별 연간 농가평균 단위경작면적당 '농작물총수입'의
직전 3년간 평균의 2년분을 곱하여 산정한 금액을 영농손실보상액으로
보상한다. 그러나 국토교통부장관이 고시하는 '농작물실제소득인정기준'
에 따라 실제소득을 입증한 경우에는 구 토지보상법 시행규칙 제48조
제2항이 우선해서 적용된다. 대상판결에서 문제가 되는 '시설콩나물 재
배시설'은 구 농지법 시행령(2016. 11. 29. 대통령령 제27628호로 개정되기
전의 것) 제2조 제3항 제2호 (가)목의 '고정실온실'로서 영농손실보상의
대상이 된다. 이 사건에서 A는 실제소득을 적용한 영농보상금을 주장하
므로 토지보상법 제48조 제2항의 적용 여부를 검토할 필요가 있다.

(2) 구 토지보상법 시행규칙 제48조 제2항 단서 제2호의 적용 여부

구 토지보상법 시행규칙 제48조 제2항 단서 제1호는 단위경작면적
당 실제소득이 통계법 제3조 제3호에 따라 통계작성기관이 매년 조사·
발표하는 농축산물소득자료집의 작목별 평균소득의 2배를 초과하는 경
우에 적용된다. 원심은 A가 주장하는 연간 단위경작면적당 실제소득
(241,214원)이 농림축산식품부에 사실조회에 따라 유사 시설채소 재배업
의 소득률에 따라 계산한 시설콩나물 재배업의 연간 단위면적당 평균소
득(379,851원)에 미치지 못하므로 구 토지보상법 시행규칙 제48조 제2항
단서 제1호가 적용되지 않는다고 판단하고 있다. 대법원도 농촌진흥청
이 작성한 2014년 경기도 농축산물소득자료집에는 시설콩나물이나 시
설콩나물의 유사작물군 평균소득에 대한 자료가 확인되지 않고, 시설채
소가 시설콩나물의 유사작물군에 해당한다고 보기 어렵다고 보고 있다.
이에 대법원은 A의 영농손실보상은 구 토지보상법 시행규칙 제48조 제
2항 단서 제1호에 해당하지 아니한다고 판단하였다. 따라서 A의 영농손
실보상이 구 토지보상법 시행규칙 제48조 제2항 단서 제2호가 적용되

는지가 문제 된다.

구 토지보상법 시행규칙 제48조 제2항 단서 제2호는 해당 시설콩나물 재배시설이 "농작물실제소득인정기준에서 직접 해당 농지의 지력(地力)을 이용하지 아니하고 재배 중인 작물을 이전하여 해당 영농을 계속하는 것이 가능하다고 인정하는 경우"에 해당하면 단위경작면적당 실제소득의 4개월분을 곱하여 산정한 금액을 보상한다고 규정하고 있다. 이와 관련하여 원심인 수원고등법원은 국토교통부고시 '농작물실제소득인정기준'에 시설콩나물을 별도로 규정하고 있지 않으므로 구 토지보상법 시행규칙 제48조 제2항 단서 제2호가 적용될 수 없다고 보고 있다. '농작물실제소득인정기준' 제6조에는 실제소득금액 산정특례를 규정하고 있다. 특히 같은 조 제3항에는 직접 농지의 지력을 이용하지 아니하고 재배중인 작물을 이전하여 중단없이 계속 영농이 가능하여 단위면적당 실제소득의 4개월분에 해당하는 농업손실보상을 하는 작물 및 재배방식을 [별지 2]에서 규정하고 있다. 특히 [별지 2]에는 이전하여 중단없이 계속 영농이 가능한 작물로 원목에 버섯종균 파종하여 재배하는 버섯, 화분에 재배하는 화훼작물, 용기(트레이)에 재배하는 어린묘를 규정하고 있다. 그러나 대법원은 원심과 달리 이 사건 고시 '농작물실제소득인정기준'이 "직접 해당 농지의 지력을 이용하지 아니하고 재배 중인 작물을 이전하여 해당 영농을 계속하는 것이 가능하다고 인정하는 경우"를 예시한 것이라고 해석하고 있다. 또한 이러한 고시에 열거된 작물이 아니더라도 객관적이고 합리적으로 판단하여 직접 해당 농지의 지력을 이용하지 아니하고 재배 중인 작물을 이전하여 해당 영농을 계속하는 것이 가능(하다)라고 판단하여, 구 토지보상법 시행규칙 제48조 제2항 단서 제2호에 따라 4개월의 영농보상을 인정할 수 있다고 판시하고 있다.

그러나 구 토지보상법 시행규칙 제48조 제2항 단서 제2호가 적용되기 위해서는 전술한 바와 같이 국토교통부 고시인 '농작물실제소득인정기준'에서 "직접 해당 농지의 지력을 이용하지 아니하고 재배 중인 작물을 이전하여 해당 영농을 계속하는 것이 가능하다고 인정하는 경우"에 해당하여야 한다. 대법원은 이 사건 고시`의 [별표 2]의 규정은 예시적이라고 보고 있지만, 구 토지보상법 시행규칙 제48조 제2항 단서 제2호를 직접 적용한 것은 논리적 설득력이 약하다. 대상판결은 이 사건 고시인 '농작물실제소득인정기준'의 법적 성질을 명확히 언급하고 있지 않다. 종전의 선례에 따르면, 구 토지보상법 시행규칙 제48조 제2항 단서 제2호는 "직접 해당 농지의 지력을 이용하지 아니하고 재배 중인 작물을 이전하여 해당 영농을 계속하는 것이 가능하다고 인정하는 경우"를 국토교통부 고시에 위임하고 있다고 해석할 수 있다. 이러한 해석에 의할 경우 이 사건 고시는 '법령보충적 행정규칙'에 해당하게 되고, 고시의 [별표 2]에 열거한 작물(이전하여 중단 없이 계속 영농이 가능한 작목)을 유추적용하여 시설콩나물에 대해서도 고시가 적용될 수 있다고 해석할 수 있다. 국토교통부 고시인 '농작물실제소득인정기준'의 제1조에서도 "이 기준은 공익사업을 위한 토지 등의 취득 및 보상에 관한 법률 시행규칙 제48조 제2항의 규정에 의하여 영농손실액의 보상기준이 되는 농작물의 실제소득을 입증하는 방법을 정함을 목적으로 한다"라고 규정하고 있다. 그러나 해당 고시는 농산물의 실제소득을 입증하는 방법과 관련된 사항을 정하는 기술적 규정이 대부분이다. 그런 이유에서 이를 '법령보충적 행정규칙'으로 파악하는 것은 바람직하지 않다고 본다. 헌법 제23조 제3항은 보상법률주의를 규정하고 있다. 그런 점에서 대법원이 고시(농작물실제소득인정기준)의 규정보다는 법령에 근거하여 판단한 것은 긍정적으로 평가할 만하다.

5. 영농손실보상에 관한 소송형식

대상판결에서 흥미로운 것은 영농손실보상에 관한 소송형식이다.

대상판결에서는 영농손실보상소송이 명확히 언급되어 있지 않다. 이 사건의 소송당사자는 수용의 대상인 농지를 경작하는 A와 사업시행자인 한국토지주택공사이다. 제1심판결에서도 중앙토지수용위원회의 각하재결이 있었지만, 원고인 A는 단순히 영농손실과 관련된 보상금만을 다투고 있다. 재결에 대한 항고소송(무효확인소송 또는 취소소송 등)이 아니라 A는 손실보상금을 청구하는 소송을 제기한 것이다. 이 소송은 재결의 보상금을 다투는 보상금증액청구소송도 아니다. 따라서 대상판결의 소송은 '실질적 당사자소송'이다.

　이러한 대상판결의 입장은 종전의 선례에 비추어 볼 때 이례적(異例的)이다. 예컨대 대법원은 종전에 영업손실보상이나 잔여지감가보상 등의 경우에는 재결전치주의에 따라야 한다고 판시하고 있다. 즉 대법원은 X광역상수도사업의 실시계획 승인 후 사업구역 내의 편입된 부분의 토지 일부에 대해서는 협의취득하고 남은 잔여지(33,862㎡)의 가치감소에 대해 재결절차를 거치지 아니하고 곧바로 사업시행자를 상대로 손실보상을 청구하는 것은 허용되지 않는다고 판시하였다.[18] 토지보상법 제73조 제1항은 "동일한 소유자에게 속하는 일단의 토지의 일부가 취득되거나 사용됨으로 인하여 잔여지의 가격이 감소하거나 그 밖의 손실이 있을 때" 손실보상을 청구할 수 있다고 규정하고 있다. 그러나 토지보상법에는 소위 잔여지감가보상에 관한 불복수단에 대해서는 명확히 규정하고 있지 않다. 잔여지보상에는 잔여지감가보상 외에 잔여지수용보상, 잔여지공사비보상 등이 있다(토지보상법 제73조 및 제74조). 위 대법원 판례의 입장에 의하면, 잔여지의 가격감소에 대한 손실보상에 대해서는

---

18) "토지소유자가 사업시행자로부터 공익사업법 제73조에 따른 잔여지 가격감소 등으로 인한 손실보상을 받기 위해서는 공익사업법 제34조, 제50조 등에 규정된 재결절차를 거친 다음 그 재결에 대하여 불복이 있는 때에 비로소 공익사업법 제83조 내지 제85조에 따라 권리구제를 받을 수 있을 뿐, 이러한 재결절차를 거치지 않은 채 곧바로 사업시행자를 상대로 손실보상을 청구하는 것은 허용되지 않는다고 봄이 상당하다." (대법원 2008. 7. 10. 선고 2006두19495 판결)

재결을 지방토지수용위원회 또는 중앙토지수용위원회에 먼저 신청하여
야 한다. 현행 토지보상법 제30조에 의하면, 재결의 신청은 사업시행자
만 할 수 있다. 즉 사업인정의 고시 후 협의가 성립되지 아니하였을 때
에는 토지소유자와 관계인은 대통령령으로 정하는 바에 따라 서면으로
사업시행자에게 재결을 신청할 것을 청구할 수 있다(동조 제1항). 그러나
토지소유자 및 관계인은 직접 토지수용위원회에 재결을 신청할 수는 없
다. 이 점은 일본의 토지수용법과 다르다. 일본 토지수용법은 토지소유
자 또는 이해관계인이 자신의 권리에 관계된 토지에 대해 수용재결을
신청할 수 있다(동법 제39조 제2항). 이러한 재결신청은 기업자(起業者)의
의사에 반하여 할 수도 있다.

　　수용재결의 청구를 받은 사업시행자는 그 청구를 받은 날부터 60
일 이내에 대통령령으로 정하는 바에 따라 관할 토지수용위원회에 재결
을 신청하여야 한다(토지보상법 제30조 제2항). 그러나 사업시행자가 이러
한 청구를 받더라도 재결신청을 미루고 방치할 수 있다. 이러한 문제점
을 해결하기 위해 토지보상법 제30조 제3항에는 특별한 규정을 두고 있
다. 즉 사업시행자가 위 기간을 넘겨서 재결을 신청할 경우 그 지연된
기간에 대하여 소송촉진 등에 관한 특례법 제3조에 따른 법정이율을 적
용하여 산정한 금액을 관할 토지수용위원회에서 재결한 보상금에 가산
(加算)하여 지급하도록 규정하고 있다. 토지보상법 제77조 제1항은 영업
을 폐지하거나 휴업함에 따른 영업의 손실보상을 규정하고 있다. 영농
손실보상은 전술한 바와 같이 영업손실의 보상과도 밀접한 관계가 있
다. 대법원은 영업의 폐지 또는 휴업을 하는 자가 사업시행자에게 영업
손실에 대한 보상을 받기 위해서는 재결을 거치지 아니하고 곧바로 손
실보상을 청구할 수 없다고 판시하고 있다.[19] 즉 대법원은 영업손실보

---

19) "공익사업으로 인하여 영업을 폐지하거나 휴업하는 자가 사업시행자에게서 구 공
　　익사업법 제77조 제1항에 따라 영업손실에 대한 보상을 받기 위해서는 구 공익사
　　업법 제34조, 제50조 등에 규정된 재결절차를 거친 다음 재결에 대하여 불복이 있

상에 대해서도 재결전치주의를 요구하고 있다.

이처럼 대법원은 영업손실보상, 잔여지감가보상 등과 관련하여 사업시행자를 상대로 곧바로 손실보상을 청구하는 것을 허용하지 않았다. 그러나 대상판결에서는 유사한 손실보상금 청구소송과 달리 영농손실에 대해 곧바로 사업시행자를 상대로 보상을 구하는 소를 제기한 것이다. 비록 한국토지주택공사가 2019. 4. 1. 중앙토지수용위원회에 A의 영농손실보상에 관한 수용재결을 신청하여 부적법 각하재결을 받았으나, 이를 재결전치주의가 적용되었다고 볼 수 있는지는 의문이다. 재결전치주의가 적용되었다면, 그 재결에 대해 항고소송의 형식으로 다투어야 한다. 그러나 대상판결에서 A가 제기한 소송은 실질적 당사자소송이다. 대상판결처럼 사업시행자가 수용재결을 적극적으로 신청하지 않거나 기한의 경과로 이를 신청할 수 없는 경우에는 재결절차를 거치지 아니하고 사업시행자를 상대로 당사자소송을 제기할 수 있어야 한다.

Ⅳ. 맺음말

대상판결은 영농손실보상의 법적 성질, 보상의 판단기준 및 산정근거 조항, 그리고 영농손실보상을 구하는 소송형식 등에서 의미 있는 화두(話頭)를 던지고 있다. 대법원은 영농손실보상을 간접보장이자 생활보상으로 단정하고 있지만, 이에 대한 이해에 있어서는 정확하지 않은 부분도 있다. 토지보상법 제77조의 농업의 손실이 영업을 폐지 또는 휴업하는 것에 상응하는 것을 의미하는지는 명확하지 않다. 그러나 여기서

는 때에 비로소 구 공익사업법 제83조 내지 제85조에 따라 권리구제를 받을 수 있을 뿐, 이러한 재결절차를 거치지 않은 채 곧바로 사업시행자를 상대로 손실보상을 청구하는 것은 허용되지 않는다고 보는 것이 타당하다."(대법원 2011. 9. 29. 선고 2009두10963 판결)

말하는 농업의 손실은 모두 생활보상으로 보기 어렵다. 수용으로 인한 직접적인 농작물의 손실은 재산권보상 중 토지 외의 보상에 해당할 수도 있기 때문이다. 또한 토지보상법 시행규칙 제48조에서 규정하는 농업의 손실에 대한 보상(영농손실보상)은 이러한 재산권보상에 제한되지 아니하고 공익사업시행지구에 편입되어 더 이상 농업을 경영할 수 없게 된 경우에 그 이전과 종전 생활의 복구를 염두에 둔 손실보상이다. 대상판결에서 문제가 되는 것도 수용으로 인해 영농을 더 이상할 수 없는 피해에 대한 손실보상이다. 그런 점에 이러한 영농손실보상에는 생활보상의 성격이 있다. 그러나 이를 '간접보상'으로 본 것은 적절하지 않다. 이 사건의 토지는 공익사업시행지구에 편입되는 토지라는 점에서 이를 '간접손실보상'으로 볼 수 없다. 앞으로 판례에서 간접보상에 관한 용어상의 정리가 필요하다고 생각한다.

또한 대상판결에서 영농손실보상을 생활보상으로 보면서, '특별한 희생'을 기준으로 이를 판단하는 것이 적절하지 않다. 독일에서 유래된 '특별한 희생'이라는 기준은 재산권보상에 인정되는 것이며, 생활보상의 기준과 인정범위는 법률의 규정에서 도출되어야 한다. 생활보상은 헌법 제34조에 근거하고 있으며, 사회국가원리의 관점에서 입법자가 그 보상의 요건과 범위를 결정하여야 한다. 대상판결에서 '특별한 희생'에 해당하는지 여부에 관한 판단을 하고 있지만, 특별한 희생과 관련된 학설 중 어떠한 견해를 따르는지가 명확하지 않다. 바람직한 것은 헌법 제23조 및 개별 법률을 근거로 공식화된 수용 개념을 확립하고, 그 요건을 명확히 하는 것이다. 대법원이 영농손실보상을 생활보상으로 판단하고 이를 헌법 제23조 제3항의 정당한 보상과 구별한 것은 타당하다. 그리고 대상판결에서는 영농손실보상의 산정근거 조항이 크게 다투어졌으나, 구 토지보상법 시행규칙 제48조 제2항 단서 제2호의 규정에 관한 해석은 명쾌하지 않은 점도 있다. 원고의 권리구제와 구체적 타당성을 위해 이러한 해석이 불가피한 점은 이해될 수 있다. 국토교통부 고시인

'농작물실제소득인정기준'을 예시적으로 해석하더라도 그 조항의 문맥 상 '농작물실제소득인정기준'에서 인정하지 아니한 경우를 포함하는 것은 법률해석의 범위를 넘어서는 것이다. 이러한 논란을 피하기 위해서는 향후 구 토지보상법 시행규칙 제48조 제2항 단서 제2호의 규정을 고칠 필요가 있다.

그 밖에 대상판결에서는 영농손실보상에 대한 소송형식이 명확하지 않다. 다만, 형식적으로는 손실보상금만을 다툰다는 점에서 당사자소송으로 이해된다. 이러한 대상판례의 입장은 종전의 선례와 차이가 있다. 대법원은 종전에 영업손실보상, 잔여지감가보상 등에서 재결전치주의를 요구하였다. 즉 재결를 거치지 아니하고 곧바로 사업시행자를 상대로 손실보상금을 다투는 것을 허용하지 아니하였다. 대상판결과 같이 토지수용위원회의 재결을 얻기가 사실상 어려운 경우에는 곧바로 당사자소송을 제기할 수 있도록 하는 것이 바람직하다. 그럼 점에서 대상판결은 앞으로 영농손실보상에 관한 중요한 선례가 될 것이다. 그러나 위에서 언급된 불명확하거나 모호한 쟁점 부분에 대해서는 학계의 다각적인 논의를 통해 충실히 보완될 것을 기대해 본다.

참고문헌

[국내문헌]
교과서 및 단행본
김도창, 일반행정법론(상), 제4전정판, 청운사, 1992.
김동희, 행정법 I, 제25판, 박영사, 2019.
김중권, 행정법, 제5판, 법문사, 2023.
박균성, 행정법론(상), 제22판, 박영사, 2023.
박윤흔, 최신행정법강의(상), 개정29판, 박영사, 2004.
이상규, 신행정법론(상), 신판, 법문사, 1997.
정남철, 행정구제의 기본원리, 제1전정판, 법문사, 2015.
홍정선, 행정법원론(상), 제31판, 박영사, 2023.

논문
김광수, "생활보상의 이론과 실제", 행정법연구 제24호(2009), 103−130면.
김상설, "영농보상의 대상이 되는 농지", 감정평가통권 제68호(2005),
    21−34면.
김승종, "생활보상의 법적 성격에 관한 연구: 대법원 판례에 대한 비판적
    검토를 중심으로", 서울법학 제23권 제1호(2015), 41−66면.
문형철, 손실보상에 관한 연구: 영농보상을 중심으로, 단국대학교 대학원
    박사학위논문, 2008.
박수혁, "생활보상에 관한 법적 고찰: 주요 외국의 경우를 중심으로", 현대
    공법학의 과제(청담 최송화교수 화갑기념논문집), 2002, 404−432면.
박평준, "현행법상 생활보상에 관한 고찰", 공법연구 제27집(1999),
    363−382면.
이현석, 영농보상제도에 관한 연구, 토지공법연구 제44집(2009), 67−86면.

정남철, "공생발전을 위한 생활보상의 문제", 저스티스 통권 제134-1호
　　(2013), 130-152면.
최승원, "생활보상의 개념과 헌법적 근거", 공법연구 제26집 제3호(1998),
　　379-393면.

[독일문헌]
Battis/Krautzberger/Löhr, BauGB, 12. Aufl., München 2014.
Erichsen/Ehlers(Hg.), Allgemeines Verwaltungsrecht, 12. Aufl., Berlin
　　2002.
Jarass/Kment, BauGB, 2. Aufl., München 2017.
Maunz/Dürig, Grundgesetz(GG), Kommentar, München 2003.
Maurer/Waldhoff, Allgemeines Verwaltungsrecht, 19. Aufl., München
　　2017.

국문초록

　　대상판결의 주요 쟁점은 영농손실보상의 법적 성질과 판단기준, 영농손실보상의 산정근거, 그리고 영농손실보상의 소송형식 등이다. 대법원은 영농손실보상을 간접보상이자 생활보상으로 보고 있다. 그러나 토지보상법 제77조에서 말하는 농업의 손실(영농손실)이 생활보상이라고 보기는 어렵다. 토지의 수용으로 인한 농작물의 손실은 토지 외의 손실에 해당하며, 이는 재산권보상이다. 대상판결에서 문제가 되는 것은 수용으로 인해 영농을 더 이상 할 수 없는 피해에 대한 손실보상이다. 이는 생활보상의 문제이다. 그러나 이를 간접보상으로 보는 것은 적절하지 않다. 간접손실보상은 사업시행지구 밖에서 발생하는 손실에 대한 보상이다. 이 사건의 토지 위에 발생한 농업의 손실은 공익사업시행지구에 편입되어 있다는 점에서 '간접손실보상'에 해당하지 아니한다. 대상판결은 영농손실보상을 헌법 제23조 제3항의 정당한 보상, 즉 완전한 보상과 구별하면서도, 영농손실보상에 대하여 '특별한 희생'이라는 기준을 사용하고 있다. 독일에서 유래된 '특별한 희생'이라는 기준을 생활보상에 그대로 적용하는 것이 적절한지에 대해서는 재고될 필요가 있다. 생활보상은 헌법 제34조에 근거하고 있으며, 그 보상의 요건이나 범위는 법률에 규정되어 있어야 한다. 대상판결은 '특별한 희생'이라는 기준을 사용하면서도, 특별한 희생과 관련된 학설 중 어떠한 견해를 따르는지가 명확하지 않다. 대법원은 보상의 기준이 되는 '특별한 희생'을 개별 사례에서 여러 가지의 상황을 고려하여 그때그때 판단하고 있지만, 이러한 기준을 그대로 사용하려면 객관적이고 통일된 기준을 마련할 필요가 있다. 독일에서는 근래에 공식화된 수용 개념을 확립하고, 공용수용의 요건을 명확히 하고 있다. 국토교통부 고시인 '농작물실제소득인정기준'을 예시적으로 해석하더라도 그 조항의 문맥상 '농작물실제소득인정기준'에서 인정하지 아니한 경우를 포함하는 것은 법률해석의 범위를 넘어서는 것이다. 대상판결에서는 영농손실보상에 대한 소송형

식이 명확하지 않다. 그러나 종전의 판례와 달리 재결전치주의를 요구하고
있지 않다. 대상판결은 앞으로 영농손실보상에 관한 중요한 선례가 될 것이
다. 그러나 앞에서 언급된 불명확하거나 모호한 부분에 대해서는 학계의 다
각적인 논의를 통해 충실히 보완될 것을 기대해 본다.

　　주제어: 영농손실보상, 생활보상, 사회적 보상, 특별한 희생, 소송형식,
영업손실보상

Abstract

Legal Issues Regarding Compensation for Agricultural Loss: Focusing on the Korean Supreme Court's ruling 2022du34913, delivered on August 18, 2023

Namchul Chung*

The main issues in the target case are the legal nature and criteria for determining agricultural loss compensation, the basis for calculating agricultural loss compensation, and the form of litigation for agricultural loss compensation. The Supreme Court of Korea considers agricultural loss compensation indirect and livelihood compensation. However, it is difficult to understand that the loss of agriculture loss referred to in Article 77 of the Korean Land Compensation Act is a livelihood compensation. The loss of crops due to land expropriation constitutes loss compensation other than land compensation, which is compensation for property rights. Compensation for the farming loss due to expropriation is at issue in the subject judgment. This is a matter of livelihood compensation. However, it is not appropriate to view this as indirect compensation. Indirect loss compensation is compensation for losses that occur outside the project area. In this case, the agricultural losses on the land do not qualify as "indirect loss compensation" because they are included in the utility district. While distinguishing compensation for agricultural losses from just compensation, i.e., full

---

* Sookmyung Women's University College of Law

compensation, under Article 23(3) of the Korean Constitution, the Target Judgment uses the standard of "special sacrifice (Sonderopfer)" for compensation for agricultural losses. The appropriateness of applying this German–derived standard of "special sacrifice" to livelihood compensation needs to be reconsidered. Livelihood compensation is based on Article 34 of the Korean Constitution, and the requirements and scope of such compensation must be prescribed by law. While the subject judgment uses the standard of "special sacrifice," it is unclear which of the theories of extraordinary sacrifice it follows. While the Supreme Court of Korea determines what constitutes "special sacrifice" as a basis for compensation on a case–by–case basis, taking into account the different circumstances of each individual case, it is necessary to establish an objective and uniform standard if this standard is to be used as such. Germany has recently established a formalized concept of expropriation and clarified the requirements for public expropriation. Even if the Ministry of Land, Infrastructure, and Transport (MOLIT) has interpreted the "Criteria for Recognizing Actual Income from Crops" as an example, it is beyond the scope of legal interpretation to include cases that are not recognized by the Criteria the context of the provision. The subject case is unclear on the form of the lawsuit for agricultural losses. However, unlike previous precedents, it does not require an adjudication by the Land Use Committee. The subject judgment is an important precedent for the compensation of agricultural losses in the future. However, I hope the unclear or ambiguous parts mentioned above will be fully supplemented through various discussions in the academic community.

Key Words: agricultural losses commpensation, livelihood compensation, social compensation, special sacrifice, lawsuit form, business loss compensation

투고일 2023. 12. 10.
심사일 2023. 12. 26.
게재확정일 2023. 12. 29.

국가배상법의 기능변화와 전망*

대법원 2022. 8. 30. 선고 2018다212610 전원합의체 판결
[긴급조치국가배상청구]

박재윤**

Ⅰ. 대상판결의 개요 및 쟁점

1. 사실관계

원고들은 구속취소로 석방된 한 명을 제외하고 「국가안전과 공공
질서의 수호를 위한 대통령 긴급조치」(이하 '긴급조치 제9호'라 한다) 위반
혐의로 구속되었다가, 기소된 후 유죄판결을 선고받아 그 형에 따라 복
역하다가 1970년대 후반경 형 집행정지 등으로 석방된 이 사건 본인들
이거나 그 가족 혹은 사망한 사람의 상속인들이다.

이 사건 본인들은 2011년 이후 재심을 청구하였고, 해당 법원은 이

---

 * 이 연구는 2023학년도 한국외국어대학교 교원연구지원사업 지원에 의하여 이루어
   진 것임.
** 한국외국어대학교 교수, 법학박사

사건 본인들에게 긴급조치 제9호가 당초부터 위헌·무효이어서 범죄로 되지 아니하는 경우에 해당한다는 이유로 형사소송법 제325조 전단[1])에 의하여 무죄를 선고하였다. 이에 원고들은 대통령의 긴급조치 제9호 발령행위 또는 긴급조치 제9호에 근거한 수사 및 재판이 불법행위에 해당한다고 주장하면서 피고 대한민국을 상대로 국가배상을 청구하였다.

원심과 제1심은 모두, 대통령의 긴급조치 제9호 발령이 그 자체로 불법행위에 해당한다고 볼 수 없고, 긴급조치 제9호에 근거한 수사와 재판이 공무원의 고의 또는 과실에 의한 불법행위에 해당한다고 할 수 없으며, 긴급조치 제9호의 위헌·무효 등 형사소송법 제325조 전단에 의한 무죄사유가 없었더라면 형사소송법 제325조 후단에 의한 무죄사유가 있었음에 관하여 고도의 개연성 있는 증명이 이루어졌다고 보기도 어렵다는 이유로 원고들의 청구를 기각하였다.[2]) 이에 원고들은 다음과 같은 이유로 상고하였다.

긴급조치 제9호의 발령은 입법행위로서 불법행위에 해당하거나 그에 기초한 수사 및 재판행위와 함께 총체적 불법행위(일련의 불법행위)에 해당하여 국가배상책임이 인정된다. 나아가 긴급조치를 적용·집행한 수사기관 소속 수사관이나 법관의 고의 또는 과실이 인정되므로 긴급조치 제9호에 따른 수사 및 재판은 불법행위로서 국가배상책임이 인정된다.[3])

---

1) 제325조(무죄의 판결) 피고사건이 범죄로 되지 아니하거나 범죄사실의 증명이 없는 때에는 판결로써 무죄를 선고하여야 한다.
2) 일부 제1심에서 각하한 부분은 특별한 쟁점이 되지 못하므로 이 글에서는 생략한다.
3) 이상 사실관계 부분은 박성구, "긴급조치 제9호의 발령 및 적용·집행 행위로 인한 국가배상책임", 「사법」 제62호, 2022, 659면 이하를 참고하여 요약하였음.

2. 대상판결의 요지

가. 다수의견

(1) 국가배상책임의 성립기준[4]

<u>보통 일반의 공무원을 표준으로 공무원이 직무를 집행하면서 객관적 주의의무를 소홀히 하고 그로 말미암아 그 직무행위가 객관적 정당성을 잃었다고 볼 수 있는 때에 국가배상법 제2조가 정한 국가배상책임이 성립할 수 있다. 공무원의 직무행위가 객관적 정당성을 잃었는지는 행위의 양태와 목적, 피해자의 관여 여부와 정도, 침해된 이익의 종류와 손해의 정도 등 여러 사정을 종합하여 판단하되, 손해의 전보책임을 국가가 부담할 만한 실질적 이유가 있는지도 살펴보아야 한다</u>(이하 밑줄 필자).

긴급조치 제9호는 위헌·무효임이 명백하고 긴급조치 제9호 발령으로 인한 국민의 기본권 침해는 그에 따른 강제수사와 공소제기, 유죄판결의 선고를 통하여 현실화되었다. <u>이러한 경우 긴급조치 제9호의 발령부터 적용·집행에 이르는 일련의 국가작용은, 전체적으로 보아 공무원이 직무를 집행하면서 객관적 주의의무를 소홀히 하여 그 직무행위가 객관적 정당성을 상실한 것으로서 위법하다고 평가되고, 긴급조치 제9호의 적용·집행으로 강제수사를 받거나 유죄판결을 선고받고 복역함으로써 개별 국민이 입은 손해에 대해서는 국가배상책임이 인정될 수 있다.</u>

(2) 긴급조치 제9호의 효력과 대통령의 발령행위

긴급조치 제9호는 유신헌법상 발령 요건을 갖추지 못하였다. (중략) 위와 같이 긴급조치 제9호가 위헌·무효이고 그 위헌성이 중대하고 명백한 이상 대통령의 긴급조치 제9호 발령행위는 객관적 정당성을 상실하였다고 보기 충분하다. 다만 긴급조치 제9호 발령행위만으로는 개별 국민에게 손해가 현실적으로 발생하였다고 보기는 어렵고, 긴급조치 제9호를 그대로 적용·집행하는 추가적인 직무집행을 통하여 그 손해가 현실화될 수 있다.

(3) 긴급조치 제9호의 적용·집행행위

가) 헌법재판소의 위헌결정으로 소급하여 효력을 상실하였거나 법원에서 위헌·무효로 선언되었다는 사정만으로 형벌에 관한 법령을 제정한 행위나 법령이 위헌으로 선언되기 전에 그 법령에 기초하여 수사를 개시하여 공소를 제기한 수사기관의 직무행위 및 유죄판결을 선고한 법관의 재판상 직무행위가 국가배상법 제2조 제1항에서 말하는 공무원의 고의 또는 과실에 의한 불법행위에 해당한다고 단정할 수 없다.

그러나 긴급조치 제9호는 영장주의를 전면 배제함으로써 수사과정에서 국민의 기본권 보장이나 법치국가의 사법질서 확립을 포기하였다. 영장주의는 제헌 헌법(제9조) 이래 현행 헌법(제12조 제3항)에 이르기까지 모든 헌법에 채택되어 확립된 원칙으로, 유신헌법 제10조 제3항 역시 영장주의를 천명하고 있었다. 영장주의는 강제처분의 남용으로부터 신체의 자유 등 국민의 기본권을 보장하기 위한 핵심 제도이다. 긴급조치 제9호와 같이 영장주의를 완전히 배제하는 특별한 조치는 국가비상사태에 있어서도 최대한 피하여야 하고, 그러한 조치가 허용된다고 하더라도 예외적 상황에서 한시적으로 이루어져야 한다. 긴급조치 제9호 발령 당시가 국가의 중대한 위기상황 내지 국가적 안위에 직접 영향을 주는 중대한 위협을 받을 우려가 있는 예외적 상황에 해당하였다고 할 수 없을 뿐 아니라 4년 7개월이라는 장기간 영장주의를 완전히 무시하는 긴급조치 제9호와 같은 조치는 허용될 수 없다.

수사기관이 영장주의를 배제하는 위헌적 법령에 따라 체포·구금을 한 경우 비록 그것이 형식상 존재하는 당시의 법령에 따른 행위라고 하더라도 그 법령 자체가 위헌이라면 결과적으로 그 수사에 기초한 공소제기에 따른 유죄의 확정판결에는 중대한 하자가 있다고 보아야 한다.

나) 긴급조치 제9호에 따라 영장 없이 이루어진 체포·구금, 그에 이은 수사 및 공소제기 등 수사기관의 직무행위와 긴급조치 제9호를 적용하여 유죄판결을 한 법관의 직무행위는 긴급조치의 발령 및 적용·집행이라는 일련의 국가작용으로서 전체적으로 보아 국민의 기본권 보장의무에 반하여 객관적 정당성을 상실하였다.

영장주의를 전면적으로 배제한 긴급조치 제9호는 위헌·무효이므로, 그에 따라 영장 없이 이루어진 체포·구금은 헌법상 영장주의를 위반하여 신체의 자유 등 국민의 기본권을 침해한 직무집행이다. 또한 수사과정에서 국민의 기본권이 본질적으로 침해되었음에도 수사과정에서의 기본권 침해를 세심하게 살피지 않은 채 위헌·무효인 긴급조치를 적용하여 내려진 유죄판결도 국민의 기본권을 침해하는 것이다. (후략)

(4) 일련의 국가작용으로 인한 손해 전보의 필요성

가) (생략) 즉, 긴급조치 제9호에 의한 기본권 침해는 침해의 근거가 되는 일반적·추상적 규범의 발령과 이를 구체적으로 적용·집행하는 일련의 직무집행을 통해 이루어진 것이다.

나) 이와 같이 긴급조치 제9호의 발령 및 적용·집행이라는 일련의 국가작용은 위법한 긴급조치 제9호의 발령행위와 긴급조치의 형식적 합법성에 기대어 이를 구체적으로 적용·집행하는 다수 공무원들의 행위가 전체적으로 모여 이루어졌다. 긴급조치 제9호의 발령행위가 위법하다고 하더라도 그 발령행위 자체만으로는 개별 국민에게 구체적인 손해가 발생하였다고 보기 어렵고, 긴급조치 제9호의 적용·집행과정에서 개별 공무원의 위법한 직무집행을 구체적으로 특정하거나 개별 공무원의 고의·과실을 증명 또는 인정하는 것은 쉽지 않다. 따라서 이처럼 광범위한 다수 공무원이 관여한 일련의 국가작용에 의한 기본권 침해에 대해서 국가배상책임의 성립이 문제되는 경우에는 전체적으로 보아 객관적 주의의무 위반이 인정되면 충분하다. 만약 이러한 국가배상책임의 성립에 개별 공무원의 구체적인 직무집행행위를 특정하고 그에 대한 고의 또는 과실을 개별적·구체적으로 엄격히 요구한다면 일련의 국가작용이 국민의 기본

권을 침해한 경우에 오히려 국가배상책임이 인정되기 어려워지는 불합리한 결론에 이르게 된다.

다) 국가는 국민의 기본적 인권을 확인하고 이를 보장할 의무를 부담하고(헌법 제10조 제2문), 이는 유신헌법 아래에서도 마찬가지였다(유신헌법 제8조). 긴급조치 제9호의 발령 및 적용·집행이라는 일련의 국가작용으로 인하여 신체의 자유를 비롯한 국민의 기본적 인권이 침해되었다면 국가는 그 자신이 부담하는 국민의 기본권 보장의무를 저버린 것이다. 그런데 이러한 기본권 침해에 따라 국민에게 발생한 손해가 남아 있다면, 국가에게 그 배상책임을 부담시키는 것이 뒤늦게나마 국가의 기본권 보장의무를 이행하는 방안이 될 것이다. 이러한 관점에서 국가에게 손해의 전보책임을 부담시킬 실질적 이유가 있다고 볼 수 있다.

나. 별개의견

이상의 다수의견에 대하여 다양한 별개의견이 제기되었다. 핵심적인 쟁점은 대통령이나 법관의 직무집행에 대하여 독립적으로 국가배상책임을 인정할 수 있는지 여부이다. 이에 대하여 김재형 대법관은 "대통령의 긴급조치 제9호 발령행위에 대해서 대통령이 국민에 대한 정치적 책임을 질 뿐 법적 책임을 지지 않는다는 대법원 2015. 3. 26. 선고 2012다48824 판결은 변경되어야 한다. 이때 긴급조치 제9호에 따라 수사와 재판, 그리고 그 집행으로 발생한 손해도 상당한 인과관계가 있는 손해로서 손해배상의 범위에 포함된다고 볼 수 있다. 한편 이 경우 법관의 재판작용으로 인한 국가배상책임을 독자적으로 인정할 필요는 없고, 위와 같이 재판으로 인해 발생한 손해를 배상하도록 하는 것이 법관의 재판작용으로 인한 국가배상책임을 엄격히 제한하는 판례와 모순되지 않는다"고 보았다.

반면, 김선수, 오경미 대법관은 오히려 "긴급조치 제9호는 대통령이 국가원수로서 발령하고 행정부의 수반으로서 집행한 것이므로, 대통령의 국가긴급권 행사로서 이루어진 긴급조치 제9호의 발령과 강제수

---

4) 대상판결의 내용이 길므로, 이를 필자가 적절한 표제하에 재구성하여 발췌·소개한다.

사 및 공소제기라는 불가분적인 일련의 국가작용은 대통령의 고의 또는 과실에 의한 위법한 직무행위로서 국가배상책임이 인정된다. 긴급조치 제9호에 대한 위헌성의 심사 없이 이를 적용하여 유죄판결을 선고한 법관의 재판상 직무행위는 대통령의 위법한 직무행위와 구별되는 독립적인 불법행위로서 국가배상책임을 구성하고, 이를 대통령의 국가긴급권 행사와 그 집행에 포섭된 일련의 국가작용으로 평가할 수는 없다"고 주장하였다. 이러한 입장을 반박하는 민유숙 대법관의 보충의견도 있다.

한편, 국가배상책임의 본질과 관련하여 안철상 대법관은 "헌법 제29조의 국가배상청구권은 헌법상 보장된 기본권으로서 국가와 개인의 관계를 규율하는 공권이고, 국가가 공무원 개인의 불법행위에 대한 대위책임이 아니라 국가 자신의 불법행위에 대하여 직접 책임을 부담하는 자기책임으로 국가배상책임을 이해하는 것이 법치국가 원칙에 부합한다. 국가배상을 자기책임으로 이해하는 이상 국가배상책임의 성립 요건인 공무원의 고의·과실에는 공무원 개인의 고의·과실뿐만 아니라 공무원의 공적 직무수행상 과실, 즉 국가의 직무상 과실이 포함된다고 보는 것이 국가배상법을 헌법합치적으로 해석하는 방법이다."라는 의견을 개진하였다. 공법적인 관점에서는 이러한 견해가 주목할 만하다고 하겠다.

3. 이 사건의 쟁점

유신헌법은 이미 역사의 뒤안길로 사라졌다. 그 시절에 대한 역사적 청산의 문제도 이미 그 이후 시대의 과거사 문제에 비하여 우선순위에서 밀려난 것으로 보인다. 유신헌법에서의 긴급조치의 효력에 대하여 이미 대법원은 위헌·무효로 선언하였고, 형사보상도 이루어졌다.[5] 유신헌법에서의 긴급조치는 국가긴급권이 갖는 내재적 한계를 일탈한 것으

---

5) 대법원 2013. 4. 18.자 2011초기689 전원합의체 결정 참조.

로서 목적의 정당성이나 적절성을 갖추지 못하였다는 점에서 오늘날의 관점에서 보면 이미 규범적인 평가는 끝났다고 보아야 한다.[6]

다만, 이는 오늘날의 사후적인 관점에서의 평가라는 점을 인식할 필요가 있다. 법관을 비롯한 모든 공무원은 그 시대 규범의 지배를 받는다. 유신시대 규범의 하나로서 엄연히 유신헌법 제53조 제4항은 "제1항과 제2항의 긴급조치는 사법적 심사의 대상이 되지 아니한다"고 규정하고 있었으므로, 이는 당시의 규범적 현실이라고 이해하여야 한다. 과거 1971년 구 국가배상법에 대한 위헌을 선언하는 것은, 당시 헌법을 삼단논법에 따라 적용하는 단순한 논리였지만, 당시 시대상황에 비추어 엄청난 용기가 필요하였으리라 짐작할 수 있다.[7] 하지만, 지금에 와서 이미 역사적, 법적 평가가 끝난 죽은 권력에 대하여 소급적으로 용기를 내는 것은 어떤 의미가 있는 것인지 냉정하게 음미할 필요가 있다.

대상판결은 이미 이런 이론적인 난점을 인식하고 있었기에 종래 긴급조치 제9호가 위헌·무효라 하더라도 국가배상책임이 성립하지 않는다는 기존 판례를 전제로 하여 이를 극복하기 위한 이론적인 시도를 하고 있다. 그 시도가 바로 다수의견이 제시한 <u>객관적 정당성의 기준에 따라서 판단하되, "긴급조치 제9호의 발령부터 적용·집행에 이르는 일련의 국가작용은, 전체적으로 보아 공무원이 직무를 집행하면서 객관적 주의의무를 소홀히 하여 그 직무행위가 객관적 정당성을 상실한 것으로서 위법하다고 평가된다"</u>는 논리인 것이다. 따라서 여기서는 ① 다수의견의 이론적 근거와 향후 이 법리의 적용범위가 문제된다고 보아 이를 주로 검토한다. 이를 위하여 긴급조치에 관한 판례 자체의 논리적인 전개과정을 살펴보고, 판례의 법리의 근간이 되고 있는 '객관적 정당성'에 관한 논의를 우선 살펴본다. ② 이어서 보다 이론적인 차원에서 판례이론의 근간이 되는 논의를 비교법적인 검토를 통하여 개관한다. ③ 더

---

6) 헌법재판소 2013. 3. 21. 선고 2010헌바70,132,170(병합) 결정 참조.
7) 대법원 1971. 6. 22. 선고 70다1010 전원합의체 판결.

나아가 이 사안의 특징으로서 별개의견을 통하여 대통령과 법관의 책임 여부가 매우 치열하게 다투어졌으므로 이에 대한 쟁점을 추가적으로 살펴보도록 한다.

Ⅱ. 판례법리의 이해

1. 긴급조치에 관한 판례 및 학설

가. 긴급조치의 유효성

대법원은 이미 유신헌법 당시 긴급조치에 대하여 위헌 여부를 다툴 수 없다고 하였던 기존 판결을 폐기하였고,[8] 이후 대법원은 2010. 12. 16. 선고 2010도5986 전원합의체 판결로 대통령긴급조치 제1호 위반으로 유죄판결을 받은 피고인들이 청구한 재심에서 긴급조치 제1호가 위헌이라고 하여 무죄를 선고한 이래, 대법원 2013. 4. 18. 자 2011초기689 전원합의체 결정으로 긴급조치 제9호에 대하여, 대법원 2013. 5. 16. 선고 2011도2631 전원합의체 판결로 대통령긴급조치 제4호에 대하여 위헌이라고 판결하였다. 한편 헌법재판소도 2013. 3. 21. 선고 2010헌바70, 132, 170(병합) 결정으로 긴급조치 제1호, 제2호 및 제9호가 모두 위헌이라고 하였다.[9] 다만, 그 요지는 긴급조치들의 위헌 여부를 심사하는 기준은 유신헌법이 아니라 현행헌법으로서, 유신헌법 제53조 제4항 규정의 적용은 배제되고, 모든 국민은 현행헌법에 따라 이 사건 긴급조치들의 위헌성을 다툴 수 있다는 것이다.

---

8) 대법원 1977. 5. 13.자 77모19 전원합의체 결정.
9) 이상 박성구, 앞의 글, 670면 참조.

나. 유신헌법 제53조 제4항은 '긴급조치는 사법적 심사의 대상이 되지 아니한 다.'라고 규정하고 있었다. 그러나 비록 고도의 정치적 결단에 의하여 행해지는 국가긴급권의 행사라고 할지라도 그것이 국민의 기본권침해와 직접 관련되는 경우에는 헌법재판소의 심판대상이 될 수 있다는 점, 이러한 사법심사 배제조항은 근대입헌주의에 대한 중대한 예외가 될 분 아니라 기본권보장 규정이나 위헌법 률심판제도에 관한 규정 등 다른 헌법 조항들과 정면으로 모순·충돌되는 점, 현 행헌법에서는 그 반성적 견지에서 긴급재정경제명령·긴급명령에 관한 규정(제 76조)에서 사법심사 배제 규정을 삭제하여 제소금지조항을 승계하지 아니한 점 및 긴급조치의 위헌 여부는 원칙적으로 현행헌법을 기준으로 판단하여야 하는 점에 비추어 보면, 이 사건에서 유신헌법 제53조 제4항 규정의 적용은 배제되 고, 모든 국민은 현행헌법에 따라 이 사건 긴급조치들의 위헌성을 다툴 수 있다 고 보아야 한다.

긴급조치를 심사하는 기준이 결국 현행 규범(헌법)이 되어야 한다 는 것은 대상판결을 검토하는 데 있어서도 매우 중요한 논리적 장치라 고 할 것이다. 대법원은 이를 명시적으로 설시하고 있지 않지만, 논리적 으로 혹은 심정적으로 이러한 법리를 전제하고 있다고 볼 수 있다.

나. 긴급조치 제9호에 대한 국가배상청구

대상판결은 기존의 긴급조치 제9호로 인한 피해자들이 제기한 국 가배상청구를 기각한 두 개의 판례를 인용하고 있는데, 먼저 대법원 2014. 10. 27. 선고 2013다217962 판결은, 당시 시행 중이던 긴급조치 제9호에 의하여 영장 없이 피의자를 체포·구금하여 수사를 진행하고 공소를 제기한 수사기관의 직무행위나 긴급조치 제9호를 적용하여 유 죄판결을 선고한 법관의 재판상 직무행위는 유신헌법 제53조 제4항이 "제1항과 제2항의 긴급조치는 사법적 심사의 대상이 되지 아니한다."라 고 규정하고 있었고 긴급조치 제9호가 위헌·무효임이 선언되지 아니하 였던 이상, 공무원의 고의 또는 과실에 의한 불법행위에 해당한다고 보 기 어렵다고 하였다. 그러나, 이 판결은 "국가기관이 수사과정에서 한 위법행위로 수집한 증거에 기초하여 공소가 제기되고 유죄의 확정판결까지 받았으나 재심절차에서 형사소송법 제325조 후단의 '피고사건이 범죄사실의 증명이 없는 때'에 해당하여 무죄판결이 확정된 경우에는 유죄판결에 의한 복역 등으로 인한 손해에 대하여 국가의 손해배상책임이 인정될 수 있다. 이 경우 재심절차에서 무죄판결이 확정될 때까지는 채권자가 손해배상청구를 할 것을 기대할 수 없는 객관적 장애사유가 있었다고 볼 것이고, 채권자가 재심무죄판결 확정일부터 6개월 내에 손해배상청구의 소를 제기하지는 아니하였더라도 그 기간 내에 「형사보상 및 명예회복에 관한 법률」에 따른 형사보상청구를 한 경우에는 형사보상결정 확정일부터 6개월 내에 손해배상청구의 소를 제기하였다면 상당한 기간 내에 권리를 행사한 것으로 볼 수 있으므로, 채무자인 국가의 소멸시효 완성의 항변은 신의성실의 원칙에 반하는 권리남용으로 허용될 수 없다"고 하였다. 즉, 이 판결의 사안에서 수사과정에서 고문 등 가혹행위로 인하여 임의성 없는 자백을 하는 등의 사정이 있어서 공소의 기초된 수사에 관여한 수사관이 그 직무에 관한 죄(형법 제124조)를 저질렀음이 증명되었다는 이유로 형사소송법 제420조 제7호, 제422조 소정의 재심사유에 해당하여 재심이 개시되었고, 동일한 사건의 관련 소외인이 재심에서 공소사실에 대하여 형사소송법 제325조 후단에 의한 무죄판결이 확정되었으므로, 결국, 긴급조치 위반과는 별도로 직무상 불법행위에 기한 국가배상책임이 인정된다고 보는 것이다. 이처럼, 대상판결과 같은 사안에서 단순히 긴급조치라는 근거규정이 유신헌법에 기초하여 위헌인 것인지, 아니면 공무원의 실질적인 인권침해와 같은 불법행위가 있었는지는 일응 유형상의 차이를 만든다고 보아야 한다.

다음으로 대법원 2015. 3. 26. 선고 2012다48824 판결은, 긴급조치 제9호가 사후적으로 법원에서 위헌·무효로 선언되었다고 하더라도, 유신헌법에 근거한 대통령의 긴급조치권 행사는 고도의 정치성을 띤 국가행위로서 대통령은 국가긴급권의 행사에 관하여 원칙적으로 국민 전체에 대한 관계에서 정치적 책임을 질 뿐 국민 개개인의 권리에 대응하여

법적 의무를 지는 것은 아니므로, 대통령의 이러한 권력행사가 국민 개
개인에 대한 관계에서 민사상 불법행위를 구성한다고는 볼 수 없다고
설시하였다.

　기존 긴급조치위반으로 인한 국가배상 판결들에 대하여 학설의 비
판이 강하게 제기되었다. 먼저, 입법행위에 대한 국가배상책임의 인정
기준에 대한 일반이론에 따라 긴급조치에 대하여도 심사하여야 한다고
보면서, 긴급조치의 발령권자인 당시 대통령, 즉 박정희 대통령 자신이
유신헌법 제53조 제4항이 없었더라면 긴급조치를 발령할 엄두를 내지
못했을 것으로 유신헌법의 기본권 규정에 어긋난다는 점을 충분히 인식
하고 있었을 것이라는 비판이 있다.10) 반면, 당시에도 이미 입법행위의
제3자 관련성에 관한 요건을 문제삼으면서, 대통령의 긴급조치에 대한
위헌성 인식이 명백하였다고 보고, 긴급조치의 발령행위와 그에 뒤따르
는 수사, 기소, 재판, 형집행을 일련된 하나의 국가작용으로 이해하여
국가배상책임을 인정하는 것이 타당하다는 견해나,11) 긴급조치를 일종
의 통치행위로 본 것이라고 비판하면서 독일의 조직과실이론을 국가권
력에 의한 조직적인 불법행의 경우에도 적용될 수 있다고 보는 견해도
있었다.12)

---

10) 윤진수, "위헌인 대통령의 긴급조치 발령이 불법행위를 구성하는지 여부 -대법원
　　2015. 3. 26. 선고 2012다48824 판결-",「민사법학」제81호, 2017. 12, 127면; 유사
　　한 결론으로 정태호, "국가배상법상의 유책요건은 위헌인가? -부론: 위헌적 긴급
　　조치에 대한 국가배상청구의 가능성에 대한 검토-",「충남대학교 법학연구」제30
　　권 제1호, 2019, 115면 참조.
11) 다만, 일련의 하나의 국가작용으로 보는 근거에 대한 설명은 찾기 어렵다. 김세용,
　　"위헌인 형벌법규와 국가의 손해배상책임: 유신헌법하의 대통령 긴급조치에 대하
　　여",「민사판례연구」제38호, 2016. 2, 650면 이하 참조.
12) 문병효, "대법원의 긴급조치 및 국가배상 관련 판결들에 대한 비판적 고찰",「민주
　　법학」제59호, 2015. 11, 76면 이하 참조.

2. 객관적 정당성에 관한 판례 및 학설

국가배상책임에 관한 판례의 설시에 있어서 2000년대 이후 성립요건으로서 '객관적 정당성'을 제시하는 경우가 급격하게 증가하였다. 상당수의 선행연구가 판례의 기준이 어떤 기능을 하는지를 유형화를 통하여 분석하였다.13) 박정훈 교수가 수행한 종합적인 분석에 따르면, ① 사실적 행위의 경우에는 위법성이 과실의 문제로 흡수되고, ② 법적 조치의 경우, 작위와 부작위로 나뉘고, 다시 작위는 개별처분과 법령제정행위로, 부작위는 감독·예방조치의 불이행과 수익처분의 발급거부로 나눌 수 있다고 한다. 여기서 ③ 감독조치 불이행의 경우는 객관적 정당성을 상실하였다는 이유로 '위법'을 인정하는 사안은 과실판단 없이 배상책임을 긍정하고, 반대로 배상책임을 부정하는 경우에도 객관적 정당성을 상실하지 않았다는 이유로 '위법' 자체를 부정한다는 것이다. 더나아가 ④ 적극적 개별처분과 거부처분에 관한 판례 중 위법성만으로배상책임을 인정하거나 과실을 추정한 판례유형을 국가배상법 개혁의단초로 파악하고 있다.14)

이러한 판례기준은 특히 행정처분이 항고소송에서 취소되었더라도그 기판력에 의하여 당해 행정처분이 곧바로 공무원의 고의 또는 과실로 인한 것으로서 불법행위를 구성한다고 단정할 수는 없다는 설시를더하면서, 국가배상책임을 부정하는 논거로 지속적으로 활용되어 왔다.이 점이 특히 학설의 비판을 받아 왔다. 위법성에 관한 기준인지 과실

---

13) 안동인, "국가배상청구소송의 위법성 판단과 객관적 정당성 기준 -법적 안정성 측면에서의 비판적 고찰-",「행정법연구」제41호, 2015. 2, 30면 이하; 최계영, "처분의 취소판결과 국가배상책임",「행정판례연구」18-1, 2013, 275면 이하; 박현정, "헌법개정과 국가배상책임의 재구성 -과실책임제도에 대한 비판적 검토를 중심으로",「사법」제42호, 2017, 155면 이하 참조.
14) 박정훈, "국가배상법의 개혁 -사법적 대위책임에서 공법적 자기책임으로-",「행정법연구」제62호, 2020. 8, 31면 이하 참조.

의 판단기준인지 애매하고, 과실상계나 손익상계 단계에서 판단할 문제를 책임의 성립 단계에서 판단하는 것은 문제라는 것이다.15) 물론 이러한 판례의 기준은 일종의 양날의 칼로서 책임의 축소뿐만 아니라 확대의 기준으로도 활용될 수 있다고 한다.16) 대상판결은 기존에 국가배상책임이 부정되던 사안에서 객관적 정당성이라는 기준을 활용하여 책임을 인정하였다는 점에서 이러한 기능이 명시적으로 확인되었다.

취소판결에도 불구하고 손해배상을 부정하는 판례법리는 이른바 상대적 위법성설이라고 하여 일본의 학설에서 영향을 받은 것으로 알려져 있다. 선행연구에 따르면, 상대적 위법성설(위법성 상대설)은 행위위법설이나 결과불법설과 같은 일본에서의 위법성의 개념에 관한 기본 학설과 동등한 차원은 아니며, 국가배상에서의 위법을 항고소송에서의 위법과 동일하게 볼 것인지(위법성 동일설), 서로 다르게 볼 것인지(위법성 상대설)의 차원에서 주장되는 것이라고 한다. 일본에서는 위법성에 관한 기본 학설 중 결과불법설, 상관관계설, 행위위법설 중 직무행위기준설을 모두 포함하여 사용되기도 하는데, 초기의 위법성 상대설은 피해자 구제의 확대라는 실천적 의도에서 결과불법설이나 상관관계설의 입장에서 항고소송에서 위법성이 인정되지 않아 소가 기각되었을지라도 경우에 따라 위법성이 인정되어야 한다고 주장되었으나, 나중에는 직무행위기준설의 입장에서 변용된 위법성 상대설이 주장되었다고 한다. 즉, 취소소송의 청구기각판결뿐만 아니라 청구인용 판결의 경우에도 기판력이 당연히 국가배상 청구에 미치지 않는 것으로 되어 오히려 피해자 구제를 축소하는 경향으로 나타났다는 것이다.17) 이러한 변용된 위법성 상대설의 기존 우리 판례에 영향을 미친 것으로 보인다.

---

15) 박현정, 앞의 글, 156−157면 참조.
16) 최계영, 앞의 글, 276면 참조.
17) 신봉기, 조연팔, "국가배상법상 위법성의 개념에 관한 분석 -일본의 학설 및 판례의 동향을 중심으로−", 「토지공법연구」 제57집, 2012. 5, 278면 이하 참조.

3. 대상판결의 의미

대상판결은 기존 긴급조치 제9호에 대한 국가배상책임을 부정했던 판결의 논리를 극복하는 시도로서 기본적 의미를 갖는다. 기존 판결은 긴급조치 제9호의 발령행위나 그 적용·집행행위는 그것만으로는 불법행위에 해당한다고 보기 어렵다는 것이다. 그러나, 대상판결은 아래의 논리적 단계를 거쳐서 국가배상책임이 성립한다고 본 것이다.

긴급조치 제9호의 위헌·무효 〉 대통령의 발령행위의 객관적 정당성 상실 (손해는 미발생) + 후속 수사, 공소제기 및 유죄판결 = 일련의 국가작용으로서 국민의 기본권 보장의무에 반하여 전체적으로 객관적 정당성 상실 〉 국가배상책임 성립

이처럼 기존의 책임인정의 허들(hurdle)을 넘는 데 있어서 제한의 논리로 작용했던 객관적 정당성이라는 기준이 이제 대상판결에서 일종의 책임확대의 논리로 확립되었다. 기존 비판적 견해에 의하면, 이러한 기준이 위법성에 관한 것인지, 과실에 관한 것인지, 또 항고소송과의 상대적인 차이가 문제되었지만, 대상판결은 그러한 모든 제약을 무시하고 단일한 기준으로서 "객관적 정당성을 잃었다고 볼 수 있는 때에 국가배상법 제2조가 정한 국가배상책임이 성립할 수 있다"고 제시하여, 마치 국가배상법 제2조에 관한 단일한 성립요건을 제시한 셈이 되었다. 대상판결에 따르면, 일응 국가배상법 제2조의 책임을 판담함에 있어서 위법성이나 고의, 과실, 인과관계 등과 같은 기준은 별도로 언급할 필요가 없이 객관적 정당성에 따라서 판단하되, 기존의 판례 법리들은 면책이 문제될 경우에만 쟁점화하여 판단하면 되는 것으로 생각할 수 있겠다. 이러한 판례의 처리방식에 대하여 국가배상법의 명문에 반하여 성립요건의 단계별 기준을 형해화시킨다는 비판이 가능하겠지만, 반면에 요건의 단순화라는 도그마틱적 실용성은 인정할 수 있을 것이다.

한편, 기존 상대적 위법성이란 면에서 비판되는 사안의 경우 소송물의 관점, 즉 소송의 대상과 심리의 범위의 측면에서 살펴보면 일응 불가피한 점이 있다. 가령 국가시험의 출제 오류와 같은 경우는 항고소송은 심의 대상이 처분으로 특정된 최종적인 문제의 오류와 그로 인한 합격, 불합격의 결과만을 다루게 되지만, 국가배상은 심리의 대상이 문제의 출제와 관리의 전 과정을 사실행위 전반을 고찰하는 방식을 취할 수밖에 없다는 점에서 상대적으로 판단할 여지가 생기는 것이다.[18] 마찬가지로 지방의료원의 폐업결정과 같은 권력적 사실행위에 관한 사안에서도 실질적인 행위는 후속적인 집행행위까지 포함하여 고찰하지만, 항고소송이라는 특징으로 인하여 처분을 특정하여야 하므로 폐업의 결정을 처분으로 보는 것이라고 할 수 있다. 그러나 동일한 사안을 국가배상으로 청구한다면, 심리의 대상은 폐업의 전과정이 될 것이다. 결국, 판례는 이러한 사안에서 사실상 과실을 부정하는 논리로서 객관적 정당성이라는 기준을 사용하였던 것인데, 이제는 항고소송과는 다소 무관한 요건이 된 것이다.[19]

다만, 우리나라의 대부분의 학설이 행위위법설을 지지하면서,[20] 민법에서 유래한 결과불법설은 배척하는 입장이다. 국가배상법 제2조의 문언도 '공무원이 직무를 집행하면서 고의 또는 과실로 법령을 위반하여'라고 하여 행위위법의 입장에서 해석될 수 있다고 본다면, 최소한 직무수행의 결과로 손해가 발생하였는지는 기준이 될 수 없다. 따라서 판례가 언급하는 '행위의 양태와 목적, 피해자의 관여 여부와 정도, 침해된 이익의 종류와 손해의 정도 등 여러 사정'은 해석에 있어서 신중한 제한이 불가피하다고 본다.[21]

---

18) 대법원 2022. 4. 28. 선고 2017다233061 판결 등 참조.
19) 대법원 2016. 8. 30. 선고 2015두60617 판결; 박정훈, 앞의 글, 42면 참조.
20) 김동희, 최계영, 행정법 I, 2023, 551면; 김중권, 행정법, 2023, 902면; 박균성, 행정법강의, 2023, 551면 참조.
21) 우리 판례가 불법행위의 본질을 행위불법으로 보는 점에서 객관적 정당성은 공무

Ⅲ. 비교법적 검토

1. 프랑스법상 역무과실 이론

그동안 국가배상법 개혁의 모델로서, 프랑스의 국가배상제도에 관한 연구가 지속적으로 이루어져 왔다.[22] 프랑스 행정법은 '적법성 원칙'과 '책임 원칙'을 두 축으로 하는데, 책임원칙이 판례에 하여 구현된 것이 '행정책임' 제도이며 그 중심을 이루는 것이 '과실책임'(la responsabilité)이라고 한다. 프랑스의 행정책임은 과실책임으로서의 역무과실(la faute de service)과 예외적인 무과실책임을 포함하고 있다고 설명된다.[23]

역무과실의 성격에 대하여는, 행정에게 직접 귀속되는 과실이고(직접성), 기해공무원의 특정이 불필요한 일반적인 '역무의 잘못된 운영'으로 족한 과실(익명성)이라고 객관성을 기본으로 하여 소개하는 것이 일반적이다.[24] 다만, 역무과실도 기본적으로 공무원의 과실이라는 점을 강조하는 견해도 소개되고 있다.[25] 우리나라에서도 역무과실개념의 영향을 받아 국가배상법상의 과실개념을 '국가 등의 행정주체의 작용이 정상적 수준에 미달한 상태', 즉 과실의 객관적 관념으로서의 '국가작용의 흠'을 지칭하는 것이라는 견해가 유력하게 주장되고 있다.[26]

원의 인식가능성으로서의 고의 또는 과실에 관련된 것으로 보고, 객관적 정당성이란 '고의·과실의 이중성', 즉 외적 주의는 위법성의 판단에 대한 것이고, 내적 주의는 책임의 귀속능력에 대한 것이라는 견해로는 정준현, "행정처분의 위법성과 국가배상법상의 위법성", 「법학논총」 제41권 제2호, 2017, 45－46면 참조.

[22] 김동희, "블랑꼬판결 이래 프랑스의 국가배상 책임의 발달", 「공법연구」 제6집, 1978. 9; 박균성, "프랑스의 국가배상책임", 「행정법연구」 제5호, 1999. 11; 박현정, "프랑스 행정법상 과실책임 제도 －'역무과실'의 성격, 위법성과의 관계를 중심으로－", 「행정법연구」 제41호, 2015. 2. 참조.

[23] 박현정, 위의 글, 58면 이하 참조.

[24] 박현정, 프랑스 행정법상 과실책임제도(각주 23), 63면.

[25] 박균성, 앞의 글, 37면 참조.

[26] 김동희, 최계영, 앞의 책, 557면.

프랑스법의 특징은 '위법하면 과실 있다'는 법리가 20세기 중반 이후 판례를 통하여 확고하게 인정되었다는 점이다. 즉, 학자들은 1930년 대까지만 해도 행정결정이 위법하다고 바로 과실이 인정된다는 생각에 까지 미치지 못하였으나, 20세기 중반부터 새로운 이론이 등장하여 결정적으로 1973년 꽁세유데따가 드리앙꾸르(Driancourt) 판결에서 행정결정의 위법성은 단순한 평가상의 오류에 의한 것이라 하더라도 역무과실로 인정된다고 선언하여 오늘날 위법함을 이유로 자동적으로 과실을 인정하는 판례가 확립되었다고 한다. 이러한 법리는 '법적 과실' 즉 행정결정을 원인으로 한 경우만을 전제로 한 것으로서, 행정결정은 월권소송의 대상이 되는 것으로서 여기에는 개별결정뿐만 아니라 행정입법 제정행위도 포함된다. 위법하면 과실이 인정되지만, 피고는 책임을 면하기 위하여 인과관계나, 피해자 과실, 제3자의 행위 등을 등을 면책사유로 주장할 수 있다는 것이다.[27]

2. 독일법상 조직과실 이론

독일은 연혁적으로 공무원의 직무상 불법행위에 대하여 그 효과가 국가에 귀속되지 않고, 공무원이 사적으로 배상책임을 지는 개인적인 공무원 책임제도(Beamtenhaftung)에서 시작하였고, 민법 제839조가 1900 년부터 제정되어 지금까지 공무원의 책임을 규율하여 오다가 1945년 독일기본법 제34조에서 국가배상책임을 규정하게 되었다. 독일에서 기본법에 따라 독립적인 헌법상의 책임규범으로서 의미를 강조하는 견해도 있으나, 기본적으로는 민법에 따라 운용되므로 가는 병렬적이 아니라 직무자를 '대신해서'(anstelle) 책임을 진다고 한다.[28]

---

27) 이상 박현정, 프랑스 행정법상 과실책임제도, 69면 이하 참조.
28) 박현정, 박재윤, 「경찰공무원의 불법행위책임 제한 및 사인에 대한 경찰비용 청구에 관한 연구」, 경찰청 정책연구용역 보고서, 2021. 2, 35면 이하 참조.

최근 독일 법제에서도 책임요소의 객관화 경향이 강화된다고 한다. 즉, 개별 법원의 판례를 분석하면서, 책임있는 개인을 확인하는 것이 불가능한 경우에, 유책성있는 행위를 한 공직자의 개별화하거나 지명하는 것을 포기하면서, 어떤 공무원이 직무상 의무를 위반했다고 하면 충분하다는 것이다. 더 나아가 '익명성', '탈개인화'와 함께 '조직책임(조직과실)'(Organisationsverschulden)이 인정되는 경우도 있다.[29] 가령, 코블렌츠 고등법원은 연방재정법원의 새로운 판결을 알지 못해서 과세관청이 수년간 잘못된 결정을 한 사안에서, 이러한 과실은 더 이상 구체적인 개별 사람에 관련된 것이 아니라 부족하고 잘못된 행정조직의 기능수행 자체에 귀속되고, 외부의 시민은 익명의 행정조직을 대면하면서 세분화된 작업이나 기능수행방식을 알 수는 없다는 점을 고려해야 한다고 판시하였다.[30]

3. 영국법상 일반적 보상원칙 이론

영국에서는 국왕의 면책 법리(King is immune from suit)에 따라, 원칙적으로 공무원 개인에 대하여 불법행위청구를 하였다. 그러다 1947년 국왕소추절차법이 제정되어 국가책임이 인정되었으나, 기본적으로는 보통법상의 불법행위책임(Tort)의 일종으로서 대위책임(Vicarious Liability)로 이해되었다.[31] 또, 전통적으로 악의적 기소와 같은 공무원의 잘못은 오히려 징계적 배상(exemplary damage)[32]의 대상이 되기도

---

29) Papier/Shirvani, BGB §839 Haftung bei Amtspflichtverletzung, in: Münchener Kommentar zun BGB 8. Auflage 2020, Rn. 350 – 351 참조.
30) OLG Koblenz: Amtspflichtverletzung im Steuerfestsetzungsverfahren (NVwZRR 2003, 168, 169.)
31) 영국법 제도에 관하여는 강구철, 영·미의 국가배상제도, 법학논총 제21권 제2호, 2009. 2, 54면 이하 참조.
32) exemplary는 "1.모범적인, 2.가혹한, 본보기를 보이기 위한"이라는 뜻을 갖는바, 여러 사전에 나타나는 '징계적인'이라는 표현을 사용하기로 한다. 네이버 옥스퍼드

하였다고 한다.33)

　　최근 영국의 학자들도 이론적으로 불법행위법의 전통적 이론인 교정적 정의(corrective justice)의 이념과 대비하여,34) 국가의 역할이 바뀌면서 배분적 정의(distributive justice)의 관점이 중요해진다는 점을 강조하고 있다. 실정법적으로도 여러 가지 행정의 잘못에 대하여 행정적 보상(administrative compensation)하는 경향이 강화되고 있다고 한다. 그에 따라, 국가 책임에 있어서 전통적인 배상으로 처리하기보다, 일반적 보상의 원칙(general principle of compensation)을 도입해야 한다는 주장이 유력하게 제기되고 있다.35) 여기서 해로우는 보상(compensation)이 적법한 정책결정의 수단일 뿐만 아니라 정의를 달성하는 우월한 수단이므로, 보상이 손해배상과 필연적으로 동일시해서는 안 되지만, 비정상적인 손실과 손해(abnormal loss and damage)의 경우에 적용할 수 있는 일반적인 보상원칙을 도입할 것을 주장하고 있다.36)

　　한편, 영국법상 유럽인권조약에 의하여 도입된 인권법(Human Rights Act)에 따른 손해배상에 관한 논의를 주목할 필요가 있다. 그에 따르면, 인권법 사건에서의 손해배상(damages in human rights cases)은

영한사전 참조.

33) 박재윤, 유럽법과 공법의 관점에서 본 징벌적 손해배상제 −행정법에 있어서 사인의 소송 및 집행의 역할 (2부)−, 경제규제와 법, 제14권 제1호, 2021. 5, 39면 참조.

34) 와인리브(Ernest J. Weinrib)는 아리스토텔레스의 교정적 정의(corrective justice)가 私法과 불법행위법의 핵심적인 본질에 해당한다고 주장한다. 아리스토텔레스에 의하면, 정의는 한 당사자에서 다른 당사자로의 자원의 직접적 이전에 의해 영향을 받는데, 여기서 이전된 자원은 동시에 원고의 부당한 상해(wrongful injury)와 피고의 부당한 행동(wrongful act)을 대변한다. 와인리브는 여기서 이러한 아리스토텔레스의 기초적 사고를 칸트의 법철학과 연결하여 설명하는데, 교정적 정의의 평등은 칸트의 권리개념에서의 자유로운 목적 존재의 추상적인 평등에 해당한다는 것이다. 그에 따라 교정적인 정의의 대립적인 구조는 상호적인 권리와 의무의 체계로서, 아리스토텔레스적인 평등의 방해는 원고의 권리에 대한 피고의 부당한 침해에 해당한다고 한다. Ernest J. Weinrib, The Idea of Private Law, 2012, p.56−58 참조.

35) Carol Harlow, State Liability: Tort Law and Beyond, 2004, p.10, 23, 88 이하 참조.

36) ibid. p.124.

결코 일반 불법행위법에서의 손해배상(tort damages)과 같은 것이 아니라, '공정한 배상'(just satisfaction)[37]의 정도로 한정되고, 징계적 혹은 가중적 손해배상(exemplary or aggravated damage)은 금지된다고 한다.[38] 유럽인권협약(European Convention on Human Rights, 이하 '협약'이라 한다) 제41조는 "유럽인권법원이 협약이나 의정서의 위반이 있다는 점을 판단하는 경우 그리고 관련 체약당사국의 국내법이 부분적인 배상만을 허용하는 경우, 유럽인권법원은 필요한 경우 손해를 입은 당사자에게 공정한 배상을 제공해야 한다"라고 규정하고 있다.[39] 손해배상을 부여할지와 그 금액을 결정하는 데 있어서, 법원은 제41조에 관한 협약적용의 원칙들을 고려해야 한다. 공정한 배상은 영국법상의 손해배상의 개념과는 중요한 차이가 있다. 가령, 협약의 권리침해를 판정하는 것 자체가 공정한 배상을 구성할 수 있고, 공정한 배상을 수여하는 권한은 재량인 반면, 영국법상으로는 불법행위의 결과 법적으로 손해가 입었다고 인정되는 원고는 자동적으로 배상받을 권리가 주어진다는 것이다. 협약 제41조의 판례에서 고려되는 요건은 영국불법행위법의 규칙에 따라, 적어도 공정한 배상의 원칙만큼 넉넉한 정도로 산정되어지는 인권법 제8절에서의 손해배상을 허용하는 것으로 해석될 수 있다. 결국, 영국법상의 기본 원칙으로는, 공법의 위반으로 인한 손해 자체로는 손해배상이 주어지지 않고, 그런 위반이 불법행위나 계약의 위반과 같이 사법상의 과실(private−law wrong)을 구성해야만 주어진다는 것이다. 그러나, 협약

---

37) 영어 just는 '공정한 혹은 적절한'이라는 뜻을 갖고, satisfaction은 '만족, 충족, 배상(보상)'의 뜻을 갖는데(네이버 영어사전 참조), 여기서는 유럽인권협약 제41조의 내용과 이에 대한 해석을 고려해서, 공정한 배상으로 번역하였다.

38) ibid, p.111.

39) Just satisfaction

If the Court finds that there has been a violation of the Convention or the Protocols thereto, and if the internal law of the High Contracting Party concerned allows only partial reparation to be made, the Court shall, if necessary, afford just satisfaction to the injured party.

제6조의 공정한 재판을 받을 권리와 같은 협약상의 권리의 침해에 대한 금전적인 공정한 배상을 받을 가능성은 이러한 원칙의 예외가 된다고 한다.[40)]

4. 소결: 국가배상책임의 성질론

그동안 학계에서는 대법원 1996. 2. 15. 선고 95다38677 전원합의체 판결에 따라 공무원의 위법행위가 고의·중과실에 기한 경우에 공무원 개인에게도 책임을 귀속시키는 결론에 대하여 비판적으로 보면서, 국가배상법의 성질을 국가의 자기책임으로 보다 철저하게 이해하는 방식으로 개혁되어야 한다는 주장이 줄기차게 주장되었다. 개혁의 모델은 주로 프랑스법을 향한다. 가령, 프랑스의 역무과실과 위법성의 관계를 행정작용이 법적 결정으로 이루어질 때에는 법규를 준수하는 것 자체가 행정의 의무이기 때문에, 원칙적으로 법적 결정의 위법성 자체가 역무과실이라고 소개하면서, 우리 국가배상법상 '공무원의 고의 또는 과실'이라는 문구를 '공무과실'로 보아서 "위법한 처분의 경우에는 항상 공무원의 '공무과실'이 인정되어 국가배상책임이 성립하지만, 공무원의 개인과실(고의·중과실)이 없는 한, 공무원의 개인책임과 구상책임은 발생하지 않는다"는 개혁론이 그것이다.[41)] 독일법과의 비교를 통하여 자기책임적인 전환을 강조하는 견해도 마찬가지 방향이라고 하겠다.[42)]

사견으로는 대상판결의 다수의견 및 안철상 대법관 별개의견도 이러한 경향에 영향을 받았다고 생각된다. 대상판결에서 비교법적으로 프랑스법상의 역무과실이론과 독일법상의 조직책임이론의 흔적을 찾을

40) Peter Cane, Administrative Law, 5th Edition, 2011, p.222-223 참조.
41) 박정훈, 앞의 글, 48, 57-58면 참조.
42) 김중권, "국가배상법상의 과실책임주의의 이해전환을 위한 소고", 「법조」, 2009. 8. 참조.

254 行政判例研究 XXVIII−2(2023)

수 있다. 민법적인 불법행위법을 근간으로 하는 영국법과는 기본적인 입장이 다르겠으나, 영국법에서 논의되는 학자들의 주장은 참고할 만하다고 하겠다. 가령, 인권법 사건에서 배상의 수준이 반드시 일반 불법행위책임과 동일할 필요가 없다는 주장은 참고할 만하다고 본다. 전반적으로 손해배상과 손실보상의 통합과 상대화가 국내는 물론 세계적으로도 큰 흐름이 된다는 점을 확인할 수 있다.43)

다만, 기존 절충설과 관련된 95다38677 판결의 법리는 폐기되기보다는 수정되는 것이 바람직할 것이다. 대법원은 "공무원의 위법행위가 고의·중과실에 기한 경우에는 비록 그 행위가 그의 직무와 관련된 것이라고 하더라도 그와 같은 행위는 그 본질에 있어서 기관행위로서의 품격을 상실하여 국가 등에게 그 책임을 귀속시킬 수 없으므로 공무원 개인에게 불법행위로 인한 손해배상책임을 부담시키되, 다만 이러한 경우에도 그 행위의 외관을 객관적으로 관찰하여 공무원의 직무집행으로 보여질 때에는 피해자인 국민을 두텁게 보호하기 위하여 국가 등이 공무원 개인과 중첩적으로 배상책임을 부담"하는 것을 판결의 핵심 논지로 삼고 있다. 이러한 법리는 실은 프랑스 법제의 책임의 경합제도에서 온 것으로 보인다.44)

여기서 중요한 것은 기관행위로서의 품격을 상실하였다는 것인데, 이러한 특징이 반드시 중과실과 일치하는 것인지는 의문이 있다.45) 대법원은 중과실의 의미를 "공무원에게 통상 요구되는 정도의 상당한 주의를 하지 않더라도 약간의 주의를 한다면 손쉽게 위법·유해한 결과를 예견할 수 있는 경우임에도 만연히 이를 간과함과 같은 거의 고의에 가

---

43) 김동희, 최계영, 앞의 책, 534면; 박정훈, 앞의 글, 65면 참조.
44) 김동희, 최계영, 앞의 책, 565면 각주 부분 참조.
45) 우리 판례의 기준을 도치하여, 공무원 개인책임의 판단기준은 고의·중과실이 아니라 기관행위로서의 품격상실로 보아야 하고, 기관행위로서 품격을 상실하지 않은 직무집행상의 과오는 프랑스의 '용서할 수 있는' 과오에 준하여 징계책임으로 충분하다는 견해로는 박정훈, 앞의 글, 59면 참조.

까운 현저한 주의를 결여한 상태"라고 정의하고 있으나, 실제 사례를 보면 경과실과 큰 차이를 발견하기 어려워서 기관행위로서의 품격을 상실하였다고 평가하기에는 무리가 있는 경우가 종종 있다.[46] 따라서, 입법론으로 중과실 대신 '중대한 위법' 또는 '중대한 하자'와 같은 개념을 도입하자는 주장이 제기되는 것이다.[47] 따라서, 현행법의 해석론으로도 중과실의 범위를 축소하여 해석하고, 중과실 대신 판례가 설정한 기관행위로서의 품격을 상실한 경우 자체를 공무원의 개인책임이 인정되는 경우로 한정하여 해석하는 것이 필요하다고 본다.

Ⅳ. 쟁점의 검토

1. 다수의견의 적용범위

대상판결은 살펴본 바와 같이, 긴급조치 제9호로 인한 손해에 대하여 국가배상이 인정되지 않는다는 기존 판례를 "긴급조치 제9호의 발령

---

46) 대법원 2011. 9. 8. 선고 2011다34521 판결: 공무원 갑이 내부전산망을 통해 을에 대한 범죄경력자료를 조회하여 공직선거 및 선거부정방지법 위반죄로 실형을 선고받는 등 실효된 4건의 금고형 이상의 전과가 있음을 확인하고도 을의 공직선거 후보자용 범죄경력조회 회보서에 이를 기재하지 않은 사안에서, 갑의 중과실을 인정하여 국가배상책임 외에 공무원 개인의 배상책임까지 인정한 원심판단을 수긍한 사례; 수원지법 2019. 11. 7. 선고 2019나56678 판결(대법원 상고기각 확정): 경찰서 당직 경찰관이 원고가 제출하려는 고소장의 내용이 형사사건이 아닌 민사상 채무불이행 사건이라고 하면서 고소장을 접수하지 않고 반려하고, 이에 대하여 청문감사실에 민원을 접수하였으나, 이를 제대로 처리하지 않은 경우에 고의 또는 중과실로 공무원 개인도 책임을 부담한 사안; 대법원 2021. 11. 11. 선고 2018다288631 판결: 세월호 진상규명 등을 촉구하는 기자회견을 한 후 청와대에 서명지 박스를 전달하기 위한 행진을 시도하였으나 관할 경찰서장인 을 등이 해산명령과 통행차단 조치를 한 사안에서, 해산명령 및 제지조치가 위법하다고 보아 국가배상은 인정하였고, 원심은 중과실까지 인정하였으나 대법원은 중과실은 배척한 사안 등 참조.
47) 박현정, 헌법개정과 국가배상책임의 재구성, 173면 참조.

부터 적용·집행에 이르는 일련의 국가작용은, 전체적으로 보아 공무원
이 직무를 집행하면서 객관적 주의의무를 소홀히 하여 그 직무행위가
객관적 정당성을 상실한 것으로서 위법하다고 평가된다"는 논리로 극복
하였다. 다수의견의 논리에 대하여는 유신헌법 제53조 제4항이 긴급조
치에 대하여 사법심사를 배제하고 있었던 이상 법관뿐만 아니라 긴급조
치의 집행 등에 관여한 다른 공무원들의 행위가 독립적인 불법행위가
된다고 할 수 없다면서, 오히려 대통령의 긴급조치 발령행위에 대한 국
가배상책임을 인정하는 것이 간명하다는 비판이 제기되고 있다.[48] 반
면, 대상판결이 기존 판결의 논리를 극복한 것은 호평하면서도, 재판상
불법의 인정여부에 침묵하여 결과적으로 국가적 불법에서 司法的 불법
은 제외되었다는 점을 비판하는 견해도 있다.[49]

　　필자가 보기에 유신헌법 제53조 제4항이 있는 상태에서 과연 대상
판결의 논리인 '일련의 국가작용을 전체적으로 본다'는 것에 의하더라고
상위규범이 있는 상태에서 그 규범적인 제약을 뛰어넘는 것이 가능할
것인지 의문이 있다. 설사 국가의 자기책임을 철저히 관철하여 프랑스
법제와 같이 보더라도, 일종의 결과책임으로서 위헌·무효가 되었다면
결과적인 배상책임을 인정한다는 법리를 도입하지 않은 한, (이는 사실상
무과실책임과 동일할 것임) 당시의 상위규범을 뛰어넘는 역무과실을 바로
인정할 수 있을지 의문이다. 결국, 여기에는 유신헌법 제53조 제4항을
적용배제하고 긴급조치 제9호에 대한 심사기준이 현행헌법이 된다는
헌재 2010헌바70등 결정의 논리를 대법원이 논리적으로 전제하고 있다
고 판단할 수밖에 없어 보인다. 이러한 법리는 대법원이 이미 강제징용
사건[50]에서 과거의 명백한 문언을 뛰어넘는 논리로서 학계의 주장을

48) 윤진수, "위헌인 대통령 긴급조치로 인한 국가배상책임 －대법원 2022. 8. 30. 선고
　　2018다212610 전원합의체 판결－",「민사법학」제101호, 2022. 12, 171면 이하 참조.
49) 김중권, 긴급조치와 관련한 국가배상책임에서 재판상의 불법의 문제 －대상판결:
　　대법원 2022. 8. 30. 선고 2018다212610 전원합의체판결, 인권과정의, 2022. 12, 112
　　면 참조.

받아들인 적이 있었다는 점에서도 추정할 수 있다.

대상판결의 법리가 향후 어떤 범위에서 적용될 것인지가 문제된다. 기존 판례는 공무원의 주관적인 과실을 중시하여 책임을 제한하는 법리를 지속적으로 설시하였는데, 이러한 사안들이 위 법리로 인하여 일거에 변화될 것인지를 살펴볼 필요가 있다. 소위 과실의 객관화, 조직과실 등의 경향을 넘어서 자기책임설에 근거한 진보적인 학설이 주장하는 바와 같이 과실요건의 추정이나 소멸과 같은 단계로 나아갈 수 있는지 문제되는 것이다.

먼저, 다수의견의 법리는 다수행위자의 사실행위가 관여된 사안에서 개별행위자의 고의 또는 과실과 같은 주관적 책임이 인정되지 않더라도 바로 국가배상책임을 인정할 수 있는 계기를 마련할 수 있다는 점에 의미가 있다. 가령, 2022년 발생한 이태원 사태 같은 대형 혼잡으로 인한 재난 사고의 경우, 우리 사회는 형사적인 수사와 기소가 먼저 이루어져서 이에 대한 결과가 처리되기 전에는 국가배상의 문제가 처리되지 않는 것이 관례처럼 반복되었다.[51] 그런데, 대상판결의 법리를 통하여 형사책임이 인정되는 것과 무관하게 국가배상 인정될 수 있는 계기가 마련된 것이다.[52]

---

50) 대법원 2018. 10. 30. 선고 2013다61381 전원합의체 판결 참조.

51) 재난에 있어서 형시적인 책임추궁을 먼저 하는 관행의 문제점에 대하여는 박재윤, "대한민국 행정의 기능부전과 국가의 책임", 「국가비전 입법정책 컨퍼런스 ─국가비전과 대한민국 법학의 과제─」자료집, 2023. 11, 45─46면 참조.

52) 대상판결 중 안철상 대법관 별개의견: 공적 직무수행상 과실에는 하나의 공무원 또는 여러 공무원의 책임이 문제되는 경우가 있을 수 있고, 공무원 개인에게 책임을 귀속시키기 어려운 경우도 있을 수 있다. 특정 공무원의 행위에 의한 것이지만 해당 공무원을 특정하는 것이 불가능한 경우나 직무 전체의 집합적 과실이 문제되어 과실을 범한 공무원을 특정하는 것이 불필요한 경우에도 행정 조직이나 운영상의 결함으로 국가의 직무에 요구되는 결과를 얻지 못한 때에는 공적 직무수행상 과실이 인정될 수 있다. 이러한 해석이 실천적인 의미를 가지는 국면이 바로 공무원의 개인적인 잘못이 인정되기 어려울 때에도 그것이 직무상 과실에 해당하여 국가의 책임이 인정될 수 있다는 것이다; 민유숙 대법관 보충의견: 1) 다수의견은 긴급조

위헌·위법인 하위법령이나 행정규칙을 적용한 경우 그 처분은 위법하나 당해 법령을 적용한 공무원에게 과실이 있다고 보기 어려워 국가배상책임이 인정되지 않는다고 보는 것이 일반적인 학설과 판례의 입장이다. 이 견해에 따르면, 위헌·위법인 법령 제정상의 과실을 인정하기도 어렵다고 본다.53) 반면, 프랑스법상 법령제정행위가 행정결정에 포함된다는 점에 착안하여 법령·훈령 제정행위의 경우, 상위법령 위반이 명백한 때뿐만 아니라 그에 관해 판례가 확립되지 않고 견해가 대립되는 때에도 국가는 적법한 법령·훈령을 제정하고 시행할 의무에 위반한 '자기책임'으로서 배상책임을 부담한다는 견해도 있다.54)

대상판결에 따르면, 행정기관의 법령 제정 및 적용에 있어서 다수 공무원이 관여한 경우에도 이를 전체적으로 고찰하여 객관적 정당성이 상실하였는지를 기준으로 삼을 수 있게 될 것이다. 「행정기본법」 제38조, 제39조에 의하면, 행정은 헌법과 상위 법령을 위반해서는 아니되며, 권한 있는 기관에 의하여 위헌으로 결정되어 법령이 헌법에 위반되거나 법률에 위반되는 것이 명백한 경우 이를 개선할 의무가 발생하게 될 것이다. 그러나 이러한 의무가 결과책임을 의미하는 것은 아니며, 상위법령 위반이 명백하지 않은 경우까지 조직으로서의 행정기관이 이를 판단하기는 불가능하다고 할 것이다.55) 따라서 명백성이 없는 경우에는 대법원 판례가 있기 전에는 과도한 행정기관의 부담이 되므로 국가배상

치 제9호의 현저한 위헌성과 인권침해 결과, 피해자들에 대한 절실한 구제 필요성을 재인식하고 국가배상책임을 인정하는 대법원의 결단의 표명이다. 전통적인 국가배상법리는 직무를 수행한 개별 공무원의 주의의무 위반, 즉 공무원 개인의 고의·과실에 대한 증명을 요구하여 왔다. 그러나 부당한 공권력 행사가 법률의 제정과 집행이라는 일련의 국가작용으로 구성된 경우 개별 공무원의 고의·과실에 대한 증명을 요구한다면 국가배상책임을 부정하는 결론에 이를 수밖에 없다.

53) 박균성, 앞의 책, 566−567면; 대법원 1999. 9. 17. 선고 96다53413 판결; 대법원 2013. 4. 26. 선고 2011다14428 판결 참조.
54) 박정훈, 앞의 글, 61면 참조.
55) 취소사유로서 명백성을 기준으로 하는 정준현, 앞의 글, 46면 이하 참조.

인정이 어려울 듯하다. 반면, 단순히 법령의 해석이 어렵고 학설 대립이
있는 정도라면 국가기관의 자기책임을 인정해도 무방하고, 손해배상의
정도에서 감액할 수 있다고 생각한다.

　　우리 판례의 독특한 사례 중 국가시험에서의 출제 잘못으로 인하
여 불합격처분이 된 사안이 있다. 이러한 사안에서 대법원은 최근까지
도 항고소송에서 취소되었다고 할지라도 그 기판력으로 곧바로 국가배
상책임이 인정될 수 없다는 입장을 고수하고 있다.[56] 다만, 이 판결에
서는 시행과 관리에서의 다양한 요소를 기준으로 하여 객관적 정당성
여부를 구체적으로 판단하고 있으므로, 관련 당사자가 많아서 손해의
인정에 난점이 있다는 점을 생각한다면 판례변경의 필요성은 크지 않다
고 본다.

2. 대통령의 책임 여부

　　김재형 대법관의 별개의견은 급조치 제9호의 위헌성이 명백한데도
대통령은 유신체제 유지를 위한 목적으로 굳이 긴급조치 제9호를 발령
하였으므로, 일반적 입법행위에 대하여 국가배상책임을 제한하는 경우
와는 달리 국가배상책임이 인정되어야 한다는 것이다. 또 통치행위를
인정할 수 없다고도 한다. 대상판결에 관한 기존의 비판적 학설도 입법
행위에 비추어 보아서 책임을 인정해야 한다는 점에 있다. 특히 대통령
개인에게 긴급조치 발령 당시 위헌성에 대한 고의를 인정할 수 있을 것
이라는 지적이 핵심적 논거라고 할 수 있다.[57]

---

56) 대법원 2022. 4. 28. 선고 2017다233061 판결.
57) 윤진수, 위헌인 대통령 긴급조치로 인한 국가배상책임, 166면; 이은상, "국가배상법
    상 고의, 과실 요건과 권익구제방안", 「행정판례연구」 27-1, 2022, 167면; 독일의
    규범상 불법개념을 원용하여 대통령의 국가배상책임이 인정되어야 한다는 견해로
    는 정남철, "긴급조치와 국가배상", 「행정판례연구」 제27집 제2호, 2022. 12, 242면
    이하 참조.

그러나, 유신헌법과 긴급조치의 발령은 규범적 판단과 역사 연구의 대상이지, 사실심리의 대상처럼 생각하는 것은 올바른 접근이라고 보기 어렵다. 이미 고인이 된 대통령의 심리상태를 추론하는 것은 매우 설득력이 있어 보이지만, 다른 한편으로는 검증할 수 없는 허망한 방식이므로, 판결의 또 다른 정치적 논란의 계기가 될 수 있다.[58] 그리고 긴급조치의 발령을 입법행위로 보더라도 이는 일종의 행정입법권한에 불과하므로 규범적으로 당시 유신헌법을 심사할 수는 없다고 보아야 한다. 따라서 헌재의 논리처럼 현재 헌법에 비추어 당시 유신헌법의 조항을 적용배제할 수는 있으나, 이것이 대통령 개인의 책임으로 이어지는 것인지는 의문이다.

3. 법관의 책임 여부

마찬가지로 법관의 책임에 관하여도 기존 국가배상에 관한 면책법리가 여전히 의미가 있다고 본다.[59] 대법관 김선수, 대법관 오경미의 별개의견은 법관의 배상책임이 별도로 인정되기 어렵다는 김재형 대법관의 별개의견을 반박하기 위하여 유신헌법 제53조 제4항에도 불구하고 긴급조치 제9호에 대한 법관의 사법심사, 즉 위헌성 심사를 했어야 한다는 견해를 펴고 있다.[60] 이러한 별개의견은 판사에게 과도한 정의

---

58) 대법원의 판결방식과 정치적 공정성 논란에 관하여 박재윤, "방송의 공정성과 법의 포기", 「행정판례연구」 25−2, 2020, 204면 참조.

59) 대법원 2003. 7. 11. 선고 99다24218 판결: 법관의 재판에 법령의 규정을 따르지 아니한 잘못이 있다 하더라도 이로써 바로 그 재판상 직무행위가 국가배상법 제2조 제1항에서 말하는 위법한 행위로 되어 국가의 손해배상책임이 발생하는 것은 아니고, 그 국가배상책임이 인정되려면 당해 법관이 위법 또는 부당한 목적을 가지고 재판을 하였다거나 법이 법관의 직무수행상 준수할 것을 요구하고 있는 기준을 현저하게 위반하는 등 법관이 그에게 부여된 권한의 취지에 명백히 어긋나게 이를 행사하였다고 인정할 만한 특별한 사정이 있어야 한다.

60) 대상판결과 관련하여 법관의 위헌심사의무에 대하여 검토한 문헌으로는 임성훈, "법관의 재판에 대한 국가배상책임", 「행정법연구」 제70호, 2023. 3. 참조.

감을 요구하는 것으로, 사후적인 판단의 의미만 있지 현실적으로 실현 가능성이 있는지 의문이라고 하겠다. 이미 죽은 권력에게 소급적으로 과도한 용기를 내는 것이 무슨 의미가 있다는 것인가?

V. 결 론

　　대상판결은 국가배상을 기존의 주관적인 대위책임에서 국가의 자기책임으로 전환하여 이해할 수 있는 단초를 제공하는 공법적 책임제도의 특질을 보여준 사례란 점에서 의미가 있다. 국가배상제도는 피해자 구제와 손해분산, 제재 및 위법행위억제기능을 갖는 것으로 설명된다.[61] 그런데, 기존 불법행위책임에 대하여 일종의 법경제학적인 접근을 한 수영장 사고 사건[62]과는 이제 사상적 배경이나 기능적인 접근이 달라지는 것을 알 수 있다. 즉, 법경제학적으로 보면, 비용과 편익을 분석하여 불법행위책임으로 인한 비용을 더 부담시키면 이제 이런 사고를 예방하는 데 도움이 된다고 볼 수 있을 것이다. 그러나 국가배상은 국고를 대상으로 하는 것이므로, 이런 경제적 합리성을 따져서 향후 사고를 예방할 수 있을 것인지는 의문이 있다. 오히려, 행정의 법률적합성이나 '공적 부담 앞의 평등'이라는 공법적인 관점이 먼저 고려되어야 할 것이다.

　　대상판결의 법리로 인하여 국가배상의 성립에 있어서 주관적인 책임의 요소는 향후 상당히 완화되어 판단될 것이다. 따라서 향후의 과제는 오히려 국가배상제도를 운영하는 재원을 마련하는 국민 전체의 납세자의 입장에서 즉, 일종의 보험자의 입장에서 적절한 수준에서 배상액이 결정되는 것에 관심을 가져야 할 것이다. 그 수준은 일응 법률상 형

---

61) 하명호, 행정법, 464면 참조.
62) 대법원 2019. 11. 28. 선고 2017다14895 판결.

평의 관점에서 결정되는 행정적인 보상의 수준이 참고가 될 수 있을 것이라고 본다.[63]

과거 권위주의 시대의 긴급조치와 함께 가혹행위가 문제된 사안에서 형사소송법 제325조 후단에 해당하면 국가배상책임을 인정하면서 상당한 수준의 위자료를 인정하였던 것으로 보인다.[64] 법관의 사법적 책임의 인정을 강조하는 별개의견도 이러한 국가배상의 인정을 의도한 것이 아닌가 추측된다. 그러나 영국에서의 논의처럼 인권에 관한 사안이 모두 징벌적 손해배상으로 이어지는 것은 경계해야 할 논리라고 할 것이다. 만약, 대상판결의 사안이 공무원 개인의 가혹행위가 문제된 사안이라면, 다수의견과 같이 이론적인 논리를 전개할만한 사안이라기보다, 비판적인 견해처럼, 개인적인 책임자가 누구인지를 명확히 밝혀내서, 그 사람의 주관적인 고의, 과실에 따라 개인적 책임까지 물을 수 있도록 하는 접근이 타당할 수 있다. 그런 측면에서 보면, 대상판결은 이런 사안과는 다소 거리가 있는 논란이 있는 사안을 선정한 측면에 문제가 있다. 다수의견과 같은 공법적인 이론을 실험하기에 다소 적절하지 않은 사안을 택해서 견해대립이 불필요하게 심화된 측면이 있는 것이다.

그럼에도 불구하고 다수의견은 타협적이지만, 올바른 결론을 택했다고 생각한다. 다시 한 번 강조하지만 사후적으로 소급하여 법관에게 라드브루흐 공식[65]을 실현하도록 요구하는 것은 정치적으로 무리한 요구이며, 법원의 중립성에도 큰 타격이 되는 선택이라고 할 것이다.

---

63) 이는 헌법 제23조 제3항의 재산권의 보상에 관하여 논의되는 소위 완전보상의 수준과는 다르다고 생각된다. 대법원 2001. 9. 25. 선고 2000두2426 판결 등 참조.
64) 인혁당 사건에 관한 서울중앙지방법원 2007. 8. 21. 선고 2006가합92412 판결 참조.
65) "실정법률의 정에 대한 위반이 참을 수 없는 정도에 이르렀다면, '부정당한 법'인 그 법률은 정의에 자리를 물려주어야 할 것이다."는 것으로, 구스타프 라드브루흐, 윤재왕 역, 법철학, 2021, 441면[부록 II 부분] 참조.

참고문헌

구스타프 라드브루흐, 윤재왕 역, 법철학, 2021.

김동희, 최계영, 행정법 I , 2023.

김중권, 행정법, 2023.

박균성, 행정법강의, 2023.

박현정, 박재윤, 「경찰공무원의 불법행위책임 제한 및 사인에 대한 경찰 비용 청구에 관한 연구」, 경찰청 정책연구용역 보고서, 2021. 2.

김동희, "블랑꼬판결 이래 프랑스의 국가배상 책임의 발달", 「공법연구」 제6집, 1978. 9.

김세용, "위헌인 형벌법규와 국가의 손해배상책임: 유신헌법하의 대통령 긴급조치에 대하여", 「민사판례연구」 제38호, 2016. 2.

김중권, "국가배상법상의 과실책임주의의 이해전환을 위한 소고", 「법조」, 2009. 8.

박균성, "프랑스의 국가배상책임", 「행정법연구」 제5호, 1999. 11.

박성구, "긴급조치 제9호의 발령 및 적용·집행 행위로 인한 국가배상책 임", 「사법」 제62호, 2022.

박재윤, "대한민국 행정의 기능부전과 국가의 책임", 「국가비전 입법정책 컨퍼런스 −국가비전과 대한민국 법학의 과제−」자료집, 2023. 11.

박재윤, "방송의 공정성과 법의 포기", 「행정판례연구」 25−2, 2020.

박정훈, "국가배상법의 개혁 −사법적 대위책임에서 공법적 자기책임으로 −", 「행정법연구」 제62호, 2020. 8.

박현정, "프랑스 행정법상 과실책임 제도 −'역무과실'의 성격, 위법성과의 관계를 중심으로−", 「행정법연구」 제41호, 2015. 2.

박현정, "헌법개정과 국가배상책임의 재구성 −과실책임제도에 대한 비판 적 검토를 중심으로", 「사법」 제42호, 2017.

신봉기, 조연팔, "국가배상법상 위법성의 개념에 관한 분석 -일본의 학설 및 판례의 동향을 중심으로-", 「토지공법연구」 제57집, 2012. 5.

안동인, "국가배상청구소송의 위법성 판단과 객관적 정당성 기준 －법적 안정성 측면에서의 비판적 고찰-", 「행정법연구」 제41호, 2015. 2.

윤진수, "위헌인 대통령 긴급조치로 인한 국가배상책임 －대법원 2022. 8. 30. 선고 2018다212610 전원합의체 판결－", 「민사법학」 제101호, 2022. 12.

윤진수, "위헌인 대통령의 긴급조치 발령이 불법행위를 구성하는지 여부 -대법원 2015. 3. 26. 선고 2012다48824 판결-", 「민사법학」 제81호, 2017. 12.

이은상, "국가배상법상 고의, 과실 요건과 권익구제방안", 「행정판례연구」 27－1, 2022.

임성훈, "법관의 재판에 대한 국가배상책임", 「행정법연구」 제70호, 2023. 3.

정남철, "긴급조치와 국가배상", 「행정판례연구」 제27집 제2호, 2022. 12.

정준현, "행정처분의 위법성과 국가배상법상의 위법성", 「법학논총」 제41권 제2호, 2017.

정태호, "국가배상법상의 유책요건은 위헌인가? －부론: 위헌적 긴급조치에 대한 국가배상청구의 가능성에 대한 검토-", 「충남대학교 법학연구」 제30권 제1호, 2019.

최계영, "처분의 취소판결과 국가배상책임", 「행정판례연구」 18－1, 2013.

Carol Harlow, State Liability: Tort Law and Beyond, 2004.

Ernest J. Weinrib, The Idea of Private Law, 2012.

Papier/Shirvani, BGB §839 Haftung bei Amtspflichtverletzung, in: Münchener Kommentar zun BGB 8. Auflage 2020.

Peter Cane, Administrative Law, 5th Edition, 2011.

국문초록

대상판결인 대법원 2022. 8. 30. 선고 2018다212619 판결은 유신헌법하에서 발령된 긴급조치 제9호의 위반으로 구속기소되어 유죄판결을 받았던 사람들에 대한 국가배상의 인정 여부를 다루고 있다. 대법원은 기존의 판례를 변경하여, "긴급조치 제9호의 발령부터 적용·집행에 이르는 일련의 국가작용은, 전체적으로 보아 공무원이 직무를 집행하면서 객관적 주의의무를 소홀히 하여 그 직무행위가 객관적 정당성을 상실한 것으로서 위법하다고 평가되고, 긴급조치 제9호의 적용·집행으로 강제수사를 받거나 유죄판결을 선고받고 복역함으로써 개별 국민이 입은 손해에 대해서는 국가배상책임이 인정될 수 있다"고 판결하였다. 다수의견에 대하여 대통령의 긴급조치 발령으로 인한 국가배상책임이나 법관의 재판으로 인한 국가배상책임이 독자적으로 인정된다는 별개의견들이 제시되었다.

대상판결은 기존에 책임의 제한논리로 사용되었던 '객관적 정당성'이라는 기준을, 일종의 책임확대를 포함한 일반적인 책임인정기준으로서 제시하였다고 평가할 수 있다. 이 연구는 대상판결의 기초가 되는 기존 논의를 검토한 후 대상판결의 기초가 되는 법리를 프랑스법, 독일법, 영국법의 논의를 비교법적으로 검토하였다. 더 나아가 대상판결의 법리의 적용범위와 별개의견에서 제기한 대통령과 법관에 대한 책임이 독자적으로 인정될 지에 관하여도 검토하였다.

대상판결은 국가배상을 기존의 주관적인 대위책임에서 국가의 자기책임으로 전환하여 이해할 수 있는 단초를 제공하는 공법적 책임제도의 특질을 보여준 사례란 점에서 의미가 있다. 대상판결의 법리로 인하여 국가배상의 성립에 있어서 주관적인 책임의 요소는 향후 상당히 완화되어 판단될 것이다. 향후의 과제는 오히려 국가배상제도를 운영하는 재원을 마련하는 국민 전체의 납세자의 입장에서 즉, 일종의 보험자의 입장에서 적절한 수준에서 배상액이 결정되는 것에 관심을 가져야 할 것이다. 그 수준은 일응 법률상 형평의 관점에서 결정되는 행정적인 보상의 수준이 참고가 될 수 있을 것으로 본다. 대상판결은 다소 논쟁적인 사안을 채택하여 논란이 심화된 측면이 있으나, 타협적이지만 올바른 결론을 택했다고 생각한다.

사후적으로 소급하여 법관에게 "실정법률의 정에 대한 위반이 참을 수 없는 정도에 이르렀다면, '부정당한 법'인 그 법률은 정의에 자리를 물려주어야 할 것이다."는 라드브루흐 공식을 실현하도록 요구하는 것은 정치적으로 무리한 요구이며, 법원의 중립성에도 큰 타격이 되는 선택이라고 할 것이다.

주제어: 긴급조치, 객관적 정당성, 역무과실, 조직과실, 국가배상, 대통령의 책임

Abstract

Changes in the Function and Prospects of the State Compensation Act*
— Supreme Court Decision, Aug. 30, 2022, 2018DA212610 —

Park, Jae—Yoon**

The Supreme Court's decision of August 30, 2018, 2018Da212619, addresses the question of whether state compensation is available to those who were arrested, prosecuted and convicted of violating Emergency Measure No. 9, which was issued under the 7th amendment Constitution('Yushin Constitution'). The Supreme Court changed its precedent and ruled that "a series of state actions from the issuance of Emergency Measure No. 9 to its application and enforcement, taken as a whole, can be evaluated as unlawful because the officials neglected their objective duty of care in executing their duties and their actions lost their objective legitimacy, and state compensation liability can be recognized for damages suffered by individual citizens as a result of being forcibly investigated, convicted and sentenced as a result of the application and enforcement of Emergency Measure No. 9." Against the majority opinion, two separate opinions were presented: the state liability for the issuance of emergency measures by the president and the state liability for the trial by a judge could be acknowledged.

---

* This work was supported by Hankuk University of Foreign Studies Research Fund Of 2023.
** Professor, Ph.D. in Law, Hankuk University of Foreign Studies Law School.

It can be evaluated that the target decision presented the standard of 'objective justification', which was previously used as a logic for limiting liability, as a general standard for recognizing liability, including a kind of expansion of liability. After reviewing the existing discussions on the basis of the decision, this study examines the legal theory underlying the case comparatively in French, German, and English law. Furthermore, this study examines the scope of the case law and whether the liability of the president and judges raised in the separate opinions can be recognized independently.

This decision is significant in that it demonstrates the characteristics of the public law liability system, which provides a basis for understanding state compensation by shifting from the existing subjective subrogation responsibility to the state's own responsibility. Due to this precedent, the element of subjective liability in establishing state compensation will be significantly relaxed in the future. The task for the future will be to ensure that the amount of compensation is determined at an appropriate level from the perspective of the taxpayers of the country as a whole, who fund the system, i.e., from the perspective of an insurer. The level of administrative compensation, which is determined from the perspective of legal equity, may be a guide. The decision adopts a somewhat controversial approach to the issue, which has made it more controversial, but I think it reaches a compromise but correct conclusion.

It would be politically unreasonable to ask judges to retroactively implement the Radbruch's formula, which states that "The positive law, secured by pronouncement and power, takes precedence even when its content is unjust (ungerecht) and fails in its purpose of benefiting the people, unless the conflict between positive statute and justice reaches such an intolerable degree that the statute, as 'flawed law (unrichtiges Recht)' must yield to justice" This is a choice that would be a major blow to the neutrality of the courts.

Key Words: Emergency Measure, objective legitimacy, fault of service(a faute de service), organizational negligence(Organisations－verschulden), state liability, presidential responsibility

투고일 2023. 11. 17.
심사일 2023. 12. 26.
게재확정일 2023. 12. 29.

公務員法

임용결격자 임용의 취소와 행정절차 (김중권)

임용결격자 임용의 취소와 행정절차

대상판결: 대법원 2009.1.30. 선고 2008두16155판결

김중권*

Ⅰ. 사안 및 당사자의 주장 등

1. 사안

원고는 2001.9.13. 대전지방법원에서 '특정범죄가중처벌 등에 관한 법률 위반죄' 등으로 징역 10월에 집행유예 2년의 형에 처하는 판결을 선고받아 위 판결이 2001.9.21. 확정된 사실(이하 '이 사건 전력'이라 한다), 피고는 지방공무원법 제31조 소정의 결격사유가 없는 자를 응시자격자로 한 제한경쟁 특별임용시험을 시행하여 2005.5.1. 원고를 피고 소속 지방조무원시보로 임용하였고(이하 '이 사건 시보임용처분'이라 한다), 그로

---

* 중앙대학교 법학전문대학원

부터 6개월 후인 2005.11.1. 원고를 정규공무원으로 임용한 사실(이하 '이 사건 정규임용처분'이라 한다), 그 후 피고는 이 사건 시보임용처분 당시 원고에게 공무원임용 결격사유인 이 사건 전력이 있었음을 확인하고는 2007.6.21. 원고에 대하여 지방공무원법 제31조 제4호에 따라 이 사건 시보임용처분을 취소하고, 그에 따라 2007.7.30. 이 사건 정규임용처분을 취소하였다(이하 '이 사건 처분'이라 한다).

2. 당사자의 주장

(1) 원고의 주장

시보 임용처분과 정규공무원 임용처분은 서로 별개의 독립한 행정처분이고, 지방공무원법 제31조 소정의 결격사유가 존재하는지 여부는 정규공무원 임용 당시를 기준으로 삼아야 하는데, 원고가 정규공무원으로 임용될 당시에는 지방공무원법 제31조 제4호 소정의 공무원임용 결격기간이 모두 도과되었으므로, 원고에 대한 정규공무원 임용처분에는 아무런 하자가 없다. 설령 이 사건 전력으로 인하여 이 사건 정규임용처분에 하자가 있다고 하더라도 이는 취소사유에 불과한 바, 원고가 이 사건 전력이 있음을 고의로 숨긴 것이 아닌 점, 원고가 그 동안 공무원으로 성실하게 근무한 점 등의 사정에 비추어 보면 이 사건 처분은 비례의 원칙에 반한 것으로서 재량권을 일탈·남용하여 위법하다.

(2) 피고의 주장

피고는 채용공고를 하면서 면접일 기준으로 지방공무원법 제31조 소정의 결격사유가 없을 것을 자격요건으로 하였는데 원고는 면접일 기준으로 집행유예기간이 도과하고 2년이 경과하지 아니한 자이므로 공무원으로 임용될 수 없는 자이다. 또한, 정규임용은 시보임용에 터잡아 이루어지는 것으로 선행행위와 후행행위가 서로 결합하여 하나의 법적 효과를 완성하는 경우에 해당하므로, 시보임용처분에 당연무효의 하자가 있는 이상 정규임용처분에도 그 하자가 승계되어 정규임용처분 역시 당연무효라 할 것이다.

3. 관련 규정

* 지방공무원법 제28조(시보임용)

① 5급 공무원(제4조제2항에 따라 같은 조 제1항의 계급 구분이나 직군 및 직렬의 분류를 적용하지 아니하는 공무원 중 5급에 상당하는 공무원을 포함한다. 이하 같다)을 신규임용하는 경우에는 1년, 6급 이하 공무원(제4조제2항에 따라 같은 조 제1항의 계급 구분이나 직군 및 직렬의 분류를 적용하지 아니하는 공무원 중 6급 이하에 상당하는 공무원을 포함한다. 이하 같다)을 신규임용하는 경우에는 6개월간 시보로 임용하고, 그 기간의 근무성적·교육훈련성적과 공무원으로서의 자질을 고려하여 정규 공무원으로 임용한다. 다만, 대통령령으로 정하는 경우에는 시보임용을 면제하거나 그 기간을 단축할 수 있다.

② 휴직 기간, 직위해제 기간 및 징계에 따른 정직 또는 감봉처분을 받은 기간은 제1항의 시보임용 기간에 산입(算入)하지 아니한다.

③ 시보임용 기간 중의 공무원이 근무성적 또는 교육훈련성적이 나쁜 경우에는 제60조와 제62조에도 불구하고 면직할 수 있다.

* 지방공무원법 제31조(결격사유)

다음 각 호의 어느 하나에 해당하는 사람은 공무원이 될 수 없다.
4. 금고 이상의 형을 선고받고 그 집행유예기간이 끝난 날부터 2년이 지나지 아니한 사람

* 지방공무원법 제61조(당연퇴직)

공무원이 다음 각 호의 어느 하나에 해당할 때에는 당연히 퇴직한다.

　1. 제31조 각 호의 어느 하나에 해당하는 경우. 다만, 제31조제2호는 파산선고를 받은 사람으로서 「채무자 회생 및 파산에 관한 법률」에 따라 신청기한 내에 면책신청을 하지 아니하였거나 면책불허가 결정 또는 면책 취소가 확정된 경우만 해당하고, 제31조제5호는 「형법」 제129조부터 제132조까지, 「성폭력범죄의 처벌 등에 관한 특례법」 제2조, 「정보통신망 이용촉진 및 정보보호 등에 관한 법률」 제74조제1항제2호·제3호, 「스토킹범죄의 처벌 등에 관한 법률」 제2조제2호, 「아동·청소년의 성보호에 관한 법률」 제2조제2호 및 직무와 관련하여 「형법」 제355조 또는 제356조에 규정된 죄를 범한 사람으로서 금고 이상의 형의 선고유예를 받은 경우만 해당한다.

　2. 임기제공무원의 근무기간이 만료된 경우

Ⅱ. 하급심의 주요 내용

1. 원심(대전고법 2008.8.21. 선고 2008누1014판결)의 주요 내용

정규공무원의 임용처분은 그 이전의 시보임용처분과는 별도의 임용행위로서 그 요건과 효력은 정규공무원 임용 당시를 기준으로 판단하여야 할 것인데, 이 사건의 경우 원고가 정규공무원으로 임용된 2005. 11. 1.은 이미 원고의 집행유예기간이 완료된 날로부터 2년이 경과한 후여서 원고의 이 사건 전력은 위 정규공무원 임용과의 관계에서는 법

제31조 제4호에서 정하는 공무원 결격사유에 해당한다고 할 수 없고, 다만 이 사건 시보임용과의 관계에서는 공무원 임용결격사유에 해당하여 시보임용 이후 원고가 시보기간 동안 공무원으로 근무하였다고 하더라도 그것이 적법한 시보임용에 의한 공무원경력으로 되지는 아니하므로 결국 원고는 법이 정하는 시보공무원으로서의 경력을 갖추지 못한 자에 해당하고, 그와 같이 시보공무원으로서의 경력을 갖추지 못한 자에 대하여 곧바로 시보임용기간을 거침이 없이 새로 정규공무원으로 임용한 이 사건 정규임용처분에는 취소사유가 존재함은 별론으로 하고, 정규임용처분까지 당연무효로 되는 중대하고 명백한 하자가 있다고 할 수 없다(대법원 1998.10.23. 선고 98두12932 판결, 대법원 1999. 10. 22. 선고 99두7852 판결 등 참조).

이 사건 처분은 판결 등에 의하여 이 사건 처분의 전제되는 사실이 객관적으로 입증되어 있고, 임용결격 사유가 법령에 명시적으로 규정되어 있으므로 이 사건 처분은 그 성질상 행정절차를 거치는 것이 불필요하여 행정절차법의 적용이 배제되는 것으로 봄이 상당하다. 따라서, 피고의 이 사건 처분에 사전통지를 하거나 의견제출의 기회를 주지 아니한 절차적 하자가 있다고 할 수 없다.

피고는 채용공고를 하면서 면접일 기준으로 지방공무원법 제31조 각호의 결격사유가 없을 것을 자격요건으로 하였고, 원고도 이러한 사정을 잘 알고 있었던 점, 원고가 정규공무원 임용 하자의 전제가 되는 시보임용 결격사유에 해당하는지의 여부가 법령에 명시적으로 규정되어 있는 점 등에 비추어 볼 때, 원고 주장의 사정만으로는 이 사건 처분이 비례의 원칙에 반하여 재량권을 일탈·남용하였다고 볼 수 없다.

2. 제1심(청주지법 2008.4.24. 선고 2007구합1892판결)의 내용

정규공무원의 임용처분은 그 이전의 시보임용처분과는 별도의 임용행위로서 그 요건과 효력은 정규공무원 임용 당시를 기준으로 판단하여야 할 것인데, 이 사건의 경우 원고가 정규공무원으로 임용된 2005.11.1.은 이미 원고의 집행유예기간이 완료된 날로부터 2년이 경과한 후여서 원고의 이 사건 전력은 위 정규공무원 임용과의 관계에서는 법 제31조 제4호에서 정하는 공무원 결격사유에 해당한다고 할 수 없고, 다만 이 사건 시보임용과의 관계에서는 공무원 임용결격사유에 해당하여 시보임용 이후 원고가 시보기간 동안 공무원으로 근무하였다고 하더라도 그것이 적법한 시보임용에 의한 공무원경력으로 되지는 아니하므로 결국 원고는 법이 정하는 시보공무원으로서의 경력을 갖추지 못한 자에 해당하고, 그와 같이 시보공무원으로서의 경력을 갖추지 못한 자에 대하여 곧바로 시보임용기간을 거침이 없이 새로 정규공무원으로 임용한 이 사건 정규임용처분에는 취소사유가 존재함은 별론으로 하고, 정규임용처분까지 당연무효로 되는 중대하고 명백한 하자가 있다고 할 수 없다(대법원 1998.10.23. 선고 98두12932 판결, 대법원 1999.10.22. 선고 99두7852판결 등 참조). 따라서 정규임용은 시보임용에 터잡아 이루어지는 것으로 선행행위와 후행행위가 서로 결합하여 하나의 법적효과를 완성하는 경우에 해당하므로 시보임용처분에 당연무효의 하자가 있는 이상 정규임용처분에도 그 하자가 승계되어 정규임용처분 역시 당연무효라고 하는 피고의 주장은 이유 없다.

지방공무원법과 그 시행령에 이 사건 처분과 같이 이미 정규공무원임용처분을 받은 원고에 대하여 그 임용을 취소하는 처분을 함에 있어 행정절차에 준하는 절차를 거치도록 하는 규정이 없을 뿐만 아니라 위 처분이 성질상 행정절차를 거치기 곤란하거나 불필요하다고 인정되는 처분이라고 보기도 어렵다고 할 것이어서 이 사건 처분에 대하여도 행정절차법이 정한 규정이 적용되어야 하는데, 피고가 이 사건 처분을 함에 있어 원고에게 의견제출의 기회를 부여하지 아니한 이상, 이 사건 처분은 절차상 하자가 있어 위법하다.

Ⅲ. 대상판결의 요지

이 사건 처분과 같이 정규임용처분을 취소하는 처분은 원고의 이익을 침해하는 처분이라 할 것이고, 한편 지방공무원법 및 그 시행령에는 이 사건 처분과 같이 정규임용처분을 취소하는 처분을 함에 있어 행정절차에 준하는 절차를 거치도록 하는 규정이 없을 뿐만 아니라 위 처분이 성질상 행정절차를 거치기 곤란하거나 불필요하다고 인정되는 처분이라고 보기도 어렵다고 할 것이어서 이 사건 처분이 행정절차법의 적용이 제외되는 경우에 해당한다고 할 수 없으며, 나아가 이 사건 처분은, 지방공무원법 제31조 제4호 소정의 공무원임용 결격사유가 있어 당연무효인 이 사건 시보임용처분과는 달리, 위 시보임용처분의 무효로 인하여 시보공무원으로서의 경력을 갖추지 못하였다는 이유만으로, 위 결격사유가 해소된 후에 한 별도의 정규임용처분을 취소하는 처분이어서 행정절차법 제21조 제4항 및 제22조 제4항에 따라 원고에게 사전통지를 하지 않거나 의견제출의 기회를 주지 아니하여도 되는 예외적인 경우에 해당한다고 할 수도 없다. 피고가 이 사건 처분을 함에 있어 원고에게 처분의 사전통지를 하거나 의견제출의 기회를 부여하지 아니한 이상, 이 사건 처분은 절차상 하자가 있어 위법하다.

Ⅳ. 문제의 소재−무효인 시보임용처분 이후에 정규임용처분이 독립되게 존재하는가?

원심은 제1심과는 달리 정규임용처분의 취소에 절차법적 요청이 관철되지 않은 절차적 하자가 존재하지 않는다고 판단하였다. 그리고 원고가 시보로 임용될 당시 지방공무원법 제31조 각 호의 결격사유가 있는 자는 공무원이 될 수 없다는 사정을 잘 알고 있었던 점, 원고가 정규공무원 임용 하자의 전제가 되는 시보임용 결격사유에 해당하는지의 여부가 법령에 명시적으로 규정되어 있는 점 등을 들어 정규임용처분의 취소가 비례의 원칙에 반하여 재량권을 일탈·남용하였다고 볼 수 없다고 판단하였다. 대상판결은 정규임용처분의 취소에서 실체적 하자와 관련해서는 원심의 입장을 그대로 수긍하면서도 그것의 절차적 하자는 원심의 입장과는 달리 적극적으로 긍정하였다.

사안에서 원고가 시보로 임용된 시점(2005.5.1.)에는 집행유예 2년의 형이 확정된(2001.9.2.) 이후 집행유예의 기간이 끝난 날((2003.9.1.)부터 2년이 분명히 지나지 않았는데, 원고가 정규임용된 시점(2005.11.1.)에는 분명히 2년이 지났다. 대상판결은 물론, 모든 하급심이 사안에서 정규임용처분이 시보임용처분과 독립되게 존재하는 것을 바탕으로 논의를 전개하였다. 행정절차법의 사전통지 등 절차적 요청은 행정처분의 존재를 전제로 하는 이상, 사안에서 정규임용처분의 취소가 독립된 처분이 될 수 있는지 여부가 관건인데, 그 선결물음이 무효인 시보임용처분 이후에 정규임용처분이 독립되게 존재하는지 여부이다.

Ⅴ. 전제적 논의로서의 시보임용제에 관한 논의

현행 공무원법제에서 공무원의 신규임용의 메커니즘은 시보임용절

차와 정규임용절차가 순차적으로 진행되도록 구성되어 있다. 정규임용
에서 적정한 인사권을 행사하는 것을 보장하기 위한 것이 시보임용제의
본질이다. 정년보장의 통상적 공무원관계에 대해서 시보공무원관계
(Probebeamtenverhältnis)가 문제될 수 있으나,[1] 정규임용절차의 진행이
예정된 점에서 그것이 직업공무원제의 본질에 어긋난다고 보기는 어렵
다.[2] 이하에서는 시보임용처분의 구체적인 법적 성격을 검토한 다음에,
시보임용처분과 정규임용처분의 관계가 어떠한지를 살펴보고자 한다,[3]

1. 시보임용처분의 구체적인 법적 성격

(1) 잠정적 행정행위의 일종인가?

시보임용자는 시보기간중 근무성적·교육훈련성적과 공무원으로
서의 자질이 고려되어 적격판정을 받아 정규임용처분을 받는다. 종국적
심사를 바탕으로 새로운 결정의 가능성이 유보된 점에서 잠정적 행정행
위에 흡사한 점이다. ─법학전문대학원의 예비인가처럼─ⅰ) 사안 전체

---

1) 독일은 연방공무원법 제6조 제2항에서 시보제를 규정하고 있고, 일본은 시보제 대
신에 6개월간의 조건부 임용제를 운영하면서, 이 기간중에는 신분보장 및 불이익
심사청구권이 인정되지 않는다(국가공무원법 제59조, 제81조 참조).
2) 한편 독일의 경우 고용상의 탄력성을 제고시킨 '철회유보부 공무원관계'(das
Beamtenverhältnis auf Widerruf)를 두고 있다. 언제든 면직시킬 수 있다는 점이 특
징인 이것은 일종의 시보임용이나 정규임용의 전단계로서 기능한다.
3) 한편 조선시대에도 경국대전 등에 의하면, 새로 급제한 사람을 관직에 임명하기 전
에 성균관·교서관·승문원에 배치하고 권지라(權知)는 명칭을 붙쳐 사무를 견습하게
하는 제도를 두었다. 권지의 과정을 거치지 아니한 자는 원칙적으로 정식의 관직
을 부여받아 직을 수행하지 못한다. 권지는 그 지위가 임시적이긴 하나, 이는 보직
의 차원에서 그렇다는 것이지 그 관리로서의 신분이 그런 것은 아니다. 즉, 그는
품계를 부여받은 정식의 관리이긴 하되, 정식의 벼슬자리(관직, 보직)로 나아가기
전의 수습에 머문 것이라 하겠다. 한편 근무성적이 불량한 자에게 일정한 불이익
한 조치를 취할 수 있는 제도적 장치를 마련하여 국가공무원법 제29조 제3항 및
지방공무원법 제28조 제3항에 비견할 수 있다. 상론: 김중권, 조선조 공무원(관리)
임용제에 관한 행정법적(공무원법적) 고찰, 법제연구 제27호, 2004.12., 173면 이하.

에 대한 완결적 심사가 아닌 개략적 심사를 바탕으로 결정이 내려지며,[4] ⅱ) 종국적 심사를 바탕으로 새로운 결정의 가능성이 유보된 경우에 잠정적 행정행위가 존재한다.[5] 잠정적 행정행위의 본질적인 특징이 바로 불확실성에 기인한 행정결정의 잠정성이다. 따라서 정규임용처분이 공직수행을 위한 최종적 판단에 의거하여 행하는 종국적인 행정행위이긴 해도, 이상에서 본 잠정적 행정행위의 개념적 징표가 시보임용처분에는 존재하지 않는 이상, 시보임용처분을 잠정적 행정행위로 볼 수는 없다.[6]

(2) 단계적 행정행위로서의 사전결정인가?

전체 결정절차가 단계적인(연속적인) 부분절차로 이루어진 때에는, 해당 부분절차상의 결과물은 당연히 대상 및 범위에서 한정적인 규율로서의 성격을 갖는다. 이런 부분적 행정행위에 해당하는 것이 단계적 절차에 따른 단계화된(단계적) 행정행위인데,[7] 사전결정이나 부분허가가

---

4) 이것은 행정행위의 전체 요건을 검토한다는 점에서, 일부 개별요건에 한정하는 부분적 행정행위로서의 사전결정과는 구별된다. 따라서 법학전문대학원의 예비인가는 사전결정에는 해당하지 않는다.

5) 잠정적 행정행위의 특징은 행정청에게 유리하도록 신뢰보호의 원칙이 주효하지 않는 것이다(김중권, 행정법, 2023, 244면 이하). 참고문헌: 이동찬, 가행정위에 관한 소고, 토지공법연구 제54집(2011); 고헌환, 잠정적 행정행위에 관한 소고, 법과 정책 제14집 제2호(2008).

6) 한편 대법원 2014.5.16. 선고 2012두26180판결이 공무원법상의 직위해제를 잠정적이고 가처분적 성격을 가지는 조치로 본 것을 기화로, 문헌에서 직위해제를 잠정적 행정행위(가행정행위)의 예로 든다. 하지만 직위해제는 직위를 일시적으로 박탈하지만 그 자체로 완결적, 종국적 심사를 바탕으로 하는 종국처분이다. 신뢰보호의 원칙의 적용을 배제하는 잠정적 행정행위의 본질적인 특징이 없다는 점에서 잠정적 행정행위로 보는 것은 바람직하지 않다. 그리고 판례가 공정거래위원회의 과징금부과처분과 자진신고를 이유로 한 과징금감면처분에 대해 전자를 일종의 잠정적 처분으로, 후자를 종국적 처분으로 접근한 것(대법원 2015.2.12. 선고 2013두987판결) 역시 오해를 낳는 점에서 전적으로 바람직하지 않다. 단지 행정행위의 소극적 변경의 문제에 불과하다.

7) 이것과 다른 행정청의 필수적인 협력을 전제로 한 소위 다단계적 행정행위와는 구

이에 해당한다. 행정법상의 사전결정제도는 가분적(可分的)인 개개의 허가요건, 가령 전체구상이나 부지선정에 관해 본허가 이전에 완결적으로 구속적으로 승인하는 수단이다.[8] 시보임용은 정규임용을 위한 필수적 사전과정이어서, 시보임용처분이 신분보장을 부여하는 정규임용처분의 전단계(Vorstufe)인 점에서 사전결정으로 볼 수밖에 없다. 다만 통상의 사전결정과는 다르다는 점을 유의해야 한다. 한편 앞으로의 정규임용을 전제로 한다는 점에서, 시보임용처분을 일종의 시한부(조건부) 채용으로 볼 수도 있지만, 정규임용처분의 요건으로 시보기간의 경과가 요구되기에, 본연의 시한부 공무원관계(Beamtenverhältnis auf Zeit)와는 분명히 거리가 있다.[9]

2. 시보임용처분에 따른 법효과 및 정규임용처분과의 관계

시보임용처분을 받은 자는 당연히 공무원으로서의 지위를 누리면서 그 시보기간 중 면직 등의 처분이나 징계처분과 같은 신분상의 불이익한 처분을 받거나 또는 시보임용기간 종료 후 정규공무원으로서의 임용이 거부된 경우에는 행정소송 제기를 위한 전치절차로서의 지방공무원법 제67조 제3항 등에 의한 소청심사청구권도 가진다.[10] 물론 지방공무원법 제28조 제3항이 보여주듯이, 신분보장 등에서 정규 공무원의 경우와 다른 점도 존재한다. 시보임용된 자는 특별한 사정이 없는 한 시보기간의 종료와 더불어 정규공무원으로 임용될 것 즉, 신분전환에 관한 기대권을 가지고, 임용권자는 이에 대응하는 법률상의 의무를 부담한다. 물론 시보기간의 경과시에 시보임용된 자를 반드시 정규임용을

별된다.

8) 예: 폐기물관리법상의 적정(적합)통보, 폐기물시설촉진법상의 폐기물처리시설의 입지선정, 건축법 제10조의 '건축 관련 입지와 규모의 사전결정'.

9) Vgl. Reich, Beamtenstatusgesetz, 3.Aufl., 2018, §4 Rn.9.

10) 참조: 대법원 1990.9.25. 선고 89누4758판결.

해야 할 의무는 성립하지 않으며, 임용행위에서 임용권자의 광범한 재량이 인정된다.

시보임용절차가 정규임용절차를 위한 필수적 사전절차에 해당하지만, 시보임용절차와 정규임용절차가 각기 별도로 진행되므로, 시보임용처분과 정규임용처분은 일단 각각 별도의 임용행위에 해당하는 것으로 보아야 한다. 즉, 정규임용처분은 시보임용처분이 변환한 것이 아니고, 시보임용처분이 정규임용처분에 흡수되지는 않는다. 시보임용절차와 정규임용절차는 독립적 관계로 보아야 하므로, 그 요건과 효력은 개별적으로 판단해야 한다. 따라서 가령 정규임용처분이 있은 후에 시보발령을 취소한다는 내용의 인사발령통지를 한 경우, 시보발령의 취소에 정규공무원 임용행위까지 취소한다는 취지가 포함된 것으로 볼 수는 없다. 한편 시보임용처분을 취소한 경우, 정규임용처분이 당연히 실효하는지 여부가 논란이 될 수 있는데, 공무원의 신분보장의 측면과 공직수행의 안정성에 비추어 그리고 시보임용절차와 정규임용절차의 독립적 관계를 고려하면, 시보임용처분의 취소와 별개로 정규임용처분의 취소가 행해져야 하는 것으로 보아야 한다. 그런데 시보임용절차가 정규임용절차를 위한 필수적 사전절차에 해당하므로,11) 임용결격자에 대한 시보임용처분의 경우처럼 처음부터 시보임용처분이 존재할 수 없는 경우에는 이상의 분리적 접근을 강구할 수 없다. 분리적 접근 자체가 시보임용제를 형해화시킬 뿐만 아니라, 자칫 그릇된 인사권행사의 가능성을 타당하지 않게 조성할 우려도 있다.

---

11) 대법원 2005.7.28. 선고 2003두469판결이 정규임용처분이 있은 후에 지방소방사시보 발령을 취소한다는 내용의 인사발령통지를 한 경우, 지방소방사시보 발령의 취소에 정규공무원 임용행위까지 취소한다는 취지가 포함된 것으로 볼 수 없다는 지적은 타당하지만, 시보임용절차가 정규임용절차를 위한 필수적 사전절차에 해당하여 임용결격자의 시보임용처분의 무효(부존재)가 결국 정규임용처분의 무효가 된다는 점을 고려하지 않은 치명적인 문제점을 지닌다.

VI. ─그것의 법적 성질의 문제와는 별도로─
정규임용처분의 취소와 행정절차법의 적용의 문제

행정절차법 제3조 제2항에 의해 동법의 적용이 배제되는데,[12] 특히 동항 제9호와 관련해서 법원은 '공무원 인사관계 법령에 의한 징계기타 처분에 관한 사항' 전부에 대하여 행정절차법의 적용이 배제되는 것이 아니라 성질상 행정절차를 거치기 곤란하거나 불필요하다고 인정되는 처분이나 행정절차에 준하는 절차를 거치도록 하고 있는 처분의 경우에만 행정절차법의 적용이 배제된다고 하면서, 행정절차법상의 의견제출의 기회를 부여하지 아니한 진급선발 취소처분(진급낙천처분)은 위법하다고 판시하였고,[13] 동일한 맥락에서 별정직 공무원에 대한 직권면직처분에서도 절차하자를 인정하였다.[14] 이런 맥락에서 대상판결이 ─그것의 법적 성질의 문제와는 별도로─ 정규임용처분의 취소에 대해 행정절차법의 적용을 강조한 것은 자연스럽다.

행정절차법의 입법목적에 비추어, 그것의 적용배제의 물음에 대해서는 엄격한 태도를 취해야 하는 것은 당연함에도 불구하고 '공무

---

12) 1. 국회 또는 지방의회의 의결을 거치거나 동의 또는 승인을 얻어 행하는 사항, 2. 법원 또는 군사법원의 재판에 의하거나 그 집행으로 행하는 사항, 3. 헌법재판소의 심판을 거쳐 행하는 사항, 4. 각급 선거관리위원회의 의결을 거쳐 행하는 사항, 5. 감사원이 감사위원회의의 결정을 거쳐 행하는 사항, 6. 형사행형 및 보안처분 관계 법령에 의하여 행하는 사항, 7. 국가안전보장·국방·외교 또는 통일에 관한 사항 중 행정절차를 거칠 경우 국가의 중대한 이익을 현저히 해할 우려가 있는 사항, 8. 심사청구·해양안전심판·조세심판·특허심판·행정심판 기타 불복절차에 의한 사항, 9. 병역법에 의한 징집·소집, 외국인의 출입국·난민인정·귀화, 공무원 인사관계 법령에 의한 징계 기타 처분 또는 이해조정을 목적으로 법령에 의한 알선·조정·중재·재정 기타 처분 등 당해 행정작용의 성질상 행정절차를 거치기 곤란하거나 불필요하다고 인정되는 사항과 행정절차에 준하는 절차를 거친 사항으로서 대통령령으로 정하는 사항.
13) 대법원 2007.9.21. 선고 2006두20631판결 등.
14) 대법원 2013.1.16. 선고 2011두30687판결.

원 인사관계 법령에 의한 징계 기타 처분에 관한 사항'과 관련하여 추가
적 요건을 설정한 대법원 2006두20631판결 등은 법문에 위배되는 점이
있음은 분명하다.15) 궁극적으로 이 문제는 절차를 통한 권리보호의 견
지에서 공무원의 기본권 및 직업공무원제의 차원에서 접근해야 한다.
그리하여 일체의 공무원에 대한 신분상 불이익한 일체의 조치 가운데
국가공무원법 제75조 이하의 권익보장제도에 의해 커버되지 않는 것까
지 포함하여 규정한 행정절차법 제3조 제2항 제9호 및 동법 시행령 제2
조 제3호의 위헌·위법의 차원의 문제로 접근할 필요가 있다.

VII. 정규임용처분의 취소가 독립된 행정처분인가?

어떤 행정처분이 -설령 위법하더라도- 유효하게 존재하지 않는
이상, 그것의 취소란 존재할 수 없다. 정규임용처분의 취소가 독립된 행
정처분이 되기 위해서는 정규임용처분 및 그 전제인 시보임용처분이 독
립된 유효한 행정처분으로 존재해야 한다. 그런데 문제는 사안에서 시
보임용처분이 임용결격자에 대해 발해진 점이다. 이하에서는 임용결격
자의 임용의 문제를 검토하면서 관련 논의를 전개하고자 한다.

1. 임용결격자에 대한 임용의 문제

공무원임용결격자에 대한 임용행위에 대해, 판례는16) 대법원
1987.4.14. 선고 89누459판결을17) 효시로 당연 무효로 본다.18) 임용결

---

15) 더군다나 직위해제처분의 경우 진급낙천처분보다 그 부담이 더 심대함에도 불구하
고 그것의 잠정성에 의거하여 행정절차법의 적용배제를 수긍한 대법원 2012두
26180판결은 대법원 2006두20631판결과 비교해서 정당화되기 어렵다.
16) 대법원 2003.5.16. 선고 2001다61012판결 등.
17) 임용 당시 공무원임용 결격사유가 있었다면 비록 국가의 과실에 의하여 임용 결격

격자의 임용행위의 무효성 여부에 관한 논의의 출발점은 소정의 결격사
유에 해당할 때에는 '공무원이 당연히 퇴직한다'고 규정한 지방공무원법
제61조 및 국가공무원법 제69조이다.[19] 당연퇴직제는[20] 결격사유가 있
을 때 해당 공무원이 직접 법률에 의해 당연히 퇴직하는 것으로 만든
것이다. 즉. 공무원관계를 소멸시키기 위한 별도의 행정처분이 요하지
않게 만들었다.[21] 즉, 임용결격사유가 존재하는 즉시 임용처분은 무효
가 되어버려서 당사자는 더 이상 공무원이 아니다. 따라서 1949년 8월
12일에 법률 제44호로 제정된 국가공무원법 제40조가 규정한 것에 변
함이 없는 현행의 입법상황에선 임용결격자의 임용행위는 무효로 볼 수
밖에 없고,[22] 여기에선 임용취소를 제한하는 데 동원될 수 있는 신뢰보
호의 원칙이란 애초부터 통용될 수가 없다.[23]

자임을 밝혀내지 못하였다 하더라도 그 임용행위는 당연무효로 보아야 한다. 국가
가 공무원임용결격사유가 있는 자에 대하여 결격사유가 있는 것을 알지 못하고 공
무원으로 임용하였다가 사후에 결격사유가 있는 자임을 발견하고 공무원 임용행위
를 취소하는 것은 당사자에게 원래의 임용행위가 당초부터 당연무효이었음을 통지
하여 확인시켜 주는 행위에 지나지 아니하는 것이므로, 그러한 의미에서 당초의
임용처분을 취소함에 있어서는 신의칙 내지 신뢰의 원칙을 적용할 수 없고 또 그
러한 의미의 취소권은 시효로 소멸하는 것도 아니다.

18) 대법원 1987.4.14. 선고 86누459판결에 대한 비판으로 ⅰ) 사안상의 흠이 임용을 무
효로 만들 만큼 중대한지 의문스럽다는 점, ⅱ) 그런 임용행위의 취소에 신의칙을
전적으로 배격하는 것은 넓은 의미의 법치주의에 위배된다는 점이 지적된다(특히
김남진, 공무원임용의 취소와 신의칙, 고시연구 1987.8).

19) 이 규정의 성격은 의료법 제8조와 제52조처럼 '결격자의 당연퇴직'을 규정하지 않
는 입법상황과 비교하면 분명하다.

20) 독일의 경우 우리의 당연퇴직제와 비슷한 것이 연방공무원법 제31조 및 연방공무
원신분법 제22조상의 '법률에 의한 퇴직'(Entlassung kraft Gesetzes)이다. 연방공무
원법 제31조 제1항은 공무원이 독일 국적이나 유럽연합회원국의 국적을 상실하면
그 공무원은 해직되어 있는 것으로(sind entlassen) 규정한다. 다만 그들은 해직사
유와 공무원관계의 종료시점을 확인하는 확인적 행정행위를 명문화하고 있다(연방
공무원법 제31조 제2항).

21) 대법원 1995.11.14. 선고 95누2036판결.

22) 한편 행정행위의 무효는 불성립에 따른 무효인지, 하자로 인한 무효인지 구별이 필
요한데, 여기서의 무효는 전자에 해당한다고 할 수 있다.

2. 정규임용처분의 취소의 독립된 처분성 문제

처음부터 전혀 공무원이 아닌 자에 대해 기왕의 정규임용을 취소하는 것은 아무런 법효과를 낳지 않는다. 그것은 —당연퇴직의 인사발령처럼— [24] 공무원의 신분을 상실시키는 새로운 형성적 행위로서 독립된 행정처분이 될 수 없다.[25] 따라서 임용결격자에 대한 정규임용처분이 당연무효인 이상, 그것의 취소는 당연히 독립된 행정처분이 될 수 없다. 무효인 행정처분이라도 행정처분의 존재는 긍정되기에, 정규임용처분의 취소가 독립된 행정처분으로서의 의의를 가진다고 주장될 수도 있지만, 이런 주장은 지방공무원법 제61조 및 국가공무원법 제59조의 당연퇴직제도와 배치된다.

시보임용처분 이후에 정규임용처분이 행해지면, 정규임용처분은 시보임용처분을 전제로 한다. —설령 위법이 있더라도— 시보임용처분이 유효하게 성립하는 것을 전제로 정규임용처분이 존재할 수 있다. 시보임용처분이 존재하지 않는 이상, 정규임용처분 역시 존재할 수 없다. 양자를 서로 별개의 독립한 행정처분으로 보더라도, 즉 분리적 접근이 당연하지만 그 자체가 정규임용에서 적정한 인사권을 행사하는 것을 보장하기 위한 시보임용제의 본질을 형해화시켜서는 곤란하다.[26] 임용결격자에 대해 발해진 시보임용처분이 당연무효인 이상, 시보임용처분에 기초하여 발해진 정규임용처분 역시 —비록 사안처럼 정규임용처분의 시

---

23) 다만 국가공무원법 제33조와 제69조가 과연 과잉금지의 원칙이나 신뢰보호의 원칙에 비추어 문제가 있지 않을지 의문을 표할 순 있지만, 다른 법률상의 '결격사유' 규정과의 相違함의 정당성을 특별신분관계로서의 공무원근무관계에서 찾을 수 있다.

24) 대법원 1995.11.14. 선고 95누2036판결.

25) 또한 명문의 근거규정이 없는 이상, 법상황을 구속적으로 확인하는 것을 내용으로 하는 확인적 행정행위로도 볼 수 없다.

26) 여기서 원심이 참조한 판례(대법원 1998.10.23. 선고 98두12932판결; 1999.10.22. 선고 99두7852판결 등)의 사안은 임용결격자가 임용무효된 다음에 그를 정책적 차원에서 특별채용한 경우이기에, 대상판결의 사안에 참조하는 것은 바람직하지 않다.

점에는 임용결격사유가 존재하지 않더라도- 당연무효가 된다.[27] 결국 사안의 정규임용처분의 취소는 당연무효임을 확인하는 데 불과하여서 대상판결처럼 그것에 대해 절차적 요청을 관철하려는 것은 사리에 어긋난다.

3. 임용결격자에 대한 임용처분의 당연무효의 본질 문제

임용결격자에 대해 발해진 임용처분의 당연무효와 관련해서 그 본질을 규명할 필요가 있다. 한편 임용결격자의 임용에서의 당연무효에 관한 바른 이해가 필요하다. 지방공무원법 제61조 등에 의해 법률상 당연히 퇴직한다는 것은 기왕의 임용처분의 존재를 전적으로 부정하는 것이다. 이는 행정처분의 존재를 전제로 하여 행정처분의 중대하고 명백한 하자를 이유로 그것의 당연무효성을 인정하는 것과는 완전히 다르다. 행정처분이 당연무효를 넘어 부존재하다는 것은 무효인 행정행위의 전환의 논리를 원천적으로 전개할 수 없게 한다. 임용결격자의 임용을 -행정행위의 존재를 전제로 하는- 단지 당연무효라고 표현하는 것은 문제가 있다. 지방공무원법 제31조의 결격사유는 임용처분의 소극적 성

---

27) 대법원 1996.6.28. 선고 96누4374판결: 행정청의 원고에 대한 원상복구명령은 권한 없는 자의 처분으로 무효라고 할 것이고, 위 원상복구명령이 당연무효인 이상 후 행처분인 계고처분의 효력에 당연히 영향을 미쳐 그 계고처분 역시 무효로 된다. 종래 판례는 선행 행정행위가 무효이면 후행 행정행위를 다툴 수 있다는 것만을 지적하였는데(대법원 2000.9.5. 선고 99두9889판결 등), 최근 판례는 무효의 입장을 분명히 한다(대법원 2015.3.20. 선고 2011두3746판결; 2017.7.11. 선고 2016두35120 판결; 2017.7.11. 선고 2016두35144판결). 한편 하자승계가 부인되는 사안에서 선행 행정행위의 무효를 바로 후행 행정행위의 무효로 연결시키는 판례의 태도는 문제가 있다. 무효는 원상회복의 상황을 낳는다. 후행 행정행위의 시점에서 선행 행정행위의 무효가 객관적으로 명백하지 않는 이상, 단지 선후의 관계에 있다는 것으로 선행 행정행위의 무효를 후행 행정행위의 무효로 연결시키는 것은 문제가 있다. 상당한 시간이 지난 경우에도 그동안의 기성사실 모두를 無로 돌리는 것은 법적 안정성의 차원에서 문제가 있다.

립요건인 점에서, 그리고 그 경우 임용의 법효과를 소멸시키는 (법집행행위로서의) 취소 자체가 필요 없게 된 점에서, 여기서의 당연무효를 행정처분의 불성립에 기인한 효력불발생의 차원에서 접근해야 한다.[28]

요컨대 시보임용절차가 정규임용절차를 위한 필수적 사전절차이어서 정규임용처분은 시보임용된 자를 대상으로 하기에, 시보임용이 불성립 무효이어서 당사자가 처음부터 시보공무원으로서의 공무원 신분을 보유하지 않는 이상, 정규임용처분은 일종의 법적 불능의 차원에서도 불성립하여 무효이다. 그런데 앞에서 본대로, 대법원 2005.7.28. 선고 2003두469판결은 시보임용처분과 정규임용처분이 별도의 행위임을 내세워 바람직하지 않게도 시보임용처분의 무효성을 정규임용처분에 대해서는 반영하지 않았다.

VIII. 맺으면서
−사안의 정규임용처분의 취소는 일종의 虛無처분이다.

현행 공무원법제상의 당연퇴직제는 공무원신분의 상실의 법효과가 법률에 의해 직접적으로 발생하게 함으로서 후속 법집행행위를 불필요하게 만들었다. 같은 맥락에서 임용결격자에 대한 시보임용처분 및 정규임용처분 역시 법적으로는 존재할 수 없다. 시보임용처분은 정규임용처분의 성립을 위한 필수적 사전절차이다. 시보임용처분이 존재하지 않으면 당연히 정규임용처분은 존재할 수가 없다. 정규임용처분이 독립된

---

28) 그런데 우리의 경우 하자(위법)에 기인한 무효와 효력의 불발생을 엄격히 구분하지 않는다. 법률행위의 효력이 처음부터 발생하지 않은(unwirksam) 경우와 법률행위가 하자가 있어서 무효인(nichtig) 경우를 엄별해야 한다. 토지거래계약허가제와 관련하여 아직 허가를 받지 못한 상황(독일의 원어의 'Schwebende Unwirksamkeit')을 판례와 문헌에서 '유동적 무효'로 기술하는 것은 문제가 있다.

행정처분으로 존재하지 않는 이상, 그것의 취소 역시 새로운 형성적 행위로서 독립한 행정처분이 될 수 없다. 그것은 당연퇴직의 발령마냥 이른바 관념의 통지에 불과할 뿐이다. 유동적 효력불발생의 상황을 그릇되게 유동적 무효로 표현하는 것이 잘 보여주듯이, 하자에 기인한 무효의 상황과 불성립에 따른 효력불발생의 상황이 판례와 문헌상으로 바르게 구분되지 않고 있다. 행정처분이 법적으로 존재할 수 없는 이상, 당연히 행정절차법상의 사전통지 등 절차적 요청의 대상은 존재할 수가 없다. 행정처분이 법적으로 존재하여 절차적 요청의 대상이 되어야 비로소 절차적 요청의 관철 여부가 문제된다. 대상판결이 논증의 출발점으로 삼은 정규임용처분의 취소는 일종의 虛無의 처분이다.

결론적으로 대상판결은 '처분', '취소' 등의 용어에 천착하여 접근한 나머지, 임용결격자의 임용과 관련한 법리 및 관련 공무원법제를 바르게 이해하지 못하여 행정법도그마틱상으로 매우 우려되는 혼란상을 낳았다. 대상판결이 개념과 용어의 碇泊效果(anchoring effect)[29]에 대한 경계를 제고하는 계기가 되길 기대한다. 그리고 차제에 현행 당연퇴직제에 따른 난맥상을 줄이기 위하여 독일 연방공무원법 제31조 제2항처럼 당연퇴직에 따른 확인적 행정행위를 명문화할 필요가 있다.

---

29) 정박효과(Ankereffekt, anchoring effect)라 달리 말하는 이것은 사람들이 어떤 판단을 하게 될 때 초기에 접한 정보에 집착한 나머지, 합리적 판단을 내리지 못하는 현상을 일컫는 −2002년 노벨경제학상을 받은 Daniel Kahneman 교수가 발전시킨− 행동경제학(behavioral economics)의 용어이다. 대부분의 사람들은 제시된 기준을 그대로 받아들이지 않고, 기준점을 토대로 약간의 조정과정을 거치기는 하나, 그런 조정과정이 불완전하므로 결국 최초의 기준점에 영향을 받는 경우가 많다. 선례구속의 원칙이 지배하는 법학에서는 닻내림효과의 부정적인 측면을 늘 성찰해야 한다.

참고문헌

김남진, 『행정법의 기본문제』, 법문사(1994).

김남진/김연태, 『행정법 I』, 법문사(2023).

김동희/최계영, 『행정법 I』, 박영사(2023).

김유환, 『현대행정법강의』, 박영사(20231).

김중권, 『행정법』, 법문사(2023).

_____, 『행정법기본연구 I』, 법문사(2008), II (2009), III (2010), IV (2013).

_____, 『EU행정법연구』, 법문사(2018).

_____, 『행정판례의 분석과 비판』, 법문사(2019).

김철용, 『행정법』, 고시계사(2023).

박균성, 『행정법론(상)』, 박영사(2023).

박정훈, 『행정소송의 구조와 기능』, 박영사(2006).

석종현／송동수, 『일반행정법(상)』, 삼영사(2011).

유지태/박종수, 『행정법신론』, 박영사(2023).

이일세, 『행정법총론』, 법문사(2022).

정남철, 『한국행정법론』, 법문사(2023).

정하중/김광수, 『행정법개론』, 법문사(2022).

최봉석, 『행정법총론』, 2018.

하명호, 『행정법』, 2023.

한견우, 『현대행정법신론 』, 세창출판사(2014).

홍정선, 『행정법원론(상)』, 박영사(2023).

홍준형, 『행정법』, 법문사(2017).

김남진, 공무원임용의 취소와 신의칙, 고시연구, 1987.8.

김중권, 조선조 공무원(관리)임용제에 관한 행정법적(공무원법적) 고찰, 법제연구 제27호, 2004.12., 173면 이하.

고헌환, 잠정적 행정행위에 관한 소고, 법과 정책 제14집 제2호(2008).
이동찬, 가행정행위에 관한 소고, 토지공법연구 제54집(2011).

Ehlers/Pünder(Hrsg.), Allg. VerwR, 16.Aufl., 2022.
Kopp/Ramsauer, VwVfG, 17.Aufl., 2016.
Kopp/Schenke, VwGO, 22.Aufl., 2016.
Maurer/Waldhoff, Allg. VerwR, 19.Aufl., 2017.
Reich, Beamtenstatusgesetz, 3.Aufl., 2018

국문초록

대상판결은 처분의 존재를 전제로 절차적 차원에서 검토하여 절차적 하자를 이유로 취소판결을 내렸다. 행정절차법의 사전통지 등 절차적 요청은 행정처분의 존재를 전제로 한다. 과연 사안에서 정규임용처분의 취소가 독립된 처분이 될 수 있는지 여부가 관건이다. 현행 공무원법제에서 공무원의 신규임용의 메커니즘은 시보임용절차와 정규임용절차가 순차적으로 진행되도록 구성되어 있다. 현행 공무원법제상의 당연퇴직제는 공무원신분의 상실의 법효과가 법률에 의해 직접적으로 발생하게 함으로서 후속 법집행행위를 불필요하게 만들었다. 같은 맥락에서 임용결격자에 대한 시보임용처분 및 정규임용처분 역시 법적으로는 존재할 수 없다. 시보임용처분이 존재하지 않으면 당연히 정규임용처분은 존재할 수가 없다. 정규임용처분이 독립된 행정처분으로 존재하지 않는 이상, 그것의 취소 역시 새로운 형성적 행위로서 독립한 행정처분이 될 수 없다. 그것은 당연퇴직의 발령마냥 이른바 관념의 통지에 불과할 뿐이다. 행정처분이 법적으로 존재할 수 없는 이상, 당연히 행정절차법상의 사전통지 등 절차적 요청의 대상은 존재할 수가 없다. 행정처분이 법적으로 존재하여 절차적 요청의 대상이 되어야 비로소 절차적 요청의 관철 여부가 문제된다. 대상판결이 논증의 출발점으로 삼은 정규임용처분의 취소는 일종의 虛無의 처분이다. 대상판결은 '처분', '취소' 등의 용어에 천착하여 접근한 나머지, 임용결격자의 임용과 관련한 법리 및 관련 공무원법제를 바르게 이해하지 못하여 행정법도그마틱상으로 매우 우려되는 혼란상을 낳았다.

주제어: 공무원법, 공무원관계, 정규임용, 시보임용, 임용결격자에 대한 임용의 취소, 절차적 하자. 당연퇴직제

Zusammenfassung

Aufhebungen der Ernennung einer disqualifizierten Person und Verwaltungsverfahren

Kim, Jung — Kwon*

Im aktuellen Rechtssystem für den öffentlichen Dienst ist der Mechanismus für die Ernennung eines(er) neuen Beamters(in) so strukturiert, dass die Ernennung zum(r) Beamter(in) auf auf Probe und die Ernennung zum(r) Beamter(in) auf Lebenszeit nacheinander ablaufen. Die im derzeitigen Beamtenrechtssystem vorgesehene Entlassung kraft Gesetzes macht spätere Vollzugsmaßnahmen überflüssig, indem es sichergestellt wird, dass die rechtliche Wirkung des Beamtenstatusverlusts unmittelbar durch ein Gesetz erfolgt. Im gleichen Zusammenhang können sowohl die Ernennung auf Probe als auch die Ernennung auf Lebenszeit gegenüber Disqualifizierten rechtlich nicht bestehen. Ohne die Ernennung auf Probe könnte die Ernennung auf Lebenszeit rechtlich nicht bestehen. Da die Ernennung auf Lebenszeit nicht als eigenständige Verwaltungsakt vorliegt, kann keine auch ihre Aufhebung eigenständige Verwaltungsakt sein. Insoweit können verfahrensrechtliche Herausforderungen nach dem Verwaltungsverfahrensgesetz nicht geltend gemacht werden.

Schlüsselwörter: Beamtenrecht, Beamtenverhältnis, Ernennungen auf Probe, Ernennungen auf Lebenszeit, Aufhebung der Ernennung einer

---

* Chung—Ang Uni.

disqualifizierten Person, Verfahrensfehler, Entlassung kraft Gesetzes

투고일 2023. 11. 27.
심사일 2023. 12. 26.
게재확정일 2023. 12. 29.

秩序行政法

위법한 운전면허취소처분과 무면허운전죄의 성립
(김혜진)

위법한 운전면허취소처분과
무면허운전죄의 성립

대법원 2021. 9. 16. 선고 2019도11826 판결
[도로교통법위반(무면허운전)]

김혜진*

[사안의 개요]

1. 사건의 경위

경기남부지방경찰청장은 2018. 6. 4. '甲이 2017. 10. 24. 01:49경 술에 취한 상태에서 자동차를 운전하였다.'(이하 '이 사건 음주운전'이라 한다)는 이유로 구「도로교통법」제93조 제1항 제1호에 따라 피고인에 대한 자동차 운전면허를 취소하였다(이하 '이 사건 취소처분'이라 한다). 甲은 이 사건 취소처분을 받았음에도 2018. 11. 1. 20:20경 도로에서 자동차를 운전하다가 경찰관에게 적발되었다(이하 '이 사건 무면허운전'이라 한다).

---

* 성균관대학교 법학전문대학원 부교수.

검사는 2018. 9. 18. 甲을 이 사건 음주운전을 이유로 도로교통법위반(음주운전)으로 기소하고, 2018. 11. 21. 재차 甲을 이 사건 무면허운전을 이유로 도로교통법위반(무면허운전)으로 기소하였다. 제1심은 위두 사건을 병합하여 심리한 후 이 사건 공소사실 중 도로교통법위반(음주운전) 부분에 대하여는 범죄의 증명이 부족하다는 이유로 무죄로 판단하고, 나머지 도로교통법위반(무면허운전) 부분에 대하여는 유죄로 판단하였다. 이에 대하여 甲과 검사가 각각 항소하였으나, 원심은 제1심판결을 그대로 유지하였다.

甲은 원심판결 중 도로교통법위반(무면허운전) 부분에 대하여 상고를 제기하였으나, 검사는 상고를 제기하지 않아 원심판결 중 도로교통법위반(음주운전) 부분은 무죄가 확정되었다.

2. 관계 법령

◎ 헌법

제12조 ① 모든 국민은 신체의 자유를 가진다. 누구든지 법률에 의하지 아니하고는 체포·구속·압수·수색 또는 심문을 받지 아니하며, 법률과 적법한 절차에 의하지 아니하고는 처벌·보안처분 또는 강제노역을 받지 아니한다.

◎ 행정기본법(2021. 3. 23. 법률 제17979호로 제정된 것)

제15조(처분의 효력) 처분은 권한이 있는 기관이 취소 또는 철회하거나 기간의 경과 등으로 소멸되기 전까지는 유효한 것으로 통용된다. 다만, 무효인 처분은 처음부터 그 효력이 발생하지 아니한다.

◎ 구 도로교통법(2020. 6. 9. 법률 제17371호로 개정되기 전의 것)

제43조(무면허운전 등의 금지) 누구든지 제80조에 따라 시·도경찰

청장으로부터 운전면허를 받지 아니하거나 운전면허의 효력이 정지된 경우에는 자동차등을 운전하여서는 아니 된다.

제93조(운전면허의 취소·정지) ① 시·도경찰청장은 운전면허(연습운전면허는 제외한다. 이하 이 조에서 같다)를 받은 사람이 다음 각 호의 어느 하나에 해당하면 행정안전부령으로 정하는 기준에 따라 운전면허(운전자가 받은 모든 범위의 운전면허를 포함한다. 이하 이 조에서 같다)를 취소하거나 1년 이내의 범위에서 운전면허의 효력을 정지시킬 수 있다.

1. 제44조 제1항을 위반하여 술에 취한 상태에서 자동차등을 운전한 경우

② 시·도경찰청장은 제1항에 따라 운전면허를 취소하거나 운전면허의 효력을 정지하려고 할 때 그 기준으로 활용하기 위하여 교통법규를 위반하거나 교통사고를 일으킨 사람에 대하여는 행정안전부령으로 정하는 바에 따라 위반 및 피해의 정도 등에 따라 벌점을 부과할 수 있으며, 그 벌점이 행정안전부령으로 정하는 기간 동안 일정한 점수를 초과하는 경우에는 행정안전부령으로 정하는 바에 따라 운전면허를 취소 또는 정지할 수 있다.

제152조(벌칙) 다음 각 호의 어느 하나에 해당하는 사람은 1년 이하의 징역이나 300만원 이하의 벌금에 처한다.

1. 제43조를 위반하여 제80조에 따른 운전면허(원동기장치자전거면허는 제외한다. 이하 이 조에서 같다)를 받지 아니하거나(운전면허의 효력이 정지된 경우를 포함한다) 또는 제96조에 따른 국제운전면허증 또는 상호인정외국면허증을 받지 아니하고(운전이 금지된 경우와 유효기간이 지난 경우를 포함한다) 자동차를 운전한 사람

◎ 구 도로교통법 시행규칙(2020. 12. 10. 행정안전부령 제217호
로 개정되기 전의 것)

제91조(운전면허의 취소·정지처분 기준 등) ① 법 제93조에 따라
운전면허를 취소 또는 정지시킬 수 있는 기준(교통법규를 위반하거나
교통사고를 일으킨 경우 그 위반 및 피해의 정도 등에 따라 부과하는
벌점의 기준을 포함한다)과 법 제97조 제1항에 따라 자동차등의 운전을
금지시킬 수 있는 기준은 별표 28과 같다.

제93조(운전면허의 정지·취소처분 절차) ⑥ 시·도경찰청장은 운
전면허가 취소된 사람이 그 처분의 원인이 된 교통사고 또는 법규위반
에 대하여 혐의 없음의 불송치 또는 불기소(불송치 또는 불기소를 받은 이
후 해당 사건이 다시 수사 및 기소되어 법원의 판결에 따라 유죄가 확정된 경우
는 제외한다)를 받거나 무죄의 확정판결을 받은 경우 도로교통공단에 즉
시 그 내용을 통보하고, 도로교통공단은 즉시 취소당시의 정기적성검사
기간, 운전면허증 갱신기간 또는 연습운전면허의 잔여기간을 유효기간
으로 하는 운전면허증을 새로이 발급해야 한다.

[별표 28] 운전면허 취소·정지처분 기준(제91조 제1항 관련)

1. 일반기준

마. 행정처분의 취소

교통사고(법규위반을 포함한다)가 법원의 판결로 무죄확정[혐의가
없거나 죄가 되지 않아 불송치 또는 불기소(불송치 또는 불기소를 받은
이후 해당 사건이 다시 수사 및 기소되어 법원의 판결에 따라 유죄가
확정된 경우는 제외한다)를 받은 경우를 포함한다. 이하 이 목에서 같
다]된 경우에는 즉시 그 운전면허 행정처분을 취소하고 당해 사고 또는
위반으로 인한 벌점을 삭제한다. 다만, 법 제82조 제1항 제2호 또는 제5
호에 따른 사유로 무죄가 확정된 경우에는 그러하지 아니하다.

[판결의 요지]

1. 원심판결(수원지법 2019. 7. 24. 선고 2019노1256 판결)의 요지

운전면허취소처분이 위법하여 이에 대한 취소판결이 확정될 경우 운전면허취소처분이 그 처분시에 소급하여 효력을 잃게 되고 피고인이 당해 처분에 복종할 의무가 원래부터 없었음이 확정되므로 무면허운전죄가 성립하지 않는다는 것이 판례의 입장이다(대법원 1999. 2. 5. 선고 98도4239 판결 참조).

그러나 공정력이 인정되는 피고인에 대한 운전면허취소처분이 적법하게 취소되지 않은 이 사건에서 위 운전면허취소처분이 당연무효라고 볼만한 사정도 없는 이상 피고인이 운전면허취소처분에 복종할 의무가 원래부터 없었음이 확정되었다고 할 수 없으므로, 이를 전제로 한 피고인의 사실오인 주장은 이유 없다.

2. 대법원판결의 요지

구 도로교통법(2020. 6. 9. 법률 제17371호로 개정되기 전의 것) 제93조 제1항 제1호에 의하면, 지방경찰청장은 운전면허를 받은 사람이 같은 법 제44조 제1항을 위반하여 술에 취한 상태에서 자동차를 운전한 경우 행정안전부령으로 정하는 기준에 따라 운전면허를 취소하거나 1년 이내의 범위에서 운전면허의 효력을 정지시킬 수 있다. 그러나 자동차 운전면허가 취소된 사람이 그 처분의 원인이 된 교통사고 또는 법규 위반에 대하여 혐의 없음 등으로 불기소처분을 받거나 무죄의 확정판결을 받은 경우 지방경찰청장은 구 도로교통법 시행규칙(2020. 12. 10. 행정안전부령 제217호로 개정되기 전의 것) 제91조 제1항 [별표 28] 1. 마.항 본문에 따라 즉시 그 취소처분을 취소하고, 같은 규칙 제93조 제6항에 따라 도로교통공단에 그 내용을 통보하여야 하며, 도로교통공단도 즉시 취소 당시의 정기적성검사기간, 운전면허증 갱신기간을 유효기간으로 하는 운전면허증을 새로이 발급하여야 한다.

그리고 행정청의 자동차 운전면허 취소처분이 직권으로 또는 행정 쟁송절차에 의하여 취소되면, 운전면허 취소처분은 그 처분 시에 소급 하여 효력을 잃고 운전면허 취소처분에 복종할 의무가 원래부터 없었음 이 확정되므로, 운전면허 취소처분을 받은 사람이 운전면허 취소처분이 취소되기 전에 자동차를 운전한 행위는 도로교통법에 규정된 무면허운 전의 죄에 해당하지 아니한다.

위와 같은 관련 규정 및 법리, 헌법 제12조가 정한 적법절차의 원리, 형벌의 보충성 원칙을 고려하면, 자동차 운전면허 취소처분을 받은 사람 이 자동차를 운전하였으나 운전면허 취소처분의 원인이 된 교통사고 또 는 법규 위반에 대하여 범죄사실의 증명이 없는 때에 해당한다는 이유로 무죄판결이 확정된 경우에는 그 취소처분이 취소되지 않았더라도 도로교 통법에 규정된 무면허운전의 죄로 처벌할 수는 없다고 보아야 한다.

[硏 究]

I. 문제의 제기

행정 현실에서 행정상 의무이행을 확보하기 위한 수단으로 형사처 벌 규정을 두는 경우란 드물지 않다. 오히려 형벌의 최후적·보충적 수 단으로서의 성격이 무색할 정도로 행정형벌은 일반화되어있다.[1] 그 명

---

1) 이 글에서 후술하는 바와 같이 대법원 판례가 행정형벌에 있어 피고인의 이익을 최
   우선으로 고려하는 태도를 보이고 있기 때문에 이러한 경향은 더욱 강화된다. 헌

명에서 이미 예견되는 바와 같이 행정형벌은 행정법과 형법이 교차하면서 충돌할 수밖에 없는 운명에 처해있는데, 처분에 따른 의무의 불이행에 형벌이 부과되는 경우 처분의 효력을 매개로 두 법체계의 충돌은 가장 선명해진다. '위법하지만 무효에 이르지 않아 유효한 것으로 통용되는'(「행정기본법」 제15조) 처분에 따르지 아니한 피고인을 형벌로 제재할 수 있는지 여부를 둘러싸고 한편으로 행정활동에 정당성과 기능적 보장을 부여하는 특별한 행정법의 원칙들과, 다른 한편으로 피고인에게 가장 높은 수준의 법치국가적 보장을 부여하는 형법의 원칙들이 전면에 대립하기 때문이다.

　이 문제는 종래 처분의 적법성이 형사재판의 선결문제로 된 경우 형사법원이 독자적으로 처분의 적법 여부를 판단할 수 있는지에 관한

　법재판소는 구 노동조합법 제42조의 규정에 의한 구제명령위반죄는 구제명령에 대한 재심을 신청하였거나 행정소송을 제기하여 미확정 중인 경우는 물론, 재심 또는 행정소송으로 구제명령이 취소된 경우에 그 취소 전에 원래의 구제명령을 즉시 이행하지 않은 때도 성립한다고 대법원 판결(대법원 1992. 10. 27. 선고 92도2055 판결 참조)을 전제로, 위 조항 중 "제42조의 규정에 의한 구제명령에 위반하거나" 부분은 적법절차의 원리 및 과잉금지의 원칙에 위배된다고 결정하였다(헌재 1995. 3. 23. 92헌가14, 판례집 7－1, 307 참조). 그러나 그 외의 경우 헌법재판소는 어떤 범죄를 어떻게 처벌할 것인가 하는 문제, 즉 법정형의 종류와 범위의 선택은 그 범죄의 죄질과 보호법익에 대한 고려뿐만 아니라 우리의 역사와 문화, 입법 당시의 시대적 상황, 국민 일반의 가치관 내지 법감정, 그리고 범죄예방을 위한 형사정책의 측면 등 여러 요소를 종합적으로 고려하여 입법자가 결정할 사항으로서 광범위한 입법재량 내지 형성의 자유가 인정되어야 할 분야이고, 어떤 행정법규 위반행위에 대하여 행정질서벌인 과태료를 부과할 것인지 아니면 행정형벌을 부과할 것인지 또한 기본적으로 입법자가 제반 사정을 고려하여 결정할 입법재량에 속하는 문제라고 하면서(헌재 2014. 1. 28. 2011헌바174등 참조), 행정형벌 조항에 대한 위헌 주장을 거의 대부분 받아들이지 않고 있다(예외적으로, 행정절차적 협력의무에 불과한 예비군훈련 소집통지서 전달의무의 위반에 대하여 과태료 등의 행정적 제재가 아닌 형사처벌을 부과하는 예비군법 조항이 형벌의 보충성과 책임과 형벌 간의 비례원칙에 위반된다고 본 최근의 결정인 헌재 2022. 5. 26. 2019헌가12, 판례집 34－1, 327 참조). 이처럼 행정형벌의 해석론에서 행정법의 역할을 어떻게 받아들일지의 문제는 행정형벌 조항의 헌법적 한계와 밀접한 관련이 있다.

것으로 설명되고 있지만, 학설2)과 판례가 거의 예외 없이 이를 긍정하고 있기 때문에 실제로는 '처분의 적법성이 형사재판의 선결문제로 된 경우'를 확정하는 기준의 문제로 귀결된다.3) 다시 말해, 실무상으로는 처분의 적법성이 행정형벌의 구성요건으로 작용하는 경우를 확정하는 것이 가벌성 판단의 선결문제로 된다. 이에 관하여 행정처분의 성질을 기준으로 침익적 행정행위의 경우에만 형사법원이 그 적법성을 독자적으로 판단할 수 있다는 견해,4) 문제 되는 구성요건의 구조를 기준으로 행정처분이 적극적 구성요건 요소인 경우에만 형사법원이 그 적법성을 독자적으로 판단할 수 있다는 견해,5) 행정처분의 성질과 구성요건의 구조를 종합적으로 고려하여 형사법원의 적법성 심사권을 부여할 수 있다는 견해,6) 해당 형벌조항의 보호법익을 기준으로 형사법원의 독자적 적법성 심사권을 부여할 수 있다는 견해7) 등이 제시되고 있다. 비록 위 기준들이 각자 완결적이라고 볼 수는 없고 세부적으로 상호 보충적인 관계에서 결론을 같이하는 경우가 많지만, 적어도 '허가를 받지 아니하고 한 행위를 처벌하는 구성요건에 있어서 허가를 받았다가 나중에 그

---

2) 김동희·최계영, 『행정법Ⅰ』, 제26판, 박영사, 2021, 334－335면; 김남진·김연태, 『행정법Ⅰ』, 제26판, 법문사, 2002, 271－272면; 류지태·박종수, 『행정법신론』, 제18판, 박영사, 2021, 192면; 박균성, 『행정법론(상)』, 제21판, 박영사, 2022, 121면 등 참조. 반면, 행정기본법에 공정력이 성문화됨에 따라 독일의 판례와 같이 단순위법에 그치는 처분위반죄의 성립을 인정하는 방향으로 판례가 변경되어야 한다는 견해로, 김중권, "행정기본법의 보통명사 시대에 행정법학의 과제 Ⅰ: 처분관련 규정을 중심으로 ", 『공법학연구』, 제22권 제2호, 한국비교공법학회, 2021, 13－14면 참조.
3) 최계영, "행정처분과 형벌", 『행정법연구』제16호, 행정법이론실무학회, 2006, 259면 참조.
4) 박정훈, "협의의 행정벌과 광의의 행정벌", 『행정법의 체계와 방법론』, 박영사, 2005, 349－359면.
5) 최계영, 앞의 논문, 264－274면.
6) 윤민, "범죄성립의 전제가 되는 행정처분과 형사책임", 『사법논집』, 제62집, 법원도서관, 2017, 532－585면; 정해영, "행정형벌의 체계적 특수성", 『사법논집』, 제69집, 법원도서관, 2019, 329면.
7) 정준현, "흠 있는 처분과 처분위반죄의 법적 문제", 『법학논총』, 제45권 제4호, 단국대학교 법학연구소, 2021, 119－146면.

허가가 취소 또는 철회되는 경우'에는 위 기준에 따라 형사법원이 유무죄 여부를 달리 판단하게 된다는 점에서 차별성이 있다.[8] 대상판결은 바로 이 유형 중에서도 허가 취소 또는 철회 처분에 불가쟁력이 발생하였으나 단순 위법의 흠결이 존재함이 확인되는 경우, 허가 취소 또는 철회 이후의 행위를 처벌할 수 있는지 여부에 관한 것으로서 공정력을 우선한 원심판결과는 달리 행정청의 직권취소 의무, 적법절차의 원리, 형벌의 보충성 원칙을 언급하면서 피고인에게 최대한의 방어권을 보장하는 결론에 이르고 있다.

이처럼 행정형벌을 둘러싼 행정법과 형법의 교착 상태에서 대법원 판례가 일관하여 형법의 원칙들을 우선하면서 행정기능의 보장이라는 행정법의 가치가 지나치게 후퇴하는 것은 아닌지, 그렇다면 행정법과 형법의 원칙들이 적절히 조화를 이룰 이론적 틀은 무엇일지 고민해보는 것이 이 글의 문제의식이다. 「행정기본법」 제15조의 신설과 더불어 공정력 또는 구성요건적 효력이 실정법상의 효력으로 인정된 이후에 대상판결이 나왔다는 점에서, 위와 같은 판례의 태도가 여전히 타당한 것인지 우선 검토할 필요도 있다. 이 글에서는 먼저 「행정기본법」 제15조의 신설이 위법한 처분을 위반한 죄의 가벌성에 미치는 영향에 관하여 살펴본다(이하 Ⅱ.). 여기에서는 특히 위 조항이 실체적 공정력을 새롭게 인정한 것인지, 절차적 공정력을 확인한 것에 불과한지 여부와 그것이 행정형벌의 해석론에 미치는 영향에 관하여 검토한다. 그리고 위법한 처분을 따르지 아니한 피고인의 형사처벌 가능성에 관한 대법원 판례의 태도와 문제점을 분석한 뒤(이하 Ⅲ.), 위 문제를 보호법익의 관점에서 재구성해 본다(이하 Ⅳ.). 마지막으로 위와 같은 행정형벌의 해석 기준을 토대로 대상판결의 의의를 구체적으로 고찰한다(이하 Ⅴ.)

---

8) 최계영, 앞의 논문, 259-260면.

Ⅱ. 공정력의 의미와 행정형벌에 미치는 영향

1. 「행정기본법」 제15조와 공정력의 의미

(1) 다수설과 판례는 행정행위의 공정력을 '행정행위가 위법하더라도 취소되지 않는 한 유효한 것으로 통용되는 효력'으로 이해해왔다.9) 반면, 독일의 법리에 따라 공정력의 개념에서 다른 국가기관에 대한 측면인 구성요건적 효력(Tatbestandswirkung) 개념을 구별해야 한다는 견해10)와, 공정력이라는 개념을 존속력(Bestandskraft) 개념으로 대체해야한다는 견해11) 등이 제시된다. 공정력의 개념은 후술하는 바와 같이 독일의 존속력이 가지는 실체법적 차원과 프랑스의 예선적 특권이 가지는절차적 차원을 결합한 일본의 이론을 받아들인 것으로 보이고,12) 위 일본의 이론은 그 자체 확정력과 존속력 개념의 혼동 속에서 등장하였다는 비판을 받고 있다.13) 그러나 판례가 오래전부터 공정력의 개념을 택하고 있고 또 이를 반영한14) 「행정기본법」 제15조가 문언상 공정력과

---

9) "이른바 행정행위의 공정력이란 행정행위가 위법하더라도 취소되지 않는한 유효한 것으로 통용되는 효력을 의미하는 것인바, 행정청의 후행거부처분은 소극적 행정행위로서 현존하는 법률관계에 아무런 변동도 가져 오는 것이 아니므로, 그 거부처분이 공정력이 있는 행정행위로서 취소되지 아니하였다고 하더라도, 원고가 그거부처분의 효력을 직접 부정하는 것이 아닌 한 선행거부처분보다 뒤에 된 동일한내용의 후행거부처분때문에 선행거부처분의 취소를 구할 법률상 이익이 없다고 할수는 없다."(대법원 1994. 4. 12. 선고 93누21088 판결. 밑줄은 필자 강조)

10) 김남진·김연태, 앞의 책, 294면; 류지태·박종수, 앞의 책, 140면 등.

11) 홍강훈, "독자적 행정행위 효력론에 근거한 행정행위 효력의 새로운 구성 - 공정력, 존속력, 구속력 개념 간의 역사적·이론적 비교 분석 -", 『공법연구』, 제49집 제1호, 한국공법학회, 2020, 117-143면.

12) 송시강, "프랑스법상 행정제재에 관한 연구", 『행정법연구』, 제69호, 행정법이론실무학회, 2022, 17면(각주 54) 참조.

13) 홍강훈, 앞의 논문, 134면.

14) 법제처, 『행정기본법 해설서』, 2021, 162면 참조. 위 해설서는 더 나아가 행정기본법 제15조가 규정한 처분의 효력의 실질이 공정력인지 구성요건적 효력인지를 명시적으로 규정하지는 않았지만, 어느 견해에 따르더라도 처분이 무효가 아닌 한,

구성요건적 효력을 구별하지 않으므로, 이 글에서는 다수설과 판례에 따른 공정력의 개념을 「행정기본법」 제15조의 의미로 사용하기로 한다.

　(2) 한편, 공정력을 명문화한 「행정기본법」 제15조의 의미에 관하여, 행정기본법상의 공정력은 실체적 효력이라는 견해[15]와, 기존의 판례법으로 형성된 절차적 효력으로서의 공정력의 의미를 명문으로 확인한 것에 불과하다는 견해가 대립한다.[16] 주지하다시피 독일 연방 행정절차법(VwVfG) 제43조 제2항은 "행정행위는 직권취소, 철회 그 밖의 다른 방법으로 폐지되거나 또는 기간만료나 그 외 방법으로 실효되지 않는 한 유효하다(bleibt wirksam)."라고 규정하는데, 이를 근거로 독일법상 행정행위에는 실체적 차원의 효력이 인정된다.[17] 이에 대응하여 연방 행정법원법상 행정소송제기에 원칙적인 집행정지효가 부여되고 있다 (VwGO §80 (1)). 프랑스법의 '예선적 특권'(le privilège du préalable)을 이와 유사한 관점에서 바라볼 수 있다. 행정행위에는 적법성이 추정되고(la présomption de légalité dont bénéficient les décisions de l'administration)[18] 권한 있는 기관에 의해 취소되기 전에는 행정절차 및 소송절차에서 적법한 것으로 취급되기 때문이다.[19] 다만 위 '적법성의 추정'은 실체법

　　권한 있는 기관에 의하여 취소되기 전까지는 유효한 것으로 통용된다는 점에 있어서는 차이는 없다고 한다.

15)　김중권, 각주 1)의 논문, 13–14면; 김중권, "행정행위의 효력과 구속력의 체계에 관한 소고", 『공법학연구』 제13권 제2호, 한국비교공법학회, 2012, 347–348면; 정준현, 앞의 논문, 124면; 정하중, 『행정법개론』, 제14판, 법문사, 2020, 128면.

16)　박재윤, "행정기본법 제정의 성과와 과제 — 처분관련 규정들을 중심으로 —", 『행정법연구』 제65호, 행정법이론실무학회, 2021, 12–13면; 법제처, 『행정기본법 해설서』, 2021, 162면 참조; 판례상 공정력의 의미를 독일식의 실체적 공정력이 아니라 단지 적법·유효성의 추정에 불과하다고 보는 견해로, 박정훈, "취소소송의 성질과 처분 개념", 『행정소송의 구조와 기능』, 박영사, 2006, 165면 이하 참조.

17)　Kopp/Ramsauer, Verwaltungsverfahrensgesetz: VwVfG, Kommentar, §43, 23 Auflage, 2022.

18)　René Chapus, Droit administratif général, Tome 1, 15e édition, Montchrestien, 2001, p. 1171.

차원에 관한 독일의 규정과는 달리, 행정소송관할의 존중이라는 관점에서 다른 기관이 행정행위의 적법성을 심사할 수 없다는 절차적 의미에 그친다. 프랑스법에서 위법성의 승계 문제가 예선적 특권과 무관하게 소송법적인 항변(l'exception d'illégalité)의 문제로 취급되고 법적안정성의 관점에서 개별・구체적으로 판단된다는 점,20) 어떠한 결정을 소로 더 이상 다툴 수 없다는 것이 누구든지 그 결정을 적법한 것으로 간주하여야 한다는 것을 의미하지 않는다는 점을 명백히 인식하는 점,21) 행정소송제기에 원칙적인 집행정지효를 부여하지 않는 점22) 등에 비추어 위 '특권'의 효력이 실체법 차원에 미치지 못함은 비교적 명백해 보인다.

「행정기본법」 제15조는 판례상 확립된 공정력의 개념을 명문화한 것인데, 대법원은 후술하는 바와 같이 '유효한 것으로 통용된다'는 공정력의 의미를 실체적 차원의 구속력으로 받아들이지 않고 있다(이하 III. 참조). 독일 연방행정절차법('유효하다')과 「행정기본법」('유효한 것으로 통용된다')이 서로 문언을 달리하고 있다는 점도 무시할 수 없다. 나아가 「행정기본법」 제15조의 효력은 '처분'의 효력이고, 법적 행위인 학문적 의미의 행정행위뿐만 아니라, 권력적 사실행위 등도 「행정기본법」의 '처분' 개념에 포함되어 있다는 점에서(제2조 제4호 참조), 「행정기본법」 제15조가 규정한 공정력을 처분의 실체적 효력으로 단정하기는 어려워 보인다.

---

19) Jean Rivero/Jean Waline, Droit administratif, 21e édition, Dalloz, 2006, p. 364 이하 참조.

20) 최계영, 『행정소송의 제소기간에 관한 연구』, 서울대학교 박사학위논문, 2008, 244-251면 참조.

21) René Chapus, Droit du contentieux administratif, 11e édition, Montchrestien, 2004, p. 648.

22) 예선적 특권이 학설과 판례에 의해 불문의 법원칙으로 인정되는 것과 마찬가지로, 집행부정지원칙 또한 명시적 근거가 있지 아니하고 학설과 판례, 개별적 집행정지 제도의 존재로부터 간접적으로 인정되고 있다. Maxime Lei, Le Principe de l'absence d'effet suspensif des recours contentieux en droit administratif français, Thèse du docteur en droit public, Université de Toulon, 2018 참조.

2. 공정력과 처분위반죄의 관계

실체적 효력설에 따르면 위법한 행정처분이 권한 있는 기관에 의하여 취소된 경우라도 그 취소 전에 있은 처분위반행위에 관한 가벌성이 인정될 가능성이 높다.[23] 처분의 공정력과 형벌법규의 행위규범성을 결합하면, 처분위반시를 기준으로 유효한 행정처분의 구속력이 존재하는 한 처분의 취소로 가벌성이 소멸하지 않는다는 것이다. 이에 따라 독일의 판례는 형사법원이 행정행위의 적법성을 심사하지 아니하고 그 효력을 그대로 존중하여야 하고, 행정행위가 쟁송취소된 경우에도 그 가벌성이 인정된다고 한다.[24]

그러나 취소의 소급효라는 동등한 차원의 실체적 효력에 비추어 본다면, 공정력을 실체적 효력으로 파악하더라도 가벌성이 소멸한다는 결론을 도출하는 데 논리적으로 무리가 없다고 보인다.[25] 결국 실체적 효력설과 절차적 효력설의 구별 실익은 위법한 행정처분이 권한 있는 기관에 의하여 취소, 철회되거나 기간의 경과 등으로 소멸되기 전의 상태에서도 상대방에 대한 관계에서 복종 의무를 발생시키고 형사법원을 구속하는지 여부에 있다. 이 경우 독일의 판례가 행정행위가 가지는 효력의 실체적 차원을 우선하여 위법한 행정행위의 구속력을 인정한다는 점은 앞서 본 바와 같다. 이 같은 독일 판례의 입장은 행정질서벌과 행

---

23) 김중권, 각주 1)의 논문, 13－14면.
24) BGHSt 23, 86. 그러나 법질서의 통일성, 기본법의 원칙들과의 관계에서 형사법원이 행정행위 적법성을 심사할 수 있어야 한다거나, 최소한 행정행위가 쟁송취소된 경우에는 가벌성을 부정할 수 있어야 한다는 견해도 제시된다. Eerke Pannenborg, Bürgergehorsam oder Freiheitsrecht?: Die Auswirkung der Rechtswidrigkeit eines belastenden, vollziehbaren und wirksamen Verwaltungsaktes im verwaltungsakzessorischen Umweltstrafrecht, Munich, GRIN Verlag, 2009 참조.
25) Wolfgang Gehards, Die Strafbarkeit des Ungehorsams gegen Verwaltungsakte, NJW 1978, S. 86－89; Meinhard Schröder, Verwaltungsrecht als Vorgabe für Zivile－ und Strafrecht, VVDStRL 50(1991), S. 223－225 등 참조.

정형벌의 이원적 체계, 적법성을 직접 규정하는 행정형벌 구성요건 구
조, 행정재판관할과 형사재판관할의 제도적 분리, 앞서 본 집행정지제
도의 존재 등으로 설명될 수 있다.[26]

　　반면, 프랑스의 판례에 따르면 형사법원은 '개인적 자유'(la liberté
individuelle)의 보장자(제5공화국 헌법 제66조 제2항)로서 형벌의 전제로 되
는 행정행위의 적법성을 심사할 권한이 있고,[27] 이는 1994년 형법전 제
111-5조로 명시되어 현재에 이르고 있다. 이때 형사법원의 심사 권한
은　형식과 절차 위반, 법령위반 등 행정행위 위법성 전반에 미치고,[28]
더 나아가 행정법원의 적법성 판단에 구속되지 않고 직권으로 독자적인
판단을 할 의무마저 부여된다.[29] 이는 예선적 특권이 개인적 자유의 보
장이라는 헌법의 틀 내에서 절차적 효력을 가진다는 해석론의 귀결이라
고 할 수 있다. 우리 대법원도 같은 경우에 그 사유를 불문하고 위법한
처분의 구속력을 부인한다는 점(이하 Ⅲ. 참조)에서 판례가 관념하는 공
정력을 절차적 효력으로 보는 것이 자연스러울 것이다.[30] 「행정소송법」
이 집행부정지원칙을 택하는 점(제23조 제1항),[31] 독일 및 프랑스와 달리

---

26) 최계영, 각주 3)의 논문, 265-266면 참조.

27) TC, 5 juillet 1951, Avranches et Desmarets.

28) Cour de cassation, Crim. 13 déc. 2016, FS-P+B+R+I, n° 16-84.794; Cour de
   cassation, Crim. 13 déc. 2016, FS-P+B+I, n° 16-82.176; Sébastien Fucini, État
   d'urgence: contrôle par le juge pénal de la légalité des perquisitions administratives,
   le 4 janvier 2017, in Dalloz Actualité. (출처: https://www.dalloz-actualite.fr/print/
   flash/etat-d-urgence-controle-par-juge-penal-de-legalite-des-perquisitions
   -administratives, 최종검색일 2023. 12. 10.)

29) Cour de cassation, crim., Chambre criminelle, 17 décembre 2014, 13-86.686.

30) 박정훈, 각주 16)의 논문 참조.

31) 독일연방헌법재판소는 집행정지원칙(행정법원법 제80조 제1항)을 기본법의 '효과
   적인 권리보호'가 개별법으로 구체화 된 것으로 보면서 집행정지를 공법쟁송의 근
   본원칙으로 본다(BVerfGE 35, 382(402)). 반면, 헌법재판소는 집행부정지원칙(행정
   소송법 제23조 제1항)이 달성하려는 공익은 행정작용의 안정적이고 계속적인 수행
   과 행정의 원활한 운영을 통한 공공복리이고, 행정소송을 제기한 사람이 입게 되
   는 불이익은 행정소송 제기 시와 본안판결 송소 시까지 사이에 행정소송이 진행되
   고 있음에도 처분의 집행이나 절차의 속행이 이루어짐에 따른 손해인바, 공익에

우리나라의 행정법원은 대법원을 정점으로 하는 일원적 사법제도 내의 전문법원에 불과하고, 행정법원의 관할권 존중의 필요성이 상대적으로 약하다는 점도 언급할 가치가 있다. 여기에 행정형벌의 홍수라는 현상을 전제 사실로 받아들인다면, 제도적 관점에서 공정력의 효력을 절차적인 것으로 이해하는 것은 적법절차원칙 및 과잉금지원칙에 비추어 불가피한 측면마저 존재한다.

　　결국 「행정기본법」 제15조의 공정력은 대법원의 판례로 형성된 처분의 절차적 효력을 확인적으로 규정한 것이라고 할 수 있고, 그러한 전제에서 위 조항의 합헌성이 인정될 수 있다고 보인다.[32] 그렇다면 공정력이 있는 처분을 위반한 행위를 형사 처벌할 수 있는지에 관한 해답은 공정력의 의미로부터 곧바로 도출되는 것이 아니라, 공정력의 절차적 효력을 부인할만한 다른 법적 가치의 고려에서부터 시작되어야 할 것이다.[33] 다시 말해, '처분의 적법성이 형사재판의 선결문제로 된 경우' 인지 여부를 확정하기 위해서는 공정력을 포함한 관련된 가치들 사이의 관계를 규명하는 것이 필요하다.

비하여 침해되는 사익이 크다고는 보기 어려우므로 재판청구권을 침해한다고 할 수 없다고 한다(헌재 2018. 1. 25. 2016헌바208, 판례집 30－1상, 58 참조). 위와 같은 상반되는 태도는 공정력이 각국의 법제도 내에서 수행하는 기능이 다르기 때문이라고도 할 수 있다.

32) 앞의 각주 1), 31)의 헌법재판소 결정례 참조.

33) 형사재판에서 공정력이 인정되어야 하는지는 행정의 실효성 보장과 법적 안정성을 위해 형사재판에서도 공정력을 인정할 필요성이 있는지, 특히 이를 형벌로 제재하는 것이 타당한가의 문제라고 하는 견해도 같은 취지로 이해된다. 최계영, 각주 3)의 논문, 260면 참조.

Ⅲ. 판례의 분석

1. 분석의 기준

대법원은 처분을 전제로 한 행정형벌의 가벌성을 판단할 때 처분의 '적법성'이 형사재판의 선결문제로 되는지, '유효성'이 형사재판의 선결문제로 되는지 여부를 묵시적으로 판단하고, 전자의 경우 처분의 위법성 일반에 대하여 형사법원의 독립적인 심사권이 미치는 반면(이하 2.), 후자의 경우 처분의 유효성에 관하여 형사법원은 독립적인 심사를 행할 수 없다고 한다(이하 3.). 그런데 대법원이 양자의 판단 기준을 구체적으로 제시한 사례가 없으므로, 판례를 유형별로 분석하여 그 요소를 귀납적으로 추론하는 수밖에 없다.

이에 관하여 행정처분의 성질을 기준으로 침익적 행정행위의 경우에만 형사법원이 그 적법성을 독자적으로 판단할 수 있다는 견해(①), 문제 되는 구성요건의 구조를 기준으로 행정처분이 적극적 구성요건 요소인 경우에만 형사법원이 그 적법성을 독자적으로 판단할 수 있다는 견해(②), 행정처분의 성질과 구성요건의 구조를 종합적으로 고려하여 형사법원의 적법성 심사권을 부여할 수 있다는 견해(③), 해당 형벌조항의 보호법익을 기준으로 형사법원의 독자적 적법성 심사권을 부여할 수 있다는 견해(④)를 앞에서 이미 소개하였다. 도로교통법상의 무면허운전죄의 성립에 관하여 운전면허발급처분은 그 유효성이 선결문제로 되므로 해당 처분이 위법하더라도 형사법원은 무죄를 선고할 수밖에 없으나,[34] 운전면허취소처분은 해당 처분이 위법하고 관계 법령상 필요적

---

[34] "도로교통법 제65조 제1호의 규정방식을 근거로 내세워 도로교통법 제57조 제1호에 규정한 연령미달의 결격자이던 피고인이 그의 형인 공소외 이창규 이름으로 운전면허시험에 응시 합격하여 받은 원판시 운전면허를 당연무효로 보아야 할 것이라는 소론 주장은 채택할 바 못되는 것이고, 피고인이 위와 같은 방법에 의하여 받은 운전면허는 비록 위법하다 하더라도 도로교통법 제65조 제3호의 허위 기타 부

직권취소의 대상이 된 이상, 비록 직권취소 전이라 할지라도 직권취소
가 이루어진 것과 마찬가지로 형사법원은 무죄를 선고할 수밖에 없다
(대상판결). 이는 수익적 행정처분이 소극적 구성요건 요소인 무면허운
전죄의 구성요건을 두고 운전면허발급처분은 그 유효성이, 운전면허취
소처분은 그 적법성이 각 선결문제로 된다는 입장이고, 여타의 사건에
서 대법원이 보호법익을 도출할 관점을 시사한 바 없기 때문에, 결론적
으로 판례는 위 견해 중 ①을 택한 것으로 이해된다.

행정처분의 성질만을 기준으로 삼는 판례의 입장은 피고인의 방어
권을 최대로 보장하여 피고인에게 가장 유리한 결과를 가져온다는 장점
이 있다.[35] 피고인에게 유리한 수익적 행정처분은 비록 위법하더라도
그대로 받아들여야 하고, 불리한 침익적 처분은 위법할 경우 형사법원
이 이를 배제할 수 있다.[36] 구체적으로는 다음과 같다.

2. 침익적 처분이 형벌의 전제가 된 경우

수익적 처분의 취소처분은 관념적으로는 수익처분의 효력을 실효
시켜 허가가 없었던 것과 동일한 상태로 돌아가는 것에 그치지만, 기존
의 이익을 박탈한다는 점에서 침익적 처분이다. 이처럼 수익적 처분의
취소·철회가 침익적 처분으로 분류되는 이상, 구성요건의 구조와 무관
하게 이들 침익적 처분이 형벌의 전제로 되는 경우 그 위법성은 형사법
원의 독자적인 판단 영역이 된다. 그 결과 형사법원은 각종 조치명령[37]

정한 수단으로 운전면허를 받은 경우에 해당함에 불과하여 취소되지 않는 한 그
효력이 있는 것이라 할 것이므로 같은 취지에서 피고인의 원판시 운전행위가 도로
교통법 제38조의 무면허운전에 해당하지 아니한다고 본 원심판단은 정당하(다)."
(대법원 1982. 6. 8. 선고 80도2646 판결)
35) 최계영, 앞의 각주 3)의 논문, 259면.
36) 최계영, 앞의 각주 3)의 논문, 259면.
37) 대법원 1992. 8. 18. 선고 90도1709 판결; 대법원 1996. 7. 12. 선고 96도1237 판결;
대법원 2004. 5. 14. 선고 2001도2841 판결; 대법원 2007. 2. 23. 선고 2006도6845 판

뿐만이 아니라, 수익적 처분의 취소에 해당하는 운전면허취소처분도 적
법하여야만 형벌을 부과할 수 있다. 대상판결에서 본 바와 같이, 수익적
처분의 취소·철회가 위법하기만 하면 이를 배제하여 무죄를 선고할 수
있고 직권취소·쟁송취소될 것을 요구하지 않지만, 판례는 만약 수익적
처분의 취소·철회가 직권취소·쟁송취소된다면 취소의 소급효에 따라
수익적 처분의 취소·철회 처분이 처분시에 소급하여 효력을 잃게 되고
따라서 처분에 복종할 의무가 처음부터 없었음이 확정된다는 이유로 무
죄를 선고한다.[38] 즉, 형사법원의 독자적 위법성 심사권은 소멸한다.

　　나아가 판례는 형사법원의 침익적 처분에 관한 위법성 심사 범위
를 제한하지 않는다. 대체로 침익적 처분의 위법 사유 중 법령위반이
문제 되어 무죄가 선고되고 있지만, 비교적 최근에는 절차 하자(특히,
「행정절차법」 제21조, 제22조의 사전통지 및 의견제출절차)를 이유로 침익적
처분이 전제로 된 범죄의 성립이 부인되고 있다.[39] 헌법재판소도 기소
유예처분의 전제로 된 행정처분의 절차 하자 유무를 선결문제로 검토한
바 있다.[40] 아직 명시적인 판례는 존재하지 않지만, 대법원은 처분의
재량권 일탈·남용 여부도 형사법원의 심사 범위에 포함된다는 전제에

결; 대법원 2008. 2. 29. 선고 2006도7689 판결; 대법원 2016. 12. 29. 선고 2014도
16109 판결; 대법원 2017. 9. 21. 선고 2014도12230 판결 등. 이상의 판결들은 모두
처분 사유의 부존재, 즉 법령위반의 위법사유가 존재하는 사안들이다.

[38] 대법원 1999. 2. 5. 선고 98도4239 판결(운전면허취소처분의 쟁송취소); 대법원
1993. 6. 25. 선고 93도277 판결(식품위생법상 영업허가취소처분의 쟁송취소); 대법
원 1991. 5. 14. 선고 91도627 판결(어업법상 어업면허취소처분의 쟁송취소); 대법
원 2008. 1. 31. 선고 2007도9220 판결(운전면허취소처분의 직권취소·철회)

[39] 대법원 2017. 9. 21. 선고 2017도7321 판결; 대법원 2017. 9. 21. 선고 2014도12230
판결; 대법원 2020. 5. 14. 선고 2020도2564 판결. 위 판결 중 일부는 형사판결이 선
고되기 전에 이미 그 전제가 되는 처분의 절차적 위법성이 행정법원에 의하여 확
인되어 처분을 취소하는 판결이 확정되었다는 특징이 있다. 정해영, 앞의 각주 6)
의 논문, 332면. 그럼에도 불구하고 쟁송취소의 소급효를 언급하지 않고 곧바로 절
차 하자를 이유로 무죄를 선고하였다는 점에 주목할만하다.

[40] 헌재 2013. 2. 28. 2012헌마427, 판례집 25−1, 166 참조.

있는 것으로 보인다.[41] 더 나아가 후발적 위법사유, 즉 사정변경(반성적 고려에 따른 사후적 법률개정)으로 침익적 처분의 재심사가 필요한 상황이 되었고, 이에 따라 처분청에게 다시 개별·구체적인 사정을 조사하여 필요한 조치를 할 의무가 생긴 경우에도 의무불이행죄가 성립하지 않는다고 한다.[42]

3. 수익적 처분이 형벌의 전제가 된 경우

실정법상 허가, 인가, 특허 등의 처분 외에, 침익적 처분의 취소·철회도 앞서 본 것과 같은 맥락에서 수익적 처분으로 볼 수 있다. 이러한 수익적 처분이 형벌의 전제로 되는 경우 형사법원은 그 적법성을 독자적으로 심사하지 않고 유효한 것으로 받아들여야 한다.[43] 이는 수익

---

41) 대법원 2011. 9. 8. 선고 2009도12330 판결. 다만, 위 판결은 결론에 있어서 재량권 일탈·남용의 존재를 부정하였다. 한편, 대법원 1999. 2. 5. 선고 98도4239 판결은 운전면허취소처분이 재량권 일탈·남용으로 쟁송취소된 사안으로, 판례는 구체적 위법사유를 살피지 아니한 채 취소판결의 소급효에 따라 무면허운전죄의 성립을 부정하였다.

42) 대법원 2021. 1. 14. 선고 2017도11533 판결[피고인이 자기 소유의 토지에 대하여 관할 시장으로부터 오염토양정화 조치명령(정화명령)을 받았음에도 이를 이행하지 않았다고 하여 토양환경보전법 위반으로 기소된 사안에서, 구 토양환경보전법 제10조의3 제3항(종전법의 오염원인자 조항)이 구 토양환경보전법 제10조의4(구법의 오염원인자 조항)로 개정되면서 양 조항의 동일성이 그대로 유지되고 있다고 보기 어려우므로, 종전법의 오염원인자 조항에 관한 헌법재판소 헌법불합치결정의 효력이 구법의 오염원인자 조항에까지 미친다고 본 원심판단은 타당하지 않으나, 구법의 오염원인자 조항이 죄형법정주의에서 도출되는 책임주의에 반한다는 반성적 고려로 2014. 3. 24. 법률 제12522호로 개정된 토양환경보전법 제10조의4(개정법의 정화책임자 조항)는 정화책임자에 대한 책임 한계를 설정하고 정화조치명령 우선순위를 두도록 하였는데, 토양오염을 직접 발생시키지 않은 토지소유자에 불과한 피고인보다 우선적으로 정화명령의 대상이 되는 토양오염을 직접 발생시킨 자 등에 대해 정화명령을 할 수 없었다는 점을 인정할 수 없으므로, 공소사실을 무죄로 판단한 원심의 결론은 정당하다고 한 사례.]

43) 대법원 1982. 6. 8. 선고 80도2646 판결(앞의 각주 34); 1989. 3. 28. 선고 89도149 판

적 처분의 상대방이 가지는 신뢰보호의 차원에서 타당성이 인정될 수 있다. 부정한 방법으로 획득한 수익적 행정행위에 관하여 신뢰보호가 일반적으로 부정되는 것과 같은 이유로 처벌의 필요성이 있다고 할 수 있겠으나, 이미 부정한 방법으로 수익적 행정행위를 획득한 경우를 처벌하는 별도의 구성요건이 개별법에 산재해있음을 고려하여 판례는 그 필요성을 부정한다.44) 문제는 수익적 처분을 발급받을 요건을 갖추었으나 처분이 부존재하는 경우이다. 판례는 처분 요건의 충족 여부를 살피지 않고 단순히 처분 유무만을 살펴 범죄의 성립을 판단하는 태도로 보인다.45) 다만, 앞서 본 '수익처분의 취소·철회가 위법'한 경우와 '요건을 갖추었으나 처음부터 수익처분을 받지 못한 경우'는 피고인을 기준으로 보면 본질적으로 다르지 않은 상황인데도 결론을 달리하게 된다는 점에서, '최대한의 방어권 보장'이라는 판례의 기준이 일관되게 적용되는 것인지 의문이 제기될 수 있다.

4. 문제점

(1) 앞서 본 바와 같이 판례는 형사법원의 침익적 처분에 관한 위법성 심사 범위를 제한하지 않는다. 이는 행정법원에서 위법한 것은 형사법원에서도 위법하다는, 법질서의 통일성(Einheit der Rechtsordnung)이라는 관념에 충실한 것으로 보이지만, 형사법원의 위법성 판단이 행정법원의 판단과 불일치할 경우 오히려 법질서의 통일성을 저해하는 결과로 이어질 수 있다. 다만 사법부의 일원적 구조에 비추어46) 그 위험이

결; 1995. 12. 26. 선고 95도2172 판결(위조된 서류에 근거하여 수입승인을 받고 이에 근거하여 수입면허를 받았더라도 수입면허가 당연 무효가 아닌 이상 무면허수입죄는 성립하지 않는다). 그 외에 '침익처분의 취소·철회' 유형에 해당하는 판례 사안은 찾기 어렵다.

44) 최계영, 앞의 각주 3)의 논문, 270면.

45) 대법원 1992. 1. 21. 선고 91도2912 판결. 독일의 통설도 이와 같다.

상대적으로 낮으므로 피고인의 방어권을 최대한 보장하기 위해 적어도 형사법원의 관점에서 명백한 위법 사유가 발견되는 경우라면 행정법원의 판단을 기다리지 아니하고 무죄 판단에 이를 수 있다는 것이 판례의 태도로 보인다. 만약 형사법원이 처분의 적법성을 인정하는 전제에서 유죄판결을 하고 그 판결이 확정되었는데 나중에 그 처분의 취소판결이 확정된다면, 위 취소판결은 무죄 내지 원판결이 인정한 죄보다 경한 죄를 인정할 명백한 증거(「형사소송법」 제420조 제5호)로서 재심사유에 해당하게 되므로 피고인에게 불리한 결과가 발생하지 않는다.[47]

오히려 기본권 보호의무의 관점에서 과소처벌의 문제가 발생하게 된다. 형사소송과 행정소송은 증거 법칙 등 소송절차에 적용되는 규칙이 달라 사실인정의 범위를 달리할 수 있고, 형벌의 보호법익의 관점에서 처벌의 필요성이 있는 경우여도 전제되는 처분에 절차 하자 또는 재량권 일탈·남용이 존재한다는 이유로 불처벌에 이를 수 있기 때문이다. 예컨대 위험예방조치명령의 실체적 사유, 즉 위험이 존재하지만 「행정절차법」을 위반하거나 명령의 내용에 관하여 재량권 일탈·남용이 인정되는 경우, 위 명령위반죄의 보호법익은 결국 아무런 보호를 받지 못하게 된다.[48] 이처럼 처분에 위법의 하자만 있으면 곧바로 무죄로 판단하는 것은 공정력의 무게에 짓눌려 행정질서법이 처분을 통해 달성하고자 하는 법익에 대한 고찰을 경시한 것이라 할 수도 있다.[49]

---

46) 행정처분의 취소를 구하는 행정소송을 제기하고 동시에 헌법재판소에 그 행정처분을 전제로 하는 행정형벌에 관한 기소유예처분 취소청구를 한 경우에는 양 재판기관의 분리로 인해 판단이 서로 모순될 가능성이 상당히 크다. 기소유예처분 취소청구가 기각되었는데 나중에 처분 취소판결이 확정되면 재심사유로 되는지 여부도 현재로서는 단정할 수 없다. 헌법소원의 보충성 원칙에 비추어 행정소송의 결과를 기다려 그에 구속된 판단을 행하는 것이 타당할 것이다.

47) 대법원 1985. 10. 22. 선고 83도2933 판결.

48) 앞의 각주 39)의 대법원 판결들도 같은 취지에서 비판의 대상이 될 수 있다.

49) 정준현, 앞의 논문, 143면.

(2) '수익처분의 취소·철회가 위법'한 경우와 '요건을 갖추었으나 처음부터 수익처분을 받지 못한 경우'를 달리 취급하는 근거에 대해서도 검토할 필요가 있다. 후자의 경우 처분 절차의 이행 그 자체를 통해 확보하려는 이익을 보호법익으로 보기 때문에 가벌성이 인정되는 것인데, 대표적인 수익처분인 허가의 예를 보자면 처분을 신청하는 절차를 통해 행정청으로 하여금 정보를 획득하게 하여 잠재적인 위험을 통제할 수 있게 하고['정보기능'(Informationsfunktion)], 더 나아가 이후 행해지는 행위의 감독을 가능하게 한다는 의미가 있다['감독기능'(Überwachungsfunktion)].50) 전자의 경우에도 계속적 감독을 통한 위험 통제라는 처분 절차 이행의 이익이 존재하는 이상, 수익처분의 취소·철회가 위법하더라도 그 이후의 행위에 대하여 처벌의 필요성이 있다고 볼 여지가 있다. 예를 들면 「식품위생법」상 영업허가의 취소·철회가 행해진 이상 영업자는 행정청에 의한 건강검진, 위생교육, 품질관리 및 보고 등 계속적이고 정기적인 감독에서 벗어나게 되기 때문이다.51) 즉, 보호법익의 관점에서 본다면 처음부터 수익처분을 받지 못한 경우와 마찬가지로 수익처분의 취소·철회가 위법한 경우에도 형사법원은 수익처분의 부존재 상태를 그대로 받아들여야 한다.

다만, 최초의 수익처분 발급단계에서 위험 통제기능이 중요한 부분이 이루어지고 사후의 감독기능은 위험 통제의 관점에서 중요도가 낮은 경우도 존재하기 때문에, 이 경우 사후 감독기능의 보장을 위해 형벌을 부과할 경우 형벌의 보충성 또는 책임과 형벌의 비례원칙에 반할 수 있다. 운전면허의 경우 최초의 허가 단계에서 대부분의 위험 통제가 이루어지고, 사후 감독은 정기적성검사, 수시적성검사, 의무위반에 대한 면허취소·정지 등에 그친다.52) 즉, 위험 통제의 관점에서 본다면 앞서 본

---

50) 최계영, 앞의 각주 3)의 논문, 270면.
51) 최계영, 앞의 각주 3)의 논문, 272면.
52) 수시적성검사는 안전운전에 장애가 되는 후천적신체장애등 대통령령이 정하는 사

「식품위생법」상 영업허가에 비하여 「도로교통법」상 운전면허에 관한 계속적 사후 감독의 비중이 상당히 낮다. 대상판결은 운전면허 제도의 이 같은 특성에 착안하여 보호법익의 관점에서 운전면허취소처분이 위법한 경우 그 처분 이후의 운전행위를 처벌할 필요가 없다고 본 것으로도 이해할 수 있을 것이다.

Ⅳ. 행정형벌의 보호법익과 공정력

1. 보호법익

이상에서 판례가 행정형벌에서 공정력의 의미를 파악함에 있어서 피고인에 대한 보장을 우선시함으로써 행정형벌의 보호법익을 과소보호하는 결과를 초래하고 있음을 살펴보았다. 행정형벌에 관하여 공정력의 절차적 효력 범위를 결정할 때 고려할 가치들로 한편에는, 피고인에 대한 법치국가적 보장들(죄형법정주의, 형벌의 최후 보충성, 무죄추정원칙, 적법절차원칙 등)을, 다른 한편에는 형벌로써 보호하려는 보호법익, 권력분립, 재판관할의 존중 등을 들 수 있다. 앞서 본 것처럼 피고인에 대한 법치국가적 보장들이 권력분립, 재판관할의 존중이라는 가치보다 대체로 우선한다고 하더라도, 헌법상 기본권 보호의무에 비추어 행정형벌은 일차적으로 그 보호법익의 실현에 기여해야 한다는 점에서 피고인에 대한 법치국가적 보장들은 이익형량 또는 최적화 명령(Optimierungsgebot)에 따라 그 범위가 조정될 수 있다. 결국 행정형벌의 보호법익이 무엇인가가 공정력의 적용 양상을 결정하게 된다.[53]

유에 해당되는 때에 실시되고(도로교통법 제88조), 정기적성검사는 제1종 운전면허 소지자의 경우 최초 발급일로부터 10년마다, 70세 이상 제2종 운전면허 소지자의 면허 갱신시점에만 실시된다(동법 제87조).

행정형벌의 보호법익은 공정력, 즉 행정의 기능 보호로 일률적으로 환원되는 것이 아니다. 보호법익이 무엇인지를 결정하는 기준은 획일적으로 결정할 수 없고 각 규정의 내용을 개별·구체적으로 검토해야 하는 문제이다. 일응의 기준으로 앞서 본 ②의 견해, 즉 구성요건의 구조를 기준으로 공정력의 적용 양상을 결정한다는 견해를 참조할 수 있다. 이를 구성요건의 구조에서 보호법익의 내용을 도출한다는 것으로도 이해할 수 있기 때문이다. 행정처분이 적극적 구성요건 요소인 경우, 대체로 해당 처분을 통해 보호하고자 하는 법익이 행정형벌의 보호법익으로 될 것이다.54) 반면 행정처분이 소극적 구성요건 요소인 경우, 해당 처분의 목적, 기능, 내용 등을 종합적으로 고려해서 해당 처분의 존재를 강제하는 보호법익을 확정하여야 한다. 일반적으로 정보수집, 위험 통제, 사후 감독 등의 행정 목적을 들 수 있지만, 구체적인 제도의 내용에 따라 보호법익의 내용은 달라질 수 있다. 예를 들면 앞서 본 것과 같이 「도로교통법」의 사후 감독 체계에 비추어 위 법이 운전면허처분의 존재를 요구하는 이유는 운전 적성과 기능, 관련법령에 관한 지식을 확인하여 교통상 위험을 통제하기 위한 것이라 할 수 있고, 계속적 감독의 확보는 무면허운전죄의 직접적인 보호법익으로 보기 어렵다.

2. 공정력의 구체적 적용 양상

위와 같이 확정된 보호법익에 관련된 처분의 위법성에는 형사법원의 독자적 심사권이 미치고, 보호법익과 무관한 처분의 위법성에는 형사법원의 독자적 심사권이 미치지 않고 형사법원은 그 처분을 유효한 것으로 받아들여야 할 것이다. 이러한 관점에서 본다면 판례는 다음과 같이 이해된다. 「도로교통법」의 해석상 연령은 운전 적성과 기능, 관련

---

53) 정준현, 앞의 논문, 129면.
54) 최계영, 앞의 각주 3)의 논문, 261-262면.

법령에 관한 지식 등과 무관하므로, 연령을 속여 발급받은 운전면허처
분의 위법성에 관하여 무면허운전죄의 성립 여부를 판단하는 형사법원
의 심사권이 미치지 않는다.[55] 반면, 음주운전을 하였다는 이유로 면허
취소처분을 받았으나 음주운전 사실이 인정되지 않는 경우 그 위법성은
운전 적성과 기능, 관련 법령에 관한 지식 등과 직결되어 있으므로 무
면허운전죄의 성립 여부를 판단하는 형사법원의 심사권이 미친다(대상
판결).

　　보호법익은 형사법원의 위법성 심리 범위에도 영향을 미친다. 보호
법익에 관련된 법령 위반은 형사법원의 심리 범위에 들어가지만, 처분
사유가 인정되어 보호법익이 존재함이 명백한 경우임에도 절차 하자 또
는 재량권 일탈·남용의 하자가 있는 경우, 이들 위법사유는 보호법익
의 관점에서 형사법원의 심리 범위에서 벗어난다고 보아야 한다.[56] 재
량 하자 못지않게 절차 하자 유무의 판단도 행정법원의 전문적 판단을
요하는 구체적 형량 요소일 뿐만 아니라,[57] 절차 하자를 악용하여 보호

---

55) 앞의 각주 34) 대법원 판결 사안 참조.
56) 보호법익과 무관한 절차하자 및 재량하자에 형사법원의 심사권이 미치지 않는다는
　　견해로, 최계영, 앞의 각주 3)의 논문, 261-262면; 정준현, 앞의 논문, 129면. 반면
　　재량하자에 한정하여 형사법원의 심사권이 미치지 않는다는 견해로, 박정훈, "협의
　　의 행정벌과 광의의 행정벌", 『행정법의 체계와 방법론』, 박영사, 2005, 349-359
　　면; 윤민, 앞의 논문, 329면. 한편, 형사법원은 행정처분의 위법성이 객관적으로 명
　　백한 경우에 한해 제한된 범위에서 선결문제에 대한 심사권을 가진다는 견해로,
　　정남철, "형사사건의 선결문제에서 수소법원(受訴法院)의 심사범위와 그 한계", 『행
　　정법학』 제24호, 한국행정법학회, 248-252면 참조.
57) 앞의 각주 40)의 헌법재판소 결정은 전제되는 행정처분의 행정절차법 제23조, 제24
　　조의 위반 여부를 '처벌의 필요성'이라는 관점에서 이익형량의 방식으로 판단하였
　　다. "이 사건에서 보면 이 사건 의무이행 요구가 기재된 수입신고필증에 전자적으
　　로 날인된 인천세관의 기관인이 있고 담당자의 성명까지는 기재되어 있으나, 행정
　　절차법 제24조 제1항에 규정된 담당자의 연락처가 기재되어 있지 않은 사실이 인
　　정된다. 하지만 앞서 본 이 사건 의무이행 요구의 단순·반복적 성질 및 상대방이
　　그 처분의 이유를 명백히 알 수 있었을 것으로 보이는 점, 수입신고필증을 교부받
　　게 되는 수입신고인은 수입화주 또는 관세사로서 필요한 경우 세관 담당자에게 연
　　락하는 것이 어렵지 않았을 것으로 보이는 점 등을 종합적으로 고려하여 보면, 수

법익의 달성을 지연시킬 우려가 있기 때문이다. 실무상 시정명령을 위반한 뒤 절차 하자 주장으로 손쉽게 무죄 판결에 이를 가능성이 있다는 점에서도, 침익적 처분의 절차 하자를 이유로 한 무죄 판결의 범위를 향후 적절히 제한할 필요가 있다.

다만 형사법원의 심사는 행정처분이 직권취소·철회되거나 쟁송취소된 경우에는 처분에 발생한 형성력에 전적으로 구속된다고 보아야 한다. 즉, 형사법원의 심사는 '권한이 있는 기관이 처분을 취소·철회하기 전'까지만 가능하다. 반면 취소소송 기각판결이 확정된 경우에는 형사법원이 그 판단에 전적으로 구속되지는 않는다고 보는 것이 타당할 것이다.58)

3. 예상되는 비판과 반론

이상에 대한 반론으로 다음과 같은 것들을 예상할 수 있다. 우선, 개별 법률의 구체적인 보호법익을 파악하고 이에 따라 공정력의 적용 양상을 결정하는 과정이 형사법원의 심리 부담을 가중시키고 죄형법정주의의 이념에 따라 요구되는 법적 명확성에 반한다는 것이다. 그러나 이 사건 원심판결과 대상판결에서 추출할 수 있는 것과 같이 형사법원은 처분의 '적법성'이 형사재판의 선결문제로 되는지, '유효성'이 형사재판의 선결문제로 되는지 여부를 묵시적으로 판단하는 과정에서 이미 구성요건의 구조와 보호법익을 내적으로 고려하고 있다고 보인다. 판례가 기준으로 하는 처분의 침익적, 수익적 성격의 확정 문제도 관점에 따라

입신고필증에 담당자의 연락처가 기재되어 있지 않은 흠이 있다는 이유만으로 이 사건 의무이행 요구에 따르지 않은 행위를 처벌할 수 없다고 보기는 어렵다." 이러한 판단 방식은 향후 대법원의 판단과 상충할 가능성이 높다.
58) 취소소송의 위법성 판단과 형사소송의 보호법익 판단은 방식, 기준 시점 등에서 각자 독자성을 가지기 때문이다. 앞의 각주 29)의 프랑스 파기원의 판결들, 각주 47)의 대법원 판결 참조.

서는 유동적인 것이 될 수 있고, 오히려 보호법익을 전면에 내세우는 것이 일관성과 타당성 있는 도그마틱이 될 수 있다.

현재 많은 행정형벌조항이 엄벌주의에 따라 규정되어 있어 판례가 피고인의 방어권을 최우선적으로 고려하는 태도를 취하는 것은 불가피한 측면도 있다. 다만, 보호법익과의 관계에서 공정력의 효력 범위를 파악하고 형사처벌의 가능성을 검토하는 과정에서 보호법익과 형사처벌과의 비례성이 명확히 드러나게 되므로, 만약 보호법익에 비하여 형사처벌이 과도하다면 해당 조항이 위헌으로 평가될 수 있을 것이다.[59] 이를 통해 탈형벌화가 가속화될 것을 기대할 수 있다.

V. 대상판결의 의의

대상판결은 비록 일차적으로 시행규칙에 규정된 직권취소 의무를 매개로 하는 것처럼 보이지만 실질적으로는 헌법상 적법절차의 원리 및 형벌의 보충성 원칙을 근거로 "누구도 위법한 침익적 처분에 복종할 의무는 없다"는 원칙을 선언한 것이라고 할 수 있다. 대상판결이 강조한 직권취소 의무와 해당 절차는 시행규칙에 규정되어 있을 뿐이고, 해당 조항이 없다고 하더라도 그 상위법령의 해석상 직권취소 의무가 도출될 수 있기 때문이다. 말하자면 「도로교통법 시행규칙」에 직권취소 의무가 규정된 것은 우연한 사정에 불과하고, 명시적 근거 또는 해석에 따라 위법한 침익적 처분에 대한 직권취소 의무가 존재하는 이상, 형사법원으로서는 적법절차의 원리 및 형벌의 보충성 원칙에 비추어 그 직권취소 전에도 직권취소가 행해진 것처럼 취급하여야 한다는 것이다. 이러한 관점에서 본다면 대상판결은 기존의 대법원 판례의 입장[60]을 확장

---

59) 앞의 각주 1)의 헌재 2022. 5. 26. 2019헌가12, 판례집 34-1, 327 참조.
60) 특히, 특정범죄 가중처벌 등에 관한 법률 위반(도주차량)으로 운전면허취소처분을

적으로 확인한 것이라고 할 수 있다.[61)

　　다른 한편으로 대상판결은 무면허운전죄의 보호법익을 '운전 적성과 기능, 관련 법령에 관한 지식의 확인을 통한 위험의 통제'로 인식하는 전제에서, 위 보호법익에 직결된 '음주운전'이라는 위법 사유에 대한 형사법원의 독자적 심사권을 인정한 취지로 이해되기도 한다. 반면, 운전면허취소처분이 위법하더라도 운전면허취소처분 이후의 운전을 처벌할 수 있다고 본 원심판결의 경우 무면허운전죄의 보호법익에 행정청의 계속적 감독 기능을 포함시키는 전제에 있다고 볼 수 있다. 그러나 계속적 감독의 강도가 상당히 낮은 「도로교통법」의 체계에 비추어 볼 때 원심판결의 해석론은 현실적으로 받아들이기 어렵다.

　　만약 이 사건에서 음주운전 사실이 인정되지만 면허취소처분에 절차 하자만 있다거나 혹은 단지 재량권 일탈·남용의 하자만 존재한다면 어떻게 될까. 판례에 따르면 누구도 위법한 침익적 처분에 복종할 의무가 없는 이상 법원은 피고인에게 무면허운전죄에 관하여 무죄를 선고하여야 한다. 반면 보호법익에 관련된 위법사유에 한하여 심리권이 미친다는 입장에서는 이 경우 피고인에게 유죄를 선고할 수 있다. 행정기능의 보장과 피고인의 권리 보장 사이의 적정한 균형점을 찾기에는 보호법익의 관점이 더 타당하다는 점을 다시 확인할 수 있다.

　　받은 자가 자동차를 운전하였다고 하더라도 그 후 피의사실에 대하여 무혐의 처분을 받고 이를 근거로 행정청이 운전면허 취소처분을 '철회'하였다면, 위 운전행위는 무면허운전에 해당하지 않는다고 한 대법원 2008. 1. 31. 선고 2007도9220 판결 참조.

61) 이러한 점에서 대상판결과 달리, 원심판결에 대한 검사 측의 상고가 있었고 대법원이 음주운전에 대한 무죄 판결을 해야 하는 경우였다고 할지라도 대법원으로서는 무면허운전 부분에 대하여 무죄의 결론에 이르렀을 것으로 보인다.

참고문헌

김동희·최계영, 『행정법Ⅰ』, 제26판, 박영사, 2021
김남진·김연태, 『행정법Ⅰ』, 제26판, 법문사, 2022
류지태·박종수, 『행정법신론』, 제18판, 박영사, 2021
박균성, 『행정법론(상)』, 제21판, 박영사, 2022
법제처, 『행정기본법 해설서』, 2021
정하중, 『행정법개론』, 제14판, 법문사, 2020

김중권, "행정행위의 효력과 구속력의 체계에 관한 소고", 『공법학연구』
      제13권 제2호, 한국비교공법학회, 2012
김중권, "행정기본법의 보통명사 시대에 행정법학의 과제 Ⅰ: 처분관련
      규정을 중심으로 ", 『공법학연구』, 제22권 제2호, 한국비교공법학회,
      2021
송시강, "프랑스법상 행정제재에 관한 연구", 『행정법연구』, 제69호, 행정
      법이론실무학회, 2022,
박정훈, "협의의 행정벌과 광의의 행정벌", 『행정법의 체계와 방법론』, 박
      영사, 2005
박정훈, "취소소송의 성질과 처분개념", 『행정소송의 구조와 기능』, 박영
      사, 2006
박재윤, "행정기본법 제정의 성과와 과제 ― 처분관련 규정들을 중심으로
      ―", 『행정법연구』제65호, 행정법이론실무학회, 2021
송시강, "프랑스법상 행정제재에 관한 연구", 『행정법연구』, 제69호, 행정
      법이론실무학회, 2022
윤민, "범죄성립의 전제가 되는 행정처분과 형사책임", 『사법논집』, 제62
      집, 법원도서관, 2017
정남철, "형사사건의 선결문제에서 수소법원(受訴法院)의 심사범위와 그

한계", 『행정법학』제24호, 한국행정법학회, 2023

정준현, "흠 있는 처분과 처분위반죄의 법적 문제", 『법학논총』, 제45권 제4호, 단국대학교 법학연구소, 2021

정해영, "행정형벌의 체계적 특수성", 『사법논집』, 제69집, 법원도서관, 2019

최계영, "행정처분과 형벌", 『행정법연구』제16호, 행정법이론실무학회, 2006

홍강훈, "독자적 행정행위 효력론에 근거한 행정행위 효력의 새로운 구성 － 공정력, 존속력, 구속력 개념 간의 역사적·이론적 비교 분석 －", 『공법연구』, 제49집 제1호, 한국공법학회, 2020

Eerke Pannenborg, Bürgergehorsam oder Freiheitsrecht?: Die Auswirkung der Rechtswidrigkeit eines belastenden, vollziehbaren und wirksamen Verwaltungsaktes im verwaltungsakzessorischen Umweltstrafrecht, Munich, GRIN Verlag, 2009

Jean Rivero/Jean Waline, Droit administratif, 21e édition, Dalloz, 2006

Kopp/Ramsauer, Verwaltungsverfahrensgesetz: VwVfG, Kommentar 23 Auflage. 2022

Maxime Lei, Le Principe de l'absence d'effet suspensif des recours contentieux en droit administratif français, Thèse du docteur en droit public, Université de Toulon, 2018

René Chapus, Droit administratif général, Tome 1, 15e édition, Montchrestien, 2001

René Chapus, Droit du contentieux administratif, 11e édition, Montchrestien, 2004

Meinhard Schröder, Verwaltungsrecht als Vorgabe für Zivile－und Strafrecht, VVDStRL 50(1991)

Sébastien Fucini, État d'urgence: contrôle par le juge pénal de la légalité des perquisitions administratives, le 4 janvier 2017, in

Dalloz Actualité

Wolfgang Gehards, Die Strafbarkeit des Ungehorsams gegen
Verwaltungsakte, NJW 1978

국문초록

    대법원의 판례는 처분을 전제로 한 행정형벌의 가벌성을 판단할 때 처분의 '적법성'이 형사재판의 선결문제로 되는지, '유효성'이 형사재판의 선결문제로 되는지 여부를 묵시적으로 판단하고, 전자의 경우에 한하여 처분의 위법성 일반에 대하여 형사법원의 독립적인 심사권이 미치는 반면, 후자의 경우 처분의 유효성에 관하여 형사법원은 독립적인 심사를 행할 수 없다고 한다. 특히 대법원은 행정처분의 성질을 기준으로 하여 침익적 행정행위의 경우에만 처분의 '적법성'이 형사재판의 선결문제로 된다고 보고, 형사법원이 그 적법성을 절차적 위법성에서부터 재량권 일탈·남용에 이르기까지 전면적이고 독자적으로 판단할 수 있다는 입장인데, 그 결과 피고인에 대한 법치국가적 보장이 최우선적으로 고려되지만 행정형벌의 보호법익을 과소 보호하는 결과를 초래하는 문제점이 있다. 헌법상 기본권 보호의무의 관점에서 행정형벌은 그 보호법익의 실현에 기여해야 하므로 피고인에 대한 법치국가적 보장들은 형량원칙 또는 최적화 명령에 따라 그 범위가 조정될 수 있고, 이에 따라 행정형벌에 관한 공정력의 절차적 효력 범위를 행정형벌의 '보호법익'을 기준으로 다시 설정할 필요가 있다.

    보호법익이 무엇인지를 결정하는 기준은 각 규정의 내용을 개별·구체적으로 검토해야 하는 문제이다. 행정처분이 적극적 구성요건 요소인 경우 대체로 해당 처분을 통해 보호하고자 하는 법익이 행정형벌의 보호법익으로 될 것이고, 행정처분이 소극적 구성요건 요소인 경우 해당 처분의 목적, 기능, 내용 등을 종합적으로 고려해서 해당 처분의 존재를 강제하는 보호법익을 확정해야 한다. 이미 형사법원은 처분의 적법성이 형사재판의 선결문제로 되는지, 유효성이 형사재판의 선결문제로 되는지 여부를 묵시적으로 판단하는 과정에서 이미 구성요건의 구조와 보호법익을 내적으로 고려하고 있다. 보호법익과의 관계에서 공정력의 효력 범위를 파악하고 형사처벌의 가능성을 검토하는 과정에서 보호법익과 형사처벌과의 비례성이 명확히 드러나게 되므로 만약 보호법익에 비하여 형사처벌이 과도하다면 해당 조항이 위헌으로 평가될 수 있다는 점에서 행정형벌에 대한 실질적 통제도 가능해진다.

대상판결은 기존 판례의 입장을 확인한 것으로 볼 수도 있지만, 무면허운전죄의 보호법익을 '운전 적성과 기능 관련 법령에 관한 지식의 확인을 통한 위험의 통제'로 인식하는 전제에서 위 보호법익에 직결된 '음주운전'이라는 위법 사유에 대한 형사법원의 독자적 심사권을 인정한 취지로도 이해될 수 있다. 운전면허 취소처분이 위법하더라도 운전면허 취소처분 이후의 운전을 처벌할 수 있다고 본 원심판결의 경우 무면허 운전자의 보호법익에 '행정청의 계속적 감독 기능'을 포함시키는 전제에 있다고 볼 수 있지만, 계속적 감독의 강도가 상당히 낮은 도로교통법의 체계에 비추어 볼 때 그와 같은 해석론은 현실적으로 받아들이기 어렵다.

주제어: 공정력, 선결문제, 형사처벌, 보호법익, 적법절차, 형벌의 보충성

Abstract

Illegitimacy of driver's license revocation and establishment of unlicensed driving offence

KIM, Hyejin*

The Supreme Court implicitly judges whether the legality or the validity of an administative decision is the preliminary consideration for a criminal trial when judging the administrative punishment especially based on a administrative decision. In particular, the Supreme Court finds that the 'legality' of the decision becomes a preliminary consideration for criminal trials only in cases of intrusive decision, and the criminal court determines the legality of the disposition from procedural illegality to abuse of discretion. The position is that a comprehensive and independent judgment can be made regarding legality, and as a result, the guarantee of the rule of law for the defendant becomes top priority, but there is a problem that it results in under－protection of the legal interests of administrative punishment. Considering the obligation to protect fundamental rights under the Constitution, administrative punishment must contribute to protect legal interests, so the scope of guarantees of the rule of law for defendants can be adjusted according to balancing or optimization principles. Therefore, here is a need to re－establish the scope of administrative decision's validity/legality in criminal trial based on the 'protected legal interests' of administrative punishment.

---

* Sungkyunkwan University School of Law

The standard for determining what protected legal interests are is a matter of examining the contents of each regulation. If an administrative decision is an positive component for the establishment of offence/crime, the protected legal interest can be found as the legal interest as such of administrative decision. If an administrative disposition is a passive component, the purpose, function, and content of the disposition will be comprehensively considered. The criminal court already internally considers the structure of statute and the protected legal interests in the process of judging whether the legality or the validity is the preliminary consideration for the criminal trial. In the process of identifying the scope of administrative decision's validity/legality in relation to protected legal interests and examining the legitimacy of criminal punishment, the proportionality between protected legal interests and criminal punishment is clearly definded. Therefore, if the punishment is excessive compared to protected legal interests, the relevant provision is deemed unconstitutional. As a result, effective control over administrative punishment becomes possible.

This ruling may be seen as confirming the position of precedents, but on the premise that the protected legal interest of driving license is recognized as 'control of risk through confirmation of knowledge of laws related to driving aptitude and skills', which is directly related to the above protective legal interest. On the other hand, since the continuous supervision function of the Police Agency is very weak, it is difficult to include the protection of the continuous supervision function in the legal interests of driving license system.

Key words: current validity, preliminary issues, criminal punishment, protected legal interests, due process, subsidiarity of punishment

투고일 2023. 12. 10.
심사일 2023. 12. 26.
게재확정일 2023. 12. 29.

租稅行政法

조례로 조정하는 탄력세율제도의 함의 (이지은)

조례로 조정하는 탄력세율제도의 함의

대법원 2022.4.14. 선고 2020추5169 판결을 중심으로

이지은*

Ⅰ. 대상 판결의 배경

　문재인 정부의 부동산 대책은 전방위적으로 수립·시행되었는데, 목적 달성을 위해서 세제(稅制)를 적극적으로 활용하였다. 종합부동산세(국세)와 (양도) 소득세(국세) 및 재산세(지방세)가 부동산 대책의 주요 수단으로 활용되었고, 구체적으로는 직접적인 세율 조정의 방법뿐만 아니

---

* 한국지방세연구원 부연구위원, 법학박사

라 부동산 가격공시제도(세액 산출의 기초가 되는 과세표준의 기초)를 활용
한 방법도 채택되었다. 「부동산 가격공시에 관한 법률」에 따라 부동산
의 적정가격[1]을 공시하는 가격공시제도는 1989년 도입된 이래 부동산
보유세 및 건강보험료 부과 기준, 기초생활보장 급여 대상 선정, 감정
평가 등 60여 개 분야에서 활용되고 있는데,[2] 종합부동산세 및 재산세
산정의 기초가 되는 과세표준의 중요한 변수로 작용한다.

　　부동산 공시제도에 따라 공시되는 가격이 시장에서 자연스럽게 형
성되는 시세와 같은 수준이 되면 공시가격 현실화율이 100%가 되는데,
전 정부에서는 당시 공시가격 현실화율이 시세의 50~70% 수준에서 형
성된다고 보았고, 이러한 현상이 고가주택의 저평가 논란의 주요 원인
중 하나라고 보아 공시가격 현실화율을 매년 조정함으로써 시세의 90%
수준까지 끌어올리는 것은 주요 정책목표로 삼았다.[3] 정부의 공시가격
현실화 계획은 주택가격 구간별로 차등하여 이루어지도록 조정지는
않았지만, 평균적으로 연간 약 3%씩 제고되도록 설계[4]되었다. 이러한
부동산 공시가격 현실화 계획은 그 자체로 국민의 납세 부담을 증가시

---

1) 「부동산 가격공시에 관한 법률」 제2조 제5호는 적정가격을 "토지, 주택 및 비주거
　　용 부동산에 대하여통상적인 시장에서 정상적인 거래가 이루어지는 경우 성립될
　　가능성이 가장 높다고 인정되는 가격"이라고 정의하고 있다.
2) 감사원, 「감사연보 2020」, 국민·공익감사 청구에 대한 감사결과, 부동산 가격공시
　　제도 운용실태 부분, 479면.
3) 행정안전부 누리집＞뉴스·소식＞보도자료 No. 11421 부동산 공시가격 현실화 계획
　　및 재산세 부담 완화 방안 발표 https://www.mois.go.kr/frt/bbs/type010/commonSelect
　　BoardArticle.do?bbsId＝BBSMSTR_000000000008&nttId＝80897(검색일자 2023.11.06.)
4)

연도별 유형별 평균 공시가격 현실화율 전망(%)

구분	'20	'21	'22	'23	'24	'25	'26	'27	'28	'29	'30	'31~'34	'35
공동주택	69.0	70.2	71.5	72.7	75.6	78.4	80.9	83.5	85.6	87.8	90.0	90.0	90.0
단독(표준)주택	53.6	55.9	58.1	60.4	63.6	66.8	70.0	73.2	75.7	78.2	80.6	~	90.0
토지(표준지)	65.5	68.6	71.6	74.7	77.8	80.8	83.9	86.9	90.0	90.0	90.0	90.0	90.0

자료: 행정안전부 보도자료(각주 3 참조)

키지는 않지만, 재산세의 과세표준(지방세법 제110조)이 부동산의 시가표준액5)에 대통령령으로 정하는 공정시장가액비율을 곱하여 정하도록 규정하고, 종합부동산세의 과세표준(종합부동산세법 제8조)이 주택의 공시가격 합산금액에 역시 대통령령으로 정하는 공정시장가액비율을 곱하여 정하도록 규정하고 있는 이상 있는 이상, 세율 인상과 다르지 않은 효과가 예상됐고, 그 정책의 찬반을 다투는 논란이 상당 기간 지속되었다. 더불어 당시 부동산 공시가격 현실화 계획이 단기적으로 서민 주거 안정에 장해 요소로 기능할 것은 염려하여, 정부는 6억원 이하 1주택 보유자에게는 재산세율을 감면(최소 22.2% ~ 최대 50%)해주는 정책을 같이 발표하였는바, 이로 인하여 6억원 초과 (고가)주택 보유자가 상대적으로 납세 부담 증가의 효과를 고스란히 체감하게 되었다.

　　부동산 공시가격 현실화 및 재산세 부담 완화 방안에 관한 일련의 논의가 정부를 중심으로 한참 이루어지는 와중에, 서울특별시 서초구에

---

5) 「지방세법」 제4조(부동산 등의 시가표준액) ① 이 법에서 적용하는 토지 및 주택에 대한 시가표준액은 「부동산 가격공시에 관한 법률」에 따라 공시된 가액(價額)으로 한다. 다만, 개별공시지가 또는 개별주택가격이 공시되지 아니한 경우에는 특별자치시장·특별자치도지사·시장·군수 또는 구청장(자치구의 구청장을 말한다. 이하 같다)이 같은 법에 따라 국토교통부 장관이 제공한 토지가격비준표 또는 주택가격비준표를 사용하여 산정한 가액으로 하고, 공동주택가격이 공시되지 아니한 경우에는 대통령령으로 정하는 기준에 따라 특별자치시장·특별자치도지사·시장·군수 또는 구청장이 산정한 가액으로 한다.
② 제1항 외의 건축물(새로 건축하여 건축 당시 개별주택가격 또는 공동주택가격이 공시되지 아니한 주택으로서 토지부분을 제외한 건축물을 포함한다), 선박, 항공기 및 그 밖의 과세대상에 대한 시가표준액은 거래가격, 수입가격, 신축·건조·제조가격 등을 고려하여 정한 기준가격에 종류, 구조, 용도, 경과연수 등 과세대상별 특성을 고려하여 대통령령으로 정하는 기준에 따라 지방자치단체의 장이 결정한 가액으로 한다.
③ 행정안전부 장관은 제2항에 따른 시가표준액의 적정한 기준을 산정하기 위하여 조사·연구가 필요하다고 인정하는 경우에는 대통령령으로 정하는 관련 전문기관에 의뢰하여 이를 수행하게 할 수 있다.
④ 제1항과 제2항에 따른 시가표준액의 결정은 「지방세기본법」 제147조에 따른 지방세심의위원회에서 심의한다.

서는 대상 판결의 심리 대상인 「서울특별시 서초구 구세 조례」를 개정
하였고, 동 조례에 대하여 서울시는 정부의 위 정책에 따라 급증한 재
산세 부담을 완화하기 위한 목적의 개정이므로, 「지방세법」 제111조 제
5항이 정한 감면의 취지에 부합하지 않아 무효라는 취지로 조례의결안
에 대한 무효확인의 소를 제기하였다.

Ⅱ. 사건 개요

1. 「지방세법」상 입법 위임구조와 「서울특별시 서초구 구세 조례」의 내용

「지방세법」은 제104조 이하에서 재산세에 관하여 규정하고 있고,
제111조에서 그 세율을 규정하면서, 지방자치단체의 장은 조례로 정하
는 바에 따라 일정한 범위에서 표준세율을 가감할 수 있다[6]는 취지의
입법 위임 조항(§111③)을 두고 있다.

「지방세법」

제111조(세율) ① 재산세는 제110조의 과세표준에 다음 각 호의 표준세율을 적용하
여 계산한 금액을 그 세액으로 한다.

1. 토지
   가. 종합합산과세대상

과세표준	세율
5,000만원 이하	1,000분의2
5,000만원 초과 1억원 이하	10만원+5,000만원 초과금액의 1,000분의3
1억원 초과	25만원+1억원 초과금액의 1,000분의 5

---

6) 본 고에서는 이를 (조례로 조정하는) 탄력세율로 칭한다(후술).

나. 별도합산과세대상

과세표준	세율
2억원 이하	1,000분의2
2억원 초과 10억원 이하	40만원+2억원 초과금액의 1,000분의3
10억원 초과	280만원+10억원 초과금액의 1,000분의 4

다. 분리과세대상
1) 제106조제1항제3호가목에 해당하는 전·답·과수원·목장용지 및 같은 호 나목에 해당하는 임야: 과세표준의 1천분의 0.7
2) 제106조제1항제3호다목에 해당하는 골프장용 토지 및 고급오락장용 토지: 과세표준의 1천분의 40
3) 그 밖의 토지: 과세표준의 1천분의 2

2. 건축물
   가. 제13조제5항에 따른 골프장, 고급오락장용 건축물: 과세표준의 1천분의 40
   나. 특별시·광역시(군 지역은 제외한다)·특별자치시(읍·면지역은 제외한다)·특별자치도(읍·면지역은 제외한다) 또는 시(읍·면지역은 제외한다) 지역에서 「국토의 계획 및 이용에 관한 법률」과 그 밖의 관계 법령에 따라 지정된 주거지역 및 해당 지방자치단체의 조례로 정하는 지역의 대통령령으로 정하는 공장용 건축물: 과세표준의 1천분의 5
   다. 그 밖의 건축물: 과세표준의 1천분의 2.5
3. 주택
   가. 삭제
   나. 그 밖의 주택

과세표준	세율
6,000만원 이하	1,000분의1
6,000만원 초과 1억 5천만원 이하	60,000원+6,000만원 초과금액의 1,000분의 1.5
1억 5천만원 초과 3억원 이하	195,000원+1억5천만원 초과금액의 1,000분의 2.5
3억원 초과	570,000 +3억원 초과금액의 1,000분의 4

4. 선박
   가. 제13조제5항제5호에 따른 고급선박: 과세표준의 1천분의 50
   나. 그 밖의 선박: 과세표준의 1천분의 3

5. 항공기: 과세표준의 1천분의 3
② 「수도권정비계획법」 제6조에 따른 과밀억제권역(「산업집적활성화 및 공장설립에 관한 법률」을 적용받는 산업단지 및 유치지역과 「국토의 계획 및 이용에 관한 법

> 률」을 적용받는 공업지역은 제외한다)에서 행정안전부령으로 정하는 공장 신설·
> 증설에 해당하는 경우 그 건축물에 대한 재산세의 세율은 최초의 과세기준일부터
> 5년간 제1항제2호다목에 따른 세율의 100분의 500에 해당하는 세율로 한다.
> ③ 지방자치단체의 장은 특별한 재정수요나 재해 등의 발생으로 재산세의 세율 조정
> 이 불가피하다고 인정되는 경우 조례로 정하는 바에 따라 제1항의 표준세율의
> 100분의 50의 범위에서 가감할 수 있다. 다만, 가감한 세율은 해당 연도에만 적
> 용한다.

「서울특별시 서초구 구세 조례」는 위 「지방세법」 제111조 제3항을
근거로 다음과 같은 규정을 신설하였고, 동 조례의 위임에 따라 「서울
특별시 서초구 구세 조례 시행규칙」 제13조가 신설되었다.

> 「서울특별시 서초구 구세 조례」
>
> 제10조(재산세 세율) ① 법 제111조제3항에 따른 법 제111조제1항제3호나목에 해
> 당하는 재산세의 세율은 표준세율의 100분의 50으로 한다. 다만, 법 제4조에 따
> 른 시가표준액 9억 이하의 1가구 1개 주택을 소유한 개인에 한한다.
> ② 1가구 1개 주택의 적용에 필요한 사항은 규칙으로 정한다.
>
> 「서울특별시 서초구 구세 조례 시행규칙」
>
> 제13조(1가구 1개 주택의 범위) ① 「서울특별시 서초구 구세 조례」 제10조제2항에
> 따른 "1가구 1개 주택"이란 과세기준일 현재 재산세 납세의무자(「주민등록법」 제
> 6조제1항제3호에 따른 재외국민은 제외한다. 이하 이 조에서 같다)와 「주민등록
> 법」에 따른 세대별 주민등록표에 함께 기재되어 있는 가족(동거인은 제외한다)으
> 로 구성된 1가구(재산세 납세의무자의 배우자, 재산세 납세의무자의 미혼인 30세
> 미만의 직계비속 또는 재산세 납세의무자가 미혼이고 30세 미만인 경우 그 부모
> 는 각각 재산세 납세의무자와 같은 세대별 주민등록표에 기재되어 있지 아니하더
> 라도 같은 가구에 속한 것으로 본다)가 국내에 1개의 주택(과세기준일 현재 「지
> 방세법」 제111조제1항제3호의 세율로 재산세를 부과한 건축물 또는 부속토지의
> 경우 주택 수에 포함한다. 이하 이 조에서 같다)을 소유하는 경우를 말한다.
> ② 제1항의 적용대상이 되는 1개 주택은 여러 사람이 공동으로 소유하는 경우에도
> 1개의 주택을 소유한 것으로 본다.
> ③ 제1항의 적용대상 1개 주택 외의 다른 주택을 소유하거나 공동으로 소유하는 경
> 우에는 1개 주택을 초과하는 것으로 본다.

2. 사건의 경과

가. 제소 경과

2020.9.25. 서초구의회는 위 조례안을 의결하여 2020.10.5. 서초구청장에게 이송하였고, 이틀 뒤 2020.10.7. 서울특별시장은 상위법 위반의 소지가 있다는 등의 이유로 서초구청장에게 재의요구를 지시하였으나 서초구청장은 이에 따르지 않은 채 2020.10.23. 위 조례를 공포하였다. 이에 서울특별시장은 직접 조례안 의결이 무효임을 주장하며 조례무효 확인의 소를 대법원에 제기하였다.

나. 서울시장의 주장

서울시장의 주장은 크게 두 가지로 요약해 볼 수 있는데, 첫 번째는 서초구의 위 조례가 위임입법의 한계를 일탈하여 조세법률주의 원칙에 위배된다는 것이고, 두 번째는 동 조례가 조세평등주의 원칙에 위배된다는 점이다. 첫 번째 주장인 조례가 위임입법의 한계를 일탈했다는 주장에 대해서는 다시 ①위 조례안이 주택 공시가격 현실화에 따른 재산세 부담을 완화하기 위한 것으로, 「지방세법」 제111조 제3항이 정하는 위임 허용 요건인 "특별한 재정수요나 재해 등의 발생으로 재산세의 세율 조정이 불가피하다고 인정되는 경우"를 충족하지 못하였다는 점(이른바, 탄력세율 조례의 목적적 허용 한계 일탈), ②「지방세법」은 지방자치단체에 일정한 범위에서 세율을 조정할 수 있다고 입법 위임을 하고 있으나, 서초구의회의 조례는 그 위임의 범위를 벗어나서 새로운 과세표준 구간이 창설된 것과 같은 효과를 지닌다는 점[7], ③위 조례가 "1가구

---

7) 판례 본문에서는 "이 사건 조례안은 감경하는 세율의 적용 대상을 '시가표준액 9억 원 이하의 <u>1가구 1개 주택</u>을 소유한 개인'으로 한정함으로써 그 위임범위의 한계를 일탈하였고 「지방세법」 제111조 제1항 제3호 (나)목이 정한 것과 달리 과세표준 5.4억 원(= 시가표준액 9억 원 × 공정시장가액비율 0.6)을 초과하는 새로운 과세

1개 주택", "개인"이라는 개념을 구체적으로 정하지 않고 규칙에 포괄적으로 위임하여 입법 위임의 한계를 일탈하였고[8] 조례의 내용이 특별시세의 감경을 의미하는지 구세의 감경을 의미하는지 불분명하다는 점, ④위 조례 제정 과정에서 「지방세특례제한법」이 정한 절차를 이행하지 않았다는 점을 이유로 들고 있다.

다. 대법원의 판단

대법원은 서울시장의 주장한 두 가지 사유에 대하여 모두 이유 없다고 보았다. 상세한 내용은 장을 바꾸어 논한다.

표준 구간이 창설되고 과세표준 구간별 누진 정도가 변경되었으므로, 조세법률주의 원칙에 위배되어 무효라는 취지"라고 쓰고 있다.

8) '1가구 1개 주택'의 개념을 정하지 아니하고 위임하였다는 서울시의 주장과 대법원의 판단에는 찬성하기 어렵다. 먼저 「서울특별시 서초구 구세 조례」 제10조 제2항의 법적 성격을 먼저 확인하여야 할 것인바, 지방자치단체의 조례 시행규칙의 해당 내용이 성질상 법규명령인지, 법규명령이라 한다면 집행명령의 성격을 갖는지 위임명령의 성격을 갖는지에 대한 논의가 먼저 있어야 한다. 사견으로는 동 조례 제10조 제2항은 위임명령으로서의 성격을 갖지 않는다고 판단한다. 그러나 이를 위임명령으로 보는 경우에도, '1가구 1개 주택'의 개념이 상위법과 저촉되는 새로운 내용을 규정한 것이 아니라 세법은 개별세목마다 (1가구 1주택 혹은 1세대 1주택 등)특례를 달리 구성하고 있고 재산세에 대하여는 당시 그러한 특례가 없었기 때문에 소득세법이나 종합부동산세법의 내용을 차용하여 정리하고 있는 것으로 판단된다. 즉 해당 조례 시행규칙이 신설되었다고 하여 상위법의 적용하였을 경우와 명백히 다른 법효과가 적용되는 집단이 있는 등의 실익이 있는 것이 아니다. 참고로 대상 조례가 의결된 이듬해(2021) 재산세에 대하여도 1가구 1주택 특례가 도입(지방세법 제111조의2)되었다.

'개인'의 개념이 불분명하다는 점에 대하여도 상위법에서 이미 사용되고 있는 개념임을 고려할 때 이 부분에 대해서는 논의할 이유가 없다고 판단하여 서술을 생략한다.

Ⅲ. 조례안에 대한 통제와 조례안 의결 무효확인소송의 법적 성격

1. 조례안에 대한 통제

가. 조례안에 대한 내부적 통제

「지방자치법」은 단체장과 지방의회의 관계에 대하여 상호 협력을 전제하면서도 상호 견제가 가능한 수단을 법제화하고 있다. 「지방자치법」은 지방자치단체장에게 지방자치단체를 대표하고 사무를 총괄할 권한을 부여(지방자치법§105)하면서도 지방의회에 조례의 제·개정, 예산의 심의·확정 등의 의결권을 부여(지방자치법§47)하고 사무에 대한 행정사무 감사권 및 조사권을 부여(지방자치법§49)하는 등 단체장의 자치행정을 견제할 수 있는 권한을 부여하고 있다. 반대로 지방의회의 조례안 제정에 대한 견제 수단을 다음과 같다.

지방자치단체의 장은 이송받은 조례안에 대하여 ①이의가 있는 경우9), ②조례안 의결이 월권이거나 법령에 위반되거나 공익을 현저히 해친다고 인정되는 경우10) 이유를 붙여 재의 요구를 할 수 있다. 재의 요구에 대하여 지방의회는 재적의원 과반수의 출석과 출석의원 3분의 2 이상의 찬성으로 전과 같은 의결을 하면 그 조례안은 조례로서 확정된다(지방자치법 §32④, §120②). 「지방자치법」 제120조 제3항에 따르면, 재

---

9) 「지방자치법」 제32조(조례와 규칙의 제정 절차 등) ③ 지방자치단체의 장은 이송받은 조례안에 대하여 이의가 있으면 제2항의 기간에 이유를 붙여 지방의회로 환부(還付)하고, 재의(再議)를 요구할 수 있다. 이 경우 지방자치단체의 장은 조례안의 일부에 대하여 또는 조례안을 수정하여 재의를 요구할 수 없다.

10) 「지방자치법」 제120조(지방의회의 의결에 대한 재의 요구와 제소) ① 지방자치단체의 장은 지방의회의 의결이 월권이거나 법령에 위반되거나 공익을 현저히 해친다고 인정되면 그 의결사항을 이송받은 날부터 20일 이내에 이유를 붙여 재의를 요구할 수 있다.

의결된 사항이 "법령에 위반된다고 인정되는 경우" 대법원에 소를 제기할 수 있지만, 「지방자치법」 제32조는 제120조 제3항과 같은 제소 규정을 두고 있지는 아니하다. 판례는 「지방자치법」 제32조 제3항을 제120조 제1항의 특별규정으로 보아 제32조 제3항에 따라 재의요구가 있는 경우에도 조례안이 원안대로 재의결되었을 때 제120조 제3항에 따라 대법원에 제소할 수 있다고 보고 있다.[11] 다만, 대법원에 제소하기 위해서는 지방자치단체장의 재의 요구 이유에 불문하고 재의결된 사항이 단순히 공익을 현저히 해친다는 수준을 넘어 법령에 위반된다고 인정되어야 한다.

나. 조례안에 대한 외부적 통제

지방의회의 의결에 대하여는 위에 설명한 단체장의 재의요구 및 제소 외에 국가 혹은 상급자치단체 및 국가에 의한 통제 수단이 존재한다. 지방의회의 조례 제정 범위가 자치사무에 한정되지 않는 이상 이러한 통제 수단의 필요성이 인정되고, 자치사무에 관한 조례라 하더라도 조례 제정에 대한 법률상 한계를 일탈하면 사법적 통제가 가능하다.

지방의회의 의결이 법령에 위반되거나 공익을 현저히 해친다고 판단되면 시·도에 대하여는 주무부장관이, 시·군·자치구에 대해서는 시·도지사가 지방자치단체장에게 재의 요구 지시를 할 수 있고, 재의 요구 지시를 받은 지방자치단체의 장은 의결사항을 이송받은 날부터 20일 이내에 이유를 붙여 재의 요구를 하여야 한다(지방자치법§192). 만일 재의 요구 지시를 받은 지방자치단체의 장이 재의를 요구하지 않거나, 재의 요구를 하였음에도 재의결하여 의결사항이 확정된 경우, 주무부장관이나 시·도지사가 직접 대법원에 제소하거나 집행정지 결정을 신청할 수 있다(지방자치법§192⑤,⑦,⑧).

---

11) 대법원 1999. 4. 27. 선고 99추23 판결

다. 사무의 성격과 조례안의 효력

대상 판결은 서초구의회의 조례개정안 의결에 대하여 상급자치단체인 서울시장이 서초구청장에게 재의요구를 하였으나, 서초구청장이 이에 따르지 않자 「지방자치법」 제192조 제8항에 따라, 서울시장이 직접 그 의결이 법령에 위반된다는 취지로 대법원에 제소한 사례로서 조례안에 대한 외부적 통제가 문제되는 사안이다.

전통적으로 지방자치단체의 자치행정에 대한 상급자치단체 혹은 국가 개입의 정당성은 그 사무의 성질에 따라 달리 보는데, 자치사무에 대하여는 합법성 통제만이 가능12)하고 국가나 상급자치단체의 위임사무에 대하여는 합법성 통제 이외에 합목적성 통제도 가능한 것으로 본다. 「지방자치법」 제188조 제1항은 지방자치단체장의 명령이나 처분이 법령에 위반되거나 현저히 부당하여 공익을 해친다고 인정되는 경우 주무부장관 혹은 시·도지사의 개입을 허용하고 있지만, 동조 제4항이 자치사무에 관한 명령이나 처분에 대한 주무부장관 또는 시·도지사의 시정명령, 취소 또는 정지는 법령을 위반한 것에 한정한다고 규정함으로써 자치사무에 대한 합목적성 통제를 제한하고 있다. 그러나 판례13)는

---

12) 헌재 2009. 5. 28. 2006헌라6; "행정자치부장관 또는 시·도지사는 지방자치단체의 자치사무에 관하여 보고를 받거나 서류·장부 또는 회계를 감사할 수 있다. 이 경우 감사는 법령위반사항에 한하여 실시한다."라고 규정하고 있는 구 지방자치법 (제4741호로) 제158조에 대하여 해석하면서 대법원은, 동조 단서조항이 자치사무에 대한 감사개시요건을 규정한 것이고, 중앙행정기관의 자치사무에 대한 감사권은 사전적·일반적인 포괄감사권이 아니라 그 대상과 범위가 한정적인 제한된 감사권이라고 한다. 나아가 자치사무에 관하여 감사에 착수하기 위하여는 특정한 법령위반행위가 확인되었거나 위법행위가 있었으리라는 합리적 의심이 가능한 경우이어야 하고, 또한 그 감사대상을 특정해야 한다고 판시하였다.

13) 대법원 2007. 3. 22. 선고 2005추62 전원합의체 판결; [다수의견] 지방자치법 제157조 제1항 전문 및 후문에서 규정하고 있는 지방자치단체의 사무에 관한 그 장의 명령이나 처분이 법령에 위반되는 경우라 함은 명령이나 처분이 현저히 부당하여 공익을 해하는 경우, 즉 합목적성을 현저히 결하는 경우와 대비되는 개념으로, 시·

「지방자치법」제188조 제4항의 "법령 위반"에 재량권의 일탈·남용이 포함된다고 해석하고 있어, 지방자치제도에 대한 헌법적 보장의 법리에 충실한 입법에도 불구하고, 법률의 해석을 통해 사실상 자치사무에 대한 합목적성 통제가 이루어지고 있음은 부인하기 어렵다.

단체장의 처분 또는 명령과 달리 지방의회가 하는 조례안의 의결에 대하여는, 법률이 직접 지방자치단체 조례고권을 제한함으로써 사무의 성격에도 불구하고 조례 제정과 관련된 법률상 한계(지방자치법 제28조, 30조 등)를 일탈하면 외부적·사법적 통제가 가능하다. 「지방자치법」제28조 제1항 단서는 주민의 권리 제한 및 의무 부과에 관한 사항이나 벌칙을 정할 경우, 원칙적으로 법률의 위임이 필요하다는 점을 밝히고 있어 대상 조례가 법률상 한계를 일탈하였다는 주장은 곧 대법원 제소요건인 "법령 위반"을 충족하게 된다. 한편, 조례안 의결의 효력을 배제하거나 조례안 의결의 무효확인을 구하는 소송에서 대법원의 태도는 대체로 2단계 심사를 하는 것처럼 보이는데, 먼저 조례로 규율하는 사항이 자치사무인지 기관위임사무인지를 구분하여 전자이면 원칙적으로 조례로 제정할 수 있는 사항으로 보고 후자이면 법률로 특별히 달리 정하지 않는 한 조례로 제정할 수 없다고 본다.14) 그리고 이차적으로 조례 제정에 관한 법률상 한계(지방자치법 제28조, 30조 등)를 일탈하였는지를 확인하여 조례안의 효력을 결정한다.

군·구의 장의 사무의 집행이 명시적인 법령의 규정을 구체적으로 위반한 경우뿐만 아니라 그러한 사무의 집행이 재량권을 일탈·남용하여 위법하게 되는 경우를 포함한다고 할 것이다. [5인의 반대의견] 일반적으로 '법령위반'의 개념에 '재량권의 일탈·남용'도 포함된다고 보고 있기는 하나, 헌법이 보장하는 지방자치제도의 본질상 재량판단의 영역에서는 국가나 상급 지방자치단체가 하급 지방자치단체의 자치사무 처리에 개입하는 것을 엄격히 금지하여야 할 필요성이 있으므로 일반적인 '법령위반'의 개념과는 다르게 '재량권의 일탈·남용'은 포함되지 않는 것으로 해석하여야 한다.

14) 대법원 2017. 1. 25. 선고 2016추5018 판결; 대법원 2015. 5. 14. 선고 2013추98 판결

2. 조례안에 대한 추상적규범통제와 직권심리

지방의회의 의결에 대하여, 당해 지방자치단체장·상급 지방자치단체장 혹은 주무부장관이 대법원에 조례안에 대한 무효확인을 구하는 조례안 무효확인소송은 국가 또는 공공단체 기관 상호 간에 있어서 권한의 존부 또는 그 행사에 관한 다툼이 있을 때, 그 분쟁을 해결하는 기관소송[15][16]에 해당한다. 조례안 무효확인소송은 그 대상이 조례이고 조례가 헌법과 법률에 위배되는지 여부를 확인한다는 점에서 추상적 규범통제라 할 수 있다[17]. 추상적규범통제는 구체적인 분쟁이 발생하기 전에 그 위법성 또는 위헌성을 확인함으로써, 주민의 구체적 권리를 보호한다기보다는 객관적인 법질서 보호에 주안점을 두는 일종의 객관소송으로서의 특징을 지닌다고 할 것이다.[18]

실정법상 기관소송은 성질에 반하지 아니하는 한 각 항고소송에 관한 규정을 준용하고 있으므로[19] 법률이 허용하는 범위에서 조례의 위법성·위헌성을 확인하는 과정에서 당사자가 주장하지 않은 바에 대하여도 살필 필요가 있다고 본다. 비록 직권심리 규정은 모든 사건에 대하여 법원을 구속하는 규정이 아니고, 필요한 경우에 직권심리 할 수 있다는 재량을 부여하고 있을 뿐이다. 또 대법원은 "행정소송의 특수성에서 연유하는 당사자주의, 변론주의에 대한 일부 예외규정일 뿐, 법원

---

15) 기관소송의 개념에 관하여, 협의설에 따르면 대상 사례는 기관소송에 해당하지 아니하고, 기관소송에 대한 광의설에 따를 때만 기관소송으로 볼 수 있다. 본 고는 광의설을 전제로 논의를 전개한다.

16) 기관소송의 개념에 대한 학설의 내용은 정하중, 행정법개론 제11판, 법문사, 2017, 862면 참고

17) 문상덕, 지방자치쟁송과 민주주의, 「지방자치법연구」 제10권 제2호, 2010, 31면.

18) 허영, 「헌법소송법론」 제14판, 박영사, 2019, 55면.

19) 조례안 무효확인소송은 무효등확인소송에 관한 규정을 준용하고(행정소송법§46②), 무효등 확인소송에 관하여 재차 취소소송에 관한 규정을 준용(§38①)하고 있어 당사자가 주장하지 아니한 사실에 대하여도 판단할 수 있는 직권심리 규정(§26) 또한 준용되어 조례안 무효확인소송에도 적용된다.

이 아무런 제한 없이 당사자가 주장하지 아니한 사실을 판단할 수 있는 것은 아니고, 일건 기록상 현출되어 있는 사항에 관하여서만 직권으로 증거조사를 하고 이를 기초로 하여 판단할 수 있을 따름"이라고 판시[20] 하고 있어 변론주의 보충설을 채택하고 있기는 하다. 그러나 본 고에서 다루는 것과 같은 기관소송의 경우, 그 주문이 비록 특정 조례 의결의 무효를 구하는 것이라 하여도, 사실상 지방자치단체 내 객관적 법질서의 중심이 되는 자치법규인 '조례'의 위법성·위헌성을 확인하는 것과 다르지 않다는 점, 법적인 분쟁이 대법원에서 단심제로 종료되므로 법 해석상의 착오를 방지하기 어렵다는 점을 고려하면, 문제가 되는 사안에 필수적인 쟁점에 대하여 직권심리 할 필요가 있다고 본다. 특히 대상 판결은, 범위(표준세율의 100분의 50 범위에서 가감)를 정하여 지방세의 최종적 세율 결정권을 지방자치단체에 유보하고 있는 「지방세법」상 제도인 탄력세율제도가 갖는 법적인 의미에 관한 판단을 전혀 하고 있지 않고, 서울시장의 주장이 타당한지만을 판단하고 있어 매우 큰 아쉬움이 남는다. 서울시장의 주장은 위임입법으로서 서초구의 대상 조례가 위임입법의 한계를 일탈하여 조세법률주의에 위배된다는 주장을 주로 하고 있으나, 위임의 근거가 된 「지방세법」 규정은 이른바 조례로써 최종적인 세율을 조정하도록 규정한 탄력세율에 관한 것으로, 조세법률주의의 헌법적 이념을 존중하면서도 지방자치의 헌법적 보장에 충실하기 위한 입법적 장치이다. 만일 이번 사건에서 대법원의 직권심리를 기대해볼 수 있었다면, 지방자치의 헌법적 보장과 조세법률주의가 단순한 형량의 대상이 아니며, 세율의 조정을 내용으로 하는 조례의 효력을 판단하는 기준으로서 조세법률주의뿐만 아니라 지방자치의 헌법적 보장에 대한 고찰이 전제되었을 것이고, 대상 사건에서와 같은 탄력세율의 적용 과정에서 나타나는 분쟁을 통해 지방자치제도 보장의 관점에서 탄

---

20) 대법원 1991. 11. 8. 선고 91누2854

력세율의 허용범위와 그 위법성·위헌성 판단기준이 제시될 수 있었을
것이라고 생각한다.

Ⅳ. 조례로 조정하는 탄력세율 제도와 조세법률주의

1. 탄력세율의 제도적 의의

가. 탄력세율의 개념

법률이 명시적으로 탄력세율을 개념정의하고 있는 경우는 찾아보
기 어렵다. 일반적으로 개별세법상 특별한 목적을 위하여 표준세율의
일정한 범위(탄력세율)에서 대통령령 또는 조례로써 세율을 조정할 수
있는 경우를 탄력세율이라고 한다.[21] 탄력세율의 개념에 대하여, 법적
으로는 행정부가 세율을 조정하는 경우(대통령령 등 법규명령에 따라)만을
탄력세율로 보고[22] 조례로 세율이 조정되는 지방세의 경우 탄력세율이
아니라고 보는 견해[23]가 존재한다. 다만 지방세 실무에서는 이미 관행
적으로 조례에 세율 조정이 위임된 경우를 탄력세율이라고 칭하는 경우
가 일반적이므로 이하 본 고에서 조례로 세율이 조정되는 경우를 포함
하여 탄력세율이라고 칭하기로 한다. 현재 탄력세율은 11개의 지방세
목[24] 중 9개 세목[25]에 대하여 도입되어 있다.[26] 이 중 담배소비세와

---

21) 이준봉, 「조세법총론」 제6판, 삼일인포마인, 2020, 360면.
22) 임승순, 「조세법」 제18판, 박영사, 2018, 126면.
23) 김태호, 「지방세 이론과 실무」, 더존테크윌, 2018, 86면.
24) 보통세로서 취득세, 등록면허세, 레저세, 담배소비세, 지방소비세, 주민세, 지방소득
    세, 재산세, 자동차세의 9종이 있고, 목적세로서 지역자원시설세와 지방교육세가
    있다(「국세와 지방세의 조정 등에 관한 법률」 제3조 및 「지방세기본법」 제7조).
25) 탄력세율 제도가 적용되지 않는 세목은 레저세와 지방소비세인데, 이 두 세목은 신
    고·납부하는 과정에서 여러 지방자치단체 간 법령에 따른 안분기준에 의해 세 수
    입액 배분의 단계가 포함되어 있어 특정 지방자치단체의 조례로 그 세율의 조정을

주행분 자동차세를 제외하고 세율의 조정은 조례를 통해 최종적으로 확정된다.

탄력세율을 적용하면, 법률이 정한 표준세율을 인상하는 방향으로 조정된 인상세율과 인하하는 방향으로 조정된 인하세율이 모두 가능하다. 인상세율을 적용함으로써 당해 지역의 재원 확충 효과를 기대해볼 수 있으나 실제로는 지역의 경제적 상황, 특정산업·시설에 대한 지원 차원에서 주로 인하세율의 형태로 적용된다.

나. 탄력세율 도입의 의미

제도적인 관점에서 탄력세율 제도는 헌법상 조세법률주의 이념과 지방자치의 제도적 보장론의 규범조화적 해석의 산물이다. 또한 현행 헌법과 「지방자치법」이 모두 지방자치단체의 법령의 범위에서만 조례 고권을 인정하고 있는 한계에도 불구하고 폭넓게 탄력세율 제도를 도입함으로써 법률로써 최소한의 재정고권을 보장하고 있는 입법적 조치라고 할 것이다. 특히 법규명령에 대한 입법 위임의 한계(포괄위임금지원칙)에 대한 헙법재판소의 판례27)를 고려하면, 법률로 정해 둔 범위 내에서

하는 것이 부적합하다.
26) 취득세(「지방세법」 제14조), 등록면허세(「지방세법」 제28조 제6항), 담배소비세(「지방세법」 제52조 제2항), 주민세 개인분(「지방세법」 제78조 제1항), 사업소분(「지방세법」 제81조 제2항), 주민세 종업원분(「지방세법」 제84조의3 제2항), 거주자의 종합소득에 대한 지방소득세(「지방세법」 제92조 제2항), 거주자의 양도소득에 대한 지방소득세(「지방세법」 제103조의3 제4항), 내국법인의 각 사업연도 소득에 대한 지방소득세(「지방세법」 제103조의20 제2항), 재산세(「지방세법」 제111조 제3항), 주행분 자동차세(「지방세법」 제136조 제2항), 지역자원시설세(「지방세법」 제146조 제5항), 지방교육세(「지방세법」 제151조 제2항)에 각각 탄력세율이 도입되어 있다.
27) 헌재 2012. 11. 29. 2012헌바97; 조례에 대한 법률의 위임은 법규명령에 대한 법률의 위임과 같이 반드시 구체적으로 범위를 정하여 할 필요가 없으며 포괄적으로도 가능하다고 할 것이고, 이 사건 법률조항은 일정범위의 도시계획결정에 대한 권한의 주체를 위임했다고 봄이 상당하며, 위임의 방법 내지 한계를 일탈한 것이라고 할 수 없다.

이루어지는 세율의 조정(인상 또는 인하)은 최소한 그 범위에서 지방자치단체의 재정고권을 보장하겠다는 의미로 보아야 한다. 보수적으로 해석하여「지방자치법」제28조의 법률상 한계를 고려하더라도, 조례로써 탄력세율의 범위에서 세율을 조정하고 있다면, 대상 조례와 같이 조정된 세율의 적용대상을 제한하더라도, 그 제한이 법률이 정한 범위 이상으로 납세 부담을 확대하는 것이 아니라면 원칙적으로 허용된다고 해석함이 타당하다. 조세법률주의의 근본적 취지는 납세자가 부당한 재산상 부담을 지지 않도록 하기 위함이기 때문이다.

1) 조세법률주의

우리 헌법 제59조는 "조세의 종목과 세율은 법률로 정한다."라고 규정하고 있고, 이를 근거로 우리 헌법이 조세법률주의를 채택했다고 본다. 조세법률주의는 재원 조달의 목적으로 국민으로부터 조세를 부과·징수하기 위해서는 먼저 그 종목과 세율을 국민으로부터 민주적 정당성을 획득한 국회가 제정한 법률로 정하라는 의미이다. 이는 행정부의 일차적 재정작용(재원 조달) 역시 반드시 법률에 따라야 한다는 것으로 조세법 영역에서의 법치행정을 선언한 것이고, 조세법 영역에 적용되는 법률유보원칙임을 의미한다.

조세법률주의는 일차적으로 정부의 과세권 발동을 제한하는 통제원리로 기능한다. 조세법률의 제정 없이는 국가도 지방자치단체도 과세할 수 없기 때문이다. 또한 조세법률주의가 조세법 영역에 적용되는 법률유보원칙이라는 점을 고려하면, 조세법의 중요사항(본질적인 내용), 즉 입법사항을 확인하는 기능을 하기도 한다. 헌법 제59조가 조세의 종목과 조세의 세율을 직접 언급하고 있다는 점을 고려할 때, 일견 조세의 종목과 세율은 이른바 본질적인 내용으로 입법사항인 것처럼 보인다. 그러나 오늘날 국가와 사회의 구조가 날로 복잡해지고 오늘날 법률유보원칙을 해석하면서 과거와 같이 경직된 침해유보론에 의존하고 있지는 않다는 점을 고려할 때, 조세의 종목과 세율이 그 자체로 입법사항이라고 단정할 수 있는지, 혹은 입법사항이 그것만으로 충분한지는 별개의 논의가 될 것이다. 헌법이 입법 권한을 국회의 전속적 권한으로 보고 있지 아니하고[28], 조세법 영역에서도 입법 위임의 가능성은 상존하므로[29] 조세법률주의의 중요한 기능 중 하나는 국민이 지나친 납세부담을 지지 않도록 하기 위해서 반드시 법률로 정해져야 할 조세법의 입법사항을 확인하는 것이라고 하겠다. 헌법재판소는 조세법 영역에서 입법위임의 필요성을 긍정하면서 조세법의 중요사항(본질적 부분)을 "조세의 종목과 세율에 관한 중요사항"이라고 표현하고 있다.

2) 지방자치의 헌법적 보장

헌법은 제8장에서 직접 지방자치를 규정함으로써 헌법적으로 보장하고 있는바, 지방자치의 헌법적 보장은 지방자치의 제도적 보장과 더불어 지방자치단체의 권리주체성의 보장 및 주관적 법적 지위의 보장을 내용으로 한다. 잘 알려진 바와 같이 지방자치의 제도적 보장은 지방자치의 핵심적 영역이 헌법적으로 중요하므로 입법자에 의해서도 훼손되어서는 안 된다는 점을 의미한다.[30] 지방자치란 이론적으로 일정한 "지

---

28) 정부의 법률안 제출권(헌법 제52조), 대통령의 법률안 공포(헌법 제53조 제1항), 대통령의 법률안 거부권(헌법 제53조 제2항), 행정입법권(헌법 제75조 및 제95조), 헌법재판소·대법원·중앙선거관리위원회 등 헌법기관의 규칙제정권(헌법 제108조, 제113조 제2항, 제114조 제6항), 지방자치단체의 자치입법권(헌법 제117조 제1항)

29) 헌재 2009. 2. 26. 2006헌바65; 조세법률주의를 지나치게 철저히 시행한다면 복잡다양하고도 끊임없이 변천하는 경제상황에 대처하여 적확하게 과세대상을 포착하고 적정하게 과세표준을 산출하기 어려워 담세력에 응한 공평과세의 목적을 달성할 수 없게 된다. 따라서 조세법률주의를 견지하면서도 조세평등주의와의 조화를 위하여 경제현실에 응하여 공정한 과세를 할 수 있게 하고 탈법적인 조세회피행위에 대처하기 위하여는 <u>조세의 종목과 세율에 관한 중요사항</u>이 아닌 경제 현실의 변화나 전문적 기술의 발달 등에 즉응하여야 하는 세부적인 사항에 관하여는 국회 제정의 형식적 법률보다 더 탄력성이 있는 행정입법에 이를 위임할 필요가 있는 것이다.

30) 제도적 보장이론(Institutionelle Garantie)은 헌법의 우위를 부인하는 법체계(바이마

역적 사무"를 지역주민의 의사에 기하여 국가로부터 독립된 지역적 단체가 자주적으로 처리하는 것[31]이므로, 지역적 사무에 대한 전권한성의 보장과 사무처리에 대한 자기책임성의 보장이 그 핵심이라 하겠다. 다만, 법률의 범위 내에서 자기책임성이 보장된다는 점을 헌법적 차원에서 명시적으로 규정하고 있는 독일[32]의 경우와는 달리 우리 헌법은 제117조 제1항에서 "지방자치단체는 주민의 복리에 관한 사무를 처리하고 재산을 관리하며, 법령의 범위 안에서 자치에 관한 규정을 제정할 수 있다."라고 규정하고 있을 뿐이지만, 일반적으로 제117조 제1항은 전권한성의 원칙과 지방자치단체 자기책임성 보장의 근거라고 본다.[33]

　　지방자치의 헌법적 보장을 설명하면서 빠질 수 없는 것이 자치권(고권)의 보장인바, 자치권(고권)은 전권한성의 원칙과 자기책임성의 보장을 위한 제도적 수단으로 기능한다.[34] 자치권(고권)은 전통적으로 지역고권, 조직·인사고권, 재정고권, 조례고권, 계획고권 등으로 구분된다. 각 고권이 지방자치의 핵심적 요소에 해당하는지, 그 개념과 인정 범위는 다양하며, 구체적이고 개별적으로 확인할 수밖에 없다. 다만, 지방자치의 헌법적 보장에 제도적 보장이론이 활용된다는 점을 고려할

　　르 헌법 시대)에서 재산권의 존속보장만으로는 입법자의 전횡을 막을 방법이 없어 입법자를 헌법에 구속시키기 위한 목적으로 활용되었던 제도보장(Institutsgarantie)의 공법적 표현이지만, 법률에 대한 헌법적 우위가 인정되는 오늘날에는 단순히 입법자에 대한 통제의 의미를 갖는 것이 아니라 제도의 본질을 훼손해서는 안 된다는 헌법원리로 기능한다고 보아야 한다.

31) 조성규, "국가와 지방자치단체간 입법, 사무권한 및 재원의 배분", 「공법연구」, 2007.12, 43면.

32) Grundgesetz für die Bundesrepublik Deutschland Art 28 (2) Den Gemeinden muß das Recht gewährleistet sein, alle Angelegenheiten der örtlichen Gemeinschaft im Rahmen der Gesetze in eigener Verantwortung zu regeln. ((2) 기초지방자치단체에는 법률의 범위 내에서 지역 공동체의 모든 사안을 자기의 책임으로 규율할 권리가 보장되어야 한다.)

33) 홍정선, 「신지방자치법」 제5판, 박영사, 2022, 47면.

34) 조성규, "국가와 지방자치단체간 입법, 사무권한 및 재원의 배분", 「공법연구」, 2007.12, 44면,

때, 단순히 "법률"로써 제도의 내용과 외연이 형성되는 것이 아니라 법률로도 훼손해서는 안 되는 본질적인 부분이 있으며, 이는 헌법적인 보호를 받고 있다는 점이 중요하다.

3) 재정고권의 보장과 한계

　재정고권[35]은 개념적으로 지방자치단체가 법정의 제도에 따라 예산을 수립하고 수입과 지출을 자신의 책임하에 운영할 수 있는 권한을 의미[36]하므로 내용적으로 예산고권, 수입고권, 지출고권을 포함하는 개념이다. 예산고권은 법정의 예산제도에 따라 지방자치단체가 자기의 책임으로 세입과 세출을 유지하는 권한을 의미한다. 수입고권은 지방자치단체가 자기책임으로 수입 정책을 결정하고 수입을 확보할 수 있는 권한[37]을 의미하는데, 헌법재판소는 수입고권의 내용적 범위에 지방세, 분담금 등을 부과·징수할 수 있는 권한이 포함된다[38]고 보았다. 수입고권의 핵심은 지방자치단체에 할당된 재정원으로부터 수익을 얻을 수 있는 수익고권에서 찾을 수 있다. 수익고권은 재정원의 성격을 기준으로 조세수익고권과 조세외공과금수익고권으로 구분해 볼 수 있다. 이론적으로 보면, 수익고권의 관점에서 지방자치단체에 배분된 세원인 지방세에 대하여 지방자치단체는 국가의 지시를 받지 않고 자기책임으로 과세표준과 세율 등을 정할 수 있는 최소한의 권한이 인정되어야 한다. 그러나 우리 헌법은 지방자치단체의 재정고권을 명시적으로 보장하는 독일기본법 제28조 제2항 3문[39]과 같은 규정이 없어, 지방자치단체에

---

35) 헌재 2014.3.27. 2012헌라4; 헌재 2019.4.11., 2016헌라3.
36) 정남철, 「한국행정법론」, 법문사, 2021, 807면.
37) 헌재 2021.3.25. 2018헌바348.
38) 헌재 2010. 10. 28. 2007헌라4
39) Grundgesetz für die Bundesrepublik Deutschland Art 28 (2) g. Die Gewährleistung der Selbstverwaltung umfaßt auch die Grundlagen der finanziellen Eigenverantwortung; zu diesen Grundlagen gehört eine den Gemeinden mit Hebesatzrecht zustehende wirtschaftskraftbezogene Steuerquelle. (자치행정의 보장은 재정적인 자기책임의 원칙도 포함한다. 이 원칙에는 기초지방자치단체에 세율

배분된 세원으로서 지방세의 부과·징수에 대해서는 조세법률주의를 규정한 헌법 제59조가 우선하여 적용될 수밖에 없다. 수입고권도 자치권의 한 부분 혹은 한 형태이고, 현대적 의미의 고권(자치권)은 국가를 초월한 지방자치단체 고유의 권한이 아니라 국가로부터 전래된 권한이라는 개념내재적 한계를 고려하면 수입고권은 헌법과 법률이 정하는 범위 내에서만 인정되므로, 우리 헌법이 지방자치단체의 재정고권을 보장한다는 명시적 규정을 두지 않는 한 당연한 결과일 수도 있다. 그러나 헌법이 직접 자치단체 재정고권을 보장하지 않는 경우에도, 재정고권은 지방자치의 제도적 보장의 필수적 개념 요소이므로 자치사무 수행에 필요한 재원을 (국가가) 보장하여야 한다는 결론에 쉬이 도달하게 된다. 다만, 그 보장의 방식은 (지방자치의 본질을 훼손하지 않는 한) 입법자의 입법형성의 재량 범위 내에 있다고 해석할 수 있어서, 국가의 정책적 결단에 따라 자주재원을 중심으로 수입고권을 보장할 수도 있지만, 이론적으로는 이전재원을 중심으로 수입고권의 보장이 불가능한 것은 아니다. 다만, 이전재원 중심주의[40]를 채택하면서도, 자치사무 수행에 필요한 최소한 재원의 이전을 보장하여야 하므로 재원의 이전으로 인하여 지방자치의 핵심적 영역인 포괄적 사무(전권한성)의 보장 혹은 자기책임성 보장에 제약이 있어서는 안 되며, 그러한 제약이 있는 경우 헌법상 지방자치의 제도적 보장의 법리에 반한다고 보아야 한다.

　　이러한 재정고권은 국가와의 관계에서는 자치사무 수행에 필요한 재원의 이전을 보장하고 있는지의 관점에서 의미가 있고, 당해 자치단

결정권과 함께 부여된 경제력과 관련된 조세원이 속한다.)

40) 우리나라 지방재정구조는 이전재원 중심주의를 채택한 것이라고 판단된다. 지방자치단체의 통합재정 수입(2023년도 예산 기준)을 보면, 총 285조 9,062억원의 수입(100%) 중 지방세 수입과 지방세외수입이 각각 115조 2,644억원(40%)과 26조 440억원을 기록하여 전체의 49%를 차지하고 보조금 수입과 지방교부세 수입이 각각 77조 8,529억원과 63조 4,905억원을 기록하고 있다(행정안전부, 2023년도 지방자치단체 통합재정 개요(상), 2023, 6면)

체 내부관계에서는 자치행정 수행과정에서 재정작용의 자율적 결정 가능성의 관점에서 의미가 있다. 재정작용은 일차적으로 재원 확충(조세 및 준조세의 부과·징수를 통한 수입 확보)의 과정에서 발생하는데, 재정작용 역시 자치행정이라는 관점에서 그 수행의 준거로서 자치법규가 필요하고, 국가의 지시 없이 지방자치단체가 재정 행위로서 조세 및 준조세의 부과·징수를 하려면 관련 조례 마련이 필수적이다. 그러나 지방자치단체의 조례고권이 "법령의 범위 안에서" 인정된다는 헌법적 한계[41]로 인하여 지방자치단체 관할 범위에서 재정적 운용의 준거로 마련되는 조례도 법령의 범위 안에서 유효하게 존재할 수 있을 뿐이다. 주민의 권리 제한, 의무 부과, 벌칙을 정할 때 법률의 위임을 받아야 한다고 규정하고 있는 「지방자치법」 제28조는 앞서 설명한 바와 같이 조례안의 위법성·위헌성 판단을 위한 기준으로 작용하는 이외에 헌법 제117조 제1항과 결합하여 지방자치단체의 조례고권 나아가 재정고권을 제한하고 있는 규정이다. 따라서 지방 재정 작용의 관점에서 지방자치단체가 세율과 같이 지방세의 부과에 관련된 중요사항의 변경을 조례로써 정하고자 한다면, 반드시 법률의 위임을 필요로 하고, 법률의 위임이 있는 범위에서만 지방자치단체는 자기책임으로 지방세 세율 등을 결정할 수 있게 된다.

4) 소결 - 조세법률주의와 재정고권의 보장

지방자치단체의 재정고권 및 입법고권에 대한 헌법적 한계에도 불구하고, 지방자치단체가 자기책임으로 그 수입과 지출을 결정하고 수입과 지출 활동을 할 수 있는 권한을 가능한 한 넓게 보장하는 것은 분권과 민주주의적 관점에서 나아가야 할 지향점이다. 지방자치단체가 스스로 지방세 부과에 관한 중요사항을 결정할 수 있는 수준의 자치단체 재

---

41) 헌법 제117조 ①지방자치단체는 주민의 복리에 관한 사무를 처리하고 재산을 관리하며, 법령의 범위 안에서 자치에 관한 규정을 제정할 수 있다.

정고권을 우리 헌법은 보장하고 있지는 않지만, 지방자치의 제도적 보
장은 개념필수적으로 지방자치단체의 재정고권 보장을 요구하고 있다.
다만, 조세의 종목과 세율은 법률로써 정하라는 헌법적 명령은 매우 명
확하여 지방자치단체의 재정고권 보장을 위한 입법조치 과정에서 입법
자들에게는 선택이 요구된다. 입법자는 지방자치단체 재정고권 보장을
위하여 지방자치단체의 자주재원이 되는 지방세원을 지방자치단체에
배분42)하고 그 이외에도 필요한 재원의 이전에 관한 법률(지방교부세법,
보조금 관리에 관한 법률 등)의 제·개정을 통해 헌법적 명령을 구체화하였
다. 지방자치단체에 배분된 지방세원에 관한 법률(지방세관계법)의 입법
과정에서 입법자는 엄격한 조세법률주의의 구속을 받게 되므로 개별 세
목의 세율을 법률로 직접 정하고 있다. 그러나 입법자는 지방세의 세율
을 법률로 정하는 과정에서 지방자치단체가 자기책임으로 재정작용을
할 수 있는 여지를 부여하는 선택을 하였는데, 그것이 바로 조례로 조
정하는 탄력세율 제도라 할 것이다. 범위를 정해서 지방자치단체가 최
종적인 세율결정권을 행사할 수 있도록 법제화한 것이다. 앞서 설명한
바와 같이 총 11개 지방세목 중 특정 자치단체가 전속하여 관련 권한을
행사할 수 없는 경우(지방소비세, 레저세)를 제외하고는 모두 탄력세율 제
도가 도입되어 있다43). 탄력세율 제도는 지방세 부과·징수 환경 변화

---

42) 국세와 지방세의 조정 등에 관한 법률
43) 담배소비세와 주행분 자동차세의 경우 최종적인 세율 조정이 조례가 아닌 대통령
    령에 의해 이루어지고 있는 점이 특징적이다. 특히 주행분 자동차세는 지방세이지
    만 징수방법, 배분방법, 용도 등을 고려할 때 지방세로서의 성격을 인정할 수 있는
    지에 대한 비판이 존재한다.
    주행분 자동차세는 주행세가 2011년 지방세목 간소화·체계화하는 과정에서 명칭
    이 변경된 것으로 한·미 FTA 발효에 따른 비영업용 승용자동차 세율 인하로 인해
    예상되는 세수감소분 1,388억원을 비롯하여 자동차와 관련된 지방세제 개편으로
    인한 전체 세수 감소분 9,380억원을 정액보전금으로 설정하고 이를 자치단체별 자
    동차세수 비율에 따라 안분하고 민간운수업자에 지급되는 유가보조금의 재원으로
    활용된다. 주행분 자동차세는 교통·에너지·환경세 납부의무자(정유회사, 유류수
    입업자)에게 부과되는 surtax로 교통·에너지·환경세의 36%의 세율이 표준세율이

에 탄력적으로 대응할 수 있는 장점 외에도, 지방자치의 헌법적 보장에 대한 보수적 해석을 넘어 발전적으로 지방자치단체의 재정고권을 보장하기 위한 입법적 조치라고 할 수 있다.

2. 「지방세법」제111조 제3항의 탄력세율 적용 요건

가. 목적적 한계

1) 대법원의 판단

「지방세법」제111조 제3항은 "지방자치단체의 장은 특별한 재정수요나 재해 등의 발생으로 재산세의 세율 조정이 불가피하다고 인정되는 경우 조례로 정하는 바에 따라 제1항의 표준세율의 100분의 50의 범위에서 가감할 수 있다. 다만, 가감한 세율은 해당 연도에만 적용한다."라고 규정하고 있어 재산세의 세율 조정은 ① 특별한 재정수요가 있거나 ②재해 등의 발생으로 세율 조정이 불가피하다고 인정되는 경우에 가능하다. 대상 조례의 제정 경위를 살펴보면, 전 정부의 부동산 정책 및 공시지가 현실화율 정책 시행에 따라 결과적으로 주택 소유자의 납세 부담 증가가 예상되는 것이 사실이고, 대상 조례가 제정된 이유 중 한 가지로 그러한 납세 부담 완화가 포함되리라고 쉽게 예상할 수 있다. 그러나 이러한 입법목적이 인정된다고 하여 그것이 곧 「지방세법」제111조 제3항이 정한 탄력세율 적용을 위한 목적적 한계를 일탈하였다고 해석하기는 어렵다. 조례를 제정한 서초구의회는 대상 조례가 코로나바이러스 감염증-19의 확산으로 인한 민간 경제활동 위축에 대한 대응조

지만, 대통령령에 의해 26%로 인하되어 적용되고 있다. 현재 교통·에너지·환경세의 납세지는 울산, 울주, 부산, 인천, 군포, 목포, 군산, 여수, 평택, 서산을 포함한 10개 지방자치단체(특별징수의무자)이고, 징수액을 익월10일까지 주행분 징수금을 울산광역시장에 송금하면 울산시장이 시·군별로 안분하게 된다. 이 중 정액보전분은 각 자치단체의 세입으로 처리되고, 유가보조금(해당 월의 주행분 자동차세 징수총액에서 9,830억원/12를 뺀 금액)은 민간운수사업자에게 배분된다.

치라는 점을 항변하였고, 법원은 설사 대상 조례가 납세 부담 완화의
목적이 있다 하더라도 감염병의 확산이 재해가 아니라는 점에 관한 주
장 및 입증이 없는 한 그 목적(②)을 부인하기 어렵다는 취지로 판시하
였다.

2) 위임 조례의 입법목적의 위법성 판단

판례의 태도에 결론적으로는 찬성하지만, 기관소송에서 법원이 직
권심리가 가능하다는 점을 고려할 때, 탄력세율의 목적적 한계 일탈의
판단 과정을 설시했으면 하는 아쉬움이 남는다. 「지방세법」 제111조 제
3항이 정한 목적적 한계가 탄력세율 적용의 요건 재량의 관점에서 해석
을 시도해볼 수 있을 것 같지만, 요건 재량의 문제는 처분의 근거가 되
는 법률의 해석 과정에서 제기된다는 점에서 조례의 입법목적을 논하는
이 사례에는 적용이 용이하지 않다. 「지방세법」 제111조 제3항이 정한
목적적 한계는 조례 제정의 목적이 되고 대상 판결이 결국은 조례의결
안의 효력을 문제 삼고 있는 추상적규범통제임을 고려할 때, 기본권 제
한을 내용으로 하는 법률의 합헌성 판단기준인 과잉금지원칙의 목적의
정당성 요소를 기준으로 판단하는 방법을 고려해 볼 수 있다. 과잉금지
원칙은 입법자가 선택한 입법목적이 바람직하고 타당한지에 관한 심사
가 아니고 입법목적이 헌법상 한계를 일탈하였는지만을 심사한다[44]는
점에 비추어, 대상 조례의 목적적 한계를 판단하면, 대상 조례의 입법목
적이 「지방세법」 제111조 제3항이 정한 한계를 일탈하지 않는 한 위법
성의 문제는 발생하지 않게 된다. 이 경우 대법원이 판시한 바와 마찬
가지로 조례 제정목적이 「지방세법」 제111조 제3항에 정한 사유에 해
당한다면, 그 목적이 비록 동 조례 제정의 유일한 목적이 아니라 하더
라도, 목적적 한계를 일탈했다고 보기 어렵다.

---

44) 한수웅, 앞의 책, 488면.

나. 세율 조정의 범위

1) 대법원의 판단

대상 조례는 「지방세법」 제111조 제1항 제3호 나목(주택에 대한 재산세율)을 동조 제3항이 정하는 범위(표준세율의 100분의 50의 범위)에서 세율을 인하하고 있을 뿐이고 세율이 인하되는 범위를 단서 조항을 통해 제한하고 있다. 따라서 실제 동 조례의 적용을 받는 자는 모든 주택 소유자가 아니고 시가표준액 9억원 이하의 1가구 1개 주택을 소유한 개인[45)]에 한한다. 대상 조례에 의하여 최종적으로 조정된 1가구 1주택 소유 개인의 세율은 다음과 같다.

지방세법 111조 제1항 제3호 나목		서초구 구세 조례	
과세표준 (공시가격X공정시장 가액비율)	세율	과세표준 (공시가격X공정시장 가액비율)	세율
6,000만원 이하	1,000분의1	6,000만원 이하	1,000분의0.5
6,000만원 초과 1억 5천만원 이하	60,000원 + 6,000만원 초과금액의 1,000분의 1.5	6,000만원 초과 1억5천만원 이하	30,000원 + 6,000만원 초과금액의 1,000분의 0.75

---

45) 「서초구 구세 조례」 제10조가 탄력세율 적용범위를 시가표준액 9억원 이하의 1가구 1개 주택 소유 개인으로 한정한 사실적 이유는 종합부동산세 과세와 관련하여 추정할 수 있다. 사건의 배경이 된 2020년 「종합부동산세법」(법률 제17339호) 제8조에 따르면 주택분 종합부동산세는 인별 과세하는데, 납세의무자별로 공시가격 합산금액에서 6억원을 공제한 금액에 공정시장가액비율을 곱하여 과세표준을 산출한다.(다만, 1세대1주택자인 경우 공시가격 합산금액에서 3억원을 공제하고 다시 6억원을 공제한 금액에 공정시장가액비율을 곱하여 과세표준 산출) 따라서 1세대 1주택자인 경우, 공시가격이 9억원을 초과하는 경우에만 종합부동산세가 과세된다. 그런데 주택분 종합부동산세는 주택분 과세표준 금액에 대한 재산세액(탄력세율 적용후, 세부담 상한제 적용 후 세액)을 공제하므로(제9조 제3항), 1세대 1주택자이면서 공시가격이 9억원을 초과하는 경우, 재산세를 감면해준 만큼 종합부동산세를 더 납부하게 된다.

지방세법 111조 제1항 제3호 나목		서초구 구세 조례	
1억5천만원 초과 3억원 이하	195,000원 + 1억5천만원 초과금액의 1,000분의 2.5	1억5천만원 초과 3억원 이하	97,500원 + 1억5천만원 초과금액의 1,000분의 1.25
3억원 초과	570,000원 + 3억원 초과금액의 1,000분의 4	3억원 초과 5.4억원 이하 (시가표준액9억원X0.6)	285,000원 + 3억원 초과금액의 1,000분의 2
		5.4억원 초과~	570,000원 + 3억원 초과금액의 1,000분의 4

위 표의 서초구 구세 조례의 세율을 편의상 구간별로 정리한 것이
고, 실제 서초구의 조례는 5면에 적시한 표와 같이 "표준세율의 100분
의 50으로 한다"라고 규정하고 있을 뿐이고 탄력세율의 적용 범위를 단
서 조항을 통해 제한하고 있을 뿐이다. 서울시장은 서초구의 조례 입법
방식에 의해 결과적으로 새로운 과세표준 구간이 창설되어 구간별 누진
정도가 변경되었다고 주장하고 있다. 대법원은 이에 대해서 ①「지방세
법」 제111조 제3항의 취지는 정부의 승인이나 허가 없이 조례로 재산세
의 표준세율을 가감할 수 있도록 함으로써 지방자치단체의 과세자주권
을 보장하는 것이며, ②재해 등의 발생을 원인으로 세율 조정이 불가피
한 해당 연도에 한하여 탄력세율을 적용할 수 있도록 하는 것이고, ③
과세표준 구간이나 누진 정도는 과세형평을 도모하기 위한 기술적, 정
책적 사항으로 납세의무에 관한 기본적이고도 본질적인 사항이라 볼 수
없다는 이유로 「서초구 구세 조례」 제10조 제1항과 같이 탄력세율의 적
용 범위를 한정하는 것은 허용된다고 판시하고 있다. 또한 탄력세율 적
용범위를 제한함으로써 결과적으로 새로운 과세표준 구간이 창설되고
누진 정도의 변경이 초래되더라도 이는 탄력세율 적용 대상 한정으로
인한 반사적 효과에 불과하다고 보아 위임범위의 한계를 일탈하였거나
조세법률주의에 위배되어 무효라고 보기 어렵다고 판시하였다.

2) 조세법률주의의 내용

헌법재판소는 조세법률주의의 내용으로 일관되게 과세요건 법정주의와 과세요건 명확주의를 제시하고 있다. 과세요건 법정주의는 납세의무를 성립시키는 납세의무자, 과세물건, 과세표준, 과세기간, 세율 등의 과세요건과 조세의 부과·징수 절차를 모두 국민의 대표기관인 국회가 제정한 법률로 규정하여야 한다는 원칙을 의미하고 과세요건 명확주의는 과세요건을 법률로 규정하였다고 하더라도 그 규정 내용이 지나치게 추상적이고 불명확하면 과세관청의 자의적인 해석과 집행을 초래할 염려가 있으므로 그 규정 내용이 명확하고, 일의적(一義的)이어야 한다는 원칙을 말한다.[46] 과세요건 법정주의는 주로 입법 위임 및 위임입법과 관련해서 문제가 되고, 과세요건 명확주의는 위임 여부와 상관없이 국민의 관점에서 납세의 부담을 예측할 수 있는지를 판단하는 요소이다. 헌법재판소는 과세요건 명확주의를 충족하였는지 판단하는 기준으로 예측가능성 이론을 적용하고 있다. 다만, 강학상 부당행위계산[47] 부인[48]을 내용으로 하는 세법 규정의 해석에 있어서는 조세형평의 관점에서 조세정책상 필요성을 근거로 명확성의 원칙을 다소 완화하여 적용하는 것으로 보인다. 과거 저가·고가 양도를 증여로 의제하는 내용[49]

---

46) 헌재 2001. 8. 30. 99헌바90

47) 이준봉, 「조세법총론」 제9판, 삼일인포마인, 2023, 165면; 부당행위계산은 납세자가 정상적인 경제인의 합리적 거래형식에 의하지 아니하고 우회 행위, 다단계행위 그 밖의 이상한 거래형식을 취함으로써 통상의 합리적인 거래형식을 취할 때 생기는 조세의 부담을 경감 내지 배제시키는 행위계산을 말한다

48) 강학상 부당행위계산부인 제도는 부당행위계산이 인정되어 조세법적인 측면에서 부당하다고 보일 때, 과세권자가 객관적으로 타당하다고 인정되는 소득이 있었던 것으로 의제하여 과세함으로써 과세의 공평을 기하고 조세회피행위를 방지하고자 하는 것으로 「법인세법」 제52조, 「소득세법」 제41조 및 101조, 「부가가치세법」 제29조 제4항, 「상속세및증여세법」 제44조 이하의 다양한 증여의제제도 등을 들 수 있다.

49) 구 상속세법(1996. 12. 30. 법률 제5193호 상속세및증여세법으로 전문개정되기 전의 것) 제34조의2(저가고가양도시 증여의제)② 현저히 높은 가액의 대가로서 재산을

의 「상속세법」 규정에 대한 합헌성 판단 과정에서 과세요건 법정주의와 과세요건 명확주의의 의미와 관계 기능을 확인해볼 수 있다. 이 사례에서 심판 대상이 된 「상속세법」 조문은 재산의 양도·양수가 증여로 의제되기 위한 두 가지 요건(현저히 높은 가액의 대가, 거래의 상대방이 특수관계에 있는 자)을 규정하고 있는바, 첫 번째 요건인 "현저히 높은 가액"의 대가 부분은 하위법규에 위임하지 않았고,50) 두 번째 요건인 특수관계에 있는 자의 범위는 하위법규에 위임하여 정하도록 하였다. 헌법재판소(다수의견)는 이 사례에서, 위임 자체가 없는 첫 번째 요건에 관해서는 법률이 직접 하위법규에 위임하지 않고 있으므로 위임입법 자체가 위임의 근거를 결한 것으로 무효가 될 수는 있을지언정 과세요건 법정주의가 적용될 여지가 없다고 보고 과세요건 명확주의만을 충족하면 족하다고 하였다. 과세요건 명확주의에 대하여는 재판관들의 의견이 나뉘는데 5인은 명확성을 갖추지 못하여 위헌의 판단을 하였고, 4인은 법률이 갖는 일반성·추상성 및 법관의 법보충작용을 근거로 명확성을 결여하였다고 단정하기 어려우며, 첫 번째 요건인 "현저히 높은 가액의 대가"에서 "현저히"부분을 불확정개념으로 보고 조세법의 규율대상인 경제현상의 복잡성을 이유로 불확정개념 사용의 불가피성을 인정하였다. 이와 유사하게 부당하게 낮은 대가를 받은 경우, 자기가 공급한 재화 또는 용역의 시가를 부가가치세의 과세표준으로 하도록 한 구 「부가가치세법」 조항의 "부당하게 낮은 대가를 받거나" 부분이 과세요건 명확주의에

대통령령이 정하는 특수관계에 있는 자로부터 양수한 경우에는 그 재산을 양수한 때에 있어서 재산의 양수자가 그 대가와 시가와의 차액에 상당한 금액을 대통령령이 정하는 특수관계에 있는 자인 양도자에게 증여한 것으로 본다.

50) 첫 번째 요건인 "현저히 높은 가액의 대가" 부분은 대통령령에 위임하지 않았음에도 대통령령은 "현저히 높은 가액"의 의미에 대하여 규정하고 있었다. 이 경우 대통령령(소득세법 시행령)의 당해 규정이 단순히 집행명령의 성격을 지니는지, 위임명령의 성격을 지니는지가 먼저 판단되어야 하고, 위임명령의 성격을 지닌다고 판단되면 입법 위임의 한계(본질성 이론, 포괄위임금지원칙)내에서 이루어진 것인지 그 한계를 일탈하였는지를 판단하여야 할 것이다.

위반되지 않는다고 판시한 바 있다.[51]

3) 대상 조례의 조세법률주의 위배 여부 판단

조세법률주의에 대한 헌법재판소의 판단에 따라 이 사건 조례가 조세법률주의를 위배하고 있는지를 보면, 우선 과세요건 법정주의의 관점에서 ① 상위법이 조세의 종목과 세율 등 중요사항을 법률로써 직접 규정하고 있는지, ② 불가피하게 하위법규에 위임하고 있는 경우에 구체적으로 범위를 정하고 있는지, ③ 위임입법(이 사건에서는 서초구의 구세 조례)이 법률이 정한 위임의 범위를 일탈하고 있는 것은 아닌지를 판단하고, 과세요건 명확주의의 관점에서 ④ 납세부담을 지게 되는 납세자가 부담하게 될 대강의 재산상 부담을 예측할 수 있는지를 판단하여야 한다. 이 사건에서 「지방세법」 제111조 제3항은 세율을 구체적으로 직접 결정하고 있으며 일정한 목적적 한계와 더불어 지방자치단체에 최종적인 세율 조정의 권한을 유보하고 있으므로 과세의 중요사항은 법률이 직접 규정하고 있고, 위임의 범위도 표준세율의 50% 범위로 매우 구체적으로 정해져 있다. 위임입법인 이 사건 조례는 상위법이 한정하고 있는 범위 내에서 세율 조정을 하고 있으며, 세율 조정으로 인한 수혜자의 범위를 다시 조례를 통해서 제한하고 있을 뿐이다. 세율을 인하하는 내용의 조례는 납세자의 입장에서는 재산상 부담의 경감을 의미하므로 국민의 권리 제한·의무 부담이나 벌칙 규정에 해당하지 아니하여, 「지방세법」이 정한 위임의 범위에 있는 한 조례 제정에 관한 법률상의 한계를 논할 이유도 없다[52]. 오히려 세율 인하가 조세 경쟁의 문제를 야기하거나 지방의 재정 확충에 저해요인으로 작용될 수 있다는

---

51) 헌재 2002. 5. 30. 2000헌바81; 다만, 이 사례에서도 4인의 재판관은 과세요건 명확주의에 위반하여 위헌취지로 판단하였다.

52) 탄력세율이 인상세율로 나타나는 경우에도 법률이 정한 표준세율의 일정 범위 내에서 세율조정이 이루어졌다면 그 자체로 허용되는 것으로 보아야 하고 만일 그 적용 범위를 제한하는 단서 규정을 둔다면, 이는 납세 부담이 증가할 것으로 예상되는 그룹을 축소하는 것이므로 여전히 법률이 정한 위임범위 내에 있게 된다.

점이 예상되므로, 탄력세율(인하세율)을 적용하면서 그 적용범위를 제한하는 것은 지방자치단체의 재정에 대한 고려로써 존중될 필요가 있다. 정리하면, 「지방세법」이 입법 위임상의 한계(포괄위임금지)를 준수하고 위임입법인 대상 조례가 상위법의 위임 범위에서 제정되었다면 그것으로 과세요건 법정주의는 충족되었다고 보아야 한다. 이러한 이유로 서초구의 탄력세율 적용으로 새로운 과세표준 구간이 창설된 것과 같은 효과가 발생하는바, 이는 탄력세율 적용의 반사적 효과라는 점에서 대법원과 견해를 같이 하지만, 과세표준 구간이나 누진 정도는 과세형평을 도모하기 위한 기술적, 정책적 사항으로 납세의무에 관한 기본적이고도 본질적인 사항이라 볼 수 없기 때문에 이 사건 조례가 조세법률주의에 위배되지 않는다는 대법원의 설명에는 쉬이 동조하기 어렵다. 오히려 새로운 과세표준 구간이 창설되는 것과 같은 효과는 과세요건 명확주의의 관점에서 논의될 여지가 있다고 판단되지만, 과세요건 명확주의는 조세형평의 관점에서 도입된 제도의 해석에 있어서는 완화된다는 점과 이 사건 조례의 세율이 명확하게 확인되지 않는다 하더라도 그것이 납세자의 부담을 가중시키지는 않는다는 점에서 조세법률주의를 위반한 정도에 이르지는 않는다고 판단함이 타당하다.

4) 보론

한편, 조세법률주의는 국민이 부당한 납세 부담을 지지 않도록 재정작용의 통제장치로 작용하기도 하지만, 국가의 공공경비 충당을 위한 재정작용의 근본규범(재정헌법)으로 작용하기도 한다. 조세감면 등 조세지출[53])은 국가의 공공경비 충당 수단인 조세 수입의 감소를 야기하고

---

53) 이지은·오승규·한재명, 지방세지출 체계 분석과 개선방안 마련, 한국지방세연구원, 2019, 13면; 조세지출 개념은 1950년대 독일 정부가 예산통제를 위해 연방 예산에서 보조되는 금액의 범위에 세제를 포함한 보고서를 작성하면서 사용되었고, 1960년대 미국에서는 세제상의 각종 감면이나 공제 등이 의회의 통제를 벗어나 실질적인 보조금으로 사용되는 것에 대한 우려로 보고서를 작성하기 시작하면서 사용되었다.

경우에 따라서, 특정 집단에 대한 조세감면은 잠재적으로 다른 집단의 납세부담을 가중시킬 수 있다는 측면에서 신중할 필요가 있으며, 조세 지출은 이러한 이유로 법률이 정하는 바에 따라 통제되고 있다.54) 이러 한 이유로, 표준세율이 인하되는 효과가 있는 탄력세율의 적용은 헌법 재판소가 일관되게 제시하고 있는 조세법률주의의 내용(과세요건 법정주 의와 과세요건 명확주의)에 비추어 문제가 되지는 않는다 하더라도, 국가 공공경비 충당이라는 조세의 본래 목적과 공적 부담 앞의 평등을 고려 할 때 법적 통제의 대상이 될 수 있고, 정책결정권자의 신중한 판단이 요구되는 영역이라는 점은 분명하므로, 탄력세율 적용으로 국민의 납세 부담이 가중되지 않는다는 사실만으로 당연히 허용되는 것이라고 해석 해서는 안 될 것이다.

Ⅴ. 그 외 법적 쟁점과 판단

1. 특별시 재산세의 공동과세와 대상 조례의 적용범위

「지방세기본법」은 11개의 지방세목에 대하여 각각 특별시세와 광 역시세(제8조제1항), 도세(제8조 제2항), 구세(제8조 제3항), 시·군세(제8조 제4항)를 배분하고 있다. 재산세는 구세이자 시·군세이다. 그런데 서울 의 경우 특례를 두어 재산세를 특별시세 및 구세로 보고(제9조), 보통세 인 특별시분 재산세와 보통세인 구분 재산세로 구분하고 각각 산출된 세액의 100분의 50을 그 세액으로 한다. 다만 도시지역분 재산세의 경

---

54) 「조세특례제한법」 제142조의2 제1항이 조세지출을 "조세감면·비과세·소득공제·세 액공제·우대세율적용 또는 과세이연 등 조세특례에 따른 재정지원"이라고 표현하 고 있고, 「지방세특례제한법」 제5조도 지방세 감면 등 지방세특례에 따른 재정지 원을 지방세지출로 보고 있으며 각각 조세지출예산서, 지방세지출보고서를 작성하 여 국회와 지방의회의 통제를 받는 등 통제장치를 명문화하고 있다.

우 전액 특별시세이다. 도시지역분 재산세가 아닌 보통세인 특별시분 재산세는 징수되는 달 익월에 서울특별시의 관할구역 안에 있는 25개 자치구에 균등배분하여 교부하고(지방세기본법 제10조 및 서울특별시 시세 기본조례 제4조), 특별시로부터 교부받은 재산세는 해당 자치구의 재산세 세입으로 본다. 이러한 특별시 재산세의 공동과세 제도는 2005년 부동 산보유세제 개편[55]으로 인한 서울시내 자치구간 재정력 격차를 해소하 기 위하여 도입되었다.[56]

보통세인 특별시분 재산세에 대하여 특별시는 자치구에 그 징수를 위임하고 있지 아니하고[57] 법률상 과세권자가 서울특별시장이라는 점 에 비추어 볼 때, 징수액이 전액 자치구에 교부된다 하더라도 보통세인 특별시분 재산세와 보통세인 구분 재산세는 완전히 별개의 독립된 세목 으로 처리되고 있다고 본다[58].

대상 조례의 명칭은 「서울특별시 서초구 구세 조례」이다. 조례의 제정은 당연히 서초구의회에서 이루어지고 조례의 적용 대상은 서초구 의 구세에 한정된다. 따라서 대상 조례에 의하여, 세율이 조정되는 부분 은 당연히 보통세인 구분 재산세이고 이는 보통세인 재산세 산출세액 중 100분의 50에 해당한다. 특별히 대상 조례가 그 적용 대상을 명시적 으로 규정하고 있지 않더라도 당연히 서초구청장이 과세권을 행사할 수

---

55) 2005년 부동산보유세제 개편을 통해 종전의 건물분 재산세와 토지분 종합토지세로 이분되어 있던 부동산에 대한 보유세를 재산세로 통합하였다. 이전에 전국 토지 합산 방식의 과세가 당해 자치단체 관할 토지 합산과세 방식으로 변경되고(전국토 지분은 종부세의 과세대상으로 이원화됨), 주택분 재산세의 과세표준 산정시 토지 와 건물을 일괄하여 평가하였으며 시가반영율이 높아졌다.

56) 한국지방세연구원, 「한국지방세60년사」 제3권 지방세운영, 2017. 78~79면.

57) 「서울특별시 시세 기본 조례」가 부과·징수 권한의 위임에 대하여 규정하고 있으 나 보통세인 특별시분 재산세가 그 대상에 포함되어 있지 아니하고 「지방세법」 116조 이하에서 역시 관할 지방자치단체의 장이 보통징수의 방법으로 부과·징수한 다고 하고 있을 뿐이다.

58) 김소희, 서초구 재산세율 인하 조례안 의결 무효확인 청구사건(대법원 2020추5169) 에 관한 소고, 지방세논집 제8권제1호, 한국지방세학회, 2021, 149면.

있는 범위에 한정된다고 해석함이 타당하고, 대법원도 같은 취지로 판단하고 있다.

앞서 탄력세율 제도가 지방자치단체의 자치권을 제한적으로만 인정하는 헌법과 법률의 태도에도 불구하고 법률로써 최소한의 재정고권을 보장하기 위한 입법적 조치라는 점에 대하여 서술하였다. 탄력세율제도의 이러한 취지에도 불구하고 징수금의 배분 등 여러 자치단체의 재정상황과 밀접한 관련을 가지고 있어, 당해 자치단체가 그 세율조정의 전속적인 권한을 행사할 수 없는 경우에는「지방세법」단계에서 처음부터 탄력세율 제도의 적용이 배제되고 있다는 점 역시 밝혔다. 이러한 제도적 특징을 고려할 때「지방세법」제111조 제3항은 서울시 관할의 재산세에 대하여도 각각 서울특별시장과 자치구청장이 자신이 과세권을 가진 세목에 대하여 재정적 자율성을 가지고 탄력세율을 적용하라는 취지로 해석함이 타당하다.

2. 「지방세특례제한법」 제4조와 탄력세율의 관계

「지방세특례제한법」상 지방세특례는 주로 비과세와 감면의 방법으로 나타나고 동법 제3조에 의하여 반드시「지방세기본법」,「지방세징수법」,「지방세법」,「조세특례제한법」 및 조약에 근거를 두어야 정할 수 있다. 지방세특례는 또한 크게 법률에 의한 특례와 조례에 의한 특례로 구분할 수 있는바, 법률에 의한 특례는 지방세관계법에 근거가 있는 경우를 의미하고 조례에 의한 특례는 개별 자치단체가 지역적 상황을 고려하여「지방세특례제한법」 제4조의 한계를 준수하고 마련할 수 있다. 지방세특례는 지방세지출로 간주되어 여러 양적·질적 혹은 법적/비법적 통제장치가 마련되어 있다. 「지방세특례제한법」 제4조는 지방자치단체가 무분별한 세제 감면정책을 시행함으로써 당해 자치단체의 재정 상황을 악화시키지 못하도록 하기 위한 통제규범으로서의 성격을 나타낸다.

탄력세율 자체는 인상세율의 개념이 포함되어 있으므로 개념적으로 탄력세율이라는 점이 지방세"특례"이지만 「지방세특례제한법」의 규율범위에 속하는 지방세지출에 해당하지 않을 수 있다. 다만, 대상 조례는 조세감면의 효과를 나타내는 탄력세율의 적용 문제이고 「지방세특례제한법」은 사실상(내용적으로) 지방세 감면에 대한 법적인 규율에 해당하므로 지방세특례에 해당한다고 보더라도, 대상 조례는 「지방세법」 제111조 제3항의 직접적 적용을 받아 제정된 조례로서 처음부터 「지방세특례제한법」 제4조의 적용 대상이 아니다.

3. 조세평등주의 위배 여부

조세평등주의는 헌법 제11조 평등원칙의 조세법적 구현이다.[59] 평등원칙이 과잉금지원칙(비례의 원칙)과 더불어 헌법국가의 핵심적 행위원칙(국가작용의 행위지침)이자 전체 법질서의 지도적 원칙이므로 조세법에 당연히 적용될 수밖에 없다. 조세평등주의가 요구하는 과세 원칙(응능부담의 원칙)은 수평적 조세정의와 수직적 조세정의로 구분하여 살필 수 있는데, 전자는 동일한 소득을 거두는 집단에 대하여 동일한 과세를 한다는 원칙이고, 후자는 소득이 상이한 납세자에 조세부담을 배분할 때, 소득이 높으면 조세부담이 높게, 소득이 낮으면 조세부담이 낮게 배분되어야 함을 의미한다.[60] 다만, 이러한 조세평등주의 이념이 담세능

---

59) 헌재 1997.10.30. 96헌바14; 헌법 제11조 제1항에 규정된 평등원칙의 세법영역에서의 구현이라 할 수 있는 조세평등주의는 조세의 부과와 징수를 납세자의 담세능력에 상응하여 공정하고 평등하게 할 것을 요구하며 합리적 이유없이 특정의 납세의무자를 불리하게 차별하거나 우대하는 것을 허용하지 아니한다.

60) 다만, 조세평등주의는 소득에 따른 조세부담의 차등 배분이 일정한 수준에 이를 것은 요구하는 것은 아니므로 그 배분의 방법에 있어 입법자는 광범위한 입법 형성의 재량을 갖는다(헌재 2001. 12. 20. 2000헌바54). 판례는 최저생계비를 위한 공제제도는 반드시 필요하다고 보았으나 반드시 누진세율을 도입할 것까지 요구하는 것은 아니(헌재 1999. 11. 25. 98헌마55)라고 보았으나 이러한 요청이 조세평등주의

력에 따른 과세의 원칙이라 하여 예외 없이 절대적으로 관철되어야 함을 의미하는 것이 아니고 합리적 이유가 있는 경우라면 납세자 간의 차별 취급이 허용된다.[61][62] 세법의 내용적 측면에서는 입법자에게 광범위한 형성의 자유가 인정되며, 현대적 의미의 조세법은 조세의 부과를 통하여 재정수입의 확보라는 목적 이외에도 국민경제적·재정정책적·사회정책적 목적 달성을 위하여 다양한 요소를 고려할 수 있기 때문이다. 서울시는 대상 조례가 탄력세율을 적용받아 납세 부담이 줄어드는 자와 주택 이외 다른 부동산의 소유자, 법인인 소유자, 다른 구민들을 차별하고 있어 무효라는 취지로 주장하고 있다. 그러나 탄력세율 자체가 자치단체별로 법률이 허용하는 범위 내에서 다른 세율이 적용될 수 있음을 처음부터 예정한 것이므로, 상위법의 규정이 조세평등주의에 비추어 허용되는 범위에 있으면 대상 조례가 법률이 정한 범위를 일탈하지 않는한 조세평등주의 위배의 문제는 발생할 여지가 없다. 또한 조세법은 수직적 조세정의를 구현하는 과정에서 개인과 법인, 주택과 주택 외 부동산 소유자를 달리 취급하는 경우가 많고 특히 보유세제에서는 그러한 특징이 많이 드러난다. 대상 조례가 이러한 조세법의 경향에도 불구하고 조세평등주의에 위배된다고 하려면, 위와 같은 조세법의 경향과 분명하게 구분되는 대상 조례만의 제정 목적·기능 등에 대한 논의가 선행되어야 한다.

가 아니라 사회국가원리의 관점에서 요청된다고 보았다(헌재 2006. 11. 30. 2006헌마489).

61) 헌재 1999. 11. 25. 98헌마55.

62) 평등권과 관련하여 헌법재판소는 합리적 심사기준(자의금지원칙)과 엄격한 심사기준을 활용한다. 조세입법과 관련하여 평등원칙을 적용할 때, 자의금지원칙을 적용한 경우가 다수지만, 엄격한 심사(비례성심사)를 통해 위헌임을 판단한 사례(헌재 2005. 5. 26. 2004헌가6)도 있다.

VI. 맺음말

이상으로 서초구와 서울시 간 재산세 감면을 둘러싼 분쟁에 대한 대법원의 판례에 대하여 살펴보았다. 이 사건 조례의 위법성·위헌성에 대한 서울시의 주장에 대한 대법원의 판단에 대해서는 결론적으로 동의하지만, 그 결론에 도달하는 과정에서의 논의는 다소간의 차이가 있다. 조례안 의결에 대한 외부적 통제로서 상급자치단체장 혹은 주무부장관의 개입과 그로 말미암아 이루어지는 대법원에의 제소는 조례(안)에 대한 추상적규범통제 기능을 수행한다는 점에서 매우 중요한 의의가 있다. 조례안 의결의 효력을 다투는 소송이 기관소송(광의설)으로 다루어져 동일 법주체 사이의 권한의 존부·행사의 관점에서 다투게 되지만, 지방세 관계법과 그 위임을 받아 제정되는 지방세 조례의 경우 납세 부담을 지는 국민과의 관계에서도 중요한 관련이 있으므로 조례안에 대한 심사가 헌법재판소가 아닌 대법원에서 이루어진다고 하더라도 추상적규범통제로서의 중요성을 간과하기 어렵다. 따라서 조례안의 효력을 논할 때, 당사자의 주장에 더하여 단계별 심사원칙 및 판단기준이 좀 더 명확하게 설시될 필요가 있다고 판단한다.

참고문헌

감사원, 「감사연보 2020」, 2021.05.

김소희, 서초구 재산세율 인하 조례안 의결 무효확인 청구사건(대법원 2020추5169)에 관한 소고, 지방세논집 제8권제1호, 한국지방세학회, 2021.

김태호, 「지방세이론과 실무」, 더존테크윌, 2018.

문상덕, 지방자치쟁송과 민주주의, 「지방자치법연구」 제10권 제2호, 2010.

이준봉, 「조세법총론」 제9판, 삼일인포마인, 2023.

이준봉, 「조세법총론」 제6판, 삼일인포마인, 2020.

이지은·오승규·한재명, 지방세지출 체계 분석과 개선방안 마련, 한국지방세연구원, 2019.

임승순, 「조세법」 제18판, 박영사, 2018.

정남철, 「한국행정법론」, 법문사, 2021.

정하중, 행정법개론 제11판, 법문사, 2017.

조성규, "국가와 지방자치단체간 입법, 사무권한 및 재원의 배분", 「공법연구」, 2007.12.

한수웅, 「헌법학」 제9판, 법문사, 2019.

한국지방세연구원, 「한국지방세60년사」 제3권 지방세운영, 2017.

행정안전부, 2023년도 지방자치단체 통합재정 개요(상), 2023.

허영, 「헌법소송법론」 제14판, 박영사, 2019.

홍정선, 「신지방자치법」 제5판, 박영사, 2022.

국문초록

　　대상판결은, 부동산보유세 부담을 결정하는 과세표준의 기초인 부동산공시가격 현실화를 내용으로 하는 정부 정책이 발표된 후, 지방자치단체가 「지방세법」 제111조 제3항에 따라 조례로 주택분 재산세 표준세율의 50% 범위에서 세율을 조정(인하)하는 내용의 조례안을 의결하였고, 상급자치단체가 당해 자치단체장에게 당해 조례안의 재의요구를 지시하였으나 당해 자치단체장이 재의요구를 하지 않아 상급자치단체장이 직접 대법원에 당해 조례안의 의결 무효확인을 구한 사례이다.

　　상급자치단체장은 조세법률주의 및 조세평등주의를 근거로 대상 조례가 무효라고 주장하였으며 대법원 역시 상급자치단체장의 주장을 기초로 그 판단을 하고 있다. 대법원은 결론적으로 이러한 주장이 이유 없음을 밝혔는바, 그 결론에 찬성하면서도 결론에 도달하는 과정에 대해서는 아쉬움이 남는다. 첫째, 대상 판결에서 조례의결안의 무효확인을 구하는 지방자치단체의 장은 대상 조례가 무효인 원인을 조세법률주의와 조세평등주의에서 구하고 있으나 대상 조례와 그 위임의 근거가 되는 「지방세법」 제111조 제3항의 의미를 확인하지 않고 있다. 조례안 무효확인소송의 법적 성격과 중요성을 고려할 때, 법원이 좀 더 적극적으로 직권심리할 필요가 있다고 생각한다. 둘째, 「지방세법」은 탄력세율 제도를 광범위하게 채택하고 있다. 대상 조례의 상위법인 「지방세법」 제111조 제3항을 비롯하여, 전체 지방세목 중 성질상 탄력세율 제도가 적합하지 않은 경우를 제외하고는 대부분 도입하고 있다는 점을 고려할 때, 탄력세율 제도는 지방자치단체의 재정고권 보장에 관한 입법자의 선택이라고 본다. 따라서 탄력세율이 적용되는 경우, 탄력세율 범위에서 지방자치단체의 자치권을 최대한 존중해주어야 하고, 설사 지방자치단체가 조례로써 탄력세율 적용범위를 한정함으로 인하여 결과적으로 새로운 과세표준 구간이 창설되어 누진 정도의 변경이 초래되었다고 하더라도, 탄력세율을 적용함으로써 납세자가 예상할 수 없는 재산상 부담을 지게 되는 것이 아닌 한 허용되어야 할 것이다.

주제어: 탄력세율, 입법 위임, 조례 위임, 조세법률주의, 지방자치

Abstract

Implications of the flexible tax rate system adjusted by Local ordinance
—Based on the Supreme Court Decision on April 14, 2022, 2020Chu5169—

Yi, Jieun*

After the announcement of the government's policy to realize the price** of real estate, which is the basis of the tax base for determining the burden of real estate ownership tax, a local council decided on an ordinance to adjust (reduce) the tax rate within 50% of the standard tax rate for housing in accordance with Article 111 (3) of the Local Tax Act, and the higher—level government requested the head of the local government to reconsider the ordinance, but the head of the local government did not request. The head of the higher—level local government directly filed a lawsuit with the Supreme Court to confirm that the resolution of the ordinance was invalid.

The Supreme Court determined that the ordinance was valid in this case. I agree with the Supreme Court's view, but there are some problems. The head of a local government sought confirmation of the

* Korean Institute of Local Finance
** According to 「ACT ON THE PUBLIC ANNOUNCEMENT OF REAL ESTATE VALUES」, The Minister of Land, Infrastructure and Transport shall publicly announce reasonable price of Land, Housing and non—residential real estate values every year. This price is 50—70% of the market price at that times.

invalidity of the ordinance resolution because it violated the principle of no taxation without law and equality in taxation. The Supreme Court had not confirmed the meaning of Article 111 (3) of the Local Tax Act, which is the basis for the target ordinance and its delegation. Considering the legal nature and importance of the lawsuit to confirm the invalidity of the ordinance, I think the Court needs to conduct an ex officio hearing more actively.

the 「Local Tax Act」 broadly adopts a flexible tax rate system. Considering that most local tax has flexible tax rate system except for cases where it's nature was not acceptable, including Article 111 (3) of the Local Tax Act, it is considered a legislator's choice in guaranteeing local governments' financial autonomy. The autonomy of local governments should be respected as much as possible within the scope of the flexible tax rate, and even if the limitation of the scope of the flexible tax rate resulted in a progressive change due to the creation of a new tax base section, it should be allowed unless the application of the flexible tax rate imposes an unpredictable property burden on the taxpayer.

Keywords: flexible tax rate, legislative delegation, ordinance delegation, the principle of no taxation without law, equality in taxation, local autonomy.

투고일 2023. 11. 20.
심사일 2023. 12. 26.
게재확정일 2023. 12. 29.

建築行政法

건축허용성 판단 기준으로서 '확정되지 않은 도시계획'
(이수안)

건축허용성 판단 기준으로서
확정되지 않은 도시계획*

대상판결: 대법원 2021. 4. 29. 선고 2020두55695 판결

이수안**

Ⅰ. 대상판결의 개요

1. 사실관계

(1) 원고는 2019. 4. 3. 피고 창원시 마산회원구청장(이하 '피고')에게 전(田) 및 자연녹지지역으로 이루어진 창원시 (주소 생략) 토지(이하 '이 사건 신청지') 지상에 단독주택을 신축하기 위한 건축신고(이하 '이 사건 건축신고')를 하였다. 이 사건 건축신고에는 건축신고로 의제되는 개발행위허가 신청 등이 포함되어 있다.

 * 이 논문은 2022년 11월에 개최된 사단법인 행정판례연구회 제381차 월례발표회에서 발표한 내용을 수정·보완하여 작성하였습니다.
** 법학박사, 김·장 법률사무소 변호사. 이 논문의 내용은 필자의 개인적 견해이며, 필자가 속한 사무실의 입장과는 다를 수 있습니다.

(2) 피고는 2019. 4. 19. 이 사건 건축신고를 불수리하였다(이하 '이 사건 처분'). 피고는 이 사건 처분을 하면서, 처분 사유로 '이 사건 신청지는 자족형 복합행정타운을 위하여 개발제한구역이 해제된 자연녹지지역의 일부로 해제 목적에 부합하는 개발행위에 한하여 허용하고 있으나, 원고의 신청용도(단독주택)의 건축 및 그에 따른 개발행위(토지형질변경)는 사업시행에 지장을 초래하고 도시·군계획사업의 내용에 부합하지 않는다'는 점을 들었다.

2. 소송경과

(1) 원고는 이 사건 처분의 취소를 구하는 소를 제기하였다. 원고는 이 사건 신청지는 이 사건 처분 시를 기준으로 「국토의 계획 및 이용에 관한 법률」(이하 '국토계획법') 제58조 제1항 제2호가 정한 도시관리계획이 수립·공고된 지역 또는 같은 항 제3호가 정한 도시계획사업이 시행 중인 지역이 아니므로, 원고의 건축신고가 도시계획사업 시행에 지장을 초래하고 그 사업 내용에 부합하지 않는다고 볼 수 없기 때문에 위 신고를 불수리한 것은 그 처분사유가 존재하지 않아 위법하다고 주장하였다.

(2) 제1심 법원은 이 사건 신청지는 ① 국토계획법 제58조 제1항 제2호가 정한 '도시관리계획이 수립·공고된 지역'이라고 볼 수 없고, ② 국토계획법 제58조 제1항 제3호가 정한 '도시계획사업이 시행 중인 지역'이라고 볼 수도 없으며, ③ 개발행위허가 제한지역에 해당하지도 않는다고 판단하였다(창원지방법원 2020. 6. 18. 선고 2019구합52469 판결). 이처럼 제1심은 이 사건 처분은 처분사유가 부존재하여 위법하다고 보아, 원고의 청구를 인용하여 이 사건 처분을 취소하였다. 피고는 위 판결에 항소하였으나, 제2심 법원 역시 제1심 법원과 같은 이유로 피고의 항소를 기각하였다(부산고등법원 2020. 11. 4. 선고 2020누11339 판결). 피고

는 제2심 판결에 대해 상고하였다.

　　(3) 대법원은 제2심 법원이 국토계획법 제58조 제1항 제3호를 이 사건 처분사유로 삼을 수 없다고 보아 이 사건 처분이 위법하다고 단정한 것은 국토계획법 제58조 제1항 제3호, 개발행위허가에 관한 재량권 일탈·남용에 관한 법리 등을 오해하고 필요한 심리를 다하지 아니하여 판결에 영향을 미친 잘못이 있다는 이유로 제2심 판결을 파기환송하였다(대법원 2021. 4. 29. 선고 2020두55695 판결, 이하 '대상판결').

3. 판결요지

　　(1) 국토계획법상 개발행위허가를 받은 것으로 의제되는 건축신고가 국토계획법령이 정하는 개발행위 허가기준을 갖추지 못한 경우 행정청은 건축신고의 수리를 거부할 수 있다(대법원 2011. 1. 20. 선고 2010두14954 전원합의체 판결, 대법원 2019. 7. 4. 선고 2018두49079 판결 등 참조).

　　(2) 국토계획법 제63조 제1항은 개발행위허가의 제한에 관하여 규정하면서, 도시·군관리계획상 필요하다고 인정되는 지역에서 일정한 기간 동안 개발행위허가를 전면적으로 제한할 수 있다고 정하고 있다. 구체적으로 국토계획법 제63조 제1항 제3호는 '도시·군기본계획이나 도시·군관리계획을 수립하고 있는 지역으로서 그 도시·군기본계획이나 도시·군관리계획이 결정될 경우 용도지역 등의 변경이 예상되고 그에 따라 개발행위허가의 기준이 크게 달라질 것으로 예상되는 지역'에서 개발행위허가를 제한할 수 있다고 규정하고 있고, 아직 수립되지 않은 도시·군관리계획의 내용도 일정한 경우 개발행위허가의 재량 행사에 반영할 수 있도록 하고 있다.

　　(3) 국토계획법 제58조 제1항 제3호는 개발행위허가의 기준으로 '도시·군계획사업의 시행에 지장이 없을 것'이라고 정하고 있다. 이때 '도시·군계획사업'은 개발행위허가신청에 대한 처분 당시 결정·고시되

어 그 시행이 확정된 사업만을 의미하는 것이 아니고, 도시·군계획사업
에 관한 구역지정 절차 내지 도시·군계획 수립 등 절차가 구체적으로
진행되어 있는 경우를 포함한다. 따라서 구체적으로 시행이 예정되어
있는 도시·군계획사업의 시행에 지장을 초래하는 개발행위도 허가하지
않을 수 있다(대법원 1995. 3. 10. 선고 94누5298 판결, 대법원 2011. 8. 25. 선
고 2011두2569 판결 등 취지 참조).

　　(4) 종전 사업시행자인 경상남도개발공사가 이 사건 사업 참여 취
소 통보를 한 이후에도 창원시가 이 사건 도시관리계획의 변경안을 수
립·보완하여 사업을 계속해서 추진해왔고, 그 결과 2018. 12.경 위 변경
안에 대한 중앙도시계획위원회의 조건부 의결이 있었다. 그렇다면, 이
사건 건축신고 및 처분이 이루어진 2019. 4. 경에는 이 사건 사업의 시
행이 구체적으로 예정되어 있었다고 볼 수 있다.

　　(5) 나아가 이 사건 사업은 복합행정타운 조성을 목적으로 하는 것
으로 일정 비율의 공동주택 확보가 필수적이고, 중앙도시계획위원회에
서도 공공임대주택 비율을 35% 이상 확보할 것을 조건으로 변경안에
대해 의결하였다. 이러한 상황에서 이 사건 신청지 상에 단독주택 신축
을 위한 건축신고를 수리할 경우, 이 사건 사업의 시행에 지장이 있을
것으로 예상되므로 피고가 이 사건 건축신고를 반려한 데에는 재량권
일탈·남용이 있다고 보기 어렵다.

Ⅱ. 문제의 소재

　　이 사건의 하급심과 상고심의 판단을 가른 결정적인 분기점은 이
사건 처분의 처분사유가 존재하는지 여부에 대한 견해 차이였다. 하급
심은 피고가 이 사건 신고를 반려할 만한 사유가 없었다고 보았다. 이
사건 신청지가 '도시관리계획이 수립·공고된 지역'이라거나 '도시계획사

업이 시행 중인 지역'이라고 볼 수 없으며, 개발행위허가 제한 지역에 해당하지도 않으므로, 국토계획법 제58조 제1항 제2호, 제3호 및 제63조 제1항상 달리 개발행위 허가를 제한할 사유가 없어서 개발행위 허가가 의제되는 이 사건 신고를 반려할 적법한 처분사유가 없다는 것이다.

반면, 상고심은 하급심과 달리 국토계획법 제58조 제1항 제3호와 국토계획법 제63조에 따르더라도 처분사유가 존재한다고 판단하였다. 국토계획법 제63조 제1항에 따르면 '아직 수립되지 않은 도시·군관리계획의 내용'도 일정한 경우 개발행위허가의 재량행사에 반영할 수 있는데, 이에 따르면 제58조 제1항 제3호를 이미 수립된 도시·군계획사업뿐만 아니라 구체적으로 시행이 예정되어 있는 도시·군계획사업의 시행에 지장을 초래하는 개발행위도 허가하지 않을 수 있다고 본 것이다. 즉, 상고심은 이 사건 신고를 수리할 경우 이 사건 사업의 시행에 지장이 있을 것으로 예상된다는 점이 건축신고를 반려할 만한 적법한 처분사유라고 보았다.

국토계획법의 관점에서 이 사건 처분의 처분사유가 존재하는지 여부를 검토하기 위해서는, 이 사건 신청지가 포함된 '창원 자족형 복합행정타운 조성사업'(이하 '이 사건 사업')의 시행 경과와 위 사업의 시행예정지의 법적 지위가 어떻게 변동되어 왔는지에 대한 검토가 선행되어야 한다. 상고심이 '구체적으로 시행이 예정되어 있는 도시·군계획사업의 시행에 지장을 초래하는 개발행위도 허가하지 않을 수 있다'고 판단한 이상, 이 사건 건축신고 및 이 사건 처분이 이루어지기까지 위 시행예정지의 법적 지위가 도시계획사업이 구체적으로 시행될 것이 예정된 상태로 볼 수 있는지 여부에 대한 검토가 필요하기 때문이다.

이하에서는 먼저 이 사건 사업 예정지의 법적 지위가 어떻게 변동해왔는지 살펴보면서, 이 사건 건축신고 및 처분이 이루어진 시점에 도시개발사업이 구체적으로 시행될 것이 예정되어 있었다고 볼 수 있는지 여부를 확인하고 상고심이 인정한 바와 같이 사업의 시행이 예정되어 있는 상태로 볼 수 있는지 검토한다(이하 Ⅲ.). 설령 상고심의 판단과 달리 이 사건 신청지에서 도시계획사업의 시행이 구체적으로 예정되어 있다고 보기 어려울지라도, 이 사건 건축신고의 반려가 적법하다고 판단한 대상판결의 결론 자체가 곧바로 잘못되었다고 단정할 수는 없다. 개발행위허가가 의제되는 건축신고가 수리를 요하는 신고이기 때문에 행정청이 수리 여부를 심사하면서 적법한 재량을 행사하여 다른 이유로 인해 건축신고를 불수리할 수 있기 때문이다. 이에 피고의 위 건축신고 불수리가 적법하다는 대상판결의 결론이 타당한지 확인하기 위하여, 개발행위허가가 의제된 건축신고의 수리 여부를 좌우하는 요소인 건축허용성의 개념을 살펴보고(이하 Ⅳ. 1.), 이 사건 신청지의 건축허용성을 좌우하는 요소를 확인한 뒤(이하 Ⅳ. 2.) 대상판결의 타당성을 검토한다(이하 Ⅴ.).

Ⅲ. 사업 경과에 따른 사업 예정지의 법적 지위

1. 사업 시행 경과

이 사건 신청지는 2007년경에 창원시 일대에 발표된 이 사건 사업계획에 포함된 부지였다. 이 사건 신청지를 포함하는 이 사건 사업의 시행 경과 및 사업 예정지를 둘러싼 각종 인·허가 발급 내역은 아래와 같다.[1)]

---

1) 이하의 사실관계 중 2018. 12. 13.까지의 내용은 하급심의 사실 인정과 대상판결에 드러난 사실관계에 기반하여 정리한 것이고, 2019. 9. 17. 이후의 사실관계는 '창원 자족형 복합행정타운' 홈페이지의 사업 연혁 및 관련 고시 등을 통해 확인한 내용이다.(https://cwadmintown.com/bbs/sub.php?sub=sub_10&menu=20&move=03/ 최종접속일: 2022. 11. 2.)

2008. 2. 21.	창원시장, 이 사건 사업 예정지를 3년간 개발행위허가 제한지역으로 지정·고시
2009. 8. 5.	국토해양부장관, 이 사건 사업을 위해 사업 예정지 일부를 개발제한구역에서 해제하는 내용의 도시관리계획을 결정·고시 (이 사건 사업예정지에 대한 개발계획안 첨부)
2010. 2. 4.	창원시장, 2010. 2. 4. 「창원 복합행정타운 도시개발구역 지정 및 사전환경성검토서(초안) 주민열람 공고」2) (이 사건 사업예정지를 도시개발구역으로 지정하고, 경상남도 개발공사가 2009년부터 2014년까지 도시개발사업을 시행하는 내용 등을 포함)
2011. 2. 24.	창원시장, 이 사건 사업 예정 지역에 대해 개발행위허가가 제한 기간을 2년 연장(2013. 2. 23.까지)하고 이를 고시함.
2013. 2. 23.	개발행위허가 제한 기간 만료.
2014. 9. 5.	경상남도개발공사, 이 사건 사업 참여를 취소함.
2016. 6.경	창원시, 사업시행자 변경 등을 통해 이 사건 사업을 계속 진행하기로 하는 내용의 도시관리계획 변경안을 수립하였고, 중앙도시계획위원회 심의절차에서 보완요구를 받은 후 이에 대한 조치계획을 수립함.
2018. 12. 13.	중앙도시계획위원회, 위 변경안에 대한 재심의 절차에서 '공공임대주택 비율을 35% 이상 확보하고, 공공시설용지를 26% 이상 확보할 것 등을 조건으로 한 조건부 의결을 함.
2019. 9. 17.	우선협상대상자 선정
2019. 11. 14.	중앙도시계획위원회 재보고 의결
2019. 12. 19.	사업협약 체결
2020. 1. 22.	법인(PFV, AMC) 설립
2020. 5. 29.	도시개발사업구역지정 및 개발계획 신청
2020. 6. 24.	개발계획 등 주민공람공고
2020. 11. 24.	창원시 도시계획위원회 심의 완료
2020. 12. 10.	도시개발사업 구역지정 및 개발계획 고시

---

2) 구 「도시개발법」(2013. 3. 23. 법률 제11690호로 개정되기 전의 것) 제7조 제1항에 따른 의견청취의 일환이었다.

2. 사업 단계별 사업 예정지의 공법적 지위

이 사건 사업 예정지의 법적 지위는 도시계획사업의 시행자 변경을 기준으로 2007년 이후 크게 세 단계로 나누어 볼 수 있다. 1단계는 이 사건 사업 계획이 발표된 이후 경상남도개발공사가 사업시행자가 되는 등 사업 추진을 본격화한 단계이고, 2단계는 2014년 경상남도개발공사가 사업을 시행하지 않을 의사를 밝힌 이후 실질적인 사업시행자가 부재한 단계이다. 마지막으로 3단계는 이 사건 건축신고가 이루어진 이후의 시기로 이 사건 사업을 시행할 사업시행자가 다시 지정되어 사업이 정상화되는 궤도에 이른 단계이다. 각 단계에 따라 사업시행자가 변경되어 다르다는 점 외에도 이 사건 사업 예정지의 공법적 지위, 즉 개발행위허가의 대상이 될 수 있는지 여부가 달라졌다.

(1) 1단계: 사업 추진을 위한 건축허용성 재편

1단계는 2007년 이 사건 사업 계획이 발표된 이후 사업시행자로 지정된 경상남도개발공사가 2014년에 돌연 사업시행을 하지 않을 의사를 밝히기까지의 단계이다. 이 기간에 이 사건 사업 예정지는 이 사건 사업의 시행을 위하여 2008. 2. 21.부터 개발행위 제한지역으로 지정되었고, 이 사건 사업 예정지의 일부는 2009. 8. 5. 개발제한구역에서 해제되었다.3) 한편, 이 사건 사업 예정지에 대한 개발행위 제한기간은 2011. 2. 24.까지였으나, 국토계획법 제63조 제1항에 의하여 2013. 2.

---

3) '개발행위 제한지역'과 '개발제한구역'은 다른 제도이다. 개발행위 제한지역은 국토계획법 제63조 제1항에 근거하여 일정한 사유가 있는 경우 개발행위허가를 발급하는 것을 일괄적으로 제한할 수 있도록 설정하는 지역이다. 개발제한구역은 국토계획법 제38조 및 개발제한구역의 지정 및 관리에 관한 특별조치법에 근거하여 설정하는 구역으로 도시의 무질서한 확산을 방지하고 도시 주변의 자연환경을 보전하여 도시민의 건전한 생활환경을 확보하기 위하여 도시의 개발을 제한할 필요가 있을 때 설정하는 구역이다. 이에 대한 상세한 내용은 IV. 2.항에서 검토한다.

23.까지로 한 차례 연장되었다.

또한 이 사건 사업 예정지는 이 사건 사업을 도시개발법상 도시개발사업으로 시행할 것을 전제로, 2010. 2. 4. 도시개발구역으로 지정되었다.4) 위 도시개발구역 지정 공고에 따르면 이 사건 사업의 사업시행자는 경상남도개발공사였고, 위 사업의 시행기간은 2009년부터 2014년까지였다.

이 단계는 사업구역 내의 건축허용성5)을 도시관리계획 내지 도시개발사업을 중심으로 재편(再編)하는 단계였다. 이 사건 사업 예정지에서 개발사업을 시행하기 위하여 사업예정지 내의 개발제한구역을 해제하여 개발행위를 가능하게 하되, 위 사업 외의 개발행위는 원칙적으로 제한하여 사업 예정지 내에서는 이 사건 사업과 관련된 개발행위만 이루어지게 한 것이다. 행정청도 개발제한구역 해제를 통해 이 사건 사업 예정지에 건축허용성을 부여하는 동시에, 국토계획법상 개발행위허가 제한지역 설정을 통해 이 사건 사업과 무관한 개발행위를 원칙적으로 제한하여, 도시계획사업인 도시개발사업6)의 개발계획과 충돌하거나 모순되는, 또는 효율적인 개발을 저해하는 개발행위를 원천적으로 막겠다는 관점에서 이 사건 사업예정지 내의 건축허용성을 조정하였다.

(2) 2단계: 건축허용성 재편 근거의 상실

2단계는 경상남도개발공사가 이 사건 사업을 더 이상 시행하지 않

---

4) 도시개발구역으로 지정된 이 사건 사업 예정지에서는 원칙적으로 개발행위가 제한되었을 것이다. 도시개발법 제9조 제5항에서 도시개발사업의 목적과 취지가 달성될 수 있도록 도시개발구역 지정에 관한 주민 등의 의견청취를 위한 공고가 있기만 하면 개발행위를 제한하도록 규정하고 있기 때문이다.
5) 건축허용성이란, '하나의 토지단위에서 그 지상에 건축물을 건축할 수 있는 공법적 지위'를 뜻하는 강학상 개념이다(김종보·박건우, 「국토계획법상 토지형질변경허가와 건축허용성－대법원 2020. 7. 23. 선고 2019두31839 판결－」, 『행정법연구』 제64호, 2021. 3., 47면). 건축허용성의 의의와 기능 등은 Ⅳ. 1.항 이하에서 상술한다.
6) 국토계획법 제2조 제11호 나목.

을 의사를 밝힌 이후 사업이 담보 상태에 놓여있던 단계이다. 경상남도 개발공사가 2014. 9. 5. 이 사건 사업을 시행하지 않을 의사를 표명한 후, 창원시는 2016. 6. 이 사건 사업시행자를 창원시로 변경하는 내용의 도시관리계획 변경안을 수립하여 2018. 12. 13. 중앙도시계획위원회로부터 위 변경안에 대한 조건부 의결을 받았다. 중앙도시계획위원회가 제시한 조건은 '공공임대주택 비율을 35% 이상 확보하고, 공공시설용지를 26% 이상 확보할 것' 등이었다.

이 단계에서 창원시는 기존의 사업시행자였던 경상남도개발공사가 사업시행자에서 물러난 이후에도 창원시가 직접 사업시행자 지위를 이어받는 내용의 도시관리계획 변경안을 마련하고 의결을 받으면서 이 사건 사업을 강행하려는 의지를 보였다. 그러나 이 사건 사업을 시행하기 위하여 지정된 도시개발구역은 2014년에 이미 실효되었고, 개발행위 제한기간도 만료되어 국토계획법 제63조 제1항의 취지상 이 사건 사업 예정지에서 개발행위허가를 더 이상 일괄적으로 제한할 수 없게 되었다. 비록 창원시가 새로운 사업시행자가 되는 내용의 도시관리계획 변경안을 수립하기는 하였으나 어디까지나 변경'안'을 수립한 것이고 2단계에는 새로운 도시개발사업 구역지정 등이 이루어지지는 않았다. 결국 2단계에는 이 사건 사업을 추진하는 것과 관련된 실효성 있는 처분이 부존재했던 셈이다. 이는 향후 이 사건 사업을 추진하기 위한 근거가 되는 처분이 없었다는 뜻이기도 하지만, 앞서 1단계에서 건축허용성을 재편한 근거가 소멸되었음을 의미한다.

(3) 3단계: 이 사건 사업의 재개 또는 새로운 사업의 시작

3단계는 이 사건 사업이 다시 또는 새롭게 구체화되는 단계이다. 이 사건 사업은 2018. 12. 13. 사업시행자를 창원시로 변경하는 내용의 도시관리계획 변경안이 조건부 의결되면서 사업 시행이 구체화되었다. 2019. 9. 17.에 이르러 우선협상대상자가 선정되었고, 2020. 1. 22. 설립

된 '창원 자족형복합행정타운㈜'가 이 사건 사업의 사업시행자로 지정
되었다. 위 특수목적법인은 창원시가 51%, ㈜태영건설과 경남은행을
비롯한 민간이 49%의 지분을 소유한 구조로 이루어져 있다. 이 사건 사
업 예정지에 대한 도시개발사업 구역지정과 개발계획 고시는 사업시행
자가 지정된 이후인 2020. 12. 10.에 다시 이루어졌다.

　　3단계에 대한 법적 평가에 따라 1단계에 진행되던 이 사건 사업이
3단계에 이르러 '재개'된 것으로 볼 수도 있고, 3단계에 종전 사업과 구
별되는 새로운 사업이 시작된 것으로 판단할 수도 있다. 3단계에서 진
행되는 사업은 1단계의 사업이 재개된 것이라고 보는 관점에서는 1단계
의 사업과 3단계의 사업 모두 도시개발법에 근거하여 시행하는 '자족형
복합 행정타운'을 조성하는 동일한 목적의 도시개발사업이므로 두 사업
의 본질이 다르지 않음을 이유로 제시할 것이다. 반면, 두 사업이 전혀
다른 사업이라고 주장하는 입장에서는 1단계에서 시행되던 도시개발사
업의 실시계획이 실효되었기 때문에 사업의 내용과 방향이 큰 틀에서
유지된다고 하더라도 사업 시행의 근거가 된 처분이 다른 점, 1단계와
3단계에서 각 시행된 사업 사이에는 사업 시행의 근거가 된 처분이 부
존재하여 처분 사이의 연속성이 단절되었다면 아무리 근거 법령과 사업
목적이 동일하더라도 두 사업은 다른 사업이라는 점을 이유로 들 것이
다. 특히 원고가 이 사건 건축신고를 하고 반려받은 시점은 2019. 4.인
데, 이 시점은 3단계가 시작되기 전이라는 점에 주목할 필요가 있다. 원
고의 위 건축신고가 향후 '구체적으로 시행될 것이 예정되어 있는 도시
계획사업'에 '지장을 초래'한다는 이유로 반려되었다는 점을 고려한다면
3단계에서 '도시개발사업이 새롭게 구체화되는 상황'을 법적으로 어떻
게 평가할 수 있는지에 대한 검토가 필요하다.

　　1단계에 시행되던 도시개발사업과 3단계에 시행되고 있는 도시개
발사업은 법적으로도 구별되는 전혀 다른 사업이다. 우선, 1단계에 이
루어진 도시개발사업구역 지정은 이미 실효되었다. 도시개발법은 도시

개발구역 지정이 되었다고 하더라도 구역이 지정·고시된 날로부터 3년이 되는 날까지 실시계획인가를 신청하지 않는 경우에는 그 3년이 되는 날의 다음 날에 구역 지정이 해제된다고 정하고 있는데,[7] 1단계에서 구역 지정이 된 이후에 실시계획인가를 신청한 사실이 없기 때문이다. 따라서 1단계의 사업은 향후 재개될 것을 전제로 잠정적으로 중단된 것이 아니라 도시개발사업 구역 지정의 효과가 소멸하여 사업을 더 이상 시행할 수 없게 된 것이다.[8] 또한, 사업시행자는 3단계에 이르러 2020. 5. 29. 이 사건 사업 예정지에 대한 구역 지정과 개발계획을 신청하였다. 만일 1단계 사업이 향후 재개될 것을 전제로 잠정적으로 중단된 상태라거나 1단계 사업과 3단계 사업이 동일한 사업이라면 구역 지정 및 개발계획 신청을 다시 할 필요가 없다. 이처럼 1단계 사업과 3단계 사업은 사업시행자를 비롯한 개발계획의 구체적인 내용이 다르고, 2단계에는 이 사건 사업 예정지에 대한 구체적인 개발 가능성이 부재하여, 1단계에 진행되는 사업과 3단계에 시행되는 사업은 단지 사업 예정지만 같을 뿐 사업 내용과 근거의 동일성과 연계성이 없는 별개 사업이다.

3. 공표되지 않은 도시계획에 근거한 개발행위 제한의 문제점

대상판결에서 원고는 이 사건 사업 예정지에 대한 도시관리계획이 실질적으로 부존재했던 2단계에서 이 사건 건축신고를 하였다가 반려되었다. 대법원은 이 사건 처분이 적법하다고 판단하면서, 국토계획법 제63조 제1항의 취지상 수립되지 않은 도시관리계획의 내용으로 개발행위를 제한할 수 있다는 전제 하에 구체적으로 예정된 도시개발사업의

---

7) 도시개발법 제10조 제1항 제1호.
8) 하급심 판결의 사실인정에도 행정청이 구역지정이 실효되었음을 인정하는 취지의 회신을 하였다는 점이 드러나 있다.

시행에 지장을 초래할 우려가 있는 개발행위를 허가하지 않는 것이 적법하다고 판단하였다. 이는 '도시관리계획인 도시개발사업상 개발계획이 수립되지 않은 상태'도 '도시개발사업이 구체적으로 예정되어 있는 상황'으로 보는 듯한 논리로 오해될 소지가 있다.

이러한 판시가 일반화될 경우, 사업시행자와 토지소유자들 사이의 복잡한 이해관계로 인해 장기간 시행되는 경우가 많은 개발사업의 특성상, 어느 단계에 이르러야 비로소 개발사업이 구체적으로 예정되어 있다고 볼 수 있는지 불분명하기 때문에 예상하지 못한 부작용이 발생할 우려가 있다. 토지소유자들을 비롯한 이해관계인들은 구역지정 공고 내지 구역지정 공고 직전의 의견청취도 이루어지기 전에는 도시개발사업의 시행 여부에 대해 구체적으로 인지하기 어렵다. 또한 개발계획이 수립되기 이전에는 도시개발사업의 시행 방향이 어떠한지, 해당 사업이 본인의 토지소유권에 미치는 영향이 어떠한지를 파악하기 쉽지 않다. 대상판결의 일반론적 설시가 제한 없이 수용된다면, 도시관리계획 또는 도시개발사업의 시행이 확정 및 고시되지도 않았거나 현실적으로 사업시행에 관한 사실이 대외적으로 알려졌다고 보기 어려운 시점에 행정청과 사업시행자가 내부적으로 개발사업을 시행하려고 검토 중이라는 점만으로도 행정청의 재량을 과도하게 확장하여 사인의 개발행위를 제한하는 처분을 정당화하여 토지소유자의 재산권을 명시적인 법적 근거도 없이 제한하게 된다.

원고가 이 사건 건축신고를 한 2단계는 구역지정은 실효되고 개발행위 제한지역이 해제되는 등 건축허용성 재편 근거가 상실된 상황이므로, 구역지정 또는 도시개발사업이 시행되는 구역이라는 점은 이 사건 건축신고를 반려할 수 있는 사유가 될 수 없다. 그렇다면, 이러한 상황에서 과연 무엇을 근거로 이 사건 사업 예정지에 대한 신고 수리 여부를 판단하여야 하는지, 즉 건축허용성 확정 여부를 결정하여야 하는지 문제된다. 대상판결은 '도시개발사업이 구체적으로 시행될 것이 예상되는 상황에서 사업에 지장을 주는지 여부'를 그 기준으로 제시하였다. 그러나 구체적인 사실관계를 살펴보면, 이 사건 건축신고와 처분이 이루어진 2단계는 3단계에서 본격적으로 도시개발사업구역을 지정하기 이전이다. 원고는 이 사건 사업 예정지에 토지를 소유하고 있다고 해도 구역지정 신청이 이루어진 2020. 5. 29. 이전에는 사업 예정지 내의 도시개발사업의 시행 여부를 인지하기 어려웠을 것이다. 실제로 2020. 5. 29.은 구역지정 '신청'이 이루어진 시점일 뿐, 구역지정에 대한 의견청취가 이루어졌거나 구역지정이 고시되기 이전이어서 도시개발사업의 시행에 관여하지 않는 사인들은 구체적으로 사업이 시행될 상황이라는 점을 아는 것이 불가능하다. 그렇다면, 도시개발사업이 구체적으로 시행될 것이 예상 가능한지 여부를 근거로 사인에게 침익적인 처분을 하기 위해서는 도시개발사업이 구체적으로 시행될 것으로 예상되는 사정이 대외적으로 고시되어야 한다. 확정 또는 고시되지 않은 도시계획에 근거하여 개발행위를 제한하는 것이 허용된다고 하더라도, 대외적으로 향후 고시될 도시계획의 내용을 알 수 없는 단계부터 확정되지 않은 도시계획이 사인의 개발행위를 제한하는 근거로 사용될 수는 없다. 이는 이하에서 살펴보는 바와 같이 국토계획법 제63조 제1항을 비롯한 법체계에도 부합하지 않는다.

　　대상판결이 이 사건 처분을 적법하다고 판단한 근거의 타당성이 의문스럽다는 점이 토지형질변경허가를 받아 이 사건 신청지에 건축을 하겠다는 원고의 건축신고가 반드시 수리되었어야 함을 의미하지는 않는다. 그렇다면, 구체적 타당성 측면에서 원고는 이 사건 신청지에 건물을 신축할 수 있어야 했는가? 이하에서는 대상판결이 이 사건 처분이 적법하다고 판단하면서 제시한 근거의 타당성은 별론으로 하고, 이 사건 신청이 수리되는 것이 타당한지, 다시 말해 이 사건 신청지에 건축 허용성이 부여되는 것이 적법한지에 대해 검토한다.

Ⅳ. 건축허용성 확정의 법적 근거

1. 도시계획의 핵심 요소인 건축허용성

1) 건축허용성의 의의

국토계획법은 토지의 합리적 이용이라는 관점에서 건축물을 통제한다. 건축법이 개별 건축물을 경찰법적 관점에서 통제한 결과 건축물에 기인한 위험을 방지하기 위한 허가 요건을 위주로 건축물을 규율하는 것과 대조적으로, 국토계획법은 토지를 합리적으로 이용한다는 전제에서 건축법적 규율보다 앞선 단계에서 '해당 토지에 건축물을 두어도 좋은지 여부'에 대하여 통제한다.9) 토지의 합리적 이용이라는 관점에서, 특정 토지단위에 건축물이 들어서도 좋은지 여부를 판단하여 건축물을 건축할 수 있도록 해당 토지에 부여하는 공법적 지위를 '건축허용성'이라는 강학상 개념으로 설명한다.10) 건축허용성이라는 개념은 어떠한 토지에 어떠한 종류의 건축물을 건축할 수 있는지 정하는 것으로 도시계획의 핵심적인 요소로 기능한다.11)12)

2) 현행 도시계획법제의 건축허용성 확정 기능

(1) 현행 도시계획의 한계

건축허용성이 도시계획의 핵심적인 요소 중 하나이기 때문에, 건축

---

9) 김종보, 『건설법의 이해』, 제7판, 북포레, 2023, 14면 참조.
10) 김종보·박건우, 앞의 글, 48면, 각주 5 참조.
11) 김종보, 「도시계획의 핵심기능과 지적제도의 충돌」, 『행정법연구』 제16호, 2006. 10, 61면 참조.
12) 건축법상 건축허가는 강학상 허가에 해당한다는 기존의 통설과 달리, 최근 대법원이 건축허가가 국토의 합리적 이용을 고려하는 개념인 건축허용성 확정 기능을 겸한다는 점에서 건축허가를 재량행위로 보는 방향으로 법리를 사실상 확인하였다는 점에 관하여는 우미형, 「건축행위 허가의 법적 성격─건축허가 요건에 관한 법령 규율 변화와 판례 이론의 전개─」, 『강원법학』 제62호, 2021. 3, 359─389면 참조.

허용성의 개념상 원칙적으로 도시계획은 건축허용성을 확정하는 기능
을 수행할 수 있어야 한다. 건축허용성이 도시계획의 핵심적인 요소인
만큼, 도시계획을 통해 건축허용성을 결정하는 것이 제도적 측면에서
완결적이라고 볼 수 있지만, 현행 도시계획의 한계로 인해 도시계획만
으로 건축허용성을 모두 실질적으로 통제하지는 못한다.13) 독일의 대표
적인 도시계획인 지구단위계획(Bebauungsplan)이 건축이 허용되는 토지
와 건축이 허용되지 않는 토지를 정하도록 직접 정하도록 한 것과 달
리,14) 우리나라 국토계획법상 마련된 도시계획은 이를 직접 정할 수 있
는 기능을 하지 못하는 한계가 있다.

국토계획법이 예정한 도시계획은 용도지역제 도시계획, 개발제한
제 도시계획, 도시자연공원제 도시계획, 시가화조정제 도시계획, 수산자
원보호제 도시계획, 도시계획시설계획, 도시개발사업 · 정비사업제 도시
계획, 지구단위계획, 입지규제최소제 도시계획 등이 있다(국토계획법 제2
조 제4호 각 목). 이러한 종류의 도시계획은 해당 지역이나 구역의 건축
허용성을 대략적으로 결정할 뿐, 모든 토지에 대한 건축허용성을 구체
적으로 확정하지는 못한다.

---

13) 박건우, 「도시계획과 수용토지의 보상－건축허용성, 건축단위를 중심으로」, 『행정
판례연구』 제24집 제2호, 2019, 381면 참조.
14) 'Bebauungsplan'이란, 구속력 있는 건설기준계획으로써 도시계획적 질서를 수
립하기 위한 법적 구속력 있는 결정들을 포함하는 행정계획이다(Ulrich Battis,
『Öffentliches Baurecht und Raumordnungsrecht』, 7. Aufl., Kohlhammer, 2017, 67면
참조). 이는 독일 「연방건설법전(Baugesetzbuch)」 제1조 제5항 제1호에 따라 공공
복리에 부합하는 토지이용을 보장하기 위하여 계획지역 내의 토지에 대한 내용규
정이면서 동시에 제한규정으로 작동한다(김종보, 「都市計劃의 樹立節次와 建築物의
許容性에 관한 硏究: 韓國의 都市計劃法制와 獨逸의 聯邦建設法(BauGB)制에 관한 比
較硏究」, 서울대학교 대학원 박사학위논문, 1997, 35면 참조). 'Bebauungsplan'을
'건설계획(建設計劃)' 또는 '지구상세계획(地區詳細計劃)'이라고 번역하는 문헌들도
있지만, 이 글에서는 '지구단위계획'이라고 번역하기로 한다. 'Bebauungsplan'이 우
리나라에서 도시가 유기적으로 기능하도록 토지이용계획과 함께 건축계획과 그 한
계를 함께 규율하고 있는 지구단위계획과 유사한 기능을 하기 때문이다.

우리나라의 대표적인 도시계획인 용도지역제 도시계획을 살펴보면, 우리나라 도시계획이 건축허용성 확정 측면에서 갖는 한계가 무엇인지 잘 알 수 있다. 용도지역제 도시계획이란, '용도지역, 용도지구의 지정 또는 변경에 관한 계획'이다(국토계획법 제2조 제4호 가목). 위 도시계획이 정하는 용도지역은 국토를 합리적으로 이용하기 위하여 국토의 일부를 도시지역, 관리지역, 농림지역, 자연환경보전지역으로 결정하여, 해당 지역의 토지의 이용 및 건축물의 용도, 건폐율, 용적률, 높이 등을 제한하는 방식의 도시계획이다(국토계획법 제2조 제15호). 그러나 용도지역제 도시계획에 의하여 특정 지역이 상업지역으로 지정되어 있다고 하더라도 해당 지역에 토지를 소유한 자가 곧바로 상업용 건물을 신축할 수 있는지 여부는 알 수 없다. 실무상 지목이 대(垈)인 경우에만 건축허용성이 부여되었다고 보아 건축허가가 발급되기 때문이다.[15]

(2) 도시계획에 의한 건축허용성 확정

현행 도시계획법제에 비추어 보면, 건축허용성이 확정되는 방식은 크게 도시계획의 결정에 의한 방식과 그 외의 방식으로 나누어진다. 비록 온전하지는 않지만, 우리나라 도시계획법제도 건축허용성을 직접 통제하는 기능을 부분적으로 수행하고 있다.[16] 우선 도시계획의 결정에 의하여 건축허용성이 확정되는 예로는 지구단위계획, 개발제한제 도시계획, 도시계획시설계획, 도시개발사업·정비사업제 도시계획 등이 있다.[17]

이 중 개발제한제 도시계획과 도시계획시설계획은 특정 도시계획의 목적을 달성하기 위하여 일부 토지에 건축허용성이 부여되는 것을 차단하는 방식으로 운용된다. 개발제한제 도시계획은 도시의 무질서한 확산을 방지하고 도시 주변의 자연환경을 보전하여 도시민의 건전한 생활환경을 확보하는 것을 목적으로 개발제한구역에서 토지의 형질변경

15) 박건우, 앞의 글, 379면 참조.
16) 김종보, 앞의 책, 224-227면 참조.
17) 위의 책, 226-227면 참조.

을 원칙적으로 금지한다.[18] 토지형질변경을 금지하는 것은 곧 개발제한
구역 내의 건축허용성을 구역 지정 당시 상태로 유지하고 새롭게 건축
허용성을 부여하는 것을 제한함을 의미한다.[19]

　　도시계획시설계획은 도시계획의 설치·정비 또는 개량에 관한 계획
이다.[20] 이때 도시계획시설이란 기반시설 가운데 도시계획으로 결정된
시설을 지칭한다.[21] 도시계획시설계획은 용도지역제 도시계획에 포함
되어 결정되는 경우가 많다. 그러나 국토계획법이 용도지역제 도시계획
과 도시계획시설계획을 도시계획의 종류로 개별적으로 규정하고 있기
때문에 두 도시계획은 독립적으로 구별되어야 한다.[22] 도시계획시설계
획이 결정되면 위 계획의 대상 부지에서는 토지 이용행위가 원칙적으로
금지되고, 예외적으로 기반시설의 설치 및 그 목적에 위반되지 않을 때
에만 허용된다. 실제로 도시계획시설계획이 수립된 지역은 일반적으로
수용된다.[23] 이처럼 도시계획시설계획도 개발제한제 도시계획과 마찬
가지로 도시계획으로 부지 내의 건축허용성을 원칙적으로 박탈하는 도
시계획이다.

(3) 도시계획 이외의 제도에 의한 건축허용성 확정

　　앞서 살펴본 것처럼, 우리나라의 대표적인 도시계획인 용도지역제
도시계획조차도 토지를 주거, 상업, 공업, 녹지지역으로 나누어 각 지역
에서 허용되는 건축물의 용도 등을 규율하기는 하지만, 개별 필지 단위
의 건축허용성을 구체적으로 확정하지는 못한다. 우리나라의 도시계획
은 건축허용성 확정의 측면에서 독일의 지구단위계획과 근본적인 차이

---

18) 국토계획법 제38조.
19) 개발제한구역의 지정 및 관리에 관한 특별조치법 제12조 제1항.
20) 국토계획법 제2조 제4호 다목. 김종보, 앞의 책, 342면 이하 참조.
21) 국토계획법 제2조 제7호.
22) 김종보, 앞의 책, 344면 참조.
23) 이종준, 「개발제한구역의 법적 성질에 관한 연구」, 서울대학교 법학전문석사학위논
　　문, 2018, 30면 참조.

가 있다. 이는 우리나라의 용도지역제 도시계획이 도시계획을 수립하기 전에 이미 토지 활용이 이루어지고 있는 기성시가지에 사후적으로 수립되는 과정에서 이미 존재하는 각종 건축물의 존재와 토지의 활용상태를 그대로 용인하는 형태로 수립되었기 때문이다. 즉 용도지역제 도시계획은 태생적으로 기성시가지 내의 건축허용성을 부인하거나 새롭게 건축허용성을 부여하는 것이 아니라 기존의 토지 이용 상태를 받아들이면서 '만일 건축이 허용된다면' 용도지역이 지정하는 건축물의 용도와 용적률, 건폐율 내에서 건축이 이루어지도록 통제하는 기능만을 수행한다.24) 이러한 이유로 현행 제도상 건축허용성이 도시계획에 의해서만 결정되지 못하고, 도시계획이 건축허용성을 통제하지 못하고 있는 범위에서 도시계획의 기능이 지적이나 토지형질변경허가 등 다른 제도에 의해 사실상 수행되는 구조가 마련되었다.25)

용도지역제 도시계획이 개별 토지의 건축허용성을 확정하는 기성시가지에서 건축허용성을 확정하는 역할을 한 대표적인 예가 지목과 토지형질변경허가이다. 지목은 토지의 용도를 정하는 수단이 아니라 필지의 이용현황을 정리하여 과세 근거로 사용하는 수단이었으나, 토지의 현황을 표시하는 유일한 제도였던 지목에 의존하여 건축허용성을 판단하는 실무가 오랜 기간 지속되었다.26) 결국 기성시가지에서는 토지별 건축허용성을 판단하지 못하는 도시계획의 한계를 지목이 보완하는 형태로 법과 실무가 운용되었다.27)

또한, 토지형질변경허가는 '필지 단위의 도시계획'으로 기능하면서 기성시가지 내의 개별 토지에 대한 건축허용성을 새롭게 부여하는 역할을 한다.28) 토지형질변경이란 토지의 물리적인 상태인 '형상'과 전, 답

---

24) 김종보·박건우, 앞의 글, 51면 참조.
25) 김종보, 앞의 글, 62면 이하 참조.
26) 배기철, 「한일 도시계획법과 지적의 비교연구 - 건축허용성과 건축단위를 중심으로」, 서울대학교 대학원 박사학위논문, 2021, 41면 참조.
27) 김종보·박건우, 앞의 글, 51면 참조.

등 건축허용성이 없는 토지를 대지로 바꾸어 건축허용성을 부여하면서 토지의 '성질'을 변경하는 절차이다. 실무적으로 형질변경허가신청에 대한 심사는 대상 토지에 건축허용성을 부여할 것인지 여부에 대한 판단인 성질변경에 대한 판단을 먼저 하고, 건축허용성을 부여하겠다는 판단을 한다면 절토 또는 성토 등을 통해 토지의 형상을 건축물을 신축할 수 있는 형태로 변경하는 형상변경에 대한 판단을 한다. 이처럼 토지형질변경허가는 개별 필지별로 건축허용성을 확정하는 기능을 수행한다.29)

2. 건축허용성을 확정하는 수단

앞서 살펴본 바와 같이 행정청은 특정 토지에 대한 건축허용성을 제한하거나 부여하기 위한 다양한 수단을 활용하고 있다. 이 사건에서 이 사건 신청지의 건축허용성을 심사하는 과정에서 문제된 건축허용성 확정 수단으로는 도시개발구역, 개발행위허가 제한, 개발제한구역이 있다.

1) 도시개발구역

(1) 도시계획사업으로서의 도시개발사업

도시개발법에 따른 도시개발사업은 국토계획법 제2조 제11호의 도시계획사업의 일종이다. 그리고 도시개발사업은 도시관리계획을 시행하기 위한 사업으로, 국토계획법적 관점에서 설명하면 도시개발사업에 관한 계획은 도시관리계획의 일종이다.30) 도시개발사업은 국토의 효율적 이용을 위해서 도시계획으로서 도시관리계획을 현실화하기 위하여 시행하는 개발사업이다.

---

28) 김종보, 앞의 책, 414면 참조.
29) 김종보·박건우, 앞의 글, 52−53면 참조.
30) 국토계획법 제2조 제4호 나목.

(2) 도시개발구역의 지정

도시개발구역이란, 도시개발법상 도시개발사업을 시행하기 위하여 설정하는 사업 대상 부지이다. 도시개발구역이 지정되면서, 해당 구역에 도시개발사업이 시행될 수 있는 추상적인 가능성이 부여된다.[31] 도시개발구역 지정은 해당 구역에서 도시개발사업을 시행할 수 있는 가능성이 최초로 발생하는 단계이다. 이는 「도시 및 주거환경정비법」(이하 '도시정비법')상 정비구역의 지정에 해당한다.[32] 구역지정이 이루어진다고 하여 곧바로 개발사업에 착수할 수 있는 것은 아니다. 그러나 구역지정으로 인해 해당 사업구역에 개발허용성이 부여되면서 사업구역과 그 인근에 위치한 토지의 소유자들의 권리·의무에 영향을 미치기 때문에 구역지정에는 처분성까지 인정된다.[33]

(3) 개발계획과의 관계

개발계획이란, 개발사업의 재원조달계획을 포함하는 대략적인 개발의 방향과 내용 등 사업의 실체적인 요소를 밝힌 계획이다. 도시개발법은 개발사업의 대략적인 내용을 파악할 수 있는 개발계획의 수립에 대해서 구역 지정과 다른 조문에서 규정하면서, 구역지정과 개발계획수립을 별도로 고시하도록 정하고 있다.[34]

비록 도시개발사업의 구역지정과 개발계획 수립은 서로 다른 법률규정에 근거를 두고 있지만, 구역지정과 개발계획 수립은 다음과 같은

---

31) 도시개발법 제3조 및 제11조 제5항.
32) 도시정비법 제8조.
33) 도시개발구역 지정에 처분성을 인정한 판결로는 대법원 2012. 9. 27. 선고 2010두16219 판결 등 참조.
34) 도시개발법 제4조 제1항, 제9조 제1항. 실무상 하나의 고시문에서 '도시개발구역 지정, 개발계획수립 및 지형도면 고시'라는 제목으로 도시개발구역 지정과 개발계획을 함께 공고하는 경우도 많다. 그러나 이는 실질적으로는 법률상 독립된 두 가지 처분에 대한 고시를 하나의 고시문으로 공고하는 것일 뿐, 하나의 고시인 것은 아니다.

이유에서 불가분의 관계에 있다. 우선, 개발사업의 개요를 파악할 수 있
는 개발계획이 수립되어야만 해당 구역에서 시행하려는 사업이 무엇인
지 구체적으로 공고될 수 있기 때문에 구역지정과 개발계획은 실질적으
로 독립되어 있다고 보기 어렵다.35) 또한, 도시개발법도 지정권자가 구
역지정을 하기 위해서는 개발계획을 수립하여야 한다고 규정함으로써,
개발계획이 구역지정에 선행된다는 점을 명확히 하고 있다.36) 뿐만 아
니라, 도시개발법은 도시개발구역의 위치와 면적을 개발계획의 일부로
규정하고 있기도 하다.37) 따라서 도시개발법상 구역지정과 개발계획은
도시정비법의 구역지정과 정비계획과 달리 동일한 근거 법조와 절차를
공유하고 있지 않을 뿐이고, 실질적으로는 불가분의 관계이다.

(4) 사업 목적에 따른 건축허용성의 재편

도시개발구역으로 지정될 예정인 지역의 토지에서는 원칙적으로
개발행위가 제한된다. 도시개발법 제9조 제5항은 도시개발사업의 목적
과 취지가 달성될 수 있도록 도시개발구역 지정에 관한 주민 등의 의견
청취를 위한 공고가 있기만 하면 개발행위를 제한하도록 규정하고 있
다. 이는 도시개발구역이 지정되어 본격적으로 개발사업이 시행되기 전
부터 건축물의 건축, 토지형질변경, 토지 분할 등의 개발행위를 제한하
여 도시개발사업에 지장을 주는 상황을 사전에 차단하기 위함이다. 도
시계획인 개발계획이 수립되어 확정되기 이전이라고 하더라도 개발계
획을 포함한 구역지정이 이루어지기 전 단계에서 이미 사업과 모순된
내용의 개발행위를 제한하는 방향으로 구역 내의 건축허용성을 재편하
는 것이 입법자의 의사이다.

---

35) 김종보, 앞의 책, 748면 참조.
36) 도시개발법 제4조 제1항.
37) 도시개발법 제5조 제1항 제1호.

2) 개발행위허가 제한

도시개발법에서 도시개발사업을 시행하기 전 단계에서부터 개발행위를 원칙적으로 제한하는 규정을 두고 있기는 하나, 이 사건 사업과 같이 국토계획법상 개발행위허가 제한 규정에 따라 개발행위허가 제한 기간을 설정하는 경우가 있다.

(1) 개발행위허가의 의의

개발행위허가란, 계획의 적정성, 기반시설의 확보 여부, 주변 환경과의 조화 등을 고려하여 개발행위에 대한 허가 여부를 결정함으로써 국토의 난개발을 방지하기 위한 제도이다.[38] 국토계획법은 개발행위에 대한 정의 규정을 별도로 두지 않고, 국토계획법 제56조 제1항에서 건축물의 건축 또는 공작물의 설치, 토지형질변경, 토지 분할 등을 개발행위로 열거하고 구체적인 개발행위허가 대상은 대통령령으로 정하도록 위임하는 방식으로 규율하고 있다.

개발행위허가제는 1962년 도시계획법이 제정되면서 처음 도입되었다. 당시에는 도시계획사업에 필요한 토지에서 토지형질변경, 공작물 신축 등의 행위를 할 경우 시장 또는 군수의 허가를 받도록 규정하고 있었다. 그러다가 2000년경 준농림지역의 난개발이 문제되자, 이를 바로잡기 위하여 국토계획법을 제정하여 종전의 도시계획법에 따른 개발행위허가제의 적용지역을 도시지역에서 비도시지역으로 확대하였다. 이때 개발행위허가를 할 때 개발계획, 개발밀도의 적정성, 기반시설의 확보 등을 종합적으로 검토해서 허가 여부를 결정하도록 하였다.[39]

(2) 개발행위허가 제한

국토계획법은 개발행위허가 대상을 시행령에서 정하는 방식으로

---

38) 「개발행위허가 운영지침」1-2-1, 법무법인(유한) 태평양 건설부동산팀, 「국토계획법의 제문제」, 박영사, 2020, 153-154면 참조.
39) 헌법재판소 2013. 10. 24.자 2012헌바241 결정 참조.

개발행위허가제를 운용하고 있는 한편, 개발행위허가를 원칙적으로 제한할 수 있는 지역을 지정하는 것을 가능하도록 하였다. 이는 '개발행위허가 제한' 제도인데, 일정 기간 내에 해당 지역의 건축허용성을 일괄적으로 배제하는 것을 허용한 것이다.40) 이는 토지소유자에 대한 과도한 재산권 제한의 측면이 있기 때문에, 국토계획법 제63조 제1항은 개발행위허가 제한지역으로 설정할 수 있는 지역을 열거하면서 엄격한 요건 하에서만 개발행위허가 제한지역을 지정할 수 있도록 규정하고 있다. 위 규정에 따르면, 개발행위허가 제한지역은 도시관리계획상 특히 필요하다고 인정되는 지역에 한하여 중앙도시계획위원회나 지방도시계획위원회의 심의를 거쳐 단 한 차례만 3년 이내의 기간 동안 설정할 수 있다. 일괄적인 건축허용성 배제가 가능하기 위해서 절차적 요건 및 기간적 제한을 모두 충족해야 한다.

　　이 사건 사업 예정지와 같은 도시개발구역은 개발계획이 수립된 지역이라는 점에서 국토계획법 제63조 제1항 제3호에 해당하는 '도시관리계획을 수립하고 있는 지역'이라고 볼 수 있고, 구체적인 도시개발사업의 내용에 따라 개발계획이 결정될 경우 용도지역 등의 변경이 예상되고 그에 따라 개발행위허가의 기준이 크게 달라질 것으로 예상되는 지역이라고 볼 수 있다. 그러나 이 경우에도 3년 이내의 기간 동안 개발행위허가가 제한될 수 있고 2년 이내의 기간 동안 개발행위허가의 제

---

40) 김종보, 앞의 책, 244−245면은 개발행위허가 제한이 개발사업 실무에서 심각하게 문제되는 것에 비해 제도 자체에 대한 충분한 검토가 이루어지지 않다고 지적하면서, 개발행위허가 제한이란 '개발행위허가의 유보'를 의미하는 것이기 때문에 개발행위허가 제한지역에서 반드시 개발행위허가를 거부하여야 할 의무가 행정청에 있는 것은 아니라고 본다. 그러나 개발행위허가가 재량행위이기 때문에 행정청은 도시개발사업의 시행 등 개발행위허가를 제한할 만한 사정이 있다면 개발행위허가를 하지 않을 수 있음에도 불구하고, 국토계획법이 개발행위허가 제한 제도를 별도로 운영하고 있다는 사실은 행정청에게 개발행위허가를 거부하여야 할 법률적 의무가 있다고 보기 어렵다고 하더라도 실질적으로 행정청은 일괄적 개발행위허가 제한 의무를 부여받았다고 인식하고 있을 가능성이 크다.

한을 연장할 수 있다.

(3) 도시개발법상 행위 제한과의 관계

앞서 살펴본 것처럼, 도시개발법에서도 도시개발구역 지정에 앞서 개발행위를 제한하는 규정을 두고 있다. 도시개발사업을 시행함에 있어서는 도시계획으로서 도시관리계획에 적용되는 일반법인 국토계획법과 도시개발사업상 구역지정 및 개발계획 수립에 대한 효과를 규율하는 특별법인 도시개발법이 함께 적용된다. 도시개발사업에서 국토계획법상 개발행위허가 제한 제도를 활용하는 경우, 국토계획법 제63조 제1항과 도시개발법 제9조 제5항의 행위제한 규정의 관계가 문제된다.

도시개발법은 구역지정에 관한 의견청취에 대한 공고가 이루어진 시점부터 개발행위허가가 제한됨에 비해 국토계획법은 이보다 더 앞 단계인 도시관리계획이 수립되어 있기만 하면 그 계획에 대한 결정이 이루어지기 전이라도 개발행위 제한을 가능하도록 규정하고 있다. 또한 도시개발법은 구역지정에 관한 의견청취 공고만 이루어지면 별다른 절차 및 기간 제한 없이 곧바로 개발행위허가가 제한된다고 규정한 반면, 국토계획법은 도시계획심의위원회의 심의를 거쳐 일정 기간(원칙적으로 3년간 한 차례만 제한이 가능하고, 도시관리계획 수립 지역, 지구단위계획구역으로 지정된 지역 또는 기반시설부담구역으로 지정된 지역에 한하여 2년 내 한 차례 연장 가능)만 개발행위허가 제한이 가능한 것으로 규정하고 있다. 이처럼 국토계획법상 개발행위허가 제한은 도시관리계획이 수립되기만 하면 확정되기 이전이라도 도시개발법상 제한 규정보다 더 이른 시기부터 적용될 수 있는 만큼, 도시개발법상 행위 제한 규정보다 더 엄격한 통제를 받고 있는 것으로 해석된다. 국토계획법상 개발행위 제한 기간 내에 도시개발법상 구역지정 의견청취 공고가 이루어지면 도시개발법상 행위제한 규정인 제9조 제5항이 적용되는 것으로 볼 수 있기 때문에 국토계획법상 개발행위 제한제도는 도시개발구역지정에 관한 의견청취 공고가 이루어지기 전까지 제도의 실익이 있다.

한편, 국토계획법 제63조 제3항은 개발행위허가 제한지역을 고시하였다고 하더라도, 해당 지역에서 더 이상 개발행위를 제한할 사유가 없어진 경우에는 그 제한기간이 도과하기 전이라도 지체 없이 개발행위허가의 제한을 해제하여야 한다고 규정하고 있다. 개발행위허가 제한제도가 실질적으로 사업구역 지정이 이루어지기 전 단계부터 개발행위허가를 제한한다는 점에서 사인의 재산권을 과도하게 제한하거나 침해할 소지가 있고, 이러한 부작용을 고려하여 예외적으로 운용되는 제도인 만큼, 지역 지정 사유가 상실된 즉시 재산권에 대한 제한을 없애야 한다는 의도이다. 국토계획법 제63조 제3항은 국토계획법상 개발행위허가 제한제도가 실무에서는 개발행위허가 제한지역에서 개발행위허가를 발급하지 않을 의무가 있는 것으로 이해될 수 있다는 점을 보여준다.

3) 개발제한구역(개발제한제 도시계획)

이 사건 사업 예정지의 건축허용성에 영향을 미치는 요소는 도시개발구역 지정 및 국토계획법상 개발행위허가 제한 제도의 활용 외에도 개발제한구역의 해제가 있다. 이 사건 사업 예정지에서 도시개발사업을 시행하기 위해서 이 사건 사업 예정지에 포함된 개발제한구역이 해제되었기 때문이다. 이 사건 토지 역시 개발제한구역에 속했다가 도시개발사업의 시행을 위하여 개발제한구역에서 해제되었다.

(1) 개발제한구역의 지정과 해제의 목적

개발제한구역 제도는 개발제한구역을 지정하거나 해제하고 위 구역 내에서 개발행위를 제한하는 체계를 일컫는다. 박정희 정권이 1971년 수도권 주변의 녹지와 농지를 개발제한구역으로 지정하면서 개발제한구역 제도가 처음 시행된 이후에 이 제도는 서울 변두리의 판자촌이 늘어나지 못하게끔 수도권에 '울타리'를 치는 목적으로 사용되었다. 개발제한구역법의 제정 목적에서도 드러나듯이 최근에는 개발제한구역이 보전된 녹지대로 도시민의 쾌적한 생활을 영위할 수 있게 하고, 도시의 팽창을 막아 국토의 균형 발전에 기여하고 있다. 개발제한구역은 1971년부터 7년에 걸쳐 지정된 이후에는 추가적으로 지정되지 않았다. 오히려 김대중 대통령은 제15대 대통령 선거에서 개발제한구역의 조건부 해제를 공약을 내세웠고, 당선된 이후 2000년부터 개발제한구역을 해제하기 시작했다.[41] 개발제한구역이 해제되면서, 장기간 개발이 불가능했던 토지에서 개발사업을 시행할 수 있다는 기대가 있었고 도시개발법이 2000년에 제정되는 상황과 맞물려 개발제한구역이 해제된 지역에서 도시개발사업의 시행이 계획되는 경우도 있었다. 이 사건 사업 예정지 역시 도시개발사업의 원활한 시행을 위하여 개발제한구역 해제라는 수단까지 동원되었다.

(2) 개발제한구역으로의 회복

그러나 도시개발사업을 시행하기 위하여 개발제한구역을 해제하였다고 하여 해당 부지에서 계획한 개발사업이 항상 성공적으로 진행되는 것은 아니다. 도시개발사업 뿐만 아니라 대부분의 개발사업이 계획부터 준공에 이르기까지 장기간 소요되기 때문에 토지소유자 및 사업시행자의 사정과 갈등에 따라 사업이 중단되는 경우는 비일비재하다. 이 경우 개발사업을 위하여 개발제한구역에서 해제된 토지를 어떻게 취급할 것인지가 문제된다. 개발제한구역에서 해제한 이유는 개발사업을 위하여 해당 부지의 건축허용성을 조정할 필요가 있었기 때문인데, 개발사업이 장기간 중단되거나 사업계획 자체가 백지화되어 건축허용성을 재편할 사유가 사라진다면 여전히 해당 토지를 개발제한구역에서 배제하여 건축허용성을 부여할 필요성과 정당성이 있는지에 대한 의문이 제기되는

---

41) 이종준, 「개발제한구역의 법적 성질에 관한 연구」, 서울대학교 법학전문석사학위논문, 2018, 3-4면 참조.

것이다.

개발제한구역 역시 개발제한제 도시계획에 의하여 설정된다. 즉, 개발제한구역을 설정할지 또는 해제할지 여부 역시 계획재량의 영역에 속한다. 개발제한구역을 해제하는 처분이 적법하기 위해서는 그 행정계획에 관련되는 자들의 이익을 공익과 사익 사이에서는 물론이고 공익 상호간과 사익 상호간에도 정당하게 비교교량하는 과정이 필요하다. 당초 개발제한구역을 해제하는 행정청의 처분이 이루어진 이유가 개발사업을 시행하는 공익이 해당 부지를 개발제한구역으로 설정하여 얻을 수 있는 난개발 방지라는 공익보다 크기 때문이다. 개발사업을 시행하는 공익이 현실화될 수 없는 상황에서는 해당 부지를 개발제한구역에서 제외함으로써 달성되는 공익은 전혀 없는 반면, 개발제한구역을 설정하여 얻을 수 있는 공익만 남는 상황이므로 해당 사업부지를 개발제한구역으로 다시 포함시키는 처분이 이루어지는 것이 정당한 계획재량의 행사이다.

V. 대상 판결의 검토

1. 이 사건 토지의 건축허용성 확정 방식

이 사건 토지의 건축허용성이 도시개발구역, 개발행위 제한지역 및 개발제한구역의 영향을 받아 큰 틀에서 확정되는 상황에서, 원고는 이 사건 토지의 지목 변경을 통해 개별 필지 단위의 건축허용성을 부여받기 위하여 이 사건 건축신고를 한 것이다. 건축신고에 수반되는 토지형질변경허가가 신청을 함으로써, 개별 필지 단위의 건축허용성을 부여해줄 것을 신청한 셈이다. 이때 개별 토지의 지목을 변경할 수 있는지 여부는 해당 토지가 포함된 지역의 도시계획에 의하여 일정 부분 구속될 수밖에 없다. 토지형질변경이 개별 필지 단위의 도시계획이라고 볼 수 있다고 하더라도, 이는 건축허용성 부여에 대한 검토를 수반하기 때문에 개별 필지 단위의 도시계획의 상위계획이라고 할 수 있는 도시관리계획이나 개발제한제 도시계획 등에서 건축허용성을 차단하면, 이 사건 건축신고와 같은 토지형질변경허가를 수반한 건축신고는 반려되는 것이 전체적인 도시계획의 구도에 부합하기 때문이다.

(1) 도시개발법상 구역지정의 실효

대상판결의 사실관계에서 개별 필지 단위의 도시계획의 상위계획에 해당하는 도시계획이 존재하는지 구체적으로 살펴보면, 상위계획은 존재하지 않는 것으로 보인다. 우선, 도시개발구역은 실효되었다. 2010년에 이 사건 사업 예정지에 대한 도시개발사업구역 지정 및 의견청취 공고가 이루어졌는데, 당시 도시개발사업 기간이 2009년에서 2014년까지로 공고되었다. 도시개발법 제9조 제5항의 행위제한 규정과의 관계상, 위 공고는 구역 지정에 대한 의견청취 공고라는 의미 외에도 실질적으로 도시개발사업의 시행을 위한 개발행위허가 제한이 이루어지기 시작했음을 공고하는 의의가 있다. 그렇다면, 도시개발사업 기간을 2014년까지로 공고한 것은 도시개발사업이 시행되는 과정에서 절차적인 이유로 일부 지연되거나 이를 이유로 사업기간을 연장하는 등의 특별한 사정이 있는 경우를 제외하고는 원칙적으로 구역 내 개발행위 제한의 효력이 유지되는 기간이 2014년까지임을 의미한다. 이 사건 사업과 같이 사업시행자가 더 이상 사업을 시행하지 않겠다는 의사를 밝힘으로써 사업이 중단되고 사업계획의 내용이 변경되는 상황에서 구역지정 및 의견청취 공고상의 사업 시행 기간이 도과한 경우에는 구역지정의 효과가 소멸하였다고 보는 것이 재산권 보호의 측면에서도 타당하다. 뿐만 아니라 구역지정이 이루어진 후 3년이 되는 2013. 2.까지 실시계획인가 신청조차 이루어지지 않아 도시개발법 제10조에 따라 구역지정은 실효되었음이 확인된다.

(2) 국토계획법상 개발행위허가 제한 기간 도과

또한, 국토계획법상 개발행위허가 제한 기간도 이미 도과하였기 때문에 이 사건 사업 예정지는 이 사건 건축신고가 이루어진 시점을 기준으로 개발행위허가가 일괄적으로 제한되는 구역이 아니다. 국토계획법 제63조의 개발행위허가 제한 제도는 앞서 살펴본 것처럼 개발행위 제한을 가능하게 하는 시점을 도시관리계획이 결정되기 이전 시점으로 앞당긴 만큼, 위 제도로 인해 토지 소유자의 재산권이 침해되지 않도록 절차적·시간적 제한을 엄격하게 두고 있다. 이 사건의 경우, 국토계획법 제63조상 개발행위 제한의 요건을 갖추었다고 하더라도 위 규정이 허용하고 있는 개발행위제한 제도를 적용할 수 있는 최대 기간인 5년(원칙적으로 3년 및 예외적으로 한 차례 연장 가능한 기간인 2년)을 모두 도과하였기 때문에 더 이상 국토계획법 제63조에 의존하여 개발행위허가 제한 제도를 활용하는 것이 불가능하다.

뿐만 아니라, 국토계획법 제63조 제3항은 개발행위 제한지역이 설정되어 제한기간이 도과하지 않더라도 법상 제한사유가 소멸하면 개발행위 제한지역을 해제할 의무를 부과하고 있다. 앞서 살펴본 것처럼 이 사건 건축신고와 처분이 이루어진 2단계는 개발행위 제한기간이 도과하였을 뿐 아니라 이미 구역지정도 실효되었고 사업시행자가 사업을 시행하지 않을 의사를 밝히는 등 기존에 받은 처분에 근거하여 사업을 시행하는 것이 불가능했다. 그렇다면 국토계획법 제63조는 이 사건 건축신고를 반려할 직접적인 근거도 될 수 없고, 이 사건 처분 당시 국토계획법 제58조의 해석의 전제로 활용할 수도 없다.

(3) 개발제한구역 해제 원인의 소멸

마지막으로, 이 사건 사업 예정지는 개발제한구역 해제의 효과를 더 이상 누릴 수 없다고 보아 건축허용성이 제한되었다고 보는 것이 개발제한제 도시계획 및 계획재량의 법리상 타당하다. 이 사건 사업 예정지가 개발제한구역에서 해제된 근본적인 이유는 도시개발사업을 원만하게 시행하기 위함이었다. 그러나 앞서 살펴본 것처럼 이 사건 건축신고가 이루어진 2단계에서는 이미 도시개발구역지정이 실효된 이상, 이 사건 토지를 포함한 이 사건 사업 예정지를 개발제한구역에서 제외할 공익이 상실되었고, 건축허용성을 부여할 근거가 없다. 그렇다면, 이 사건 건축신고를 반려하는 근거는 이 사건 토지가 더 이상 개발제한구역 해제의 효과를 누릴 수 있는 지위에 있지 않다는 점이 되어야 한다. 참고로 2015. 12. 29. 「개발제한구역 지정 및 관리에 관한 특별조치법」(이하 '개발제한구역법')이 법률 제13670호로 일부 개정되면서, 현행 개발제한구역법 제5조 제3항에 해당하는 규정이 신설되었다. 이 조문은 '해제된 개발제한구역의 환원'에 관한 규정인데, 개발제한구역의 해제에 관한 도시관리계획이 결정 고시된 날부터 2년[42]이 되는 날까지 관련 개발사업이 착공되지 않은 경우 또는 관련 개발사업을 위한 사업구역 등의 지정이 효력을 잃게 된 경우에는 그 다음 날에 개발제한구역으로 환원된 것으로 본다는 내용이다. 개발제한제 도시계획의 취지에 부합하는 입법이다.

2. 구체적 타당성의 고려: 해제된 개발제한구역을 환원하는 효과

이 사건 건축신고를 반려하는 처분이 적법하다는 대상판결의 결론은 구체적 타당성의 측면에서는 합리적이고 정당하다. 이 사건 신청지가 도시개발사업을 시행하기 위한 목적으로 개발제한구역에서 해제된

---

42) 2019. 4. 23. 법률 제16379호로 2년이 4년으로 개정되었다.

것인 만큼, 대외적으로는 개발사업의 시행이라는 위 목적이 무산된 것으로 보이는 2단계에서는 더 이상 개발제한구역에서 제외되어 건축허용성을 부여받을 근거가 없기 때문이다. 이 사건 토지가 개발제한구역에서 제외된 이유는 이 사건 사업 예정지를 도시개발사업의 목적에 부합하게 활용하기 위함이지, 이 사건 토지의 소유자에게 건축의 자유를 회복시켜 주고 개인이 소유한 토지의 지위에서 건축허용성을 부여하기 위함이 아니라는 점이 고려되어야 한다.43)

다만, 이 사건 사업 예정지는 2015. 12. 29. 법률 제13670호로 일부 개정된 개발제한구역법이 시행된 2016. 3. 30. 이후에 입안된 개발제한구역 해제를 위한 도시관리계획에 의하여 개발제한구역이 해제된 부지가 아니다.44) 따라서 해제된 개발제한구역의 환원에 관한 국토계획법 제5조 제3항의 적용을 받지 못한다. 이러한 이유로 피고가 이 사건 건축신고를 반려하고, 대상판결이 이 사건 처분이 정당하다고 판시하는 과정에서 '구체적으로 시행이 예상되는 도시개발사업에 지장을 주지 않아야 한다'는 법령에 규정되지 않은 추상적인 근거가 제시되었을 것으로 미루어 짐작할 수 있다. 대법원이 도시개발사업을 위하여 이 사건 신청지를 포함한 사업 예정지 일부가 개발제한구역이 해제되었다는 구체적 사실관계를 고려할 때, 향후 도시개발사업이 진행되는 경우에만 개발제한구역에서 벗어난 법적 효과가 발생하여 건축허용성이 부여되어야 하고, 도시개발사업과 무관한 개인적인 건축행위를 위해서 개발제한구역 해제의 효과가 조력할 수 없다는 취지의 판시를 해야 할 필요성을 느낀 것으로 이해된다.

---

43) 같은 맥락에서 이 사건 신청지가 이미 대지였기 때문에 토지형질변경허가를 받을 필요 없었던 상태에서 건축신고가 이루어졌다고 하더라도 이는 반려되어야 한다. 건축허가가 수리를 요하는 신고라는 점에 대해서는 김종보, 앞의 책, 134－140면 참조.
44) 개발제한구역법(2015. 12. 29. 법률 제13670호로 일부개정된 것) 부칙 제3조 참조.

3. 일반화의 위험성: 국토계획법상 개발행위 제한을 위한 절차의 형해화

대상판결의 구체적 타당성에도 불구하고, 법원이 이 사건 건축신고를 반려한 처분을 적법하다고 판단하면서 제시한 근거는 향후 일반화하였을 때 국민의 재산권을 침해할 소지가 있다는 점에서 아쉬움이 남는다.[45] 대상판결은 국토계획법 제58조 제1항 제3호의 개발행위허가 기준의 하나로 정하고 있는 '도시계획사업의 시행에 지장이 없을 것'이라는 요건을 '도시계획사업이 결정 고시되어 그 시행이 확정되어 있는 것 외에도 도시계획 수립 등의 절차가 구체적으로 진행되고 있는 등 구체적으로 시행이 예정된 도시계획사업에 지장을 초래하지 않을 것'이라고 확대해석하면서 침익적 처분의 근거를 확대해석하였다. 이러한 해석의 전제는 개발행위허가 제한 제도에 관한 국토계획법 제63조 제1항이다. 대상판결은 위 규정이 '도시관리계획이 결정될 경우 개발행위허가의 기준이 크게 달라질 것으로 예상되는 지역'에 대해 일정 기간동안 개발행위허가를 전면적으로 제한할 수 있도록 하였다고 해석하면서, 아직 수립되지 않은 도시관리계획도 개발행위허가의 재량행사에 반영할 수 있다고 보아 위와 같은 결론을 내렸다.

그러나 앞서 검토한 바와 같이 국토계획법 제63조 제1항은 도시개발법상 구역지정에 관한 의견청취 공고 이전부터, 즉 국민들이 해당 지역에서 향후 개발사업이 진행될 것임을 공식적으로 인식하기 이전인 도시관리계획 수립 단계부터 개발행위 제한을 허용하는 예외적인 규정으로 엄격한 제한 하에서만 적용될 수 있다. 따라서 이 사건 사업 예정지

---

45) 비록 개발제한구역법에 이른바 '개발제한구역 환원 제도'가 도입되었다고 하더라도, 위 2.항에서 살펴본 바와 같이 대법원이 대상판결과 같은 논리를 채택하게 된 배경에 대한 고려 없이 '도시관리계획인 도시개발사업상 개발계획이 수립되지 않은 상태'를 '도시개발사업이 구체적으로 예정되어 있는 상황'으로 확대해석하는 것을 제한 없이 허용하고 있는 것으로 인식될 우려가 있다.

와 같이 1단계 사업을 위해서 이미 한 차례 국토계획법 제63조에 따른 개발행위 제한지역으로 3년간 설정하고 2년간 그 기간을 연장하는 등 법상 제한 기간을 모두 소진하였다면 위 규정을 근거로 이 사건 사업 예정지의 개발행위를 제한할 수 없다. 또한 국토계획법 제63조 제1항은 매우 제한적인 상황에서 정해진 절차 및 기간에만 활용할 수 있는 제도를 규정한 것이므로 이를 근거로 국토계획법 제58조 제1항 제3호의 개발행위허가 기준을 해석하는 일반론을 도출하기에도 적절하지 않다. 법원이 구체적 타당성에 부합하는 판결을 하기 위하여 제시한 위 법리가 의미하는 바가 무엇인지 앞으로 더욱 구체화될 필요가 있다.

참고문헌

[단행본]

김종보, 『건설법의 이해』, 제7판, 북포레, 2023.

법무법인(유한) 태평양 건설부동산팀, 「국토계획법의 제문제」, 박영사, 2020.

Ulrich Battis, 『Öffentliches Baurecht und Raumordnungsrecht』, 7. Aufl., Kohlhammer, 2017.

[연구논문]

김종보, 「도시계획의 핵심기능과 지적제도의 충돌」, 『행정법연구』 제16호, 2006. 10., 55−81면.

김종보·박건우, 「국토계획법상 토지형질변경허가와 건축허용성−대법원 2020. 7. 23. 선고 2019두31839 판결−」, 『행정법연구』 제64호, 2021. 3., 45−73면.

박건우, 「도시계획과 수용토지의 보상−건축허용성, 건축단위를 중심으로」, 『행정판례연구』 제24집 제2호, 2019, 361−407면.

우미형, 「건축행위 허가의 법적 성격−건축허가 요건에 관한 법령 규율 변화와 판례 이론의 전개−」, 『강원법학』 제62호, 2021. 3., 359−389면.

[학위논문]

김종보, 「都市計劃의 樹立節次와 建築物의 許容性에 관한 研究: 韓國의 都市計劃法制와 獨逸의 聯邦建設法(BauGB)制에 관한 比較研究」, 서울대학교 대학원 박사학위논문, 1997.

배기철, 「한일 도시계획법과 지적의 비교연구−건축허용성과 건축단위를 중심으로」, 서울대학교 대학원 박사학위논문, 2021.

이종준, 「개발제한구역의 법적 성질에 관한 연구」, 서울대학교 법학전문석사학위논문, 2018.

[기타]
'창원 자족형 복합행정타운' 홈페이지
https://cwadmintown.com/bbs/sub.php?sub＝sub_10&menu＝20&move
   ＝03(최종접속일: 2022. 11. 2.)

국문초록

이 사건 건축신고를 반려하는 처분이 적법하다는 대상판결의 결론은 구
체적 타당성의 측면에서는 합리적이고 정당하다. 이 사건 신청지가 도시개
발사업을 시행하기 위한 목적으로 개발제한구역에서 해제된 것인 만큼, 대
외적으로는 개발사업의 시행이라는 위 목적이 무산된 것으로 보이는 시점에
는 더 이상 개발제한구역에서 제외되어 건축허용성을 부여받을 근거가 없기
때문이다.

그러나 대상판결은 국토계획법이 제58조 제1항 제3호의 개발행위허가
기준의 하나로 정하고 있는 "도시계획사업의 시행에 지장이 없을 것"이라는
요건을 "도시계획사업이 결정 고시되어 그 시행이 확정되어 있는 것 외에도
도시계획 수립 등의 절차가 구체적으로 진행되고 있는 등 구체적으로 시행이
예정된 도시계획사업에 지장을 초래하지 않을 것"이라고 확대해석하면서 침
익적 처분의 근거를 확대해석하였다는 한계가 있다. 이러한 해석의 전제는
개발행위허가 제한 제도에 관한 국토계획법 제63조 제1항이다. 대상판결은
위 규정이 '도시관리계획이 결정될 경우 개발행위허가의 기준이 크게 달라질
것으로 예상되는 지역'에 대해 일정 기간 동안 개발행위허가를 전면적으로
제한할 수 있도록 하였다고 해석하면서, 아직 수립되지 않은 도시관리계획도
개발행위허가를 하는 행정청이 재량을 행사하는 중에 고려할 요소가 될 수
있다고 보아 위와 같은 결론을 내렸다.

그러나 국토계획법 제63조 제1항은 도시개발법상 구역지정에 관한 의견
청취 공고 이전부터, 즉 국민들이 해당 지역에서 향후 개발사업이 진행될 것
임을 공식적으로 인식하기 이전인 도시관리계획 수립 단계부터 개발행위 제
한을 허용하는 예외적인 규정으로 엄격한 제한 하에서만 적용될 수 있다. 따
라서 이 사건 사업 예정지와 같이 이미 한 차례 국토계획법 제63조에 따른
개발행위 제한지역으로 3년간 설정하고 2년간 그 기간을 연장하는 등 법상
제한 기간을 모두 소진하였다면 위 규정을 근거로 이 사건 사업 예정지의 개

발행위를 제한할 수 없다. 또한 국토계획법 제63조 제1항은 매우 제한적인 상황에서 정해진 절차 및 기간에만 활용할 수 있는 제도를 규정한 것이므로 이를 근거로 국토계획법 제58조 제1항 제3호의 개발행위허가 기준을 해석하는 일반론을 도출하기에도 적절하지 않다. 법원이 구체적 타당성에 부합하는 판결을 하기 위하여 제시한 위 법리가 의미하는 바가 무엇인지 앞으로 보다 구체화할 필요가 있다.

　　주제어: 개발행위허가, 도시·군계획사업, 건축허용성, 도시개발구역, 개발행위 제한지역, 개발제한구역

Abstract

'Unconfirmed Urban plan' as One of the Criteria for Building Permits

Lee, Sooahn*

The Supreme Court's conclusion that the rejection of the building application in this case (Supreme Court Decision No. 2020Du55695 dated April 29, 2021) was reasonable and justified. Given that the building site in this case had been released from the development restriction zone for the purpose of implementing an urban development project, once such purpose could no longer be fulfilled, there was no basis to release it from the development restriction zone and grant a building permit.

However, the Supreme Court's interpretation that "an urban planning project" under Article 58(1)3 of the National Land Planning and Utilization Act refers, not only to urban planning projects that are determined and notified, but also to those which are yet to be determined, has its limits in that it expands the grounds for disadvantageous administrative disposition.

The premise of the Supreme Court's interpretation is Article 63(1)3 of the National Land Planning and Utilization Act, which concerns various restrictions on development activity permits. The Supreme Court took the view that the above provision stipulated that a blanket restriction of development activity permits for a certain period of time is allowed in areas in which it is anticipated that the standards for permit for development activities are to be greatly altered once an urban

---

* Ph.D., Attorney at Law, KIM&CHANG

management plan is determined and concluded that such areas include those in which an urban management plan is yet to be determined given that such plans may still affect the administrative authority's decision regarding such permit.

However, Article 63(1) of the National Land Planning and Utilization Act is an exception that allows the restriction of development activities from the stage of urban management plan formulation, even before the announcement of the public hearing regarding the designation of urban development zone under the Urban Development Act, which is when the public officially recognizes that future development projects will be carried out in the area. Therefore, such restrictions may only be applied under strict conditions.

Therefore, if an area has already been designated as a restricted area for development activities pursuant to Article 63 of the National Land Planning and Utilization Act for three years and has exhausted all of the statutory restriction period by extending the restriction for two more years, such as the building site in this case, the development activities of the site can no longer be restricted based on the above provision. Furthermore, given that the restrictions stipulated in Article 63 of the National Land Planning and Utilization Act can only be utilized in very limited circumstances, and pursuant to the specified procedure and within the specified period, it is inappropriate to derive a general principle from the above provision to interpret the standards for permission for development activities under Article 58(1)3 of the National Land Planning and Utilization Act. It will be necessary to further clarify the jurisprudence set by the Supreme Court in this case.

Keywords: Development Activity Permit, Urban Planning Project, Eligibility of Building Permit, Urban Development Zone, Development Restriction Zone

투고일 2023. 12. 11.
심사일 2023. 12. 26.
게재확정일 2023. 12. 29.

外國判例 및 外國法制 研究

최근(2023) 프랑스 행정판례의 동향과 검토 (박우경)

최근(2023) 프랑스 행정판례의
동향과 검토:
월권소송에서의 이행명령(l'injonction)을 중심으로*

박우경**

Ⅰ. 서론

프랑스 최고행정재판소 국사원(Conseil d'État)은 2018년부터 2022년 까지 연평균 약 10,200여 건, 2022년을 기준으로 하면 총 9,833건의 행정사건을 처리하였다.[1] 국사원은 중요한 판결들을 판례집(le Recueil

* 이 글은 2023. 12. 15. 한국행정판례연구회·사법정책연구원 공동학술대회 발표문의 내용을 수정·보완한 것임을 밝힌다. 토론과정에서 유익한 논평과 질의를 해주신 여러 선생님들과 귀중한 심사평을 주신 심사위원 세 분께 감사드린다.
** 사법정책연구원 연구위원, 법학박사
1) 자세한 통계는 아래 표와 같다. Conseil d'État, *Rapport public: Activité juridictionnelle et consultative des juridictions administratives en 2022*, La documentation Française, 2023, p. 33.

건수 분류	처리건수 / 접수건수				
	2018	2019	2020	2021	2022
제1심행정재판소 (TA)	209,618 /213,029	223,229 /231,280	200,411 /210,514	233,254 /241,384	232,332 /241,187

Lebon)에 수록하고, 중요한 쟁점을 담고 있는 판례들을 선별하여 "최근 판례"(Dernières décisions)라는 항목하에 웹에 게시한다.2) 2023년 1월부터 12월까지 선고된 판결 가운데 국사원이 최근 판례로 게시한 판례는 총 17건3)이다.

17건의 최근 판례 가운데 15건이 월권소송(le recours pour excès de pouvoir)에 해당하고(아래 [표 1] 참조), 1건이 완전심판소송(le recours de pleine juridiction)에,4) 1건이 행정소송법전(Code de justice administrative)5) 제L.77 - 10 - 1조에 근거한 차별금지명령청구소송에 해당한다.6)

프랑스 행정소송의 유형은 월권소송과 완전심판소송으로 구분할 수 있는데, 월권소송은 행정의 행위가 적법한지 여부를 다투는 소송으로서7) 우리나라의 취소소송에 상응하는 것으로 볼 수 있고,8) 완전심판

행정항소재판소 (CAA)	32,854 /33,773	34,260 /35,684	30,706 /30,229	34,006 /34,012	31,981 /30,446
국사원 (CE)	9,583 /9,563	10,320 /10,216	9,671 /10,034	11,633 /11,313	9,833 /9,772

2) 국사원이 선정한 "최근 판례"는 국사원 웹사이트, 〈https://www.conseil - etat.fr/decisions - de - justice/dernieres - decisions〉 참조(2023. 5. 30. 최종확인). 2022년부터 달라진 점은, "A급으로 분류한 최근판례"(Sélection des dernières décisions fichées A)라는 항목하에 판례집에 수록된 판례들 가운데 최근 2개월 내 있었던 중요판례를 40여 개의 분야별로 나열하고 있다. 최근 2개월 내에 관련 판례가 없는 경우, 가장 마지막에 있었던 관련 판례를 기재하고 있다. 국사원이 선정한 "A급으로 분류한 최근판례"는 국사원 웹사이트, 〈https://www.conseil - etat.fr/decisions - de - justice/jurisprudence/selection - des - dernieres - decisions - fichees - a〉 참조(2023. 12. 1. 최종확인). 이 글에서는 기존의 분석 틀을 안정적으로 유지하는 차원에서 국사원이 선정한 "최근 판례"를 검토 대상으로 삼는다.

3) 판결만을 포함하고, 가처분결정, 가처분 기각 결정에 대한 항고심 결정(n° 475636) 등은 제외한 수치이다. 또한 판례 ③, ⑥, ⑧, ⑩과 같이 같은 쟁점을 공유하고 동일한 날짜에 선고된 판결들의 경우, 균일한 통계를 위해 1건의 판결로 다루었다.

4) CE, 9 mai 2023, *Région Île-de-France c. Bouygues Bâtiment et autres*, n° 451710.

5) 동 법전은 행정재판소 조직에 관한 내용도 규율하므로 '행정재판소법전'이라 번역하는 것이 정확하다고 생각하나, 이 글에서는 동 법전의 행정소송에 관한 사항만을 다루므로 편의상 '행정소송법전'이라 번역하기로 한다.

6) CE, ass., 11 oct. 2023, *Amnesty International France et autres*, n° 454836.

소송은 우리나라의 당사자소송에 상응하는 것으로 볼 수 있다.9)

　월권소송은 "행위에 대한 소송"으로서,10) 객관소송의 성질을 띠며, 행정행위의 적법성을 지키는 그 공익적인 성격으로 인해 모든 '일방적 행정행위'(l'acte administratif unilatéral)를 대상으로 한다.11) 그에 따라 월권소송에서 원고가 입증하여야 하는 '개인적이고 직접적인 이익'(l'intérêt personnel et direct)은 매우 넓게 인정되며,12) 원고는 자신이 침해된 '권리'를 가지고 있다는 정도까지 입증할 필요가 없다.13) 위법판단 기준시는 행정이 해당 결정을 내린 시점이다.14) 월권소송은 직권주의적 성격을 띠기 때문에, 원고가 국가(État)를 피고로 하여 이를 제기하더라도 행정재판소에서 직권으로 피고를 경정할 수 있다.15)

---

7) Camille BROYELLE, *Contentieux administratif*, LGDJ, 2023, n° 68 참조.
8) 국사원은 행정의 묵시적 거부결정도 월권소송의 대상으로 인정하고 있으므로, 월권소송은 우리나라 항고소송의 취소소송을 넘어 부작위위법확인소송까지도 포괄하는 소송유형이라고 할 수 있다. 조춘, "취소소송에 있어서 행정행위의 취소사유에 관한 연구: 프랑스 행정법상의 월권소송을 중심으로", 서울대학교 법학박사학위논문, 2001, 42–43면 참조.
9) 박정훈, 『행정소송의 구조와 기능』, 제4장 인류의 보편적 지혜로서의 행정소송, 박영사, 2006, 120, 124면 참조.
10) Edouard LAFERRIÈRE, *Traité de la juridiction administrative et des recours contentieux*, 1896, 560 참조(조춘, "취소소송에 있어서 행정행위의 취소사유에 관한 연구: 프랑스 행정법상의 월권소송을 중심으로", 서울대학교 법학박사학위논문, 2001, 13면에서 재인용).
11) 행정계약이나 행정계약의 이행을 위해 취하여진 조치 등은 월권소송의 대상이 되지 않고 완전심판소송의 대상이 된다. 그러나 계약절차상의 행정청의 결정들, 예컨대 시장의 계약체결행위, 시장으로 하여금 계약을 체결하는 권한을 부여하는 시의회의 의결, 낙찰자결정행위 등은 계약으로부터 분리될 수 있는 행위로 인정되어 월권소송의 대상이 된다. Charles DEBBASCH, Jean-Claude RICCI, *Contentieux administratif*, Dalloz, 2001, pp. 777–778 참조. 분리가능행위에 관한 상세로는, 강지은, 『프랑스 행정법상 분리가능행위』, 경인문화사, 2017 참조.
12) René CHAPUS, *Droit du contentieux administratif*, Montchrestien, 2008, p. 231.
13) Camille BROYELLE, *op. cit.*, n° 89.
14) Camille BROYELLE, *op. cit.*, n° 69.
15) Olivier GOHIN, Florian POULET, Contentieux administratif, LexisNexis, 2023, n° 302–303 참조. 실제로 수많은 월권소송이 국가(État)를 상대로 제기되는 것을 발견

이 글에서는 15건의 월권소송을 '취소소송의 4유형'16) 유형화 방법
론에 따라 분류하였다. '취소소송의 4유형'이라는 유형화 틀을 여기에
적용한 이유는, 다수의 판례를 토픽별로 분류하여 소개하였을 때보다
그 판례들이 유형화 틀을 통과하였을 때 객관소송으로서의 월권소송의
특징, 즉 대상적격의 측면에서는 행정입법의 위법성도 다툴 수 있다는
점, 원고적격의 측면에서는 단체도 그 설립목적 등을 고려하여 원고적
격이 인정될 수 있다는 점 등이 더욱 입체적으로 드러나기 때문이다.
단체의 원고적격이 인정됨에 따라 제3자가 소를 제기하는 제3유형과 제
4유형의 소송도 적지 않게 나타남을 확인할 수 있다. 대상적격과 원고
적격의 문제 외에도, 유형별 쟁점과 고려사항을 정확히 파악하고,17) 제
1유형의 취소소송에서 제2유형, 제3유형을 거쳐 제4유형으로 발전하고
있는 행정소송의 역사적 발전단계를 함께 고려하는18) 시각도 얻을 수
있다는 실익이 있다.

우리나라 취소소송과는 달리, 프랑스 월권소송의 대상이 되는 일방
적 행정행위에는 행정의 개별행위(l'acte individuel)뿐 아니라 법규제정행
위(l'acte de réglementaire)도 포함된다.19) 따라서 데크레,20) 아레떼21) 등

할 수 있다.

16) 유형화 틀은 박정훈, 앞의 책, 제3장 취소소송의 4유형, 박영사, 2006, 63−99면의
유형화 방법론에 따른 것임을 밝힌다.

17) 구체적으로, 제1유형 '침익적 행정행위에 대한 취소소송'의 경우, '제소기간 도과 후
의 (무효주장을 통한) 권리구제 수단의 확보'와 '행정법관계 조기확정을 통한 행정
효율성 확보'라는 요청이 대립하지만, 제3유형의 경우 '수익적 효과를 받고 있는 직
접 상대방의 신뢰이익 내지 법적 안정성'이 고려되어야 한다. 제2유형의 경우에는,
행정청이 스스로 기존의 수익적 행정처분의 무효를 주장하는 경우, 무효단순위법
의 구별 문제에서 상대방의 신뢰이익 내지 법적 안정성이 주요한 요소로 고려되어
야 한다. 박정훈, 위의 책, 67면.

18) 박정훈, 위의 책, 69면.

19) Yves GAUDEMET, *Droit administratif*, LGDJ, 2018, n° 280 참조.

20) 데크레(le décret)는 대통령 또는 수상이 발동하는 명령이다. 대통령 또는 수상이 발
동하는 명령은 간혹 아레떼의 형식으로 제정되기도 한다. Agathe Van LANG,
Geneviève GONDOUIN, Véronique INSERGUET−BRISSET, *Dictionnaire de droit*

특정 행정입법[22]의 위법성도 월권소송으로 다투는 것이 가능하다.[23] 이에 취소소송의 각 유형에서 '개별결정'에 대한 취소소송을 a유형으로, '행정입법'에 대한 취소소송을 b유형으로 분류하였다. 구체적으로 언급하면, 침익적인 개별결정의 취소를 구한 경우 제1-a유형, 침익적인 행정입법의 취소를 구한 경우 제1-b유형, 수익적인 개별결정을 구하였는데 거부되어 그 취소를 구한 경우 제2-a유형, 수익적인 행정입법을 구하였는데 거부되어 그 취소를 구한 경우 제2-b유형, 개별결정의 직접수범자에게는 수익적 효과가 발생하나 직접수범자가 아닌 제3자에게는 침익적 효과가 발생하여 그 제3자가 해당 개별결정의 취소를 구한 경우 제3-a유형, 행정입법의 직접수범자에게는 수익적 효과가 발생하나 직접수범자가 아닌 제3자에게는 침익적 효과가 발생하여 그 제3자가 해당 행정입법의 취소를 구한 경우 제3-b유형, 수익적 제3자효를 갖는 이중효과적 개별결정에 대한 취소를 구한 경우 제4-a유형, 수익적 제3자효를 갖는 이중효과적 행정입법에 대한 취소를 구한 경우(예컨대, 누군가를 규제하는 입법을 구하였는데 그것이 거부되어 그 취소를 구한 경우) 제4-b유형으로 분류하였다.

　　15건의 월권소송에는 이행명령이 내려진 4건(판례 ⑫, ⑬, ⑭, ⑮)이 포함된다. 독일의 의무이행소송과는 달리 프랑스의 이행명령청구는 모

---

administratif, SIREY, 2011, pp. 137-138 참조; 한국법제연구원, 『프랑스 법령용어집』, 2008, 283-284면 참조.

21) 아레떼(l'arrêté)는 대부분 각부장관, 도지사, 시장 등의 집행기관이 제정한 명령 또는 규칙에 해당한다. Agathe Van LANG, Geneviève GONDOUIN, Véronique INSERGUET-BRISSET, *Ibid.*, pp. 36-37 참조; 한국법제연구원, 『프랑스 법령용어집』, 2008, 87면 참조.

22) 프랑스의 행정입법제도 관련 상세로는, 김동희, "프랑스의 행정입법제도에 관한 소고", 서울대학교 법학 제23권 제4호, 1982; 오승규, "프랑스 행정입법 통제에 관한 고찰", 유럽헌법연구 제18호, 2015 참조.

23) 이와 관련하여 상세로는, 김수정, "취소소송의 대상으로서의 행정입법: 프랑스에서의 논의를 중심으로", 행정법연구 제13호, 2005; 전훈, "항고소송의 대상에 관한 비교법적 검토: 프랑스 행정소송을 중심으로", 공법학연구 제13권 제2호, 2012 참조.

[표 1] 2023. 1. 1.–2023. 12. 31. 국사원 최근 주요판례 목록

연번	선고일자 (연/월/일)	사건 번호[1]	사건내용	원고	피고(행정청)	결과	이행 명령	취소 소송 유형
①	23/03/23	468360	파리시장 명령(다크스토어로 전환한 매장 3개월 내 원상복구) 집행정지 신청 인용결정에 대한 항고 및 기각판결 청구	두 회사(Frichti, Gorillas)	파리시(市)	인용 (원고 패소)		1-a
②	23/06/29	458088 (병합)	프랑스축구연맹(FFF) 정관 제1조를 개정하여 경기 중 히잡 착용 허용을 구하는 신청에 대한 프랑스축구연맹 회장의 거부결정 취소청구	공익단체와 다수의 개인	프랑스축구연맹	기각		1-a
③	23/11/09	476384 (병합) 외 3건	원고 단체의 해산을 명한 2023년 6월 21일 데크레 취소청구 등	네 단체	내무부장관	기각		1-b
④	23/02/03	462840	ARENH[2] 제도하에서 2022년 프랑스전력공사의 전력 판매량을 확대한 제2022-342호 데크레 등 취소청구 및 확대된 판매량(20TWh) 부분에 대한 집행정지 등	프랑스전력공사 (EDF) 등	총리, 생태부장관, 경제부장관	기각		1-b
⑤	23/04/07	465879	우크라이나를 침공한 러시아의 전쟁 수행 능력을 감소시키기 위해 프랑스 내 러시아의 부동산 자본을 소유한 법인명을 공개하기로 결정한 제2022-815호 데크레 취소청구	세 법인	경제부장관 등	기각		
⑥	23/03/21	450012 의 2건	일드프랑스 광역고용노동국장의 고용보호계획(대규모 정리해고 시 작성되는 문서) 승인 취소 판결에 대한 상고	다수의 노동조합	일드프랑스 광역고용노동국 (DIRECCTE)[3] (상급인: 노동부장관)	기각 (원고 승소)		3-a
⑦	23/10/11	472669	최고사법관회의(Conseil supérieur de la magistrature) 위원으로 명예법관인 도미니크 로랑을 임명한 상원 의장의 임명 취소청구	사법관노동조합	상원 의장	기각		3-a
⑧	23/04/14	436434 (병합) 외 1건	FDJ(Française des Jeux)에 복권사업 독점권을 부여한 제2019-1015호 오르도낭스 취소청구	도박사 등	총리, 경제부장관 등	일부 인용		3-b
⑨	23/05/03	450155 (병합)	살땅부 경작제 네오니코티노이드 살충제 사용을 한정된 기간(2021~2022년) 동안 예외적으로 허용한 2021년 2월 5일 아레테 취소청구	다수의 환경단체	농부장관, 생태환경부장관	인용		3-b

연번	선고일자 (연/월/일)	사건번호[1]	사건내용	원고	피고(행정청)	결과	이행명령	취소소송유형
⑩	23/10/04	465341 외 1건	2021년 8월 22일 제2021-1104 법률(기후와 회복탄력이 정한 영토인공화제로 목표를 구체화한 제2022-762호 및 제2022-763호 데크레 취소청구	프랑스시장연합	총리, 생태전환부장관	일부 인용		
⑪	23/12/01	467331 (병합)	고준위 방사성 폐기물의 심층저장을 규정한 제2022-992호 데크레 취소청구	다수의 단체와 개인	에너지전환부장관, 총리, 생태전환부장관	기각	○	
⑫	23/03/20	449788 (병합)	엘종위기에 있는 기스쿠 단 들고개 포화사고를 줄이기 위한 추가적 조치신청에 대한 총리실 신하 해양 담당 국무장관의 묵시적 거부결정 등 취소청구 및 정부에 대한 명령(어업구역 일정기간 폐쇄 등) 청구	환경보호단체	총리실 신하 해양 담당 국무장관	일부 인용	○	
⑬	23/05/10	467982	국사원 2021년 7월 1일 판결이 이행기한인 2022년 3월 31일까지 집행되지 않았음 확인하고 판결의 집행을 확보해줄 것을 구하는 청구 및 판결이 이은 지 6개월 내에 판결의 집행을 담보하는 조치를 취하였음을 정부가 증명하지 못하는 경우 장부에 이행강제금 부과 청구	그랑드-생트시(市), 파리시(市), 우리모두의 일, 프랑스누스팜, 프랑스그린피스 인간연맹	총리, 생태부장관	일부 인용	○	4-a
⑭	23/10/11	467771 (병합)	경찰과 헌병이 재복 보이는 곳에 신분확인번호를 기재하는 것을 의무화하기 위한 모든 조치 신청에 대한 내무부장관의 묵시적 거부결정 취소청구 및 내무부장관에 대한 명령(신분확인번호 기재에 유용한 모든 조치를 취할 것) 청구	고등학생을 위한 기독교동행연맹, 사법관노동조합, 시법관노동조합, 노동조합	내무부장관	일부 인용	○	
⑮	23/11/24	428409	대기질에 관한 유럽지침(2008/50/CE)에 부합하는 계획과 모든 유용한 조치를 위한 는 것에 대한 대통령, 총리 및 환경부장관의 묵시적 거부결정 취소청구 및 총리와 환경부장관에 대한 명령(대기질 관련 계획의 수립과 개발을 보장하는 모든 필요한 조치를 취할 것) 청구	다수의 환경보호단체	대통령, 총리, 환경장관	일부 인용	○	

1) 병행된 사건의 번호는 부기하지 않았다.

2) ARENH(l'accès régulé à l'électricité nucléaire historique)는 2010년 12월 7일 법률(Loi n° 2010-1488 du 7 décembre 2010 portant nouvelle organisation du marché de l'électricité)에 따라 도입된 제도로서 프랑스전력(EDF)의 원자력 생산된 일부를 타 판매사업자에 공급하는 것을 의무화하였다. 이 제도는 동 법률 제13조에 따라 2025. 12. 31.까지 시행된다.

3) DIRECCTE(Direction régionale des entreprises de la concurrence de la consommation du travail et de l'emploi)는 2021. 4. 1.부터 DREETS(Directions régionales de l'économie, de l'emploi, du travail et des solidarités)에 통합되었다. DREETS는 광역자치단체(région) 단위 고용노동 관련 업무 관할 부서로서 고용노동 관련 업무 관할하며, 해당 업무 관련해서는 노동국(Direction générale du travail, Ministère du Travail, du Plein emploi et de l'Insertion, 'DREETS', 〈https://travail-emploi.gouv.fr/ministere/organisation/article/dreets-directions-regionales-de-l-economie-de-l-emploi-du-travail-et-des〉 참조.

든 종류의 소송에서 주된 청구에 부수하여 제기할 수 있는 청구로서 독립적으로 제기할 수 없다.[24] 해당 사건들에서 이행명령청구는 취소청구에 부수하여 제기되어, 이를 월권소송으로 분류하였다. 국사원의 최근 판례 동향을 살펴보면 환경소송에서 이행명령이 내려지는 경우가 다수 발견되는데, 올해에도 이행명령이 내려진 4건 중 3건이 환경 관련 소송에 해당하였고, 1건은 경찰행정 관련 소송에 해당하였다.

이행명령이 있었던 4건의 판결 모두 상세히 살펴볼 만한 의미가 있고, 독일의 의무이행소송 제도에 상응하는 프랑스의 재판상 이행명령 제도가 우리나라 행정소송법 개정 논의에도 여러 생각할 지점들을 제공해줄 것이라고 판단하여, 이하에서는 프랑스 행정소송법상 재판상 이행명령 제도에 관하여 간략히 살펴보고(Ⅱ), 이행명령이 내려진 판결들을 검토한다(Ⅲ).

Ⅱ. 프랑스 행정소송법상 이행명령 제도

프랑스 행정소송법상 이행명령 제도는 상대적으로 최근의 제도이다. 이행명령 제도가 도입되기 전에는 이행명령 금지 원칙(le principe de prohibition des injonctions)이 행정소송을 오랫동안 지배해 왔다.[25] 국사원이 1925년 로디에르 판결[26]에서 승진후보자명부의 취소로 발생할 수 있는 모든 결과를 상세히 명시한 것은 예외적인 경우에 해당하였고, 대부분의 경우 행정재판관은 판결의 의미를 적극적으로 설명하려 하지 않았을 뿐 아니라 설명 요청을 받았을 때도 이를 거부하였다.[27] 행정재판

---

24) Mattias GUYOMAR, Bertrand SEILLER, *Contentieux administratif*, Dalloz, 2017, p. 285.
25) Camille BROYELLE, *op. cit.*, n° 419 참조.
26) CE, 26 déc. 1925, *Rodière*, n° 88369.
27) Camille BROYELLE, *op. cit.*, n° 419.

관은 행정에 문서를 제출하라는 명령이나 설명을 제공하라는 명령을 내
리는 것은 조금도 어려워하지 않았지만, 재판권을 행사할 때는 "행정에
명령을 내리는 것은 행정재판관의 역할이 아니"[28]라는 원칙을 고수해
왔다.[29]

　　행정재판관들의 이러한 유보적인 태도가 극복되기 위해서는 입법
이 필요하였다.[30] 「재판소 조직 및 민사, 형사, 행정절차에 관한 1995
년 2월 8일 제95-125호 법률」(이하 '1995년 법률')[31] 제62조는 행정재판
소에 이행명령을 내릴 수 있는 권한을 부여하여, 당사자의 청구에 따라,
판결이 '일정한 취지'(un sens déterminé)의 조치(원고에게 가장 유용한 이행
명령)를 취할 것을 의미하는 경우 행정에 그 일정한 내용의 조치를 명령
할 수 있고, 판결이 재심사를 거쳐 새로운 결정을 할 것을 의미하는 경
우 행정재판관이 정하는 기간 내에 행정이 재심사를 거쳐 다시 결정을
내리도록 명령할 수 있게 하였다. 또한 후자의 이행명령의 경우, 행정재
판관이 당사자의 청구에 따라 이행명령에 이행강제금을 병과할 수 있도
록 하였다. 이 체제에서 이행명령은 원칙적으로 원고의 청구가 있어야
내릴 수 있는 것이었다.[32]

　　「2018-2022년 기본계획 및 사법개혁에 관한 2019년 3월 23일 제
2019-222호 법률」(이하 '2019년 법률')[33]은 행정재판관이 직권으로 이행
명령을 내릴 수 있는 권한을 명시적으로 규정하였다. 동법 제40조는 판

---

28) « Il n'appartient pas au juge administratif d'adresser des injonctions à l'administration ».
　　행정판례에서 자주 등장했던 표현이라고 한다. 그 예로, CE, 15 févr. 1960,
　　Plantureux 참조. Camille BROYELLE, *op. cit.*, n° 419.
29) Camille BROYELLE, *op. cit.*, n° 419.
30) 물론 대부분의 행정재판소 관련 규정이 그렇듯이 이행명령 관련 법률 규정은 국사
　　원에 의해 만들어진 것이라고 한다. Camille BROYELLE, *op. cit.*, n° 420.
31) Loi n° 95-125 du 8 février 1995 relative à l'organisation des juridictions et à la
　　procédure civile, pénale et administrative.
32) Camille BROYELLE, *op. cit.*, n° 421.
33) Loi n° 2019-222 du 23 mars 2019 de programmation 2018-2022 et de réforme
　　pour la justice.

결 집행의 효율성을 강화하기 위해, 행정재판관이 직권으로 이행명령을 내리고 경우에 따라서는 이행강제금을 병과할 수 있게 하였고(행정소송법전 제L.911-1조 내지 제L.911-3조), 판결이 집행되지 않은 경우 집행판결을 할 수 있는 권한을 부여하였다(제L.911-4조 내지 제L.911-5조).

구체적으로 보면, 「행정소송법전」은 두 종류의 '재판상 이행명령'(l'injonction juridictionnelle)을 규정하고 있는데, 하나는 주된 청구에 대한 판결과 동시에 이루어지는 이행명령, 즉 본안판결로서의 이행명령이고(제L..911-1조 및 제L.911-2조), 다른 하나는 판결 선고 후 그 미집행을 이유로 이루어지는 이행명령, 즉 집행판결로서의 이행명령(제L.911-4조 및 제L.911-5조)이다.34)

1. 본안판결로서의 이행명령

본안판결로서의 이행명령은 ① 행정에 특정한 조치를 명하는 것(제L.911-1조)과 ② 재심사를 거쳐 재결정할 것을 명하는 것(제L.911-2조)으로 나뉜다.35) 원고는 두 유형의 이행명령 가운데 하나만 청구할 수도 있고, 주위적으로 제L.911-1조에 따른 청구를, 예비적으로 제L.911-2조에 따른 재결정명령 청구를 병합하여 제기할 수도 있다.36)

이행명령 청구를 목적으로 제기된 본안소송을 담당하는 재판관을 '이행명령 재판관'(le juge de l'injonction)이라 한다.37) 이행명령 재판관은 취소판결의 결과를 결정할 때, 취소판결 이후 행정이 특정한 조치를 취

---

34) 재판상 이행명령 제도에 관한 상세로는, 박현정, "프랑스 행정소송에서 이행명령: 월권소송과 이행명령의 관계를 중심으로", 행정법학 제18호, 2020 참조.

35) 박현정, "프랑스 행정소송에서 이행명령: 월권소송과 이행명령의 관계를 중심으로", 행정법학 제18호, 2020, 67.

36) 박현정, "프랑스 행정소송에서 이행명령: 월권소송과 이행명령의 관계를 중심으로", 행정법학 제18호, 2020, 67.

37) Camille BROYELLE, op. cit., n° 423.

행정소송법전 제L.911-1조 (2019. 3. 23. 개정)

① 재판소는 재판소의 판결이 필요적으로 공법상 법인이나 공역무 운영을 담당하는 사법상 조직이 특정한 내용의 집행조치를 취할 것을 의미하는 경우, 그러한 청구에 따라, 필요한 경우에는 기한을 정하여, 같은 판결에서 그 조치를 명할 수 있다.

② 재판소는 직권으로도 위 조치를 명할 수 있다.

행정소송법전 제L.911-2조 (2019. 3. 23. 개정)

① 재판소는 재판소의 판결이 필요적으로 공법상 법인이나 공역무 운영을 담당하는 사법상 조직이 재심사를 거쳐 새로운 결정을 할 것을 의미하는 경우, 그러한 청구에 따라, 같은 판결에서 정해진 기한 내에 새로운 결정을 할 것을 명할 수 있다.

② 재판소는 직권으로도 위 조치를 명할 수 있다.

행정소송법전 제L.911-3조 (2019. 3. 23. 개정)

재판소는, 같은 판결에서, 본 권에서 규정한 조건에 따라 선고하는 이행강제금을 제L.911-1조와 제L.911-2조에서 규정한 이행명령과 병과할 수 있으며, 그 효력발생시기를 정할 수 있다.

행정소송법전 제R.611-7-3조 (2019. 12. 30. 신설)

재판소가 직권으로 이행명령을 내리고 이행강제금을 부과할 가능성이 있다고 판단하는 경우, 재판장 또는 조사를 담당한 재판장은 심리 전에 당사자에게 이 사실을 알리고 조사의 종결 가능성에 방해받지 않고 당사자가 의견을 제출할 수 있는 기한을 정하여야 한다.

해야 할 것인지, 정해진 기간 내에 원고의 신청을 재심사하여 재결정할 것인지 여부를 먼저 결정한다.[38] 그런 다음, 필요한 경우 조사를 통해, 계쟁 행정결정 이후 법적 관계 또는 사실관계의 변동이 발생하여 행정이 더 이상 의무를 부담하지 않게 된 것은 아닌지를 확인한다.[39]

　　행정에 특정한 조치를 명하는 이행명령은 취소판결 이후 행정에 선택의 여지가 없는 경우에만 내려지고, 이 경우 행정은 판결의 취지에

---

38) Camille BROYELLE, *op. cit.*, n° 424.
39) Camille BROYELLE, *op. cit.*, n° 424.

따라 그 특정 결정만 내릴 수 있다(제L.911−1조 이행명령). 따라서 원고
의 청구에 따라 위법한 법령의 폐지 신청에 대한 거부결정을 취소하는
경우에는 해당 규정을 폐지하거나[40] 상위법령에 부합하도록 개정[41]하
라는 이행명령이 수반되고, 법률 적용에 필요한 데크레 제정 신청에 대
한 거부결정을 취소하는 경우에는 데크레를 제정하라는 이행명령이 수
반된다.[42] 판결이 특정한 조치를 의미하지 않는 경우, 재심사가 필요하
다는 전제하에, 재판관은 일정한 기간 내에 신청을 재심사하도록 명령
한다(제L.911−2조 이행명령). 이행명령은 판결이 필요적으로 의미하는 바
와 일치해야 하므로, 재판소는 본안소송에 대한 판결에서 채택한 근거
에 따라서만 이행명령을 내릴 수 있고 원고가 제시한 다른 근거에 따라
이행명령을 내릴 수 없다(제L.911−1조 및 제L.911−2조 이행명령).[43] 따라
서 재판관이 이행명령 단계에서 제한을 받지 않기 위해서는 가장 강력
한 이행명령을 도출할 수 있는 이유에 근거하는 것이 바람직하며, 이는
취소판결에서 도출될 결과를 당사자에게 가장 적절하게 알리는 방식이
기도 하다.[44]

2019년 법률 시행 이전에 이행명령 재판관은 당사자가 어떤 종류
의 이행명령을 청구하였느냐에 구속되었다. 그러나 2019년 법률 시행
이후 이행명령 재판관은 직권으로 이행명령을 내릴 수 있는 권한을 부
여받았으므로 당사자의 청구에 관계없이 두 유형의 이행명령을 모두 검
토할 수 있다.[45]

이행명령 재판관은 제L.911−2조상의 권한을 행사하기 전에 당사
자의 의견을 청취하여야 한다(제R.611−7−3조). 「행정소송법전」 제

---

40) CE, 21 févr. 1997, *Calbo*, n° 172634.
41) CE, 30 déc. 2013, *Confédération des travailleurs frontaliers de Lorraine*, n° 353404.
42) CE, 26 juill. 1996, *Association lyonnaise de protection des locataires*, n° 160515.
43) Camille BROYELLE, *op. cit.*, n° 426.
44) Camille BROYELLE, *op. cit.*, n° 426.
45) Camille BROYELLE, *op. cit.*, n° 424.

L.911－3조가 2019년 법률에 의해 개정되기 이전에는 이행명령에 이행
강제금을 부과할 것을 당사자가 명시적으로 청구한 경우에만 이를 부과
할 수 있었으나, 개정 이후에는 재판관의 직권으로도 이를 부과할 수
있게 되었다.[46]

2. 집행판결로서의 이행명령

국가, 지방자치단체, 공공시설법인(l'établissement public)[47]과 같은
공법인(la personne publique)에 대해 판결의 집행력(la force exécutoire du
jugement)이 행사된 것도 비교적 최근의 일이라고 할 수 있다.[48] 행정을
상대로 하는 판결의 집행을 담보하는 절차는 오랫동안 존재하지 않았고
판결의 이행은 전적으로 행정의 선의에 맡겨져 있어, 행정이 판결의 내
용대로 이행하지 않은 경우, 당사자는 배상을 받는 것 외에 다른 선택
의 여지가 없었다.[49] 이러한 배경에서 유럽인권재판소는 1997년 판결
에서 '판결의 집행에 대한 권리'(le droit à l'exécution des décisions de
justice)를 선언하게 된다.[50]

판결의 집행 문제를 해결하기 위해 처음에는 행정을 강제하지 않
는 방식이 도입되었다. 1963년 7월 30일 데크레[51]는 국사원에 연구위

---

46) Camille BROYELLE, *op. cit.*, n° 421.
47) 프랑스의 공공시설법인은 국내 문헌에서 영조물 또는 영조물법인으로 번역·소개되
    고 있다. 오늘날 우리나라에서 협의의 영조물, 즉 행정적 목적의 비영리사업을 행
    하는 것을 영조물의 개념으로 취하는 것이 통설임을 감안할 때, 영조물은
    l'établissement public보다 좁은 개념에 속한다. 관련하여 상세로는 박우경, "프랑스
    공역무 수행방식 분류 체계", 공법연구 제45집 제4호, 2017, 227 참조.
48) T. confl., 9 déc. 1899, *Association syndicale du canal de Gignac.* 동 관할재판소 판
    결에서는 일반법상 인정되는 강제집행이 공법인에 적용되지 않았다.
49) Camille BROYELLE, *op. cit.*, n° 434.
50) CEDH, 19 mars 1997, *Hornsby c/Grèce*, n° 18357/91.
51) Décret n°63－766 du 30 juillet 1963 portant règlement d'administration publique
    pour l'application de l'ordonnance n° 45－1708 du 31 juillet 1945 et relatif à

원회(Commission du rapport et des études. 현 연구부의 전신)를 설립하여 행정재판소 판결의 집행을 '지원'하고자 하였다. 이후 1980년 7월 16일 법률(이하 '1980년 법률')52)에 의해 보다 강한 법적 구제조치가 규정되어 국사원은 행정재판소의 판결이 집행되지 않은 경우 이행강제금을 부과할 수 있게 되었다. 이후 1995년 법률에서는 집행판결로서의 이행명령을 도입하고 국사원이 아닌 행정재판소도 그 권한을 행사할 수 있게 하였다. 또한 본안판결 자체에 이행명령이 부가될 수 있게 하였고, 이행명령은 이행강제금과 병과될 수도 있게 되었다.53)

　　당사자뿐 아니라 "직접적인 관계가 있는 모든 사람"54)을 포함하는 "이해관계 있는 당사자"는 소송대리인을 선임하지 않고도55) 행정재판소의 판결이 송달되고 3개월이 지난 후에 본안판결을 내린 행정재판소(국사원, 항소행정재판소, 1심 지방행정재판소)에 집행판결로서의 이행명령을 구할 수 있다(제L.911－4조). 행정이 명시적으로 집행거부를 결정한 경우에는 3개월이 지나기 전에도 집행판결로서의 이행명령을 구할 수 있다. 국사원의 판결이 집행되지 않은 경우, 국사원 연구부의 장은 직권으로 「행정소송법전」 제L.911－5조에 언급된 공법인에 대해 국사원 판결을 집행한 증거를 제출하도록 요청할 수 있다(제R.931－6조). 당사자 청구 또는 직권에 의한 2022년 집행판결로서의 이행명령청구 접수건수 통계는 다음과 같다.

---

l'organisation et au fonctionnement du Conseil d'Etat.
52) Loi n° 80－539 du 16 juillet 1980 relative aux astreintes prononcées en matière administrative et à l'exécution des jugements par les personnes morales de droit public.
53) Camille BROYELLE, *op. cit.*, n° 435.
54) 계쟁 행정행위와 직접적인 관계가 있는 사람을 의미하는 본안판결에서의 제3자를 포함한다. CE, 13 nov. 1987, *Tusques*, n° 75473.
55) Code de justice administrative, art. R.921－4 et R.931－5.

[표 2] 2022년 행정재판소에 제기된 집행판결로서의 이행명령청구 접수건수[56]

재판소	지방행정재판소	항소행정재판소	국사원	합계
접수건수	3,881	653	67	4,601

행정소송법전 제L.911-4조 (2019. 3. 23. 개정)

① 지방행정재판소의 판결 또는 행정항소재판소의 판결이 집행되지 않은 경우, 이해관계 있는 당사자는 판결이 선고된 이후에 그 집행을 확보해 줄 것을 재판소에 청구할 수 있다.
② 집행 청구의 대상이 된 선행판결에서 집행조치를 정하지 않은 경우, 집행청구가 제기된 재판소가 이를 정한다. 재판소는 집행기한을 정할 수 있고 이행강제금을 선고할 수 있다.

행정소송법전 제L.911-5조 (2019. 3. 23. 개정)

① 국사원의 판결 또는 지방행정재판소나 행정항소재판소 이외의 행정재판소가 선고한 판결이 집행되지 않았고 그 판결이 집행조치를 정하지 않은 경우, 국사원은 직권으로도 이를 정할 수 있고, 집행기한을 정할 수 있으며, 해당 공법상 법인에 대해 이행강제금을 선고할 수 있다.
② 제L.911-3조에 따라 이행강제금이 이미 선고된 경우에는 또 다른 이행강제금을 선고하지 않는다.
③ 본조에서 국사원에 부여한 권한은 소송부의 장에 의해 행사될 수 있다.

행정소송법전 제R.931-2조 (2017. 4. 6. 개정)

① 이해관계인은 국사원에 국사원 판결 또는 특별행정재판소 판결의 집행에 필요한 조치를 정할 것을 청구할 수 있고 이 경우 그 조치에 이행강제금을 병과하는 것을 청구할 수 있다.
② 행정 당국이 명시적으로 이행을 거부하지 않는 한, 이해관계인은 집행이 필요한 판결의 송달일로부터 3개월 후 전항의 청구를 할 수 있다.
③ 그러나 다만 다음 각호의 경우에는 그러하지 아니하다.
　1. 집행이 필요한 판결에서 긴급조치(une mesure d'urgence)를 명한 경우, 즉시 청구서를 제출할 수 있다.
　2. 집행이 필요한 판결에서 행정에 집행조치를 취하기 위한 일정한 기간을 부여하였다면, 그 기간이 만료된 후에 청구서를 제출할 수 있다.

56) Conseil d'État, *Rapport public: Activité juridictionnelle et consultative des juridictions administratives en 2022*, La documentation Française, 2023, 147.

「행정소송법전을 개정하는 2017년 4월 6일 제2017－493호 데크레」57)
의 시행 이후, 집행청구에 대한 절차는 행정재판소 전체에 동일하게 적
용된다. 국사원의 경우, 연구부의 장이 지정한 보고관(le rapporteur), 지
방행정재판소와 항소행정재판소의 경우 재판소장이 지정한 보고관은
비공식적인 절차(회의, 우편물, 전화 등)로 사건을 심리한다(제R.921－5조
및 제R.931－3조).58) 이 단계에서 판결이 집행되었거나 집행판결 청구에
이유가 없는 경우 사건은 종결되는데, 대부분의 사건이 이렇게 종결된
다.59) 판결이 여전히 집행되지 않아 행정 차원을 넘어 사법 차원의 해
결이 필요한 경우, 국사원에서는 연구부의 장의 판단에 따라 사건이 소
송부에 회부되고 소송부의 장의 명령에 의해 소송절차가 개시되며(제
R.931－4조), 지방행정재판소와 항소행정재판소에서는 재판소장의 명령
에 의해 소송절차가 개시된다(제R.921－6조).

행정 차원의 단계가 지난 후 행정재판소에서의 집행청구 조사와
심리는 신속히 진행된다(제R.921－6조 및 제R.931－5조). 집행 임무를 수
행하기 위해 지명된 재판관을 '판결집행 재판관'(le juge de l'exécution)이
라 한다. 판결집행 재판관에 의해 진행되는 절차는 새로운 소송절차가
아닌, 집행이 필요한 본안판결의 절차의 연장선상에 있는 것으로 인정
된다.60)

판결집행 재판관은 판결의 집행을 담보하기 위한 조치를 정할 수
있고 경우에 따라서는 집행의 기한을 정하고 이행강제금을 함께 부과할
수 있다(제L.911－4조). 2019년 법률 시행 이전에는 집행조치로서 이행강
제금만이 규정되어 있었으나, 동법 시행 이후 국사원은 직권으로 집행

---

57) Décret n° 2017－493 du 6 avril 2017 modifiant le code de justice administrative.
58) Camille BROYELLE, op. cit., n° 439.
59) Conseil d'État, *Rapport public: Activité juridictionnelle et consultative des
juridictions administratives en 2022*, La documentation Française, 2023, 147－148
참조.
60) Camille BROYELLE, op. cit., n° 443.

조치로서 이행명령을 할 수 있는 권한을 명시적으로 부여받았다(제
L.911-5조).

　　행정재판소의 판결이 집행되지 않은 경우 국사원이 직권으로 행정
에 이행강제금을 부과할 수 있는 권한은 1980년 법률에 의해 부여되었
다. 1995년 법률에서 그 권한을 국사원이 아닌 행정재판소에도 부여함
에 따라, 지방행정재판소와 항소행정재판소(제L.911-4조) 및 국사원(제
L.911-5조)은 판결이 집행되지 않은 경우 집행청구 절차의 일부로서 직
권으로 이행강제금을 부과할 수 있게 되었다. 이행강제금을 부과하는
경우 판결집행 재판관은 이행강제금이 부과되는 기간을 명시해야 한다
(제R.921-6조). 국사원은 집행판결로서의 이행명령 청구가 있었던 사건
에서, 행정이 대기질 계획의 실행을 명한 본안판결을 이행하였음을 집
행판결서 송달일로부터 6개월 이내에 증명하지 못할 경우, 6개월이 지
난 시점부터 분기(6개월)마다 1천만 유로의 이행강제금을 지급할 것을
명한 바 있다.[61]

　　이하에서 살펴볼 판례 ⑮에서와 같이 경우에 따라서는 이행강제금
의 정산(la liquidation de l'astreinte)이 이루어지기도 한다. 행정이 주어진
기간 내에 판결에서 명한 조치 또는 그 효과가 최소한 동등한 조치를
취하여 판결이 집행되었다고 판단되는 경우, 이행강제금은 정산되지 않
고 행정에 지급명령이 부과되지 않는다.[62] 이행강제금은 다음의 두 가
지 경우에 해당하는 경우에만 정산된다(제L.911-7조). ① 행정이 지속적
으로 판결을 이행하지 않는 경우 판결집행 재판관은 중간정산(la
liquidation provisoire)을 할 수 있다. 행정이 판결을 이행하지 않는 한 이
행강제금의 적용을 받으며 이행강제금을 중간정산하는 판결이 계속된
다.[63] ② 이행강제금은 판결의 집행이 판결집행 재판관이 정한 기간보

61) CE, ass., 10 juill. 2020, *Association Les Amis de la Terre*, n° 428409.
62) Camille BROYELLE, *op. cit.*, n° 449.
63) Camille BROYELLE, *op. cit.*, n° 449.

행정소송법전 제L.911-6조 (2001. 1. 1. 시행)

이행강제금은 잠정적 또는 확정적일 수 있다. 행정재판소가 이행강제금이 확정되었다고 명시하지 않는 한 이는 잠정적인 것으로 간주해야 한다. 이행강제금은 손해배상과 구별된다.

행정소송법전 제L.911-7조 (2001. 1. 1. 시행)

① 전체 또는 일부 미집행 또는 지연 집행의 경우, 행정재판소는 선고한 이행강제금을 정산하기 위한 절차를 진행한다.
② 판결의 미집행이 예측할 수 없는 상황이나 불가항력으로 인한 것임이 증명되지 않는 한, 행정재판소는 정산 시 최종 이행강제금의 비율을 변경할 수 없다.
③ 행정재판소는 판결의 미집행이 확정된 경우에도 잠정적 이행강제금을 조정하거나 취소할 수 있다.

행정소송법전 제L.911-8조 (2000. 12. 31. 개정)

① 행정재판소는 이행강제금 지급액의 일부를 원고에게 지급하지 않기로 결정할 수 있다.
② 원고에게 지급되지 않는 부분은 국고에 귀속한다.

다 늦게 이루어지는 경우에도 정산된다. 이 경우 집행이 지연된 기간에 따라 행정이 지급해야 할 금액이 산정된다. 이 경우 정산은 최종정산(la liquidation définitive)이 된다.[64]

이행강제금의 정산은 직권 또는 청구에 따라 이루어질 수 있다(제L.911-7조 및 제R.921-7조). 이행강제금 정산 청구는 새로운 소송절차의 개시를 의미하지 않고 동일한 절차의 연장선상에 있는 것으로 인정되기 때문에, 이행강제금의 정산은 이행강제금 부과를 명한 행정재판소에서 행한다.[65] 행정재판관은 판결의 미집행이 확정된 경우에도 이행강제금을 조정하거나 이행강제금 부과를 취소할 수 있는 권한이 있다(제L.911-7조). 행정재판관이 달리 명시하지 않는 한 이행강제금은 원고에게 지급되는데, 「행정소송법전」은 행정재판소가 이행강제금의 일부를

---

64) Camille BROYELLE, *op. cit.*, n° 449.
65) Camille BROYELLE, *op. cit.*, n° 450.

지급하지 않기로 정할 수 있다고 규정하고 있다(제L.911－8조). 이는 이행강제금 제도의 기능이 원고에 대한 배상에 있지 않고 행정에 대한 제재에 있기 때문이다.[66]

Ⅲ. 이행명령 판결 검토

1. 판례 ⑫

이 사건은 「행정소송42법전」 제L.911－1조에 따라 본안판결로서의 이행명령이 내려진 사건이다.

(1) 사실관계 및 경과

2021년 2월 16일, 환경보호단체 프랑스자연환경(France Nature Environnement)(이하 '원고 ①')은 총리실 산하 해양 담당 국무장관에게 가스코뉴 만(灣)에서의 돌고래 포획사고를 줄이기 위해 2020－2021년 겨울철에 추가적 조치를 취할 것을 요청하였으나, 해양 담당 국무장관은 2021년 1월 18일 이에 대한 묵시적 거부결정(이하 '계쟁 결정 ①')을 하였다. 원고 ①은 계쟁 결정 ①의 취소를 구하면서 가스코뉴 만에서 일정 기간(5년간: 1월 15일부터 3월 15일까지) 동안 원양 저인망(底引網)이나 세로로 긴 어망을 사용하는 어업을 금지하고 최소한 이러한 어업을 하는 어선의 5%에 참관인이 선승하는 조치를 국가에 명할 것을 함께 구하였다. 원고 ①은 예비적으로 국제해양개발위원회(ICES)가 제시한 기준 사망률, 즉 가스코뉴 만에서 생식하는 전체 돌고래 수의 1%(연 단위)보다 작은 돌고래의 사망률을 감소시킬 수 있는 어업구역 임시 폐쇄 조치를 국가에 명할 것을 국사원에 청구하였다.

---

66) Camille BROYELLE, *op. cit.*, n° 450.

2021일 2월 17일, 해양환경보호단체 수생환경보호(Défense des milieux aquatiques)(이하 '원고 ②')는 총리실 산하 해양 담당 국무장관이 발한 「국가차원의 가스코뉴 만 유럽바다농어 전문어업 관리체계에 관한 2019년 1월 17일 아레떼를 개정하는 2020년 12월 24일 아레떼」[67] (이하 '계쟁 아레떼')가 국사원 2020년 7월 8일 판결[68]을 적용하지 않은 부분과 농어 조업의 부정적 영향을 최소화하기 위한 추가적인 보호조치를 취하고 있지 않은 부분을 취소하는 판결을 구하였다. 이와 더불어 원고 ②는 어린 농어 조업을 최소한으로 줄이도록 그물망과 어업실무를 규율하는 기술적 조치를 취할 것을 국가에 명하고 일단위 이행강제금을 부과할 것을 청구하였다.

2021년 6월 16일, 해양보호단체 씨셰퍼드 프랑스(Sea Shephard France)(이하 원고 ③)는 총리실 산하 해양 담당 국무장관에게 포유동물의 표류를 줄이기 위한 추가적인 조치를 요청하였으나, 해양 담당 국무장관은 이에 대한 묵시적 거부결정(이하 '계쟁 결정 ②')을 하였다. 원고 ③은 계쟁 결정 ②의 취소를 구하면서 해양 포유동물 포획사고를 효과적으로 줄이기 위한 모든 조치, 예컨대, 포획사고가 일어나는 가스코뉴 만 내 어업구역 임시 폐쇄 조치(겨울 3개월, 여름 1개월), 어선에 원격모니터링을 위한 카메라를 설치하는 것을 의무화하고 참관인이 승선하게 하며 「환경법전」 제L.411-1조에 따라 고의적인 "파괴, 절단 및 교란 행위"는 사고로 보지 않고 제재하는 조치를 취할 것을 국가에 명할 것을 국사원에 청구하였다. 원고 ③은 또한 유럽집행위원회 '위반사건 절차'(infringement procedure)[69]의 현황 공개를 국가에 명할 것을 국사원에

---

67) Arrêté du 24 décembre 2020 modifiant l'arrêté du 17 janvier 2019 relatif au régime national de gestion pour la pêche professionnelle de bar européen (Dicentrarchus labrax) dans le golfe de Gascogne.

68) CE, 8 juillet 2020, *Association de défense des ressources marines*, n° 429018.

69) 유럽집행위원회는 직권조사 또는 신청에 따라 유럽지침(EU directive)을 국내법으로 완전히 전환하지 않았거나 유럽법(EU law)을 위반하였을 가능성이 있는 회원국에

청구하였다.

국사원은 원고 ②의 계쟁 아레떼 취소청구와 이행명령청구 및 해양 담당 국무장관의 묵시적 거부결정에 대한 원고 ①과 원고 ③의 취소청구와 이행명령청구에 유사한 쟁점이 있다고 보고 이를 병합하여 심리하였다. 계쟁 아레떼가 바다농어의 개체 수를 충분하게 보호할 수 있는지 여부, 가스코뉴 만의 작은 돌고래들을 보호하기 위한 충분한 조치가 취해졌는지 여부가 이 사건의 쟁점이었다.

(2) 국사원 판단

국사원은 본격적인 판단에 앞서, 아래와 같이 이유 부분(n° 24)에서 행정 당국과 재판소의 역할과 책임을 분리하여 언급하였다.

"24. 이러한 맥락에서 관할 당국은 기존의 보호조치를 강화하라는 요청을 받은 경우, 현재의 과학적 지식의 수준에서 그 실제와 범위에 대한 불확실성이 남아 있음에도 불구하고, 사전예방원칙(le principe de précaution)의 적용을 정당화할 수 있는 심각하고 돌이킬 수 없는 환경 피해의 위험에 대한 가설을 뒷받침하는 구체적인 증거가 있는지를 조사해야 할 책임이 있다. 이 조건이 충족되는 경우, 확인된 위험을 평가하

대해 위반사건 절차를 개시할 수 있다. 먼저 통상 2개월의 기간을 부여하여 당사국에 정식통지서(letter of formal notice)를 발송하여 관련 정보를 요청하고 당사국이 유럽법을 위반하였다고 판단하는 경우 당사국에 이유가 명시된 의견서를 발송한다. 유럽집행위원회는 이 이유서에서 유럽집행위원회가 당사국이 유럽법을 위반하였다고 판단한 이유를 명시하고 유럽법에 부합할 것을 요청하며 위반행위를 시정하기 위해 당사국에서 취한 조치를 유럽집행위원회에 정해진 기간(통상 2개월) 내에 알릴 것을 요청한다. 당사국이 여전히 유럽법을 위반하는 경우, 유럽집행위원회는 당사국을 유럽재판소(Court of Justice of the European Union, CJEU)에 제소할 수 있다. 유럽연합기능조약(Treaty on the Functioning of the European Union) 제258조, 제260조 및 위반사건 절차에 관한 유럽집행위원회 웹페이지 설명, 〈https://commission.europa.eu/law/application−eu−law/implementing−eu−law/infringement−procedure_en〉 참조.

는 절차가 행정주체에 의해 또는 행정주체의 감독하에 시행되도록 하고 예방조치가 취해졌는지 여부를 확인하는 것은 관할 당국의 책임이다. 추가적 예방조치를 거부한 관할 당국의 결정에 대해 소가 제기된 경우, 재판소는 제기된 청구의 논거를 검토하여, 사전예방원칙의 적용이 판결 선고일에 정당한지 여부를 판단해야 한다. 그리고 그 적용이 정당하다 면, **이미 취해진 예방조치의 선택에 명백한 평가의 하자**(l'erreur manifeste d'appréciation)[70]**가 있어 제공된 보호가** (판결이유) 22번 및 23 번에 명시된 요건에 비추어 **전반적으로 부족하다는 특징을 나타내는 경우, 재판소는 어떠한 조치를 명령해야 하는지를 그 이행명령 권한에 따라 결정한다.**"

국사원은 2018년 이래 가스코뉴 만에서 어업활동에 기인하는 포획 사고로 사망한 돌고래의 수가 매년 돌고래류 보존을 위한 최대기준치를 초과하였음을 고려하였을 때 가스코뉴 만에서 생식하는 돌고래류의 보존이 위협을 받고 있고, 특히 참돌고래와 쇠돌고래는 심각한 멸종위기에 놓여 있다고 보았다. 국사원은 또한 국가가 도입하였거나 도입을 계획하는 보호조치, 즉 어선에 장착된 소음발생장치로는 포획사고를 충분히 감소시키지 못한다고 지적하고, 일정 범위의 어업구역에서의 조업을 일정기간 금지함으로써 보다 효과적인 조치를 취할 필요가 있다고 판시하였다.

그에 따라 국사원은 계쟁 결정 ①, ②를 취소하고, 계쟁 아레떼가 가스코뉴 만에서 행해지는 유럽바다농어 조업이 돌고래에 미치는 부정적 영향을 감소시키기 위한 충분한 조치를 취하지 않은 부분을 취소하였다. 또한 **제출된 증거자료로는 포획사고를 줄이기 위한 다른 조치가**

---

70) '명백한 평가의 하자'는 독일에서의 '판단여지의 하자'에 해당한다. 박정훈, "불확정 개념과 판단여지", 『행정작용법』 (중범 김동희교수 정년기념논문집), 박영사, 2005, 259면.

유효하게 취해질 수 있다는 것이 명확하지 않으므로, 「행정소송법전」 제L.911-1조에 따라 이행명령을 통한 조치를 취하는 것이 적절하다고 보고, 판결서 송달이 있은 지 6개월 이내에 소음발생장치와 더불어 적절한 어업 금지 조치를 취할 것과 연간 사고로 포획되는 돌고래 수를 집계할 수 있는 추가적 조치를 취할 것을 국가에 명하였다. 원고 ②의 국가에 대한 이행강제금 부과 청구에 관하여 국사원은 현재 상황에서는 이러한 이행명령에 이행강제금을 부과할 필요는 없다고 판시하였다.

2. 판례 ⑬

이 사건은 「행정소송법전」 제L.911-5조에 따라 집행판결로서의 이행명령이 내려진 사건이다. 이를 검토하기에 앞서, 행정에 기간을 부여하여 증거자료 제출을 명한 국사원 2020년 11월 19일 판결과 본안판결로서의 이행명령을 내린 국사원 2021년 7월 1일 판결부터 살펴본다.

(1) 사실관계 및 경과

1) 국사원 2020년 11월 19일 판결[71]

이 사건은 본안판결로서의 이행명령을 내리기에 앞서, 국사원의 판단에 필요한 증거자료를 정해진 기간 내에 제출할 것을 행정에 명한 사건이다. 이후 본안판결로서의 이행명령을 내린 국사원 2021년 7월 1일 판결과 사건번호(427301)가 같다.

2015년 12월 12일, 프랑스 파리에서 파리협정(Paris Agreement)이 채택되었다. 파리협정은 온실가스 배출량을 줄여 지구온난화를 방지하기 위한 국제협약인 1992년 「기후변화에 관한 UN기본협약」(United Nations Framework Convention on Climate Change, UNFCCC, 이하 'UN기후변화협약')[72]에 기초하는 것으로, UN기후변화협약의 하부 조약인 1997년

---

71) CE, 19 novembre 2020, *Commune de Grande-Synthe et autres*, n° 427301.

교토의정서(Kyoto Protocol)73)가 선진국의 감축 의무(2008－2020년)를 구
체화하였다면, 파리협정은 2020년 이후 193개 당사국(192개국 및 EU)74)
이 참여하는 신(新)기후체제이다. 유럽연합과 유럽연합회원국은 2015년
12월 12일 파리협정에 서명하면서 온실가스 배출량을 2030년까지 2005
년 대비 30% 감축하기로 하였다. 프랑스는 「녹색성장을 위한 에너지전
환에 관한 2015년 8월 17일 제2015－922호 법률」75)에서 2030년까지
1990년 대비 온실가스 배출량을 40% 감축한다는 목표를 설정하였다.

2018년 11월 19일, 그랑드－쌍뜨시(市) 등은 대통령, 총리, 국무장
관 및 생태전환부장관(이하 '정부')에게 파리협정 준수를 위한 모든 유용
한 조치 실행(요청 ①), 프랑스의 기후변화에 대응하기 위한 즉각적인 조
치 실행(요청 ②) 및 **"기후문제를 우선시하는 것을 의무화"하는 입법조치**
(la disposition législatif) 또는 행정입법조치(법령제정조치)(la disposition
réglementaire)(요청 ③)를 요청하였으나 이에 대한 정부의 묵시적 거부결
정이 있었다. 그랑드－쌍뜨시(市) 등은 국사원에 해당 묵시적 거부결정
의 취소를 구하면서 거부된 위 요청 ①－③을 정부가 늦어도 6개월 내
에 행하라는 내용의 이행명령을 구하였다.

2020년 11월 19일, 국사원은 먼저 **요청 ③ 가운데 입법조치 요청**
에 대한 정부의 묵시적 거부결정 취소청구에 관하여, **"행정부의 법안**
제출 부작위는 헌법상 국가권력기관 간의 관계에 관한 것이며, 그 자체
로 행정재판소의 관할을 벗어난다."라고 판시하고 해당 청구를 각하하
였다. 요청 ③ 가운데 **행정입법조치 요청에 대한 정부의 묵시적 거부결**

---

72) 우리나라는 UN기후변화협약에 1993년 12월 가입하였고, 동 협약은 1994년 3월에
발효되었다.
73) 교토의정서는 우리나라에서 2002년에 비준되고, 2005년에 발효되었다.
74) 파리협정은 우리나라에서 2016년 11월 3일에 비준되고, 2016년 12월 3일에 발효되
었다.
75) Loi n° 2015－992 du 17 août 2015 relative à la transition énergétique pour la
croissance verte.

정 취소청구에 관하여는, 해당 묵시적 거부결정의 적법성을 판단할 충분한 자료가 제공되지 않았다고 판시하면서 원고의 해당 청구를 기각하였다. 요청 ②에 대한 정부의 묵시적 거부결정의 취소청구와 관련하여서는, 파리협정 제2조상의 규정들은 국내법에 직접적인 효력이 없으므로 그에 대한 위반을 유효하게 주장할 수 없다는 이유로 해당 청구를 기각하였다.

국사원은 그랑드−쌍뜨시(市)의 **나머지 청구취지, 즉 요청 ①에 대한 정부의 묵시적 거부결정의 취소청구**에 관하여는, 해당 묵시적 거부결정이 온실가스 배출 한도를 수정한 「국가저탄소예산 및 국가저탄소전략에 관한 2020년 4월 21일 제2020−457호 데크레」[76](이하 '2020년 데크레')가 설정한 새로운 감축 경로에 부합하는지 여부를 증명할 수 있는 증거가 부족하기 때문에 **판결을 하기 전에 추가적인 조사가 필요하다고 보고, 정부가 판결서 송달 후 3개월 이내, 즉 2022년 3월 31일까지 이를 증명하는 자료를 제출할 것**을 명하였다. 따라서 해당 기한까지 정부가 추가적인 조치가 필요하지 않다는 것을 증명할 수 있는 충분한 증거를 제출하지 못하는 경우, 국사원은 요청 ①에 대한 정부의 묵시적 거부결정에 대한 그랑드−쌍뜨시(市)의 취소청구를 인용할 수 있게 되었다. 동 판결은 온실가스 배출 감축 관련 국사원의 첫 판결로 "역사적인 판결"(une décision historique)이라 불리며 많은 관심을 받았다.[77]

  2) 국사원 2021년 7월 1일 판결[78]
  이 사건은 「행정소송법전」 제L.911−1조에 따라 본안판결로서의

---

76) Décret n° 2020−457 du 21 avril 2020 relatif aux budgets carbone nationaux et à la stratégie nationale bas−carbone.

77) Charlotte COLLIN, "Contentieux climatique de Grande−Synthe : une décision plus prometteuse qu'historique", Dalloz Actualité, 27 novembre 2020; Romain MÉTAIRIE, "Recours de Grande−Synthe : le gouvernement a trois mois pour prouver ses efforts climatiques", *Libération*, publié le 19 novembre 2020 à 11h11.

78) CE, 1er juillet 2021, *Commune de Grande−Synthe et autres*, n° 427301.

이행명령이 내려진 사건이다.

2021년 4월 18일, 그랑드－쌍뜨시(市)와 다수의 환경단체들은 앞서 2020년 11월 19일 판결에서의 그랑드－쌍뜨시(市)의 나머지 청구취지, 즉 요청 ①에 대한 정부의 묵시적 거부결정의 취소를 구하는 청구취지를 유지하면서, 패소당사자의 소송비용 부담에 관한 「행정소송법전」 제L.761－1조를 근거로 그랑드－쌍뜨시(市)에 8천 유로를 지급하라고 국가에 명할 것을 국사원에 청구하였다.

2021년 7월 1일, 국사원은 2019년의 감축률은 0.9%로 2015－2018년 연평균 감축률 1.9%에 비해 적고 2020년에 감축된 배출량은 보건위기에 기인하며, 추가적인 조치가 빠르게 취해지지 않는다면 2024－2028년에 매년 3%, 즉 총 12%를 감축하는 것은 불가능해보인다고 판시하고, 그랑드－쌍뜨시(市)의 요청 ①에 대한 정부의 묵시적 거부결정을 취소하였다. 또한 2022년 3월 31일까지 「에너지법전」 제L.100－4조와 「파리협정 이행을 위한 기후행동에 기여하기 위해 2021년부터 2030년까지 회원국의 연간 온실가스 배출량 감축을 의무화하고 제2013－525호 유럽규정을 개정하는 2018년 5월 30일 제2018－842호 유럽규정」[79] 제1부속서에서 정한 온실가스 배출량 감축 목표를 달성하기 위한 모든 유용한 조치를 취할 것을 총리에게 명하고, 국가가 그랑드－쌍뜨시(市)에 소송비용 5천 유로를 지급할 것을 명하였다.

3) 국사원 2023년 5월 10일 판결[80](대상판결)

대상판결은 원고들이 「행정소송법전」 제L.911－5조와 제R.931－2조에 따라 국사원에 집행판결로서의 이행명령을 구한 사건에 관한 것

---

79) Regulation (EU) 2018/842 of the European Parliament and of the Council of 30 May 2018 on binding annual greenhouse gas emission reductions by Member States from 2021 to 2030 contributing to climate action to meet commitments under the Paris Agreement and amending Regulation (EU) No 525/2013.

80) CE, 10 mai 2023, *Commune de Grande–Synthe et autres*, n° 467982.

이다.

2022년 4월 1일, 그랑드－쌍뜨시(市)(이하 '원고 ①')와 파리시(市)(이하 '원고 ②')는 국사원 연구부(Section du rapport et des études)[81] 사무국(le secrétariat)을 통해, 국사원 2021년 7월 1일 판결(이하 '2021년 판결')이 2022년 3월 31일까지 집행되지 않았음을 확인해줄 것을, 국가가 2021년 판결의 집행을 담보할 수 있는 조치를 취하였음을 증명하지 못하는 경우, 국가에 6개월 단위로 5천만 유로의 이행강제금을 부과할 것을 국사원에 청구하였다.

2022년 6월 17일, 우리 모두의 일, 프랑스 옥스팜, 자연과 인간을 위한 재단 및 프랑스 그린피스(이하 '원고 ③')는 국사원 연구부를 통해, 2021년 판결이 2022년 3월 31일까지 집행되지 않았음을 확인해줄 것을, 국가가 2021년 판결의 집행을 담보할 수 있는 조치를 취하였음을 대상판결 이후 6개월 이내에 증명하지 못하는 경우, 국가에 6개월 단위로 7천 5백만 유로의 이행강제금을 부과할 것을 국사원에 청구하였다. 원고 ③은 이행강제금이 기후고등위원회(Haut Conseil pour le Climat),[82]

---

81) 국사원 연구부에는 세 가지 업무, 즉 특정 법적 쟁점에 관한 연구보고서와 국사원 연간 보고서 발간 업무, 국사원 판결의 집행을 감독하는 업무 및 외국법원과의 관계를 조정하는 대외협력업무가 있다. 국사원 웹페이지, "La section du rapport et des études", 〈https://www.conseil－etat.fr/qui－sommes－nous/le－conseil－d－etat/organisation/la－section－du－rapport－et－des－etudes〉 참조. 국사원은 판결의 집행을 감독하는 권한을 1963년 7월 30일 제63–766호 데크레(Décret n°63–766 du 30 juillet 1963 portant règlement d'administration publique pour l'application de l'ordonnance n° 45–1708 du 31 juillet 1945 et relatif à l'organisation et au fonctionnement du Conseil d'Etat)의 시행 이래로 부여받아 행사하고 있다.

82) 기후고등위원회는 2018년 11월 27일에 설립된 국무총리 산하 독립기관(l'organisme indépendant)이다. 기후 및 생태 과학, 온실가스 배출량 감축, 기후변화 등의 분야의 전문성을 갖춘 12인의 위원으로 구성되어 있으며, 위원의 임기는 5년이다. 동 위원회는 매년 온실가스 배출량 감축 경로와 속도가 잘 준수되고 있는지, 관련 정책과 조치가 적정하게 실행되고 있는지 등을 조사하여 보고서를 발간하고, 5년마다 국가저탄소전략 및 저탄소예산 계획과 프랑스가 목표하는 온실가스 배출량 감축 경로에 관한 의견서를 제출한다. 동 위원회에 관한 사항을 기후고등위원회에

환경에너지관리청(Agence de l'environnement et de la maîtrise de l'énergie, ADEME), 프랑스생물다양성사무국(Office français de la biodiversité, OFB), 국가주거청(Agence nationale de l'habitat, Anah) 및 프랑스교통인프라재정 지원청(Agence de financement des infrastructures de transport de France)에 분할 귀속될 것을 함께 구하였다.

　　원고들은 모두 정부가 취한 조치들로 2021년 판결이 완전하게 집 행되었다고 볼 수 없다는 주장을 하였다.

　　2022년 4월 4일, 4월 6일 및 6월 21일에 국사원 연구부 판결집행 재판관(le délégué à l'exécution des décisions de justice)은 생태전환부장관 에게 2021년 판결의 집행을 위해 취해진 조치들을 알려줄 것을 요청하 였고, 2022년 5월 4일, 생태전환부장관은 국가가 취한 조치를 밝히는 자료들을 제출하였다. 2022년 9월 29일, 국사원 연구부의 장은 「행정소 송법전」 제R.931－4조[83])에 따라 국사원 소송부의 장에게 원고들의 집

──────────

　　관한 2019년 5월 14일 제2019－439호 데크레(Décret n° 2019－439 du 14 mai 2019 relatif au Haut Conseil pour le climat), 에너지와 기후에 관한 2019년 11월 8일 제 2019－1147호 법률(Loi n° 2019－1147 du 8 novembre 2019 relative à l'énergie et au climat) 등에서 정하고 있다. 기후고등위원회 웹페이지, 〈https://www.hautconsei lclimat.fr/a－propos/〉 참조.

83)　행정소송법전 제R.931－4조
　　① 국사원 연구부의 장이 사법적(司法的) 수단에 의한 집행 조치, 특히 이행강제금 을 부과할 필요가 있다고 판단하는 경우, 그는 소송부의 장에게 해당 사건의 사실 적 및 법적 요소와 연구부에서 취한 조치를 명시한 의견서(une note)를 전달한다. 해당 사건이 선정위원회에 회부된 경우, 의견서에는 위원회의 구성과 위원회가 제 시한 의견의 의미도 명시한다.
　　② 연구부의 장이 전항의 규정을 적용하였거나 청구인이 이 결정에 대한 통지를 받은 후 1개월 이내에 제L.931－3조 제4항에서 규정한 연구부의 장의 사건종결 결 정에 대한 이의신청을 소송부의 장에게 한 경우 또는 어떠한 경우라도 국사원에 회부된 날부터 6개월이 지난 경우, 소송부의 장은 명령으로 소송절차를 개시한다. 그러나 이 6개월의 기간이 만료된 시점에서 연구부의 장이 판단하였을 때 취해진 조치로 단기간에 판결이 집행될 수 있을 것으로 보이는 경우, 연구부의 장은 필요 한 경우 4개월의 기간이 지날 때까지 소송절차가 개시되지 않을 것임을 청구인에 게 통지한다.

행판결 이행명령 청구 관련 의견서를 전달하였다.

2022년 10월 4일, 소송부의 장은 이 사건 관련 재판절차를 개시하는 명령을 발하였고, 제R.931−5조[84])에 따라 연구부의 장이 소송부의 장에게 전달한 2022년 9월 29일 자 의견서는 당사자들에게 통지되었다. 2022년 10월 5일, 2023년 1월 13일 및 2023년 2월 3일에 접수된 세 건의 답변서에서, 생태전환부장관은 원고들의 청구가 기각되어야 한다고 주장하였다.

2022년 12월 29일, 2023년 1월 30일 및 2023년 2월 8일에 접수된 세 건의 준비서면에서 원고 ①은 그 청구취지를 유지하였다. 2023년 1월 31일과 2023년 2월 8일에 접수된 두 건의 준비서면에서 원고 ②도 그 청구취지를 유지하였다. 2023년 1월 3일과 2023년 1월 30일에 접수된 두 건의 준비서면에서 자연과 인간을 위한 재단을 제외한 원고 ③도 그 청구취지를 유지하였고, 자연과 인간을 위한 재단은 2023년 1월 13일에 소를 취하하였다.

국사원은 정부가 제출한 증거자료들과 원고들이 제출한 문서를 검토한 후, 「행정소송법전」 제R.625−1조[85])를 적용하여 구두변론절차

---

③ 전항의 명령에 대하여는 항고할 수 없다.

84) 행정소송법전 제R.931−5조

① 제R.931−4조에서 규정한 사법절차가 개시된 후, 이유를 명시한 명령을 내리는 소송부의 장에게 제L.911−5조 제3항에서 부여한 권한에 따라, 해당 사건은 국사원 소송절차 관련 규정에 따라 재판부에서 심리되어야 한다.

② 연구부에 제출된 증거자료와 연구부의 장이 작성한 의견서(la note)가 소송자료에 첨부된다. 이 의견서는 조사를 담당하는 부에서 당사자에게 전달한다. 사건은 긴급한 사안으로 심리된다.

85) 행정소송법전 제R.625−1조

① 서면조사 외에도 국사원 외 행정재판소의 재판부 또는 국사원에서 조사를 담당하는 재판장은 심리에 유용하다고 판단되는 사실 또는 법적 문제에 대해 당사자의 의견을 청취하는 구두변론절차(une séance orale d'instruction)를 열 수 있다.

② 당사자는 제기될 수 있는 쟁점을 명시한 소환통지서를 통해 소환된다. 구두변론절차에서는 명시한 쟁점 외의 쟁점도 제기될 수 있다.

③ 유용하다고 판단되는 경우 누구든지 구두변론절차에 소환될 수 있다.

(une audience orale d'intruction)86)를 2023년 3월 10일에 열어 당사자들과 기후고등위원회가 출석하게 하였다. 이후 원고 ①은 2023년 3월 22일과 3월 30일, 원고 ②는 2023년 3월 30일에 접수된 문서를 통해 그 청구취지를 유지하였고, 생태부장관도 2023년 3월 22일에 접수된 문서를 통해 그 주장을 유지하였다.

(2) 국사원 판단

국사원은 먼저 판결집행 재판관이 고려할 사항에 관하여 다음과 같이 설시하였다.

"판결이 정확히 집행되었는지 여부를 판단하기 위해 판결집행 재판관은 대심조사 과정에서 수집된 모든 정보를 충분한 안정성을 확보하고 예측과 집행의 불확실성을 고려하여 입법자가 설정한 목표를 달성할 수 있는지를 확인하여야 한다. (중략) 둘째, 정부가 온실가스 배출량을 감축하기 위해 취한 조치 또는 취할 것으로 발표한 조치뿐만 아니라 배출량을 크게 증가시킬 수 있는 조치도 고려하여야 한다. 셋째, 이러한 다양한 조치의 실제 또는 예측 가능한 효과와 보다 광범위하게는 온실

행정소송법전 제R.625－2조

① 재판부는 심리에 유용할 것으로 보이는 사실 또는 법적 문제에 대해 당사자의 의견을 청취하는 공개변론절차(une audience publique d'instruction)를 열 수 있다. 이 공개변론절차는 사건을 심리하기 위한 제1차 변론기일이 1주일 미만으로 남은 상태에서는 열 수 없다.

② 재판장은 제기될 수 있는 쟁점을 명시한 소환통지서를 통해 당사자를 소환한다. 유용하다고 판단되는 경우 누구든지 공개변론절차에 소환될 수 있다.

③ 당사자 또는 소송대리인은 공개변론절차에서 구두로 의견을 진술할 수 있다.

86) 행정소송법전 제R.625－1조에서는 구두변론절차를, 제R.625－2조에서는 공개변론 절차를 규정하는데, 전자는 기본적으로 소송당사자가 변론하는 절차인 데 비해 후 자는 이해관계인도 소환되어 변론하는 절차인 것으로 보인다. 우리 법에서는 이러 한 구별이 없고 '변론기일'에서 소송당사자가 구술할 수 있고 이해관계자를 소환하 여 공개적으로 의견을 청취하는 것도 가능하다.

가스 배출량 감축 경로와 프랑스에 부과된 목표가 양립가능한지를 평가하기 위해 (중략) 이에 관여하는 전문가, 특히 기후고등위원회가 발표한 의견을 포함하여 활용할 수 있는 다양한 평가방법에 비추어 시행된 정책의 효과를 고려하여야 한다."

국사원은 2021년 판결의 집행 관련 세 가지 사항, 즉 대상판결 선고일 시점까지 기록된 온실가스 배출량의 수준, 2021년 판결이 집행되었다고 주장하기 위해 도입되었거나 도입할 계획이 있는 조치들 및 시행되고 있는 조치들과 정책들이 온실가스 배출량 감축 경로에 부합하는지 여부에 관하여 판단하고, 이를 종합하여 다음과 같이 판시하였다.

첫째, 2차 탄소예산(2019-2023년)의 연도별 할당량을 통해 2020년, 2021년, 2022년에 설정된 온실가스 배출량 감축 목표가 달성되었거나 달성될 수 있음이 분명해보이나, 이러한 결과는 「국가저탄소예산 및 국가저탄소전략에 관한 2020년 4월 21일 제2020-457호 데크레」에 따라 2차 탄소예산에 할당된 목표가 완화된 맥락과 코로나19 팬데믹에 대응하기 위해 취해진 조치로 인한 활동감소로 2020년에 관측된 배출량이 크게 감소한 맥락을 감안하여야 한다.

둘째, 정부는 온실가스를 배출하는 여러 활동과 부문을 포괄하는 실질적인 조치들을 채택하였고 생태 및 에너지 전환에 대한 투자에 상당한 재원을 투여하였으며, 이러한 조치들이 지체 없이 전면적으로 시행된다면 온실가스 배출량을 보다 줄일 수 있을 것이고, 이러한 요소들은 2030년까지 설정된 배출량 감축 목표를 달성하고 이를 통해 2021년 판결을 이행하겠다는 정부의 의지를 보여주는 것으로 간주되어야 한다.

정부는 이러한 조치로 배출량 감축 목표를 달성할 수 있다고 주장하나, 한편으로 정부가 제시한 전망평가는 현 단계에서 검증되지 않은 모델 가설에 기반하고 있어 그 결과를 충분히 신뢰할 수 있는 것으로 볼 수 없으며, 다른 한편으로 이 전망평가의 결론은 기후고등위원회가 수행한 국가저탄소전략 부문별 목표분석과 모순되는 것으로 보이는데, 기후고등위원회의 방법론과 결론에 대하여 당사자들은 문제를 삼지 않았다. 그러한 점에서 현재까지의 조치와 정책을 관련 법률규정과 유럽연합법에 의해 설정된 2030년까지의 감축 목표를 달성할 수 있는 것으로 충분히 신뢰할 수 있을지는 불확실하며 그 불확실성은 증거조사기일에서도 해소되지 않았다. 따라서 조사 결과에 비추어볼 때 2021년 판결은 완전히 집행된 것으로 간주할 수 없는데, 정부가 이미 취한 조치와 향후 취할 조치를 고려하였을 때 현재 상황에서는 이행강제금을 부과하지 않고 완전한 이행을 보장하는 데 필요한 추가적인 조치를 명하는 것이 적절하다.

　　위와 같은 판시에 따라 국사원은 「에너지법전」 제L.100 − 4조와 유럽규정 2018/842 제1부속서에서 정한 목표를 달성하기 위해 2020년 데크레에서 규정한 감축 속도에 부합할 수 있도록 필요한 모든 추가적인 조치를 2024년 6월 30일까지 취할 것을 총리에 명하였다. 또한 국사원은 정부가 취하는 조치를 정당화하는 모든 관련 자료와 그 조치로 온실가스 감축 목표가 얼마나 달성되는지를 평가하는 모든 관련 자료를 1차적으로는 2023년 12월 31일까지, 2차적으로는 늦어도 2024년 6월 30일까지 제출할 것을 총리에 명하였다.

3. 판례 ⑭

　　이 사건은 「행정소송법전」 제L.911 − 1조에 따라 본안판결로서의 이행명령이 내려진 사건이다.

(1) 사실관계 및 경과

　　인권연맹(Ligue des droits de l'homme, LDH) 및 고문종식을 위한 기독교행동연합(l'association Action des chrétiens pour l'abolition de la torture,

ACAT)(이하 '원고 ①')은 내무부장관에게 시위 등을 진압하는 국가경찰과 국가헌병대가 제복 보이는 곳에 개인식별번호를 기재하는 것을 의무화하기 위한 모든 유용한 조치를 취해달라는 요청을 하였으나, 내무부장관은 2022년 7월 15일 이에 대한 묵시적 거부결정(이하 '계쟁 결정')을 하였다. 원고 ①은 계쟁 결정의 취소를 구하면서 내무부장관에 국가경찰과 국가헌병대가 개인식별번호 기재 의무를 준수하는 것을 보장하기 위해 유용한 모든 조치(예컨대, 관련 지침을 발할 것, 더 잘 보이고 더 쉽게 기억할 수 있는 방식으로 개인식별번호를 기재할 것 등)를 취하도록 명할 것을 국사원에 청구하였다.

사법관노동조합(Syndicat de la magistrature) 및 프랑스변호사노동조합(Syndicat des avocats de France)(이하 '원고 ②')도 계쟁 결정의 취소를 구하면서 내무부장관에 원고 ①이 명시한 조치들을 명할 것을 국사원에 청구하였다.

국사원은 원고 ①과 원고 ②의 청구를 병합하여 심리하였다.

(2) 국사원 판단

국사원은 이 사건을 심리하기 위해 17인의 재판관으로 전원합의체를 구성하였다.

국사원은 먼저 다음과 같이 원고 ②의 원고적격을 부정하고 그 청구를 각하하였다.

"원고의 소의 이익(intérêt pour agir)[87]은 원고가 제출한 청구취지를 바탕으로 평가되며, 그 청구취지를 뒷받침하기 위해 제시된 근거를 바탕으로 평가되지 않는다. 경찰과 헌병대의 개인식별을 위한 조

---

[87] 월권소송의 원고적격은 '소의 이익'이라 일컬어진다. 원고적격과 협의의 소익이 명확히 구분되지 않고, 양자 모두 '소의 이익'으로서 '직접적이고 개인적인 이익'으로 파악된다. 박정훈, "세계 속의 우리나라 행정소송·행정심판·행정절차", 저스티스 통권 제92호, 2006, 326.

치는 그 자체로 이들 노동조합이 옹호하고자 하는 집단이익, 즉 사법 경찰관 또는 변호사의 고용 및 업무 조건에 영향을 미치는 것이 아니 며, 그 자체로 이들의 권리와 특권을 침해하지 않는다. 따라서 프랑스 사법관노동조합과 프랑스변호사노동조합은 계쟁 결정의 취소를 구할 수 있는 이익을 증명하지 못한다. 그러므로 이들의 청구는 (중략) 각하 되어야 한다."

국사원은 관련 법령에 따라 개인식별번호를 착용해야 하는 경찰 관의 개인식별번호 착용절차를 결정하는 것은 행정당국의 책임이며, 이 번호는 착용이 규정된 각 작전 상황의 조건에서 일반인이 볼 수 있 고 충분히 판독할 수 있도록 해야 한다고 판시하였다. 아울러, 행정의 거부결정의 위법성이 증명된 경우, 재판소는 모든 유용한 조치를 취하 여 상황을 종식시킬 것을 명해야 함을 언급하면서, 관할 당국이 자신 에게 적용되는 법규를 준수하는 데 가장 적합한 조치를 결정하는 것 이 일반적이나, 재판소의 조사결과 발견된 위법행위의 발생을 방지할 수 있는 조치와 관련된 특정 분야로 이행명령의 범위를 제한할 수 있 고, 피고는 정해진 기한 내에 최소한 효과 면에서 동등한 다른 분야에 서 조치를 취했음을 증명할 수 있다고 보았다. 또한 **특정한 조치를 정 하는 것이, 어떠한 경우에도, 침해된 법치의 준수를 위해 필수적인 것 으로 판명되고, 관할 당국이 해당 조치를 취하지 않을 경우, 재판소가 행정에 해당 조치를 취하도록 명령할 수 있는 권한이 있다고** 판시하 였다.

그에 따라 국사원은 개인식별번호를 효과적이고 눈에 잘 띄게 착 용할 의무의 준수를 보장하기 위한 모든 유용한 조치를 취하는 것을 거 부하고 그 특성을 수정하는 것을 거부하는 범위에서 계쟁 결정을 취소 하였다. 또한 판결 이후 12개월 이내에 경찰관 및 헌병대의 개인식별번 호가 보호장비로 가려지는 경우를 포함하여 이를 효과적이고 눈에 잘 띄게 착용할 의무를 준수하는 데 필요한 모든 조치를 취할 것과 모든 작전 상황에서 일반인이 그 번호를 쉽게 읽을 수 있도록 개인식별번호의 특성, 특히 그 크기[88])를 수정할 것을 내무부장관에 명하였다.

4. 판례 ⑮

대상판결은 「행정소송법전」 제L.911 – 1조에 따라 본안판결로서의 이행명령을 내린 2017년 7월 12일 판결과 판결이 집행되지 않았음을 이유로 제L.911 – 5조에 따라 집행판결로서의 이행명령으로 정부에 이행강제금을 부과한 2020년 7월 10일 판결 이후에 제L.911 – 7조에 따라 이행강제금을 중간정산한 일련의 판결들 가운데 하나이다.

(1) 사실관계 및 경과

1) 본안판결로서의 이행명령

지구의 친구들 프랑스지부(Les Amis de la Terre France)는 대통령, 총리 및 환경 담당 장관들에게 프랑스 전역에서 이산화질소와 미세먼지 PM 10 농도를 「대기질에 관한 2008년 5월 21일 유럽지침(2008/50/EC)」[89]) 제9부속서에서 정한 제한값 미만으로 낮추기 위해 동 유럽지침 제23조에 부합하는 모든 유용한 조치를 취하고 계획을 수립할 것을 요청하였으나, 이에 대한 묵시적 거부결정(이하 '계쟁 결정')이 있었다.

2017년 7월 12일, 국사원은 한편으로 계쟁 결정을 취소하면서, 다른 한편으로 판결이유 9번에서 명시한 지역의 이산화질소와 미세먼지 PM 10 농도를 「환경법전」 제R.221 – 1조에서 정한 제한값 미만으로 낮추기 위한 대기질개선계획을 최대한 빠른 시간 내에 수립·시행하고 이

---

88) 개인식별장치는 탈부착 가능한 스트립으로 어깨나 가슴에 부착하는데, 경찰관의 경우 가로 5cm, 세로 1.2cm, 헌병대의 경우 가로 4.5cm, 세로 1.2cm의 크기에 7자리의 숫자가 새겨져 있다.

89) Directive 2008/50/EC of the European Parliament and of the Council of 21 May 2008 on ambient air quality and cleaner air for Europe.

를 2018년 3월 31일까지 유럽집행위원회에 송부할 것을 총리와 환경 담당 장관들에게 명하였다.

2) 집행판결로서의 이행명령

2020년 7월 10일, 국사원은 2017년 7월 12일 판결의 집행을 정부가 판결 송달 이후 6개월 내에 증명하지 못하는 경우 판결을 이행하는 날까지 6개월 단위로 1천만 유로의 이행강제금이 부과되는 것을 내용으로 하는 판결을 내렸다.

2021일 8월 4일, 국사원은 2021년 1월 11월부터 2021년 7월 11일까지 부과된 이행강제금을 중간정산(la liquidation provisoire)하고, 명시한 기관과 단체들에 국가가 총 1천만 유로를 지급할 것을 명하였다.

2022년 10월 17일, 국사원은 2021년 7월 11일부터 2022년 7월 11일까지 부과된 이행강제금을 중간정산하고, 명시한 기관과 단체들에 국가가 총 2천만 유로를 지급할 것을 명하였다.

2023년 4월 18일, 국사원 연구부의 판결집행 재판관은 판결의 집행을 위해 국가가 취한 조치들을 알려줄 것을 요청하였고, 2023년 5월 5일, 생태전환부장관은 국가가 취한 조치를 밝히는 자료들을 제출하였으며, 국사원 연구부는 이를 검토하였다. 2023년 6월 13일, 국사원 연구부의 장은 국사원 소송6부의 장에게 원고들의 집행판결 이행명령 청구 관련 의견서를 전달하였음을 제R.931－5조에 따라 당사자들에게 통지하였다.

3) 대상판결

2023년 9월 6일, 다수의 단체들(이하 '원고')은 ① 2017년 7월 12일 판결과 2020년 7월 10일 판결이 2020년 7월 10일까지 완전하게 집행되지 않았음을 확인하고, ② 「행정소송법전」 제L.911－7조에 따라 2022년 7월 11일부터 2023년 7월 11일까지 부과된 이행강제금을 중간정산하여 국가가 2천만 유로를 지급할 것을 명할 것을, ③ 이행강제금의 일부를 지구의 친구들 프랑스지부의 소송대리인 선임비용을 위해 지급할 것을, 그리고 ④ 2020년 7월 10일에 부과된 이행강제금을 6개월 단위 2천만 유로로 증액할 것을 청구하였다.

2023년 10월 27일, 생태전환부장관은 2017년 7월 12일 판결의 이행명령을 완전하게 이행하기 위해 행해진 노력을 고려하여 추가적인 이행강제금을 부과하지 않을 것을 국사원에 요청하였다.

국사원은 「행정소송법전」 제R.625-1조를 적용하여 구두변론절차를 2023년 10월 9일에 열고 당사자들이 출석하게 하였다.

(2) 국사원 판단

2023년 11월 24일, 국사원은 2017년 7월 12일과 2020년 7월 10일 판결의 집행이 있었는지 여부를 오염물질 농도, 미세먼지 농도, 이산화질소 농도의 변화를 조사한 결과를 통해 확인하고, 정부가 리옹, 파리, 마르세유-엑스 등의 지역의 미세먼지, 이산화질소 등의 농도를 낮추기 위해 채택한 조치에 관하여 판단하였다.

그 결과, 생태부장관이 제시한 다양한 조치로 지속적으로 상황이 개선될 수 있어야 하는데, 제공된 정보로는 채택된 다양한 조치의 효과로 리옹과 파리 지역의 이산화질소 농도 수준을 최대한 짧은 시간 내에 「환경법전」 제R.221-1조에서 정한 제한값 미만으로 낮출 수 있음을 증명할 수 없고, 따라서 국가는 이 두 구역에서 국사원의 2017년 7월 12일과 2020년 7월 10일 판결의 완전한 집행을 보장하기 위해 충분한 조치를 취한 것으로 간주할 수 없다고 판시하였다. 이행강제금의 정산에 관하여는, 두 지역 특히 파리 지역에서 제한값이 초과되는 기간이 계속 늘고 있다는 점과 이전 판결이 내려진 이후 개선사항이 관찰된다는 점, 특히 초과에 영향을 받는 구역의 수가 감소하고 있다는 점 등 다양한 고려사항에 비추어 2022년 7월 12일부터 2023년 7월 12일까지 부과된 이행강제금 비율을 절반으로 줄임으로써 이를 조정하는 것이 적절하다고 판단하였다.

그에 따라 국사원은 2017년 7월 12일 판결은 리옹과 파리를 제외하고 2020년 7월 10일 판결에 명시된 지역에서 집행되었음을 확인하였다. 또한 2020년 7월 10일 판결에 의해 부과된 이행강제금을 중간정산하여, 2022년 7월 12일부터 2023년 7월 12일까지 국가가 총 1천만 유로를 명시한 기관과 단체들에 지급할 것을 명하였다.

Ⅳ. 정리 및 결론

프랑스 국사원은 지난 5년 동안 연평균 약 10,200여 건을 처리하였다. 이 글에서는 1년의 기간(2023. 1. ~ 2023. 12.)을 설정하여 해당 기간 동안 선고된 판결 가운데 국사원에 의해 주요판례로 선정된 판결 중 월권소송으로 제기된 15건의 판례를 '취소소송의 4유형' 분석방법론에 따라 분류하고 그 가운데 이행명령이 내려진 판결들을 살펴보았다.

제1유형에 4건(1-a: 2건, 1-b: 2건), 제3유형에 6건(3-a: 2건, 3-b: 4건), 제4유형에 4건(4-a: 4건)이 있었고, 제2유형에 해당하는 판례는 없었다. 이중효과적 행정행위에 대한 취소소송에 해당하는 제3유형과 제4유형의 판례가 주요판례로 꾸준히 다뤄지고 있는 점과, 이행명령 판결들이 제4유형에 집중되어 있는 점이 눈에 띈다.

프랑스에서 1995년에 본격적으로 도입된 이행명령 청구소송 제도는 최근 2019년에 변화를 거쳐 30년 가까이 운영되었다. 국사원은 이행명령 판결에서 행정재판소가 어디까지 이행명령을 내릴 수 있는지를 명시하고 그 판단기준을 제시하고 있다. 경찰영역과 같이 기본권 침해가 클 수 있는 영역에서는 전원합의체를 구성하여 판단하기도 하였다. 2019년의 변화로 행정재판소의 직권이 확대되었으나, 행정재판소가 직권으로 이행명령을 내리고 이행강제금을 부과하는 경우 「행정소송법전」

제R.611-7-3조에 따라 당사자들에게 이를 미리 알리고 의견을 받는 점에서 부작용을 최소화하며 제도에 변화를 주는 모습도 보인다.

검토대상 이행명령청구 사건 4건 중 2건에서 국사원은 행정에 특정한 조치를 명하는 제L.911-1조 이행명령을 내렸다. 나머지 2건은 집행판결로서의 이행명령을 구한 사건이었는데, 앞서 있었던 본안판결로서의 이행명령에서 모두 제L.911-1조 이행명령이 내려졌던 것으로 보인다.

이행명령청구 사건 4건 가운데 3건이 자연과 환경 관련 소송에 해당하였다. 돌고래 포획사고를 줄이기 위한 추가적 조치, 온실가스 배출량 감축을 위한 추가적 조치, 대기질에 관한 유럽지침에 부합하는 조치를 구한 청구들이 그것이다. 그중 환경 관련 소송에서는 정부의 완전한 이행을 이끌어내기 위한 소송이 계속되고 있는 것으로 보인다. 네덜란드 우르헨다 판결, 네덜란드 쉘 판결, 독일 연방헌법재판소의 연방기후변화법 위헌결정 등 환경소송 관련 유의미한 판례의 증가 추세가 나타나는 가운데, 프랑스의 경우, 이행명령 제도가 적극적인 판결이 도출되는 데 실질적인 역할을 하는 것으로 보인다.

참고문헌

강지은, 『프랑스 행정법상 분리가능행위』, 경인문화사, 2017.

김동희, "프랑스의 행정입법제도에 관한 소고", 서울대학교 법학 제23권 제4호, 1982.

김수정, "취소소송의 대상으로서의 행정입법: 프랑스에서의 논의를 중심으로", 행정법연구 제13호, 2005.

박우경, "프랑스 공역무 수행방식 분류 체계", 공법연구 제45집 제4호, 2017.

박정훈, "불확정개념과 판단여지", 『행정작용법』 (중범 김동희교수 정년기념논문집), 박영사, 2005.

박정훈, 『행정소송의 구조와 기능』, 박영사, 2006.

박정훈, "세계 속의 우리나라 행정소송·행정심판·행정절차", 저스티스 통권 제92호, 2006.

박현정, "프랑스 행정소송에서 이행명령: 월권소송과 이행명령의 관계를 중심으로", 행정법학 제18호, 2020.

오승규, "프랑스 행정입법 통제에 관한 고찰", 유럽헌법연구 제18호, 2015.

전훈, "항고소송의 대상에 관한 비교법적 검토: 프랑스 행정소송을 중심으로", 공법학연구 제13권 제2호, 2012.

조춘, "취소소송에 있어서 행정행위의 취소사유에 관한 연구: 프랑스 행정법상의 월권소송을 중심으로", 서울대학교 법학박사학위논문, 2001.

한국법제연구원, 『프랑스 법령용어집』, 2008.

BROYELLE, Camille, *Contentieux administratif*, LGDJ, 2023.

CHAPUS, René, *Droit du contentieux administratif*, Montchrestien, 2008.

Conseil d'État, *Rapport public: Activité juridictionnelle et consultative des juridictions administratives* en 2022, La documentation Française, 2023.

DEBBASCH, Charles, Jean−Claude RICCI, *Contentieux administratif*, Dalloz, 2001.

GAUDEMET, Yves, *Droit administratif*, LGDJ, 2018.

GUYOMAR, Mattias, Bertrand SEILLER, *Contentieux administratif*, Dalloz, 2017.

GOHIN, Olivier, Florian POULET, *Contentieux administratif*, LexisNexis, 2023.

LANG, Agathe Van, Geneviève GONDOUIN, Véronique INSERGUET−BRISSET, *Dictionnaire de droit administratif*, SIREY, 2011.

국문초록

　　프랑스 국사원은 지난 5년 동안 연평균 약 10,200여 건을 처리하였다. 이 글에서는 1년의 기간(2023. 1.~2023. 12.)을 설정하여 해당 기간 동안 선고된 판결 가운데 국사원에 의해 주요판례로 선정된 판결 중 월권소송으로 제기된 15건의 판례를 '취소소송의 4유형' 분석방법론에 따라 분류하고 그 가운데 이행명령이 내려진 판결들을 살펴보았다. 이중효과적 행정행위에 대한 취소소송에 해당하는 제3유형과 제4유형의 판례가 주요판례로 꾸준히 다뤄지고 있는 점과, 이행명령 판결들이 제4유형에 집중되어 있는 점이 눈에 띈다.

　　프랑스에서 1995년에 본격적으로 도입된 이행명령 청구소송 제도는 최근 2019년에 변화를 거쳐 30년 가까이 운영되었다. 국사원은 이행명령 판결에서 행정재판소가 어디까지 명령을 내릴 수 있는지를 명시하고 판단기준을 제시하고 있다. 경찰영역과 같이 기본권 침해가 클 수 있는 영역에서는 전원합의체를 구성하여 판단하기도 하였다. 2019년의 변화로 행정재판소의 직권이 확대되었으나, 행정재판소가 직권으로 이행명령을 내리고 이행강제금을 부과하는 경우 당사자들에게 이를 미리 알리고 의견을 받는 점에서 부작용을 최소화하며 제도에 변화를 주는 모습도 보인다.

　　검토대상 이행명령청구 사건 4건 중 2건에서 국사원은 행정에 특정한 조치를 명하는 제L.911−1조 이행명령을 내렸다. 나머지 2건은 집행판결로서의 이행명령을 구한 사건이었는데, 앞서 있었던 본안판결로서의 이행명령에서 모두 제L.911−1조 이행명령이 내려졌던 것으로 보인다.

　　이행명령청구 사건 4건 가운데 3건이 자연과 환경 관련 소송에 해당하였다. 돌고래 포획사고를 줄이기 위한 추가적 조치, 온실가스 배출량 감축을 위한 추가적 조치, 대기질에 관한 유럽지침에 부합하는 조치를 구한 청구들이 그것이다. 네덜란드 우르헨다 판결, 네덜란드 쉘 판결, 독일 연방헌법재판소의 연방기후변화법 위헌결정 등 환경소송 관련 유의미한 판례의 증가 추세가 나타나는 가운데, 프랑스의 경우, 이행명령 제도가 적극적인 판결이 도출되는

데 실질적인 역할을 하는 것으로 보인다.

주제어: 국사원, 월권소송, 재판상 이행명령, 이행강제금, 환경소송

Résumé

Analyse des décisions importantes du Conseil d'État français en 2023

PARK, Woo Kyung*

Cet article classe les décisions rendues par le Conseil d'État, hors ordonnances, entre janvier 2023 et décembre 2023, qui ont été retenues comme «les dernières décisions», en utilisant la méthodologie d'analyse des «quatre types de contentieux de l'annulation».

Introduit en 1995, l'injonction fonctionne depuis près de 30 ans, avec des changements récents en 2019. Dans ses décisions, le Conseil d'État précise dans quelle mesure le juge administratif peut enjoindre l'administration et définit les critères pour ce faire. Depuis la loi du 23 mars 2019, le législateur a explicitement reconnu un pouvoir d'injonction d'office au juge administratif, qu'il s'agisse de prendre une mesure dans un sens déterminé ou de réexaminer la demande.

Trois des quatre affaires ayant donné lieu à des injonctions concernaient l'environnement. Il s'agissait notamment de demandes de mesures supplémentaires pour réduire les captures accidentelles de dauphins, de mesures supplémentaires pour réduire les émissions de gaz à effet de serre et de mesures pour se conformer aux directives européennes sur la qualité de l'air. La tendance aux injonctions notables dans les litiges environnementaux devrait se poursuivre.

---

* Docteur en droit.

Mots-clés: Conseil d'État, le recours pour excès de pouvoir, l'injonction juridictionnelle, l'astreinte, le contentieux de l'environnement

투고일 2023. 12. 11.
심사일 2023. 12. 26.
게재확정일 2023. 12. 29.

附　　錄

研究倫理委員會 規程

研究論集 刊行 및 編輯規則

「行政判例研究」 原稿作成要領

歷代 任員 名單

月例 集會 記錄

研究倫理委員會 規程

제1장 총 칙

제1조 (목적)

이 규정은 사단법인 한국행정판례연구회(이하 "학회"라 한다) 정관 제26조에 의하여 연구의 진실성을 확보하기 위하여 설치하는 연구윤리위원회(이하 "위원회"라 한다)의 구성 및 운영에 관한 기본적인 사항을 정함을 목적으로 한다.

제2조 (적용대상)

이 규정은 학회의 정회원·준회원 및 특별회원(이하 "회원"이라 한다)에 대하여 적용한다.

제3조 (적용범위)

연구윤리의 확립 및 연구진실성의 검증과 관련하여 다른 특별한 규정이 없는 한 이 규정에 따른다.

제4조 (용어의 정의)

이 규정에서 사용하는 용어의 정의는 다음과 같다.

1. "연구부정행위"는 연구를 제안, 수행, 발표하는 과정에서 연구목적과 무관하게 고의 또는 중대한 과실로 행하여진 위조·변조·표절·부당한 저자표시 등 연구의 진실성을 심각하게 해치는 행위를 말한다.
2. "위조"는 존재하지 않는 자료나 연구결과를 허위로 만들고 이를 기록하거나 보고하는 행위를 말한다.
3. "변조"는 연구와 관련된 자료, 과정, 결과를 사실과 다르게

변경하거나 누락시켜 연구가 진실에 부합하지 않도록 하는 행위를
말한다.

    4. "표절"은 타인의 아이디어, 연구 과정 및 연구결과 등을 정
       당한 승인 또는 적절한 인용표시 없이 연구에 사용하는 행
       위를 말한다.

    5. "부당한 저자 표시"는 연구내용 또는 결과에 대하여 학술적
       공헌 또는 기여를 한 자에게 정당한 이유 없이 저자 자격을
       부여하지 않거나, 학술적 공헌 또는 기여를 하지 않은 자에
       게 감사의 표시 또는 예우 등을 이유로 저자 자격을 부여하
       는 행위를 말한다.

제 2 장   연구윤리위원회의 구성 및 운영

제 5 조 (기능)

위원회는 학회 회원의 연구윤리와 관련된 다음 각 호의 사항을 심
의·의결한다.

    1. 연구윤리·진실성 관련 제도의 수립 및 운영 등 연구윤리확
      립에 관한 사항
    2. 연구윤리·진실성 관련 규정의 제·개정에 관한 사항
    3. 연구부정행위의 예방·조사에 관한 사항
    4. 제보자 및 피조사자 보호에 관한 사항
    5. 연구진실성의 검증·결과처리 및 후속조치에 관한 사항
    6. 기타 위원장이 부의하는 사항

제 6 조 (구성)

① 위원회는 위원장과 부위원장 각 1인을 포함하여 7인 이내의 위
원으로 구성한다.

② 위원장은 부회장 중에서, 부위원장은 위원 중에서 회장이 지명

한다.

③ 부위원장은 위원장을 보좌하고 위원장의 유고시에 위원장의 직무를 대행한다.

④ 위원은 정회원 중에서 회장이 위촉한다.

⑤ 위원장과 부위원장 및 위원의 임기는 1년으로 하되 연임할 수 있다.

⑥ 위원회의 제반업무를 처리하기 위해 위원장이 위원 중에서 지명하는 간사 1인을 둘 수 있다.

⑦ 위원장은 위원회의 의견을 들어 전문위원을 위촉할 수 있다.

제 7 조 (회의)

① 위원장은 필요한 경우 위원회의 회의를 소집하고 그 의장이 된다.

② 회의는 재적위원 과반수 출석과 출석위원 과반수 찬성으로 의결한다. 단 위임장은 위원회의 성립에 있어 출석으로 인정하되 의결권은 부여하지 않는다.

③ 회의는 비공개를 원칙으로 하되, 필요한 경우에는 위원이 아닌 자를 참석시켜 의견을 진술하게 할 수 있다.

제 3 장   연구진실성의 검증

제 8 조 (연구부정행위의 조사)

① 위원회는 구체적인 제보가 있거나 상당한 의혹이 있는 경우에는 연구부정행위의 존재 여부를 조사하여야 한다.

② 위원회는 조사과정에서 제보자·피조사자·증인 및 참고인에 대하여 진술을 위한 출석과 자료의 제출을 요구할 수 있다.

③ 위원회는 연구기록이나 증거의 멸실, 파손, 은닉 또는 변조 등을 방지하기 위하여 상당한 조치를 취할 수 있다.

476   行政判例研究 XXVIII - 2(2023)

제 9 조 (제보자와 피조사자의 권리 보호)

① 위원회는 어떠한 경우에도 제보자의 신원을 직·간접적으로 노출시켜서는 안 된다. 다만, 제보 내용이 허위인 줄 알았거나 알 수 있었음에도 불구하고 이를 신고한 경우에는 보호 대상에 포함되지 않는다.

② 위원회는 연구부정행위 여부에 대한 검증과정이 종료될 때까지 피조사자의 명예나 권리가 침해되지 않도록 노력하여야 한다.

제10조 (비밀엄수)

① 위원회의 위원은 연구부정행위의 조사, 판정 및 제재조치의 건의 등과 관련한 일체의 사항을 비밀로 하며, 검증과정에 직·간접적으로 참여한 자는 검증과정에서 취득한 정보를 누설하여서는 아니 된다.

② 위원장은 제 1 항에 규정된 사항으로서 합당한 공개의 필요성이 있는 때에는 위원회의 의결을 거쳐 공개할 수 있다. 다만, 제보자·조사위원·증인·참고인·자문에 참여한 자의 명단 등 신원과 관련된 정보가 당사자에게 부당한 불이익을 줄 가능성이 있는 때에는 공개하지 아니한다.

제11조 (제척·기피·회피)

① 위원은 검증사건과 직접적인 이해관계가 있는 때에는 당해 사건의 조사·심의 및 의결에 관여하지 못한다. ② 제보자 또는 피조사자는 위원에게 공정성을 기대하기 어려운 사정이 있는 때에는 그 이유를 밝혀 당해 위원의 기피를 신청할 수 있다. 위원회에서 기피 신청이 인용된 때에는 기피 신청된 위원은 당해 사건의 조사·심의 및 의결에 관여하지 못한다.

③ 위원은 제 1 항 또는 제 2 항의 사유가 있다고 판단하는 때에는 회피하여야 한다.

④ 위원장은 위원이 검증사건과 직접적인 이해관계가 있다고 인정하는 때에는 당해 검증사건과 관련하여 위원의 자격을 정지할 수 있다.

제12조 (의견진술, 이의제기 및 변론기회의 보장)

위원회는 제보자와 피조사자에게 관련 절차를 사전에 알려주어야 하며, 의견진술, 이의제기 및 변론의 기회를 동등하게 보장하여야 한다.

제13조 (판정)

① 위원회는 위원들의 조사와 심의 결과, 제보자와 피조사자의 의견진술, 이의제기 및 변론의 내용을 토대로 검증대상행위의 연구부정행위 해당 여부를 판정한다.

② 위원회가 검증대상행위의 연구부정행위 해당을 확인하는 판정을 하는 경우에는 재적위원 과반수 출석과 출석위원 3분의 2 이상의 찬성으로 한다.

제4장 검증에 따른 조치

제14조 (판정에 따른 조치)

① 위원장은 제13조 제1항의 규정에 의한 판정결과를 회장에게 통보하고, 검증대상행위가 연구부정행위에 해당한다고 판정된 경우에는 위원회의 심의를 거쳐 그 판정결과에 따라 필요한 조치를 건의할 수 있다.

② 회장은 제1항의 건의가 있는 경우에는 다음 각 호 중 어느 하나의 제재조치를 하거나 이를 병과할 수 있다.

1. 연구부정논문의 게재취소
2. 연구부정논문의 게재취소사실의 공지
3. 회원의 제명절차에의 회부

4. 관계 기관에의 통보

5. 기타 적절한 조치

③ 전항 제 2 호의 공지는 저자명, 논문명, 논문의 수록 권·호수, 취소일자, 취소이유 등이 포함되어야 한다.

④ 회장은 학회의 연구윤리와 관련하여 고의 또는 중대한 과실로 진실과 다른 제보를 하거나 허위의 사실을 유포한 자가 회원인 경우 이를 제명절차에 회부할 수 있다.

제15조 (조사결과 및 제재조치의 통지)

회장은 위원회의 조사결과 및 제재조치에 대하여 제보자 및 피조사자 등에게 지체없이 서면으로 통지한다.

제16조 (재심의)

피조사자 또는 제보자가 판정결과 및 제재조치에 대해 불복할 경우 제15조의 통지를 받은 날부터 20일 이내에 이유를 기재한 서면으로 재심의를 요청할 수 있다.

제17조 (명예회복 등 후속조치)

검증대상행위가 연구부정행위에 해당하지 아니한다고 판정된 경우에는 학회 및 위원회는 피조사자의 명예회복을 위해 노력하여야 하며 적절한 후속조치를 취하여야한다.

제18조 (기록의 보관) ① 학회는 조사와 관련된 기록은 조사 종료 시점을 기준으로 5년간 보관하여야 한다.

부   칙

제 1 조 (시행일) 이 규정은 2007년 11월 29일부터 시행한다.

研究論集 刊行 및 編輯規則

제정: 1999. 08. 20.
제 1 차 개정: 2003. 08. 22.
제 2 차 개정: 2004. 04. 16.
제 3 차 개정: 2005. 03. 18.
전문개정: 2008. 05. 26.
제 5 차 개정: 2009. 12. 18.
제 6 차 개정: 2018. 12. 24.
제 7 차 개정: 2019. 04. 25.

제 1 장 총 칙

제 1 조 (目的)

이 규칙은 사단법인 한국행정판례연구회(이하 "학회"라 한다)의 정관 제27조의 규정에 따라 연구논집(이하 '논집'이라 한다)을 간행 및 편집함에 있어서 필요한 사항을 정함을 목적으로 한다.

제 2 조 (題號)

논집의 제호는 '行政判例研究'(Studies on Public Administration Cases)라 한다.

제 3 조 (刊行週期)

① 논집은 연 2회 정기적으로 매년 6월 30일, 12월 31일에 간행함을 원칙으로 한다.

② 전항의 정기간행 이외에 필요한 경우는 특별호를 간행할 수

있다.

제 4 조 (刊行形式)

논집의 간행형식은 다음 각 호의 어느 하나에 의한다.

　　1. 등록된 출판사와의 출판권 설정의 형식

　　2. 자비출판의 형식

제 5 조 (收錄對象)

① 논집에 수록할 논문은 다음과 같다.

　　1. 발표논문: 학회의 연구발표회에서 발표하고 제출한 논문으로
　　　서 편집위원회의 심사절차를 거쳐 게재확정된 논문

　　2. 제출논문: 회원 또는 비회원이 논집게재를 위하여 따로 제출
　　　한 논문으로서 편집위원회의 심사절차를 거쳐 게재확정된
　　　논문

　　3. 그 밖에 편집위원회의 심사절차와 간행위원회의 의결을 거쳐
　　　수록하기로 한 논문 등

② 논집에는 부록으로서 다음의 문건을 수록할 수 있다.

　　1. 학회의 정관, 회칙 및 각종 규칙

　　2. 학회의 역사 또는 활동상황

　　3. 학회의 각종 통계

③ 논집에는 간행비용의 조달을 위하여 광고를 게재할 수 있다.

제 6 조 (收錄論文要件)

논집에 수록할 논문은 다음 각호의 요건을 갖춘 것이어야 한다.

　　1. 행정판례의 평석 또는 연구에 관한 논문일 것

　　2. 다른 학술지 등에 발표한 일이 없는 논문일 것

　　3. 이 규정 또는 별도의 공고에 의한 원고작성요령 및 심사기준
에 부합하는 학술연구로서의 형식과 품격을 갖춘 논문일 것

제 7 조 (著作權)

① 논집의 편자는 학회의 명의로 하고, 논집의 개별 논문에는 집필자(저작자)를 명기한다.

② 학회는 논집의 편집저작권을 보유한다.

③ 집필자는 논문 투고 시 학회에서 정하는 양식에 따라 논문사용권, 편집저작권 및 복제·전송권을 학회에 위임하는 것에 동의하는 내용의 동의서를 제출하여야 한다.

제 2 장 刊行委員會와 編輯委員會

제 8 조 (刊行 및 編輯主管)

① 논집의 간행 및 편집에 관한 업무를 관장하기 위하여 학회에 간행위원회와 편집위원회를 둔다.

② 간행위원회는 논집의 간행에 관한 중요한 사항을 심의·의결한다.

③ 편집위원회는 간행위원회의 결정에 따라 논집의 편집에 관한 업무를 행한다.

제 9 조 (刊行委員會의 構成과 職務 등)

① 간행위원회는 편집위원을 포함하여 회장이 위촉하는 적정한 수의 위원으로 구성하고 임기는 1년으로 하되 연임할 수 있다.

② 간행위원회는 위원장, 부위원장 및 간사 각 1인을 둔다.

③ 간행위원장은 위원 중에서 호선하고, 부위원장은 학회의 출판담당 상임이사로 하고, 간사는 위원 중에서 위원장이 위촉한다.

④ 간행위원회는 다음의 사항을 심의·의결한다.

    1. 논집의 간행계획에 관한 사항

    2. 논집의 특별호의 기획 등에 관한 사항

    3. 이 규칙의 개정에 관한 사항

    4. 출판권을 설정할 출판사의 선정에 관한 사항

5. 그 밖에 논집의 간행과 관련된 중요한 사항

⑤ 간행위원회는 다음 각 호의 경우에 위원장이 소집하고, 간행위원회는 위원 과반수의 출석과 출석위원 과반수의 찬성으로 의결한다.

1. 회장 또는 위원장이 필요하다고 판단하는 경우

2. 위원 과반수의 요구가 있는 경우

제10조 (編輯委員會의 構成과 職務 등)

① 편집위원회는 학회의 출판담당 상임이사를 포함하여 회장이 이사회의 승인을 얻어 선임하는 10인 내외의 위원으로 구성하고 임기는 3년으로 한다.

② 편집위원회는 위원장, 부위원장 및 간사 각 1인을 둔다.

③ 편집위원장은 위원 중에서 호선하고 임기는 3년으로 하며, 부위원장은 학회의 출판담당 상임이사로 하고, 간사는 위원 중에서 위원장이 위촉한다.

④ 편집위원회는 다음의 사항을 행한다.

1. 이 규칙에 의하는 외에 논집에 수록할 논문의 원고작성요령 및 심사기준에 관한 세칙의 제정 및 개정

2. 논문심사위원의 위촉

3. 논문심사의 의뢰 및 취합, 종합판정, 수정요청 및 수정후재심사, 논집에의 게재확정 또는 거부 등 논문심사절차의 진행

4. 논집의 편집 및 교정

5. 그 밖에 논집의 편집과 관련된 사항

⑤ 편집위원회는 다음 각 호의 경우에 위원장이 소집하고, 위원 과반수의 출석과 출석위원 과반수의 찬성으로 의결한다.

1. 회장 또는 위원장이 필요하다고 판단하는 경우

2. 위원 과반수의 요구가 있는 경우

제 3 장 論文의 提出과 審査節次 등

제11조 (論文提出의 基準)

① 논문원고의 분량은 A4용지 20매(200자 원고지 150매) 내외로 한다.

② 논문의 원고는 (주)한글과 컴퓨터의 "문서파일(HWP)"로 작성하고 한글사용을 원칙으로 하되, 필요한 경우 국한문혼용 또는 외국어를 사용할 수 있다.

③ 논문원고의 구성은 다음 각 호의 순서에 의한다.

    1. 제목

    2. 목차

    3. 본문

    4. 한글초록·주제어

    5. 외국어초록·주제어

    6. 참고문헌

    7. 부록(필요한 경우)

④ 논문은 제 1 항 내지 제 3 항 이외에 편집위원회가 따로 정하는 원고작성요령 또는 심사기준에 관한 세칙을 준수하고, 원고는 편집위원회가 정하여 공고하는 기한 내에 출판간사를 통하여 출판담당 상임이사에게 제출하여야 한다.

제12조 (論文審査節次의 開始)

① 논문접수가 완료되면 출판담당 상임이사는 심사절차에 필요한 서류를 작성하여 편집위원장에게 보고하여야 한다.

② 편집위원장은 전항의 보고를 받으면 편집위원회를 소집하여 논문심사절차를 진행하여야 한다.

제13조 (論文審査委員의 委囑과 審査 依賴 등)

① 편집위원회는 간행위원, 편집위원 기타 해당 분야의 전문가 중에서 심사대상 논문 한 편당 3인의 논문심사위원을 위촉하여 심사를 의뢰한다.

② 제 1 항의 규정에 의하여 위촉되어 심사를 의뢰받는 논문심사위원이 심사대상 논문 또는 그 제출자와 특별한 관계가 명백하게 있어 논문심사의 공정성을 해할 우려가 있는 사람이어서는 안 된다.

제14조 (秘密維持) ① 편집위원장은 논문심사위원의 선정 및 심사의 진행에 관한 사항이 외부로 누설되지 않도록 필요한 조치를 취하여야 한다.

② 편집위원 및 논문심사위원은 논문심사에 관한 사항을 외부로 누설해서는 안 된다.

제15조 (論文審査의 基準) 논문심사위원이 논집에 수록할 논문을 심사함에 있어서는 다음 각 호의 기준을 종합적으로 고려하여 심사의견을 제출하여야 한다.

    1. 제 6 조에 정한 수록요건
    2. 제11조에 정한 논문제출기준
    3. 연구내용의 전문성과 창의성 및 논리적 체계성
    4. 연구내용의 근거제시의 적절성 및 객관성

제16조 (論文審査委員別 論文審査의 判定) ① 논문심사위원은 제15조의 논문심사기준에 따라 [별표 1]의 [논문심사서](서식)에 심사의견을 기술하여 제출하여야 한다.

② 논문심사위원은 심사대상 논문에 대하여 다음 각호에 따라 '판정의견'을 제출한다.

    1. '게재적합': 논집에의 게재가 적합하다고 판단하는 경우
    2. '게재부적합': 논집에의 게재가 부적합하다고 판단하는 경우

    3. '수정후게재': 논문내용의 수정·보완 후 논집에의 게재가 적
      합하다고 판단하는 경우
③ 전항 제1호에 의한 '게재적합' 판정의 경우에도 논문심사위원은
수정·보완이 필요한 경미한 사항을 기술할 수 있다.
④ 제2항 제2호에 의한 '게재부적합' 판정 및 제3호에 의한 '수
정후게재' 판정의 경우에는 각각 부적합사유와 논문내용의 수정·보
완할 점을 구체적으로 명기하여야 한다.

제17조 (編輯委員會의 綜合判定 및 再審查) 편집위원회는 논문심사
    위원 3인의 논문심사서가 접수되면 [별표 2]의 종합판정기준에 의
    하여 '게재확정', '수정후게재', '수정후재심사' 또는 '불게재'로 종합
    판정을 하고, 그 결과 및 논문심사위원의 심사의견을 논문제출자에
    게 통보한다.

제18조 (修正要請 등)
① 편집위원장은 제17조의 규정에 의해 '수정후게재' 판정을 받은
논문에 대하여 수정을 요청하여야 한다.
② 편집위원장은 제17조의 규정에 의해 '게재확정'으로 판정된 논
문에 대하여도 편집위원회의 판단에 따라 수정이 필요하다고 인정
하는 때에는 내용상 수정을 요청할 수 있다.
③ 편집위원회는 집필자가 전항의 수정요청에 따르지 않거나 재심
사를 위해 고지된 기한 내에 수정된 논문을 제출하지 않을 때에는
처음 제출된 논문을 '불게재'로 최종 판정한다.

제4장 기   타

제19조 (審查謝禮費의 支給) 논문심사위원에게 논집의 간행·편집을
    위한 예산의 범위 안에서 심사사례비를 지급할 수 있다.

제20조(輔助要員) 학회는 논집의 간행·편집을 위하여 필요하다고 인정하는 때에는 원고의 편집, 인쇄본의 교정, 부록의 작성 등에 관한 보조요원을 고용할 수 있다.

제21조 (刊行·編輯財源) ① 논집의 간행·편집에 필요한 재원은 다음 각호에 의한다.

　　1. 출판수입

　　2. 광고수입

　　3. 판매수입

　　4. 논문게재료

　　5. 외부 지원금

　　6. 기타 학회의 재원

　② 논문 집필자에 대한 원고료는 따로 지급하지 아니한다.

제22조 (論集의 配布) ① 간행된 논집은 회원에게 배포한다.

　② 논문의 집필자에게는 전항의 배포본 외에 일정한 부수의 증정본을 교부할 수 있다.

附　　則 (1999. 8. 20. 제정)

이 규칙은 1999년 8월 20일부터 시행한다.

附　　則

이 규칙은 2003년 8월 22일부터 시행한다.

附　　則

이 규칙은 2004년 4월 17일부터 시행한다.

附　　則

이 규칙은 2005년 3월 19일부터 시행한다.

附　　則

이 규칙은 2008년 5월 26일부터 시행한다.

附　　則

이 규칙은 2009년 12월 18일부터 시행한다.

附　　則

이 규칙은 2018년 12월 24일부터 시행한다.

附　　則

이 규칙은 2019년 4월 25일부터 시행한다.

[별표 1 : 논문심사서(서식)]

「行政判例研究」 게재신청논문 심사서

社團法人 韓國行政判例研究會

게재논집	行政判例研究 제15-2집		심사일	2010.　　.　　.
심사위원	소속		직위	
			성명	(인)
게재신청논문 [심사대상논문]				
판정의견	1. 게재적합　(　　　): 논집의 게재가 가능하다고 판단하는 경우 2. 게재부적합 (　　　): 논집의 게재가 불가능하다고 판단하는 경우 3. 수정후게재 (　　　): 논문내용의 수정·보완 후 논집의 게재가 가능하다고 판단하는 경우			
심사의견				
심사기준	• 행정판례의 평석 또는 연구에 관한 논문일 것 • 다른 학술지 등에 발표한 일이 없는 논문일 것 • 연구내용의 전문성과 창의성 및 논리적 체계성이 인정되는 논문일 것 • 연구내용의 근거제시가 적절성과 객관성을 갖춘 논문일 것			

※ 심사의견 작성시 유의사항 ※
▷ '게재적합' 판정의 경우에도 수정·보완이 필요한 사항을 기술할 수 있습니다.
▷ '게재부적합' 및 '수정후게재' 판정의 경우에는 각각 부적합사유와 논문내용의 수정·보완할 점을 구체적으로 명기하여 주십시오.
▷ 표 안의 공간이 부족하면 별지를 이용해 주십시오.

[별표 2: 종합판정기준]

	심사위원의 판정			편집위원회 종합판정
1	○	○	○	게재확정
2	○	○	△	
3	○	△	△	수정후게재
4	△	△	△	
5	○	○	×	
6	○	△	×	
7	△	△	×	
8	○	×	×	불게재
9	△	×	×	
10	×	×	×	

○ ="게재적합"   △ ="수정후게재"   × ="게재부적합"

「行政判例研究」 原稿作成要領

I. 원고작성기준

1. 원고는 워드프로세서 프로그램인 [한글]로 작성하여 전자우편을 통해 출판간사에게 제출한다.

2. 원고분량은 도표, 사진, 참고문헌 포함하여 200자 원고지 150매 내외로 한다.

3. 원고는 「원고표지 — 제목 – 저자 – 목차(로마자표시와 아라비아숫자까지) — 본문 — 참고문헌 — 국문 초록 — 국문 주제어(5개 내외) — 외국문 초록 — 외국문 주제어(5개 내외)」의 순으로 작성한다.

4. 원고의 표지에는 논문제목, 저자명, 소속기관과 직책, 주소, 전화번호(사무실, 핸드폰)와 e – mail주소를 기재하여야 한다.

5. 외국문 초록(논문제목, 저자명, 소속 및 직위 포함)은 영어를 사용하는 것이 원칙이지만, 논문의 내용에 따라서 독일어, 프랑스어, 중국어, 일본어를 사용할 수도 있다.

6. 논문의 저자가 2인 이상인 경우 주저자(First Author)와 공동저자(Corresponding Author)를 구분하고, 주저자 · 공동저자의 순서로 표기하여야 한다. 특별한 표시가 없는 경우에는 제일 앞에 기재된 자를 주저자로 본다.

7. 목차는 로마숫자(보기 : I, II), 아라비아숫자(보기 : 1, 2), 괄호숫자(보기: (1), (2)), 반괄호숫자(보기 : 1), 2), 원숫자(보기 : ①, ②)의 순으로 한다. 그 이후의 목차번호는 논문제출자가 임의로 정하여 사용할 수 있다.

II. 각주작성기준

1. 기본원칙

(1) 본문과 관련한 저술을 소개하거나 부연이 필요한 경우 각주로 처리한다. 각주는 일련번호를 사용하여 작성한다.

(2) 각주의 인명, 서명, 논문명 등은 원어대로 씀을 원칙으로 한다.

(3) 외국 잡지의 경우 처음 인용시 잡지명을 전부 기재하고 그 이후 각 주에서는 약어로 표시한다.

2. 처음 인용할 경우의 각주 표기 방법

(1) 저서: 저자명, 서명, 출판사, 출판년도, 면수.

번역서의 경우 저자명은 본래의 이름으로 표기하고, 저자명과 서명 사이에 옮긴이의 이름을 쓰고 "옮김"을 덧붙인다.

엮은 책의 경우 저자명과 서명 사이에 엮은이의 이름을 쓰고 "엮음"을 덧붙인다. 저자와 엮은이가 같은 경우 엮은이를 생략할 수 있다.

(2) 정기간행물: 저자명, "논문제목", 「잡지명」, 제00권 제00호, 출판연도, 면수.

번역문헌의 경우 저자명과 논문제목 사이에 역자명을 쓰고 "옮김"을 덧붙인다.

(3) 기념논문집: 저자명, "논문제목", 기념논문집명(000선생00기념논문집), 출판사, 출판년도, 면수.

(4) 판결 인용: 다음과 같이 대법원과 헌법재판소의 양식에 준하여 작성한다.

판결 : 대법원 2000. 00. 00. 선고 00두0000 판결.

결정 : 대법원 2000. 00. 00.자 00아0000 결정.

헌법재판소 결정 : 헌법재판소 2000. 00. 00. 선고 00헌가00

결정.

(5) 외국문헌 : 그 나라의 표준표기방식에 의한다.

(6) 외국판결 : 그 나라의 표준표기방식에 의한다.

(7) 신문기사는 기사면수를 따로 밝히지 않는다(신문명 0000. 00.
00.자). 다만, 필요한 경우 글쓴이와 글제목을 밝힐 수 있다.

(8) 인터넷에서의 자료인용은 원칙적으로 다음과 같이 표기한다.
저자 혹은 서버관리주체, 자료명, 해당 URL(검색일자)

(9) 국문 또는 한자로 표기되는 저서나 논문을 인용할 때는 면으
로(120면, 120면−122면), 로마자로 표기되는 저서나 논문을 인
용할 때는 p.(p. 120, pp. 121−135) 또는 S.(S. 120, S. 121 ff.)로
인용면수를 표기한다.

3. 앞의 각주 혹은 각주에서 제시된 문헌을 다시 인용할 경우 다음과
같이 표기한다. 국내문헌, 외국문헌 모두 같다. 다만, 저자나 문헌
혹은 양자 모두가 여럿인 경우 이에 따르지 않고 각각 필요한 저
자명, 문헌명 등을 덧붙여 표기함으로써 구별한다.

(1) 바로 위의 각주가 아닌 앞의 각주의 문헌을 다시 인용할 경우
1) 저서인용: 저자명, 앞의 책, 면수
2) 논문인용: 저자명, 앞의 글, 면수
3) 논문 이외의 글 인용: 저자명, 앞의 글, 면수

(2) 바로 위의 각주에 인용된 문헌을 다시 인용할 경우에는 "위의
책, 면수", "위의 글, 면수"로 표시한다.

(3) 하나의 각주에서 앞서 인용한 문헌을 다시 인용할 경우에는
"같은 책, 면수", "같은 글, 면수"로 표시한다.

4. 기타

(1) 3인 공저까지는 저자명을 모두 표기하되, 저자간의 표시는 "/"

로 구분하고 "/" 이후에는 한 칸을 띄어 쓴다. 4인 이상의 경우
성을 온전히 표기하되, 중간이름은 첫글자만을 표기한다.

(2) 부제의 표기가 필요한 경우 원래 문헌의 표기양식과 관계없이
원칙적으로 콜론으로 연결한다.

(3) 글의 성격상 전거만을 밝히는 각주가 너무 많을 경우 약자를
사용하여 본문에서 그 전거를 밝힐 수 있다.

(4) 여러 문헌의 소개는 세미콜론(;)으로 하고, 재인용의 경우 원
전과 재인용출처 사이를 콜론(:)으로 연결한다.

III. 참고문헌작성기준

1. 순서
국문, 외국문헌 순으로 정리하되, 단행본, 논문, 자료의 순으로
정리한다.

2. 국내문헌
(1) 단행본: 저자, 서명, 출판사, 출판연도.

(2) 논문: 저자명, "논문제목", 잡지명 제00권 제00호, 출판연도.

3. 외국문헌
그 나라의 표준적인 인용방법과 순서에 따라 정리한다.

歷代 任員 名單

■ 초대(1984. 10. 29.)

회　　장　金道昶
부 회 장　徐元宇·崔光律(1987. 11. 27.부터)

■ 제 2 대(1988. 12. 9.)

회　　장　金道昶
부 회 장　徐元宇·崔光律
감　　사　李尙圭
상임이사　李鴻薰(총무), 金南辰(연구), 朴鈗炘(출판), 梁承斗(섭외)
이　　사　金東熙, 金斗千, 金英勳, 金元主, 金伊烈, 金鐵容, 石琮顯,
　　　　　芮鍾德, 李康爀, 李升煥, 趙慶根, 崔松和, 韓昌奎, 黃祐呂

■ 제 3 대(1990. 2. 23.)

회　　장　金道昶
부 회 장　徐元宇·崔光律
감　　사　金鐵容
상임이사　李鴻薰(총무), 黃祐呂(총무), 金南辰(연구), 朴鈗炘(출판),
　　　　　梁承斗(섭외)
이　　사　金東熙, 金斗千, 金英勳, 金元主, 金伊烈, 石琮顯, 芮鍾德,
　　　　　李康爀, 李升煥, 李鴻薰
(1991. 1. 25.부터) 趙慶根, 崔松和, 韓昌奎, 黃祐呂

■ 제 4 대(1993. 2. 23.)

회　　　장　金道昶
부 회 장　徐元宇·崔光律
감　　　사　金鐵容
상임이사　李鴻薰(총무), 金南辰(연구), 朴銑炘(출판), 梁承斗(섭외)
이　　　사　金東熙, 金英勳, 金元主, 朴松圭, 卞在玉, 石琮顯, 孫智烈,
　　　　　　芮鍾德, 李康國, 李康爀, 李京運, 李淳容, 李重光, 李鴻薰,
　　　　　　趙慶根, 趙憲銖, 千柄泰, 崔松和, 韓昌奎, 黃祐呂

■ 제 5 대(1996. 2. 23.)

명예회장　金道昶
고　　　문　徐元宇·金鐵容
회　　　장　崔光律
부 회 장　金南辰·徐廷友
감　　　사　韓昌奎
상임이사　金東熙(총무), 金元主(연구), 李康國(출판), 梁承斗(섭외)
이　　　사　金英勳, 朴松圭, 朴銑炘, 卞在玉, 石琮顯, 李康爀, 李京運,
　　　　　　李淳容, 李升煥, 李重光, 李鴻薰, 趙慶根, 趙憲銖, 千柄泰,
　　　　　　崔松和, 黃祐呂

■ 제 6 대(1999. 2. 19.)

명예회장　金道昶
고　　　문　徐元宇, 金鐵容, 金南辰, 徐廷友, 韓昌奎
회　　　장　崔光律
부 회 장　梁承斗, 李康國
감　　　사　金元主
상임이사　李鴻薰(총무), 金東熙(연구), 崔松和(출판), 金善旭(섭외)

이   사   金東建, 金英勳, 南勝吉, 朴松圭, 朴鈗炘, 白潤基, 卞海喆,
              石琮顯, 李京運, 李光潤, 李升煥, 李重光, 鄭然彧, 趙憲銖,
              洪準亨, 黃祐呂

■ 제 7 대(2002. 2. 15.)

명예회장   金道昶
고   문   金南辰, 金元主, 徐元宇, 徐廷友, 梁承斗, 李康國, 崔光律,
              韓昌奎
회   장   金鐵容
부 회 장   金東建, 崔松和
감   사   金東熙
상임이사   金善旭(총무), 朴正勳(연구), 李光潤(출판), 李京運(섭외)
이   사   金英勳, 金海龍, 南勝吉, 朴均省, 朴鈗炘, 白潤基, 卞海喆,
              石琮顯, 李東洽, 李範柱, 李重光, 李鴻薰, 鄭夏重, 趙憲銖,
              洪準亨, 黃祐呂

■ 제 8 대(2005. 2. 21. / 2008. 2. 20.) *

명예회장   金道昶(2005. 7. 17. 별세)
고   문   金南辰, 金元主, 徐元宇(2005. 10. 16. 별세), 徐廷友, 梁承斗,
              李康國, 崔光律, 韓昌奎, 金鐵容, 金英勳, 朴鈗炘, 金東熙
회   장   崔松和
부 회 장   李鴻薰, 鄭夏重
감   사   金東建, 李京運,
상임이사   李光潤(총무), 安哲相(기획), 洪準亨/吳峻根(연구),
              金性洙(출판), 徐基錫(섭외)
이   사   金善旭, 金海龍, 南勝吉, 朴均省, 朴秀赫, 朴正勳, 白潤基,
              卞海喆, 石琮顯, 石鎬哲, 蘇淳茂, 柳至泰, 尹炯漢, 李東洽,
              李範柱, 李殷祈, 李重光, 趙龍鎬, 趙憲銖, 崔正一, 黃祐呂,

　　　　　金香基, 裵柄皓, 劉南碩
간　　　사　李元雨 / 金鐘甫(총무), 李賢修(연구), 金重權(재무),
　　　　　宣正源 / 李熙貞(출판), 권은민(섭외)
＊ 위 '회장', '부회장', '상임이사', '이사'는 2007. 4. 20. 제정된 사단법인 한국행정
판례연구회 정관 제13조, 제14조, 제15조의 '이사장 겸 회장', '이사 겸 부회장',
'이사 겸 상임이사', '운영이사'임.

■제 9 대(2008. 2. 15. / 2011. 2. 14.)
고　　　문　金南辰, 金東熙, 金英勳, 金元主, 金鐵容, 朴鈗炘, 徐廷友,
　　　　　梁承斗, 李康國, 李鴻薰, 鄭夏重, 崔光律, 韓昌奎
회　　　장　崔松和
부 회 장　李京運, 徐基錫
감　　　사　金東建, 金善旭
이사 겸 상임이사　慶　健(총무), 安哲相(기획), 朴均省(연구), 韓堅愚
　　　　　(출판), 權純一(섭외/연구)
운영이사　具旭書, 권은민, 金光洙, 金性洙, 金連泰, 金容燮, 金容贊,
　　　　　金裕煥, 金義煥, 金重權, 金敞祚, 金海龍, 金香基, 金鉉峻,
　　　　　朴正勳, 朴海植, 裵柄皓, 白潤基, 卞海喆, 石琮顯, 石鎬哲,
　　　　　成百玹, 蘇淳茂, 申東昇, 辛奉起, 吳峻根, 劉南碩, 俞珍式,
　　　　　尹炯漢, 李光潤, 李承寧, 李元雨, 李殷祈, 李重光, 鄭鍾錧,
　　　　　鄭準鉉, 趙龍鎬, 曹海鉉, 趙憲銖, 崔正一, 洪準亨
간　　　사　張曒源 · 李殷相·安東寅(총무), 鄭亨植 · 장상균(기획), 金泰昊
　　　　　(기획/연구), 金聖泰·崔善雄鄭南哲(연구), 李熙貞 · 河明鎬崔
　　　　　桂暎(출판), 林聖勳(섭외), 박재윤(총무)

■제 10 대(2011. 2. 15. /2014. 2. 14)
명예회장　金鐵容, 崔光律

고　　문　金南辰, 金東建, 金東熙, 金英勳, 金元主, 朴鈗炘, 徐廷友, 梁
　　　　　承斗, 李康國, 李京運, 鄭夏重, 崔松和, 韓昌奎

회　　장　李鴻薰

부 회 장　徐基錫, 李光潤

감　　사　金善旭, 蘇淳茂

이사 겸 상임이사　金重權(총무), 安哲相(기획), 劉南碩, 金容燮(연구), 金
　　　　　鐘甫(출판), 金敏昨, 金義煥(섭외/연구)

운영이사　姜錫勳, 慶　　健, 具旭書, 權純一, 權殷玟, 琴泰煥, 金光洙, 金
　　　　　性洙, 金連泰, 金容燮, 金容贊, 金海龍, 金香基, 金鉉峻, 朴均
　　　　　省, 朴正勳, 朴海植, 裵柄晧, 白潤基, 卞海喆, 石琮顯, 石鎬哲,
　　　　　宣正源, 成百玹, 申東昇, 辛奉起, 呂相薰, 吳峻根, 俞珍式, 尹
　　　　　炯漢, 李承寧, 李元雨, 李殷祈, 李重光, 李賢修, 李熙貞, 林永
　　　　　浩, 鄭南哲, 鄭鍾錧, 鄭準鉉, 鄭亨植, 趙龍鎬, 曺海鉉, 趙憲銖,
　　　　　崔正一, 洪準亨, 韓堅愚, 河明鎬

간　　사　安東寅, 李羲俊(총무), 蔣尙均(기획), 金泰昊, 朴在胤(연구), 朴
　　　　　玄廷, 姜知恩(출판), 李殷相(섭외)

■제 11 대(2014. 2. 15. /2017. 2. 14.)

명예회장　金鐵容, 崔光律

고　　문　金南辰, 金東建, 金東熙, 金英勳, 金元主, 朴鈗炘, 徐廷友, 梁
　　　　　承斗, 李康國, 李京運, 崔松和, 韓昌奎 李光潤, 徐基錫

회　　장　鄭夏重

부 회 장　安哲相, 朴正勳

감　　사　蘇淳茂, 白潤基

상임이사　李熙貞(총무), 鄭鎬庚(연구), 李承寧, 康鉉浩(기획) 金義煥, 鄭
　　　　　夏明(섭외), 鄭南哲(출판)

운영이사　姜錫勳, 慶　　健, 具旭書, 權殷玟, 琴泰煥, 金光洙, 金國鉉,

金南撤, 金炳圻, 金性洙, 金聖泰, 金秀珍, 金連泰, 金容爕,
金容贊, 金裕煥, 金重權, 金鐘甫, 金敏祚, 金致煥, 金海龍,
金香基, 金鉉峻, 文尙德, 朴均省, 朴海植, 裵柄皓, 卞海喆,
石鎬哲, 宣正源, 宋鎭賢, 成百玹, 申東昇, 辛奉起, 呂相薰,
吳峻根, 俞珍式, 柳哲馨, 尹炯漢, 李東植, 李元雨, 李殷祈,
李重光, 李賢修, 林永浩, 張暻源, 藏尙均, 田聖銖, 田　勳,
鄭鍾錧, 鄭準鉉, 鄭亨植, 趙成奎, 趙龍鎬, 曺海鉉, 趙憲銖,
趙弘植, 朱한길, 崔峰碩, 崔善雄, 崔正一, 洪準亨, 韓堅愚,
河明鎬, 河宗大, 黃彰根

간　　사 房東熙, 崔允寧(총무), 崔桂暎, 張承爀(연구), 洪先基(기획)
　　　　桂仁國, 李惠診(출판)

■제12대(2017. 2. 17. /2020. 2. 16.)

명예회장 金鐵容, 崔光律
고　　문 金南辰, 金東熙, 金英勳, 朴鈗炘, 徐基錫, 徐廷友, 蘇淳茂,
　　　　李康國, 李京運, 李光潤, 李鴻薰, 鄭夏重, 崔松和, 韓昌奎
회　　장 金東建
부 회 장 朴正勳, 李承寧, 金重權
감　　사 李殷祈, 孫台浩
상임이사 金敏祚/李鎭萬(기획), 俞珍式/徐圭永(섭외),
　　　　李熙貞/張暻源(총무), 李賢修/河明鎬(연구), 崔瑢修(출판)
운영이사 姜基弘, 姜錫勳, 康鉉浩, 慶　健, 具旭書, 權殷旼, 琴泰煥,
　　　　金光洙, 金國鉉, 金南撤, 金炳圻, 金聲培, 金性洙, 金聖泰,
　　　　金秀珍, 金連泰, 金容爕, 金容贊, 金裕煥, 金義煥, 金鐘甫,
　　　　金致煥, 金海龍, 金香基, 金鉉峻, 文尙德, 朴均省, 朴海植,
　　　　房東熙, 裵柄皓, 白潤基, 石鎬哲, 宣正源, 成百玹, 成重卓,
　　　　宋鎭賢, 申東昇, 辛奉起, 安東寅, 呂相薰, 吳峻根, 柳哲馨,

尹炯漢, 李東植, 李元雨, 李重光, 林永浩, 張暻源, 藏尙均,
田聖銖, 田　勳, 鄭南哲, 鄭鍾錧, 鄭準鉉, 鄭夏明, 鄭亨植,
鄭鎬庚, 趙成奎, 趙龍鎬, 曺海鉉, 趙憲銖, 朱한길, 崔桂暎,
崔峰碩, 崔善雄, 崔允寧, 崔正一, 河宗大, 韓堅愚, 洪準亨
간　　　사 禹美亨/朴祐慶/金讚喜/金厚信(총무), 金判基(연구),
李眞洙/桂仁國/李在勳/李采鋏(출판)

■제13 대(2020. 3. 20. /2022. 3. 19.)
명예회장 金鐵容, 崔光律
고　　　문 金南辰, 金東建, 金東熙, 金英勳, 朴鈗炘, 徐基錫, 徐廷友,
蘇淳茂, 李康國, 李京運, 李光潤, 李鴻薰, 鄭夏重, 韓昌奎
회　　　장 金善旭
부 회 장 朴正勳, 金國鉉, 金秀珍
감　　　사 金重權, 金義煥
특임이사 金敞祚/俞珍式
상임이사 金大仁(총무), 李眞洙/桂仁國(출판), 林　賢/朴玄廷(연구),
徐輔國/朴修貞/金亨洙(기획), 房東熙/李相惠(섭외)
운영이사 姜基弘, 姜錫勳, 康鉉浩, 慶　健, 具旭書, 權殷旼, 琴泰煥,
金光洙, 金南撤, 金炳圻, 金聲培, 金性洙, 金聖泰, 金連泰,
金容燮, 金容贊, 金裕煥, 金義煥, 金鐘甫, 金致煥, 金海龍,
金香基, 金鉉峻, 文尙德, 朴均省, 朴海植, 裵柄晧, 白潤基,
徐圭永, 石鎬哲, 宣正源, 成百玹, 成重卓, 孫台浩, 宋鎭賢,
申東昇, 辛奉起, 安東寅, 呂相薰, 吳峻根, 柳哲馨, 尹炯漢,
李東植, 李承寧, 李元雨, 李殷祈, 李重光, 李鎭萬, 李賢修,
李熙貞, 林永浩, 張暻源, 藏尙均, 田聖銖, 田　勳, 鄭南哲,
鄭鍾錧, 鄭準鉉, 鄭夏明, 鄭亨植, 鄭鎬庚, 趙成奎, 趙龍鎬,
曺海鉉, 趙憲銖, 朱한길, 崔桂暎, 崔峰碩, 崔善雄, 崔允寧,

崔正一, 崔瑨修, 河明鎬, 河宗大, 韓堅愚, 洪準亨

간사　　朴祐慶/朴乾嵎/河敏貞(총무), 李在勳/李采鋏/姜相宇(출판),
　　　　張允瑛/金在仙(연구)

■제14대(2022. 2. 21. /2024. 2. 20.)

명예회장 金鐵容, 崔光律

고　　문 金南辰, 金東建, 金東熙, 金英勳, 朴鈗炘, 徐基錫, 徐廷友,
　　　　蘇淳茂, 李康國, 李京運, 李光潤, 李鴻薰, 鄭夏重, 韓昌奎

회　　장 朴正勳

부 회 장 康鉉浩, 崔瑨修, 金國鉉, 李熙貞, 河明鎬

감　　사 趙椿, 金秀珍

특임이사 金義煥, 鄭夏明

총무이사 徐輔國, 李殷相

연구이사 林賢, 成重卓, 崔桂暎, 宋時康, 洪康熏, 朴玄廷

출판이사 桂仁國, 李承玟

기획이사 朴在胤, 安東寅, 金志訓

대외이사 丁相奎, 李相憙, 金炯秀

재무이사 李眞洙, 姜知恩, 朴祐慶

간사　　禹美亨/李在勳/朴乾嵎/金厚信(총무), 金在仙/金慧眞/崔名芝/
　　　　文光珍(연구), 姜相宇/黃善勳/石浩榮/張允瑛(출판), 金讚喜(재무)

月例 集會 記錄

〈2023.12. 현재〉

순번	연월일	발표자	발 표 제 목
1-1	84.12.11.	金南辰	聽聞을 缺한 行政處分의 違法性
-2		李鴻薰	都市計劃과 行政拒否處分
2-1	85.2.22.	崔世英	行政規則의 法規性 認定 與否
-2		崔光律	實地讓渡價額을 넘는 讓渡差益의 인정여부
3-1	3.29.	石琮顯	都市計劃決定의 法的 性質
-2		金東建	違法한 旅館建物의 건축과 營業許可의 취소
4-1	4.26.	徐元宇	當然無效의 行政訴訟과 事情判決
-2		黃祐呂	아파트地區내의 土地와 空閑地稅
5-1	5.31.	朴鈗炘	林産物團束에관한法律 제7조에 대한 違法性 認定의 與否
-2		姜求哲	行政訴訟에 있어서의 立證責任의 문제
6-1	6.28.	金鐵容	酒類販賣業 免許處分 撤回의 근거와 撤回權 留保의 한계
-2		盧塸保	國稅基本法 제42조 소정의 讓渡擔保財産의 의미
7-1	9.27.	金道昶	信賴保護에 관한 行政判例의 최근 동향
-2		金東熙	自動車運輸事業法 제31조 등에 관한 處分要

순번	연월일	발표자	발 표 제 목
			領의 성질
8-1	10.25.	李尙圭	入札參加資格 制限行爲의 법적 성질
-2		李相敦	公有水面埋立에 따른 不動産所有權 國家歸屬의 무효확인
9-1	11.22.	梁承斗	抗告訴訟의 提起要件
-2		韓昌奎	地目變更 拒否의 성질
10	86.1.31.	李相赫	行政訴訟에 있어서의 訴의 利益의 문제
11	2.28.	崔松和	運轉免許 缺格者에 대한 면허의 효력
12	3.28.	金道昶	憲法上의 違憲審査權의 所在
13	4.25.	趙慶根	美聯邦情報公開法에 대한 약간의 고찰
14	5.30.	張台柱	西獨에 있어서 隣人保護에 관한 判例의 최근 동향
15	6.27.	金斗千	僞裝事業者와 買入稅額 控除
外1	9.30.	藤田宙靖	日本의 最近行政判例 동향
16	10.31.	金英勳	注油所 許可와 瑕疵의 承繼
17	11.28.	芮鍾德	漁業免許의 취소와 裁量權의 濫用
外2	87.3.21.	鹽野宏	日本 行政法學界의 現況
		園部逸夫	새 行政訴訟法 시행 1년을 보고
18	4.25.	金道昶	知的財産權의 문제들
19-1	4.22.	李升煥	商標法에 관한 최근판례의 동향
-2			工場登錄 拒否處分과 소의 이익
20	5.29.	金南辰	執行停止의 요건과 本案理由와의 관계
21	9.25.	崔光律	日本公法學會 總會參觀 등에 관한 보고
22-1	10.30.	金道昶	地方自治權의 강화와 行政權限의 위임에 관한 문제
-2			
23	11.27.	金鐵容	不作爲를 구하는 訴의 가부

순번	연월일	발표자	발 표 제 목
24	88.2.26.	金時秀	租稅賦課處分에 있어서의 當初處分과 更正拒否處分의 법률관계
25-1	3.25.	徐元宇	최근 日本公法學界의 동향
-2		朴鈗炘	平澤港 漁業補償 문제
外3	4.29.	成田賴明	日本 行政法學과 行政判例의 최근 동향
26	5.27.	李尙圭	防衛稅 過誤納 還給拒否處分의 취소
27	6.24.	徐元宇	運輸事業計劃 변경인가처분의 취소
28	8.26.	金完燮	처분후의 事情變更과 소의 이익
29	10.7.	石琮顯	行政處分(訓令)의 법적 성질
30	10.28.	李鴻薰	土地收用裁決處分의 취소
31	11.17.	朴鈗炘	行政計劃의 법적 성질
32	89.1.27.	金東熙	裁量行爲에 대한 司法的統制의 한계
33	2.24.	李碩祐	國稅還給申請權의 인정 여부
34	3.24.	朴松圭	國産新技術製品 保護決定處分의 일부취소
35-1	4.28.	金鐵容	독일 行政法學界의 최근동향
-2		千柄泰	제 3 자의 行政審判前置節次 이행 여부
36	5.26.	金善旭	公務員의 團體行動의 違法性
37	6.30.	金元主	租稅行政과 信義誠實의 원칙
38	8.25.	趙憲銖	國稅還給拒否處分의 법적 성질
39	9.29.	鄭準鉉	刑事訴追와 行政處分의 효력
40	10.27.	韓堅愚	行政規則(訓令)의 성질
41	11.24.	金斗千	相續稅法 제32조의2의 違憲 여부
外4	12.27.	小早川光朗	日本 行政法學界의 최근 동향
42	90.1.19.	金鐵容	豫防的 不作爲訴訟의 許容 여부
43	2.23.	李光潤	營造物行爲의 법적 성질
44	3.30.	南勝吉	行政刑罰의 범위

순번	연월일	발표자	발 표 제 목
45	4.27.	黃祐呂	法律의 遡及效
46	5.25.	朴均省	行政訴訟과 訴의 이익
47	6.29.	卞在玉	軍檢察官의 公訴權行使에 관한 憲法訴願
48	8.31.	成樂寅	結社의 自由의 事前制限
49	9.28.	辛奉起	憲法訴願과 辯護士 强制主義
50	10.26.	朴圭河	行政官廳의 權限의 委任·再委任
51	11.30.	朴國洙	行政行爲의 公定力과 國家賠償責任
52	91.1.25.	梁承斗	土地去來許可의 법적 성질
53	2.22.	徐元宇	建築許可 保留의 위법성 문제
外5-1	3.29.	南博方	處分取消訴訟과 裁決取消訴訟
-2		藤田宙靖	日本 土地法制의 현황과 課題
54	4.26.	吳峻根	遺傳子工學的 施設 設置許可와 法律留保
55	5.31.	金南辰	拒否行爲의 行政處分性과 "법률상 이익 있는 자"의 의미
56	6.28.	鄭然彧	無效確認訴訟과 訴의 이익
57	8.30.	金性洙	主觀的公權과 基本權
58	9.27.	金英勳	運轉免許 取消處分의 취소
59	10.25.	石琮顯	基準地價告示地域 내의 收用補償額 算定基準에 관한 판례동향
60	11.29.	朴鈗炘	工事中止處分의 취소
61	92.1.31.	卞海喆	公物에 대한 强制執行
62	2.28.	李康國	違憲法律의 효력－그 遡及效의 범위와 관련하여
63	3.27.	金善旭	公勤務에 관한 女性支援指針과 憲法上의 平等原則
64	4.24.	全光錫	不合致決定의 허용 여부
65	5.29.	崔正一	行政規則의 법적성질 및 효력

순번	연월일	발표자	발 표 제 목
66	6.26.	李琦雨	獨逸 Münster 高等行政裁判所 1964.1.8. 판결
67	8.28.	朴鈗炘	地方自治團體의 자주적인 條例制定權과 規律 문제
68	9.18.	金元主	讓渡所得稅 등 賦課處分의 취소
69	10.16.	洪準亨	結果除去請求權과 行政介入請求權
70	11.20.	金時秀	土地收用裁決處分의 취소
71	93.1.15.	金海龍	環境技術관계 行政決定에 대한 司法的 統制의 범위
72	2.19.	李重光	租稅法上 不當利得 返還請求權
73	3.19.	高永訓	行政規則에 의한 行政府의 立法行爲外
外6	4.16.	J.Anouil	EC法의 現在와 將來
74	5.21.	柳至泰	行政訴訟에서의 行政行爲 根據變更에 관한 판례분석
75	6.18.	徐元宇	原處分主義와 被告適格
76	8.20.	朴均省	國家의 公務員에 대한 求償權
77	9.17.	金東熙	敎員任用義務不履行 違法確認訴訟
78	10.15.	盧永錄	建設業免許 取消處分의 취소
79	94.1.21.	徐廷友	無效確認을 구하는 의미의 租稅取消訴訟과 租稅還給金 消滅時效의 起算點
80	2.18.	洪準亨	判斷餘地의 한계
81	3.18.	裵輔允	憲法訴願 審判請求 却下決定에 대한 헌법소원
82	4.15.	金善旭	舊東獨判事의 獨逸判事任用에 관한 決定과 그 不服에 대한 管轄權
83	5.20.	李京運	學則의 법적 성질
84	6.17.	朴松圭	任用行爲取消處分의 취소
85	8.19.	金鐵容	公務員 個人의 不法行爲責任

순번	연월일	발표자	발 표 제 목
86	9.30.	卞在玉	日本 家永教科書檢定 第一次訴訟 上告審 判決의 評釋
87	10.21.	金香基	無名抗告訴訟의 可否
88	11.18.	李康國	行政行爲의 瑕疵의 治癒
89	95.1.20.	趙憲銖	取消判決의 遡及效
90	2.17.	朴秀赫	獨逸 統一條約과 補償法上의 原狀回復 排除 規定의 合憲 여부
外7	3.17.	小高剛	損失補償에 관한 日本 最高裁判所 判決의 분석
91	4.21.	崔松和	行政處分의 理由明示義務에 관한 판례
92	5.19.	崔正一	石油販賣業의 양도와 歸責事由의 승계
93	6.16.	鄭夏重	國家賠償法 제5조에 의한 배상책임의 성격
94	8.18.	吳振煥	無效인 條例에 근거한 行政處分의 효력
95	9.15.	金敏祚	日本 長良川 安八水害 賠償判決
96	10.20.	黃祐呂	非常高等軍法會議 判決의 破棄와 還送法院
97	11.17.	白潤基	地方自治法 제98조 및 제159조에 의한 訴訟
98	96.1.19.	徐元宇	營業停止期間徒過後의 取消訴訟과 訴의 이익
99	2.23.	金海龍	計劃變更 내지 保障請求權의 성립요건
外8	3.19.	鹽野宏	日本 行政法 判例의 近年動向 - 行政訴訟을 중심으로
100	4.19.	金東熙	國家賠償과 公務員에 대한 求償
101	5.17.	梁承斗	教員懲戒와 그 救濟制度
102	6.28.	金容燮	運轉免許取消·停止處分의 法的 性質 및 그 한계
103	8.16.	李京運	轉補發令의 處分性
104	9.20.	盧永錄	申告納稅方式의 租稅와 그 瑕疵의 판단기준
105	10.18.	金敏祚	道路公害와 道路設置·管理者의 賠償責任

순번	연월일	발표자	발 표 제 목
106	11. 15.	金裕煥	形式的 拒否處分에 대한 取消訴訟의 審理범위
107	97. 1. 17.	裵柄皓	北韓國籍住民에 대한 强制退去命令의 적법성
108	2. 21.	趙龍鎬	公衆保健醫師 採用契約解止에 대한 爭訟
109	3. 21.	金鐵容	行政節次法의 내용
110	4. 18.	趙憲銖	建築物臺帳 職權訂正行爲의 처분성
111	5. 16.	鄭夏重	交通標識板의 법적성격
112	6. 20.	裵輔允	違憲決定과 行政處分의 효력
113	8. 22.	吳峻根	聽聞의 실시요건
114	9. 19.	金善旭	옴부즈만條例案 再議決 無效確認判決의 문제점
115	10. 17.	李光潤	機關訴訟의 성질
116	11. 21.	朴正勳	敎授再任用拒否의 처분성
117	98. 1. 16.	白潤基	當事者訴訟의 대상
118	2. 20.	辛奉起	機關訴訟 주문의 형식
119	3. 20.	洪準亨	行政法院 出帆의 意義와 행정법원의 課題
120	4. 17.	宣正源	오스트리아와 독일의 不作爲訴訟에 관한 고찰
121	5. 16.	李東洽	刑事記錄 열람·등사 거부처분
122	6. 19.	金東建	環境行政訴訟과 地域住民의 原告適格
123	8. 21.	金南辰	法規命令과 行政規則의 구별
124	9. 18.	金敞祚	河川 管理 責任
125	10. 16.	金容燮	行政審判의 裁決에 대한 取消訴訟
126	11. 20.	徐廷友	垈地造成事業計劃 승인처분의 재량행위
127	99. 1. 15.	南勝吉	處分의 기준을 규정한 施行規則(部令)의 성격
128	2. 19.	金裕煥	違憲法律에 根據한 行政處分의 效力
129	3. 19.	鄭夏重	多段階行政節次에 있어서 事前決定과 部分許可의 意味

순번	연월일	발표자	발 표 제 목
130	4.16.	裵輔允	南北交流協力 등 統一에 관한 법적 문제
131	5.21.	康鉉浩	計劃承認과 司法的 統制
132	6.18.	俞珍式	行政指導와 違法性阻却事由
133	8.20.	朴正勳	侵益的 行政行爲의 公定力과 刑事裁判
134	9.17.	金東熙	建築許可신청서 返戾처분취소
		金南澈	行政審判法 제37조 제2항에 의한 自治權侵害의 가능성
135	10.15.	金炳圻	條例에 대한 再議要求事由와 大法院提訴
		權殷玟	公賣決定·通知의 처분성 및 소송상 문제점
136	11.19.	石鎬哲	羈束力의 범위로서의 처분사유의 동일
		金珉昊	직무와 관련된 不法行爲에 있어 공무원 개인의 책임
137	00.1.21.	尹炯漢	任用缺格과 退職給與
		裵柄皓	還買權소송의 管轄문제
138	2.18.	趙憲銖	個人事業의 法人轉換과 租稅減免
		金連泰	조세행정에 있어서 경정처분의 효력
139	3.17.	俞珍式	自動車運輸事業 면허처분에 있어서 競業, 競願의 범위
		慶 健	情報公開請求權의 憲法的 根據와 그 制限
140	4.21.	朴正勳	拒否處分 取消訴訟에 있어 違法判斷의 基準時와 訴의 利益
		金柄圻	行政訴訟上 執行停止의 要件으로서의 '回復하기 어려운 損害'와 그 立證責任
141	5.19.	洪準亨	不可變力, 信賴保護, 그리고 行政上 二重危險의 禁止
		康鉉浩	建築變更許可와 附款

순번	연월일	발표자	발 표 제 목
142	6.16.	趙龍鎬	寄附金品募集許可의 法的性質
		金容燮	行政上 公表
143	8.18.	朴松圭	盜難당한 自動車에 대한 自動車稅와 免許稅
		權殷玟	廢棄物處理業 許可權者가 한 '不適正通報'의 法的性質
144	9.22.	石鎬哲	公法的 側面에서 본 日照權 保護
145	10.20.	蘇淳茂	後發的 事由에 의한 更正請求權을 條理上 인정할 수 있는지 與否
		金光洙	土地形質變更許可와 信賴保護原則
146	11.17.	朴鈗炘	慣行漁業權
		宣正源	複合民願과 認·許可擬制
147	01.1.19.	崔松和	판례에 있어서 공익
		李光潤	도로가 행정재산이 되기 위한 요건 및 잡종재산에 대한 시효취득
148	2.16.	金鐵容	개발제한 구역의 시정과 손실 보상
		鄭夏重	부관에 대한 행정소송
149	3. 8.	金性洙	독일연방헌재의 폐기물법에 대한 결정과 환경법상 협력의 원칙
		李東植	중소기업에 대한 조세 특례와 종업원의 전출.파견
150	4.20.	李京運	주택건설사업계획 사전결정의 구속력
		裵輔允	2000년 미국대통령 선거 소송 사건
151	5. 9.	李東洽	위헌법률에 근거한 처분에 대한 집행력 허용 여부
		金珉昊	상속세 및 증여세법상 증여의 의미
152	6.15.	李元雨	정부투자기관의 부정당업자 제재조치의 법적

순번	연월일	발표자	발 표 제 목
			성질
		朴榮萬	군사시설보호법상의 협의와 항고소송
153	8.17.	崔正一	법규명령형식의 재량준칙의 법적성질 및 효력
		趙憲銖	유적발굴허가와 행정청의 재량
154	9.21.	金東熙	국가배상법 제5조상의 영조물의 설치·관리
			상 하자의 관념
		金東建	대법원 판례상의 재량행위
155	10.10.	吳峻根	행정절차법 시행이후의 행정절차 관련 주요
			행정판례 동향분석
		柳至泰	공물법의 체계에 관한 판례 검토
156	11. 7.	白潤基	행정소송에 있어서 건축주와 인근주민의 이
			익의 충돌과 그 조화
		徐廷範	국가배상에 있어서 위법성과 과실의 일원화
			에 관하여
157	02.1.18.	金善旭	독일헌법상의 직업공무원제도와 시간제공무원
		朴正勳	처분사유의 추가·변경 – 제재철회와 공익상
			철회
158	2.15.	辛奉起	일본의 기관소송 법제와 판례
		權殷玟	원천징수행위의 처분성과 원천징수의무자의
			불복방법
159	3.15.	朴均省	환경영향평가의 하자와 사업계획승인처분의
			효력
		金鐘甫	관리처분계획의 처분성과 그 공정력의 범위
160	4.19.	崔光律	농지전용에 관한 위임명령의 한계
		俞珍式	건축법상 일조보호규정의 私法上의 의미
161	5.17.	朴鈗炘	국가배상법 제2조 제1항 단서에 대한 헌법재

순번	연월일	발표자	발 표 제 목
			판소의 한정위헌결정 및 관련 대법원판례에 대한 평석
		宣正源	행정의 공증에 대한 사법적 통제의 의미와 기능의 명확화
162	6.21.	金元主	도로배연에 의한 대기오염과 인과관계
		康鉉浩	재량준칙의 법적 성격
163	7.19.	裵柄皓	회의록과 정보공개법상 비공개대상정보
		慶　健	공문서관리의 잘못과 국가배상책임
164	8.16.	金容燮	거부처분취소판결의 기속력
		金炳圻	보완요구의 '부작위'성과 재결의 기속력
165	9.13.	尹炯漢	기납부 택지초과소유부담금 환급청구권의 성질과 환급가산금의 이자율
		鄭夏明	미국연방대법원의 이른바 임시규제적 수용에 관한 새로운 판결례
166	10.18.	李鴻薰	공용지하사용과 간접손실보상
		金光洙	국가배상소송과 헌법소원심판의 관계
167	11.15.	徐元宇	행정법규위반행위의 사법적 효력
		李康國	조세채무의 성립과 확정
168	12.20.	蘇淳茂	인텔리전트빌딩에 대한 재산세중과시행규칙의 유효성 여부
169	03.1.17.	金敞祚	정보공개제도상의 비공개사유와 본인개시청구
		金聖泰	운전면허수시적성검사와 개인 정보보호
170	2.21.	金東熙	기속재량행위와 관련된 몇 가지 논점 또는 의문점
		曹海鉉	행정처분의 근거 및 이유제시의 정도
171	3.21.	白潤基	불합격처분에 대한 효력정지결정에 대한 고찰

순번	연월일	발표자	발 표 제 목
		宣正源	행정입법에 대한 부수적 통제
172	5.16.	李元雨	한국증권업협회의 협회등록최소결정의 법적 성질
		金容贊	정보공개청구사건에서의 몇 가지 쟁점
173	6.20.	金重權	이른바 "수리를 요하는 신고"의 문제점에 관한 소고
		洪準亨	평생교육시설 설치자 지위승계와 설치자 변경 신청서 반려처분의 적법 여부
174	7.18.	金鐵容	학교법인임원취임승인취소처분과 행정절차법
		金秀珍	성별에 따른 상이한 창업지원금신청기간설정과 국가의 평등보장의무
175	8.22.	鄭夏重	법관의 재판작용에 대한 국가배상책임
		金鐘甫	정비조합(재건축, 재개발조합) 인가의 법적 성격
176	9.19.	金炳圻	수익적 행정행위의 철회의 법적 성질과 철회사유
		朴榮萬	군사시설보호구역설정행위의 법적 성격
177	10. 9	朴正勳	취소판결의 기판력과 기속력
		李東植	구 소득세법 제101조 제 2 항에 따른 양도소득세부과와 이중과세 문제
178	11.21.	李東洽	최근 행정소송의 주요사례
		慶 健	하천구역으로 편입된 토지에 대한 손실보상
179	12.19.	朴均省	거부처분취소판결의 기속력과 간접강제
180	04.1.16.	李光潤	광역지방자치단체와 기초지방자치단체의 성격
		朴海植	행정소송법상 간접강제결정에 기한 배상금의 성질
181	2.20.	金海龍	행정계획에 대한 사법심사에 있어서 법원의

순번	연월일	발표자	발 표 제 목
182	3.19.	李賢修	석명권행사 한계와 입증책임
			영업양도와 공법상 지위의 승계
		俞珍式	기부채납부관을 둘러싼 법률문제
		鄭泰學	매입세액의 공제와 세금계산서의 작성·교부 시기
183	4.16.	柳至泰	행정행위의 취소의 취소
		金致煥	통지의 법적 성질
184	5.21.	鄭準鉉	단순하자 있는 행정명령을 위반한 행위의 가벌성
		權殷玟	압류처분취소소송에서 부과처분의 근거법률이 위헌이라는 주장이 허용되는지 여부
185	6.18.	趙憲銖	사업양도와 제 2 차 납세의무
		金連泰	과징금 부과처분에 대한 집행정지결정의 효력
186	7.16.	金容燮	보조금 교부결정을 둘러싼 법적 문제
		林聖勳	영내 구타·가혹 행위로 인한 자살에 대한 배상과 보상
187	8.20.	李京運	교수재임용거부처분취소
		曹媛卿	국가공무원법 제69조 위헌제청
188	9.17.	鄭成太	법규명령의 처분성
		金敞祚	원자로 설치허가 무효확인소송
189	04.10.15.	崔正一	법령보충적행정규칙의 법적 성질 및 효력
		李湖暎	독점규제법상 특수관계인에 대한 부당지원행위의 규제
190	11.19.	金香基	재결에 대한 취소소송
		劉南碩	집행정지의 요건으로서 "회복하기 어려운 손해를 예방하기 위한 긴급한 필요"와 그 고려

순번	연월일	발표자	발 표 제 목
			사항으로서의 '승소가능성'
191	12.17.	尹炯漢	사전통지의 대상과 흠결의 효과
192	05.1.31.	鄭鎬慶	행정소송의 협의의 소의 이익과 헌법소원의 보충성
		金重權	국토이용계획변경신청권의 예외적 인정의 문제점에 관한 소고
193	2.18.	宣正源	하자승계론에 몇 가지 쟁점에 관한 검토
		李熙貞	공법상 계약의 해지와 의견청취절차
194	3.18.	安哲相	취소소송 사이의 소의 변경과 새로운 소의 제소기간
		康鉉浩	민간투자법제에 따른 우선협상대상자지정의 법적 제문제
195	4.15.	吳峻根	재량행위의 판단기준과 재량행위 투명화를 위한 법제정비
		李根壽	대집행의 법적 성격
196	5.20.	河宗大	금산법에 기한 계약이전결정 등의 처분과 주주의 원고적격
		金鐘甫	토지형질변경의 법적 성격
197	6.17.	朴海植	제재적 행정처분의 효력기간 경과와 법률상 이익
		李桂洙	공무원의 정치적 자유와 정치운동금지의무
198	8.19.	金容燮	재결의 기속력의 주관적 범위를 둘러싼 논의
		徐正旭	공시지가와 하자의 승계
199	9.16.	金鉉峻	용도지역 지정·변경행위의 법적 성질과 그에 대한 사법심사
		趙成奎	직접민주주의와 조례제정권의 한계

순번	연월일	발표자	발 표 제 목
200	10.21.	金光洙	공직선거법과 행정형벌
		崔桂暎	용도폐지된 공공시설에 대한 무상양도신청거부의 처분성
201	11.12.	鄭夏重	행정판례의 발전과 전망
		朴正勳	행정판례의 발전과 전망
		尹炯漢	행정재판제도의 발전과 행정판례
		朴海植	행정재판제도의 발전과 행정판례
202	12.16.	鄭泰容	행정심판청구인적격에 관한 몇 가지 사례
203	06. 1.20	朴均省	행정상 즉시강제의 통제 — 비례원칙, 영장주의, 적법절차의 원칙과 관련하여 —
		權殷玟	기본행위인 영업권 양도계약이 무효라고 주장하는 경우에 행정청이 한 변경신고수리처분에 대한 불복방법 등
204	2.17.	曹海鉉	민주화운동관련자명예회복및보상등에관한법률에 기한 행정소송의 형태
		金重權	사권형성적 행정행위와 그 폐지의 문제점에 관한 소고
205	3.17.	朴正勳	불확정개념과 재량 — 법규의 적용에 관한 행정의 우선권
		李相悳	한국지역난방공사 공급규정 변경신고를 산업자원부장관이 수리한 행위의 법적 성질
206	4.21.	俞珍式	공유수면매립법상 사정변경에 의한 매립면허의 취소신청
		林永浩	채석허가기간의 만료와 채석허가취소처분에 대한 소의 이익
207	5.19	嚴基變	공정거래법상 사업자단체의 부당제한행위의

순번	연월일	발표자	발 표 제 목
			성립요건
		李賢修	납입고지에 의한 변상금부과처분의 취소와 소멸시효의 중단
208	6.16.	金鐘甫	재건축 창립총회의 이중기능
		鄭夏明	미국 연방대법원의 행정입법재량통제
209	8.17.	裵柄晧	개정 하천법 부칙 제2조의 손실보상과 당사자 소송
		金裕煥	공공갈등의 사법적 해결 — 의미와 한계
210	9.15.	金容燮	텔레비전 수신료와 관련된 행정법적 쟁점
		崔桂暎	행정처분과 형벌
211	10.20.	金海龍	처분기간이 경과된 행정처분을 다툴 법률상 이익(행정소송법 제12조 후문 관련)과 제재적
		石鎬哲	처분기준을 정한 부령의 법규성 인정 문제
212	11.17.	宣正源	입헌주의적 지방자치와 조직고권
		李熙貞	주민투표권 침해에 대한 사법심사
213	12.8.-		법제처 · 한국행정판례연구회 공동주관 관학 협동워크샵
	9.	朴 仁	법령보충적 성격의 행정규칙의 현황과 문제점
		林永浩	법령보충적 성격의 행정규칙에 대한 판례분석
		鄭南哲	법령보충적 성격의 행정규칙의 정비방향과 위임사항의 한계
		金重權	민주적 법치국가에서 의회와 행정의 공관적 법정립에 따른 법제처의 역할에 관한 소고
		金海龍	국토계획 관련법제의 문제점과 개선방안
214	07.1.19.	張暻源	독일 맥주순수령 판결을 통해 본 유럽과 독일의 경제행정법

순번	연월일	발표자	발 표 제 목
		權純一	재정경제부령에 의한 덤핑방지관세부과조치의 처분성 재론－기능적 관점에서－
215	2.23.	鄭準鉉	소위 '공익사업법'상 협의취득의 법적 성질
		裵輔允	구 농어촌정비법 제93조 제1항의 국공유지 양증여의 창설환지 등의 문제점
216	3.16.	朴榮萬	법령의 개정과 신뢰보호의 원칙
		金重權	행정입법적 고시의 처분성인정과 관련한 문제점에 관한 소고
217	4.20.	金容贊	국가지정문화재현상변경허가처분의 재량행위성
		李湖暎	합의추정된 가격담합의 과징금산정
218	5.18	金敏昨	공인중개사시험불합격처분 취소소송
		李宣憙	행정청의 고시와 원고적격
219	6.15.	李光潤	제재적 처분기준의 성격과 제재기간 경과후의 소익
		金暎賢	행정소송의 피고적격
220	.8.17.	金義煥	정보공개법상의 공공기관 및 정보공개청구와 권리남용
		金秀珍	행정서류의 외국으로의 송달
221	9.21.	蘇淳茂	명의신탁 주식에 대한 증여의제에 있어서 조세회피목적의 해석
		慶 健	관계기관과의 협의를 거치지 아니한 조례의 효력
222	10.19.	成百玹	공특법상 '이주대책'과 공급규칙상 '특별공급'과의 관계
		金南澈	건축허가의 법적 성질에 대한 판례의 검토
223	11.16.	金性洙	민간투자사업의 성격과 사업자 선정의 법적

순번	연월일	발표자	발 표 제 목
			과제
224	12.21.	趙憲銖	병역의무 이행과 불이익 처우 금지의 관계
225	08.1.18.	金南辰	국가의 경찰법, 질서법상의 책임
		李殷祈	폐기물관리법제와 폐기물처리조치명령취소처분
		鄭成太	대형국책사업에 대한 사법심사(일명 새만금사건을 중심으로)
226	2.15.	辛奉起	한국 행정판례에 있어서 형량하자론의 도입과 평가
		鄭鍾館	하천법상의 손실보상
227	3.21.	鄭夏重	사립학교법상의 임시이사의 이사선임권한
		林聖勳	행정입법 부작위에 관한 몇가지 문제점
228	4.18.	金光洙	자치사무에 대한 국가감독의 한계
		金熙喆	토지수용으로 인한 손실보상금 산정
229	5.16.	申東昇	행정행위 하자승계와 선결문제
		趙成奎	과징금의 법적 성질과 부과기준
230	6.20.	姜錫勳	위임입법의 방식 및 해석론에 관한 고찰
		鄭南哲	명확성원칙의 판단기준과 사법심사의 한계
231	8.22.	鄭泰學	조세통칙과 신의성실의 원칙
		李京運	부관으로서의 기한
232	9.19.	朴尙勳	시간강사의 근로자성
		金善旭	지방자치단체장의 소속공무원에 대한 징계권과 직무유기
233	10.17.	趙允熙	정보통신부 장관의 위성망국제등록신청과 항고소송의 대상
		金鉉峻	환경사법 액세스권 보장을 위한 "법률상 이익"의 해석

순번	연월일	발표자	발 표 제 목
234	11.21.	裵輔允	권한쟁의심판의 제3자 소송담당
		李賢修	공물의 성립요건
235	12.19.	金鐵容	행정청의 처분근거·이유제시의무와 처분근거·이유제시의 정도
236	09.1.16.	金炳圻	행정법상 신뢰보호원칙
		劉慶才	원인자부담금
237	2.20.	金聖泰	도로교통법 제58조 위헌확인
		林永浩	공매 통지의 법적 성격
238	3.20.	崔桂暎	위헌결정의 효력과 취소소송의 제소기간
		金尚煥	법규명령에 대한 헌법소원의 적법요건
239	4.17.	朴均省	직무상 의무위반으로 인한 국가배상책임
		金國鉉	사망자의 법규위반으로 인한 제재사유의 승계
240	5.15.	金容燮	택지개발업무처리지침 위반과 영업소 폐쇄
		金炅蘭	개발제한구역의 해제와 원고적격
241	6.19.	朴正勳	무효확인소송의 보충성
		曺海鉉	민주화운동관련자 명예회복 및 보상 등에 관한 법률에 의한 보상금의 지급을 구하는 소송의 형태
242	8.21.	鄭泰容	행정심판 재결 확정력의 의미
		安哲相	지방계약직 공무원의 징계
243	9.18.	金鐘甫	「도시 및 주거환경정비법」상 정비기반시설의 귀속 관계
		徐基錫	국회의 입법행위 또는 입법부작위로 인한 국가배상책임
244	10.16.	河明鎬	법인에 대한 양벌규정의 위헌여부
		趙龍鎬	표준지공시지가 하자의 승계

순번	연월일	발표자	발 표 제 목
245	11.20.	金連泰	한국마사회의 조교사 및 기수의 면허부여 또는 취소의 처분성
		金義煥	행정상 법률관계에 있어서의 소멸시효의 원용과 신의성실의 원칙
246	12.18.	朴鈗炘	주거이전비 보상의 법적 절차, 성격 및 소송법적 쟁점
247	10.1.15	林宰洪	출입국관리법상 난민인정행위의 법적 성격과 난민인정요건
		金泰昊	하자있는 수익적 행정처분의 직권취소
248	2.19	金南澈	국가기관의 지방자치단체에 대한 감독·감사권한
		權殷玟	미국산 쇠고기 수입 고시의 법적 문제
249	3.19	金聲培	수용재결과 헌법상 정교분리원칙
		姜相旭	건축물대장 용도변경신청 거부의 처분성
250	4.16	李宣憙	공정거래법상 시정조치로서 정보교환 금지명령
		金鍾泌	이주대책대상자제외처분 취소소송의 쟁점
251	5.14	鄭夏重	공법상 부당이득반환청구권의 독자성
		魯坰泌	관리처분계획안에 대한 총회결의 무효확인을 다투는 소송방법
252	6.18	金秀珍	합의제 행정기관의 설치에 관한 조례 제정의 허용 여부
		白濟欽	과세처분에 대한 증액경정처분과 행정소송
253	8.20	崔正一	경원자 소송에서의 원고적격과 사정판결제도의 위헌 여부
		蔣尙均	승진임용신청에 대한 부작위위법확인소송
254	9.17	金敞昨	강의전담교원제와 해직처분
		河宗大	행정처분으로서의 통보 및 신고의 수리

순번	연월일	발표자	발 표 제 목
255	10.15	최진수	징발매수재산의 환매권
		朴海植	주민등록전입신고 수리 여부에 대한 심사범위와 대상
256	11.12	金容燮	부당결부금지원칙과 부관
		朴尙勳	공무원에 대한 불이익한 전보인사 조치와 손해배상
257	12.10	金東熙	제재적 재량처분의 기준을 정한 부령
258	11.1.14	成智鏞	위임입법의 한계와 행정입법에 대한 사법심사
		安東寅	법령의 개정과 신뢰보호원칙 — 신뢰보호원칙의 적극적 활용에 대한 관견 —
259	2.18	崔桂暎	민간기업에 의한 수용
		金泰昊	사전환경성검토와 사법심사
260	3.18	金鉉峻	규제권한 불행사에 의한 국가배상책임의 구조와 위법성 판단기준
		朴在胤	지방자치단체 자치감사의 범위와 한계
261	4.15	金重權	민간투자사업의 법적 절차와 처분하자
		徐輔國	행정입법의 부작위에 대한 헌법소원과 행정소송
262	5.20	李熙貞	귀화허가의 법적 성질
		尹仁聖	독점규제 및 공정거래에 관한 법률 제3조의2 제1항 제5호 후단에 규정된 "부당하게 소비자의 이익을 현저히 저해할 우려가 있는 행위"에 관한 소고
263	6.17	朴均省	납골당설치신고 수리거부의 법적 성질 및 적법성 판단
		姜錫勳	재조사결정의 법적 성격과 제소기간의 기산점
264	8.19	金光洙	임시이사의법적 지원

순번	연월일	발표자	발 표 제 목
265	9.16	趙允熙	불복절차 도중의 과세처분 취소와 재처분금지
		鄭準鉉	개인택시사업면허 양도시 하자의 승계
		김용하	잔여지 수용청구권의 행사방법 및 불복수단
266	10.21	崔峰碩	과징금 부과처분의 재량권 일탈·남용
		朴榮萬	군인공무원관계와 기본권 보장
267	11.11	俞珍式	정보공개법상 비공개사유
		주한길	행정소송법상 집행정지의 요건
268	12.16	琴泰煥	최근 외국 행정판례의 동향 및 분석
		金致煥	미국, 일본, 프랑스, 독일
		田勳	
		李殷相	
		李鴻薰	사회발전과 행정판결
269	12.1.27	裵炳晧	재개발조합설립인가 등에 관한 소송의 방법
		河明鎬	사회보장행정에서 권리의 체계와 구제
270	2.17	朴玄廷	건축법 위반과 이행강제금
		金善娥	출퇴근 재해의 인정범위
271	3.16	金重權	국가배상법상 중과실의 의미
		徐泰煥	행정소송법상 직권심리주의의 의미와 범위
272	4.20	李湖暎	시장지배적사업자의 기술적 보호조치와 공정 거래법
		李玩憙	공정거래법상 신고자 감면제도
273	5.18	李東植	세무조사 결정통지의 처분성
		鄭基相	조세소송에서 실의성실원칙
274	6.15	許康茂	생활대책대상자선정거부의 처분성과 신청권 의 존부
		朴貞栧	기대권의 법리와 교원재임용거부 및 부당한 근로계약 갱신 거절의 효력
275	8.17	金敏祚	정보공개법상 비공개사유로서 법인 등의 경

순번	연월일	발표자	발 표 제 목
276	9.21		영·영업상 비밀에 관한 사항
		成承桓	경찰권 발동의 한계와 기본권
		金宣希	도시정비법상 조합설립인가처분과 변경인가처분
		李相憙	국가와 지방자치단체의 보조금 지원과 지원거부의 처분성
277	10.19	康鉉浩	건축법상 인허가의제의 효과를 수반하는 신고
278	11.16	尹景雅	결손처분과 그 취소 및 공매통지의 처분성
		金容燮	원격평생교육시설 신고 및 그 수리거부
279	12.21	李義俊	사업시행자의 생활기본시설 설치 의무
		琴泰煥	미국, 일본, 프랑스, 독일의 최근 행정판례동향
		金致煥	
		田 勳	
		李殷相	
		崔松和	행정판례의 회고와 전망
280	13.1.18	崔桂暎	행정처분의 위법성과 국가배상책임
		金泰昊	정보공개법상 비공개사유로서 '진행 중인 재판에 관련된 정보'
281	2.15	金致煥	주민소송의 대상
		朴在胤	체육시설을 위한 수용
282	3.15	金聲培	국가유공자요건비해당결정처분
		金東國	해임처분무효
283	4.19	徐輔國	압류등처분무효확인
		崔柄律	자동차운전면허취소처분취소
284	5.24	裵柄皓	국가배상청구권의 소멸시효
		朴海植	감면불인정처분등취소
285	6.21	朴均省	국방·군사시설사업실시계획승인처분무효확인등

순번	연월일	발표자	발 표 제 목
		金慧眞	형의 집행 및 수용자의 처우에 관한 법률 제45조 제1항 위헌확인
286	8.16	俞珍式	여객자동차운수사업법 제14조 등 위헌확인 등
		김필용	증여세부과처분취소
287	9.27	慶建	정보공개청구거부처분취소
		이산해	과징금부과처분취소 · 부당이득환수처분취소
288	10.18	金裕煥	직권면직취소
		許盛旭	관리처분계획무효확인
289	11.15	金炳圻	완충녹지지정의 해제신청거부처분의 취소
		成重卓	조합설립인가처분무효확인
290	12.20	金聲培	미국, 일본, 프랑스, 독일의 최근 행정판례 동향
		金致煥	
		吳丞奎	
		桂仁國	
		鄭夏重	행정판례에 있어서 몇 가지 쟁점에 관한 소고
291	14. 1. 17	金相贊	국가공무원 복무규정 제3조 제2항 등 위헌확인
		金容河	사업시행승인처분취소
292	2.21	姜知恩	주택건설사업승인불허가처분 취소 등
		金世鉉	소득금액변동통지와 하자의 승계 판례변경에 따른 신뢰성 보호 문제
293	3.21	金重權	지방자치단체의 구역관할결정의 제 문제에 관한 소고
		李相悳	체납자 출국금지처분의 요건과 재량통제
294	4.18	俞珍式	정보공개거부처분취소
		金惠眞	백두대간보호에관한법률 제7조 제1항 제6호 위헌소원

순번	연월일	발표자	발 표 제 목
295	5.16	安東寅	토지대장의 직권말소 및 기재사항 변경거부의 처분성
		河泰興	증액경정처분의 취소를 구하는 항고소송에서 납세의무자가 다툴 수 있는 불복사유의 범위
296	6.20	金容燮	독립유공자법적용배제결정 − 처분취소소송에 있어 선행처분의 위법성승계
		李承勳	조합설립추진위원회 설립승인 무효 확인
297	8.22	鄭鎬庚	不利益處分原狀回復 등 要求處分取消
		이병희	解任處分取消決定取消
298	9.19	崔峰碩	職務履行命令取消
		文俊弼	還買代金增減
299	10.17	朴均省	行政判例 30年의 回顧와 展望: 행정법총론 I
		金重權	行政判例의 回顧와 展望 − 행정절차, 정보공개, 행정조사, 행정의 실효성확보의 분야
		洪準亨	行政判例 30年의 回顧와 展望 − 행정구제법: 한국행정판례의 정체성을 찾아서
300	11.21	康鉉浩	不正當業者制裁處分取消
		李承寧	讓受金
301	12.19	金聲培	美國의 最近 行政判例動向
		吳丞奎	프랑스의 最近 行政判例動向
		桂仁國	獨逸의 最近 行政判例動向
		咸仁善	日本의 最近 行政判例動向
		朴銃炘	온실가스 배출거래권 제도 도입에 즈음하여
302	15. 1.23	金泰昊	수정명령 취소
		李義俊	손해배상(기)
303	2.27	朴玄廷	정비사업조합설립과 토지 또는 건축물을 소유

순번	연월일	발표자	발 표 제 목
			한 국가·지방자치단체의 지위
		李羲俊	건축허가처분취소
304	3.20	俞珍式	공공감사법의 재심의신청과 행정심판에 관한 제소기간의 특례
		金世鉉	명의신탁과 양도소득세의 납세의무자
305	4.17	朴均省	노동조합설립신고반려처분취소
		金海磨中	국세부과취소
306	5.15	崔峰碩	직무이행명령취소청구
		박준희	지역균형개발 및 지방중소기업 육성에 관한 법률 제16조 제1항 제4호 등 위헌소원
307	6.19	裵柄皓	인신보호법 제2조 제1항 위헌확인
		金東柱	생태자연도등급조정처분무효확인
		裵柄皓	인신보호법 제2조 제1항 위헌확인
		김동주	생태자연도등급조정처분무효확인
308	8.29		牧村 金道昶 박사 10주기 기념 학술대회
309	9.18	崔桂暎	정보비공개결정처분취소
		정지영	부당이득금반환
310	10.16	鄭夏明	예방접종으로 인한 장애인정거부처분취소
		郭相鉉	급여제한및 환수처분취소
311		鄭鎬庚	독립유공자서훈취소결정무효확인등
		김혜성	직위해제처분취소
312		金聲培	최근(2014/2015) 미국 행정판례의 동향 및 분석 연구
		咸仁善	일본의 최근(2014) 행정판례의 동향 및 분석
		吳丞奎	2014년 프랑스 행정판례의 동향 연구
		桂仁國	국가의 종교적·윤리적 중립성과 윤리과목

순번	연월일	발표자	발 표 제 목
			편성 요구권
		金海龍	행정재판과 법치주의 확립
313	16. 1.22	金泰昊	주민소송(부당이득 반환)
		朴淵昱	건축협의취소처분취소
314	2.26	李熙貞	보상금환수처분취소
		李羲俊	변상금부과처분취소
315	3.18	成重卓	영업시간제한등처분취소
		임지영	조정반지정거부처분
316	4.15	裵柄皓	하천공사시행계획취소청구
		李用雨	세무조사결정행정처분취소
317	5.20	金南澈	과징금납부명령등취소청구의소
		李煌熙	홍▽군과 태△군 등 간의 권한쟁의
318	6.11	金重權	환경기술개발사업중단처분취소
		崔瑨修	관리처분계획안에대한총회결의효력정지가처분
		강주영	시설개수명령처분취소
		角松生史	일본 행정소송법개정의 성과와 한계
319	8.19	咸仁善	조례안의결무효확인 <학생인권조례안 사건>
		金世鉉	교육세경정거부처분취소
320	9.23	金容燮	독립유공자서훈취소처분의 취소
		李殷相	주유소운영사업자불선정처분취소
321	10.21	李光潤	부당이득금등
		이승민	형식적 불법과 실질적 불법
322	11.25	俞珍式	학칙개정처분무효확인
		윤진규	부당이득금
			채무부존재확인
323	12.15	李京運	교육판례의 회고와 전망

순번	연월일	발표자	발 표 제 목
		朴均省	사법의 기능과 행정판례
		咸仁善	일본의 최근 행정판례
		金聲培	미국의 최근 행정판례
		桂仁國	독일의 최근 행정판례
		吳丞奎	프랑스의 최근 행정판례
324	17. 1.20.	成奉根	취급거부명령처분취소
		尹焌碩	취득세등부과처분취소
325	2.17.	鄭永哲	도시계획시설결정폐지신청거부처분취소
		이희준	손해배상(기)
326	3.17.	朴在胤	직무이행명령취소
		정은영	습지보전법 제20조의2 제1항 위헌소원
327	4.21.	金容燮	시정명령처분취소
		장승혁	산재법 제37조 위헌소원
328	5.19.	박정훈	감차명령처분취소
		金世鉉	법인세등부과처분취소
329	6.16.	裵柄皓	조례안재의결무효확인
		송시강	개발부담금환급거부취소
330	8.8.	함인선	부당이득금반환
		김형수	개발부담금환급거부취소
331	9.15.	성중탁	출입국관리법 제63조 제1항 위헌소원
		이은상	보험료채무부존재확인
332	10.20.	유진식	정보공개청구기각처분취소
		김상찬	영업정치처분취소
333	11.24.	안동인	치과의사 안면보톡스시술사건
		김선욱	부가가치세경정거부처분취소
334	12.14.	김동희	행정판례를 둘러싼 학계와 법조계의 대화에

순번	연월일	발표자	발 표 제 목
			관한 몇 가지 생각
		정태용	행정부 공무원의 시각에서 본 행정판례
		함인선	일본의 최근 행정판례
		김성배	미국의 최근 행정판례
		계인국	독일의 최근 행정판례
		김혜진	프랑스의 최근 행정판례
335	18. 1.19.	성봉근	민사사건에 있어 공법적 영향
		박호경	조례무효확인
336	3.16.	김치환	산재보험적용사업장변경불승인처분취소
		신철순	폐업처분무효확인등
337	4.20.	박정훈	입찰참가자격제한처분취소
		신상민	건축허가철회신청거부처분취소의소
338	5.18.	최봉석	직권취소처분취소청구의소
		윤준석	증여세부과처분취소
339	6.15.	김대인	직권취소처분취소청구의소
		문중흠	증여세부과처분취소
340	8.17.	이혜진	정직처분취소
		김형수	이동통신단말장치 유통구조 개선에 관한 법률 제4조 제1항 등 위헌확인
341	9.28.	김현준	재직기간합산불승인처분취소
		김세현	양도소득세부과처분취소
342	10.19.	김창조	주민등록번호변경신청거부처분취소
		장현철	청산금
343	11.16	강현호	손해배상
		임성훈	부당이득반환등
344	12.21	김재선	미국의 최근 행정판례

순번	연월일	발표자	발 표 제 목
		계인국	독일의 최근 행정판례
		박현정	프랑스의 최근 행정판례
345	19. 2.15	박재윤	숙박업영업신고증교부의무부작위위법확인
		이은상	사업시행계획인가처분취소
346	3.15	정영철	입찰참가자격제한처분취소청구의소
		이승훈	부작위위법확인
347	4.19	박균성	사업계획승인취소처분취소등
		김혜성	종합쇼핑몰거래정지처분취소
348	5.17	김중권	전역처분등취소
		고소영	임용제청거부처분취소등
349	6.21	김판기	생활폐기물수집운반및가로청소대행용역비반납처분취소
		윤준석	증여세부과처분취소
350	8.23	배병호	지방자치단체를 당사자로 하는 계약에 관한 법률 시행령 제30조 제5항 등 위헌확인
		신상민	퇴교처분취소
351	9.20	김성배	사증발급거부처분취소
		박건우	보상금증액
352	10.18	김병기	교원소청심사위원회결정취소
		오에스데	징계처분등
353	11.15	강현호	의료기관개설신고불수리처분취소
		이수안	손실보상금증액등
354	12.19	신원일	일본의 최근 행정판례
		김재선	미국의 최근 행정판례
		계인국	독일의 최근 행정판례
		박우경	프랑스의 최근 행정판례

순번	연월일	발표자	발 표 제 목
355	20.2.21.	성중탁	변호인 접견 불허처분 등 위헌확인
		김근호	입찰참가자격제한처분취소청구
356	5.22	김태호	학원설립운영등록신청 반려처분취소
		이희준	수용재결취소등
357	6.19	김유환	도로점용허가처분무효확인등
		황용남	기타이행강제금부과처분취소
358	8.21	박재윤	제재조치명령의 취소
		주동진	급수공사비등부과처분취소청구의 소
359	9.18	김치환	도로점용료부과처분취소·도로점용료부과 처분취소
		김후신	장해등급결정처분취소
360	10.16	정호경	고용노동부 고시 제2017－42호 위헌확인
		이용우	건축신고반려처분취소
361	11.20	김창조	사업대상자선정처분취소
		정은영	부당이득금부과처분취소등
362	12.17	손호영	일본의 최근 행정판례
		김재선	미국의 최근 행정판례
		계인국	독일의 최근 행정판례
363	21.2.19.	박우경	프랑스의 최근 행정판례
		이현수	대법원 2019. 7. 11. 선고 2017두38874 판결
		이산해	대법원 2019. 2. 28. 선고 2017두71031 판결
364	3.19.	이은상	대법원 2019. 10. 31. 선고 2016두50907 판결
		김근호	대법원 2019. 6. 27. 선고 2018두49130 판결
365	4.16.	하명호	대법원 2020. 12. 24. 선고 2018두45633 판결
		박호경	대법원 2020. 6. 25. 선고 2018두34732 판결
366	5.21.	김중권	대법원 2020. 6. 25. 선고 2019두52980 판결

순번	연월일	발표자	발 표 제 목
367	6.18.	맹주한	대법원 2020. 7. 9. 선고 2017두39785 판결
		김대인	대법원 2020. 7. 29. 선고 2017두63467 판결
		박정훈	대법원 2020. 9. 3. 선고 2020두34070 판결
368	8.20.	이윤정	부당해고구제재심판정취소
		이국현	물이용부담금과 재정책임
369	9.17.	서보국	종합소득세경정거부처분취소
		윤진규	관세등부과처분취소
370	10.15.	김유환	공급자등록취소무효확인등청구
		최명지	업무정지처분 취소청구
371	11.19.	김현준	이사회결의무효확인의소
		황정현	세무대리업무등록취소처분취소등
372	12.16.	이혜진	일본의 최근 행정판례
		김재선	미국의 최근 행정판례
		계인국	독일의 최근 행정판례
		박우경	프랑스의 최근 행정판례
373	22.2.18	최계영	사업종류변경처분등취소청구의소
		이용우	건축허가취소처분취소
374	3.18	이은상	국가배상법 제2조 제1항 위헌소원
		최미연	도선사업면허변경처분취소
375	4.15	강현호	건축허가신청반려처분취소
		이희준	전부금
376	5.20	이기춘	공무집행방해 · 일반교통방해 · 집회및시위에 관한법률위반/손해배상(기)
		김형수	시정명령등처분취소청구의소
377	6.17	박현정	채무부존재확인
		박가림	과징금부과처분취소

순번	연월일	발표자	발 표 제 목
378	8.26	하명호	행정소송법 개정의 필요성
		유진식	정부의 가상통화 관련 긴급대책 등 위헌확인
		윤진규	법인세등부과처분취소
379	9.23	송시강	민간특례사업제안수용결정취소처분등취소 및 중소기업창업사업계획승인불허가처분취소
		신철순	유족급여및장의비부지급처분취소
380	10.21	정훈	평택당진항매립지일부구간귀속지방자치단체결정취소
		임재남	이주대택대상자제외처분취소
381	11.18	성중탁	구 토지구획정리사업법 제63조 위헌소원
		이수안	건축신고불수리처분취소
382	12.16	이재훈	육아휴직급여부지급등처분취소
		최승훈	요양급여비용환수처분취소
383	23.2.17	김혜진	도로교통법위반(무면허운전)
		이아영	시정명령등취소청구의소
384	3.17	박원규	조업정지처분취소
		정은영	손실보상금
385	4.21	김재선	업무정지처분취소
		신수빈	소유권이전등기
386	5.19	박종준	악취배출시설설치신고반려처분등취소
		허이훈	상수도시설분담금부과처분무효확인
387	6.16	이윤정	정부출연금전액환수등 처분취소청구
		이진형	제재처분의 집행정지
388	8.18	박재윤	긴급조치국가배상청구
	6.30	이용우	부당전직 구제 재심판정 취소청구
389	9.15	정호경	헌법재판소 2023. 3. 23. 선고 2019헌마1399

순번	연월일	발표자	발 표 제 목
			결정
	3.15	이희준	입찰참가자격제한처분취소
390	10.20	계인국	선거무효의 소
		문중흠	재산세부과처분취소
391	11.17	장윤실	손해배상
		이지은	조례안의결무효확인
392	12.15	안철상	최근 행정판례의 변화와 발전
		방정미	미국의 최근 행정판례
		김혜진	독일의 최근 행정판례
		황헌순	일본의 최근 행정판례
		박우경	프랑스의 최근 행정판례

行政判例研究 I~ XXVIII−2 總目次

行政判例研究 I~ XXVIII−2 總目次

主題別 總目次

研究判例 總目次

行政判例研究 Ⅰ ~ XXⅧ-2 總目次

[第 Ⅳ 卷]

[第 Ⅸ 卷]

[第 X 卷]

[第ⅩⅤ－1卷]

Ⅰ. 行政法의 基本原理

Ⅱ. 行政行爲의 槪念과 種類

Ⅲ. 行政行爲의 職權取消撤回

Ⅳ. 取消訴訟의 對象

Ⅴ. 行政上 損害塡補

Ⅵ. 公務員法

Ⅶ. 地方自治法

Ⅷ. 經濟行政法

Ⅸ. 建築行政法

[第 XVII －1卷]

[第 XX－2 卷]

[第XXⅢ-1卷]

Ⅰ. 行政法의 基本原理

Ⅱ. 行政의 實效性確保手段

Ⅲ. 行政爭訟一般

Ⅳ. 取消訴訟의 對象

Ⅴ. 行政訴訟의 類型

[第XXV-1卷]

Ⅰ. 行政法의 基本原理

Ⅱ. 行政行爲의 槪念과 種類

Ⅲ. 行政行爲의 瑕疵

Ⅳ. 行政節次 및 情報公開

Ⅴ. 行政爭訟一般

Ⅵ. 取消訴訟의 對象

Ⅶ. 憲法裁判

Ⅴ. 損害塡補

Ⅵ. 行政組織法

Ⅶ. 建築行政法

Ⅷ. 行政行爲의 職權取消·撤回

[第XXVI-1卷]

Ⅰ. 行政行爲의 槪念과 種類

Ⅱ. 行政行爲의 效力

主題別 總目次(行政判例研究 Ⅰ~XXⅧ-2)

個人的 公權

行政立法

行政行爲의 槪念과 種類

行政行爲의 附款

行政行爲의 類型

行政行爲의 效力

行政行爲의 職權取消·撤回

行政計劃

行政節次 및 情報公開

行政의 實效性確保手段

行政爭訟一般

取消訴訟의 對象

行政訴訟에 있어서의 訴의 利益

行政訴訟의 審理

損害塡補

行政組織法

公務員法

地方自治法

秩序行政法

公物·營造物法

環境行政法

助成行政法

經濟行政法

租稅行政法

建築行政法

土地行政法

外國判例 및 外國法制 研究

行政訴訟判決의 主要動向

紀念論文

624　行政判例研究 XXVIII－2(2023)

[特別寄稿] 行政法研究資料

行政法規(鷹松龍種 著 / 鄭夏重 解題 / 兪珍式 飜譯)　　XXI－1－317

研究判例 總目次
(行政判例研究 Ⅰ ~ XXVⅢ - 2)

〔대 법 원〕

〔서울고등법원〕

〔춘천지방법원〕

2019.10. 1. 선고 2019구합50524 XXVII-2-107

〔수원지방법원〕

2001. 3.21. 선고 2000구7582 판결 VII-165   2015.12. 9. 선고 2014구합61225 XXVII-2-164

〔대전지방법원〕

2016.10.12. 선고 2015구합105055 XXV-2-112

〔광주지방법원〕

2015.11.26. 선고 2015구합10773 XXV-2-406   2018.10.11. 선고 2018구합10682 XXVI-2-4

〔부산지방법원〕

2016.11.24. 선고 2015구합 22685 XXV-2-354

〔서울북부지방법원〕

2016.12.21. 선고 2016가합22251 XXVI-2-82

〔서울행정법원〕

2000. 6. 2. 선고 99두24030 판결 VI-175

2001. 8.30. 선고 2001구18236 판결 VII-165

2001. 3. 9. 선고 2000구32242 판결 VII-165

2003. 1.14. 선고 2003아95 판결 VIII-279

2010.11. 5. 선고 2010구합27110 XXV-2-71

2014. 8.28. 선고 2013구합28954 XXV-2-170

2014. 9.18. 선고 2014구합9257 XXV-2-178

2015. 1.22. 선고 2014구합62449 XXV-2-177

2015. 2. 5. 선고 2014구합64940 XXV-2-177

2015. 6. 5. 선고 2014구합11021 XXV-2-177

2016. 8.18. 선고 2014구합15108 XXVII-2-9

2017. 2.10. 선고 2016구합71447 XXVI-2-48

2017. 5.18. 선고 2016구합78271 XXV-2-214

2017.12.15. 선고 2016구합86098 XXV-2-235

〔EU판례〕

유럽법원, 1987. 3.12. 판결(사건번호 178/84) XII-298

EuGH, Rs. C-286/14, ECLI:EU:C:2016:183 XXIV-2-545

CJEU, Judgement of the Court, 24 septembre 2019, C-136/17 XXV-2-523

CJEU, Judgement of the Court, 25 July 2018, C-528/16 XXV-2-529

〔독일판례〕

연방헌법재판소(Bundesverfassungsgericht) 1975.10.28. 판결(BVerfGE 40, 237) III-57

연방헌법재판소 1998. 5. 7. 판결(BVerfGE 98, 83: 98, 106) VI-355

연방행정법원(Bundesverwaltungsgericht) 1979.12.13. 판결(BVerwGE 59, 221) IV-3

연방행정법원 1980.12. 3. 판결(BVerwGE 73, 97) I-219

연방행정법원 1982.12. 1. 판결(BVerwGE 66, 307) II-7

연방행정법원 1985.12.19. 판결(BVerwGE 72, 300) II-83, II-193

연방행정법원 2000. 3. 2. 판결 － 2C1.99- VII-407

연방행정법원 2006. 4.26. 판결 － 6C19/05 XIV-479

연방행정법원 2006.10.17. 판결 － 1C18/05 XIV-458

연방행정법원 2006.12.21. 결정 － 1C29/03 XIV-465

연방행정법원 2007. 7.25. 판결 － 6C27/06 XIV-469

연방행정법원 2007. 8 22. 결정 － 9B8/07 XIV-475

연방행정법원 2008. 2.21. 결정 － 4 C 13/0 XIV-2-321

연방행정법원 2008. 3.13. 판결 － 2 C 128/07 XIV-2-321

연방행정법원 2008. 4.15. 결정 － 6 PB 3/08 XIV-2-321

연방행정법원 2008. 4.29. 판결 － 1 WB 11/07 XIV-2-321

연방행정법원 2008. 6.26. 판결 － 7 C 50/07 XIV-2-321

연방행정법원 2009. 2.25. 판결 － 6 C 25/08 XV-2-459

연방행정법원 2009. 6. 9. 판결 － 1 C 7/08 XV-2-459

연방행정법원 2009. 9. 7. 결정 － 2 B 69/09 XV-2-459

연방행정법원 2009.11.11. 결정 － 6 B 22/09 XV－2－459

연방행정법원 2009.12.30. 결정 － 4 BN 13/09 XV－2－459

연방행정법원 2010. 1.28. 판결 － 8 C 19/09　XVI－2－328

연방행정법원 2010. 4.29. 판결 － 5 C 4/09 und 5/09　XVI－2－343

연방행정법원 2010. 5.27. 판결 － 5 C 8/09　XVI－2－345

연방행정법원 2010. 6.3. 판결 － 9 C 3/09　XVI－2－352

연방행정법원 2010. 6.24. 판결 － 7 C 16/09　XVI－2－332

연방행정법원 2010. 6.24. 판결 － 3 C 14/09　XVI－2－335

연방행정법원 2010. 6.30. 판결 － 5 C 3.09　XVI－2－353

연방행정법원 2010. 8.19. 판결 － 2 C 5/10 und 13/10　XVI－2－350

연방행정법원 2010. 9.23. 판결 － 3 C 32.09　XVI－2－336

연방행정법원 2010. 9.29. 판결 － 5 C 20/09　XVI－2－343

연방행정법원 2010. 10.27. 판결 － 6 C 12/09, 17/09 und 21/09　XVI－2－338

연방행정법원 2010. 10.28. 판결 － 2 C 10/09, 21/09, 47/09, 52/09 und 56/09
　　XVI－2－346

연방행정법원 2010. 11.4. 판결 － 2 C 16/09　XVI－2－348

연방행정법원 2010. 11.16. 판결 － 1 C 20/09 und 21/09　XVI－2－340

연방행정법원 2010. 11.18. 판결 － 4 C 10/09　XVI－2－326

연방행정법원 2010. 11.24. 판결 － 9 A 13/09 und 14/09　XVI－2－326

연방행정법원 2010. 11.24. 판결 － 8 C 13/09, 14/09 und 15/09　XVI－2－330

BVerwG, Urteile vom 13. Oktober 2011-4 A 4000.10 und 4001.10 XVII-2-593

BVerwG, Urteil vom 28. Juli 2011-7 C 7.10 XVII-2-595

BVerwG, Urteil vom 22. Juli 2011-4 CN 4.10 XVII-2-598

BVerwG, Urteil vom 23. Februar 2011-8 C 50.09 und 51.09 XVII-2-600

BVerwG, Urteile vom 17. August 2011-6 C 9.10 XVII-2-602

BVerwG, Urteile vom 31. August 2011-8 C 8.10 und 9.10 XVII-2-604

BVerwG, Urteile vom 25. August 2011-3 C 25.10, 28.10 und 9.11 XVII-2-606

BVerwG 5 C 23. 12 D und 27. 12 D - Urteile vom 11. Juli 2013　XIX-2-343

BVerwG 7 A 4. 12 - Urteil vom 18. Juli 2013　XIX-2-343

BVerwG 2 C 12. 11 und 18. 12 - Urteile vom 25. Juli 2013　XIX-2-343

BVerwG 4 C 8. 12 - Urteil vom 12. September 2013　XIX-2-343

BVerwG 3. C 15. 12 - Urteil vom 19. September 2013　XIX-2-343

BVerwG 6 C 11. 13 - Urteil v. 6. April 2014　XX-2-369

BVerwG 1 C 22. 14 - Urteil vom 16. Juli. 2015　XXI-2-407

BVerwG 1 C 32.14 - Urteil vom 27. Okt. 2015　XXI-2-410

BVerwG 1 C 4.15 ‐ Urteil vom 16. Nov. 2015　XXI-2-415

BVerwG 7 C 1.14, 2.14 ‐ Urteile vom 25. Juni 2015　XXI-2-416

BVerwG 7 C 10.13 ‐ Urteil vom 23. Juli 2015　XXI-2-419

BVerwG 2 C 13.14, 15.14, 18.14, 27.14, 28.14, 5.15-7.15, 12.15 ‐ Urteile vom 17. Sep. 2015　XXI-2-422

BVerwG 1 C 3. 15 － Urteil vom Apr. 2016　XXIII－1－443/439

BVerwG 2 C 4.15 － Urteil vom 21. Apr. 2016　XXIII －1－447/439

BVerwG 2 C 11.15 － Urteil vom 11. Okt. 2016　XXIII－1－448/439

BVerwG 3.C 10.14 － Urteil vom 6. Apr. 2016　XXIII－1－450/439

BVerwG 3 C 10.15 － Urteil vom 6. Apr. 2016　XXIII－1－451/439

BVerwG 3 C 16.15 － Urteil vom 8. Sep. 2016　XXIII－1－454/439

BVerwG 4 C 6.15 und 2.16 － Urteile vom 22.Sep. 2016　XXIII－1－455/439

BVerwG 6 C 65.14 und 66.14 － Urteile vom 16. März. 2016 XXIII－1－457/439

BVerwG 7 C 4.15 － Urteil vom 30. Jun. 2016　XXIII－1－458/439

BVerwG 6 A 7.14 － Urteil vom 15. Jun. 2016　XXIII－1－459/439

BVerwG 2 C 59. 16 - Urteil vom 19. April 2018 XXIV-2-581

BVerwG 9 C 2.17 - Urteil vom 21. Juni 2018 XXIV-2-581

BVerwG 9 C 5.17 - Urteil vom 6. September 2018 XXIV-2-581

BVerwG 8 CN 1.17 - Urteil vom 12. Dezember 2018 XXIV-2-581

BVerfG, Kammerbeschluss vom 19. Februar 2003 - 2 BvR 1413/01 XXV-2-457

BVerwG 2 C 13.14, 15.14, 18.14, 27.14, 28.14, 5.15-7.15, 12.15 - Urteile vom 17. Sep. 2015 XXV-2-457

BVerwG, Urteil vom 19. August 2010 - 2 C 5.10 XXV-2-458

BVerwG, 2 C 5.10 - Urteil vom 19. August 2010 XXV-2-458

BVerwGE 152, 228 Rn. 39 XXV-2-458

BVerwGE 124, 252 (258 f.) XXV-2-459

BVerwGE 46, 64 (66 f.) XXV-2-459

BVerwGE 147, 229 Rn. 21 XXV-2-459

BVerwGE 149, 117 Rn. 16 f. XXV-2-459

BVerfGK 4, 243 (257 f.) XXV-2-460

BVerwGE 146, 98 Rn. 29 XXV-2-460

BVerwG 6 A 7.18 - Urteil vom 18. Sep. 2019 XXV-2-462

BVerwG 6 A 1.17 - Urteil vom 39. Jan. 2019 XXV-2-463

BVerwG, 6 C 65.14 - Urteile vom 16. März 2016 XXV-2-464

BVerwG, 6 C 12.14 - Urteil vom 25. März 2015 XXV-2-464

BVerwGE 151, 348 Rn. 29 XXV-2-464

BVerfGE 20, 162 (174 ff.) XXV-2-464

BVerwG, 6 C 65.14 - Urteil vom 16. März 2016 XXV-2-465

BVerwG, 6 A 1.17 - Urteil vom 30. Januar 2019 XXV-2-465

BVerwG, 6 C 50.15 - Urteil vom 17. August 2016 XXV-2-465

BVerfGE 146, 1, Rn. 94 f., 109, 112 ff XXV-2-465

BVerwGE 47, 247 (253 f.) XXV-2-466

BVerwG, 7 C 22.08 - Urteil vom 29. Oktober 2009 XXV-2-467

BVerwG 6 C 18.18 - Urteil vom 30. Oktober 2019 XXV-2-467

VG Köln vom 2. September 2016 (Az: VG 19 K 3287/15) XXV-2-468

OVG Münster vom 16. Mai 2018 (Az: OVG 19 A 2001/16) XXV-2-469

BVerfGE 58, 1 (40) XXV-2-469

BVerfGE 51, 268 (284) XXV-2-470

BVerfGE 103, 142 (156 f.) XXV-2-470

BVerfGE 129, 1 (20 ff.) XXV-2-470

BVerwGE 138, 186 Rn. 42 XXV-2-470

BVerwGE 156, 75 Rn. 32 XXV-2-470

BVerwG, 6 C 17.14 - Urteile vom 14. Oktober 2015; 6 C 50.15 - Urteil vom 17. August 2016 XXV-2-470

BVerfGE 84, 34 (49 f.) XXV-2-70

BVerfGE 129, 1 (22 ff.) XXV-2-470

BVerwGE 156, 75 Rn. 32 XXV-2-470

BVerfGE 84, 34 (49 f.) XXV-2-471

BVerwGE 91, 211 (215 ff.) XXV-2-471

BVerwG 6 C 9.18 - Urteil vom 19. Juni 2019 XXV-2-472

VG Dresden vom 23. Juni 2016 (Az: VG 4 K 286/16) XXV-2-474

BVerfGE 144, 20 XXV-2- 474

OVG Bautzen vom 16. März 2018 (Az: OVG 3 A 556/17) XXV-2-474

BVerwG 3 C 13.17, 14.17, 25.17, 2. 18, 7.18 - 9.18 - Urteile vom 11. Apr 2019 XXV-2-476

VG München vom 21. November 2016(Az: VG M 26 K 15.1494) XXV-2-477

VGH München vom 25. April 2017 (Az: VGH 11 BV 17.33) XXV-2-477

BVerwG, Urteil vom 23. Oktober 2014 - 3 C 3.13 XXV-2-478

OVG Berlin-Brandenburg, Urteil vom 16. Juni 2016 - OVG 1 B 37.14 XXV-2-478

OVG Bremen, Beschluss vom 25. Februar 2016 - 1 B 9/16 XXV-2-478

BVerfG, Kammerbeschluss vom 20. Juni 2002 - 1 BvR 2062/96 XXV-2-478

BVerwG 3 C 24.15 - Urteil vom 6. Apr. 2017 XXV-2-479

BVerwG 2 C 32.18 und 33.18 - Urteile vom 26. September 2019 XXV-2-480

VG Potsdam vom 8. Dezember 2015 (Az: VG 3 K 2258/13) XXV-2-480

OVG Berlin-Brandenburg vom 5. September 2018 (Az: OVG 4 B 3.17) XXV-2-481

BVerfGE 128, 1 (42) XXV-2-482

BVerfGE 65, 1 (45) XXV-2-482

BVerfGE 139, 19 Rn. 57 XXV-2-482

BVerfG, 2 BvF 1/15 - Urteil vom 19. September 2018 XXV-2-483

BVerwG, Urteil vom 16. April 2015 – 4 CN 2.14. XXVI-2-26

BVerwGE, ZUR 2016, 120 XXVI-2-26

VGH München NJOZ 2014, 1392 Rn. 19 XXVI-2-98

OVG Berlin NVwZ-RR 1990, 195 XXVI-2-99

BVerwG NVwZ 1988, 184 XXVI-2-99

BVerwG NVwZ 2012, 1547 Rn. 39 f XXVI-2-99

Urteile vom 3. November 2020 - BVerwG 9 A 6.19, 7.19, 9.19, 11.19 - 13.19 XXVII-1-316

Urteil vom 14. Oktober 2020 - BVerwG 3 C 10.19 XXVII-1- 322

Urteil vom 5. Juni 2020 - BVerwG 5 C 3.19 D XXVII-1- 325

Urteil vom 8. Juli 2020 - BVerwG 7 C 19.18 XXVII-1- 328

Urteil vom 24. Juni 2020 - BVerwG 6 C 3.19 XXVII-1- 331

Urteil vom 27. Februar 2020 - BVerwG 7 C 3.19 XXVII-1- 334

LG Heilbronn, Urteil vom 29.4.2020(Az.: I 4 O 82/20) XXVII-1- 342

LG Berlin, Urteil vom 13.10.2020 (Az.: 2 O 247/20) XXVII-1- 343

LG Hannover, Urteil vom 9.7.2020 (Az.: 8 O 2/20) XXVII-1- 343

LG München I Urteil vom 1.10.2020(Az.: 12 O 5895/20) XXVII-1- 344

LG Hamburg, Urteil vom 4. 11. 2020(Az.: 412 HKO 83/20) XXVII-1- 344

LG Oldenburg, Urteil vom 14.10.2020,(Az.:13 O 2068/20) XXVII-1- 345

Urteil vom 26. April 2021 – BVerwG 10 C 2.20 XXVIII-1-342

Urteil vom 28. Oktober 2021 - BVerwG 10 C 3.20 XXVIII-1-348

Urteil vom 1. September 2022 - BVerwG 10 C 5.21 XXVIII-1-352

Urteil vom 23. Juni 2022 - BVerwG 10 C 3.21 XXVIII-1-359

Urteil vom 15. März 2022 - BVerwG 1 A 1.21 XXVIII-1-364

Urteil vom 24. Mai 2022 - BVerwG 6 C 9.20 XXVIII-1-370

〔프랑스판례〕

국참사원(Conseil d'État) 1951. 7.28. 판결(Laruelle et Delville, Rec. 464) II-243

국참사원 1957. 3.22. 판결(Jeannier, Rec. 196) II-243

국참사원 1954. 1.29. 판결(노트르담 뒤 크레스커 학교 사건)(Institution Norte Dame du Kreisker, Rec. 64) I-23

헌법위원회(Conseil constitutionnel) 1971. 7.16. 결정(J. O., 1971. 7. 18., p. 7114; Recueil des decisions du Conseil constitutionnel 1971, p. 29) I-305

관할재판소(Tribunal de conflits) 1984.11.12. 판결(Interfrost회사 對 F.I.O.M 사건) I-239

파훼원(Cour de cassation) 1987.12.21. 판결(지질 및 광물연구소 對 로이드콘티넨탈회사 사건)(Bureau des Recherches Geologiques et Minie res(B.R.G.M.)C/S.A. Lloyd Continental) II-55

국참사원 2005. 3.16. 판결(Ministre de l'Outre-mer c/ Gouvernement de la Polynésie française, n°265560, 10ème et 9ème sous-section réunies) XIV-505

국참사원 2006. 3.24. 판결(Société KPMG et autres, n°288460, 288465, 288474 et 28885) XIV-508

국참사원 2006. 5.31. 판결(이민자 정보와 지지단체 사건, n°273638, 27369) XIV-510

국참사원 2006. 7.10. 판결(Association pour l'interdiction des véhicule inutilement rapides, n°271835) XIV-512

국참사원 2007. 2. 8. 판결(Gardedieu, n°279522) XIV-514

국참사원 2007. 2.22. 판결(Association du personel relevant des établissement pour inadaptés, n°264541) XIV-517

국참사원 2007. 3. 9. 판결(간염예방접종 사건, n°267635 · 278665 · 283067 · 285288) XIV-520

THT et autres, n°s 342409 et autres. XIX－2－323

꽁세이데타 16 décembre 2013, *Escota et sécurité Arcour*, n°s 369304 et 369384. XIX－2－323

꽁세이데타 CE 8 novembre 2013, *Olympique lyonnais et autres*, n°s 373129 et 373170. XIX－2－323

꽁세이데타, 15 janvier 2014, *La Poste SA*, n° 362495, A. XX-2-351

꽁세이데타, ssemblée, 4 avril 2014, *Département du Tarn－et－Garonne*, n° 358994, A. XX-2-351

꽁세이데타, assemblée, 14 février et 24 juin 2014, Mme F...I... *et autres, nos 375081, 375090, 375091.* XX-2-351

꽁세이데타, 29 décembre 2014, *Société Bouygues Télécom, no 368773.* XX-2-351

꽁세이데타, section, 28 avril 2014, *Commune de Val－d'Isère*, n° 349420. XX-2-351

꽁세이데타, section, 5 novembre 2014, *Commune de Ners et autres*, n° 379843. XX-2-351

꽁세이데타 CE, 17 juin 2015, sociééen commandite simple La Chaîe Info(LCI), n° 384826 ; CE, 17 juin 2015, sociééParis Premièe n° 385474. XXI-2-395

꽁세이데타 CE, 19 juin 2015, societe «Grands magasins de la Samaritaine－Maison Ernest Cognacq» et Ville de Paris, nos 387061, 387768. XXI-2-392

꽁세이데타 CE, 27 mars 2015, Commission nationale des comptes de campagnes et des financements politiques c/Mme C. et sociééitrice de Méiapart, n° 382083. XXI-2-394

꽁세이데타 CE, 13 mai 2015, Association de déense et d'assistance juridique des intéêets des supporters et autres, nos 389816, 389861, 389866, 389899. XXI-2-393

꽁세이데타 CE, 5 octobre 2015, Association des amis des intermittents et precaires et autres, nos 383956, 383957, 383958. XXI-2-391

꽁세이데타 CE, 9 novembre 2015, SAS Constructions metalliques de Normandie, n° 342468. XXI-2-388

CE, 6 décembre 2019, n° 403868 XXV-2-523

CE, 6 décembre 2019, n° 393769 XXV-2-523

CE, 6 décembre 2019, n° 401258 XXV-2-523

CE, 6 décembre 2019, n° 405910 XXV-2-523

CE, 6 décembre 2019, n° 395335 XXV-2-523

CE, 6 décembre 2019, n° 403868 XXV-2-523

CE, 6 décembre 2019, n° 429154 XXV-2-523

CE, 6 décembre 2019, n° 403868 XXV-2-523

CE, 6 décembre 2019, n° 405464 XXV-2-523

CE, 6 décembre 2019, n° 429154 XXV-2-523

CE, 6 décembre 2019, n° 391000 XXV-2-524

CE, 6 décembre 2019, n° 397755 XXV-2-524

CE, 6 décembre 2019, n° 399999 XXV-2-524

CE, 6 décembre 2019, n° 407776 XXV-2-524

CE, 6 décembre 2019, n° 423326 XXV-2-524

CE, 12 juillet 2017, n° 394254 XXV-2-524

CE, 29 octobre 2003, n° 259440 XXV-2-525

CE, réf., 9 avr. 2021, n° 450884 XXVII-1- 281

CE, réf., 26 juin 2020, n° 441065 XXVII-1- 283

CE, réf., 22 mai 2020, nos 440216 440317 XXVII-1- 286

CE, réf., 22 mars 2020, n° 439674 XXVII-1- 287

CE, réf., 15 mai 2020, n° 440211 XXVII-1- 292

CE, réf., 15 oct. 2020, nos 444425 444916 444919 445029 445030 XXVII-1- 294

CE, réf., 12 févr. 2021, n° 448972 XXVII-1- 300

CE, réf., 30 avr. 2021, n° 440179 XXVII-1- 301

CE, réf., 21 janv. 2021, nos 447878 447893 XXVII-1- 302

CE, 28 janvier 2022, n°449209 XXVIII-1-432

연방대법원 National Cable & Telecommunications Association, et al. v. Brand X Internet Services. 125 S.Ct. 2688(2005) XII-137

연방대법원 Rapanos v. United States 126 S.Ct. 2208(2006) XIV－380

연방대법원 Gonzales v. Oregon126 S. Ct. 904(2006) XIV－385

연방대법원 Phillip Morris U.S.A v. Williams 127 S. Ct. 1057(2007) XIV－396

연방대법원 Exxon Shipping Co. v. Grant Baker128 S.Ct. 2605(2008) XIV－399

연방대법원 Summers v. Earth Island Inst. 129 S. Ct. 1142(Mar. 3, 2009)   XIV-2-271

연방대법원 Coeur Alaska, Inc. v. Southeast Alaska Conservation Council 129 S. Ct. 2458(Jun. 22, 2009)

연방대법원 Negusie v. Holder 129 S. Ct. 1159(Mar. 3, 2009)   XIV－2－271

연방대법원 Entergy Corp. v. Riverkeeper Inc. 129 S. Ct. 1498(Apr. 1, 2009) XIV－2－271

연방대법원 Herring v. U.S. 129 S. Ct. 695(Jan. 14, 2009)   XIV-2-271

연방대법원 Ariz. v. Johnson 129 S. Ct. 781(Jan. 26, 2009)   XIV-2-271

연방대법원 Ariz. v. Gant 129 S.Ct. 1710(Apr. 21, 2009)   XIV-2-271

연방대법원 Atl. Sounding Co. v. Townsend Atl. Sounding Co. v. Townsend, 129 S. Ct. 2561, 2579(Jun. 25, 2009)   XIV-2-271

연방대법원 New Process Steel, L.P. v. NLRB, 130 S. Ct. 2635(2010) XV－2－391

연방대법원 Michigan v. Fisher, 130 S. Ct. 546(2009) XV－2－391

연방대법원 Kucana v. Holder, 130 S. Ct. 827(2010) XV－2－391

연방대법원 Hui v. Castaneda, 130 S.Ct. 1845(2010) XV－2－391

연방대법원 Stop the Beach Renourishment, Inc. v. Florida Dept. of Environmental Protection, 130 S.Ct. 2592(2010) XV－2－391

연방대법원 Free Enterprise Fund v. Public Company Accounting Oversight Bd., 130 S. Ct. 3138(2010) XV－2－391

연방대법원 Mayo Foundation for Medical Education and Research v. U.S., 131 S. Ct. 704(2011)   XVI －2－237

연방대법원 Millbrook v. United States, 133 S.Ct. 1441 (March 27, 2013)
XVIII－2－383

연방대법원 Hollingsworth v. Perry, 3 S.Ct. 2652 (June 26, 2013) XVIII－2－385

연방항소법원 Patricia STEPHENS v. COUNTY OF ALBEMARLE, VIRGINIA 524 F.3d
485, 486(4th Cir. 2008), cert. denied, 129 S. Ct. 404(2008) XIV－2－271

연방항소법원 Humane Society v. Locke, 626 F. 3d 1040(9th Cir. 2010)
XVI－2－245

연방항소법원 Sacora v. Thomas, 628 F. 3d 1059(9th Cir. 2010) XVI－2－251

연방항소법원 Johnson v. Astrue 628 F. 3d. 991(8th Cir. 2011) XVI－2－248

연방항소법원 General Electric Company v. Jackson, 610 F. 3d 110 (D.C.Cir. 2010),
131 S. Ct 2959(2011) XVI 2－258

연방항소법원 Arkema v. E.P.A., 618 F. 3d 1(D.C.Cir. 2010) XVI－2－255

연방항소법원 Nnebe v, Daus, 644 F, 3d 147(2d Cir. 2011) XVII－2－554

연방항소법원 American Bottom Conservancy v. U. S. Army Corps of Engineers, 650
F. 3d 652(7th Cir. 2011) XVII－2－565

연방항소법원 Electronic Privacy Information Center v. U. S. Department of Home
Land Securities, 653 F. 3d 1(D.C.Cir.2011) XVII－2－577

플로리다州대법원 2000. 12. 8. 판결(Supreme Court of Florida, No. SC00－2431)
VI-395

오하이오州대법원City of Norwood v. Horney 853 N.E.2d 1115(Ohio 2006) XIV－391

연방대법원 Scialabba v. Cuellar de Osorio, 134 S. Ct. 2191 (2014) XIX－2－229

연방대법원 U.S. v. Apel, 134 S. Ct. 1144, 186 L. Ed. 2d 75 (2014) XIX－2－229

연방대법원 Plumhoff v. Rickard, 134 S. Ct. 2012 (2014) XIX－2－229

연방대법원 lmbrook School Dist. v. Doe, 134 S. Ct. 2283 (2014) XIX－2－229

연방대법원 Utility Air Regulatory Group v. E.P.A., 134 S. Ct. 2427 (2014)
XIX－2－229

연방대법원 E.P.A. v. EME Homer City Generation, L.P., 134 S. Ct. 1584, 78 Env't.

XIX－2－281

최고재판소 第二小法廷 平成26(2014).7.18. 平成24年(行ヒ)第45号, 判例地方自治 386号, 78면.　XX－2－311

최고재판소 第一小法廷 平成26(2014).9.25.　平成25年(行ヒ)第35号, 民集68卷7号, 722면. XX－2－311

최고재판소 第二小法廷 平成26(2014).7.14. 平成24年(行ヒ)第33号, 判例タイムズ 1407号, 52면.　XX－2－311

최고재판소 第二小法廷 平成26(2014).8.19. 平成26年(行ト)第55号, 判例タイムズ 1406号, 50면.　XX－2－311

최고재판소 第一小法廷 平成26(2014).10.9. 平成26年(受)第771号, 判例タイムズ 1408号, 32면.　XX－2－311

최고재판소 第一小法廷 平成26(2014).10.9. 平成23年(受)第2455号, 判例タイムズ 1408号, 44면.　XX－2－311

최고재판소 第三小法廷 平成26(2014).5.27. 平成24年(オ)第888号, 判例タイムズ 1405号, 83면.　XX－2－311

최고재판소 第二小法廷決定 平成27(2015).1.22. 平成26年(許)第17号 判例タイムズ1410号 55頁. XXI－2－350

최고재판소 第二小法廷決定 平成27(2015).1.22. 平成26年(許)第26号 判例タイムズ1410号 58頁. XXI－2－350

최고재판소 第三小法廷 平成27(2015).3.3. 平成26年(行ヒ)第225号 民集69卷2号143頁. XXI－2－343

최고재판소 第二小法廷　平成27(2015).3.27. 平成25年(オ)第1655号 判例タイムズ1414号 131頁. XXI－2－356

최고재판소 第三小法廷 平成27(2015).9.8. 平成26年(行ヒ)第406号 民集69卷6号1607頁. XXI－2－347

최고재판소 大法廷判決 平成27(2015).12.16. 平成25年(オ)第1079号 判例タイムズ1421号 61頁. XXI－2－367

最判 平24, 4, 23, 民集66, 6, 2789 [平成22年 (行ヒ) 第136号] XXV-2-565

最判 平31. 1. 17. 判所ウェブサイト [平成30年 (行ウ) 第8号] XXV-2-566

東京地判 平5. 4. 27. 判時1482, 98 [平成4年 (行ウ) 第5号] XXV-2-568

福岡高判 平31. 3. 7. 判所ウェブサイト [平成 30年 (ネ) 第70号] XXV-2-570

福岡高判 平16. 5. 24. 判時1875, 62 [平成14年 (ネ) 第511号] XXV-2-571

新潟地判 平16. 3. 26. 訟月50, 12, 3444 [平成11年 (ワ) 第543号] XXV-2-571

東京高判 平17. 7. 19 訟月53, 1, 138 [平成14年 (ネ) 第4815号] XXV-2-571

長野地判 平18. 3. 10. 判時1931, 109 [平成9年 (ワ) 第352号] XXV-2-571

東京高判 平19. 3. 13. 訟月53, 8, 2251 [平成15年 (ネ) 第3248号] XXV-2-571

東京地判 平15. 9. 29. 判時1843, 90 [平成8年 (ワ) 第24230号] XXV-2-571

神戸地判 令1. 10. 8. 判例集未登載 [平成29年 (ワ) 第1051号] XXV-2-573

東京高判 平19. 5. 31 判時1982, 48 [平成18年 (行コ) 第267号] XXV-2-574

東京地判 平30. 9. 19. 判例タイムズ1477, 147 [平29年 (ワ) 第21485号] XXV-2-576

東京高判 平31. 3. 20. [平成30年 (ネ) 第4640号] XXV-2-576

最決 令1. 9. 25. [令1年 (オ) 第1057号] XXV-2-576

最判 平25. 12. 10. 判時 2211, 3 [平24年 (受) 第1311号] XXV-2-2-576, 577

最判 平30. 7. 19. 裁判所ウェブサイト [平成28年 (受) 第563号] XXV-2-578

最判 平23. 6. 6. [平成22年 (オ) 第951号] XXV-2-579

最判 平23. 5. 30. 判時 2123, 2 [平成22年 (行ツ) 第54号] XXV-2-579

最判 平24. 1. 16. 判時2147, 127 [平成23年 (行ツ) 第263号] XXV-2-579

최고재판소 2021년 6월 4일(最高裁判所第二小法廷 令和3年6月4日判決, 令和2年(行ヒ)第133号) ⅩⅩⅦ-1-212

최고재판소 2020년 6월 30일(最高裁判所第三小法廷令和2年6月30日判決, 令和2年(行ヒ)第68号) ⅩⅩⅦ-1-216

최고재판소 2021년 5월 14일(最高裁判所第二小法廷令和3年5月14日判決, 令和2年(行ヒ)第238号) ⅩⅩⅦ-1-219

최고재판소 2020년 11월 25일(最高裁判所大法廷令和2年11月25日判決, 平成30年(行ヒ)第

刊行編輯委員會

委 員 長 　崔璿修

副委員長 　李承玟

刊行委員 　桂仁國　金容燮　金敏祚　朴在胤

朴鍾秀　李承玟　李眞洙　李賢修

崔桂映　洪康薰　石浩榮(幹事)　張允瑛(幹事)

編輯委員 　桂仁國　金容燮　金敏祚　朴在胤

朴鍾秀　石浩榮　李承玟　李眞洙

李賢修　張允瑛　崔桂映　洪康薰

研究倫理委員會

委 員 長 　金義煥

副委員長 　朴鍾秀

倫理委員 　金敏祚　李承玟　李賢修　朴在胤　崔桂映

行政判例研究 XXVIII-2

2023년 12월 25일 　초판인쇄
2023년 12월 31일 　초판발행

편저자　사단법인　한국행정판례연구회
　　　　대　　표 박　정　훈

발행인　안종만 · 안상준

발행처　(주)박영사

서울특별시 금천구 가산디지털2로 53, 210호
(가산동, 한라시그마밸리)
전화 (733) 6771　FAX (736) 4818
등록 1959. 3. 11.　제300-1959-1호(倫)

www.pybook.co.kr　e-mail: pys@pybook.co.kr

편저자와
협의하여
인 지 를
생 략 함

파본은 구입하신 곳에서 교환해 드립니다. 본서의 무단복제행위를 금합니다.

정　가 55,000원　　　　ISBN 979-11-303-4701-1

ISBN 978-89-6454-600-0(세트)

ISSN 1599-7413　43